삼단논법과
법학방법

JURISTISCHER SYLLOGISMUS UND
JURISTISCHE METHODIK

양천수 저

박영사

서 문

이 책은 법학방법을 다룹니다. 법학방법 또는 법학방법론은 제가 법학을 학문으로 공부하기 시작하면서 가장 먼저 관심을 갖게 된 학문적 주제입니다. 법과대학에서 여러 훌륭한 교수님들로부터 법학을 본격적으로 배우면서 저는 강의와 교과서에서 빈번하게 만나는 학설대립과 판례의 배후에는 무엇이 있을까 궁금해 했습니다. 이러한 의문 덕분에 저는 자연스럽게 대학원에서 법학방법론 및 법해석학에 관한 여러 논의를 공부하였고 그 결과로 독일의 철학자 가다머(Hans-Georg Gadamer)가 기초를 마련한 법해석학으로 석사학위논문을 썼습니다. 이후에도 법해석학에 대한 학문적 관심은 이어져 중간 결산으로 2017년에 『법해석학』이라는 조촐한 연구서를 출간하기도 하였습니다.

한편 저는 제가 몸담고 있는 학교에서 학생들에게 "법학방법론"을 가르치고 있습니다. "법학방법론"에서는 법학방법의 기본이 되는 법적 삼단논법을 중심으로 하여 법학방법론에 관한 기초적인 논의를 다룹니다. '선이해'와 '해석학적 순환'을 강조하는 법해석학을 학생들에게 가르치기에는 아직 법학방법에 관한 논의가 충분히 무르익지 않았다는 경험을 하였기 때문입니다. 물론 저는 주로 독일 법학에서 성장한 법해석학이나 법적 논증이론, 법수사학이 이론적인 차원이나 실천적인 차원에서 볼 때 실제 실무에서 이루어지는 법의 해석 및 적용 과정을 설득력 있게 관찰한다고 생각합니다. 그렇지만 법학전문대학원의 교육 현장에서는 오히려 법적 삼단논법을 철저하게 전달하는 게 더욱 필요하다고 느낄 때가 많습니다. 이에 저는 법적 삼단논법을 중심으로 하여 법학방법에 관한 논의를 다루면서 추상적인 법학방법이 어떻게 구체적인 실정법학과 연결되는지를 보여주고자 노력합니다. 그러면서 이를 좀 더 차분하게 보여줄 수 있는 적절한 읽을거리가 있으면 좋겠다는 생각을 자주 하였습니다. 제 강의를 듣는 학생들도 강의에 도움이 되는 참고자료를 요청할 때가 많았습니다. 이에 부응하기 위해 저는 그동안 법학방법론에 관해 발표한 논문들을 대폭 수정 및 보완하고 새로운 글들을 추가하여 이 책을 내놓게 되었습니다. 이 책을 쓰면서 저 스스로가 법학방법 및 법적 삼단논법 그리고 법학방법과 실정법학의 상호연관성을 더욱 깊게 이해할 수 있게 되었습니다. 이 책이 저에게도 자그마한 선물을 준 것입니다. 그동안 부족하지만 여러 권의 책을 썼는데 이 책을 준비하면서 가장 큰 보람을 느낄 수 있었습니다.

　　이번에도 많은 분들의 도움으로 이 책을 쓸 수 있었습니다. 그중 몇 분들에게는 특별히 감사인사를 드리고 싶습니다. 먼저 저자의 스승이신 고려대학교 법학전문대학원의 이상돈 교수님과 독일 프랑크푸르트대학교 법과대학의 클라우스 귄터(Klaus Günther) 교수님에게 감사인사를 올립니다. 스승님의 은혜에 힘입어 저는 부족하나마 한 사람의 법학자로 살아가고 있습니다. 두 분의 스승님으로부터 저는 법학방법론 및 법이론에 관해 귀중한 가르침을 받을 수 있었습니다. 학부에서 법학방법론을 가르쳐 주신 고려대학교 법학전문대학원의 안법영 교수님과 여러 번역과 논문으로 법학방법론에 관한 다양한 차원과 깊이를 가르쳐 주신 윤재왕 교수님에게도 감사인사를 드립니다. 소송상 진실에 관한 논문으로 많은 가르침을 주신 동국대학교 법과대학의 변종필 교수님과 법학방법론 및 법수사학에 관한 깊이 있는 연구로 언제나 학문의 귀감이 되시는 원광대학교 법학전문대학원의 이계일 교수님에게도 감사인사를 드립니다. 제게 다양한 지적 자극을 준 영남대학교 법학전문대학원의 "법학방법론" 수강생들에게 감사인사를 드립니다. 어려운 출판 환경에도 이 책을 출판할 수 있도록 배려해 주신 박영사의 이영조 팀장님과 부족한 원고를 멋진 책으로 편집해 주신 이승현 팀장님에게도 진심으로 감사인사를 드립니다. 이 책을 쓰는 과정에서 여러 도움을 주신 최현준 실장님에게 감사인사를 드립니다. 저자에게 삶의 보람과 힘의 원천이 되어 주는 두 아이들에게도 고맙다는 말을 전합니다. 저자의 학문과 삶의 동반자인 아내에게 이 책을 바칩니다.

2021년 봄에
평범한 일상을 그리워하며
양천수 배상

차 례

제1부 서 론

제 2 부　법학방법의 기초이론

제 3 부 사실확정

제4부 법규범 탐색 및 해석

제 5 부 사안적용 및 결론

제1부

서 론

제1장
삼단논법과 법학방법

이 책은 '삼단논법과 법학방법'을 다룬다. 삼단논법을 중심으로 하여 법학방법이란 무엇인지 규명한다. 여기서 두 가지 개념을 해명해야 한다. 이 책에서 말하는 '삼단논법'과 '법학방법'이란 무엇인가 하는 점이다.

Ⅰ. 삼단논법과 법학방법의 의의

1. 삼단논법의 의의

이 책은 법학방법을 다룬다. 그중에서도 이 책이 주된 대상으로 하는 법학방법은 가장 대표적인 실정법학의 방법이자 해석법학의 방법이라 말할 수 있는 법적 삼단논법이다. 법적 삼단논법은 철학에서 성장한 삼단논법을 법학에 적용한 방법이다. 그러면 삼단논법이란 무엇인가? 삼단논법은 세 가지의 논리적 단계, 즉 대전제, 소전제 및 결론으로 구성되는 추론 방법을 말한다. 세 가지의 논리적 단계로 구성된다고 해서 '삼단'논법으로 불린다. 이 책은 바로 이러한 삼단논법을 주된 분석대상으로 한다. 다만 이 책이 다루고자 하는 삼단논법은 철학에서 발전한 철학적 삼단논법이 아니라 법적 삼단논법이다. 철학적 삼단논법이 법학에 수용되어 발전한 법적 삼단논법은 사실확정, 법규범 탐색 및 해석, 사안 적용 및 결론으로 구성되는 법학방법을 말한다. 이 책은 바로 법적 삼단논법을 집중 분석 및 규명하는 것을 목표로 한다.

2. 법학방법의 의의

　　법적 삼단논법과 더불어 이 책이 다루고자 하는 법학방법이란 '법학'에서 사용하는 '방법'을 말한다. '법학의 방법' 또는 '법학에 관한 방법'이 법학방법이다. 그리고 이러한 법학방법을 연구대상으로 삼는 이론을 '법학방법론'이라고 부른다. 이에 따르면 법학방법론이란 법학이 원용하고 사용하며 활용하는 방법에 관한 이론이라고 말할 수 있다. 달리 말해 법학방법에 관한 이론이 법학방법론인 것이다.

3. 법학방법의 다원성

(1) 법학의 다원성

　　법학방법에 관해 먼저 지적하고 싶은 것이 있다. 그것은 법학방법이 오직 한 가지만 있는 것은 아니라는 점이다. 법학방법으로 유일한 방법만이 있는 것은 아니다. 법학방법은 다원적으로 존재한다. 이는 법학의 다원적인 성격과 무관하지 않다. 법학방법과 마찬가지로 법학은 단일한 모습으로 존재하지 않는다. 법학은 다양하게 구별할 수 있다. 예를 들어 법학은 기초법학과 실정법학으로 구별할 수 있다. 실정법학이 실정법 해석 및 체계화에 주된 관심을 두는 법학이라면, 기초법학은 실정법 자체를 원리적·비판적으로 고찰하는 데 주된 관심을 둔다. 좀 어려운 말로 표현하면, 실정법학이 '체계내재적인 법학'이라면 기초법학은 '체계초월적인 법학'이라고 말할 수 있다.[1] 법철학, 법사학, 법사회학 등을 기초법학의 예로 들 수 있다면 헌법학, 민법학, 형법학 등을 대표적인 실정법학으로 언급할 수 있다. 또한 입법과 적용, 즉 법규범 창설과 법규범 적용이라는 구별을 원용하면, 법학은 입법학과 해석법학으로 구별할 수 있다. 이외에도 법학은 다양하게 구별할 수 있다. 법학전문대학원이 출범한 이래 정착된 이론법학과 실무법학이라는 구별도 그 예로 언급할 수 있다.

---

1 이는 독일의 형법학자이자 법이론가인 하쎄머(Winfried Hassemer)가 제시한 구별에 바탕을 둔 것이다. 이에 관해서는 W. Hassemer, *Theorie und Soziologie des Verbrechens: Ansätze zu einer praxisorientierten Rechtsgutslehre* (Frankfurt/M., 1973) 참고.

(2) 법학방법의 다원성

이렇게 법학이 다양하게 구별되는 것에 발맞추어 법학방법 역시 다양하게 구별된다. 이를테면 기초법학의 방법과 실정법학의 방법을 구별할 수 있다. 법철학이나 법사학 등에서 사용하는 방법과 민법학이나 형법학에서 사용하는 방법을 구별할 수 있는 것이다. 나아가 입법학의 방법과 해석법학의 방법을 구별할 수 있다. 그중 입법학의 방법은 주로 기초법학의 방법과 연결된다면, 해석법학의 방법은 실정법학의 방법과 연결된다. 가령 법철학이나 법사학 등에서 사용하는 방법은 입법학의 방법으로 활용할 수 있다. 마찬가지로 해석법학의 방법은 민법학이나 형법학의 방법으로 사용된다. 민법학이나 형법학 등과 같은 실정법학은 주로 해석법학으로 자리매김하기 때문이다.

(3) 대표적인 법학방법으로서 법적 삼단논법

이 가운데서 법적 삼단논법은 법학, 특히 민사법, 형사법 등과 같은 실정법학이 즐겨 사용하는 법학방법이다. 가장 대표적인 실정법학의 방법이자 해석법학의 방법이 바로 법적 삼단논법인 것이다. 대표적인 법학방법으로 자리매김한 이후 새로운 법학방법론에 의해 다양한 비판이 법적 삼단논법에 제기되었지만, 법적 삼단논법은 여전히 기본적인 법학방법으로 해석법학에서 사용된다. 법적 삼단논법을 제대로 익혀야만 비로소 법적 논증이론과 같은 새로운 법학방법론에 접근할 수 있다. 그 점에서 법적 삼단논법은 법학방법의 '기본정석'에 해당한다. 이러한 이유에서 이 책 역시 법적 삼단논법에 초점을 두고자 한다.

(4) 법적 삼단논법과 실무법학의 연관성

이러한 법적 삼단논법은 이론법학뿐만 아니라 실무법학과도 밀접한 관련을 맺는다. 현행 「법학전문대학원 설치·운영에 관한 법률 시행령」 제13조 제1항은 '법정보조사'와 '법문서작성론'을 법정 필수실무과목으로 지정한다. 이에 따라 모든 법학전문대학원은 이 과목들을 반드시 개설해야 한다. 그런데 이들 과목 역시 법적 삼단논법과 무관하지 않다. 예를 들어 '법정보조사'는 법적 분쟁을 해결하는 데 필요한 법규범을 어떻게 탐색할 것인가를 다루는 교과목이다.

그 점에서 '법정보조사'는 법적 삼단논법 중에서 두 번째 단계인 법규범 탐색
및 해석과 연결된다. 또한 '법문서작성론'은 법적 삼단논법 중에서 세 번째 단
계, 즉 확정된 사실에 대한 법규범 적용과 관련을 맺는다. '법문서작성론'은 소
장 등과 같은 법문서를 어떻게 작성해야 하는지를 다루는데, 법문서를 작성하
는 과정이야말로 구체적인 법적 분쟁에 관련 법규범을 법문서라는 형식을 이용
하여 적용하는 과정에 해당하기 때문이다. 요컨대 사실에 법규범을 적용하는
과정은 법문서라는 형식을 통해 이루어질 수밖에 없기에 '법문서작성론'은 법적
삼단논법과 관련을 맺을 수밖에 없다. 이러한 근거에서 볼 때 법적 삼단논법은
실무법학과도 불가분하게 연결된다.

Ⅱ. 이 책의 전체 구성

1. 전체 구성

이 책은 모두 5개의 부와 21개의 장으로 구성된다. 5개의 부는 다음과 같
이 체계화된다. 제1부는 서론이다. 제1부는 2개의 장으로 이루어진다. 여기에서
는 이 책이 대상으로 하는 삼단논법과 법학방법이란 무엇인지, 이 책은 어떻게
구성되는지, 이 책의 특징은 무엇인지(제1장), 삼단논법은 어떻게 체계화되고 구
현되는지(제2장)를 소개한다.

제2부는 법학방법 및 법적 삼단논법에 대한 기초이론을 다룬다. 제2부는 2
개의 장으로 구성된다. 여기에서는 개념법학(제3장)과 니클라스 루만의 법도그
마틱 구상(제4장)을 분석한다.

제3부는 법적 삼단논법의 제1단계에 해당하는 사실확정에 관한 문제를 다
룬다. 제3부는 6개의 장으로 이루어진다. 제3부에서는 민사소송의 사실확정 문
제와 형사소송의 사실확정 문제를 중심으로 하여 논의를 진행한다. 여기에서는
민사소송에서 말하는 진실이란 무엇인지(제5장), 민사소송의 소를 제기하는 데
필요한 소장이 법적 삼단논법과 어떤 관련을 맺는지(제6장), 민사소송의 증명책
임이 사실확정과 어떤 관련을 맺는지(제7장), 형사소송에서 말하는 진실이란 무
엇인지(제8장), 형사소송에서 진행되는 사실인정은 어떤 구조와 문제를 안고 있

는지(제9장), 형사소송의 출발점이 되는 공소사실은 형사소송 및 법적 삼단논법 전반에서 어떤 의미와 기능을 수행하는지를 다룬다(제10장).

제4부는 법적 삼단논법의 제2단계에 해당하는 법규범 탐색 및 해석 그리고 형성에 관한 문제를 살펴본다. 제4부는 8개의 장으로 구성된다. 이 책에서 가장 많은 내용을 차지한다. 여기에서는 판례가 법규범에 해당하는지(제11장), 법규범 의 해석방법에 우선순위를 인정할 수 있는지(제12장), 법률해석과 법률행위 해 석은 어떻게 서로 구별되는지(제13장), 해석의 한계에 대한 기준은 무엇인지(제 14장), 판례가 어떻게 법규범의 의미를 새롭게 창조하는지(제15장), 법형성이란 무엇이고 이는 가능한지, 가능하다면 그 한계는 무엇인지(제16장), 법형성의 구 체적인 예는 무엇인지(제17장 및 제18장)를 다룬다.

제5부는 법적 삼단논법의 제3단계인 사안적용 및 결론을 살펴본다. 제5부 는 3개의 장으로 구성된다. 여기에서는 법적 삼단논법의 사안적용이 실제로 어 떻게 진행되는지(제19장), 법적 삼단논법 및 삼단논법적 법률해석론이 어떤 점 에서 불완전한지를 검토한다(제20장). 더불어 변호사시험과 같은 법학시험에서 는 답안을 어떻게 작성하는 것이 바람직한지를 법적 삼단논법의 시각에서 분석 한다(제21장).

2. 각 장에 대한 간략한 소개

이 책은 모두 21개의 장으로 구성된다. 21개의 장은 법적 삼단논법의 각 단 계에 맞추어 체계화되어 있다. 각 장의 내용을 간략하게 소개하면 다음과 같다.

(1) 삼단논법과 법학방법

제1장 "삼단논법과 법학방법"은 이 책의 서장에 해당한다. 여기에서는 이 책이 대주제로 삼는 삼단논법과 법학방법이란 무엇인지, 이 책은 어떻게, 어떤 내용으로 구성되는지, 이 책의 특징은 무엇인지 소개한다.

(2) 법적 삼단논법의 의의

제2장 "법적 삼단논법의 의의"는 가장 대표적인 법학방법이자 이 책이 주

된 분석대상으로 삼는 법적 삼단논법이란 무엇인지, 법적 삼단논법은 어떻게 구성되고 진행되는지를 살펴본다.[2] 특히 개인정보에 대한 해킹 및 판매를 내용으로 하는 [예시사례]를 대상으로 하여 법적 삼단논법이 어떻게 전개되는지 살펴본다.

(3) 개념법학

제3장 "개념법학"은 우리 법학에서 여전히 지배적인 방법으로 사용되는 개념법학에 관한 문제를 다룬다.[3] 개념과 체계는 법학이 독자적인 학문으로 자리매김하는 데 핵심적인 역할을 할뿐만 아니라 법적 삼단논법, 그중에서도 법규범을 해석할 때 고려해야 하는 중요한 대상이다. 법규범을 해석한다는 것은 대부분 실정법이 갖추고 있는 개념을 해석하는 것으로 볼 수 있기 때문이다. 그만큼 개념은 실정법 및 이를 분석하는 실정법학에서 중요한 역할을 한다. 그렇지만 다른 한편으로는 개념과 체계를 중시하는 법학의 태도를 '개념법학'으로 규정하면서 비판하는 경우도 없지 않다. 이러한 상황에서 제3장은 개념법학에 대한 정확한 이해를 목표로 한다. 개념법학은 어떻게 형성되었는지, 개념법학이 이론적 기초로 삼는 것은 무엇인지, 개념법학이 우리 법학에 남긴 유산은 무엇인지를 냉정하게 규명함으로써 한편으로는 개념법학의 한계를 정확하게 짚어보면서도, 다른 한편으로는 개념법학에 대한 오해를 해명하고자 한다.

(4) 개념법학과 이익법학을 넘어선 법도그마틱 구상

제4장 "개념법학과 이익법학을 넘어선 법도그마틱 구상"은 개념법학과 이익법학의 대립, 더욱 정확하게 말해 개념법학적 도그마틱과 이익법학적 도그마틱의 대립을 넘어설 수 있는 법도그마틱이란 무엇인지 모색한다.[4] 이를 위해 독일의 사회학자 니클라스 루만(Niklas Luhmann)이 제안한 법도그마틱 구상을 소

---

2 제2장은 김정오·최봉철·김현철·신동룡·양천수,『법철학: 이론과 쟁점』제2판(박영사, 2016), 제11장 "법적 추론"의 내용을 수정·보완한 것이다.

3 제3장은 양천수, "개념법학: 형성, 철학적·정치적 기초, 영향",『법철학연구』제10권 제1호(2007), 233~258쪽을 수정·보완한 것이다.

4 제4장은 양천수, "개념법학과 이익법학을 넘어선 법도그마틱 구상: 루만의 법도그마틱 구상을 중심으로 하여",『성균관법학』제18권 제1호(2006), 575~601쪽을 수정·보완한 것이다.

개 및 분석한다. 루만이 체계이론에 기반을 두어 제시한 '사회에 적합한 법개념과 법도그마틱'을 살펴봄으로써 우리 법학에서 핵심적인 지위를 차지하는 법도그마틱이 나아가야 할 방향을 모색한다.

(5) 민사소송의 진실 개념

제5장 "민사소송의 진실 개념"은 법적 삼단논법의 첫 번째 단계에 해당하는 사실확정이 민사소송에서는 어떻게 이루어지는지 다룬다.[5] 특히 민사소송이 목표로 하는 진실이란 무엇인지, 이러한 진실 개념은 어떤 이념과 소송구조에 바탕을 두는지, 민사소송의 진실 개념은 형사소송의 진실 개념과 어떻게 차이가 나는지, 여기에는 어떤 한계가 있는지, 이에 대한 대안은 무엇인지 살펴본다.

(6) 법학방법론과 민사소송의 소장

제6장 "법학방법론과 민사소송의 소장"은 민사소송이 시작되기 위해 필수적인 소장(訴狀)이 법적 삼단논법의 시각에서 볼 때 어떤 의미를 지니는지 분석한다.[6] 우리 민사소송은 원고가 소를 제기함으로써 시작된다. 이때 소제기는 원고가 소장을 작성하여 법원에 제출함으로써 이루어진다. 이 점에서 소장은 우리 민사소송에서 중요한 지위를 차지한다. 그런데 이러한 소장이 법학방법론의 측면에서 어떤 의미를 지니는지는 그동안 제대로 규명되지 않았다. 제6장은 이러한 문제의식에서 민사소송의 소장을 소송구조와 법적 삼단논법의 견지에서 규명한다.

(7) 법학방법론과 증명책임분배론

제7장 "법학방법론과 증명책임분배론"은 민사소송에서 사실을 확정할 때, 특히 진위불명 문제를 해결할 때 결정적인 역할을 하는 증명책임이 법적 삼단논법과 어떤 관련을 맺는지 규명한다. 특히 증명책임분배에 관해 오늘날에도 지배적인 견해로 인정되는 레오 로젠베르크(Leo Rosenberg)의 규범설을 집중적으로

---

5 제5장은 양천수·우세나, "민사소송에서 바라본 진실 개념: 법철학의 관점을 겸하여", 『민사소송』 제14권 제2호(2010), 33~65쪽을 수정·보완한 것이다.

6 제6장은 양천수·우세나, "법학방법론의 관점에서 본 민사소송법상 소장", 『법학논총』(조선대) 제26집 제2호(2019), 29~50쪽을 수정·보완한 것이다.

분석한다. 이를 통해 규범설이 법적 삼단논법과 어떻게 연결되는지 살펴본다.[7]

(8) 형사소송의 진실 개념

제8장 "형사소송의 진실 개념"은 형사소송에서 진행되는 사실확정 문제를 다룬다.[8] 형사소송에서 이루어지는 사실확정 절차에서는 어떤 진실 개념을 추구하는지를 비판적으로 검토한다. 특히 지배적인 견해가 형사소송의 진실 개념으로 설정하는 '실체적 진실'이 과연 가능한지를 이론적·실천적인 차원에서 규명하면서 이에 대한 대안을 모색한다.

(9) 사실인정의 구조와 쟁점

제9장 "사실인정의 구조와 쟁점"은 형사소송에서 이루어지는 사실인정, 즉 사실확정 절차가 어떤 구조를 지니고 있는지, 여기에서는 어떤 쟁점이 논의되는지 살펴본다.[9] 제8장이 주로 형사소송이 목표로 삼는 실체적 진실 개념을 비판적으로 고찰하는 데 중점을 둔다면, 제9장은 거시적인 측면에서 형사소송에서 진행되는 사실인정의 구조와 쟁점에 접근한다. 특히 합리적 의심배제의 논증 문제, 성향 개념의 논증 문제, 간접사실에 의한 사실인정 문제에 주목한다.

(10) 공소사실의 의의와 문제

제10장 "공소사실의 의의와 문제"는 형사소송의 출발점에 해당하는 공소사실이 형사소송에서 어떤 의미를 지니는지, 이에 관해 어떤 문제가 제기되는지 살펴본다.[10] 특히 공소사실을 이원적으로 파악하는 지배적인 견해를 법적 삼단논법과 구조화 법이론의 시각에서 분석한다. 이를 기초로 하여 공소사실과 일사부재리의 효력범위에 관한 기존의 지배적인 견해를 비판적으로 음미하면서 새로운 해법을 제안한다.

---

7 제7장은 양천수·우세나, "민사소송법상 증명책임분배론에 대한 법이론적 고찰: 레오 로젠베르크의 규범설을 중심으로 하여", 『중앙법학』 제10집 제3호(2008), 7~36쪽을 수정·보완한 것이다.

8 제8장은 양천수, "형사소송법상 실체진실주의와 적정절차원칙에 대한 비판적 고찰: 법철학의 관점에서", 『경남법학』 제23집(2008), 125~146쪽을 수정·보완한 것이다.

9 제9장은 양천수, "형사소송에서 사실인정의 구조와 쟁점: 법적 논증의 관점에서", 『형사정책연구』 제26권 제4호(2015), 59~97쪽을 수정·보완한 것이다.

10 제10장은 양천수, "공소사실과 일사부재리의 객관적 효력범위", 『형사소송의 이론과 실무』 제11권 제1호(2019), 159~192쪽을 수정·보완한 것이다.

(11) 법규범으로서 판례

제11장 "법규범으로서 판례"는 판례를 독자적인 법규범으로 파악할 수 있는지를 다룬다.[11] 판례가 독자적인 법규범이 될 수 있는가의 문제는 '판례의 법원성(法源性)'이라는 문제로 논의된다. 다수 견해는 판례는 독자적인 법원이 될 수 없다고 말한다. 이에 반해 제11장은 켈젠(Hans Kelsen)의 순수법학, 뮐러(Friedrich Müller)의 구조화 법이론, 루만의 체계이론을 원용하여 어떤 근거에서 판례가 독자적인 법규범이 될 수 있는지를 논증한다.

(12) 법적 안정성과 해석방법의 우선순위

제12장 "법적 안정성과 해석방법의 우선순위"는 법규범을 해석할 때 사용하는 해석방법에 우선순위를 인정할 수 있는지의 문제를 다룬다.[12] 특정한 법규범을 해석할 때는 흔히 복수의 해석방법이 사용될 수 있는데 이때 어떤 해석방법을 우선적으로 사용해야 하는지, 다시 말해 해석방법 사이에 서열을 인정할 수 있는지 문제된다. 판례는 법적 안정성을 근거로 하여 해석방법 사이의 서열을 긍정한다. 이에 반해 제12장은 이른바 '아름다운 판결'을 예로 하여 해석방법의 우선순위를 인정하고자 하는 시도를 비판적으로 검토한다.

(13) 법률해석과 법률행위 해석

제13장 "법률해석과 법률행위 해석"은 법적 삼단논법에서 중요한 지위를 차지하는 법률해석과 민법, 특히 계약법에서 이론적·실무적으로 중요한 문제인 법률행위 해석이 어떻게 구별되는지를 살펴본다.[13] 법률해석과 법률행위 해석은 객관적인 법규범에 대한 해석과 자율적인 행위에 대한 해석이라는 점에서 서로 차이가 난다. 그렇지만 법학방법론에서 주로 논의되는 주관설과 객관설의 대립 그리고 과거의 지평과 현재의 지평이라는 시간성의 대립을 도입하면 서로 공통점도 지닌다. 제13장에서는 바로 이러한 주제를 다룬다.

---

[11] 제11장은 양천수, "판례의 법원성 재검토: 법이론의 관점에서", 『사법』 제52호(2020), 431~465쪽을 수정·보완한 것이다.

[12] 제12장은 양천수, "법적 안정성과 해석: 이른바 '아름다운 판결'을 예로 하여", 『법학논총』(국민대) 제28권 제2호(2015), 123~168쪽을 수정·보완한 것이다.

[13] 제13장은 이 책을 위해 새로 집필한 부분이다.

(14) 형법해석의 한계

제14장 "형법해석의 한계"는 법규범을 해석할 때 한계가 있는지, 만약 있다면 그것은 무엇인지를 형법해석을 예로 하여 살펴본다.[14] 특히 1990년대 중반에 형법해석의 한계를 둘러싸고 전개된 논쟁을 분석함으로써 해석에 한계가 있는지, 있다면 그 기준은 무엇인지, 왜 해석의 한계 논의가 필요한지를 규명한다. 더불어 제14장은 형법해석의 한계에 대한 기존의 기준을 비판적으로 검토한다.

(15) 의미창조적 확장해석

제15장 "의미창조적 확장해석"은 제14장의 연장선상에 있는 장으로 형법해석의 한계기준으로 판례가 제시하는 '법문언의 가능한 의미'가 얼마나 허약한 기준인지를 비판적으로 검토한다.[15] 형법학의 다수 견해와 판례는 형법해석의 한계기준으로 일관되게 '법문언의 가능한 의미'를 제시하지만 이러한 기준은 그 자체가 해석대상이 된다는 점에서 문제가 있다. 이를테면 법문언 자체의 의미가 해석을 통해 확장적으로 창조될 수 있는 것이다. 제15장은 이러한 문제를 다룬다.

(16) 법형성의 의의와 방법 그리고 한계

제16장 "법형성의 의의와 방법 그리고 한계"는 법형성이란 무엇인지, 법형성은 법해석과 어떻게 구별되는지, 법형성을 위해 사용하는 방법은 무엇인지, 이러한 법형성은 과연 허용되는지, 만약 허용된다면 그 한계는 무엇인지 등을 다룬다.[16] 특히 '법률에 반하는 법형성'이 과연 허용되는지, 만약 허용된다면 그 한계는 어디까지인지를 집중적으로 논의한다.

---

[14] 제14장은 양천수, "형법해석의 한계: 해석논쟁을 중심으로 하여", 『인권과 정의』 제379호(2008), 144~158쪽을 수정·보완한 것이다.

[15] 제15장은 양천수, "의미창조적 확장해석: 법이론의 관점에서", 『안암법학』 제37호(2012), 369~394쪽을 수정·보완한 것이다.

[16] 제16장은 양천수, "법률에 반하는 법형성의 정당화 가능성: 이론적−실정법적 근거와 인정범위 그리고 한계", 『법과 사회』 제52호(2016), 107~142쪽을 수정·보완한 것이다.

(17) 친생자 추정과 법형성

제17장 "친생자 추정과 법형성"은 우리 민법 제844조가 규정하는 "남편의 친생자 추정"에 관한 문제를 다룬다.[17] 여기에서는 '친생자 추정'에 예외를 인정할 수 있는지, 이렇게 예외를 인정하는 것은 민법 제844조를 해석한 것인지, 아니면 법형성을 한 것인지, 만약 해석이 아닌 법형성이라면 그것은 어떤 종류의 법형성인지, 이러한 법형성은 과연 허용되는지를 다룬다. 제17장은 이렇게 친생자 추정에 예외를 인정하는 것은 법률에 반하는 법형성의 일종으로 타당하지 않다고 주장한다.

(18) 헌법 문언에 반하는 헌법형성으로서 헌법변천

제18장 "헌법 문언에 반하는 헌법형성으로서 헌법변천"은 헌법학에서 논의되는 헌법변천을 헌법형성이라는 시각에서 재검토한다.[18] 헌법변천은 보통 헌법개정과 관련하여 논의된다. 헌법변천은 공식적인 개정절차를 거치지 않은 헌법개정으로 이해된다. 이에 대해 제18장은 헌법변천을 헌법형성의 일종으로, 그것도 헌법 문언에 반하는 헌법형성으로 파악한다. 그러면서 언제 이러한 헌법변천이 허용될 수 있는지를 문제 삼는다.

(19) 사안적용과 포섭이데올로기

제19장 "사안적용과 포섭이데올로기"는 법적 삼단논법의 세 번째 단계인 사안적용이 실제로 어떻게 진행되는지를 규명한다.[19] 전통적인 법적 삼단논법에 따르면 사안적용은 포섭이데올로기에 의해 파악되었다. 그렇지만 제19장은 이러한 포섭이데올로기를 비판적으로 검토하면서 법해석학의 성과를 수용하여 사안적용이 실제로 어떻게 진행되는지를 살펴본다.

---

[17] 제17장은 양천수·우세나, "친생자 추정 논의에 관한 법학방법론적 문제", 『가족법연구』 제33권 제2호(2019), 77~100쪽을 수정·보완한 것이다.

[18] 제18장은 양천수, "헌법변천 재검토: 헌법 문언에 반하는 헌법형성의 가능성", 『헌법재판연구』 제7권 제1호(2020), 379~404쪽을 수정·보완한 것이다.

[19] 제19장은 김정오·최봉철·김현철·신동룡·양천수, 『법철학: 이론과 쟁점』 제1판(박영사, 2012)에 게재된 내용을 수정·보완한 것이다.

(20) 삼단논법적 법률해석론 비판

제20장 "삼단논법적 법률해석론 비판"은 이 책에서 집중적으로 살펴본 법적 삼단논법, 그중에서도 삼단논법적 법률해석론이 어떤 점에서 문제와 한계를 지니는지 냉정하게 검토한다.[20] 이를 통해 삼단논법적 법률해석론이 오늘날에도 여전히 유효한 법학방법이 될 수 있는지 살펴본다. 그렇지만 제20장은 삼단논법적 법률해석론이 여러 문제를 안고 있지만 그렇다고 해서 이를 완전히 폐기하는 것은 타당하지 않다고 주장한다.

(21) 법적 논증으로서 법학답안작성

제21장 "법적 논증으로서 법학답안작성"은 변호사시험 등에서 실시해야 하는 법학답안작성을 법적 삼단논법의 측면에서 접근한다.[21] 제21장은 법학답안작성은 법학방법 및 법적 삼단논법과 무관하지 않은 것으로 파악한다. 법학답안작성을 법적 논증의 일환으로 이해한다. 이러한 측면에서 좋은 법학답안이란 무엇인지 살펴본다.

Ⅲ. 이 책의 특징

이 책은 '삼단논법과 법학방법'을 다룬다는 점에서 법학방법론에 관한 책으로 파악할 수 있다. 다만 이 책은 다음과 같은 점에서 법학방법론에 관해 이미 존재하는 훌륭한 책들과는 구별된다.

1. 법적 삼단논법과 실정법학의 연관성

이 책은 민사법학이나 형사법학 등과 같은 실정법학이 얼마나 법학방법 및 법적 삼단논법과 밀접하게 연관되어 있는지에 주목한다. 이러한 일환에서 이

---

20 제20장은 양천수, "삼단논법적 법률해석론 비판: 대법원 판례를 예로 하여", 『영남법학』 제28호 (2009), 1~27쪽을 수정·보완한 것이다.

21 제21장은 양천수, "법적 논증으로서 법학답안작성: 변호사시험을 예로 하여", 『대구법학』 제14권 (2017), 115~131쪽을 수정·보완한 것이다.

책은 다양한 실정법의 제도나 도그마틱을 법적 삼단논법의 측면에서 규명한다. 그 점에서 이 책은 법학방법론이 단순히 이론적 차원에서만 머무는 것이 아니라 지금 여기에서 발생하는 법적 분쟁과도 밀접하게 관련을 맺는 실천적인 분야라는 점을 보여준다.

2. 사실확정 절차의 중요성

이 책은 법적 삼단논법의 각 단계 중에서 실제 법적 분쟁을 해결하는 데 매우 중요한 비중을 차지하는 사실확정 절차에 주목한다. 그동안 사실확정은 실무에서 담당하는 분야라는 이유로 이론에서 그다지 주목받지 않았다. 이에 반해 이 책은 사실확정이야말로 실제 법적 분쟁을 해결하는 과정에서 매우 중요하고 또한 어렵다는 점을 의식하면서 이에 관한 문제에 천착한다. 이러한 이유에서 이 책은 민사소송이나 형사소송과 같은 소송절차에 관심을 기울인다. 법적 삼단논법의 틀에서 소송절차를 파악한다. 이러한 맥락에서 이 책은 실체법과 절차법을 법적 삼단논법의 틀 안에서 결합한다.

제 2 장
법적 삼단논법의 의의

I. 법학방법으로서 법적 추론

법적 추론이란 특정한 법적 분쟁이 발생하였을 때 이를 해결하는 데 사용하는 추론방법 또는 추론과정 전체를 말한다. 제2장에서는 이러한 법적 추론과정을 법철학의 시각에서 살펴봄으로써 법적 분쟁이 발생하였을 때 법학도가 어떻게 법적 추론과정을 적용해야 하는지를 체득하는 데 도움을 주고자 한다. 특히 오늘날에도 여전히 법적 추론의 기본 토대가 되는 법적 삼단논법을 중심으로 하여 논의를 전개한다.

그러면 이렇게 법적 추론과정을 다루어야 할 필요는 무엇일까? 그 이유를 다음과 같이 말할 수 있다. 법체계는 크게 두 가지 측면에서 기능을 수행한다.[1] 첫째는 법을 정립하는 기능이고, 둘째는 법을 적용하는 기능이다. 전통적인 법학에서는 첫 번째 기능을 '입법작용'이라고 하고, 두 번째 기능을 '사법작용'이라고 한다. 입법작용에서는 정당한 법이란 무엇인지, 법은 어떻게 효력을 갖게 되는지, 정당한 법은 어떤 절차를 통해 입법될 수 있는지를 묻는다. 이렇게 보면 입법작용은 전통적인 '법철학'과 밀접한 관련을 맺는다. 왜냐하면 전통적인 법

---

1 독일의 사회학자 루만(N. Luhmann)에 따르면 이는 법체계가 내적 분화(interne Differenzierung)를 통해 획득한 결과이다. N. Luhmann, *Das Recht der Gesellschaft* (Frankfurt/M., 1993), 299쪽.

철학에서는 정당한 법이란 무엇인지(법의 개념), 법이 추구하는 이념은 무엇인지
(법의 이념), 법은 어떻게 효력을 획득하는지(법의 효력)가 주요 문제로 논의되기
때문이다.[2] 이에 대해 사법작용에서는 구체적인 법적 분쟁이 발생하였을 때 입
법작용으로 정립된 법규범을 이러한 법적 분쟁에 적용하는 것을 목표로 한다.
따라서 사법작용에서는 어떻게 하면 주어진 법적 분쟁에 법규범을 '적절하게'
적용할 수 있는지를 문제 삼는다.[3] 이러한 점에서 사법작용은 전통적인 법학방
법론 혹은 이를 넘어서는 법이론이나 법수사학, 법적 논증이론 등과 관련을 맺
는다. 이렇게 사법작용과 관련을 맺는 법학방법론은 법적 분쟁을 적절하게 해
결하는 데 필요한 방법론을 다룬다는 점에서 그 무엇보다도 중요하다. 왜냐하
면 법학방법론은 실천적일 뿐만 아니라 특정한 법적 분쟁을 적절하게 해결하는
데 필요한 방법론, 해석론, 판례 등을 습득하는 데 중점을 두는 현행 법학교육
의 목표와도 합치하기 때문이다. 여기에서 다루고자 하는 법적 추론에 관한 논
의가 바로 이러한 법학방법론에 속한다.

Ⅱ. 법적 추론의 기본모델로서 법적 삼단논법

1. 의의

법적 추론에는 다양한 방식 또는 모델이 있을 수 있다.[4] 그렇지만 여기에
서는 기본적으로 법적 삼단논법에 따라 법적 추론과정을 살펴보고자 한다. 물
론 지난 1960년대 이후 전통적인 법학방법론이 지닌 한계를 지적하면서 주로
독일 법학에서 성장한 '법해석학'이나 '법이론', '법적 논증이론' 등은 전통적인
법학방법론이 기본모델로 삼는 법적 삼단논법을 다양한 측면에서 비판하였다.

---

2 이를 지적하는 아르투어 카우프만, 김영환 (역), 『법철학』(나남, 2007), 52쪽.
3 독일의 법철학자 귄터(K. Günther)는 규범적인 '대화'(담론: Diskurs)를 '규범창설대화'와 '규범적
 용대화'로 구별하면서 규범창설대화에서는 '정당성'이 문제되는 반면, 규범적용대화에서는 '적절
 성'(Angemessenheit)이 문제된다고 한다. 이와 같은 구별에 따르면, 사법작용은 넓은 의미의 규범
 적용대화에 속한다고 말할 수 있다. 이러한 귄터의 이론에 관해서는 양천수, "법과 대화이론: 클
 라우스 귄터의 대화이론적 법이론", 『법철학연구』 제4권 제2호(2001), 159~194쪽; 양천수, "규범
 창설대화로서 입법평가", 『입법평가연구』 제14호(2018), 1~30쪽 참고.
4 김영환 교수는 법적 추론모델의 기본적 형태로 '연역적 모델'과 '해석학적 모델'을 제시한다. 김
 영환, 『법철학의 근본문제』(홍문사, 2012), 260쪽 아래 참고.

그렇지만 법적 삼단논법은 오늘날에도 여전히, 특히 법학교육과 관련하여 기본적인 법적 추론모델이자 법학방법으로서 의미를 지닌다.[5]

법적 삼단논법은 다음과 같이 정의할 수 있다. 우선 삼단논법이란 흔히 '연역모델'이라고도 하는데 특정한 '대전제'(상위명제)를 기반으로 이 대전제에 '소전제'(하위명제)를 '포섭'하여 결론을 도출하는 논리적 방법을 말한다. 세 가지 단계로 구성된 논리적 추론방법이라고 해서 '삼단논법'이라고 부른다. 법적 삼단논법은 이러한 삼단논법을 법적 추론과정에 적용한 것이다. 이에 따르면 법적 삼단논법은 다음과 같은 추론과정으로 이루어진다. 먼저 첫 번째 단계는 대전제에 해당하는 법규범을 탐색·구체화하는 단계이다. 법적 추론과정에서 큰 비중을 차지하는 법해석은 바로 대전제에 해당하는 법규범을 구체화하는 역할을 수행한다. 나아가 두 번째 단계는 소전제에 해당하는 법적 분쟁의 사실관계를 확정하는 단계이다. 실제 분쟁해결 과정에서 이 단계는 소송절차를 통해 구현된다. 마지막으로 세 번째 단계는 대전제인 법규범을 소전제인 사실관계에 적용 또는 포섭하여 법적 결론을 도출하는 단계이다. 이를 도식화하면 다음과 같다.

≪도식-1≫ 법적 삼단논법의 추론과정

제1단계	대전제 탐색 및 구체화	법적 분쟁의 관련 법규범 탐색·구체화
제2단계	소전제 확정	법적 분쟁의 사실관계 확정
제3단계	결론	법규범을 사실관계에 적용하여 결론 도출

2. 법적 삼단논법의 배후근거

법적 삼단논법의 배후근거로는 크게 이론적 근거와 역사적 근거 그리고 실천적 근거를 제시할 수 있다.

---

5 법적 삼단논법에 대한 비판으로는 이상돈, 『새로 쓴 법이론』(세창출판사, 2005), 40쪽 아래; 양천수, "삼단논법적 법률해석론 비판: 대법원 판례를 예로 하여", 『영남법학』제28호(2009), 1~27쪽 및 이 책 제20장; 울프리드 노이만, 윤재왕 (옮김), 『법과 논증이론』(세창출판사, 2009) 등 참고.

(1) 이론적 근거

먼저 이론적 근거로 실체론적 법인식론을 제시할 수 있다.[6] 여기서 실체론적 법인식론이란 법규범의 문언이 지시하는 의미내용이 고정된 '실체'로서 존재하여, 법적 추론의 주체는 이렇게 실체로 존재하는 법규범의 의미내용을 법인식 과정을 통해 손쉽게 발견할 수 있고 이렇게 발견한 법규범의 의미내용을 법적 분쟁에 기계적·논리적으로 적용함으로써 법적 추론을 객관적으로 수행할 수 있다는 인식론을 말한다. 예를 들어 형법 제261조가 특수폭행의 요건으로 규정하는 '위험한 물건'은 그 의미내용이 실체로서 고정되어 있으므로 법적 추론의 주체는 이러한 '위험한 물건' 개념의 의미내용을 객관적으로 발견하여 이를 구체적인 특수폭행 사건에 기계적·논리적으로 적용하기만 하면 된다는 것이다. 이러한 관념은 '포섭이데올로기'와도 밀접한 관련을 맺는다.[7] 이와 같은 실체론적 사고는 전통적인 자연법사상에서 발견할 수 있는데,[8] 후에 분석적 언어이론(분석철학)을 통해 더욱 세련된 모습으로 발전한다.[9]

(2) 역사적 근거

나아가 법적 삼단논법에 대한 역사적 또는 이론사적 근거로 19세기에 주로 독일을 중심으로 하여 성장한 법실증주의의 영향을 거론할 수 있다. 그 당시 법실증주의는 오직 경험적으로 검증할 수 있는 법만을 법학의 대상으로 삼고자 하면서 이러한 법으로 국가가 제정한 '법률'을 언급하였다.[10] 아울러 법실증주의는 실정법 체계를 흠결이 없는 완결된 체계로 파악한다. 따라서 법실증주의에 따르면, 법관은 법을 해석할 필요 없이 단지 법을 발견하여 구체적인 법적 분쟁에 적용하기만 하면 될 뿐이다. 설사 법을 해석할 필요가 있다 하더라도 법

---

6 이상돈, 위의 책, 131쪽 아래 참고.
7 '포섭이데올로기'에 관해서는 이 책 제19장 참고.
8 아르투어 카우프만, 앞의 책, 82쪽.
9 이상돈, 앞의 책, 46쪽 아래. 이 때문에 독일의 법철학자 카우프만은 자연법론과 법실증주의가 법이론적·방법론적 측면에서 동일한 사고구조를 갖는다고 한다. 아르투어 카우프만, 앞의 책, 97쪽.
10 이러한 법실증주의에 관해서는 헤르만 칸토로비츠, 윤철홍 (옮김), 『법학을 위한 투쟁』(책세상, 2006), 27쪽 아래, 125쪽 아래; 이상영·김도균, 『법철학』(한국방송통신대학교출판부, 2007), 53쪽 아래 등 참고. 물론 법실증주의가 실제로 이러한 주장을 했는지에 관해서는 견해가 대립한다. 특히 오늘날의 법실증주의는 이렇게 엄격하게 주장하지는 않는다.

관은 입법자가 마련한 법문언의 의미내용 안에서만 법을 해석해야 한다. 그런데 이러한 법실증주의적 사고방식은 법적 삼단논법에서도 찾아볼 수 있다. 왜냐하면 법적 삼단논법은 기본적으로 실정법인 대전제에 기반을 두어 법적 분쟁을 해결하고자 하기 때문이다. 다시 말해 법적 삼단논법은 실정법을 근거로 해서만 법적 주장과 논증을 해야 한다고 본다는 점에서 법실증주의적 사고방식을 법적 삼단논법에서 발견할 수 있다.

(3) 실천적 근거

마지막으로 법적 삼단논법에 대한 실천적 근거로 사법작용의 정치적 독립성을 언급할 수 있다. 여기서 사법작용의 정치적 독립성이란 사법작용, 즉 법관의 법률해석과 적용은 정치적 세력의 이해관계와는 상관없이 객관적·중립적으로 이루어져야 한다는 것을 의미한다. 법관은 법률이 담고 있는 실체적인 의미내용만을 말할 수 있을 뿐 법관 자신이 지닌 정치적 당파성은 이러한 사법과정에 스며들 수 없다는 것이다. 이러한 사법작용의 정치적 독립성은 다음과 같은 역사적 배경 속에서 등장하였다. 역사적으로 보면 법적 삼단논법이 등장할 즈음의 대륙법계 국가, 특히 프랑스에서는 법복귀족의 부패가 심했다. 이러한 이유에서 프랑스 혁명이 이루어진 이래 국가는 엄격한 권력분립에 힘입어 법관의 부패나 횡포를 최대한 억제하고자 하였다. 바로 이와 같은 맥락에서 법관의 자의를 최대한 억제하고 이를 통해 정치적 독립성을 확보하려는 법적 삼단논법이 등장했다고 말할 수 있다.[11]

3. 서술방식

아래에서는 기본적으로 법적 삼단논법에 따라 법적 추론과정을 살펴보면서 부분적으로 '해석학적 모델'의 관점을 받아들이고자 한다. '해석학적 모델'은 '법해석학'에 기반을 둔 것으로, 법적 삼단논법과는 달리 법관이 지닌 주관적 관점 등이 '선이해'나 '인식관심'의 형식으로 법적 추론과정에 적극적으로 개입한다는 점을 긍정한다.[12]

---

11 이에 관해서는 존 헨리 메리만, 윤대규 (역), 『시민법전통』(철학과현실사, 1995), 71~78쪽 참고.
12 '법해석학'에 관해서는 양천수, 『법해석학』(한국문화사, 2017) 참고.

다만 여기에서 언급해야 할 점이 있다. 원래 법적 삼단논법은 이론적으로는 ≪대전제⇒소전제 ⇒ 결론≫ 순으로 구성되지만, 실제 법적 분쟁을 대상으로 하는 법적 추론과정은 ≪소전제⇒대전제⇒결론≫ 순으로 이루어진다는 점이다. 왜냐하면 가령 법관의 지위에서 법적 분쟁을 해결하기 위해서는 먼저 소전제에 해당하는 법적 분쟁의 사실관계를 정확하게 확정해야 하고, 이어서 이러한 사실관계에 적용될 수 있는 특정한 법규범, 즉 대전제를 탐색하여 이를 해석·구체화해야 하며, 마지막으로 이렇게 해석으로 구체화된 법규범을 해당 사실관계에 적용하여 법적 결론을 이끌어 내야 하기 때문이다. 따라서 아래에서는 실제 법적 분쟁해결 과정에 상응할 수 있도록 법적 추론과정을 분석하고자 한다. 이에 따라 전통적인 삼단논법과는 달리, 첫 번째 단계를 사실확정 단계로 그리고 두 번째 단계를 법규범 탐색 및 구체화 단계로 설정한다. 다른 한편 논의를 더욱 명확하게 하기 위해 아래에서는 다음과 같은 간단한 [예시사례]를 대상으로 하여 법적 추론과정을 분석한다.[13]

[예시사례]

A는 평소 개인적으로 알고 있던 해커 B에게 C은행이 보유하고 있는 고객의 개인정보를 해킹할 것을 부탁하였다. 이에 평소 C은행에 좋지 않은 감정을 갖고 있던 B는 C은행이 관리하는 서버를 해킹하여 고객의 개인정보를 입수하였다. 그 후 이렇게 해킹하여 획득한 고객정보를 A에게 돈을 받고 넘겨주었다. 이 경우 A가 한 행위에 대해서는 형법상 어떤 죄책을 물을 수 있는가?

Ⅲ. 제1단계: 사실확정

1. 의의

특정한 법적 분쟁이 발생하여 이를 해결하기 위해서는 먼저 이 법적 분쟁

---

13 [예시사례]는 형법 이외에도 「정보통신망 이용촉진 및 정보보호 등에 관한 법률」(정보통신망법)과 「개인정보 보호법」이 규정하는 벌칙과도 관련을 맺는데 여기에서 이 문제는 다루지 않기로 한다.

에서 전제가 되는 사실관계를 확정해야 한다.[14] 법적 삼단논법의 견지에서 보면 이는 '소전제'를 확정하는 과정에 속한다. 소송법학과 실무에서는 이를 '사실인정'이라고 말한다.[15] [예시사례]의 경우에서 보면, "A는 평소 개인적으로 알고 있던 해커 B에게 C은행이 보유하고 있는 고객의 개인정보를 해킹할 것을 부탁하였다. 이에 평소 C은행에 좋지 않은 감정을 갖고 있던 B는 C은행이 관리하는 서버를 해킹하여 고객의 개인정보를 입수하였다. 그 후 이렇게 해킹하여 획득한 고객정보를 A에게 돈을 받고 넘겨주었다."는 주장이 사실관계에 해당한다. 검사나 변호사 혹은 법관은 위 주장에 대한 법적 판단을 하기 전에 이 주장이 과연 '진실'인지 확정해야 한다. 이러한 사실확정은 실제 분쟁해결 과정에서는 대부분 '소송절차'를 통해 이루어진다.

2. 인식론의 지평에서 본 사실확정의 어려움

그런데 사실관계를 확정하는 과정에서는 다음과 같은 문제가 등장한다. 실제 분쟁해결 과정에서 대상이 되는 사실은 이미 과거 속으로 흘러가 버린 '역사적 사실'이라는 점이다. 더군다나 분쟁해결 과정에서 문제가 되는 사실은 인간 및 인간 행위를 둘러싼 규범적 판단과 관련을 맺는 사실이라는 점에서 규칙적으로 되풀이되는 자연현상과는 달리 우연적이고 일회적인 성격이 강하다.[16] 이 때문에 이미 과거 사건이 되어버린 '사실'을 소송이 진행되는 '지금 여기서' 정

---

14 종래 사실확정에 관해서는 아마도 이것은 실무가 다루어야 하는 작업이라는 이유에서 본격적인 연구가 그다지 이루어지지 않았다. 그러나 법학전문대학원 체제가 출범한 이상 이제는 사실확정 등에도 학자들이 관심을 기울여야 할 필요가 있다. 이에 관한 연구로는 이상돈, 앞의 책, 63~74쪽; 김성룡, 『법적 논증의 기초』(경북대학교출판부, 2007), 257쪽 아래; 박노섭, "독일 사실인정론에 관한 연구와 그 시사점", 『형사정책』 제18권 제1호(2006), 274쪽 아래; 이계일, "해석사회학의 관점에서 본 법실무의 구조", 『법철학연구』 제12권 제2호(2009), 277~330쪽; 김상준 외 (편), 『법관의 의사결정 이론과 실무』(사법발전재단, 2010); 권오걸, 『사실인정과 형사증거법』(경북대학교출판부, 2014); 김종률, 『진술·증거분석을 통한 사실인정 방법론 연구』(한양대 법학박사 학위논문)(2014); 양천수, "형사소송에서 사실인정의 구조와 쟁점: 법적 논증의 관점에서", 『형사정책연구』 제26권 제4호(2015), 59~97쪽 및 이 책 제9장 참고. 독일 문헌으로는 L. Schulz, *Normiertes Misstrauen* (Frankfurt/M., 2000), 223쪽 아래 참고.
15 다만 제2장에서는 '사실확정'이라는 용어를 사용한다.
16 바로 이러한 점에서 자연현상을 대상으로 하는 자연과학과 인간 행위를 대상으로 하는 정신과학이 방법론적으로 구별되기도 한다. 이에 관해서는 우선 하인리히 리케르트, 이상엽 (옮김), 『문화과학과 자연과학』(책세상, 2004) 참고.

확하게 복원하는 것은 어려울 수밖에 없다. 재판 대상이 되는 '사실'의 일회적·역사적 속성 때문에 과거에 발생한 실제 사실과 현재의 재판상 사실을 얼마나 일치시킬 수 있는가 하는 '인식론적 문제'가 등장할 수밖에 없는 것이다.[17] [예시사례]의 경우에서 보면 "A는 평소 개인적으로 알고 있던 해커 B에게 C은행이 보유하고 있는 고객의 개인정보를 해킹할 것을 부탁하였다. 이에 평소 C은행에 좋지 않은 감정을 갖고 있던 B는 C은행이 관리하는 서버를 해킹하여 고객의 개인정보를 입수하였다. 그 후 이렇게 해킹하여 획득한 고객정보를 A에게 돈을 받고 넘겨주었다."는 사실은 일종의 주장으로 재판을 통해 확정할 수밖에 없다. 따라서 이 재판에 참여하는 관련자들은 이러한 주장이 실제로 존재했던 '역사적 사실'과 가능한 한 일치할 수 있도록 해야 한다. 그런데 이렇게 '실제의 역사적 사실'과 재판과정을 통해 확정되는 '재판상 사실'을 서로 일치시키는 작업은 결국 소송절차 그 자체를 통해서만 실현할 수밖에 없다. 소송절차에 의하지 않고서는 문제되는 법적 분쟁에서 전제가 되는 '사실'을 확정할 수 없다. 바로 이러한 근거에서 사실관계를 확정하는 절차 자체가 합리적이고 공정하게 제도화되어 운용될 수 있어야 한다. 사실을 확정하는 절차가 얼마나 합리적이고 공정하게 제도화되어 운용되는가에 따라 이 절차를 통해 확정되는 사실의 진실성도 그만큼 높아질 것이기 때문이다.

3. 사실확정의 방법

법적 삼단논법의 첫 번째 단계에 해당하는 사실확정 과정은 '사실확정의 절차', '사실확정의 정보', '사실확정의 기준'으로 나누어 살펴볼 수 있다.

(1) 사실확정의 절차

이미 언급한 것처럼 사실확정은 대개의 경우 법원이 주도하는 소송절차를

---

[17] 이러한 이유에서 '소송상 진실'이란 과연 무엇인지, 이를 어떤 기준으로 판단할 수 있는지에 관해 논란이 벌어진다. 이 문제에 관해서는 우선 이상돈, 『형사소송원론』(법문사, 1998), 3쪽 아래; 변종필, 『형사소송에서 진실개념』(고려대 법학박사 학위논문, 1996); 양천수, "형사소송법상 실체진실주의와 적정절차원칙에 대한 비판적 고찰: 법철학의 관점에서", 『경남법학』 제23집(2008), 125~146쪽 및 이 책 제8장 참고.

통해 이루어진다. 바로 이러한 이유에서 소송절차를 합리적이고 공정하게 제도
화하고 운용해야 할 필요가 있다. 그런데 사실관계를 확정하는 과정은 이것을
담당하는 소송절차가 어떤 소송구조를 갖추고 있는가에 따라 달라진다. 이는
무엇보다도 가장 대표적인 소송절차라 할 수 있는 민사소송과 형사소송에서 극
명하게 차별화되어 나타난다. 왜냐하면 민사소송과 형사소송은 각기 '당사자주
의'와 '직권주의'라는 서로 대립하는 원리에 기반을 두어 운용되기 때문이다.[18]

　　당사자주의란 소송에 대한 주도권을 법관이 아닌 원고, 피고와 같은 관련
당사자들에게 부여하는 소송구조를 말한다. 이러한 당사자주의는 민법의 기본
원리인 '사적 자치'를 민사소송에서 구체화한 것이라고 말할 수 있다. 이는 민사
분쟁 역시 원칙적으로 각 당사자가 자율적으로 해결하는 것이 바람직하다는 점
을 보여준다. 각 당사자들이 소송수행능력의 측면에서 평등하다는 것을 전제로
하여 사실관계를 확정하는 데 필요한 정보수집 활동을 철저하게 각 당사자들에
게 일임함으로써 소송절차에서 무기평등을 실현하고자 하는 것이다. 이 경우
법원은 기본적으로 일종의 '관찰자'가 되어야 한다. 여기에는 사실관계 확정에
대한 책임을 각 당사자에게 부여하는 것이 사실관계를 정확하게 재구성하는 데
더 바람직하다는 이념도 깔려 있다.[19]

---

18 당사자주의와 직권주의에 대한 법철학적 개관으로는 이상돈, 『로스쿨을 위한 법학입문』(법문사,
2009), 113쪽 아래 참고. 물론 형사소송의 소송구조를 직권주의로 파악해야 하는지에 관해서는
견해가 대립한다. 가령 주로 영미의 형사소송법학을 수용한 진영에서는 우리의 형사소송구조도
영미의 형사소송구조처럼 당사자주의로 이해해야 한다고 주장한다. 그 이유는 무엇보다도 이렇
게 형사소송구조를 당사자주의로 파악해야만 피고인의 인권을 더욱 잘 보장할 수 있기 때문이라
고 한다. 판례 역시 우리 형사소송의 구조를 '직권주의 요소가 가미된 당사자주의'로 본다. 직권
주의보다는 당사자주의를 강조하는 것이다. 필자 역시 우리 형사소송은 직권주의 요소와 당사자
주의 요소를 모두 갖추고 있다고 생각한다. 다만 우리 형사소송은 독일의 형사소송을 토대로 둔
다는 점에서 여전히 당사자주의보다 직권주의가 더욱 강조되고 있다고 생각한다.
19 그러나 당사자주의에 대해서는 다음과 같은 문제를 지적할 수 있다. 당사자주의는 각 당사자들
이 소송수행능력의 측면에서 평등하다는 것을 전제로 해야 한다. 만약 이 요건이 충족되지 않으
면 당사자주의는 제대로 작동할 수 없다. 그렇지만 마치 자유주의가 실패하여 이를 보완하기 위
해 사회국가원리가 등장한 것처럼, 현실에서 각 당사자들은 실질적으로 평등하지 않은 경우가
대부분이다. 이 때문에 현실적으로 당사자주의는 본래 의도했던 것과는 달리 사실확정에 대한
책임을 각 당사자에게 부여하는 것이 역사적 진실을 지금 여기서 재현하는 데 더 바람직할 수
있다는 이념을 제대로 실현하기 어렵다. 이러한 이유에서 민사소송에서는 형사소송과는 달리 현
실적으로 사실관계 확정에 관해 이른바 '형식적' 진실에 만족해야 할 수밖에 없다. 왜냐하면 사
실관계 확정에 대한 주도권을 각 당사자에게 부여하고 법원은 단지 관찰자의 지위에만 만족해야

민사소송과는 달리 형사소송에서는 직권주의에 따라 사실관계를 확정한다. 여기서 직권주의란 소송에 대한 주도권을 검사나 피고인과 같은 당사자에게 부여하는 것이 아니라 법관 또는 법원이 쥐는 소송구조를 말한다. 이러한 직권주의의 배후에는 '형벌'이라는 가장 강력한 제재수단을 부과하기 위해 진행되는 형사소송에서는 아무래도 국가가 개입하여 사실관계를 확정해야 한다는 이념이 깔려 있다. 이러한 맥락에서 형사소송에서는 현실적인 이유에서 '형식적' 진실에 만족하는 민사소송과는 달리 '실체적' 진실발견을 전면에 내세운다. 이 점에서 직권주의는 '실체적 진실발견'이라는 요청을 충족하기 위해 제도화된 소송구조라고 말할 수 있다.[20]

(2) 사실확정의 정보

나아가 사실을 확정하기 위해서는 분쟁사실과 관련을 맺는 정보가 필요하다. 신빙성과 설득력을 갖춘 정보가 존재하지 않으면 사실은 확정할 수 없다. 바로 이 때문에 사실확정 과정을 합리적으로 제도화하고 운영하기 위해서 사실과 관련된 정보를 최대한 수집하고 이렇게 수집한 정보를 공정하게 이용해야 한다는 점이 강조된다.[21] 그러면 사실과 관련을 맺는 정보란 무엇인가? 사실확정에 필요한 정보로는 크게 사건 관련자들의 '주장'과 이를 뒷받침하는 '증거'를 거론할 수 있다. 그런데 여기서 사실을 확정하는 데 더 큰 비중을 차지하는 것

한다면, 아무래도 법원이 사실관계 확정에 적극적으로 관여하는 형사소송의 경우보다 사실관계를 실제로 발생하였던 역사적 사실에 최대한 가깝게 확정하는 데 한계를 지닐 수밖에 없기 때문이다. 바로 이러한 이유에서 민사소송법학에서는 '사회적 민사소송'이라는 이름 아래 당사자주의를 보완할 수 있는 새로운 소송원리로 '협동주의'가 제시되기도 한다. 이에 관해서는 이상돈, 위의 책, 118쪽 아래; 양천수·우세나, "민사소송에서 바라본 진실 개념: 법철학의 관점을 겸하여", 『민사소송』 제14권 제2호(2010), 33~65쪽 및 이 책 제5장 참고.

20 그러나 직권주의는 소송에 대한 주도권을 국가에 부여함으로써 현실적으로 국가에 의해 왜곡되어 운영될 가능성도 없지 않다. '고문'마저 합법적인 수사절차로 인정했던 서구 중세시대의 '규문주의'(Inquisitionsprinzip)가 역사적으로 이를 예증한다. 더군다나 직권주의가 목표로 하는 '실체적 진실발견'이라는 요청도 인식론적 측면에서 볼 때 문제가 없지 않다. 따라서 직권주의가 '실체적 진실발견'이라는 이름 아래 자의적으로 왜곡되는 것을 막기 위해서는 절차적 합리성의 관점에서 직권주의를 보완해야 할 필요가 있다. 이에 대한 방안으로 형사소송에서 '공판중심주의'를 강화하는 것을 생각할 수 있다. 재판에 대한 참여자의 범위를 확장한다는 의도에서 도입된 '국민참여재판'도 직권주의의 왜곡가능성을 교정하는 데 도움이 된다.

21 이에 관해서는 위의 Ⅲ. 3. 참고.

은 '증거'이다. 왜냐하면 '증거재판주의'라는 소송원칙이 시사하는 것처럼 사건 관련자들의 주장은 증거를 통해 비로소 사건을 구성하는 객관적인 사실로 승인될 수 있기 때문이다. 바로 이러한 근거에서 현행 소송제도는 증거의 객관성과 공정성을 확보하기 위한 각종 제도적 장치를 마련한다.[22] 다른 한편 사건 관련자들의 주장을 뒷받침할 만한 증거가 없는 경우도 있는데 이에 대비하기 위해 현행 소송제도는 '증명책임'이라는 제도 역시 마련하고 있다.[23]

(3) 사실확정의 기준

사실확정에 대한 기준으로 우리 대법원은 '경험칙'과 '논리칙'이라는 말을 많이 사용하는데 이는 사실확정의 기준을 해명하는 데 도움을 준다. 우선적으로 '경험법칙'과 '논리법칙'을 사실확정의 기준으로 제시할 수 있기 때문이다. 이 외에 '체험' 및 '직관'을 사실확정의 기준으로 원용할 수 있다. 앞의 두 기준이 객관적인 기준이라면, 뒤의 두 기준은 주관적인 기준에 해당한다.

1) 경험법칙

법적 분쟁의 전제가 되는 사실관계는 인간의 행위 및 각종 소통으로 구성된다. 이러한 인간의 행위와 소통을 연구대상으로 삼는 사회과학의 성과가 보여주는 것처럼, 사실관계는 독일의 철학자 딜타이(W. Dilthey)의 용어로 말하면 자연과학이 대상으로 삼는 속성과 정신과학이 대상으로 삼는 속성을 모두 갖추고 있다. 다시 말해 사실관계는 자연과학적 법칙이 적용되는 부분과 정신과학적 이해가 필요한 부분을 모두 포함한다. 바로 이러한 근거에서 자연과학에서 관심을 쏟는 경험법칙은 사실관계를 확정하는 기준으로 사용할 수 있다. 그러므로 가령 법관은 분쟁 관련자들의 주장과 증거의 진위 여부를 판단할 때 경험법칙을 판단기준으로 원용할 수 있다. 만약 분쟁 관련자들의 주장이나 증거가 경험법칙에 합치하지 않는다면, 이러한 주장이나 증거는 사실을 확정하는 데

---

22 예를 들어 형사소송법이 수용하는 '자백배제법칙', '위법수집증거 배제법칙', '전문법칙' 등을 거론할 수 있다.

23 증명책임에 대한 분석으로는 양천수·우세나, "민사소송법상 증명책임분배론에 대한 법이론적 고찰: 레오 로젠베르크의 규범설을 중심으로 하여", 『중앙법학』 제10집 제3호(2008), 7~36쪽 및 이 책 제7장 참고.

사용할 수 없다. 이러한 경험법칙은 크게 "일반상식에 속하는 단순한 경험법칙"
과 "전문적·학리적 지식에 속하는 경험법칙"으로 구분할 수 있다.[24] 우리 판례
는 특별한 사정이 없는 한 족보의 기재내용은 믿을 만하다는 점을 경험법칙으
로 인정하였다.[25] 이는 전자에 속하는 경험법칙이라고 말할 수 있다. 후자에 속
하는 경험법칙으로는 연령별 평균수명에 관한 인간생명표나 빅데이터 분석으로
밝혀낸 인간행위의 패턴 등을 들 수 있다.[26]

2) 논리법칙

그러나 경험법칙만으로 사실관계 전체를 확정할 수는 없다. 경험법칙을 적
용하기 위해서는 사실관계를 경험적으로 검증할 수 있는 정보가 있어야 하는
데, 만약 이러한 정보가 존재하지 않으면 경험법칙을 적용하기는 어려울 것이
다. 뿐만 아니라 사실관계를 구성하는 인간의 행위나 소통은 자연과학적인 경
험법칙만으로는 파악하기 어려운, 다시 말해 정신과학적 이해를 필요로 하는
부분도 많이 갖고 있다. 예를 들어 형법에서 말하는 '고의'나 '과실', 민법에서
말하는 '선의'나 '악의' 등은 인간의 내면과 관련을 맺는 일종의 '성향 개념'으로,
경험법칙만으로 판단하는 데는 한계가 있을 수밖에 없다. 바로 이러한 경우에
적용할 수 있는 기준이 논리법칙이다. 예를 들어 분쟁 관련자들의 주장이나 증
거가 논리적 기준에서 보았을 때 일관성이 없어 설득력을 갖지 못한다면, 이러
한 주장이나 증거는 사실을 확정하는 데 사용할 수 없다. 이를테면 분쟁 관련자
들이 진술을 여러 번 번복하거나 앞에서 한 진술과 뒤에서 한 진술 사이에 모
순되는 점이 있는 경우에는 논리적 일관성이 없다는 이유로 이러한 진술의 신
빙성을 배척할 수 있다.

3) 체험

경험법칙이나 논리법칙이 객관적인 기준이라면, 체험은 주관적인 기준이
다. 체험은 사실관계를 확정하는 주체가 주관적·역사적으로 경험한 것의 총체

---

24 이시윤, 『신민사소송법』 제8판(박영사, 2014), 447~448쪽.
25 대법원 1997. 3. 3.자 96스67 결정.
26 이시윤, 앞의 책, 448쪽. 빅데이터 분석에 관해서는 양천수, 『빅데이터와 인권』(영남대학교출판
 부, 2016) 참고.

라고 말할 수 있다. 이러한 체험 역시 사실관계를 확정하는 기준으로 사용할 수 있다. 특히 사실관계를 구성하는 인간 행위의 내면적 측면을 '이해'하는 데 체험이 중요한 기준으로 사용될 수 있다. 물론 여기서 중요한 점은 체험은 분쟁 관련자들의 주장, 특히 증거를 판단하는 기준으로 원용해야 한다는 것이다. 만약 분쟁 관련자들의 주장을 뒷받침할 만한 증거가 없는데도 판단주체가 자신의 체험에 입각하여 주장의 진위 여부를 판단하면 이는 자칫 오판에 이를 염려가 있다. 더군다나 체험 자체는 주관적인 것이므로 체험만으로 사실관계를 판단하는 것은 위험하다.

4) 직관

이러한 체험과 유사하면서도 구별되는 주관적 기준으로 직관을 거론할 수 있다. 여기서 직관이란 철학적 해석학에서 강조하는 '선이해'의 일종으로, 사실관계를 확정하는 판단주체의 체험에 기반을 두면서도 이 체험과는 구별되는 독립된 판단기준을 말한다. 쉽게 말해 인간행동이나 사물현상을 전체적으로 통찰하는 힘으로서 판단주체에게 미리 부여되어 있는 능력을 직관이라고 정의할 수 있다.[27] 체험이 판단주체의 개인적 경험에 의존하는 것이라면, 직관은 인간행동이나 사물현상을 전체적으로 통찰하는 것을 목표로 한다. 이 점에서 직관은 체험과 마찬가지로 주관적인 것이면서도 체험보다 좀 더 객관적인 성격을 띤다. 인간의 인식 또는 생각에 관한 다수의 연구가 주장하는 것처럼, 이러한 직관은 우리 인간이 생각하고 판단하는 데 결정적인 기여를 한다.[28] 이는 법원이 행하는 재판작용에서도 마찬가지이다.

그러나 직관이 실제 재판과정에서 일정한 역할을 수행하는지, 수행한다면 그 메커니즘은 무엇인지, 여기서 말하는 직관이란 무엇인지, 이렇게 직관이 재

---

[27] 민법학자인 권영준 교수는 직관을 다음과 같이 이해한다. "이 글에서 염두에 둔 직관은, 단지 일상적인 육감, 느낌, 감정과 같은 차원이라기보다는 법관의 가치관, 사회현실에 대한 이해 및 숱하게 많은 사건에 직면하면서 형성된 직업적 차원의 법감각 또는 형평감각에 더 가깝다는 점을 먼저 밝혀둔다." 권영준, "민사재판에 있어서 이론, 법리, 실무", 『서울대학교 법학』 제49권 제3호(2008), 339쪽.

[28] 예를 들어 R. Root-Bernstein · M. Root-Bernstein, 박종성 (옮김), 『생각의 탄생』(에코의서재, 2010), 20쪽 아래; W. Duggan, 윤미나 (옮김), 『제7의 감각: 전략적 직관』(비즈니스맵, 2009) 등 참고.

판과정에 개입하는 것을 어떻게 평가할 것인지에 관해서는 아직 본격적인 연구가 미진한 편이다. 다만 그동안 간헐적으로 이루어진 연구를 참고하면, 법원이 재판을 하는 데 직관이 일정한 역할을 수행하는 것은 분명해 보인다.[29] 그렇다면 이러한 직관이 사실관계를 확정하는 기준으로 작용할 가능성 역시 부정할 수는 없을 것이다. 가령 경험 많고 숙련된 법관은 분쟁 관련자들의 주장만 듣고도 자신이 갖고 있는 '생생한 직관'을 활용하여 누구의 주장이 진실인지 판단할 수 있을지도 모른다. 다만 이 경우에도 직관만으로 사실관계를 확정하는 것은 위험하다. 여기서 법관은 자신의 직관이 객관적인 것이라는 점을 논리적인 언어로 드러낼 수 있어야 한다.[30]

4. [예시사례]의 경우

[예시사례]에서 문제되는 사실관계는 다음과 같이 확정할 수 있다.

(1) 소송절차의 측면

[예시사례]에서는 "A는 평소 개인적으로 알고 있던 해커 B에게 C은행이 보유하고 있는 고객의 개인정보를 해킹할 것을 부탁하였다. 이에 평소 C은행에 좋지 않은 감정을 갖고 있던 B는 C은행이 관리하는 서버를 해킹하여 고객의 개인정보를 입수하였다. 그 후 이렇게 해킹하여 획득한 고객정보를 A에게 돈을 받고 넘겨주었다."는 사실관계를 확정해야 한다. 그런데 [예시사례]에서는 "형법상 죄책"을 문제 삼고 있으므로 여기에는 형사소송절차가 적용되어야 한다. 그러므로 [예시사례]에서 문제가 되는 사실관계는 형사소송절차에 따라 확정해야 한다.

(2) 사실확정의 정보

[예시사례]에서 "A는 평소 개인적으로 알고 있던 해커 B에게 C은행이 보

---

[29] 예를 들어 직관에 대한 선구적 연구로서 조규창, "논리와 직관: 대법원민사판례를 중심으로", 『대한변호사협회지』 제101호(1984), 35~40쪽 참고. 다만 여기서 조규창 교수는 우리 대법원이 논리보다는 직관에 의존하여 판결을 내리는 방식을 비판적으로 파악한다. 이와 달리 권영준 교수는 직관이 수행하는 역할을 긍정적으로 이해한다. 권영준, 위의 논문, 313~354쪽(특히 339쪽 아래).
[30] 이와 비슷한 취지의 지적으로는 권영준, 앞의 논문, 346~347쪽.

유하고 있는 고객의 개인정보를 해킹할 것을 부탁하였다. 이에 평소 C은행에 좋지 않은 감정을 갖고 있던 B는 C은행이 관리하는 서버를 해킹하여 고객의 개인정보를 입수하였다. 그 후 이렇게 해킹하여 획득한 고객정보를 A에게 돈을 받고 넘겨주었다."는 사실관계를 확정하기 위해서는 A와 B 그리고 C은행의 주장 및 이를 뒷받침할 수 있는 각각의 증거를 수집하고 이를 평가해야 한다. 이러한 정보수집 및 평가는 형사소송법이 정한 절차 및 방법에 따라 적법하게 이루어져야 한다.

(3) 사실확정의 기준

마지막으로 [예시사례]에서 "A는 평소 개인적으로 알고 있던 해커 B에게 C은행이 보유하고 있는 고객의 개인정보를 해킹할 것을 부탁하였다. 이에 평소 C은행에 좋지 않은 감정을 갖고 있던 B는 C은행이 관리하는 서버를 해킹하여 고객의 개인정보를 입수하였다. 그 후 이렇게 해킹하여 획득한 고객정보를 A에게 돈을 받고 넘겨주었다."는 사실관계를 확정하기 위해서는 이에 필요한 사실 확정기준이 무엇인지 살펴보아야 한다. 우선 이러한 사실관계는 대부분 경험법칙에 따라 충분히 판단할 수 있다. 문제는 "평소 C은행에 좋지 않은 감정을 갖고 있던 B"라는 부분을 판단하는 작업이다. "평소 C은행에 좋지 않은 감정을 갖고 있던 B"라는 부분은 B의 내면에 관한 부분이다. 그러므로 이를 경험법칙에 따라 판단하는 것은 생각보다 쉽지 않을 수 있다. 물론 경험과 실험을 중시하는 심리학의 성과를 동원하면, 이 경우에도 심리학이 축적한 경험법칙을 적용할 수 있을 것이다. 그렇지만 "평소 C은행에 좋지 않은 감정을 갖고 있던 B"라는 부분을 판단하려면, 아무래도 경험법칙이 아닌 다른 기준, 가령 논리법칙이나 체험 또는 직관을 동원해야 할 필요가 있을 것이다.

Ⅳ. 제2단계: 법규범 탐색 및 해석

구체적인 소송절차를 통해 문제되는 법적 분쟁의 사실관계가 확정되면 법적 삼단논법의 제1단계는 완료된다. 이어서 제2단계로 이렇게 확정된 사실관계에 적용할 수 있는 법규범을 찾아 이를 구체화하는 작업을 해야 한다. 여기서 시사하는 것처럼, 두 번째 단계에 해당하는 법규범 구체화 단계는 다시 두 단계로 나눌 수 있다. 첫째는 관련 법규범을 탐색하는 단계이고, 둘째는 이렇게 탐색하여 찾은 법규범을 해석하는 단계이다.

1. 관련 법규범 탐색

(1) 선이해에 기반을 둔 법규범 탐색

먼저 소송절차로 확정한 사실관계에 적용할 수 있는 법규범을 탐색해야 한다. [예시사례]의 경우를 보면, "A는 평소 개인적으로 알고 있던 해커 B에게 C은행이 보유하고 있는 고객의 개인정보를 해킹할 것을 부탁하였다. 이에 평소 C은행에 좋지 않은 감정을 갖고 있던 B는 C은행이 관리하는 서버를 해킹하여 고객의 개인정보를 입수하였다. 그 후 이렇게 해킹하여 획득한 고객정보를 A에게 돈을 받고 넘겨주었다."는 사실관계에 적용할 수 있는 법규범을 탐색해야 한다. 그런데 이렇게 관련 법규범을 탐색하는 작업은 법적 삼단논법이 본래 의도했던 것처럼 순수하게 논리적·기계적으로 진행되는 과정은 아니다. '철학적 해석학'의 성과를 수용한 '법해석학'이 주장하는 것처럼,[31] 법규범을 해석하는 과정은 해석자가 해석 이전에 지니고 있는 '선이해'(Vorverständnis) 또는 '인식관심'(Erkenntnisinteresse)에 의해 영향을 받는다.[32] 다시 말해 해석자가 당해 사실관계에 대해 어떤 선이해 또는 인식관심을 갖고 있는가에 따라 관련 법규범을 탐색하는 작업도 그 결과가 달라질 수 있다는 것이다. 이러한 선이해나 인식관심으로부터 자유로운 법규범 탐색과정을 모색하는 것은 생각하기 어렵다. 이러한 주장을 법적 추론과정에 적용하면, 법규범을 탐색하는 작업은 순수한 '백지상태'에서 진행되는 것이 아니라 법관이 지닌 '선이해'나 '인식관심'에 의존하는 과정이라고 말할 수 있다.[33] 이러한 인식관심은 크게 '분과별 인식관심', '체계적

---

31 이에 관해서는 이상돈, 『새로 쓴 법이론』(박영사, 2006), 201쪽 아래; 양천수, "철학적 해석학과 법해석학: 해석학의 법철학적 수용과 관련한 시론", 『동아법학』 제44호(2009), 1~35쪽; 양천수, 『법해석학』(한국문화사, 2017) 등 참고.
32 이는 달리 '직관'으로 말할 수도 있을 것이다.
33 아래에서는 '인식관심'으로 통일해서 사용한다.

인식관심', '이론적 인식관심'으로 유형화할 수 있다.[34] 여기서 분과별 인식관심은 해당 사실관계가 "어떤 법분과의 영역에 관한 것"인지에 대한 인식관심을 말하고, 체계적 인식관심은 해당 사실관계에 적용될 법규범이 어떤 체계와 관련을 맺는지에 대한 인식관심을 말한다. 마지막으로 이론적 인식관심은 해당 사실관계에 적용될 법규범이 어떤 해석이론들과 연결되는지에 대한 인식관심을 말한다.

(2) [예시사례]의 경우

우선 '분과별 인식관심'에서 [예시사례]를 보면, 이 문제에서 이미 '형법상 죄책'을 묻고 있으므로 여기서는 형법이 문제된다는 것을 알 수 있다.[35] 나아가 '체계적 인식관심'에서 보면, [예시사례]에서 문제되는 "A는 평소 개인적으로 알고 있던 해커 B에게 C은행이 보유하고 있는 고객의 개인정보를 해킹할 것을 부탁하였다. 이에 평소 C은행에 좋지 않은 감정을 갖고 있던 B는 C은행이 관리하는 서버를 해킹하여 고객의 개인정보를 입수하였다. 그 후 이렇게 해킹하여 획득한 고객정보를 A에게 돈을 받고 넘겨주었다."는 사실관계는 형법상 '개인적 법익에 관한 범죄체계'에 속하면서 동시에 '재산범죄체계'에 해당하는 장물죄(형법 제362조)와 관련된다는 점을 알 수 있다. 마지막으로 '이론적 인식관심'에서 [예시사례]를 보면, A가 해커 B로부터 넘겨받은 개인정보가 형법 제362조가 규정하는 '장물'에 해당하는지가 문제된다. 여기서는 '장물'의 개념에 '개인정보'가 포함되는지가 문제되는데, 해석자가 어떤 이론적 인식관심에 의해 해석이론을 선택하는가에 따라 그 결론이 달라진다. 그런데 여기서 추측할 수 있는 것처럼 이론적 인식관심은 관련 법규범을 해석하는 과정과도 밀접하게 연결된다. 왜냐하면 해석자가 어떤 이론적 인식관심을 갖는가에 따라 관련 법규범을 해석하는 '방법'도 달라질 수 있기 때문이다.

---

34 이상돈, 『로스쿨을 위한 법학입문』(법문사, 2009), 151~154쪽.

35 이외에도 「정보통신망 이용촉진 및 정보보호 등에 관한 법률」(정보통신망법)과 「개인정보 보호법」이 규정하는 벌칙이 관련되지만 여기에서 이 문제는 다루지 않는다.

2. 관련 법규범 해석

(1) 해석의 필요성

법규범 탐색이 완료되면 다음으로 해당 법규범의 의미내용을 구체화하는 작업, 즉 법규범을 해석하는 작업을 수행해야 한다. 위에서 언급한 것처럼 [예시사례]에서는 형법 제362조가 규정한 장물죄 구성요건이 문제가 된다. 따라서 [예시사례]의 "A는 평소 개인적으로 알고 있던 해커 B에게 C은행이 보유하고 있는 고객의 개인정보를 해킹할 것을 부탁하였다. 이에 평소 C은행에 좋지 않은 감정을 갖고 있던 B는 C은행이 관리하는 서버를 해킹하여 고객의 개인정보를 입수하였다. 그 후 이렇게 해킹하여 획득한 고객정보를 A에게 돈을 받고 넘겨주었다."는 사실관계가 장물죄에 해당하는지를 판단하려면, 제362조가 정한 구성요건을 명확하게 해석할 필요가 있다. 형법 제362조는 "장물의 취득, 알선 등"이라는 표제 아래 제1항에서 "장물을 취득, 양도, 운반 또는 보관한 자는 7년 이하의 징역 또는 1천500만 원 이하의 벌금에 처한다."고 규정한다. 그런데 [예시사례]와 관련해서는 형법 제362조가 정한 구성요건표지 중에서 '장물' 개념을 어떻게 해석해야 하는지가 특히 문제된다.

(2) 해석방법

그렇다면 '장물' 개념은 어떻게 해석해야 하는가? 전통적인 법학방법론에서는 이에 관해 크게 다음과 같은 해석방법을 제시한다.[36] 문리해석, 체계적 해석, 역사적 해석, 목적론적 해석이 바로 그것이다. 여기서 문리해석은 법규정을 구성하는 법문언의 일상적 의미나 구문구조에 따라 법규정을 해석하는 방법을 말하고, 체계적 해석은 해당 법규정을 체계적 연관관계 속에서 해석하는 방법을 말한다. 나아가 역사적 해석이란 해당 법규정을 제정한 입법자의 의사에 따라 법규정을 해석하는 것을 말하며, 목적론적 해석이란 해당 법규정이 추구하는 규범목적에 따라 법규정을 해석하는 것을 말한다.

---

36 이에 관해서는 이상돈, 위의 책, 140~145쪽 참고.

(3) [예시사례]의 경우

[예시사례]에서는 A가 해커 B로부터 넘겨받은 개인정보가 형법 제362조가 규정하는 '장물'에 해당하는지가 문제된다. 이는 '장물' 개념이 무엇인지를 확정함으로써 해결할 수 있다. 그런데 형법은 '장물'이 무엇인지 정의하고 있지 않다. 그러므로 '장물' 개념은 해석으로 확정할 수밖에 없다. 이에 관해 형법해석론은 '장물'이란 "재산범죄에 의하여 영득한 재물"을 뜻한다고 말한다.[37] 문리해석으로 '장물' 개념을 해석한 것이다. 그런데 여기서 다시 '재물'이란 무엇인지 문제된다. 지배적인 형법해석론은 형법 제346조 및 민법 제98조를 근거로 하여 '유체물' 및 '관리할 수 있는 동력'을 '재물'로 인정한다.[38] 문리해석과 체계적 해석을 사용하여 '재물' 개념을 해석하는 것이다. 이렇게 '재물' 개념을 파악하면, A가 해커 B로부터 넘겨받은 개인정보는 '재물'에 해당하지 않고, 따라서 '장물'에도 속하지 않으므로 A에 대해서는 장물죄를 인정할 수 없다.

물론 이러한 주장에는 반론을 제기할 수 있다. '재물'의 개념적 외연을 확장함으로써 개인정보 역시 '장물'에 속한다고 보는 반론이 그것이다. 목적론적 해석을 사용하여 형법상 '재물'이 '유체물'과 '관리할 수 있는 동력'뿐만 아니라 '개인정보'까지 포함하는 개념이라고 보는 것이다.[39] 이렇게 '재물'을 '개인정보'까지 포함하는 개념으로 확장하면, 자연스럽게 '장물' 역시 '개인정보'를 포함하는 개념으로 확장된다. 그렇게 되면 해커 B로부터 C은행이 보유하는 고객의 개인정보를 넘겨받은 A에 대해서도 장물죄를 인정할 수 있다.

이처럼 A에 대해 장물죄를 인정할 수 있는가에 관해서는 두 가지 상반된 주장이 가능하다. 장물죄를 부정하는 견해가 문리해석 및 체계적 해석을 원용하고 있다면, 장물죄를 긍정하는 견해는 목적론적 확장해석을 사용한다. 이렇게 상반되는 두 견해 중에서 어느 쪽이 타당한지 판단하는 것은 생각만큼 쉽지 않다. 결국 이 문제는 형법 제362조를 해석하는 해석주체가 어떤 선이해 또는 인

---

37 배종대, 『형법각론』 제6전정판(홍문사, 2006), 568쪽.

38 배종대, 위의 책, 344~347쪽.

39 이에 관한 상세한 분석은 박준석, "법과 언어: 형태소 '-물'의 사용에 대한 약간의 고찰", 『홍익법학』 제17권 제4호(2016), 202~205쪽 참고.

식관심을 갖느냐에 따라 그 결론이 달라진다. 해석주체가 장물죄를 넓게 인정하는 인식관심을 갖고 있는 경우에는 목적론적 확장해석을 선택해 A에 대한 장물죄를 긍정할 것이다. 이와 달리 장물죄를 엄격하게 인정하는 인식관심을 갖고 있는 경우에는 문리해석 및 체계적 해석을 선택해 A에 대한 장물죄를 부정할 것이다.[40]

(4) 기타 문제

이외에 해석에 관해서는 '해석의 목표', '해석방법 사이의 우선순위', '해석의 한계' 등 다양한 문제를 제기할 수 있는데 여기서는 생략한다.[41]

V. 제3단계: 사안적용

법적 삼단논법의 마지막 단계는 해석으로 구체화된 법규범의 의미내용을 소송절차로 확정된 사실관계에 '적용'하는 것이다. 이를 '사안적용' 또는 '포섭'(Subsumtion)이라고 말한다. 사안적용은 사실관계와 법규범의 의미내용을 논리적으로 일치시키는 과정이라고 할 수 있다. 이를 독일의 법철학자 카우프만(Arth. Kaufmann)은 "존재와 당위의 상응"이라고 말한다.[42] [예시사례]의 경우를 보면, 형법 제362조가 정한 장물죄의 구성요건에 대한 해석결과와 "A는 평소 개인적으로 알고 있던 해커 B에게 C은행이 보유하고 있는 고객의 개인정보를 해킹할 것을 부탁하였다. 이에 평소 C은행에 좋지 않은 감정을 갖고 있던 B는 C은행이 관리하는 서버를 해킹하여 고객의 개인정보를 입수하였다. 그 후 이렇게 해킹하여 획득한 고객정보를 A에게 돈을 받고 넘겨주었다."는 사실관계를 논리적으로 일치시키는 작업이 사안적용 혹은 포섭에 해당한다. 앞에서 언급한 것처럼 [예시사례]에서는 개인정보가 '장물' 개념에 속하는지가 핵심적인 문제가 되므로, 이를 어떻게 판단하는가에 따라 사안적용의 결론도 달라진다. 이를

---

40 이러한 상반된 견해 중에서 어느 쪽이 타당한지를 밝히는 필자의 의견은 여기서는 유보한다.

41 이에 관해서는 이 책 제14장 및 제20장 참고.

42 Arth. Kaufmann, *Analogie und »Natur der Sache?«: zugleich ein Beitrag zur Lehre vom Typus*, 2. Aufl. (Heidelberg, 1982), 38쪽. 다만 이러한 카우프만의 주장은 전통적인 삼단논법의 '포섭이데올로기'가 염두에 두는 포섭 절차와는 차이가 있다. '포섭이데올로기'에 관해서는 이 책 제19장 참고.

테면 '장물'이 개인정보를 포함하는 개념이라고 판단하는 경우에는 A에 대해 장물죄의 죄책을 인정할 수 있다. 이와 달리 개인정보는 '장물'이 될 수 없다고 판단하는 경우에는 A에 대해 장물죄의 죄책을 인정할 수 없다.

제2부

법학방법의
기초이론

제3장
개념법학

I. 서론

　'개념법학'(Begriffsjurisprudenz)은 법학을 하는 우리에게 그리 낯설지 않은 개념이다. '개념법학'은 주로 독일 계통의 대륙법을 계수한 우리 법체계를 대상으로 하는 법학을 가리키는 개념으로 사용되고는 한다. 영미의 판례법에 대비되는 대륙법에 관한 전형적인 법학방법으로 언급된다. 그것도 주로 부정적인 맥락에서 일종의 극복대상으로 비판적으로 언급되는 경우가 많다.[1]

　이제까지 다수의 학자들은 개념법학을 다음과 같이 이해하고는 하였다. 그것은 19세기 독일에서 형성된 방법으로 법실증주의에 바탕을 두고 있는 법학방법이라는 것이다. 개념법학은 법규범의 완결성을 전제로 하고 이러한 법규범의 완결성을 토대로 하여 일종의 '개념의 피라미드'를 세우려 한다는 것이다. 이를 목표로 하여 개념법학은 완결된 개념과 체계를 세우는 데만 몰두하고, 그 때문에 결국 개념법학은 현실과 유리된 법학을 낳게 되었다고 비판한다.

　그러나 개념법학을 부정적으로만 바라보고 이를 극복해야 할 대상으로만 파악하는 것은 그리 타당하지 않은 이해방식이라고 생각한다. 물론 이러한 이해방식에 설득력이 전혀 없는 것은 아니다. 이는 본래 '개념법학'이라는 개념을

---

[1] 대표적으로 김영환, "개념법학적인 사유형태와 일반조항에로의 도피", 한국법철학회 (편), 『응용법철학』(아케넷, 2002), 23~47쪽.

처음 사용한 독일의 법학자 예링(Rudolf von Jhering: 1818~1892)의 주장에 힘입은 것이다. 예링은 그 당시 지배적인 학파였던 로마법학, 즉 '판덱텐 법학'이 너무 개념과 체계를 강조함으로써 실제적인 분쟁을 해결하는 것에는 무관심했고, 심지어 법적 분쟁을 합목적적으로 해결하는 것과는 정반대의 결론을 내리는 경우가 많았다고 비판하면서 이를 조롱하는 투로 '개념법학'이라고 불렀던 것이다.[2] 그러나 예링의 문헌을 면밀하게 읽어보면 알 수 있듯이, 예링 자신도 개념과 체계의 필요성을 완전히 부정하지는 않았다.[3] 모든 학문이 그런 것처럼 법학이 단순한 기술이 아니라 학문으로 자리 잡기 위해서는 논리적이고 설득력 있는 개념과 체계를 마련하는 것이 필수적이다. 이러한 점에서 볼 때 개념법학을 완전히 버려야 할 그 무엇으로 파악하는 것은 너무 성급한 주장이라고 말할 수밖에 없다.

제3장은 이러한 맥락에서 개념법학이 어떤 근거에서 여전히 유용한 법학방법일 수 있는지 논증하고자 한다. 특히 개념법학이 오늘날 우리가 원용하는 실정법 도그마틱에 어떤 영향을 미쳤는지 파악함으로써 개념법학의 유용성을 검증하고자 한다. 이를 위해 우선 개념법학이 어떻게 성립하게 되었는지 사비니의 법학방법을 중심으로 하여 살펴보고(Ⅱ), 이러한 개념법학이 어떤 철학적·정치적 기초를 배후근거로 갖고 있었는지 분석한다(Ⅲ). 그리고 나선 개념법학이 법도그마틱에 어떤 영향을 미쳤는지 짚어보도록 한다(Ⅳ).

Ⅱ. 개념법학의 성립과정

일반적으로 개념법학은 19세기 독일의 로마법학자인 사비니와 그의 제자 푸흐타 등이 정립한 판덱텐 법학의 법학방법으로 인식된다. 그러나 서구의 법

---

2 R. v. Jhering, 양창수 (역), "다시 지상에서: 어떻게 개선할 것인가?", 양창수 (편역), 『독일민법학논문선』(박영사, 2005), 31쪽 아래.

3 같은 맥락에서 독일의 사회학자 루만은 예링이 개념과 체계를 완전히 무시한 것이 아니라 오히려 새로운 체계를 제시한 것이라고 파악한다. N. Luhmann, *Rechtssystem und Rechtsdogmatik* (Stuttgart u.a., 1974), 10~12쪽. 이를 소개하는 양천수, "개념법학과 이익법학을 넘어선 법도그마틱 구상", 『성균관법학』 제18권 제1호(2006), 578쪽 및 이 책 제4장 참고.

사를 엄밀하게 검토하면, 개념법학의 원형은 이미 그 이전에도 존재하고 있었음을 확인할 수 있다. 가령 개념법학이 강조하는 '개념의 피라미드'는 17~18세기에 활동했던 독일의 자연법학자 크리스치안 볼프(Christian Wolff: 1679~1754)에게서 이미 찾아볼 수 있다.[4] 아직 시민혁명이 발발하기 이전인 절대왕정 시대에 성장하고 있었던 자연법론(혹은 이성법론)에서 우리는 이미 개념법학의 단초나 원형을 확인할 수 있는 것이다.[5] 그러나 오늘날 우리가 말하는 개념법학을 정립하는 데 결정적인 역할을 한 이들은 '역사법학'을 주창한 사비니와 그의 후예들이었다. 따라서 개념법학의 형성과정을 살펴보기 위해서는 우선적으로 사비니의 법학방법을 살펴볼 필요가 있다. 아래에서는 먼저 사비니의 법학방법을 살펴보고, 이런 사비니의 법학방법이 이후 어떻게 전개되어 갔는지 요약해 보도록 한다.

1. 사비니의 법학방법

1779년 독일 프랑크푸르트에서 태어난 사비니(Friedrich Carl von Savigny: 1779~1861)는 여러모로 독일을 대표하는 대문호 괴테와 비견되는 거대한 법학자였다.[6] 그는 이른바 '역사법학'(historische Rechtsschule)을 주창했을 뿐만 아니라 1840년부터 간행하기 시작한 주저 『현대로마법체계』(System des heutigen Römischen Rechts)에서 오늘날 민법학에서 핵심적인 지위를 차지하는 '총칙'(Allgemeiner Teil)의 주요 개념들을 정립하였다.[7] 나아가 오늘날 우리가 법률해석 방법으로 원용하는 문법적 해석, 체계적 해석, 논리적 해석, 역사적 해석은 사비니가 내놓은 것이기도 하다.[8] 그만큼 사비니는 민사법학, 법사학 및 법학방법론 등에서 불멸의 업적을 쌓았다. 이런 다수 업적 중에서 개념법학과 관련하여 언급할 필요가 있는 것으로 '역사법학적 방법'과 '체계적 방법'을 들 수

---

4 H. Schlosser, *Grundzüge der Neueren Privatrechtsgeschichte*, 10. Aufl. (Heidelberg, 2005), 109쪽.
5 이와 관련해서 최병조, "사비니 이전의 법률행위론: '법률행위' 및 '의사표시' 개념의 발달사를 중심으로", 『이호정교수 화갑기념논문집: 법률행위론의 史的 전개와 과제』(1998), 9~79쪽 참고.
6 이에 관해서는 양창수, "사비니와 괴테", 『민법산고』(박영사, 1998), 31~39쪽.
7 물론 이러한 '체계적 작업'은 이미 사비니가 24살에 저술한 『점유권론』에서 펼쳐지고 있다.
8 K. Larenz, *Methodenlehre der Rechtswissenschaft*, 6. Aufl. (Berlin usw., 1991), 11쪽 아래.

있다.[9]

(1) 역사법학적 방법

많은 이들이 잘 알고 있는 것처럼 사비니는 아이히호른(K.F. Eichhorn: 1781~1854)과 더불어 역사법학을 제창하였다.[10] 사비니가 역사법학을 제창하기 이전, 유럽을 지배하고 있던 법학방법 혹은 법학사조는 계몽주의에 바탕을 둔 '이성적 자연법론'이었다. 이는 무엇보다도 독일 관념론 철학의 초석을 마련한 칸트의 법철학에서 찾아볼 수 있다.[11] 칸트는 인간이 지닌 실천이성, 즉 '선의지'와 '자율성'에 바탕을 두어 '인간존엄'의 근거를 마련하고,[12] 인간이 행사할 수 있는 자유의 최적화 그리고 이를 법적으로 보장하는 법치국가의 철학적·법학적 틀을 마련하였다.[13] 그러나 이러한 칸트의 작업은 역사를 도외시한 관념적인 작업이었다.[14] 그 때문에 칸트 철학을 비판적으로 넘어서려고 했던 헤겔은 칸트와는 달리 역사를 강조하는데 이러한 문제의식은 사비니에게도 그대로 나타난다. 한편으로 사비니는 개인의 주관적 권리를 강조하는 칸트의 사상을 수용하여 주관적 권리 중심의 사법학을 정립하지만,[15] 다른 한편으로 칸트를 넘어서기 위해 역사를 법영역에 끌어들인다. 사비니의 역사법학은 바로 이러한 문제의식을 배후근거로 하여 등장한 것이다.

이러한 사비니의 역사법학이 본격적으로 등장한 것은 티보와 사비니 사이에서 진행되었던 그 유명한 '법제정 논쟁'을 통해서이다.[16] 1814년에 전개된 이 논쟁은 당시 하이델베르크 대학 법과대학 교수로 재직하고 있던 티보(A. F. J. Thibaut: 1772~1840)가 유명한 논문 "독일 일반 시민법의 필요성에 관하여"(Über die Nothwendigkeit eines allgemeinen bürgerlichen Rechts für Deutschland)에서 프랑

---

9 이를 지적하는 G. Dilcher, "Vom Beitrag der Rechtsgeschichte zu einer zeitgemäßen Zivilrechtswissenschaft", in: *AcP* 184 (1984), 253쪽.

10 간결한 설명은 H. Schlosser, 앞의 책, 146~147쪽.

11 칸트의 법철학에 관해서는 김도균, "칸트의 법치주의", 『철학사상연구소 – 법학연구소 공동 심포지움 자료집』(2006) 참고.

12 심재우, "인간의 존엄과 법질서", 『법률행정논집』(고려대) 제12집(1974), 103~136쪽.

13 '자유의 최적화'에 관해서는 K. Seelmann, 윤재왕 (옮김), 『법철학』(지산, 2000), 84쪽 아래.

14 H. Schlosser, 앞의 책, 146쪽.

15 J. Habermas, *Faktizität und Geltung*, 2. Aufl. (Frankfurt/M., 1994), 제3장 참고.

16 이 논쟁에 관해서는 H. Schlosser, 앞의 책, 143쪽 아래.

스처럼 독일도 통일된 '시민법'(bürgerliches Recht)을 제정할 필요가 있음을 역설하면서 시작하였다.[17] 주지하다시피 프랑스는 나폴레옹의 주도 아래 1804년에 최초의 성문 민법전인 프랑스 민법전(CC)을 제정하였다.[18] 프랑스 민법전은 프랑스 혁명정신을 많이 반영하고 있는 법전으로 신분제를 폐지하고 있었으며 자유주의의 시각에서 물법(物法)과 인법(人法)을 규정하고 있었다. 티보는 바로 이러한 프랑스 민법전의 성격에 주목하여 프랑스 민법처럼 자유주의에 바탕을 둔 독일 민법전을 제정할 것을 촉구하였다. 이를 통해 자유주의에 기반을 둔 독일 통일을 이루는 데 기여하고자 하였다. 그러나 보수적인 성향이 강했던 사비니는 같은 해인 1814년 역시 유명한 강령 논문 "입법과 법학을 위한 우리 시대의 사명"(Vom Beruf unserer Zeit für Gesetzgebung und Rechtswissenschaft)에서 티보의 주장을 강하게 비판하였다. 우선 사비니는 티보가 바탕으로 삼는 근대 계몽주의의 사회계약론을 "썩어가는, 그 사이에 극복한 정치적 질병"이라고 비판한다.[19] 여기서 우리는 사비니의 보수적인 성격을 확인할 수 있다. 사비니는 프랑스 혁명정신에 반대하면서 나폴레옹 패전 이후 성립한 반동적인 "비인체제"를 옹호하였던 것이다. 나아가 사비니는 아직 독일은 통일된 민법을 가질 역량을 갖고 있지 않다고 반박하였다. 사비니는, 프랑스 민법을 모범으로 하여 독일 민법을 제정하자는 티보의 주장에 반대하여 법은 역사와 무관하게 한 순간에 만들어낼 수 있는 것이 아니라 오히려 유기적으로 형성되는 것으로, 그것은 곧 "민족의 공동의식"(gemeinsames Bewusstsein des Volkes)이 만들어낸 산물이라는 주장을 펼쳤다.[20] 한마디로 말해 법은 역사가 만들어낸 유기적인 산물이라는 것이다. 이러한 사고는 헤르더(J. G. Herder: 1744~1803)의 낭만주의적 사고를 수용한 것으로, 여기서 우리는 '자연법' 혹은 '고전주의'를 겨냥한 사비니의 '역사주의' 또는 '낭만주의'를 읽을 수 있다. 바로 여기서 사비니의 역사법학이 시

---

17 그러나 주의해야 할 것은 여기서 티보가 말한 '시민법'은 민법만을 지칭하는 것이 아니라 이를 넘어 형사법과 소송법을 포함하는 더욱 넓은 개념이었다는 점이다. H. Schlosser, 앞의 책, 143쪽.
18 이 민법전의 입법취지에 관해서는 포르탈리스, 양창수 (역), 『민법전서론』(박영사, 2003) 참고.
19 F.C.v. Savigny, *Vom Beruf unserer Zeit für Gesetzgebung und Rechtswissenschaft* (1814), 135쪽.
20 F.C.v. Savigny, 앞의 책, 11쪽. 이후에 사비니는 그의 제자 푸흐타의 표현을 수용하여 "민족의 공동의식"을 "민족정신"(Volksgeist)으로 지칭한다.

작한다.

　그렇다면 역사법학이 원용하는 역사법학적 방법은 무엇인가? 그것은 오늘
날의 법사학이 수행하는 것처럼 게르만 민족의 법을 역사적으로 고증하는 것인
가? 현행법과는 무관하게 과거에 존재했던 법을 찾고 분석하며 체계화하는 작
업인가? 그러나 아이러니컬하게도 사비니가 추구한 역사법학적 방법은 법사학
의 방법과는 조금 차이가 있는 그 무엇이었다. 사비니는 역사법학적 방법으로
서 "주어진 모든 소재를 그 근원까지 추적해서 유기체적인 원리(organisches
Princip)를 발견하고, 이를 통해 여전히 생명력이 있는 것과, 이미 죽어버려 이제
는 단지 역사에만 속하는 것을 구별해야 하는 것"을 제시한다.[21] 이와 유사하게
예링은 사비니의 능력으로 "로마법률가의 사고과정을 극도로 엉클어진 부분까
지 파고들어서 개별적인 점이나 징조로부터 이론의 기본적인 노선이나 근본이
념을 재발견하는 능력"을 거론하였다.[22] 이러한 방법은 우리가 흔히 생각하는
법사학의 방법과는 다소 차이가 있는 것이다. 왜냐하면 사비니가 역사법학을
통해 추구한 것은 과거의 것을 학문적인 관심에서 단순히 되돌아보는 것, 독일
의 역사학자 랑케(Leopold von Ranke)의 표현을 빌어 말하면, 과거에 존재했던
법의 역사를 있는 그대로 고찰하는 것이 아니라 과거 가운데 여전히 생명력이
있는 것을 오늘날의 시각에서 다시 걸러내는 것이고, 더 나아가 과거의 소재 속
에서 일정한 개념이나 원리를 추출하는 것이었기 때문이다. 이러한 사비니의
역사법학적 방법은 그의 대저 『현대로마법체계』 '서언'에서 극명하게 드러난다.

　"법학에 대한 역사적 시각이란 빈번하게, 과거에 유래하는 법형성을 최고의 것
　으로 인정하고 그것에 현재와 장래에 대한 불변의 지배력이 유지되어야 한다는
　태도라고 파악되고 있다. 그러나 이는 완전히 오해이고 왜곡이다. 오히려 그 시각
　의 본질은 각 시대의 가치와 독자성을 동등하게 인정하는 데 있다. 그리고 그것은
　현재를 과거와 결합시키는 **살아 있는 관련**(lebendiger Zusammenhang), 그 관련을
　알지 못하고서는 현재의 법상태로부터 단지 외적인 현상만을 감지하고 그 내적인

---

21 F.C.v. Savigny, 앞의 책, 117쪽 아래; H. Schlosser, 앞의 책, 149쪽.
22 인용은 양창수, "예링의 사비니 추도문", 『민법산책』(박영사, 2006), 6쪽.

본질을 파악하지 못하는 그러한 살아 있는 관련을 인식하는 데 최고의 비중을 둔다. 이를 특히 로마법에 적용하여 본다면, 역사적 시각은 많은 사람이 주장하는 것처럼 그것에 우리에 대한 부당한 지배를 인정하는 데서 출발하는 것이 아니다. 오히려 그것은 우선 우리 법의 전체 덩어리에서 실제로 로마법에 기원을 둔 것을 분별하고 확정하여서, 우리가 의식하지 않는 동안에 그에 의하여 지배되지 않도록 하려는 것이다. 나아가 그것은 우리의 법의식의 이러한 로마법적 요소들 중에서 실제로는 이미 사멸하였는데 단지 우리의 오해로 말미암아 방해적인 사이비생명을 유지하고 있는 것을 적출해 냄으로써 저 로마법적 요소 중 아직 살아 있는 부분이 발전하고 유익하게 작용하기 위한 보다 자유로운 공간을 확보하려는 것이다." (강조는 인용자)[23]

또한 사비니가 역사법학을 강조하면서 천착한 대상은 위의 인용문에서 알수 있듯이 게르만법이 아니라 오히려 과거 로마제국의 법이었다. 이러한 점에서 사비니가 주장한 역사법학적 방법은 우리가 흔히 생각하는 법사학의 방법과는 구별된다. 오히려 그것은 실정법 도그마틱의 방법과 긴밀하게 연결되어 있다. 그런 점에서 사비니의 역사법학적 방법은 필연적으로 개념법학을 낳은 체계적 방법과 연결될 수밖에 없었다.

(2) 체계적 방법

위에서 언급한 역사법학적 방법 이외에 사비니는 자신의 로마법학을 완성하기 위해 체계적 방법을 원용한다. 이러한 체계적 방법은 이미 그의 초기 저작 『점유권론』에서 찾아볼 수 있지만, 이 방법이 꽃을 피운 것은 사비니의 주저 『현대로마법체계』를 통해서였다. 이 책 '서언'에서 사비니는 자신이 원용하는 체계적 방법을 다음과 같이 말한다.

"나는 체계적 방법의 본질이, 내적 연관 또는 類緣性(Verwandschaft)을 인식하고 서술하여 이를 통하여 개별적인 법개념이나 법규칙이 하나의 거대한 일체에로

---

23 사비니, 양창수 (역), "『현대로마법체계』 서언", 『민법산책』(박영사, 2006), 4~5쪽.

결합되는 데 있다고 생각한다. 그러한 유연성은 처음에는 자주 숨겨져 있는데, 그 것을 드러내는 것은 우리의 통찰을 풍요롭게 할 것이다. 나아가 그것은 매우 다양하므로, 우리가 하나의 법제도에서 여러 측면에서 그 유연성들을 발견하고 추급하여 가는 데 성공하면 할수록 우리의 통찰은 더욱 완전하게 될 것이다."(강조는 인용자)[24]

여기서 잘 드러나는 것처럼, 사비니는 겉에서 보이는 외적 연관이 아니라 "내적 연관 또는 유연성"을 인식하는 것을 체계적 방법의 목표로 삼는다. 나아가 단순히 개별적인 법개념이나 법적 규칙을 인식하는 데 그치지 않고, 오히려 이런 개별 개념이나 규칙을 전체적으로 통합하는 일반 개념이나 규칙을 찾는 데 더 주안점을 둔다. 여기서 우리는 개념법학이 추구하는 목표가 무엇인지 분명하게 확인할 수 있다.

그런데 여기서 우리는 한 가지 의문을 제기할 수 있다. 왜 사비니는 한편으로는 역사법학적 방법을 강조하면서도, 다른 한편으로는 이와 다소 모순될 수 있는 체계적 방법을 원용하는 것일까? 두 가지 이유를 제시할 수 있을 것이다. 첫째는 사비니가 강조하는 역사법학적 방법은 일반적인 법사학의 방법과는 달리 '현재'라는 지평을 강조했기 때문이다. 둘째는 사비니가 평생을 걸쳐 연구한 로마법학은 그 당시 살아있는 실정법을 대상으로 한 것이 아니라 이미 사라져버린 로마제국의 법, 특히 533년 당시 동로마제국의 유스티니아누스 황제가 집대성한 '학설휘찬'(Digesta)을 그 주된 연구대상으로 삼고 있었기 때문이다. 이는 더욱 상세하게 설명할 필요가 있다.

학설휘찬은 유스티니아누스 황제가 집대성한 로마법 대전(Corpus Juris Civilis) 중에서 가장 중요한 부분으로, 이는 로마 고전기 및 후기 고전기에 활동했던 유명한 로마법학자들의 법적 견해나 주석서, 각종 법적 사례 및 이에 대한 해결책 등을 모아놓은 것이다. 학설휘찬은 로마 실정법과는 전적으로 무관한 것으로, 오늘날의 시각에서 보면 그것은 영미법에서 말하는 '판례집'(Casebook)과 유사하다.[25] 또한 학설휘찬은 오늘날 우리가 민법총칙 등에서 볼 수 있는 정

---

24 사비니, 위의 책, 20쪽.

치하고 치밀한 개념이나 체계를 갖추고 있지 않았다. 학설휘찬은 체계와는 무관하게, 말 그대로 비체계적으로 각 법률가들의 의견들을 모아놓은 것에 지나지 않았다. 그 때문에 학설휘찬 곳곳에서 서로 모순되는 듯한 언명을 발견하는 경우가 허다했다. 이러한 이유에서 학설휘찬 원전을 다루는 로마법학자들은 학설휘찬이 담고 있는 내용을 분명하게 파악할 수 있도록 이를 개념화·체계화할 필요가 있었던 것이다. 물론 이러한 작업이 개념법학 이전에 전혀 없었던 것은 아니다. 가령 12세기에 서구에서 학설휘찬이 재발견된 이후 이러한 학설휘찬의 의미내용을 밝히기 위해 주석학파, 주해학파 등이 등장하였다. 그렇지만 사비니는 이러한 주석학파나 주해학파가 로마법 원전을 잘못 이해했다고 비난하면서 다시 로마법 원전으로 되돌아갈 것을 촉구하였던 것이다.[26] 그 때문에 사비니와 그 후예들은 학설휘찬 원전과 새롭게 씨름해야 하는 과정에서 역사법학적 방법을 원용하고, 또 학설휘찬의 의미 내용을 밝히는 과정에서 체계적 방법을 사용할 수밖에 없었던 것이다. 사비니 이후 완성된 개념법학은 바로 이러한 맥락에서 등장하였다.

2. 사비니 이후의 법학방법: 개념법학의 등장

지금까지 살펴본 것처럼 사비니는 '역사법학적 방법'과 '체계적 방법'을 자신의 방법론으로 사용하였다. 그런데 사비니 이후 사비니의 후예들은 이 두 방법 중에서 후자에 더욱 집중을 한다. 그 결과 사비니의 후예 로마법학자들은 학설휘찬이 담고 있는 내용을 정교하게 개념화하고 체계화하는 것을 자신의 주된 임무로 삼게 되었다.[27] 이들은 완결된 개념과 체계의 피라미드를 상정하고, 이에 따라 각각의 개념과 체계를 정립해 나갔다. 바로 여기서 오늘날 말하는 개념법학이 등장하고 발전해 나간다. 이러한 개념법학을 정립한 대표적인 로마법학자로 우선 사비니의 수제자이자 그의 후계자인 푸흐타(G. F. Puchta: 1798~1846)를 들 수 있다. '개념의 계보학'(Genealogie der Begriffe)과 '관습법이론'으로도 유

---

25 이를 지적하는 로슨, 양창수·전원열 (역), 『대륙법입문』(박영사, 1994), 52쪽 아래.
26 H. Schlosser, 앞의 책, 149쪽.
27 H. Schlosser, 앞의 책, 153쪽.

명한 푸흐타는 사비니의 역사법학을 개념의 계보학이라는 기초 위에서 더욱 체
계적으로 밀고 나갔다. 이를 통해 역사법학은 법사학의 색채를 완전히 거둬내
고 현행 사법학으로 자리 잡는다. 동시에 푸흐타를 통해 개념법학이 성립한
다.[28] 이는 다음과 같은 푸흐타의 언명에서 분명하게 드러난다.

> "법학의 임무는 개별적인 법명제들을 그 체계적인 연관성에서 (…) 파악하여,
> 그것들의 계보를 그 원칙에까지 거슬러 올라가 추적하고, 또한 반대로 그 원칙으
> 로부터 그 밑에 있는 미세한 가지까지 내려갈 수 있도록 하는 것이다. 이런 작업을
> 통해 민족의 정신 속에 감추어져 있던 법명제들은 (…) 비로소 학문적인 연역의
> 산물로서 분명하게 성립한다. 또한 이렇게 해서 학문은 (…) 제3의 *法源*이 된다."[29]

푸흐타 이후에도 다수의 로마법학자들이 개념법학적 방법을 수용한다. 예
를 들어 '목적법학'을 제창한 예링 자신도 초기에는 개념법학을 모범으로 삼았
고, 그 외 벡커(E. I. Bekker: 1827~1916)나 레겔스베르거(F. Regelsberger: 1831~
1911) 등이 개념법학을 원용하였다. 이러한 개념법학은 빈트샤이트(B. Windscheid:
1817~1892)와 데른부르크(H. Dernburg: 1829~1907)에 이르러 절정에 다다른다.
특히 독일 민법전 제정을 위한 제1위원회에서 주도적인 역할을 했던 빈트샤이
트에 의해 개념법학이 이루어놓은 성과는 독일 민법전, 특히 총칙과 채무법을
통해 제도화된다.

이렇게 사비니가 주창했던 역사법학은 사비니 이후 그의 후계자를 통해 개
념법학으로 변모하고, 마지막에 이르러서는 독일 민법전의 방법론적 기초로 자
리 잡는다. 뿐만 아니라 개념법학은 이후 사법학을 넘어서, 아래 IV. 2에서 보는
것처럼, 공법학이나 형법학에서도 기본적인 방법론으로 자리 잡게 된다. 이를
통해 개념법학은 법학 모두를 그 대상으로 하는 방법론으로, 다시 말해 '일반법
학'의 방법론으로 각인된다. 그러나 여기서 우리가 주의해야 할 점은 모든 (민

---

28 예링이 비아냥거리는 어투로 비판한 개념법학은 바로 푸흐타의 법학방법을 직접적인 대상으로
하고 있었다.
29 G. F. Puchta, *Cursus der Institutionen*, Bd. 1, 9. Aufl. (1881); 김영환, 앞의 논문, 29쪽에서 다시
인용.

사)법학자들이 개념법학을 추종한 것은 아니었다는 점이다. 개념법학은 주로 로마법학자들이 원용한 방법이다. 처음에는 다 함께 역사법학을 따랐지만, 로마법이 아닌 게르만법을 연구 대상으로 삼았던 게르만법학자들은 개념과 체계를 강조하는 개념법학과는 거리가 있었다. 아울러 사비니와 비견되는 거대한 사법학자 예링 역시 로마법학을 주된 연구 대상으로 삼으면서도, 후에 개념법학을 강하게 비판하면서 현실 속에 존재하는 목적을 법의 존재이유로 부르짖었다는 점도 염두에 둘 필요가 있다.

Ⅲ. 개념법학에 대한 철학적·정치적 분석

개념법학은 어떤 철학적·정치적인 이념을 배후근거로 지니고 있었는가? 이 의문은 사비니와 그의 후예들이 정립한 개념법학의 성격을 규정하는 것과 무관하지 않다. 일반적으로 개념법학은 19세기의 법실증주의가 낳은 법학방법이라고 이해하는 것이 지배적이다.[30] 같은 맥락에서 법실증주의는 그 당대의 정치적 상황과는 무관하게 법학 스스로가 독자적으로 이루어놓은 산물이라고 이해되기도 한다. 그러나 이 책은 이러한 지배적인 이해가 부분적으로는 타당한 점을 갖고 있지만, 개념법학이 지닌 또 다른 측면을 간과하고 있음을 밝히고자 한다. 결론부터 말하면 개념법학은 자연법사상의 수혜를 받고 있었으며 정치적으로도 일정한 정치적 관점을 대변하고 있었다.

1. 철학적 분석

(1) 철학적 기초

위에서 언급한 것처럼 개념법학은 법실증주의가 낳은 학문적 소산이라는 이해가 지금까지 지배적이었다. 예를 들어 근세 이후 서구에서 진행된 사법사(私法史)를 정리한 프란츠 비악커(Franz Wieacker)는 사비니와 그 후예들이 정립한 개념법학은 '법학적 실증주의'(rechtswissenschaftlicher Positivismus)가 낳은 산물

---

30 예를 들어 프란츠 비악커(F. Wieacker)는 개념법학을 '법학적 실증주의'가 낳은 산물이라고 이해한다. F. Wieacker, *Privatrechtsgeschichte der Neuzeit*, 2. Aufl. (Göttingen, 1996), 431쪽.

로 이해한다.

> "이러한 법학(판덱텐 법학)은 **법학적 실증주의**라는 법적 관념에 기반을 둔다. 여기서 법학적 실증주의는 법외적인, 가령 종교적·사회적·과학적인 가치평가나 목적에 법을 창조하거나 변경하는 힘을 부여하지 않고, 오직 법학의 체계나 개념 혹은 학설로부터 법명제를 이끌어내며 이를 적용하려는 것을 말한다."[31]

이러한 비악커의 이해는 그 후 많은 학자들에 의해 표준적인 이해로 수용 되었다.[32] 이를 반영하듯 국내에서 가령 심헌섭 교수는 "법실증주의는 역사적으 로 조금 거슬러 올라가지만 이른바 '개념법학'(Begriffsjurisprundenz)으로도 나타 났다."고 한다.[33] 이상영·김도균 교수도 『법철학』에서 "독일에서 법실증주의는 개념법학에서 시작한다."고 말한다.[34] 그러나 이렇게 개념법학을 법실증주의와 연결하는 것은 한편으로는 타당한 면도 있지만, 다른 한편으로는 오해의 소지 가 없지 않다. 그 이유를 다음과 같이 말할 수 있다.

우선 사비니와 그의 후예들이 개념법학의 대상으로 삼은 것은 당시의 실정 법이 아니라 이미 과거의 유산이 되어버린 '로마법'이었다. 독일이 자랑하는 민 법전(BGB)은 아직 제정되지 않은 상태였다. 물론 19세기 당시 독일 제국이 처 해 있던 법적 상황을 보면, 지역에 따라서는 로마법이 실정법과 같은 역할을 수 행하기도 했다.[35] 그렇지만 로마법은 실정법이라고 하기보다는 '법학자의 법'이 라고 말하는 것이 더욱 정확하다. 이런 점에서 볼 때 오직 실정법 혹은 '법률'만 을 법학의 대상으로 삼은 법실증주의를, 로마법을 학문 대상으로 삼은 개념법 학과 연결시키는 것은 다소 무리가 있다고 생각한다. 이와 유사한 맥락에서 비악 커는 『근세사법사』에서 개념법학의 철학적 기초가 된 '법학적 실증주의'와 '법률

---

31 F. Wieacker, 위의 책, 431쪽. 강조는 원문, ( )은 인용자가 덧붙인 것이다.

32 가령 D. Grimm, "Methode als Machtfaktor", in: *Recht und Staat der bürgerlichen Gesellschaft* (Frankfurt/M., 1987), 374~392쪽.

33 심헌섭, "비판적 법실증주의"(1977), 『분석과 비판의 법철학』(법문사, 2001), 162쪽.

34 이상영·김도균, 『법철학』(한국방송통신대학교출판부, 2006), 59쪽.

35 H. Schlosser, 앞의 책, 300쪽.

실증주의'(Gesetzespositivismus) 및 '과학적 실증주의'(wissenschaftlicher Positivismus)를 각기 구별해야 한다고 말한다.**36** 마찬가지 맥락에서 처음으로 개념법학이라는 말을 사용한 예링은 로마법학이 개념법학에 빠진 가장 결정적인 이유로 로마법학이 살아있는 실정법이 아닌 이미 죽어버린 로마法源을 그 대상으로 하고 있었기 때문이라고 지적한다. 예링은 말한다.

> "거대하고 **중요한 과제의 결여**, 이것이 로마법학 이론이 앓고 있는 병이다. 주요한 것은 이미 이루어졌고, 실천적·해석학적 측면에서 아직도 수확이 남아 있는 것은 극히 적다. 결실이 많은 연구대상, 거대한 문제가 없고, 그리하여 자신의 저술가로서의 자격을 증명하기 위하여 생활에 대하여는 아무런 의미도 없이 단지 교육상 필요한 문제라는 점에서만 관심을 요구할 수 있는 문제를 다룰 수밖에 없다는 것은 이론가의 비상사태이다."**37**

이와 같은 점을 종합해 보면, 개념법학의 철학적 기초로 법실증주의를 언급하는 것은 그리 정확하지 않다고 말할 수 있다. 그렇다면 개념법학의 철학적 기초로서 법실증주의 대신 무엇을 언급할 수 있을까? 이 물음에 대해서는 칼 라렌츠(K. Larenz)가 중대한 시사점을 준다. 라렌츠는 그의 역저『법학방법론』에서 다음과 같이 말한다.

> "법학에서 체계사고는 자연법이 낳은 유산이다. 그리고 이러한 체계사고는 독일 관념론 철학에 의해 더욱 철저하게 뒷받침되었다."**38**

여기서 우리는 개념법학이 법실증주의보다는 오히려 자연법론과 밀접하게 관련을 맺고 있음을 확인할 수 있다. 이러한 맥락에서 라렌츠는 개념법학과 실증주의를 동일한 것으로 이해하는 것은 타당하지 않다고 말한다.**39** 이렇게 법실

---

36 F. Wieacker, 앞의 책, 431~432쪽.
37 R. v. Jhering, 앞의 논문, 54쪽.
38 K. Larenz, 앞의 책, 19쪽.
39 K. Larenz, 앞의 책, 22쪽 각주(8) 참고.

증주의가 아닌 자연법론이 개념법학이 등장하는 데 철학적 기초가 되었다는 점은 다른 곳에서도 그 근거를 찾을 수 있다. 예를 들어 개념법학이 강조하는 '개념의 피라미드'는 독일의 자연법론을 대변했던 볼프에게서 찾아볼 수 있다.[40] 뿐만 아니라 개념법학의 방법론은 기독교적 자연법론에 바탕을 둔 중세 스콜라학파의 방법론과도 밀접하게 연결되어 있다는 점에서도 개념법학이 자연법론에 빚을 지고 있음을 논증할 수 있다. 요컨대 개념법학이 추구하고자 했던 완결된 개념과 체계의 피라미드는 아직 종합적이고 체계적인 실정법을 갖추지 않았던 시대에 자연법학자들이 추구했던 그것이라는 점에서 볼 때 개념법학은 법실증주의가 아닌 자연법론이 낳은 지적 유산이라고 말할 수 있다.

그러나 사실 인식론적인 측면에서 볼 때 개념법학의 철학적 기초가 자연법론이냐 아니면 법실증주의냐 싸우는 것은 그리 큰 의미가 없어 보일 수도 있다. 왜냐하면 인식론적인 면에서 볼 때 자연법론과 법실증주의는 동일한 구조를 갖고 있기 때문이다.[41] 역사적으로 보더라도 서구에서 18~19세기에 걸쳐 진행된 '대법전제정 운동'은 자연법론에 많은 영향을 받았으며, 이렇게 자연법론의 영향을 받아 대법전이 제정된 이후부터 비로소 법실증주의가 태동하기 시작했다는 점에서 개념법학의 철학적 기초가 법실증주의냐 아니면 자연법론이냐 다투는 것은 그리 중요하지 않을 수 있다.

(2) 주체-객체 모델

위에서 개념법학은 자연법론을 철학적 기초로 삼고 있음을 살펴보았다. 그리고 이 자연법론은 인식론의 측면에서 보면 법실증주의와 동일한 구조를 지닌다는 점을 언급하였다. 그렇다면 이 인식론적 구조는 무엇인가? 이에 대해 ≪주체-객체 모델≫을 대답으로 내놓을 수 있다. 인식론의 측면에서 볼 때 개념법학은 ≪주체-객체 모델≫에 서 있다고 말할 수 있는 것이다. 여기서 ≪주체-객체 모델≫은 '주체'와 '객체'를 별도의 독립된 '실체'(Substanz)로 파악한 후, '주체'가 '객체'를 객관적으로 인식한다거나 또는 '객체'를 대상으로서 처분할 수 있

---

40 H. Schlosser, 앞의 책, 153쪽; 김영환, 앞의 논문, 28쪽.
41 Arth. Kaufmann, *Rechtsphilosophie*, 2. Aufl. (München, 1997), 34쪽.

다고 파악하는 인식모델을 뜻한다. 그렇다면 어떤 측면에서 개념법학은 ≪주체-객체 모델≫에 입각하고 있다고 말할 수 있는가? 우선 개념법학은 권리주체 혹은 행위주체와 이에 대립하는 행위객체 혹은 행위대상을 설정한다. 그리고 이러한 행위주체와 행위대상을 연결하는 것으로 특정한 행위개념, 대표적으로 '법률행위'(Rechtsgeschäft)를 설정한다. 이러한 구조는 민법총칙에서 극명하게 발견할 수 있다. 예를 들어 독일 민법 총칙은 제1장(Abschnitt 1)에서 행위주체로 '인'(Personen)을 규정하고, 제2장(Abschnitt 2)에서는 행위대상으로 물건과 동물을 규정한다. 제3장(Abschnitt 3)에서는 가장 핵심적인 개념인 '법률행위'를 규정한다.[42] 이러한 기본구조는 고전기 로마법학자인 가이우스(Gaius: 약 120~180)가 마련한 편별을 이어받은 것이기도 하다. 가이우스는 그의 유명한 교과서인 『법학제요』(Institutiones)에서 'personae'(인), 'res'(대상), 'actiones'(소권 또는 행위)에 따라 로마법을 체계화하였는데,[43] 이러한 모델은 독일 민법 총칙의 구조에 상응하는 것이면서 동시에 ≪주체-객체 모델≫에 합치한다.[44] 개념법학의 단초를 마련한 사비니는 가이우스 이후 정착된 이러한 기본구조를 수용한 것이다. 더 나아가 칸트의 영향을 강하게 받은 사비니는 칸트의 '선험적 감성론'을 수용하여 '시간'과 '공간'이라는 범주를 이러한 ≪주체-객체 모델≫에 포함시킨다. 다만 '공간'이라는 범주는 민법전이 기본적으로 독일 제국 안에서만 시행된다는 점을 고려하여 그 후 민법전을 제정하는 과정에서 제외된다. 이로 인해 독일 민법 총칙은 '인', '물건과 동물', '법률행위' 이외에 '시간'의 범주로서 '조건'과 '기한' 그리고 '소멸시효'를 포함하게 된다.[45] 요컨대 개념법학은 한편으로는 가이우스 이래 전승된 로마법의 기본체계를 따름으로써, 다른 한편으로는 근대 철학이 정립한 주체중심적 철학의 전통을 수용함으로써 ≪주체-객체 모델≫을 충실하게 따르고 있었다고 말할 수 있다.

---

42 이에 대한 상세한 내용은 양창수 (역), 『독일민법전: 총칙·채권·물권』(박영사, 2005) 참고.
43 H. Schlosser, 앞의 책, 30쪽.
44 이러한 가이우스의 체계는 프랑스 민법전에서도 찾아볼 수 있다. 프랑스 민법전은 명순구 (역), 『프랑스 민법전』(법문사, 2004) 참고.
45 충남대학교 법학연구소 (편), 『현대생활과 법』(삼영사, 2006), 201쪽(신유철 집필).

(3) 권리 중심의 체계

세 번째로 언급할 수 있는 것으로 개념법학이 권리 중심의 체계로 짜여 있음을 거론할 수 있다. 이 역시 사비니에 힘입은 바가 크다. 사비니는 칸트의 법이론을 수용하여 주관적 권리 중심으로 로마법의 체계를 재구성한다.[46] 이때 '실천이성'을 구성하는 '의지'(Wille)가 주관적 권리를 구성하는 핵심적인 요소가 된다. 이를 통해 '의사설' 또는 '의사주의'가 출발하게 된다.

이러한 권리 중심의 체계는 빈트샤이트를 통해 새로운 전환점을 맞이한다. 빈트샤이트에 의해 주관적 권리 이외에 '청구권'(Anspruch) 개념이 새롭게 개념법학의 개념, 특히 민법의 개념으로 자리 잡게 된 것이다. 청구권 개념은 지금은 '채권적 청구권'이나 '물권적 청구권'처럼 민법학에서 쉽게 찾아볼 수 있는 것이지만, 빈트샤이트 이전에는 아직 법적인 시민권을 취득하지 못한 상태였다. 왜냐하면 그 당시에는 청구권 대신 로마법 시대부터 전승된 'actio'(소권) 개념이 존재하고 있었기 때문이다. 이러한 상황은 주관적 권리 중심의 로마법학을 체계화한 사비니에서도 마찬가지로 나타나고 있었다. 사비니는 실체법적인 주관적 권리와 병행하여 절차법적인 actio를 인정하였다.[47] 이는 사비니 이후에도 계속되었는데, 빈트샤이트에 이르러 비로소 actio는 청구권 개념으로 전환된다. 빈트샤이트는 다음과 같이 말한다.

> "이것을 위한 짧은 표현을 찾는다면 다음과 같이 적절히 말할 수 있을 것이다: actio는 청구권을 표현한 것이다.
>
> 그러므로 actio는 청구권에 갈음하는 것이다. 어떤 사람이 actio를 가졌다 하면, 이는 재판상의 실현을 구하는 것이 권리의 귀결이라는 오늘날의 법관념으로 보면 어떤 사람이 법적으로 인정된 청구권을 가졌다는 말이 되고, 이는 바로 그가 청구권을 가졌다는 말이 된다."[48]

---

46 J. Habermas, 앞의 책, 제3장 참고.

47 호문혁, "19세기 독일에 있어서의 청구권개념의 생성과 변천", 『민사소송법연구』(법문사, 1998), 107쪽.

48 B. Windscheid, *Die Actio des römischen Civilrechts vom Standpunkte des heutigen Rechts* (Düsseldorf, 1856), 1쪽 아래; 호문혁, 위의 논문, 109~110쪽에서 다시 인용.

이후 개념법학은 주관적 권리와 병행하여 청구권 개념을 수용하게 되고 이를 통해 개념법학, 특히 민법의 전 체계가 구성된다. 이러한 상황은 오늘날에도 여전히 유지된다.[49]

한편 이렇게 개념법학이 주관적 권리와 청구권 중심으로 체계화되었다는 점에서 우리는 개념법학이 자유주의를 강하게 지향하고 있음을 발견할 수 있다. 사비니와 그 후예들이 정립한 개념법학은 '자유주의 법모델'의 체계를 지향하고 있었고, 바로 그 점에서 개념법학은 아래에서 보는 것처럼 정치적으로 보수적인 성격을 띠었다.[50]

2. 정치적 분석

개념법학은 정치적으로 어떤 성격을 띠고 있는가? 이러한 의문에 관해 개념법학을 법실증주의와 연결시키는 진영에서는 다음과 같은 답변을 제시할 수 있을 것이다. 개념법학은 정치적인 성격을 갖지 않는다는 것이다. 이러한 대답은 일정한 근거를 갖는다. 일반적으로 법실증주의는 정치적인 이해관계와는 무관한, 즉 비정치적인 성격을 갖는다고 말한다. 이러한 주장은 특히 법실증주의를 가장 순수하게 추구한 한스 켈젠(Hans Kelsen)의 순수법학에서 발견할 수 있다. 잘 알려진 것처럼 켈젠은 존재와 당위를 엄격하게 구분하고, 당위 영역에서도 실정법과 실정법 아닌 것을 엄격하게 분리한다. 오직 실정법 절차를 통해 제정된 법률만을 법개념에 포함시킨다. 이러한 근거에서 법은 정치와도 엄격하게 구분되고, 이를 통해 법은 순수성을 획득한다. 이러한 법실증주의를 개념법학과 연결하면, 개념법학은 그 논리적 귀결로서 비정치적인 것이 될 것이다. 사실 이러한 이해는 사비니 이후 많은 개념법학자들을 지배한 것으로 보인다.[51]

그러나 독일의 공법학자이자 법사학자인 디이터 그림(Dieter Grimm)에 따르면, 개념법학은 정치와 무관하지 않다.[52] 개념법학은 일정한 정치적 의도를 배

---

49 예를 들어 독일의 민법학자인 메디쿠스(D. Medicus)는 청구권을 중심으로 하여 전체 민법을 바라보는 틀을 제시하기도 하였다. D. Medicus, *Bürgerliches Recht: eine nach Anspruchsgrundlagen geordnete Darstellung zur Examensvorbereitung*, 20., neubearb. Aufl. (Köln usw., 2004).
50 자유주의 법모델에 관해서는 이상돈, 『법학입문』(법문사, 2006), 단락번호 [4] 참고.
51 D. Grimm, 앞의 논문, 374~392쪽.
52 이에 대한 분석은 D. Grimm, 앞의 논문, 374쪽 아래.

후에 깔고 있었다고 한다. 그림은 두 가지 점에서 개념법학이 일정한 정치적·권력적 요소를 담고 있다고 말한다. 먼저 개념법학은 정치적으로 보수적이다. 이 점은 티보와 사비니 사이에서 전개된 논쟁을 통해서 쉽게 확인할 수 있다. 프랑스 혁명이 낳은 근대 계몽주의에 영향을 받아 프랑스 민법처럼 통일된 독일 시민법전을 제정할 것을 촉구하던 티보와 달리, 사비니는 근대 계몽주의를 일종의 '정치적 질병'으로 비판하면서 티보의 견해에 반대하였는데, 여기서 우리는 구체제를 은연중에 옹호하려는 사비니의 정치적 의도를 읽을 수 있는 것이다. 이러한 정치적 보수성은 사비니의 후예들에게서도 지속적으로 찾아볼 수 있다. 다음으로 개념법학은 정치적 입법권에 대해 학문으로서 법학이 법에 대해 우선권을 가져야 한다는 권력적 의도를 갖고 있었다고 한다. 이는 '민족정신' 논증을 통해 민법전 제정 작업을 뒤로 미루려 했던 사비니에게서 찾아볼 수 있다. 사비니는 티보와 논쟁하면서, 당시 독일 법학은 아직 민법전을 제정할 만큼 성숙하지 않았다고 진단한다. 이는 한편으로는 좀 더 로마법학과 민법학 연구에 치중하여 독일 민족에 적합한 민법전을 만들자는 제안으로 해석할 수도 있지만, 다른 한편으로는 법에 대한 주도권을 정치적 입법권이나 사법권이 아닌 학문이 장악해야 한다는 주장으로 해석할 수도 있다. 만약 통일된 민법전이 제정되면, 민법전에 대한 유권적인 해석권한은 학자가 아닌 입법자나 법관이 쥐게 되기 때문이다. 이처럼 그림은 두 가지 점에서 개념법학이 정치와 무관하지 않았다고 해석하는데, 이에 덧붙여 우리는 개념법학이 정치적으로 자유주의를 지향하고 있었다는 점을 언급할 수 있다.

이러한 개념법학의 정치적인 성격은 그 후 독일 민법전 제정을 통해 어느 정도 검증된다. 독일 민법전 제정 작업은 개념법학의 절정을 이루었던 빈트샤이트에 의해 주도되었는데, 이를 통해 개념법학이 집적해 놓은 학문적 성과가 민법전으로 제도화되었다. 그러나 바로 이러한 이유에서 독일 민법전은 제정 당시부터 너무 로마법적이며 정치적으로는 보수적이고 자유주의에 치우쳐 사회적인 문제를 도외시한다는 비판을 받았다. 개념법학의 정치적 보수성, 자유주의적인 성격을 분명하게 확인할 수 있는 대목이다. 그러나 개념법학은 자신이 갖고 있던 이러한 정치성을 전면에 내세우지 않았다. 그래서일까? 독일 개념법학으로부터 많은 수혜를 입은 우리 민법학은 오랫동안 스스로를 정치와는 무관한 순수한 영역으로 취급해온 것이 아닌가 한다. 그리고 그 때문에 민법과 헌법의 관련성에도 그리 관심을 기울이지 않았던 것이 아닐까?[53] 그러나 현상을 유지하고자 하는 보수성이나 국가의 간섭을 배제하려는 자유주의적 성격 그 자체는 이미 일정한 정치 또는 질서모델을 지향하고 있는 것임을 의식할 필요가 있지 않을까 한다.[54]

한편 이렇게 개념법학이 보이는 정치적 보수성은 사법학 영역을 넘어 공법학 영역에서도 어느 정도 찾아볼 수 있다. 예를 들어 19세기 중반 공법학 영역에서 지배적인 영향력을 발휘한 파울 라반트(Paul Laband: 1838~1918)에서 이러한 점을 발견할 수 있다. 라반트는 19세기 독일 국법학의 기초를 놓은 학자로, 또 유명한 "형식적 의미의 법률"과 "실질적 의미의 법률"이라는 개념을 정립한 공법학자로 우리에게 익숙한 학자이다. 그런데 라반트가 애초에 "형식적 의미의 법률" 개념과 이에 대응하는 "실질적 의미의 법률" 개념을 내놓은 것은, 그 역사적인 배후근거를 들여다보면, 당시 의회와 대립하고 있던 독일 제2제국의 아버지 비스마르크가 제안한 군비확장예산안을 이론적으로 뒷받침하기 위한 것이었다.[55] 말하자면 라반트는 새로운 개념을 제시하여 보수적인 비스마르크 정부를 옹호하였던 것이다. 바로 여기서 우리는 개념법학의 정치적 보수성을 다시 한 번 확인할 수 있다.

Ⅳ. 개념법학이 법도그마틱에 미친 영향

1. 개관

앞에서 지적한 것처럼 일반적으로 개념법학은 부정적인 측면에서 많이 언급되고는 하였다. 개념법학은 우리가 극복해야 할 장애로 취급되고는 하였다. 그렇지만 법학이 학문으로 자리매김 하기 위해서는 명확한 개념과 논리 정연한

---

[53] 이에 대한 지적으로 양창수, "헌법과 민법: 민법의 관점에서", 『민법연구』 제5권(박영사, 1999), 1쪽.
[54] D. Grimm, "Der Wandel der Staatsaufgaben und die Krise des Rechtsstaats", in: D. Grimm (Hrsg.), *Wachsende Staatsaufgaben – sinkende Steuerungsfähigkeit des Rechts* (Baden–Baden, 1990), 295쪽.
[55] 이에 관해서는 송석윤, "프로이센 헌법갈등 연구", 『서울대학교 법학』 제45권 제3호(2004) 참고.

체계 그리고 독자적인 방법론을 갖추고 있어야 할 필요가 있다.[56] 개념법학을 비꼰 예링도 법학에서 개념이 갖는 중요성을 전혀 무시하지 않았다. 예링은 말한다.

> "모든 법학은 개념을 가지고 작동하며, 법적 사고와 개념적 사고는 동의어이다. 그러한 의미에서 모든 법학은 개념법학이며, 일차적으로 로마법학이 그러하다. 그에 補足을 붙일 필요는 없다. 그럼에도 내가 보족을 붙인다면, 그것은 다음과 같은 오늘날 우리의 법학의 잘못을 지적하고자 하기 때문이다. 법의 실제적 궁극목표와 그 적용가능성의 조건을 무시하고, 법을 자족적인 사고, 매력과 목적을 스스로 안에 간직하고 있는 논리적 사고를 시험하여 보는 대상으로만 본다는 것, 가장 위대한 思考의 名人에게 월계관을 수여하는 논리전개와 정신체조의 경기장으로 본다는 것이다."(강조는 인용자)[57]

여기서 분명하게 알 수 있듯이 예링 자신도 개념의 중요성을 무시하지 않았다. 다만 법학이 너무 개념 위주로만 움직이는 것을 경계하고자 했던 것이다. 더군다나 개념법학이 독일 법학 전반에 미친 영향을 생각한다면, 개념법학을 쉽게 부정적으로 재단하는 것은 삼가야 할 일이 아닌가 한다.

개념법학은 직접적으로는 독일 민법제정 과정에 많은 영향을 미쳤다. 제1위원회에 주도적으로 참여했던 빈트샤이트 덕분에 독일 민법전 중에서 총칙과 채권법 부분은 개념법학이 이룬 성과를 강하게 수용하였다. 물권법 중에서도 물권행위 개념의 독자성과 무인성은 로마법의 전통을 체계화한 개념법학의 성과를 이어 받은 것이다.[58] 물론 바로 이러한 이유에서 기르케(Otto von Gierke: 1841~1921)는 독일 민법전이 게르만적인 전통을 도외시하였다고 비판한다. 나

---

56 이에 관해서는 심헌섭, "법학의 학문성", 『분석과 비판의 법철학』(법문사, 2001), 1쪽 아래.
57 R. v. Jhering, 앞의 논문, 41~42쪽.
58 이에 대해 물권행위 개념은 사비니를 위시한 개념법학자들이 로마법 원전을 의도적으로 곡해한 것이라고 지적하면서, 로마법과 물권행위 개념의 독자성은 서로 무관한 것이라는 주장이 제시되기도 한다. 김기창, "물권행위 탄생사", 명순구·김제완·김기창·박경신, 『아듀, 물권행위』(고려대학교출판부, 2006), 11쪽 아래.

아가 멩거(Anton Menger: 1841~1906)는 더욱 급진적으로 독일 민법전이 너무 자유주의에 치우쳐 이미 그 당시 문제가 되고 있던 사회법적 측면을 간과했다고 비판하기도 하였다.[59]

아래에서는 개념법학이 독일 법도그마틱에 어떤 영향을 미쳤는지 개관해 보도록 한다. 이를 통해 간혹 개념법학에 쏟아지는 과도한 비판에 대해 일종의 반박을 제공하고자 한다. 그러나 개념법학이 미친 영향과 성과를 분석하는 작업은 방대하고 엄밀한 연구를 필요로 한다. 이는 이 책의 성격을 넘어서는 일이고 필자의 능력을 초과하는 일이기도 하다. 따라서 아래에서는 일종의 거친 스케치에 그침으로써 대략적으로나마 개념법학이 우리 법학을 풍성하게 하는 데 어떤 기여를 했는지 주의를 환기시켜 보고자 한다.

2. 개념법학이 법도그마틱에 미친 영향

이미 언급한 것처럼 개념법학은 독일 민법전을 제정하는 과정에서 많은 영향을 미쳤다. 개념법학이 바탕으로 삼았던 ≪주체-객체 모델≫은 민법총칙을 통해 극명하게 실정화 되었다. 무엇보다도 '개념의 피라미드'라는 방법으로 획득한 가장 순수한 법적 사고형태인 '법률행위' 개념이 행위주체와 행위대상을 연결하는 가장 핵심개념으로 제도화되었다.

그러나 개념법학이 낳은 성과는 민법에서만 볼 수 있는 것은 아니다. 공법이나 소송법영역에서도 개념법학의 유산을 찾아볼 수 있기 때문이다. 예를 들어 행정법영역에서 오토 마이어(Otto Mayer)는 개념법학의 성과를 수용하여 이를 토대로 행정법 총론을 근거 짓는 데 결정적인 기여를 하였다. 특히 민법의 법률행위 개념에 대응하는 개념으로 '행정행위'를 창안하기도 하였다.[60] 소송법영역에서는 개념법학의 ≪주체-객체 모델≫에 상응하게 소송주체(단일한 주체 및 다수 주체), 소송객체(소송물), 소송행위 개념(소송행위의 시작·소송행위 진행·소

---

59 이에 관해서는 H. Schlosser, 앞의 책, 182~183쪽.

60 오토 마이어의 방법론에 관해서는 W. Meyer-Hesemann, *Methodenwandel in der Verwaltungs-rechtswissenschaft* (Heidelberg, 1981), 17쪽 아래; 류지태, "행정법 방법론 소고", 『행정법의 이해』(법문사, 2006), 7쪽 아래.

송행위의 종료)이 법적인 시민권을 취득하였다. 이를 통해 소송법학이 단순한 기술이 아닌 학문으로 정착하게 되었다. 한편 헌법영역에서도 법인론과 같은 개념법학의 성과가 스며들었는데, 특히 사비니의 주관적 권리체계는 '주관적 공권' 개념이 형성되는 데 기여하기도 하였다.[61] 형법영역에서도 ≪주체－객체 모델≫은 구성요건이론을 통해 투영되었다. 아울러 개념법학의 권리 중심 체계는 포이어바흐(J. P. A. v. Feuerbach: 1775~1833)에 의해 '권리침해이론'으로 발전하기도 하였다. 이처럼 개념법학의 사유형태는 거의 모든 법영역에 영향을 미쳤다. 물론 20세기에 들어와 새롭게 '상호주관성 모델'이 등장하면서 ≪주체－객체 모델≫은 여러 측면에서 비판을 받았다. 그렇지만 개념법학의 영향은 여전히 독일 법학을 굳건하게 지탱하고 있고, 독일 법학으로부터 많은 영향을 받은 우리 법학에서도 여전히 생명력을 잃지 않고 있다.

V. 맺음말

법학이 학문으로 인정받기 위해서는 '학문성'을 지닐 필요가 있다. 이러한 학문성은 합리성과 객관성을 필수적인 기반으로 한다. 아울러 학문성은 개념과 체계를 필요로 한다. 19세기에 성장한 개념법학은 법학이 학문으로 자리 잡기 위해 필요한 개념과 체계를 제공하였다. 이를 통해 법학은 학문으로 자리매김할 수 있게 되었다. 이러한 측면은 비록 정도의 차이가 있기는 하지만 판례법 전통을 따르는 영미법에서도 찾을 수 있다. 비록 독일 민법과 같은 정교한 대법전이 존재하는 것은 아니지만, 판례법 전통의 영미법에서도 개념과 체계는 존재한다. 다만 이러한 개념과 체계가 법전으로 성문화되지 않았을 뿐이다. 랭델(Christopher C. Langdell)이 로스쿨 시스템을 도입하고 방법론으로서 '소크라테스 문답법'과 '판례분석'을 도입했을 때, 그가 모범으로 삼았던 것은 개념법학처럼 개념과 체계 그리고 원리를 강조하는 것이었다.[62] 20세기 초반 '법현실주의'가

---

61 이에 관해서는 H. Bauer, *Geschichtliche Grundlagen der Lehre vom subjektiven öffentlichen Recht* (Berlin, 1986).

62 최대권, 『법학교육·법학방법론: Law School을 중심으로』(박영사, 2003), 130~131쪽.

등장하기 전까지 이른바 '법형식주의'가 미국 법학을 지배하고 있었다는 역사적 사실은 개념법학적 사유형태가 판례법 전통의 영미법에서도 살아있었다는 점을 증명해 준다. 이러한 점에서 볼 때 개념법학의 흔적은 대륙법뿐만 아니라 영미법에서도 찾아볼 수 있다.[63] 그만큼 개념법학은 우리에게 많은 지적 유산을 남겨주었다. 그러므로 개념법학을 전혀 불필요한 것으로 치부하는 것은 그리 설득력 있는 비판이라고 할 수 없다. 물론 개념법학은 많은 폐단을 보였고 이러한 폐단은 우리가 넘어서야 한다. 예를 들어 현실과 별 상관없이 자기목적적인 개념과 체계에 집착하거나 현상을 유지하고자 하는 보수성에 대해서는 비판적인 거리를 둘 필요가 있다. 그러나 이러한 문제점 때문에 개념법학 전체를 비판하는 것은 삼가야 하지 않을까 생각한다. 왜냐하면 이는 자칫 부분으로 전체를 몰아붙이는 '일반화의 오류'에 해당할 수 있기 때문이다.

---

[63] 다만 미국의 '법형식주의'가 대륙의 '개념법학'과 차이를 보이는 점은 미국의 법형식주의는 민법전과 같은 대법전으로 제도화되지는 않았다는 것이다.

제 4 장
개념법학과 이익법학을 넘어선 법도그마틱 구상

Ⅰ. 서론

　기본적으로 법학은 법도그마틱으로 구성된다.[1] 물론 법도그마틱이 법학의 전부는 아니지만 법도그마틱이 법학에서 본질적인 역할을 한다는 점은 분명한 듯하다. 이는 법률가를 선발하기 위해 시행된 예전의 사법시험이나 현 변호사 시험의 교과목을 보더라도 확인된다. 그렇지만 바로 이런 이유에서 법도그마틱에 대해, 나아가 법학의 '학문성'(Wissenschaftlichkeit) 자체에 대해 비판이 제기되기도 하였다. 법도그마틱이 가질 수밖에 없는 한계, 다시 말해 특정한 실정법이나 구체적인 법규범을 전제로 할 수밖에 없는 한계 때문에 법도그마틱의 학문성에 비판이 이루어진 것이다. 우리는 이런 비판의 대표적인 형태를 19세기에 활동했던 프로이센의 법률가 키르히만(Julius Hermann von Kirchmann)의 언명에서 찾아볼 수 있을 것이다. 키르히만은 그의 유명한 강연에서 법학의 학문적 무가치성을 비판하면서,[2] "입법자가 세 마디만 고치면 도서관의 모든 법서가 휴지

1　일반적으로 '법도그마틱'(Rechtsdogmatik)은 달리 '실정법 해석론', '법리' 또는 '법교의학'으로 지칭되기도 한다. 이러한 법도그마틱은 실정법을 전제로 하여 실정법의 개념을 분석하고 체계화하거나 각종 해석방법을 통해 실정법의 의미내용을 밝히는 작업의 총체라고 정의할 수 있다.

2　J. v. Kirchmann, *Die Wertlosigkeit der Jurisprudenz als Wissenschaft* (Darmstadt, 1956). 이에 대한 우리말 번역으로는 율리우스 헤르만 폰 키르히만, 윤재왕 (옮김), 『법학의 학문적으로서의 무가치성』(박영사, 2019) 참고.

가 되어 버린다."는 오늘날 널리 회자되는 주장을 하였다.[3] 또한 법도그마틱은
주로 개념과 체계를 세우는 데만 몰두한다는 점에서(개념법학적 도그마틱), 그런
데도 도그마틱 안에서는 끊임없이 '체계모순'(Systemwiderspruch) 또는 '체계위
법'(Systemwidrigkeit)이 발생한다는 점에서, 뿐만 아니라 이러한 도그마틱은 경험
적으로 검증할 수 없다는 점에서 비판을 받기도 하였다. 이러한 비판들은 곧 법
학의 학문성 자체에 대한 비판이 되었다.

    이런 이유에서 그동안 독일 법학에서는 전통적인 법도그마틱으로 대변되
는 개념법학을 극복하기 위해서 목적법학이나 이익법학, 자유법론이 등장하기
도 한 것이다. 또한 제2차 세계대전 이후에는 민법학자이자 법이론가인 피벡
(Theodor Viehweg)에 의해 전통적인 '공리론'(Axiomatik)에 대비되는 '문제변증
론'(Topik)이 제시되기도 하였다. 이러한 '개념법학과 목적법학' 또는 '공리론과
문제변증론'이라는 이분법은 미국 법학에서도 '법형식주의와 법현실주의'라는
형태로 나타나기도 하였다.

    그러나 그동안 진행된 논의를 보면 다음과 같은 의문을 던질 수 있다. 과
연 이러한 이분법은 타당한지, 목적법학이나 이익법학 혹은 자유법론 등은 법
도그마틱을 전적으로 무시한 것인지, 법도그마틱은 학문적으로 무가치한 것으
로 학문성을 획득할 수는 없는지 등의 의문이 그것이다. 이러한 문제 상황에서
볼 때 1974년에 출간된 연구서『법체계와 법도그마틱』에서 독일의 사회학자 루
만(Niklas Luhmann)이 제안한 법도그마틱 구상은 법도그마틱의 의미와 한계에
관해 몇 가지 의미 있는 시사점을 제공한다. 물론 루만의 이론 전체에서 볼 때
이 구상은 이른바 루만의 '패러다임 전환' 이전에 제시된 것이고,[4] 따라서 그 후
새롭게 제시된 체계이론적 법이론의 시각에서 볼 때 현재성이 떨어진다고 말할
수 있을지 모른다.[5] 그런데도 그때 루만이 제시한 법도그마틱 구상은 당시의 논
의 상황뿐만 아니라 현재의 상황에서 볼 때도 여전히 의미 있는 시각을 제공한
다. 이런 문제의식을 바탕으로 하여 제4장에서는 루만이 1974년에 제시한 법도

---

3 J. v. Kirchmann, 위의 책, 25쪽.
4 이 점을 시사하는 루만 자신의 언명으로는 N. Luhmann, *Rechtssoziologie*, 2., erweiterte Auflage
  (Opladen, 1983), 제2판 서문 참고.
5 가령 N. Luhmann, *Das Recht der Gesellschaft* (Frankfurt/M., 1993).

그마틱 구상을 간략하게 소개하고자 한다. 우선 기존의 법학과 법도그마틱에 관한 몇 가지 테제를 간단하게 정리한 후(Ⅱ), 루만의 법도그마틱 구상을 정리한다(Ⅲ). 나아가 루만의 법도그마틱에 관해 생각할 수 있는 의문이나 문제들을 몇 가지 던진다(Ⅳ). 마지막으로 이러한 루만의 법도그마틱 구상에서 볼 때 체계모순은 어떻게 이해할 수 있는지 간략하게 살펴본다(Ⅴ).

Ⅱ. 기존의 법학 및 법도그마틱에 관한 테제

아래에서는 기존의 법학 및 법도그마틱에 관한 테제로 첫째, 개념법학과 이익법학의 이원주의, 둘째, 법도그마틱의 방법의존성, 셋째, 사회과학적 사고 도입(법사회학적 구상)을 살펴본다.

1. 개념법학과 이익법학

법도그마틱의 의미와 한계에 관해서는 우선적으로 개념법학과 이익법학의 대립을 떠올릴 수 있을 것이다. 전통적인 이해에 따르면, 개념법학과 이익법학 사이에서 도그마틱은 상이한 의미를 차지했다.[6] 여기서 논의를 분명하게 하기 위해 개념법학과 이익법학의 개념과 의의에 관해 간단하게 검토하도록 한다. 개념법학은 역사법학의 창시자인 사비니에게서 촉발하여 그의 제자인 푸흐타를 거쳐 독일 민법의 기초자인 빈트샤이트에 의해 완성되었다고 할 수 있다. 개념법학은 예링의 이해에 따르면 주로 로마법을 대상으로 하는 로마법학의 지배적인 방법론이었다. 그 때문에 개념법학은 실제적인 분쟁을 해결하는 데 주안점을 두기보다는 개념과 체계를 정립하고 이를 통해 논리 일관된 법도그마틱을 세우는 데 더 노력을 기울였다. 독일 민법학이 자랑하는 법률행위 개념은 이 개념법학이 낳은 대표적인 성과라 할 수 있다. 이러한 개념법학은 테오도르 피벡의 이해에서 보면, 공리론에 해당한다고 평가할 수 있다. 왜냐하면 개념법학은 개념이나 체계를 절대적인 공리로 삼아 법도그마틱적 사고를 전개하기 때문이

---

6 제4장에서는 '법도그마틱'과 '도그마틱'을 같은 의미로 혼용한다.

다. 그러므로 이러한 개념법학의 시각에서 보면, 체계모순은 존재할 수 없는 것이거나 법학이 극복해야 할 부정적인 것에 지나지 않는다.

이에 반해 예링에게서 시작하여 필립 헥크(Ph. Heck) 등을 통해 정립된 이익법학은 자기목적적인 개념이나 체계보다는 실제적인 분쟁에 담겨있는 '목적'이나 '이익'에 더 주목한다. 따라서 이익법학은 완전한 체계나 도그마틱을 구성하는 것보다는 각 당사자의 목적이나 이익을 합리적으로 해결하는 것을 강조한다. 이러한 견지에서 보면, 개념법학에서 강조했던 법도그마틱은 부정적인 의미를 가질 가능성이 있게 된다. 실제로 이익법학과 비슷한 맥락에서 등장한 칸토로비츠(H. Kantorowicz)의 자유법론은 이러한 가능성을 어느 정도 보여주었다. 왜냐하면 자유법론에서는 엄격한 개념과 체계를 정립하는 것보다는 실제적인 법적 분쟁을 해결하는 것에, 법률에 대한 법관의 엄격한 구속보다는 법관의 자유로운 법창조를 중시했기 때문이다. 이러한 이익법학 및 자유법론은 후에 피벡의 문제변증론에 연결된다.

개념법학과 이익법학에 대한 이러한 전통적인 이해에 따르면, 법도그마틱은 상반된 평가를 받게 된다. 개념법학에서는 법도그마틱 그 자체를 위해 법학이 존재한다고 말할 수 있지만, 이익법학이나 자유법론에서 법도그마틱은 극복해야 할 그 무엇으로 전락한다. 그렇다면 이런 도그마틱 이해는 타당한가? 이런 단순한 이원화 또는 대립화는 설득력이 있는가? 이 문제에 정확하게 대답하려면, 법이론의 역사를 실증적으로 면밀하게 분석할 필요가 있을 것이다. 그런데도 위 물음에 대답을 제시한다면, 이러한 단순한 이원화는 타당하지 않다고 생각한다. 이 점은 이미 '외적 체계'에 이어 새롭게 '내적 체계' 개념을 제시한 카나리스(C.-W. Canaris)의 시도나,[7] 도그마틱을 문제변증론과 연결한 에써(J. Esser)의 시도를 통해 어느 정도 증명되었다고 생각한다.[8] 나아가 루만 역시 이러한 단순한 이원화는 타당하지 않다고 지적한다. 예를 들어 루만은 예링이 새로운 체계 구상을 제시한 것이라고 이해한다.[9]

---

7 이에 관해서는 C.-W. Canaris, *Systemdenken und Systembegriff in der Jurisprudenz*, 2. Aufl. (Berlin, 1983).

8 J. Esser, *Vorverständnis und Methodenwahl in der Rechtsfindung* (Frankfurt/M., 1970).

9 N. Luhmann, *Rechtssystem und Rechtsdogmatik* (Stuttgart/Berlin/Köln/Mainz, 1974), 10~12쪽.

2. 법학 및 법도그마틱의 방법의존성

법도그마틱에 관해 두 번째로 제시할 수 있는 테제로서 법도그마틱의 방법 의존성을 거론할 수 있을 것이다. 여기서 '방법의존성'이란 법도그마틱이 연역 적·선험적·자기완결적으로 구성되는 것이 아니라 이미 특정한 관점이나 방법 등과 같은 선이해에 의존하고 있음을 말한다. 이러한 법도그마틱의 방법의존성 은 무엇보다도 가다머의 철학적·존재론적 해석학이 법학에 수용되면서 두드러 지게 되었다. 이는 요제프 에써의 법해석학에서 가장 특징적으로 발견할 수 있 다. 에써는 가다머의 해석학을 수용하여 법관에 의해 이루어지는 법해석이 기 본적으로 법관이 지닌 선이해에 바탕을 두고 있다고 주장한다. 동시에 에써는 이렇게 법관의 선이해에 바탕을 두어 이루어지는 법해석을 정당화하기 위해 문 제변증론의 관점을 수용하고 법도그마틱 역시 이러한 맥락에서 이해한다. 에써 의 법해석학에 따르면, 법도그마틱은 법관의 선이해에 의해 전개된 법해석을 논증적 또는 문제변증적으로 정당화하기 위한 논증도구가 된다.

법도그마틱의 방법의존성은 법도그마틱 역시 다양한 방법론적 관점에 따 라 다양하게 구성될 수 있음을 시사한다.[10] 만약 사실이 그렇다면 이는 곧 개념 법학적 도그마틱이 추구했던 체계적 자기완결성이 무너진다는 점을 함의한다. 더 나아가 법도그마틱의 학문적 가치나 가능성이 상실될 수도 있음을 시사한 다.[11] 그러나 루만의 법도그마틱 구상이 보여주는 것처럼 오히려 이러한 점에 서, 즉 법도그마틱이 닫혀 있지 않고 열려 있다는 점에서 법도그마틱은 새로운 학문적 가능성을 갖게 된다.

3. 사회과학적 사고의 도입

루만이 독자적인 법도그마틱 구상을 제시할 당시의 상황에서 생각할 수 있 는 또 한 가지의 테제는 바로 '사회과학적 사고의 도입'이다. 이를 달리 '법사회 학적 사고'라고 말할 수 있을 것이다. 물론 독일 법학의 역사에서 보면, 법사회

---

10 형법 도그마틱에 존재하는 각기 상이한 '범죄체계론'은 한 가지 예가 될 것이다.
11 이는 법도그마틱의 학문적 무가치성을 시사한다고도 말할 수 있다.

학적 사고가 새로운 것은 아니었다. 이미 이익법학과 자유법론이 득세하던 시절에 에를리히(E. Ehrlich)는 '살아 있는 법'(lebendes Recht)을 강조한 법사회학을 제시한 바 있다. 그러나 이러한 법사회학적 사고는 그 후 계속 발전하지는 못했다. 또한 사회학의 시각에서 보더라도 에를리히의 법사회학적 사고가 바탕으로 삼았던 사회학은 그리 정교한 것이 아니었다.[12]

    그러나 1970년대를 전후로 하여 새롭게 사회과학의 관점을 법학에 수용하려는 학문적 분위기가 성장하게 되었다. 이것은 그 당시의 시대적인 분위기, 즉 비판이론이 등장하고 학생운동이 절정에 달했으며 이와 맞물려 법학의 학문성과 법학교육에 대한 논의가 진행되던 당시의 시대적 분위기와 무관하지는 않을 것이다. 루만은 바로 이러한 학문적 분위기와 시대적 상황에서 독자적인 법도그마틱 구상을 제시한 것이다.

Ⅲ. 루만의 법도그마틱 구상

1. 문제 상황

    이와 같이 1974년에 출간된 루만의 연구서 『법체계와 법도그마틱』은 시대적 분위기와 맞물려 법학에 대한 사회정책적인 논쟁이 진행되던 시기와 무관하지 않다.[13] 법학, 법도그마틱, 법학교육 전반에 걸쳐 비판적인 논의가 전개되던 시점에, 법도그마틱의 역량에 대해 매우 회의적인 반응이 지배하던 시점에, 무엇보다도 새롭게 '결과지향'이 대두하던 즈음에 루만은 자신의 법도그마틱 구상을 제시한 것이다.[14] 루만은 종래의 법사회학적 방법론이 이러한 법학의 문제 상황을 극복할 수 없음을 지적하고, 나아가 기존의 법도그마틱이 '결과지향' 문제를 '사회에 적합하게' 처리할 수 없음을 지적한다.[15] 그러면서 루만은 그 대안으로 '사회에 적합한 법개념'을 제시한다.[16]

---

[12] 가령 N. Luhmann, 앞의 책, 10쪽.
[13] N. Luhmann, 앞의 책, 9쪽.
[14] N. Luhmann, 앞의 책, 10쪽.
[15] N. Luhmann, 앞의 책, 8쪽(서문).
[16] N. Luhmann, 앞의 책, 49쪽 아래.

이러한 작업을 위해 루만은 체계 개념, 도그마틱 개념을 새롭게 이해하려
한다. 나아가 이미 언급하였듯이 종래의 개념법학과 이익법학의 대립을 개념과
체계에 대한 대립으로 이해해서는 안 된다고 말한다.

"우선적으로 사회 그 자체가 체계형성 역량을 갖는다는 점 그리고 이를 전제조
건으로 해야 비로소 사회의 부분체계가 지닐 자기조직과 자기추상화에 대한 역량
및 이런 역량의 가능성 조건에 관해 물음을 제기할 수 있다는 점이 중요하다. 그
러므로 이익법학의 대표자가 개념법학에 반대하여 그리고 사회학적 법학을 옹호
하면서 행한 논쟁을 추상화, 개념, 도그마틱에 반대하려는 논쟁으로 오해해서는
안 된다. 법적으로 보면, 이익법학 역시 스스로가 도그마틱을 개발함으로써 유지
된다. 오히려 이익법학은 오로지 인식이라는 관심에 따라서만 법적인 문제를 자
율적·개념적으로 다룰 수 있다는 요청에 반대하는 것이다."[17]

이런 루만의 주장에서 우리는 도그마틱에 대한 그의 긍정적인 관점을 읽어
낼 수 있다.

2. 이론적 기초로서 《투입-산출 모델》

잘 알려져 있는 것처럼 루만은 자신의 법도그마틱 구상을 체계이론에 기초
를 두어 전개한다. 여기서 루만의 체계이론을 서술하는 것은 필자의 능력을 넘
어서는 일이다. 또한 이 책의 목표가 아니기도 하다. 그런데도 몇 가지 특징을
간단하게 정리하면 다음과 같다. 루만의 체계이론에 따르면, 사회는 체계와 환
경의 구별을 전제로 한다. 사회는 사회적 체계와 환경으로 구성된다. 이때 사회
적 체계는 '소통'(Kommunikation)으로 존속하고 작동한다. 루만은 이러한 체계와
환경의 구별, 특히 법체계와 환경의 구별 및 이들 사이에서 이루어지는 소통을
기반으로 하여 법도그마틱을 구상한다.

그런데 여기서 주의해야 할 점이 한 가지 있다. 이 책에서 정리하고자 하

---

17 N. Luhmann, 앞의 책, 12쪽.

는 루만의 법도그마틱은 이른바 루만의 '패러다임 전환' 이전에 구상된 것이다. 따라서 이 법도그마틱 구상에서는 아직 루만의 '자기조직'(Selbstorganisation)이 나 '자기생산'(Autopoiesis), '자기준거'(Selbstreferenz), '작동적 폐쇄성'(operative Geschlossenheit)과 같은 개념이 등장하지 않는다. 그 대신 여기서 루만은 법체계 와 환경의 관계를 해명하기 위해, 더불어 법도그마틱의 기능과 위상을 분석하 기 위해 사회과학에서 전통적으로 사용하는 ≪투입-산출 모델≫을 원용한 다.[18] 이 점은 여기서 루만이 전개하는 법체계, 법도그마틱, 법이론이 아직 잠정 적인 단계에 머물러 있음을 암시한다.

　　≪투입-산출 모델≫에 의하면, 법체계는 투입과 산출이라는 형식으로 환 경과 소통을 한다. 이때 법도그마틱은 투입이 산출로 전환되는 데 기여한다.[19] 여기서 우리는 루만이 생각하는 법도그마틱의 기능과 위상을 어느 정도 추측할 수 있다. 루만에 따르면, 이렇게 투입 기능과 산출 기능으로 사회적 체계의 기 능이 분화되는 것은 시간적인 측면에서 체계가 분화된 결과이다. 루만에 의하 면, 시간이라는 측면에서 볼 때 체계가 독자성을 갖게 된다는 것은 곧 체계의 결과가 더 이상 환경에서 발생하는 결과와 동시에 발생하지는 않는다는 것을 뜻한다. 그 대신 환경의 결과가 체계의 결과 이전에 이미 발생하고 있거나 체계 의 결과가 환경의 결과를 지향하게 된다는 것을 뜻한다. 따라서 루만은 체계의 시각에서 볼 때 시간이라는 지평이 이러한 투입과 산출을 통해 과거와 미래라 는 지평으로 구별된다고 한다.[20]

　　한편 법체계는 투입과 산출이라는 형식으로 환경과 소통을 할 때 무작정 또는 완전히 개방적으로 투입과 산출이라는 기능을 수행하는 것이 아니다. 오 히려 법체계는 각각에 일정한 한계를 마련하거나 이를 지향한다. 이는 '투입 한 계'(Input-Grenze)와 '산출 한계'(Output-Grenze)로 나타난다. 루만에 따르면, 투 입 한계를 강조한다는 것은 우선적으로 법체계가 입력된 정보를 주의 깊게 받

---

18 N. Luhmann, 앞의 책, 25쪽.
19 여기서 루만은 개념, 체계 등으로 구성되는 법도그마틱은 법'체계'가 아니라 법체계를 '조정'하는 것으로 이해한다. N. Luhmann, 앞의 책, 24쪽: "Die dogmatische Begriffe, Theorien, Erkenntnisse sind nicht das System, sie steuern das System des Rechts."
20 N. Luhmann, 앞의 책, 25쪽.

아들이고 취급함으로써 법체계의 기능을 충족한다는 것을 뜻한다. 이때 법체계
는 이러한 투입 기능으로 발생한 결과에 대해 상대적으로 무관심을 갖는다. 이
에 반해 산출 한계를 강조한다는 것은 법체계가 환경에 대해 특정한 영향력을
생산하는 것을 법체계의 중심 문제로 본다는 것을 뜻한다. 또한 정보를 이러한
목적을 위한 수단으로, 즉 특정한 영향력에 대한 관심을 기준으로 삼아 정보를
이러한 수단으로 파악한다는 것을 뜻한다. 루만은 전체 사회적인 측면에서 볼
때 투입 한계에 강조점을 두는 것은 곧 결과에 대해 무관심할 수 있음으로써
보장되어야 하고, 산출 한계에 강조점을 두는 것은 수단선택에 대한 자유를 가
질 수 있음으로써 보장되어야 할 것이라고 말한다.[21] 루만은 이러한 투입 한계
와 산출 한계라는 사회이론에 힘입어 법도그마틱의 기능을 정리한다. 루만에
의할 때 투입 한계에 강조점을 둔 법도그마틱의 기능으로 종래의 '등급(분류)기
능'(Klassifikationsfunktion)을 꼽을 수 있고, 산출 한계에 강조점을 둔 기능으로
'결과지향기능'(Folgenorientierung)을 꼽을 수 있다.

3. 루만의 법이론 개관

이러한 이론적 기초 이외에 이해의 편의를 위해 루만의 법이론을 간략하게
개관한다.[22] 먼저 루만의 법이론에 의할 때 법은 어떤 기능을 수행하는지 살펴
보고, 나아가 그동안 법철학의 가장 난문 가운데 한 가지였던 정의 개념을 루만
은 어떻게 파악하는지 검토한다.

루만에 의하면 "사회를 전체로서 고려해 볼 때 법은 행위기대를 일반화하
고 안정화하는 기능을 수행한다."[23] 이를 통해 법은 사회의 우연성과 복잡성을
감축한다. 여기서 우리가 주목해야 하는 것은 법은 '행위' 자체가 아니라 행위
'기대'를 일반화하고 안정화한다는 점이다. 종래 법학의 이해에 따르면, 법규범
은 '일탈행위'를 규제하고, 이로부터 발생한 손해 등을 전보하거나 이러한 일탈

---

21 N. Luhmann, 앞의 책, 26쪽.
22 이에 관해서는 우선 강희원, "루만의 체제이론과 현대법의 이해", 한국법철학회 (편), 『현대법철학
  의 흐름』(법문사, 1996), 349쪽 아래; 이상돈·홍성수, 『법사회학』(박영사, 2000), 189쪽 아래 참고.
23 N. Luhmann, 앞의 책, 24쪽.

행위로부터 개인 또는 사회 전체의 이익을 보호하는 것이었다. 그런데 루만의 법이론에서는 행위가 아닌 기대가 전면에 등장하는 것이다.

루만에 의할 때 법이 일반화하고 안정화하는 행위기대는 규범적인 기대를 뜻한다. 이러한 규범적인 기대는 인지적인 기대와 구별된다. 루만은 기본적으로 행위기대를 인지적인 기대와 규범적인 기대로 구별한다.[24] 인지적인 기대는 '학습을 하는 기대'를 말한다. 이 기대는 구체적인 현실에서 기대에 반하는 경험으로 실망을 맛보게 되면 기대의 포기 등과 같은 선택을 통해 교정된다. 이런 점에서 볼 때 인지적인 기대는 '사실적'이다. 이에 반해 규범적인 기대는 기대에 반하는 경험으로 실망을 체험하게 되더라도 유지된다. 이런 점에서 규범적인 기대는 '반사실적'이다. 법은 바로 이러한 반사실적인 규범적 행위기대를 일반화하고 안정화하는 것이다. 더 나아가 루만은 이런 측면에서 규범이란 "반사실적으로 안정화된 기대"라고 말하기도 한다.[25]

한편 루만은 법철학의 전통적인 주요 문제인 정의에 관해 다음과 같이 말한다. "오늘날 정의는 더 이상 최상위의 법규범으로 파악할 수 있는 것이 아니라 법체계의 적절한 복잡성으로 파악할 수 있을 뿐"이라는 것이다. 다시 말해 정의는 "판결의 일관성에 합치할 수 있는 한에서 복잡성을 증가시키라는 명령으로 이해"할 수 있을 것이라고 한다.[26] 여기서 우리는 루만이 정의를 "법체계의 적절한 복잡성"으로 정의하고 있음을 발견할 수 있다. 이러한 정의 이해는 기존의 정의 이해, 예를 들어 좁은 의미의 정의, 합목적성, 법적 안정성의 관계에서 파악된 독일의 법철학자 라드브루흐(G. Radbruch)의 정의 이해와는 차이가 난다. 이런 루만의 정의 이해를 독일의 법철학자 랄프 드라이어(R. Dreier)나 젤만(K. Seelmann)은 기존의 법적 안정성을 달리 표현한 것이라고 말하기도 한다. 그런데 여기서 한 가지 더 주의해야 할 점은 기존의 법적 안정성에 관한 이해와는 달리, 루만은 정의를 법체계의 복잡성을 줄이는 것이 아니라 오히려 증가시키는 명령으로 이해한다는 점이다.[27]

---

24 N. Luhmann, 앞의 책, 40쪽 아래.
25 N. Luhmann, 앞의 책, 43쪽.
26 N. Luhmann, 앞의 책, 23쪽.
27 예를 들어 루만은 법적 안정성은 복잡성을 감축시켜 일관성을 유지시키는 것으로 파악한다.

4. 도그마틱에 관한 테제

루만은 자신의 법도그마틱 구상을 제시하기에 앞서 기존의 도그마틱에 관한 논의와 그 기능을 체계이론의 관점에서 분석한다. 이 작업은 도그마틱에 관한 테제를 검토하고, 종래 도그마틱의 기능으로 인정된 분류기능과 결과지향기능을 ≪투입−산출 모델≫로 분석함으로써 이루어진다. 이에 따라 아래에서는 우선 루만이 분석한 도그마틱에 관한 테제를 살펴본다.

루만에 따르면, 종래의 도그마틱 이해에서 볼 때 도그마틱이 지닌 가장 중요한 특징으로 '반박금지'(Negationsverbot)를 꼽을 수 있다.[28] 도그마틱은 그 자체 반박될 수 없기 때문에 도그마틱이 될 수 있는 것이다. 우리는 이런 특징을 무엇보다도 신학의 도그마틱에서 찾을 수 있다. 그러나 루만은 사실 사회학적인 측면에서 볼 때 이러한 반박금지 혹은 부정될 수 없음이라는 특징은 도그마틱에서만 찾아볼 수 있는 것은 아니라고 한다. 그 이유는 "인간의 모든 소통은 부정될 수 없음을 전제"로 하기 때문이다.[29] 나아가 루만은 도그마틱의 기능은 이렇게 반박 또는 부정을 금지하는 데 머물러 있지만은 않다고 한다.[30] 이외에도 도그마틱은 반박금지에 서열을 부여함으로써 텍스트와 경험을 다룰 때 유연성을 필요한 수준에서 확보할 수 있도록 한다. 이를 달리 말하면, 도그마틱은 단순히 기존에 주어진 것을 고집만 하는 것이 아니라 이를 넘어 텍스트와 경험에 담겨 있는 변화가능성을 수용하고 이를 가능하도록 해야 한다는 것이다. 루만은 이를 '도그마틱의 적극적 기능'이라고 말한다.[31]

루만에 따르면, 이렇게 도그마틱이 소극적 기능뿐만 아니라 적극적 기능을 수행한다는 것은 도그마틱이 경험과 텍스트를 다룰 때 자유를 증가시키는 기능을 수행한다는 것을 뜻한다. 이는 도그마틱이 전제로 하는 구속력을 분석함으로써 분명해진다. 루만에 따르면, 도그마틱의 구속력은 비밀스럽고 규명할 수 없는 것이거나 순수한 역사적 사실인 실정성에서 비롯한다.[32] 다시 말해 도그마

---

28 N. Luhmann, 앞의 책, 15쪽.
29 N. Luhmann, 앞의 책, 15쪽.
30 루만에 따르면, 이를 '도그마틱의 소극적 기능'이라고 부를 수 있다.
31 N. Luhmann, 앞의 책, 15~16쪽.
32 N. Luhmann, 앞의 책, 16쪽.

틱이 전제로 하는 구속력은 필연적인 것이 아니라 불확실한 것이다. 이런 이유
에서 도그마틱은 불확실성과 관련을 맺게 되는데, 이러한 불확실성은 오직 구
속이라는 형식을 통해서만 제거될 수 있는 것처럼 보인다. 이를 통해 도그마틱
은 반박금지라는 소극적인 기능을 수행할 수 있다. 그러나 이렇게 도그마틱이
전제로 하는 구속력이 불확실하다는 점에서 도그마틱은 의심을 재생산하는 것
을, 다시 말해 부담할 수 있는 불확실성을 증가시키는 것을 가능케 한다.[33] 여
기서 우리는 도그마틱이 구속과 자유 사이의 긴장관계에 놓여 있음을 추측할
수 있다.[34] 루만에 따르면, 법도그마틱에서는 한편으로는 법규범에 대한 구속과
다른 한편으로는 법적 분쟁에 대한 재판과 양립할 수 있는 (부담할 수 있는) 불
확실성을 증가시키는 것이 문제로 대두한다. 이는 법적 안정성이라는 확실성과
구체적 타당성이라는 불확실성 문제로 바꾸어 말할 수 있다. 이때 불확실성은
'법적용의 불확실성'으로 달리 말할 수 있다.

그런데 루만은 "도그마틱이 형성되기 위해서는 특정한 '조직화 수준'을 지
닌 법체계, 다시 말해 법적인 문제를 구속력 있게 결정할 수 있는 가능성을 전
제로 한다."고 말한다.[35] 이러한 가능성이 보장되면, 이어서 다음과 같은 문제가
법체계에 등장한다. 문제를 제기하고 사례를 취급하는 데 사용되는 '지배적인
형식'을 마련해주는 문제가 그것이다. 이 때문에 이제는 결정의 전제가 되는 규
범과 결정 사이의 관계가 문제가 되고, 이에 따라 일반적으로 효력이 있는 결정
프로그램(현행법)과 사례결정 사이에서 '관계들'이 형성된다.[36] 그런데 루만은
이러한 관계들이 이중적으로 형성된다고 한다. 먼저 개별 사례와 법규범 사이
에서 법적용 관계가 형성되고, 다시 이런 법적용 관계들 사이에서 관계가 형성
된다.[37] 그 때문에 루만은 이를 '법적용관계들의 관계화'라고 부른다.[38] 법도그

---

33 N. Luhmann, 앞의 책, 16쪽.
34 이를 암시하는 N. Luhmann, 앞의 책, 17쪽.
35 N. Luhmann, 앞의 책, 17쪽.
36 N. Luhmann, 앞의 책, 17쪽.
37 이를테면 첫 번째 관계가 일회적인 재판으로 형성되는 '재판례'라면, 두 번째 관계는 이러한 일회
적인 재판례 사이에서 형성되는 관계를 말한다. '판례'는 바로 이러한 두 번째 관계에서 형성된
다. 이는 재판례와 판례를 구별하는 견해를 전제로 한다.
38 N. Luhmann, 앞의 책, 18쪽.

마틱은 바로 법적용관계들을 관계화하는 데 기여한다. 여기서 우리는 법도그마틱은 규범과 사안 사이의 관계에서 발생할 수 있는 임의적인 변화를 제한하는 기능을 수행함을 알 수 있다. 이때 이러한 관계화의 기준을 어디에서 이끌어낼 수 있는가의 문제가 제기된다. 이에 대해 루만은 가장 먼저 결정되는 사례 자체에서 그 기준을 찾을 수 있다고 말한다.[39]

한편 루만은 법도그마틱이 법적용 관계들의 관계화에 관해 기능적으로 동일한 의미를 지닌 다수의 해결책을 제공한다고 말한다. 이는 법적용 관계들을 관계화할 때 오직 한 가지 해결책만 있는 것은 아님을 시사한다. 나아가 루만은 이러한 견해를 수용하면, 여기서 도그마틱의 위상에 대한 중대한 변화가 도출된다고 한다. 도그마틱은 더 이상 불확정한 법적 구성요건을 구체화하는 기능이나 포섭의 보조수단이라는 기능만을 수행하는 것은 아니라는 것이다. 오히려 법도그마틱은 이와 병행하여 다른 사례들을 결정할 때 사례의 일관성을 통제하는 기능도 수행한다.[40] 이런 맥락에서 루만은 다음과 같이 말한다.

"이러한 기능의 측면에서 볼 때 법도그마틱은 법적인 가능성의 조건, 이른바 법적인 사례들을 법률적으로 구성할 수 있는 가능성을 규율한다. '가능성의 조건'은 각 체계의 가장 높은 차원에서 확정된다. 이에 따라 법도그마틱은 법체계 스스로가 할 수 있는 법의 의미규정에 기초가 되는 가장 높고 가장 추상적인 차원을 형성한다."[41]

더 나아가 루만은 이러한 법도그마틱의 기능에 관해 다음과 같은 질문을 제기한다. 어떻게 법도그마틱은 이러한 기능을 수행할 수 있는가의 질문이 그것이다. 이를 위해 지금까지는 첫째, 정의라는 이념과 둘째, 법적 사고와 원리 및 법적 제도에 대한 개념적 파악이라는 두 가지 대답이 제시되었다. 그리고 이러한 두 가지 대답은 다음과 같은 요청을 통해 연결될 수 있었다. 법도그마틱은

---

[39] N. Luhmann, 앞의 책, 18쪽.
[40] N. Luhmann, 앞의 책, 18~19쪽.
[41] N. Luhmann, 앞의 책, 19쪽.

정의로워야 한다는 요청이 그것이다.[42]

　　그런데 이에 대해 루만은 다시 첫째, 이러한 대답이 여전히 유지될 수 있는지, 둘째, 정의와 법도그마틱은 구별될 수 있는지, 만약 그렇다면 어떤 의미에서 양자는 구별될 수 있는지, 셋째, 정의는 도그마틱의 개념을 선택하고 유지하는 데 필요한 기준 가운데 하나로 남을 수 있는지 물음을 제기한다.[43] 루만은 이 문제를 풀기 위해 먼저 정의 이념부터 고찰한다. 루만은 정의를 "체계의 적절한 복잡성"으로 파악한다는 점은 이미 살펴보았다. 이러한 체계이론적 정의 이해에 바탕을 두어 루만은 체계의 복잡성이 도그마틱의 개념들을 통해 정돈된다고 말한다. 다만 정의와는 달리 도그마틱의 개념들은 오직 제한된 사례집단에 대해서만 효력을 주장할 수 있고, 법체계의 부분에 대해서만 영향을 미칠 수 있으며, 그 때문에 전체 주장과 전칭명제의 효력조건을 고려하지 않으면서 특수화될 수 있다고 한다. 이 점에서 정의와 도그마틱은 구별된다.[44]

　　이런 루만의 대답으로 우리는 루만이 제시한 첫 번째 의문과 두 번째 의문이 해명되었음을 알 수 있다. 그렇다면 세 번째 의문, 즉 정의는 여전히 한 가지 기준으로 남을 수 있는가는 어떤가? 이 문제에 대해 루만은 다음과 같이 말한다. 법체계에서 체계의 통일성과 복잡성의 관계 문제, 즉 도그마틱과 정의의 관계 문제는 '기준'이라는 문제를 통해 해명된다.[45] 법체계는 기준을 통해 법과 불법으로 분화된다. 이를 '이원적인 코드화'로 부를 수 있다. 그런데 이렇게 법체계가 법과 불법으로 분화되기 위해서는 법체계가 자신의 고유한 관점으로 법을 다룰 수 있어야 한다. 그래야만 비로소 법체계가 분화되는 데 기초가 되는 기준 역시 형성될 수 있다. 루만에 따르면, 지금까지 법적 기준은 '같은 것'과 '같지 않은 것'을 분화시키는 규칙의 형식으로 존재하였다.[46] 그런데 이때 우리는 '같은 것'과 '같지 않은 것'을 구별하도록 하는 기존의 규칙이 정의의 한 내용

---

42 N. Luhmann, 앞의 책, 20쪽.
43 N. Luhmann, 앞의 책, 20쪽.
44 N. Luhmann, 앞의 책, 21쪽. 한편 루만에 의하면 정의와 도그마틱의 관계는 체계의 통일성과 복잡성의 관계로 대변된다.
45 N. Luhmann, 앞의 책, 21쪽.
46 N. Luhmann, 앞의 책, 22쪽.

임을 간취할 수 있다. 이를 통해 정의 이념이 한편으로는 법체계의 적절한 복잡성을 뜻하면서, 다른 한편으로 도그마틱의 개념을 선택하고 유지하는 데 필요한 기준이 될 수 있음을 확인할 수 있다.

결론적으로 루만은 "사회학적인 고찰방식을 원용할 때 결국 기능적인 역량을 지닌 법도그마틱은 무엇보다도 법체계의 분화를 유지하는 데 필요한 기능을 갖추고 있다는 점에서 그 의미가 있다."고 한다.[47] 이를 위해 도그마틱은 우선적으로 개념과 체계화를 원용한다.[48] 루만에 따르면, 이러한 개념화와 체계화는 이중적인 의미를 지닌다. 그것은 반성을 하지 못하도록 하면서도 반대로 반성을 가능하게 한다는 것이다.

그러나 이런 기능을 충족하기 위해 법도그마틱은 구체적으로 어떤 모습을 띠어야 하는지는 여전히 명확하지 않다. 이 문제를 해명하기 위해 루만은 종래 법도그마틱의 기능으로 인정되었던 분류기능 및 새롭게 부각되던 결과지향기능을 분석한다.

5. 법도그마틱의 기능분석

(1) 분류기능

먼저 루만은 법도그마틱의 분류기능을 체계이론의 시각에서, 특히 앞서 소개한 ≪투입－산출 모델≫의 시각에서 분석한다. 이때 분류기능(혹은 등급기능)이란 법적인 문제들에 개념을 부여하고 체계화하며 이를 통해 특정한 원칙을 이끌어내는 일련의 과정을 뜻한다. 사실 이러한 분류기능은 전통적인 이해에서 볼 때 법도그마틱이 지닌 가장 본질적인 징표로 이해할 수 있을 것이다. 가령 우리가 개념법학을 떠올린다면, 이런 법도그마틱의 분류기능을 쉽게 이해할 수 있다. 그런데 루만은 이러한 법도그마틱의 분류기능을 ≪투입－산출 모델≫에 따라 투입 한계를 지향하는 기능으로 이해한다. 법도그마틱은 법체계가 환경으로부터 정보를 받아들일 때 이를 분류하고 걸러내는 기준으로 작용한다는 것이다. 이를 루만은 다음과 같이 말한다.

---

47 N. Luhmann, 앞의 책, 22쪽.
48 이때 말하는 체계화는 루만이 말하는 사회적 체계와는 다른 의미의 체계화를 뜻한다.

"(…) 전적으로 그런 것은 아니지만 법도그마틱은 우선적으로 법도그마틱의 고전적인 형태를 통해 법체계의 투입 한계에 놓이게 되었다. 법도그마틱은 법체계로 들어오는 법적 갈등에 대한 정보를 처리하는 데 기여하였고 이를 통해 사후적으로 갈등을 규율하는 체계라는 기능적인 요청을 충족하였다. 법도그마틱의 개념들은 결정을 필요로 하는 사례들과 사례요소들을 표준화하고 분류하는 데 필요한 규칙을 제공했다."[49]

그러나 루만은 이렇게 종래의 법도그마틱이 지향했던 분류기능은 법체계가 지닌 일면적 기능, 즉 투입 기능만을 보여주는 데 지나지 않는다고 한다. 그 이유는 법체계가 목표로 해야 하는 것은 단순히 법적 사례를 통해 개념을 쌓아 올리는 것이 아닐 뿐더러, 다른 한편 이 개념들은 그 자체로 자명한 것이 아니라 다른 어떤 것에 의해 선택되고 세분화되며 통제되고 변경되어야 하는 그 무엇이기 때문이다. 그런 이유에서 루만은 법체계를 이러한 분류기능을 위한 수단으로만 이해하는 것은 타당하지 않다고 한다.[50]

이러한 루만의 이해는 개념법학에 대항해서 새롭게 이익법학이나 자유법론이 등장하였다는 역사적 전개과정을 이론적으로 뒷받침한다. 그렇다면 개념법학을 대신해 새롭게 등장한 결과지향 도그마틱은 법체계가 지닌 모습을 온전하게 대변하는가? 이 물음은 결과지향 도그마틱을 분석하는 루만의 작업으로 밝혀진다.

(2) 결과지향기능

1) 의의

결과지향기능은 루만이 『법체계와 법도그마틱』에서 가장 중점적으로 그러면서도 비판적으로 다루는 부분이다. 결과지향 도그마틱이란 개념법학을 대신하여 등장한 이익법학, 자유법론 그리고 전후의 문제변증론을 지칭하는 것으로, 이들은 완벽한 개념과 체계를 구성하는 것보다 효과적으로 문제를 해결하는 데

---

49 N. Luhmann, 앞의 책, 27쪽.
50 N. Luhmann, 앞의 책, 28쪽.

더 주안점을 둔다. 루만의 이해에 따르면, 이런 결과지향 도그마틱은 산출 한계를 지향한다. 결과지향 도그마틱은 법체계가 환경을 향해 일정한 정보를 산출할 때 그 정보에 특정한 한계를 부여하는 기능을 한다는 것이다. 그렇다면 이러한 결과지향 도그마틱은 종래의 개념법학을 대신하여 루만이 구상하는 법도그마틱에 합치하는 도그마틱이 될 수 있는가? 여기서 결론부터 말한다면, 루만은 결과지향 도그마틱이 종래의 개념법학적 도그마틱을 대신하여 새롭게 사회에 적합한 법도그마틱으로 작용할 수 있는지에 회의적인 반응을 보인다. 그렇다면 그 이유는 무엇인가?

　루만에 따르면, 결과지향 도그마틱이 결과 문제를 해결하기 위해 그동안 내놓은 방안, 즉 도그마틱적·방법론적인 방안은 크게 다섯 가지이다. 첫째, 규칙－예외 도식과 이익형량, 둘째, 내부화, 셋째, 영역의 세분화, 넷째, 목적 프로그램과 목적론적인 방법론, 다섯째, 미래지향적 책임이 그것이다. 그러나 루만에 따르면, 이들 대안은 체계이론의 관점에서 볼 때 모두 한계를 지닌다. 투입과 산출로 이루어지는 법체계와 환경의 소통이라는 견지에서 볼 때, 이들 대안은 소통이 원활하게 이루어지는 데 제대로 기여하지 못한다는 것이다. 그렇다면 그 이유는 무엇 때문일까? 아래에서는 이에 대한 루만의 분석을 간략하게 소개한다.

2) 규칙-예외 도식

　먼저 '규칙－예외 도식'(Regel/Ausnahme－Schema)이란 특정한 규칙에 예외를 부여하여 규칙을 고집함으로써 발생할 수 있는 불합리한 결과를 조정하는 것을 말한다. 루만에 따르면, 이러한 규칙－예외 도식을 통해 규칙에 의하면 불법한 행위가 적법영역으로 전환될 수 있다.[51] 또한 규칙－예외 도식은 투입 한계라는 측면에서 결정가능성에 관한 사례와 정보를 분류하는 데 도움을 준다. 정상적인 사례는 규칙으로 정돈하고, 그렇지 않은 비전형적인 사례는 예외로 취급하는 것이다. 이를 통해 규칙－예외 도식은 법적 결정을 논증할 때도 논증 부담을 덜어내는 데 도움이 된다.[52] 그런데 사실 엄격하게 보면, 이러한 규칙－

---

51 N. Luhmann, 앞의 책, 32쪽.
52 N. Luhmann, 앞의 책, 33쪽.

예외 도식은 이미 분류기능을 지향한 개념법학적 도그마틱에서도 발견할 수 있다. 이 점을 우리는 개념법학의 대표적인 산물인 독일 민법전의 총칙에서 찾아볼 수 있을 것이다. 여기서 규칙 – 예외 도식은 예외라는 법도그마틱적인 장치를 활용하여 법체계가 환경에 미칠 수 있는 결과를 이미 고려하고 있었던 것이다.

그런데 루만에 따르면, 이러한 규칙 – 예외 도식은 점차 이익형량 도그마틱으로 대체된다.[53] 이는 규칙과 예외의 관계에서 예외가 규칙보다 우선적인 자리를 차지하게 됨으로써 나타난 현상으로 이해할 수 있을 것이다. 이런 현상을 우리는 무엇보다도 자유법론이나 문제변증론 또는 기본권에 대한 원칙모델에서 찾아볼 수 있다.

그러면 이런 이익형량 도그마틱은 사회에 적합한 법도그마틱이 될 수 있는가? 루만의 대답은 회의적이다. 루만은 이익형량 도그마틱 또는 형량규칙은 다음과 같은 한계를 갖는다고 한다. 형량규칙은 법적 상황에 기초하여 특정한 사례를 결정하는 것을 보장하지 못한다는 것이다. 기껏해야 일정하게 평가된 제약에 따라 결정을 내리는 것을 보장할 수 있을 뿐이다.[54]

3) 내부화

다음으로 '내부화'(Internalisierung)란 결과문제를 기존의 도그마틱 내부로 끌어들여 해결하는 것을 말한다. 루만의 표현을 빌려 말하면, 내부화로 결과를 통제하는 것은 곧 "외부적인 상호의존을 내부적인 상호의존으로 전환"하는 것을 뜻한다.[55] 다시 말해 결과 그리고 결과의 결과가 복잡하게 얽혀있어 통제할 수 없는 것을 통제하기 위해, 도그마틱이 고유하게 지닌 결정가능성에 특정한 연관성을 제공하는 것을 뜻한다.[56] 더욱 쉽게 말하면 내부화란 사례를 결정하는 데 필요한 대안을 기존의 도그마틱 안에서 만드는 것을 뜻한다.[57] 루만은 이에 대한 예로 특정한 민사법적 문제가 발생하는 경우 우선 계약상 청구권을 검토한 후, 그게 어렵다면 불법행위상의 청구권을 검토하는 도그마틱을 거론한

---

53 N. Luhmann, 앞의 책, 33쪽.
54 N. Luhmann, 앞의 책, 34쪽.
55 N. Luhmann, 앞의 책, 40쪽.
56 N. Luhmann, 앞의 책, 40쪽.
57 N. Luhmann, 앞의 책, 41쪽.

다.[58] 요컨대 내부화는 최대한 기존의 도그마틱을 활용하여 이러한 도그마틱 안에서 문제를 해결하는 데 필요한 대안을 찾는 것을 말한다. 그러나 루만은 이 방식은 기존의 도그마틱이 제안할 수 있는 대안이라는 한도에서만 결과문제를 고려한다는 한계를 갖는다고 한다. 그 때문에 이 자체만으로는 충분한 도그마틱 이론이 될 수 없다고 한다.[59]

4) 영역의 분화

루만에 따르면, '영역의 분화'(Ebenendifferenzierung) 역시 결과 문제를 도그마틱 내부로 끌어들이는 것이다.[60] 다만 위에서 언급한 내부화가 결과 문제를 해결하기 위해 이에 대한 대안을 마련하는 것을 뜻하는 데 반해, 영역의 분화는 도그마틱의 적용영역을 분화시키는 것을 뜻한다. 이에 대한 예로 루만은 '적극적 채권침해'나 '부당이득의 유형론'을 언급한다.[61] 여기서 우리는 법이론의 시각에서 볼 때 루만이 제시한 영역의 분화는 일종의 '유형화'를 함의하는 것임을 간취할 수 있다. 그러나 루만은 이러한 영역의 분화 역시 한계를 갖는다고 한다. 이렇게 영역이 분화된 도그마틱은 법체계의 환경이라는 실재 안에서 결과를 통합하는 기능을 수행하지는 못한다는 것이다.[62] 다시 말해 영역의 분화 도그마틱은 오직 법체계 내부에서만 그 기능을 수행한다는 것이다.

5) 목적 프로그램 또는 목적론적 방법론

나아가 '목적 프로그램' 또는 '목적론적 방법론에 입각한 도그마틱'은 목적을 활용하여 환경에 대한 결과를 고려하기는 하지만, 그 목적을 누가 설정할 것인지의 문제에 명확한 해답을 제시하지 못한다는 점에서 역시 한계에 부딪힌다.[63]

6) 미래지향 책임

마지막으로 '미래지향 책임'(Zukunftsverantwortung)을 산출 한계에 놓인 도

---

58 N. Luhmann, 앞의 책, 40쪽.
59 N. Luhmann, 앞의 책, 41쪽.
60 N. Luhmann, 앞의 책, 42쪽.
61 N. Luhmann, 앞의 책, 43쪽. 이외에도 루만은 공리주의가 '행위 공리주의'와 '규칙 공리주의'로 분화된 것을 언급한다. N. Luhmann, 앞의 책, 42쪽.
62 N. Luhmann, 앞의 책, 42쪽.
63 N. Luhmann, 앞의 책, 45쪽.

그마틱으로 언급할 수 있다.[64] ≪투입−산출 모델≫에 의할 때 투입이 과거라는 지평과 관련을 맺는다면 산출은 미래라는 지평과 관련을 맺기 때문이다.[65] 그러나 '이중의 우연성'이라는 사회적인 조건 때문에 미래의 불확실성은 더욱 복잡해질 수밖에 없는데, 미래지향 책임 도그마틱은 이러한 불확실성을 제거할 수는 없다고 한다. 왜냐하면 미래라는 지평은 법체계뿐만 아니라 정치체계와 관련을 맺는데, 미래지향 책임만으로는 정치체계로부터 각 개별적인 법체계를 분리시키고 이를 탈정치화하는 데 한계를 지닐 수밖에 없기 때문이다.[66]

7) 중간 결론

이상의 분석을 토대로 하여 루만은 다음과 같은 결론에 이른다.

"결론으로서 우리는 다음과 같은 점을 확정할 수 있다. 합법과 불법에 대한 기준으로 결과를 이용하는 법도그마틱을 제안하는 데 필요한 설득력 있는 가능성을 우리는 발견할 수 없다는 것이다. 이러한 상황에는 다음과 같은 위험이 존재한다. 사회정책적인 결과지향이라는 요청을 받는 법체계는 도그마틱을 통한 자기조종을 포기하는 대가를 치르게 되고, 나아가 결정 프로그램을 넘어서는 기준을 더 이상 지향하지 않게 되며 그 대신 결과에 대한 기대 그 자체만을 지향하게 될 뿐이라는 것이다."[67]

그렇다면 이렇게 분류기능을 지향하는 종래의 도그마틱도, 결과를 지향하는 도그마틱도 모두 적절한 법도그마틱이 될 수 없다면 그 대안은 과연 무엇일까? 이에 대해 루만은 '사회에 적합한 법(도그마틱) 개념'을 제시한다.

---

64 N. Luhmann, 앞의 책, 46쪽.
65 N. Luhmann, 앞의 책, 27쪽.
66 N. Luhmann, 앞의 책, 47쪽.
67 N. Luhmann, 앞의 책, 48쪽.

6. 사회에 적합한 법개념과 법도그마틱

(1) 사회에 적합한 법개념

루만에 따르면, 전통적인 개념법학적 도그마틱이나 새롭게 부각되는 결과 지향 도그마틱 모두 체계이론의 시각에서 이해된 법체계와 그 환경을 제대로 설명하기에는 부족하다. 이런 이유에서 루만은 새롭게 '사회에 적합한 법개념' 과 그에 상응하는 도그마틱 구상을 제안한다. 루만은 우리가 법체계에서 여전 히 정의라는 이념을 고집하면서 이러한 정의 이념을 '법체계의 적절한 복잡성' 으로 이해한다면, 그 결과로서 우리는 사회에 적합한 개념을 생각할 수밖에 없 을 것이라고 한다.[68] 이때 '사회에 적합한 개념'에서 가장 중요한 표지 중의 하 나는, 루만에 의하면, 기존의 구조를 재생산할 수 있는 것이다. 그러면 여기서 말하는 '사회에 적합한'이란 무엇을 뜻하는가? 이에 대해 루만은 친절하게 다음 과 같은 주의를 준다.

"따라서 '사회에 적합한'이라는 말은 궁극적으로 법개념이 사회학적인 개념이 되어야 한다는 것을 뜻하는 것도, 사회를 적절하게 모사해야 한다는 것을 뜻하는 것도 아니다. 이것은 사회체계와 사회의 부분체계인 법체계 사이에서 나타나는 체계의 차이 및 체계기능의 차이라는 의미와 모순될 것이다. 적합성이라는 것은 개념적인 문제들이 법체계로 전환된다는 것을 뜻할 뿐이다. 기능적으로 볼 때 사후적으로 작동하는 체계로서 강제적으로 결정을 내려야 하는 법체계는 (…) 법체계 스스로가 완전한 복잡성을 반영하는 것도 아니고, 그렇다고 해서 법체계가 독자적으로 부여하는 사회의 추상화 형식을 반영하는 것도 아니다. 그러므로 적합성에 대한 기준은 법체계가 자신의 특수한 기능을 사회 전체적으로 미치는 데 기초가 되는 감축에 대해서만 관련을 맺을 수 있을 뿐이다."[69]

(2) 사회에 적합한 법도그마틱

'사회에 적합한 법개념'을 이렇게 정의할 수 있다면, 그 다음으로 어떻게

---

[68] N. Luhmann, 앞의 책, 50쪽.
[69] N. Luhmann, 앞의 책, 50쪽.

이 개념을 구체화할 수 있는지, 이에 따라 도그마틱을 어떻게 구성해야 하는지가 문제된다. 나아가 이 문제에 대한 전제로서 과연 사회체계와 법체계 사이에 특정한 관계가 형성될 수 있는지 해명해야 한다. 이 전제 물음에 대해 루만은 긍정적인 대답을 한다. 비록 법체계와 사회체계 사이에 "구체적으로 보이는 상호작용을 통한 연관성이 존재하지 않는" 것처럼 보인다 할지라도 양자 사이에는 특정한 관계영역이 존재한다는 것이다.[70] 다만 사회체계에 비해 법체계가 느리게 반응할 뿐이라고 한다.[71]

그러나 루만에 의하면 문제는 다른 데 있다. 첫째, 도그마틱 개념을 구성할 때는 다음과 같은 모순이 등장한다는 것이다. 추상화를 해야 할 필요성과 이러한 추상화를 기존에 존재하는 도그마틱 개념에 구속시켜야 하는 필연성 사이에서 등장하는 모순이 그것이다. 이를 쉽게 말하면, 기존의 개념과 새로운 개념 사이에서 일종의 긴장관계가 형성된다는 것이다. 둘째, 도그마틱 개념을 사회학적으로 반성시키는 능력에서 한계가 나타난다는 것이다.[72] 그렇다면 이 문제들을 어떻게 풀 수 있는가?

첫째 문제에 대해 우선 루만은 아주 추상적인 답변을 제시한다. "따라서 시간적인 측면에서 볼 때 도그마틱은 더 이상 본질적인 것을 단순히 보장할 수 있는 것이 아니라, 오히려 자기대체적인 질서의 불연속성을 통제하는 것이 된다. 형식적으로 말하면 부정들을 다시 부정하는 것이 곧 도그마틱이다. 그리고 이는 도그마틱이 기능적인 개념구성, 더 높은 추상화 수준 그리고 도그마틱의 체계관련과 체계기능에 대한 반성을 강제하는 것으로 전환된다는 것을 뜻한다. 왜냐하면 개별 규범으로부터는 더 이상 연속성과 불연속성 사이의 차이를 읽어낼 수 없기 때문이다."[73] 이러한 대답에 이어 루만은 좀 더 구체적인 답변을 제시한다. 법도그마틱이 변화가능성을 담고 있어야 한다는 것이다.[74]

둘째 문제에 대해 루만은 사회학자의 연구를 빌어 법체계가 지닌 잠재적인

---

70 N. Luhmann, 앞의 책, 50쪽.
71 N. Luhmann, 앞의 책, 51쪽.
72 N. Luhmann, 앞의 책, 52쪽.
73 N. Luhmann, 앞의 책, 54쪽.
74 N. Luhmann, 앞의 책, 55쪽.

기능으로써 도그마틱 개념의 사회학적 반성을 촉진 또는 사회적응을 쉽게 하는 방안을 소개한다. 이것은 구체적으로 법적 제도의 주요의미와 부수효과를 교환함으로써 이루어질 수 있다고 한다. 원래 의미보다는 그에 따르는 잠재적인 부수효과를 통해 사회에 적합한 법개념과 법적 제도를 구현할 수 있다는 것이다. 또한 형법적인 예로 범죄화를 하기보다는 비범죄화를 함으로써 사회에 적합한 형법을 만들 수 있음을 소개한다.[75]

(3) 체계와 환경의 관계

이상의 논의를 토대로 하여 루만은 다음과 같은 테제를 제시한다. 우선 루만은 체계이론의 관점에 따라 체계는 단순히 환경에 순응하는 것도, 그렇다고 환경을 체계에 맞게 변화시키는 것도 아니라고 한다. 오히려 체계와 환경은 각기 독자적으로 변화가능성을 담고 있다. 이에 따라 체계는 자기조종과 환경 관련성 사이의 연관성을 통해 존재한다. 그러므로 체계는 환경이 내놓은 중요한 결과(영향력)에 스스로를 순응하는 동시에 체계 자신의 관점에 따라 환경을 변화시킬 수도 있다(이중의 가능성). 이를 ≪투입-산출 모델≫에 적용하면, 체계는 환경에 대한 관계에서 투입과 산출 가운데 어느 한 가지만을 고려하는 것이 아니라 양자 모두 고려해야 한다. 따라서 체계는 더 이상 환경의 특정한 상황에서도, 그렇다고 자기 자신의 특정한 상황에서 기본 방향을 찾을 수 있는 것이 아니라, 오직 변화 가능한 환경과 변화 가능한 체계의 관계화라는 관점에서만 자신의 기본 방향을 찾을 수 있을 뿐이다. 이런 이론적인 전제에서 볼 때 규칙은 투입과 산출을 조정하는 역할을 한다. 규칙은 투입이 산출로 전환되는 것을 통제한다는 것이다.[76]

(4) 법도그마틱의 의미와 기능

이로부터 루만은 다음과 같이 법도그마틱의 의미와 기능을 이끌어낸다.

"이러한 의미에서 볼 때 법도그마틱은 법체계에서 내재적으로 투입처리과정과

---

75 N. Luhmann, 앞의 책, 57쪽.
76 N. Luhmann, 앞의 책, 58쪽.

산출생산과정을 통합할 수 있는 가능성을 창출하기 위해 사회에 적합한 개념을 투입한다. 법도그마틱 그 자체만으로 본다면 법도그마틱은 법체계가 ≫사회의 요구를 만족시킨다≪는 점에 대한 보장책을 제공하지는 않는다. (⋯) 법도그마틱은 사회에 적합한 개념형성을 통해서 오직 ≫가능성의 조건≪, 더 정확하게 말하면 법체계가 투입과 산출을 통해, 사회적으로 생산된 결정요구를 지향하는 데 필요한 조건을 보장할 뿐이다. 이는 법도그마틱이 선례, 즉 법도그마틱의 추상화 수준, 특화 방향 그리고 그 내용에 의해서 각각의 사회체계가 담고 있는 중요한 구조와 합치하는 선례를 전제로 하여 투입을 산출로 전환시킴으로써 이루어진다."[77]

좀 더 구체적으로 말하면, 이러한 법도그마틱 구상은 다음과 같은 요건과 과정을 서로 관련시킴으로써 구현된다. 첫째, 투입의 원칙화와 산출의 최적화 중에서 어느 한 쪽만을 허용하지 않는 투입과 산출의 체계내재적 통합, 둘째, 법체계의 사회적 환경이 지닌 구조와 문제들에 이러한 통합능력을 적응시키는 것, 셋째, 위의 두 가지 능력, 즉 통합과 적응을 연결시킨다는 의미의 수준에서 개념을 일반화하고 특수화하는 데 필요한 기준들을 서로 관련시킴으로써 법도그마틱은 실현될 수 있다는 것이다.[78]

Ⅳ. 루만의 법도그마틱 구상 논평

지금까지 루만의 법도그마틱 구상을 살펴보았다. 그러나 사실 루만이 제시하는 법도그마틱 구상은 상당히 추상적이어서 이를 정확하게 소개하고 해명하는 것은 쉽지 않다. 그리고 이러한 루만의 법도그마틱 구상이 법학에서 어떤 의미를 갖는지 의문이 들 수도 있다. 이러한 측면에서 아래에서는 루만의 법도그마틱이 가질 수 있는 의미와 한계 또는 문제점을 논평 형식으로 다루어 본다.

먼저 루만의 법도그마틱 구상은 개념법학에서 이익법학 및 자유법론과 문제변증론을 거치면서 발전해 온 독일 법도그마틱의 상황을 사회이론의 견지에

---

77 N. Luhmann, 앞의 책, 58쪽.
77 N. Luhmann, 앞의 책, 58쪽.
78 N. Luhmann, 앞의 책, 59쪽.

서 잘 설명한다(법도그마틱 구상의 설명력). 그동안 독일 법학에서는 자유법론이나 문제변증론의 비판에 맞서 새로운 법도그마틱 구상이 제시된 바 있다. 이는 주로 민법학에서 이루어졌다. 예를 들어 부당이득법의 유형론으로 유명한 빌부르크(W. Wilburg)가 제시한 '유동적 체계'나 카나리스가 내놓은 '내적 체계론' 그리고 법해석학을 본격적으로 수용한 에써의 법도그마틱 구상 등이 여기에 해당한다.[79] 그렇지만 루만의 시각에서 보면 이들의 논의는 법학 및 법체계의 차원에서만 진행된 것이어서 법도그마틱이 발전해 온 전체 모습을 거시적인 차원에서 설명하지는 못하는 게 사실이다. 이에 반해 루만의 법도그마틱 구상, 즉 '사회에 적합한 법개념과 법도그마틱'은 법개념과 법도그마틱이 법체계 안에서 어떻게 사회의 요청에 따라 전개될 수 있는지를 설득력 있게 설명한다. 더불어 루만의 법도그마틱 구상은 스스로 변경가능성을 갖춤으로써 키르히만 류의 비판을 넘어선다. 이를 통해 법도그마틱의 학문성을 체계이론의 관점에서 정당화한다.

그러나 이러한 루만의 법도그마틱 구상은 이미 언급하였듯이 이른바 '패러다임 전환' 이전에 내놓은 것이다. 따라서 이 구상은 아직 미완성인 채로 남아 있다고 평가할 수 있다. 가령 여기에는 아직 자기생산 구상이 도입되지 않았다. 또한 법체계의 '작동적 폐쇄성'도 언급하지 않는다. 때문에 이때 제시한 법도그마틱 구상에서는 '이중의 가능성'만이 언급되고 있을 뿐, 구성주의에 기반을 두어 자기 스스로를 관찰하는 법체계를 환경이 다시 관찰한다는 '이중의 관찰' 개념은 원용되지 않는다. 바꾸어 말해 '내부관찰과 외부관찰의 이중성'이 고려되지는 않는다. 후에 루만의 체계이론에서 중심적인 역할을 하는 자기준거나 진화, 역설 등도 여기서는 보이지 않는다.[80] 이런 이유에서 이번 장에서 분석한 루만의 법도그마틱 구상은 아직 잠정적인 것임에 주의해야 할 필요가 있다.

이런 맥락에서 볼 때 결과지향 도그마틱에 대해 루만이 비판한 부분 가운

---

[79] 빌부르크의 '유동적 체계'에 관해서는 W. Wilburg, *Entwicklung eines beweglichen Systems im bürgerlichen Recht* (Graz, 1950). 물론 엄격하게 말하면 빌부르크는 독일이 아닌 오스트리아의 법학자이다. 그렇지만 빌부르크 자신이 독일 베를린에서 연구를 하였고 그의 이론 및 법도그마틱은 독일 법학에 많은 영향을 미쳤다는 점에서 그의 법학을 넓은 의미의 독일 법학에 포함시킬 수 있을 것이다.

[80] 이에 관해서는 N. Luhmann, "Recht als soziales System", in: *Zeitschrift für Rechtssoziologie* (1999).

데 수긍하지 못할 만한 부분도 눈에 띈다. 예를 들어 루만은 결과지향에 따른 도그마틱 영역의 분화를 과소평가 하는데 이는 타당하지 않다. 오히려 '유형화'로 달리 부를 수 있는 영역의 분화는 사회에 적합한 법도그마틱을 구성하는 데 긍정적인 역할을 한다고 생각한다. 이는 위험책임 도그마틱을 염두에 둔다면 쉽게 수긍이 갈 것이다. 애초에 위험책임 도그마틱은 불법행위책임 도그마틱에서 출발하였다. 불법행위책임 도그마틱의 영역이 분화되면서 위험책임 도그마틱의 단서가 마련된 것이다. 그 후 사회적 환경의 산출 요청에 부응하여 법체계는 위험책임 도그마틱을 별도의 책임 도그마틱으로 분리하여 정당화한 것이다. 이렇게 보면 과연 영역의 분화를 과소평가할 수 있을까?

가장 결정적으로는 루만의 법도그마틱 구상은 관찰자 관점에 입각하고 있고 그 때문에 상당히 추상적인 대답만을 제시하고 있다는 한계를 꼽을 수 있다. "법체계가 투입과 산출을 이용하여 사회적으로 생산된 결정요구를 지향하는 데 필요한 조건을 보장"하는 법도그마틱이라는 것은 관찰자의 관점에서는 그 의미를 찾을 수 있지만, 참여자의 관점에 서야 하는 법학자나 법률가에게는 상당히 추상적인 것이라고 말할 수밖에 없다. 과연 그 조건은 어떻게 구체화할 수 있는지에 대해 루만은 명확한 답변을 주지 않는다. 루만 자신도 이 문제는 법학자의 임무라는 점을 암시한다. 이런 맥락에서 볼 때 이른바 '절차주의'에 속하는 토이브너의 반성적 법이론이나 하버마스의 대화이론적 법이론이 루만의 구상을 어느 정도 보완할 수 있지 않을까 생각해 본다.

V. 루만의 법도그마틱 구상에서 본 체계모순의 의미

마지막으로 법체계 안에서 종종 발생하는 체계모순은 루만의 법도그마틱 구상에서 어떻게 파악할 수 있는지 간단하게 검토한다. 특정한 법체계 또는 법도그마틱에서 체계모순이 등장하였을 경우 우리는 크게 두 가지 의미로 접근할 수 있다. 첫째, 해당 법체계가 불완전하게 정립된 것으로 볼 수 있다. 둘째, 해당 법체계는 처음에 완전하게 정립되기는 했지만, 후에 사회가 변하면서 법체계가 사회적인 결과를 지향하고 반영한 경우로 볼 수 있다. 만약 전자의 경우라면 해결방법은 간단하다. 체계모순의 원인은 법체계 내부에 존재하는 것이므로 그 원인을 찾아 완전한 체계를 구축하면 된다. 그러나 후자의 경우에는 문제가 그리 간단하지 않다. 이 경우에는 우선 루만이 소개한 방안, 즉 규칙—예외 도식, 이익형량, 내부화, 영역의 분화를 해법으로 떠올릴 수 있을 것이다. 그러나 이미 체계모순이 발생한 경우라면 이익형량이나 내부화를 사용할 수는 없을 것이다. 그러므로 생각할 수 있는 방안은 규칙—예외 도식을 원용하여 이 모순을 규칙에 대한 예외로 보든가, 아니면 모순을 해결할 수 있도록 법도그마틱의 영역을 분화시키는 것을 생각할 수 있다. 예를 들어 목적적 행위론에 따르면, 부작위는 행위체계에 포함시키기 어려운데, 이 경우 부작위를 목적적 행위론의 '예외'로 파악하든지, 아니면 벨첼(H. Welzel)의 제자 슈트라텐베르트(G. Stratenwerth)처럼 아예 부작위를 행위와는 구별되는 별도의 체계로 분화시키는 것을 꼽을 수 있다. 그렇지만 만약 이러한 두 방법으로도 체계모순을 해결할 수 없다면, 별도의 새로운 체계를 구성하는 방법을 생각해야 할 것이다. 가령 위 행위론의 경우에는 역시 벨첼의 제자인 야콥스(G. Jakobs)처럼 행위와 부작위를 모두 포괄하는 '행태'(Verhalten) 개념이나 '조직화'(Organisation) 개념을 제시하는 것을 떠올릴 수 있을 것이다.

이렇게 보면 법도그마틱에서 등장하는 체계모순을 예전의 개념법학이 그랬던 것처럼 부정적인 것으로만 볼 필요는 없다. 또한 이러한 체계모순 때문에 법학의 학문성이 상실된다고 오해할 필요도 없다고 생각한다.

제3부

사실확정

제 5 장
민사소송의 진실 개념

Ⅰ. 서론

법적 분쟁이 발생하면 법관은 법적 분쟁이 전제로 하는 사실관계를 확정한 후 이 사실관계와 관련을 맺는 법규범을 탐색 및 해석하여 그 결과를 사실관계에 적용함으로써 법적 분쟁을 해결한다.[1] 이때 소송절차는 문제가 되는 법적 분쟁의 사실관계를 탐색하고 확정하는 역할을 수행한다. 가령 법적 분쟁이 민사 문제와 관련되는 것이라면, 이 법적 분쟁에서 문제가 되는 사실관계는 민사소송을 통해 탐색되고 확정되어야 한다. 이때 민사적 분쟁을 '적정'하고 '공평'하게 해결하기 위해서는 민사적 분쟁에서 전제가 되는 사실관계를 '진실'일 수 있도록 확정해야 한다.

그런데 법철학적 관점에서 보면, 민사소송에서 말하는 진실 개념이 무엇인지 문제될 수 있다. 왜냐하면 민사소송을 통해 확정된 사실관계가 '진실'이라고 말할 수 있기 위해서는, 그 전에 '진실'에 대한 기준이 무엇인지 확정할 수 있어

---

1 이를 법학방법론의 관점에서 분석한 것으로는 E. A. Kramer, *Juristische Methodenlehre*, 3. Aufl. (Bern, 2010) 참고. 한편 아래에서는 '사실인정'과 '사실확정'을 동일한 의미로 혼용해서 사용하고자 한다. 사실인정은 우리 소송법이 규정하는 것으로 주로 실무에서 사용하는 개념이라면, 사실확정은 법학방법론에서 주로 사용하는 개념이다. 인식론의 측면에서 볼 때 필자는 '구성주의'에 바탕을 두기에 사실인정보다는 사실확정이 더욱 적합한 개념이라고 생각한다. 다만 사실인정은 가령 우리 형사소송법 제307조가 명문으로 규정하는 개념이라는 점에서 이 개념 역시 존중하고자 한다. 따라서 이 책에서는 사실인정과 사실확정을 같은 의미로 새기면서 혼용해서 사용한다.

야 하기 때문이다. 그렇지만 그동안 민사소송법학에서는 형사소송법학에 비해 진실 개념에 관해 그리 관심을 기울이지 않은 것으로 보인다.[2] 왜냐하면 형사소송법학에서는 보통 교과서의 서두에서 '실체진실주의'를 형사소송의 기본원칙으로서 논의하는 데 비해,[3] 민사소송법학에서는 민사소송의 기본이념으로서 적정, 공평, 신속, 경제만을 언급할 뿐 민사소송에서 말하는 진실이 무엇인지는 그다지 논의하지 않기 때문이다.[4]

제5장은 이와 같은 문제의식에서 출발한다. 아래에서는 법철학적 관점을 원용하여 민사소송에서 말하는 진실 개념이 무엇인지에 관해 논의하고자 한다.[5] 그런데 이를 위해서는 민사소송과 많은 면에서 비교되는 형사소송에서 진실 개념을 어떻게 파악하는지를 우선적으로 검토할 필요가 있다. 그러므로 아래에서는 먼저 형사소송에서 말하는 진실 개념이란 무엇인지 간략하게 살펴본 후, 이와 비교하면서 민사소송의 진실 개념을 추적하고자 한다.

---

2 이는 우리 법학에 많은 영향을 끼친 독일 법학에서도 마찬가지인 것으로 보인다. 가령 독일 형사소송법의 대표적인 주석서들을 보면, 형사소송상 진실 개념에 관한 논의와 문헌이 상당히 축적되어 있다는 점을 발견할 수 있는 데 반해, 독일의 대표적인 민사소송법 교과서나 주석서들은 민사소송상 진실 개념에 관해 그리 큰 관심을 보이고 있지 않다는 점을 간취할 수 있다. 전자의 경우로서는 우선 F. Stamp, *Die Wahrheit im Strafverfahren* (Baden-Baden, 1998); K. H. Gössel, *Ermittlung oder Herstellung von Wahrheit im Strafprozeß?* (Berlin/New York, 2000); Löwe-Rosenberg, *StPO*, 26. Aufl., Bd. 1 (Berlin, 2006), 240쪽 아래. 후자의 문헌으로는 Rosenberg/Schwab/Gottwald, *Zivilprozessrecht*, 17. Aufl. (München, 2010), 344쪽 아래. 다만 예외적으로 J. Rödig, *Die Theorie des gerichtlichen Erkenntnisverfahrens* (Berlin/Heidelberg/New York, 1973)는 형사소송뿐만 아니라 민사소송 및 행정소송의 진실 개념을 다룬다.
3 가령 배종대·이상돈·정승환, 『신형사소송법』(홍문사, 2008), 15쪽.
4 예를 들어 이시윤, 『신민사소송법』 제5판(박영사, 2009), 22~26쪽. 이에 대해 독일의 대표적인 민사소송법 교과서인 로젠베르크·슈밥·고트발트의 교과서는 민사소송의 '목적'(Zweck)이라는 표제 아래 '주관적 권리 보호'(Subjektiver Rechtsschutz), '일반적 이익 보호'(Schutz von Allgemein-interessen), '객관적 법 보장'(Bewährung des objektiven Rechts), '법적 평화 보장'(Sicherung des Rechtsfriedens), '사적 분쟁 해결'(Lösung privater Konflikte)을 언급할 뿐이다. Rosenberg/Schwab/Gottwald, 앞의 책, 2~3쪽.
5 철학 또는 법철학에서는 진실 개념에 관한 논의가 '진리이론'(Wahrheitstheorien)이라는 이름으로 진행된다. 이러한 진리이론에 관해서는 F. Stamp, 앞의 책, 29쪽 아래; 변종필, 『형사소송에서 진실 개념』(고려대 법학박사 학위논문, 1998), 74쪽 아래 등 참고.

Ⅱ. 형사소송에서 본 진실 개념

1. 형사소송의 진실 개념으로서 실체적 진실

일반적으로 형사소송은 '실체적 진실'(materielle Wahrheit) 개념을 전제로 한다고 이해된다. 이는 크게 두 가지 점에서 그 근거를 찾을 수 있다. 첫째, 지배적인 견해가 인정하고 있듯이, 형사소송법은 실체진실주의를 형사소송의 기본원칙으로 채택하고 있다는 점이다. 둘째, 비교법적인 측면에서 볼 때, 우리 법학에 많은 영향을 끼친 독일의 형사소송법(StPO)이 제244조 제2항에서 명문으로 '진실발견'(Erforschung der Wahrheit)을 법관의 의무로 규정하고 있다는 점이다.6 여기서 실체진실주의란 형사법관이 역사적 공간 속에서 실체로서 존재했던 형사사건을 객관적으로 그리고 진실하게 인식해야 한다는 원칙을 말한다.7 그렇다면 형사소송에서 전제로 하는 '실체적 진실'이란 무엇인가? 아래에서는 법철학적 관점을 원용하여 실체적 진실 개념을 해명하고자 한다. 이를 위해서는 실체적 진실 개념을 구성하는 두 개념을 해명해야 한다. '실체' 개념과 '진실' 개념이 그것이다.8

(1) 실체 개념

먼저 실체 개념부터 검토한다. 일반적으로 실체라는 개념은 '형식'에 반대되는 개념으로 '실질'이라는 의미로도 사용된다. 어떤 개념이 일정한 형식뿐만 아니라 내용까지 담고 있을 때 실체라는 개념을 사용한다. 그런데 철학적 인식론의 견지에서 볼 때, 실체 개념은 더욱 복잡한 의미를 지닌다. 원래 철학에서 실체는 '현상'에 반대되는 개념으로 사용된다. 고대 그리스의 철학자 플라톤 이래로 정립된 인식론과 존재론에 따르면, 세계에는 두 가지 존재방식이 있다.9

---

6 독일에서는 이 규정을 토대로 하여 '실체적 진실 원칙'(Prinzip der materiellen Wahrheit)을 근거 짓는다. F. Stamp, 앞의 책, 16쪽.

7 이와 비슷한 취지로 개념을 정의하는 이재상, 『신형사소송법』제2판(박영사, 2008), 23쪽.

8 아래에서 전개하는 논의는 기본적으로 양천수, "형사소송법상 실체진실주의와 적정절차원칙에 대한 비판적 고찰: 법철학의 관점에서", 『경남법학』제23집(2008), 131~132쪽 참고.

9 플라톤의 철학에 관해서는 J. Hirschberger, *Geschichte der Philosophie*, 1. Teil (Darmstadt, 1980), 72쪽 아래.

'현상'과 '본질'이 바로 그것이다. 현상은 우리가 감각기관으로 지각할 수 있는 사물의 존재방식이다. 현상은 지각하는 주체에 따라 그리고 시간과 공간이라는 형식에 따라 그 속성이 달라진다는 특성을 띤다. 한마디로 말해 현상은 고정된 것이 아니라 가변적인 것이다. 이에 반해 본질은 우리가 감각기관으로 지각할 수 있는 그 무엇이 아니다. 본질은 우리의 지각을 초월한다. 그래서 본질은 우리가 지각하는 것이 아니라 이성을 통해 논리적으로 인식할 수 있을 뿐이다. 예를 들어 플라톤은 이러한 본질을 기하학적인 형태를 띤 이데아로 표현하였다. 이처럼 본질은 감각을 초월한 존재방식이어서 현상과는 달리 가변적인 것이 아니라 고정되어 있다. 시간과 공간에 영향을 받지 않고 그 내용이 고정되어 유지된다는 점이 바로 본질이 지닌 특성인 것이다. 이처럼 세계의 두 가지 존재방식인 현상과 본질은 서로 상반되는 성격을 띠는데, 이때 실체 개념은 바로 본질이 지닌 특성을 담고 있다고 말할 수 있다.[10] 요컨대 철학적 인식론에 따를 때 실체는 '지각하는 주체'와는 무관하게 그리고 시간과 공간을 초월해 존재하는 그 무엇을 뜻한다.

다른 한편 실체는 개념만으로 존재하는 것이 아니라 개념에 대응하는 대상이 현실에서 실재로서 존재하고 있음을 뜻한다.[11] 물론 앞에서 말한 것처럼, 실체는 본질로서 우리의 지각을 초월해 있지만, 그렇다고 해서 실체가 단지 개념만으로, 달리 말해 언어만으로 존재하는 것은 아니다. 실체는 언어로 구성되기 이전에 현실 세계에 실재로서 존재한다. 따라서 실체는 우리가 대상으로서 인식할 수 있다.

이상의 논의를 종합할 때 우리는 실체를 다음과 같이 정의내릴 수 있다. 실체란 형식적인 것에 반대되는 실질적인 그 무엇을 지칭하는 것으로, 지각하는 주체가 지닌 개별적인 속성에 상관없이 그리고 시간과 공간을 초월하여 존재하는 실재를 말한다.

---

10 이를 시사하는 Löwe–Rosenberg, 앞의 책, 241쪽.

11 여기서 개념만이 존재할 뿐이라고 주장하는 이론을 '유명론'이라고 하고, 개념뿐만 아니라 그 지시대상도 존재한다고 주장하는 이론을 '실재론'이라고 한다. '유명론'과 '실재론'에 관해서는 J. Hirschberger, 앞의 책, 566쪽 아래.

(2) 진실 개념

다음 진실 개념을 검토한다. 일상적으로 볼 때 진실 개념은 거짓에 반대되는 것을 뜻한다. 그러나 과연 무엇이 거짓이 아닌가 하는 문제는 인식론에서 볼 때 그 무엇보다도 쉽지 않은 문제이다. 이 때문에 철학에서는 진실 개념에 관해 다양한 진실 또는 진리이론이 전개되었다. 그런데 진리이론 중에서 일반적으로 앞에서 언급한 실체 개념과 결합하여 제시되는 이론이 바로 '진리대응이론'(Korrespondenztheorie)이다.[12] 진리대응이론에 따를 때 진리는 특정한 진리주장과 그 주장대상 사이에 대응이 이루어질 때, 다시 말해 진리주장과 그 대상이 서로 일치할 때 인정된다. 예를 들어 공판정에서 검사가 법관에게 피고인이 언제 어디에서 범행을 저질렀다는 사실을 주장한다고 하자. 이때 검사의 주장내용이 진리대응이론의 관점에서 진실이 되려면, 그 주장내용이 실제 발생한 역사적 사건, 즉 대상과 일치해야 한다. 결론적으로 실체진실주의에서 말하는 진실은 특정한 진실주장과 그 대상 사이에서 나타나는 일치라고 할 수 있다. 이상의 논의를 통해 이제 우리는 '실체적 진실' 개념의 윤곽을 다음과 같이 파악할 수 있다.

≪명제-1≫ 실체적 진실

실체적 진실이란 인식주체로부터 독립하여 그리고 시간과 공간에 상관없이 실재로서 존재하는 것을 그대로 언어적으로 반영한 것을 말한다.

2. 형사소송의 소송구조

이렇게 형사소송은 실체적 진실을 추구한다는 점은 민사소송과는 달리 형사소송이 직권주의적 소송구조를 채택하고 있다는 점에서도 확인할 수 있다.[13]

---

[12] 진리대응이론에 관해서는 우선 F. Stamp, 앞의 책, 33쪽 아래; 이상돈, 『법이론』(박영사, 1996), 263쪽; 변종필, 앞의 논문, 74~93쪽.

[13] 다만 형사소송의 소송구조를 직권주의로 파악해야 하는지에 관해서는 견해가 대립한다. 가령 주로 영미의 형사소송법학을 수용한 진영에서는 우리의 형사소송구조도 영미의 형사소송구조처럼 당사자주의로 이해해야 한다고 주장한다. 그 이유는 무엇보다도 이렇게 형사소송구조를 당사자주의로 파악해야만 피고인의 인권을 더욱 잘 보장할 수 있기 때문이라고 한다. 이에 관해 판례는

여기서 직권주의란 소송에 대한 주도권을 검사나 피고인과 같은 당사자가 아닌 법관 또는 법원에게 부여하는 것을 말한다. 이러한 직권주의는 크게 '국가처벌주의'와 '직권탐지주의'로 구체화된다.[14] 먼저 '좁은 의미의 직권주의'라고도 불리는 국가처벌주의는 형사소송의 개시 및 종료, 심판대상의 확정 등은 수사기관과 법원을 포함한 국가가 결정할 수 있을 뿐, 원칙적으로 가해자나 피해자에게는 아무런 결정권을 부여하지 않는 원칙을 말한다. 공소를 제기할 수 있는 권한을 검찰에게만 부여하는 '기소독점주의'가 이러한 국가처벌주의를 전형적으로 보여준다. 나아가 직권탐지주의란 검사나 피고인이 주장하지 않은 사실도 법원이 직권으로 판결의 기초로 삼을 수 있고 그 사실의 증명도 법원이 직권으로 조사한 증거에 의할 수 있도록 하는 원칙을 말한다(형사소송법 제295조).

　이와 같은 직권주의는 형벌이라는 가장 강력한 제재수단을 부과하기 위한 전제로서 진행되는 형사소송에서는 아무래도 국가가 개입하여 사실관계를 확정해야 한다는 이념이 배후에 깔려있다. 이러한 맥락에서 형사소송에서는 '실체적 진실발견'을 전면에 내세울 수밖에 없다. 이러한 점에서 직권주의는 실체적 진실발견이라는 요청을 충족하기 위해 제도화된 소송구조라고 말할 수 있다. 이러한 직권주의의 배후에는 사실관계 확정에 대한 주도권을 각 당사자들에게 전적으로 맡기는 것은 적절하지 않고, 역사적 사실에 최대한 가깝게 소송상 진실을 재현하기 위해서는 국가가 후견적으로 개입할 수밖에 없다는 '국가후견주의' 또는 이를 헌법적으로 구현한 '사회국가원리'가 놓여있다.

우리 형사소송의 소송구조를 '직권주의가 가미된 당사자주의'로 파악한다. 이를 보여주는 대법원 2009. 10. 22. 선고 2009도7436 전원합의체 판결 참고. 필자는 기본적으로 판례의 태도를 수용하여 우리 형사소송은 한편으로는 직권주의적 요소를, 다른 한편으로는 당사자주의적 요소를 수용하고 있다고 주장한다. 다만 그중에서 무엇을 더 중심으로 보아야 할지에 관해서는 의문을 제기할 수 있다. 필자는 우리 형사소송법이 채택하는 기소독점주의와 기소편의주의를 근거로 볼 때 우리 형사소송은 여전히 직권주의적 요소를 강하게 지니고 있다고 판단한다. 물론 국민참여재판이 시사하는 것처럼, 당사자주의적 요소 역시 강하게 스며들고 있다.

14 배종대·이상돈·정승환, 앞의 책, 26~28쪽. '국가처벌주의'는 '직권진행주의'로 지칭되기도 한다.

Ⅲ. 민사소송에서 본 진실 개념

1. 출발점

위 Ⅱ.에서 우리는 형사소송은 실체적 진실을 추구한다는 점을 확인하였다. 그렇다면 민사소송은 어떤 진실을 추구하는 것일까? 위에서 우리는 형사소송의 소송구조를 분석함으로써 형사소송이 실체적 진실을 추구한다는 점을 추론하였다. 따라서 이와 유사하게 민사소송이 추구하는 진실 개념을 파악하려면 우선적으로 민사소송의 소송구조를 파악하는 것이 유용할 것이다.

2. 민사소송의 소송구조

민사소송은 어떤 소송구조를 채택하고 있는가? 직권주의를 채택한 형사소송과는 달리 민사소송은 당사자주의에 기반을 두어 사실관계를 확정한다. 이때 당사자주의란 소송에 대한 주도권을 법관이 아닌 원고와 피고와 같은 소송 당사자들에게 부여하는 원칙을 말한다. 이러한 당사자주의는 다시 처분권주의와 변론주의로 구체화된다. 먼저 처분권주의는 소송의 개시 및 종료, 소송물의 확정에 관한 권한을 소송 당사자에게 부여하는 원칙을 말한다. 다음으로 변론주의는 민사소송에서 법원은 원고나 피고가 주장하지 않은 사실을 판결의 기초로 삼아서는 안 되고 그 사실의 증명도 당사자가 제출한 증거에 의하도록 하는 원칙을 말한다.[15]

이와 같은 처분권주의와 변론주의는 민법의 기본원리인 '사적 자치'를 민사소송에서 구체화한 것이라고 말할 수 있다. 이는 처분권주의와 변론주의로 대변되는 당사자주의에 따르면, 민사분쟁 역시 원칙적으로는 각 당사자가 자율적으로 해결해야 한다는 점을 보여준다. 각 당사자들이 소송수행능력의 측면에서 평등하다는 것을 전제로 하여, 사실관계를 확정하는 데 필요한 정보수집 활동을 철저하게 각 당사자들에게 일임함으로써 소송절차에서 무기평등을 실현하고자 하는 것이다. 이때 법원은 기본적으로 '관찰자'로서 자신의 역할을 수행할 뿐

---

15 이러한 처분권주의와 변론주의에 관해서는 Rosenberg/Schwab/Gottwald, 앞의 책, 395쪽 아래.

이다.

3. 민사소송의 진실 개념으로서 형식적 진실

위 Ⅲ. 2.에서 살펴본 것처럼 민사소송이 채택하는 당사자주의에 따르면, 국가를 대변하는 법원은 원칙적으로 소송당사자들의 소송수행과정을 중립적으로 관찰해야 하는 관찰자로서만 소송절차에 참여할 수 있다. 사실관계를 확정하는 것에 대한 책임은 전적으로 각 당사자들이 부담해야 한다. 이와 같은 이유에서 민사소송을 통해 확정되는 진실은 법원이 적극적으로 관여하는 형사소송에 비해 실제로 존재했던 역사적 사실, 즉 '실체'와 일치하지 않을 위험성이 더욱 높다. 왜냐하면 검사와 피고인 그리고 법원이 적극적으로 협력하여 사실관계를 확정하는 형사소송에 비해 민사소송에서는 원고와 피고만이 그것도 상호 대립적인 관계에서 사실관계를 확정하는 과정에 참여하기 때문이다. 이와 같은 이유에서 독일 민사소송법학자들은 민사소송에서 전제로 하는 진실 개념은 실체적 진실에 대비되는 '형식적 진실'(formelle Wahrheit)이라고 파악한다. 가령 로젠베르크·슈밥·고트발트 교수의 교과서는 다음과 같이 말한다.[16]

"변론주의는 형식적 진실 원칙으로 지칭된다. 왜냐하면 분쟁에 관한 자료의 범위 및 증명필요성은 당사자에게 의존하기 때문이다(…)"

마찬가지 맥락에서 기초법학자인 이상돈 교수 역시 형사소송의 실체적 진실에 대비시켜 민사소송의 진실 개념을 '형식적 진실'이라고 명명한다.[17]

"반면 민사소송에서는 형사소송의 실체적 진실 개념과는 정반대로 '형식적 진실' 개념이 지배한다. 이 형식적 진실개념은 소송에 표현된 '사적 자치'라고 할 수 있다."

---

16 Rosenberg/Schwab/Gottwald, 앞의 책, 398쪽. 또한 F. Stamp, 앞의 책, 16~17쪽.
17 이상돈, 『기초법학』(법문사, 2008), 432쪽.

   그런데 이렇게 민사소송이 전제로 하는 진실 개념을 형식적 진실로 파악하면, 이에 관해 두 가지 문제를 제기할 수 있다. 첫째는 형식적 진실이란 무엇인가 하는 점이고, 둘째는 민사소송이 이렇게 형식적 진실에 만족해야 하는 이유는 무엇인가 하는 점이다. 첫째, 형식적 진실이란 무엇인가? 이는 다음과 같이 정의할 수 있다. 실체적 진실이 소송절차 또는 여기에 참여하는 인식주체와는 상관없이 실재로서 존재하는 그 무엇인 데 반해, 형식적 진실이란 실재인가 여부와는 상관없이 당사자에 의해 주도되는 소송절차로 확정되는 진실이라는 것이다. 이 점에서 형식적 진실은 실체법이 대상으로 하는 실체적 진실에 대해 소송법이 대상으로 하는 '소송상 진실'(prozessuale Wahrheit)이라고 달리 말할 수 있다.[18]

≪명제-2≫ 형식적 진실

   형식적 진실이란 실재인가 여부와는 상관없이 당사자에 의해 주도되는 소송절차로 확정되는 진실을 말한다.

   둘째, 이렇게 민사소송이 형식적 진실에 만족하는 이유는 무엇 때문인가? 이에 대해 필자는 '사적 자치'를 대답으로 제시할 수 있다고 생각한다.[19] 사적 자치는 근대법에서 강조하는 '자기결정에 따른 자기책임'을 민사법영역에서 극명하게 구체화한 것으로, 우리가 잘 알고 있는 것처럼 근대 민법의 기본원리로 작동하고 있다.[20] 사적 자치에 따르면 각 당사자가 자율적으로 행한 모든 법적인 행위와 그 결과는 각 당사자에게 귀속된다. 이렇게 하는 것이 각 개인의 자유영역을 극대화할 수 있다고 이해한다. 그리고 Ⅲ. 2.에서 언급한 것처럼, 이러한 사적 자치가 민사소송법영역에서 구체화된 것이 바로 처분권주의와 변론주의를 그 내용으로 하는 당사자주의이다. 사실이 그렇다면, 민사소송이 형식적 진실로 만족하는 이유는 형식적 진실의 기반이 되는 당사자주의가 추구하는 이

---

18 F. Stamp, 앞의 책, 215쪽 아래.

19 이와 같은 근거를 제시하는 Rosenberg/Schwab/Gottwald, 앞의 책, 398쪽.

20 이에 관해서는 우선 Christina Giner Rommel, *Die Auslegung der Privatautonomie* (Mainz Uni. Diss., 2008) 참고.

넘에서 발견할 수 있을 것이다. 여기에는 사실관계 확정에 대한 책임을 각 당사자에게 부여하는 것이 사실관계를 정확하게 재구성하는 데 더 바람직할 수 있다는 이념이 깔려있는 것이다. 아울러 형식적 진실에 만족하는 민사소송의 배후에는 국가를 불신하고 사회 또는 시장의 자율성을 신뢰하는 자유주의의 국가철학이 놓여 있다.

Ⅳ. 형식적·실체적 진실 개념에 대한 비판

1. 문제제기

그러면 이렇게 형식적 진실과 실체적 진실을 구별한 후, 형식적 진실은 민사소송에 그리고 실체적 진실은 형사소송에 연결하는 이해방식은 과연 타당한 것일까? 민사소송은 사적 자치에 따라 형식적 진실에 만족해야 하는 것일까? 이에 대해 필자는 부정적으로 대답하고자 한다. 필자는 형식적 진실 및 실체적 진실 모두가 이론적으로뿐만 아니라 실천적으로 문제가 있다고 생각한다. 이러한 맥락에서 필자는 ≪형식적 진실-실체적 진실≫이라는 이분법을 넘어 새로운 진실 개념을 받아들여야 한다고 주장한다. 이는 민사소송뿐만 아니라 형사소송에서도 마찬가지이다. 그 이유를 아래에서 논증한다.

2. 형식적 진실 개념에 대한 비판

(1) 민사소송과 당사자주의의 필연적 연관성에 대한 의문

우선 민사소송과 당사자주의가 필연적으로 연결되어야 하는지, 다시 말해 민사소송은 반드시 당사자주의를 채택해야 하는 것인지에 의문을 제기할 수 있다. 현행 민사소송법은 근대법의 이념에 따라 민사소송에서도 사적 자치를 실현하고자 한다. 그렇지만 민사소송이 제도적으로 사적 자치를 채택할 것인가 여부는 이념적으로 필연적인 것이 아니라 일종의 법정책적 선택의 문제라고 말할 수 있다. 예를 들어 여전히 사회주의에 기반을 두면서 자본주의적 요소를 수용하는 중국은 민사소송에서 한편으로는 당사자주의를 채택하면서도, 다른 한편으로는 당사자주의보다 더욱 우월한 상위 원칙으로 '국가관여주의'를 받아들이고 있다.[21] 이러한 국가관여주의의 영향으로 민사소송에서도 '진실절대주의'라는 이름 아래 실체적 진실 발견을 민사소송의 목적으로 설정한다.[22] 이렇게 보면 민사소송이 반드시 당사자주의를 고집해야 할 이유가, 형식적 진실에 만족해야 할 필연적인 이유가 있는 것은 아니다. 중국 민사소송제도처럼, 우리 민사소송제도도 만약 법정책적으로 타당하다면 형식적 진실이 아닌 다른 진실 개념도 수용할 수 있다.

(2) 당사자주의의 실천적 한계

나아가 당사자주의에 대해 다음과 같은 실천적 문제를 던질 수 있다.[23] 당사자주의가 제대로 작동하려면 각 당사자들이 소송수행능력의 면에서 평등하다는 것을 전제로 해야 한다. 만약 이 요건이 충족되지 않으면 당사자주의는 제대로 작동할 수 없다. 그렇지만 마치 자유주의가 실패하여 이를 보완하기 위해 사회국가 원리가 등장한 것처럼, 현실에서 각 당사자들은 실질적으로 평등하지 않은 경우가 대부분이다. 이 때문에 당사자주의는 본래 의도했던 것과는 달리 사실확정에 대한 책임을 각 당사자에게 부여하는 것이 역사적 진실을 '지금 여기서' 재현하는 데 더 바람직하다는 이념을 제대로 실현하기 어렵다. 바로 이러한 이유에서도 민사소송은 형사소송과는 달리 현실적으로 사실관계 확정에 관해 형식적 진실 개념에 만족해야 할 수밖에 없다. 왜냐하면 사실관계 확정에 대한 주도권을 각 당사자에게 부여하고 법원은 단지 관찰자의 위치에서 사실관계 확정과정을 중립적으로 관찰해야 한다면, 아무래도 법원이 사실관계 확정에 적극적으로 관여하는 형사소송의 경우보다 사실관계를 실제로 발생하였던 역사적 사실에 최대한 가깝게 확정하는 데 한계를 지닐 수밖에 없기 때문이다. 바로 이러한 이유에서 민사소송법학에서는 '사회적 민사소송'(sozialer Zivilprozess)이라는 이름 아래 '협동주의'를 당사자주의를 보완할 수 있는 새로운 소송원리로 제시

---

21 이에 관해서는 손한기, "사회체제와 처분권주의 및 변론주의의 전개: 중국민사소송법을 중심으로", 『법학연구』(연세대)(2009), 79쪽 아래.
22 손한기, 위의 논문, 81~82쪽.
23 이에 관해서는 우선 호문혁, "민사소송에 있어서의 이념과 변론주의에 관한 연구", 『서울대학교 법학』 제79·80호(1989), 219~245쪽 참고.

하기도 한다.[24]

3. 실체적 진실 개념에 대한 비판

이렇게 민사소송이 전제로 하는 형식적 진실 개념이 여러 측면에서 문제를 안고 있다면 그 대안은 무엇인가? 형사소송이 추구하는 것처럼, 민사소송도 실체적 진실을 추구해야 하는 것일까? 그러나 이는 바람직하지 않은 해결책이라고 생각한다. 왜냐하면 실체적 진실 개념 역시 이론적·실천적인 측면에서 난점을 드러내기 때문이다.

(1) 실체적 진실 개념의 인식론적 기초에 대한 비판

1) 인식론적 기초

먼저 실체적 진실 개념이 바탕으로 삼는 인식론적 기초에 비판을 가할 수 있다. 실체적 진실 개념은 크게 다음과 같은 네 가지를 인식론적 기초로 삼는다. '주체-객체 인식구조', '객관적 인식', '실증주의적 인식', '의미론적 언어이론'이 그것이다.[25] 여기서 '주체-객체 인식구조'란 인식주체와 인식객체가 서로 분리되어 있음을 전제로 하는 인식구조를 말한다. 이러한 인식구조에서 인식주체는 그 대상인 인식객체를 '인식'하거나 '발견'한다. 나아가 '객관적 인식'이란 실체로서 존재하는 인식대상을 인식주체가 '객관적'으로 발견할 수 있다는 것을 말한다. 또한 실증주의적 인식이란 실체적 진실을 소송절차를 통해 경험적으로 발견하고 검증할 수 있다는 것을 말한다.[26] 마지막으로 의미론적 언어이론이란 실체적 진실을 구성하는 언어적 개념이 그 지시대상을 마치 '그림'처럼 정확하게 반영한다는 것을 말한다. 그러나 이러한 인식론적 기초에 대해서는 다음과 같은 비판을 할 수 있다.[27]

---

24 이에 관해서는 R. Wassermann, *Der soziale Zivilprozess: zur Theorie und Praxis des Zivilprozesses im sozialen Rechtsstaat* (Luchterland, 1978); 남동현, "변론주의의 제한과 수정: §138 ZPO를 중심으로", 『비교사법』 제12권 제1호(2005), 437~470쪽; 이상돈, 『로스쿨을 위한 법학입문』(법문사, 2009), 118쪽 아래 등 참고.
25 이에 대한 상세한 내용은 양천수, 앞의 논문, 132~134쪽 참고.
26 실체진실주의가 실증주의적 법패러다임에 입각하고 있다는 주장으로는 우선 이상돈, 앞의 책, 372~374쪽.
27 아래에서 전개하는 논증은 기본적으로 양천수, 앞의 논문, 134~137쪽 참고.

2) 주체–객체 인식구조에 대한 비판

먼저 주체–객체 인식구조에 대해서는 다음과 같이 비판할 수 있다. 주체–객체 인식구조는 주체와 객체가 인식과정에서 서로 독립되어 있음을 전제로 한다. 그러나 독일의 철학자 하이데거(M. Heidegger)가 기초를 마련하고,[28] 그의 제자 가다머(H.–G. Gadamer)가 집대성한 '철학적–존재론적 해석학'(philosophisch–ontologische Hermeneutik)에 따르면, 우리가 그 무엇인가를 이해하는 과정에서 인식주체와 인식객체는 서로 분리될 수 없다.[29] 오히려 무엇을 이해하거나 인식하는 과정에서 주체와 객체는 서로 융합된다. 그러면 왜 이해 과정에서 인식주체와 인식객체는 서로 분리될 수 없는 것일까? 그 이유는 바로 철학적 해석학이 강조하는 '선이해' 개념에서 찾을 수 있다.

철학적 해석학에 따르면, 우리는 완전히 '백지상태'에서 일정한 대상을 이해하거나 인식하지 않는다. 대신 우리는 일정한 이해 조건을 통해 그 대상을 바라보고 이해한다. 이때 이러한 이해 조건을 철학적 해석학에서는 선이해라고 말한다. 철학적 해석학에 따르면, 우리는 이러한 선이해에 힘입어 비로소 그 대상을 인식하고 이해할 수 있다. 그런데 이러한 선이해는 인식객체와 관련을 맺는 것이 아니라 인식주체와 관련을 맺는 주체적인 것이다. 그러므로 선이해를 통해 이해가 진행된다는 것은 선이해를 매개로 하여 인식주체와 인식객체가 서로 만난다는 것을 시사한다. 어떤 대상이나 역사적 사실 또는 그 사실이 담긴 텍스트를 이해한다는 것은 바로 주체가 지닌 선이해가 개입해서 이루어지는 '주체–객체 상호융합과정'이라는 것이다. 그러므로 이해 과정을 이렇게 파악하는 철학적 해석학에 따를 때 주체와 객체의 분리를 전제로 하는 주체–객체 인식구조는 타당할 수 없다. 다소 극단적으로 말하면, 주체–객체 인식구조는 실제 형사소송에서 법관의 선이해가 개입하고 있음을 가리기 위한 은폐전략에 불과하다.

---

[28] 하이데거가 제시한 '존재론적 이해' 개념과 철학적 해석학의 단서에 관해서는 M. Heidegger, *Sein und Zeit* (Tübingen, 1953), 143쪽 아래.

[29] H.–G. Gadamer, *Wahrheit und Methode* (Tübingen, 1975), 250쪽 아래.

3) 객관적 인식에 대한 비판

철학적 해석학에 의할 때 주체–객체 인식구조가 더 이상 유지되기 어려운 것처럼, 객관적·실증주의적 인식도 지탱하기 어렵다. 우선 객관적 인식을 본다. 객관적 인식은 인식주체의 주관이 인식과정에 개입하지 않을 것을 전제로 한다. 하지만 이러한 전제는 이미 주체–객체 인식구조에 대한 비판에서 확인한 것처럼 더 이상 유지할 수 없다. 이는 특히 소송절차에서 이루어지는 사실인정 과정과 같이 현재 고정되어 있는 대상을 관찰하는 것이 아니라, 이미 지나가 버린 역사적 사실을 다시 구성하는 과정에서 두드러진다. 그 이유를 다음과 같이 말할 수 있다. 사실인정 과정처럼 이미 지나가 버린 역사적 사실을 다시 재현하는 과정은 인식주체인 인간이 지닌 기억력의 한계 및 실제 소송제도 안에서 나타날 수밖에 없는 인적·물적·시간적 자원의 한계로 인해 완전하게 성취될 수 없다.[30] 그 때문에 사실인정 과정에서 법관의 선이해가 개입할 여지는 더욱 넓어진다. 법관이 지닌 선이해에 따라 사실을 확인하고 인정하는 데 필요한 정보가 선별되고, 이렇게 선별된 정보를 통해 사실이 구성될 우려가 높아지는 것이다. 바로 이와 같은 이유에서 사실인정 과정에서 객관적 인식을 실현하기는 쉽지 않다.

4) 실증주의적 인식에 대한 비판

다음 실증주의적 인식을 본다. 실증주의적 인식은 일정한 진리주장이 그 지시대상을 그대로 반영할 수 있고, 그 지시대상은 현실에 실재하기 때문에 이와 같은 반영관계를 과학적으로 검증할 수 있다는 전제를 깔고 있다. 그러나 이러한 전제 역시 유지하기 어렵다. 그 이유를 다음과 같이 제시할 수 있다. 일정한 진리주장이 지시대상을 그대로 반영할 수 있으려면, 진리주장을 구성하는 언어가 그 대상과 '일대일'로 대응할 수 있어야 한다. 그런데 현대 구조주의 언어학,[31] 또는 비트겐슈타인(L. Wittgenstein)의 후기이론에 따르면,[32] 언어는 그 대

---

30 이에 관해서는 이상돈, 『형사소송원론』(법문사, 1998), 14쪽.
31 페르디낭 드 소쉬르, 최승언 (역), 『일반언어학 강의』(민음사, 1991), 83쪽 아래.
32 유스투스 하르트낙, "비트겐슈타인과 현대철학", 엄정식 (편역), 『비트겐슈타인과 분석철학』(서광사, 1990), 109쪽 아래; 이상돈, 『법이론』(박영사, 1996), 173쪽 아래.

상과 일대일로 대응함으로써 의미를 부여받지 않는다.[33] 오히려 언어의 의미는 언어기호와 언어기호 사이의 '차이'에 따라 또는 언어기호의 '사용규칙'에 따라 부여된다. 이러한 주장을 수용하면, 실증주의적 인식론이 견지하는 이른바 '그림이론'(Bildtheorie)은 더 이상 유지하기 어렵다. 그러므로 그림이론과 동일한 인식론에 터 잡고 있는 실증주의적 인식 역시 더 이상 유지하기 어렵다. 더군다나 이미 지나가 버린 역사적 사실을 지금 여기서 진행되는 소송절차에서 재구성할 때, 이러한 재구성 작업이 과연 진리성을 담보하는지를 과학적으로 검증할 수 있는 방법 역시 찾기 어렵다는 점에서도 실증주의적 인식은 더 이상 견지하기 어렵다.

5) 의미론적 언어이론에 대한 비판

마지막으로 의미론적 언어이론에 대해서는 다음과 같이 비판할 수 있다. 의미론적 언어이론은 모든 언어에 일정한 '의미의 폭'이 있음을 인정한다. 이를 언어의 '외연'이라고도 한다. 그러면서 의미론적 언어이론은, 모든 언어는 각자 고유한 의미의 폭을 갖고 있기에 언어사용자는 이러한 의미의 폭을 분석하고 인식함으로써 언어의 의미를 파악할 수 있다고 말한다. 예를 들어 검사가 피고인 A는 언제 어디서 무엇 때문에 피해자 B를 살해했다는 주장을 한다고 할 때, 의미론적 언어이론에 따르면 이러한 주장 각각을 구성하는 언어는 모두 고유한 의미의 폭을 지니고 있기에 법관은 그 의미의 폭만 분석하고 인식하는 것만으로도 검사가 행한 주장이 사실인지 여부를 판단할 수 있다는 것이다. 하지만 이러한 주장은 타당하지 않다. 예를 들어 우리가 일상적으로 '타인을 때린다.'는 의미로 새기는 '폭행' 개념도 형법학에서는 네 가지 범주로 나누어 파악한다는 점을 상기할 필요가 있다. 또한 개정되기 이전의 형법상 강간죄에서 대상으로 규정하였던 '부녀' 개념도, 특수폭행죄에서 규정하는 '위험한 물건' 개념도 일상적으로는 의미의 폭이 명확해 보이지만 실상은 모두 의미의 폭이 명확하지만은 않다.[34] 심지어 배아복제와 관련해 보면, '사람'이라는 아주 자명해 보이는 개념

---

[33] 이를 독일의 사회철학자 하버마스(J. Habermas)는 "언어행위 안에서 나타나는 사실성과 타당성의 긴장관계"라고 말한다. J. Habermas, *Faktizität und Geltung* (Frankfurt/M., 1992), 15쪽 아래.
[34] 이에 대한 분석으로는 양천수, "삼단논법적 법률해석론 비판: 대법원 판례를 예로 하여", 『영남법

도 반드시 명확한 것만은 아니라는 점을 확인할 수 있다.[35] 이처럼 법적 개념을 구성하는 상당수의 언어들은 일상적으로 볼 때는 그 의미의 폭이 명확해 보이는 것 같지만, 좀 더 면밀하게 분석해 보면 결코 그렇지만은 않다는 점을 곳곳에서 발견할 수 있다. 또한 같은 언어적 주장이라 할지라도 그 주장을 하는 화자와 그 주장을 듣는 청자가 어떤 상황에 처해 있는가에 따라 그 의미가 달라질 수 있다는 화용론적 언어이론의 성과에 비추어 볼 때도 의미의 폭이 명확하게 고정되어 있다고 보는 의미론적 언어이론의 타당성을 인정하기 쉽지 않다.[36]

(2) 직권주의에 대한 실천적 비판

위 Ⅳ. 3. (1)에서 우리는 실체적 진실 개념이 인식론적 측면에서 문제가 있다는 점을 지적하였다. 이 뿐만 아니라 실체적 진실을 제도적으로 가능케 하는 직권주의에 대해서는 다음과 같은 실천적 비판을 가할 수 있다. 직권주의는 소송에 대한 주도권을 국가에 부여함으로써 현실적으로 직권주의에 의해 운용되는 소송절차가 국가에 의해 왜곡될 가능성이 없지 않다는 것이다. '고문'마저 합법적인 수사절차로 인정했던 서구 중세시대의 '규문주의'(Inquisitionsprinzip)가 역사적으로 이를 예증한다.[37] 만약 국가를 대변하는 법원이 검사와 피고인 모두에 대해 중립적인 거리를 유지하면서 '참여적 관찰자'의 위치에서 실체적 진실 발견에 참여할 수 있다면, 직권주의는 실체적 진실을 발견하는 데 성공적으로 기여할 수 있을 것이다. 그러나 만약 국가가 실체적 진실 발견에 너무 혈안이 되어 소송절차에 참여하는 경우나, 국가를 대변하는 법원과 검사가 모두 국가적 이익이라는 이름 아래 타협하거나 혼용되어 소송절차를 진행하는 경우에는 직권주의는 자칫 피고인에게 '레비아탄'의 악몽과도 같을 수 있다. 바로 이와 같은 이유에서 직권주의에 터 잡고 있는 실체적 진실 개념도 형식적 진실을 대체

학』제28호(2009. 4), 1~27쪽 및 이 책 제20장 참고.

35 이에 관해서는 C. Geyer (Hrsg.), *Biopolitik: Die Positionen* (Frankfurt/M., 2001) 참고.

36 예를 들어 "사람을 쳐다본다."는 언명은 이 언명을 어떤 상황에서 말하고 듣는가에 따라 각기 다른 의미로 받아들일 수 있다. 화용론에 관해서는 J. Habermas, "Was heißt Universalpragmatik?", in: ders., *Vorstudien und Ergänzungen zur Theorie des kommunikativen Handelns* (Frankfurt/M., 1995), 353쪽 아래.

37 이에 관해서는 L. Schulz, *Normiertes Misstrauen* (Frankfurt/M., 2001), 23쪽 아래.

할 수 있는 적절한 대안이 될 수는 없다.

V. 민사소송에서 지향해야 할 진실 개념

1. 문제제기

이상에서 본 것처럼 종전의 민사소송이 전제로 하는 형식적 진실 개념은 실천적 측면에서 문제점을 안고 있다. 당사자주의가 본래 추구하고자 했던 자유주의적 기획은 현실적으로 난점에 부딪힌다. 그렇다면 우리의 민사소송 역시 가령 중국의 민사소송이 그런 것처럼 직권주의를 채택하여 실체적 진실 개념을 추구하는 방향으로 선회해야 하는가? 그러나 위 Ⅳ. 3.에서 상세하게 논증한 것처럼, 실체적 진실 개념 역시 이론적·실천적인 측면에서 문제점을 안고 있다. 실체적 진실 개념은 형식적 진실 개념에 대한 적절한 대안이 될 수 없다고 생각한다. 그렇다면 민사소송이 지향해야 할 진실 개념은 어떤 진실 개념이 되어야 하는가? 이에 대해 필자는 '절차주의적 진실'(prozedurale Wahrheit) 개념을 대안으로 제안하고자 한다.[38]

2. 소송상 진실확정 과정이 지닌 특징

그러면 과연 어떤 이유에서 형식적 진실과 실체적 진실을 넘어서는 새로운 진실 개념이 필요할까? 그 이유를 소송상 진실확정 과정이 지닌 특징, 다시 말해 사실확정 과정이 지닌 특징에서 찾을 수 있다. 소송절차를 통해 이루어지는 사실확정 과정은 법적 분쟁에서 전제가 되는 사실을 확정하는 것을 목표로 삼는다. 그런데 실제 분쟁해결 과정에서 대상이 되는 사실은 이미 과거 속으로 흘러가 버린 '역사적 사실'이라는 특징을 갖는다. 이로 인해 소송이 진행되는 '지금'과 법적 분쟁의 대상이 되는 '역사적 사실' 사이에는 언제나 '시간적 간격'이

---

38 '절차주의적 진실'은 특히 독일에서 전개된 '절차주의'(Prozeduralismus)에 바탕을 둔 진실 개념이다. '절차주의'에 관해서는 Arth. Kaufmann, *Rechtsphilosophie*, 2. Aufl. (München, 1997), 264쪽 아래; G.-P. Calliess, *Prozedurales Recht* (Baden-Baden, 1998); 이상돈·홍성수, 『법사회학』(박영사, 2000) 등 참고.

존재할 수밖에 없다. 더군다나 분쟁해결 과정에서 문제가 되는 사실은 인간 및 인간 행위를 둘러싼 규범적 판단과 관련을 맺는 사실이라는 점에서 규칙적으로 되풀이되는 자연현상과는 달리 우연적이고 일회적인 성격이 강하다.[39] 이 때문에 이미 과거 사건이 되어버린 '사실'을 소송이 진행되는 '지금 여기서' 정확하게 복원하는 것은 어려울 수밖에 없다. 재판 대상이 되는 사실이 지닌 특성 때문에 과거에 발생한 '실제 사실'과 현재의 '소송상 사실'을 얼마나 일치시킬 수 있는가 하는 '인식론적 문제'가 등장할 수밖에 없는 것이다. 따라서 소송절차에 참여하는 관련자들은 그들이 제시하는 주장이 실제로 존재했던 '역사적 사실'과 가능한 한 일치되도록 해야 하는 임무를 짊어질 수밖에 없다. 그런데 이렇게 '실제의 역사적 사실'과 소송절차를 통해 확정되는 '소송상 사실'을 서로 일치시키는 작업은 결국 소송절차 그 자체를 통해서만 실현할 수밖에 없다. 소송절차에 의하지 않고서는 법적 분쟁에서 전제가 되는 '사실'을 확정할 수 없다. 바로 이러한 근거에서 사실관계를 확정하는 소송절차 자체가 절차적인 측면에서 합리적으로 작동할 수 있어야 한다. 다시 말해 사실관계를 확정하는 과정인 소송절차가 '절차주의적 합리성'(prozedurale Rationalität)에 따라 제도화되고 운용되어야 한다.

그러면 여기서 말하는 '절차주의적 합리성'이란 무엇인가? 소송절차가 '절차주의적 합리성'에 따라 제도화되고 운용된다는 것은 무엇을 뜻하는가? 이를 통해 소송절차가 추구해야 하는 '절차주의적 진실'이란 구체적으로 무엇인가? 이 문제들을 해명하려면 독일의 사회철학자 하버마스(J. Habermas)가 정립한 '진리합의이론'(Konsenstheorie der Wahrheit)과 '합리적 대화이론'(Theorie des rationalen Diskurses)을 살펴볼 필요가 있다.[40]

---

[39] 바로 이러한 점에서 자연현상을 대상으로 하는 자연과학과 인간 행위를 대상으로 하는 정신과학이 방법론적으로 구별되기도 한다. 이에 관해서는 우선 하인리히 리케르트, 이상엽 (옮김), 『문화과학과 자연과학』(책세상, 2004) 참고.

[40] 하버마스의 진리합의이론에 관해서는 우선 J. Habermas, "Wahrheitstheorien", ders., *Vorstudien und Ergänzungen zur Theorie des kommunikativen Handelns* (Frankfurt/M., 1995), 127쪽 아래. 이를 번역한 변종필 (역), "하버마스의 진리이론", 『안암법학』 제3집(1995), 29쪽 아래; 변종필, 앞의 논문, 115쪽 아래; 이상돈, 앞의 책, 265쪽 등 참고. 또한 하버마스가 제시한 진리합의이론의 바탕이 되는 의사소통행위 이론 전반에 관해서는 홍윤기, "하버마스의 언어철학: 보편화용론의 구상에 이르는 언어철학적 사고과정의 변천을 중심으로", 장춘익 (편), 『하버마스의 사상』(나남

3. 이론적 기초

(1) 진리합의이론

하버마스가 제시한 진리합의이론은 절차주의적 진실 개념을 주장하는 가장 대표적인 이론이라고 말할 수 있다. 진리합의이론은 진리주장을 구성하는 언어기호가 대상을 그대로 반영할 수 없다는 점에서 출발한다. 진리합의이론에 따르면, 언어행위와 그 지시대상은 서로 단절된다는 것이다. 이를 하버마스는 "언어행위에서 나타나는 사실성과 타당성의 긴장관계"라고 말한다. 그 때문에 하버마스는 진리주장의 진리성을 대상에 대한 반영관계를 통해서가 아닌 다른 방법으로 획득하려 한다. 진리대응이론이 아닌 다른 진리이론을 모색하는 것이다. 그래서 고안한 것이 바로 '합의'를 핵심요건으로 삼는 '합의이론'이다. 합의이론에 따르면 진리주장의 진리성은 진리주장자와 그 상대방의 합의를 통해 획득할 수 있다. 바꿔 말해 일정한 주체가 진리주장을 하고 이러한 진리주장에 상대방이 동의할 때 그 진리주장은 진리로 인정된다.

그런데 여기서 주의해야 할 점은 무조건 합의가 이루어진다고 해서 그 어떤 주장이라도 진리로 인정되는 것은 아니라는 점이다. 특정한 진리주장에 진리성을 인정하려면, 합의 이외에도 다른 요건이 필요하다. '이상적 대화상황' (ideale Sprechsituation)과 '합리적 대화'(rationaler Diskurs)가 바로 그것이다. 여기서 '이상적 대화상황'이란 대화자가 일체의 권력이나 자본의 압력을 받지 않으면서 자유롭게 논의 주제를 설정하고 이에 대해 마음껏 의견을 제시할 수 있는 상황을 말한다. 그리고 '합리적 대화'란 대화자 상호 간이 이상적 대화상황 안에서 대화규칙을 준수하면서 논증적인 대화를 하는 것을 말한다.[41] 바로 이런 요건을 갖춘 상태에서 합의가 이루어졌을 때 비로소 그 합의된 내용에 진리성을 인정할 수 있는 것이다. 이렇게 보면 이상적 대화상황은 진리로 인정되는 데 필요한 상황적 조건을 말하고, 합리적 대화란 진리를 생산하는 과정을 뜻하며, 합의된 결과란 이러한 과정을 통해 획득한 진리라고 말할 수 있다. 이를 다음과

출판, 1996), 65쪽 아래.

41 '이상적 대화상황'에 관해서는 J. Habermas, 위의 책, 177~178쪽. '합리적 대화'에 관해서는 J. Habermas, *Faktizität und Geltung* (Frankfurt/M., 1992), 138~139쪽 참고.

같이 도식화할 수 있다.

≪도식-2≫ 진리합의이론에서 본 진리생산구조

이상적 대화상황 + 합리적 대화 ⇒ 합의 = 진리

(2) 절차주의적 합리성

위에서 살펴본 것처럼, 진리합의이론에 따르면 일정한 진리주장이 진리로 인정받기 위해서는 이 진리주장에 합의하는 것만이 중요한 것이 아니라, 어떤 절차적 과정을 통해 이러한 합의에 도달하였는지가 중요하다. 바로 이러한 근거에서 하버마스는 이상적 대화상황과 합리적 대화를 강조한다. 여기서 강조하는 바를 다시 한 번 핵심적으로 요약해서 말하면, 바로 진리를 논의하는 과정에 모든 관련자들이 자유롭고 평등하게 참여할 수 있도록 하는 것이다. 이처럼 하버마스의 진리합의이론에서는 결과가 아니라 과정 그 자체가 더욱 중요한 비중을 차지하는데, 바로 여기서 '절차주의적 합리성'이 무엇인지 추론할 수 있다.[42] 절차주의적 합리성이란 결과의 합리성을 문제 삼는 것이 아니라, 이러한 결과를 이끌어내는 과정의 합리성을 문제 삼는 것이다. 이에 따르면 절차나 과정 자체가 합리적 대화에 가깝게 제도화되고 작동할 때 절차주의적 합리성을 인정할 수 있다. 사실이 그렇다면, 소송절차를 절차주의적 합리성에 가깝게 제도화하고 운용한다는 것은 소송절차가 가능한 한 합리적 대화가 실현될 수 있는 공간이자 과정으로 제도화하고 운용해야 한다는 뜻으로 새길 수 있다.

(3) 절차주의적 진실 개념

위에서 살펴본 진리합의이론 및 절차주의적 합리성에서 우리는 절차주의적 진실이 무엇인지 추론할 수 있다. 필자가 민사소송이 추구해야 하는 진실 개념으로 설정한 절차주의적 진실이란 합리적 대화가 최대한 가능하도록 제도화되고 운용되는 소송절차를 통해 합의된 진실이라고 정의할 수 있다.

---

[42] 이에 관해서는 K. Eder, "Prozedurale Rationalität. Moderne Rechtsentwicklung jenseits von formaler Rationalisierung", in: *Zeitschrift für Rechtssoziologie* (1986), 22쪽 아래.

다만 이때 한 가지 짚고 넘어가야 할 문제가 있다. 위에서 정의한 절차주의적 진실 개념은 어찌 보면 형식적 진실 개념과 꽤 유사한 점을 지닌다. 만약 그렇다면 양자는 거의 동일한 개념인가? 과연 어디에서 절차주의적 진실 개념의 이론적 독자성을 찾을 수 있을까? 이에 대해 다음과 같이 답변할 수 있다. 형식적 진실 개념과 절차주의적 진실 개념은 모두 소송절차를 통해 확정되는 진실이라는 점에서 공통점을 띤다. 그렇지만 형식적 진실 개념이 당사자에 의해 주도되는, 그래서 많은 경우 합리적 대화와는 거리가 먼 전략적 행위가 지배하는 소송절차를 통해 확정되는 진실이라면, 절차주의적 진실 개념은 합리적 대화에 가깝게 진행되는 소송절차를 통해 확정되는 진실이라는 점에서 양자는 차이가 있다. 결국 절차주의적 진실 개념은 다음과 같이 개념화할 수 있다.

≪명제-3≫ 절차주의적 진실

절차주의적 진실이란 합리적 대화에 최대한 가깝게 진행되는 소송절차를 통해 확정된 진실을 말한다.

---

4. 절차주의적 진실 개념의 도입 가능성

그런데 문제는 이러한 절차주의적 진실 개념은 본래 철학 영역에서 등장한 개념이라는 점이다. 철학적 개념을 소송법학에서 사용할 수 있을까? 달리 말해 절차주의적 진실 개념을 민사소송의 진실 개념으로 도입하는 것이 가능할까? 그러나 이는 그리 큰 문제가 되지는 않는다고 생각한다. 왜냐하면 비록 형사소송 영역이기는 하지만, 절차주의적 진실 개념이 추구하는 바를 소송에서 실현하고자 하는 이론적 구상이 이미 존재하기 때문이다. 독일의 형사법학자이자 전 연방헌법재판소 부소장을 역임한 하쎄머(W. Hassemer) 교수가 제시한 '장면적 이해'(szenisches Verstehen) 구상과 이를 국내에 수용하여 발전시킨 이상돈 교수의 '마당적 이해' 구상이 그것이다.

(1) 장면적 이해

우선 장면적 이해부터 살펴본다.[43] 하쎄머 교수에 따르면, 형사소송절차에서 사실을 인정하는 과정은 실체적인 대상을 인식하는 행위가 아니다. 뿐만 아니라 텍스트를 이해하는 행위와도 차이가 있다. 사실인정 행위는 이미 지나가 버린 역사적 사실을 재구성하는 행위이다. 그리고 이는 원칙적으로 문자가 아닌 살아있는 말로써 진행된다(구술변론). 그래서 사실인정과정에서는 검사와 피고인이 주장하는 진술의 언어적 의미뿐만 아니라 진술이 이루어진 상황도 중요한 역할을 담당한다. 요컨대 형사소송에서 사실을 인정하는 과정은 검사·피고인의 언어적 진술뿐만 아니라 전체 상황, 달리 말해 범죄가 저질러진 '장면'을 전체적으로 이해함으로써만 달성할 수 있다는 것이다. 바로 이 때문에 사실을 인정하는 과정에서는 '장면'을 전체적으로 이해하는 것을 목표로 하는 장면적 이해가 그 무엇보다 중요한 역할을 수행한다고 말한다. 이와 같은 장면적 이해 구상은 언어적 주장뿐만 아니라 비언어적인 요소 역시 형사소송상 사실을 확정하는 데 사용한다는 점에서 하버마스의 진리합의이론과 차이가 있다. 그렇지만 소송상 사실을 실체적인 대상으로 파악하지 않고 소송을 통해 구성되는 산물로 파악한다는 점에서 진리합의이론과 공통점을 지닌다.

(2) 마당적 이해

마당적 이해는 이상돈 교수가 하쎄머 교수의 장면적 이해를 수용하여 발전시킨 구상이다.[44] 구체적으로 말하면, 하쎄머 교수의 장면적 이해와 동양철학자 김용옥 교수의 '마당극 개념'을 결합시켜 발전시킨 구상이 바로 마당적 이해이다.[45] 마당적 이해 구상에는 크게 세 가지 이론들이 기초로 작용한다. 첫째는 해석학이고, 둘째는 진리합의이론이며, 셋째는 마당극 이론이다. 첫째, 마당적

---

43 W. Hassemer, *Einführung in die Grundlagen des Strafrechts*, 2. Aufl. (München, 1990), 123~124쪽. 한편 '장면적 이해'는 독일어 'szenisches Verstehen'을 이상돈 교수가 번역한 용어인데, 이를 '상황적 이해'로 번역하는 경우도 있다. 울프리드 노이만, 윤재왕 (역), "1945년 이후 독일의 법철학", 『현대 법철학의 흐름』(법문사, 1996), 459쪽.
44 이에 관해서는 이상돈, 『기초법학』(법문사, 2008), 425쪽 아래 참고.
45 '마당극 개념'에 관해서는 김용옥, 『아름다움과 추함』(통나무, 1990) 참고.

이해는 해석학의 관점을 수용하여, 소송절차에서 사실을 확정하는 과정은 소송절차를 주관하는 법관이 지닌 선이해의 영향을 받는다는 점을 인정한다. 둘째, 마당적 이해는 진리합의이론을 수용하여, 소송절차에서 진행되는 사실확정 과정은 '실체'로서 존재하는 사실을 발견하는 것이 아니라 소송절차를 통해 합의해 가는 것이라고 파악한다. 셋째, 마당적 이해는 마당극 이론을 수용하여, 소송절차를 소송당사자들과 그 밖의 관련자들이 배우와 관객으로 함께 참여하는 '마당'으로 이해한다. 이에 따라 마당적 이해는 소송절차에 모든 관련자들이 자유롭고 평등하게 참여할 수 있을 것을 요청한다.[46]

(3) 중간결론

이상의 논의를 통해 보면, 소송절차에서 하버마스가 주장한 진리합의이론을 수용하는 것이 전혀 불가능한 것은 아님을 확인할 수 있다. 형사소송 영역에서 장면적 이해나 마당적 이해가 가능한 것이라면, 민사소송 영역에서도 이와 비슷한 시도를 할 수 있다고 생각한다.

5. 민사소송에서 지향해야 할 진실 개념

(1) 민사소송의 진실 개념으로서 절차주의적 진실

위 V. 4.에서 전개한 논의에 비추어 볼 때, 민사소송에서도 절차주의적 합리성을 추구하는 것이 가능하다고 말할 수 있다. 민사소송을 합리적 대화에 가깝게 진행시키는 것이 이론적으로 불가능하지만은 않은 것이다. 형사소송에서 장면적 이해나 마당적 이해를 실현할 수 있는 것처럼, 민사소송에서도 절차주의적 합리성에 따라 진실을 추구할 수 있다고 생각한다. 사실이 그렇다면, 민사소송에서 추구해야 하는 진실은 형식적 진실도, 그렇다고 실체적 진실도 아닌 절차주의적 진실이 되어야 한다고 말할 수 있다.

---

46 이상돈 교수는 이와 같은 성격을 다 함께 고려하여 마당적 이해의 특징을 다음과 같이 정리한다. "이해대상의 유동성과 휘발성", "상호작용의존성", "상호작용의 무정형성", "정보의 선별적 지각과 선이해의 개입", "성공의 불확실성", "스토리텔링"이 그것이다. 이상돈, 앞의 책, 427~431쪽 참고.

(2) 절차주의적 진실 추구의 제도적 가능성

그런데 필자는 민사소송에서 이러한 절차주의적 진실을 단지 이론적으로만 추구할 수 있는 것이 아니라 제도적으로도 어느 정도 실현할 수 있다고 생각한다. 이는 우리 민사소송법이 당사자주의의 하부 원칙인 변론주의를 제도적으로 부분적으로 제한하고 있다는 점에서 확인할 수 있다. 가령 민사소송법은 석명권과 지적의무를 규정하여 법원이 당사자에 의해 주도되는 진실발견 과정에 개입할 수 있도록 한다(민사소송법 제136조 제1항 및 제4항).[47] 이는 민사소송 절차를 합리적 대화에 가깝게 제도화하는 데 핵심적인 역할을 수행할 수 있는데, 이와 같은 맥락에서 석명권과 지적의무에 대응하는 권리 개념으로 '법적 청문청구권'을 주장하는 견해가 제시되기도 한다.[48] 이외에도 비록 민사소송법이 명문규정을 두고 있지는 않지만 지배적인 견해는 독일 민사소송법(ZPO) 제138조처럼 '진실의무'(Wahrheitspflicht)를 인정한다.[49] 이에 따르면 소송의 당사자들은 자신에게 유리한지 여부와 상관없이 민사소송에서 진실을 발견하는 데 협력해야 한다. 이를 통해 변론주의는 어느 정도 수정된다. 뿐만 아니라 민사소송법은 증거조사 영역에서 직권에 의한 증거조사를 인정한다(민사소송법 제292조).[50] 이에 따르면 "법원은 당사자가 신청한 증거에 의하여 심증을 얻을 수 없거나, 그 밖에 필요하다고 인정한 때에는 직권으로 증거조사를 할 수 있다." 이러한 직권증거조사 역시 제한적이나마 민사소송이 절차주의적 진실을 추구하는 데 기여할 수 있다. 마지막으로 지난 2002년에 전면 개정된 신 민사소송법에서 대폭 강화한 '변론준비절차'도 민사소송을 합리적 대화에 가깝게 진행시켜 절차주의적 진실을 추구하는 데 큰 기여를 할 수 있다.[51]

---

[47] 이에 관해서는 이시윤, 앞의 책, 295~304쪽; 정동윤·유병현,『신민사소송법』제3판 보정판(법문사, 2009), 322~335쪽; 장석조, "법원의 법적 관점 표명의무",『민사소송법의 제문제』(삼영사, 1992), 99쪽 아래 등 참고.

[48] 장석조, "민사소송상 법적 청문청구권",『채권법에 있어서 자유와 책임: 김형배 교수 화갑기념 논문집』(박영사, 1994), 728쪽 아래.

[49] 이시윤, 앞의 책, 291~292쪽; 정동윤·유병현, 앞의 책, 321~322쪽.

[50] 이에 관한 상세한 내용은 이시윤, 앞의 책, 428~429쪽; 정동윤·유병현, 앞의 책, 351~357쪽.

[51] 이에 관해서는 우선 강현중, "개정민사소송법에서의 변론준비절차",『법학논총』(국민대) 제16집(2004), 39~57쪽. 미국의 변론준비절차에 관해서는 강태원, "미국 민사소송에서 변론준비절차를 충실화하기 위한 방안",『민사소송』제13권 제1호(2009), 576~596쪽. 독일의 변론준비절차에 관

VI. 원칙적 당사자주의에서 대화적 당사자주의로

지금까지 민사소송은 어떤 진실 개념을 추구해야 하는지, 과연 어떤 근거에서 절차주의적 진실 개념을 추구해야 하는지, 절차주의적 진실 개념이란 무엇인지에 관해 법철학의 관점을 원용하여 살펴보았다. 마지막으로 이러한 절차주의적 진실을 현행 민사소송제도에서 실현할 수 있는지에 대해서도 검토해 보았다. 다만 절차주의적 진실 개념을 현행 민사소송제도에서 실현할 수 있는지 여부는 좀 더 본격적으로 다루어야 할 문제인데, 여기서는 여러 사정으로 간략하게 개관하는 데 그치고 말았다. 한편 이 책에서 필자는 절차주의적 진실 개념을 현행 민사소송에서 제도적으로 실현할 수 있는지에 관해 긍정적인 대답을 하였는데, 사실 현실적인 측면에서 보면 현행 민사소송제도 아래에서 절차주의적 진실 개념을 완전하게 추구하는 데는 여전히 한계가 있을 수밖에 없다. 예를 들어 제도적인 측면에서 절차주의적 진실을 추구하는 데 결정적인 기여를 할 수 있는 법적 청문청구권이나 미국 민사소송이 인정하는 증거개시(discovery)도 여전히 제도화되지는 않았다. 그러므로 민사소송이 절차주의적 진실을 지금보다 더욱 이상적으로 추구할 수 있으려면, 당사자주의에 기반을 두는 현행 민사소송제도를 '대화적 구조'로 더욱 재편해야 할 필요가 있다. 현행의 '원칙적 당사자주의'에서 이른바 '대화적 당사주의'로 이행할 수 있도록 민사소송을 제도적으로 재편해야 한다. 이런 점에서 볼 때 지난 2002년 민사소송법이 전면적으로 개정된 이래, 변론준비절차를 강화하여 민사소송에서 집중심리주의를 실현하고자 하는 학계와 법원의 움직임은 긍정적으로 평가할 수 있다.[52]

해서는 오정후, "독일 민사소송법의 변론준비절차", 『법학논총』(한양대) 제24집 제2호(2007), 541~557쪽 등 참고.
[52] '집중심리주의'에 관해서는 이시윤, 앞의 책, 311~315쪽; 정동윤·유병현, 앞의 책, 297~299쪽.

삼단논법과 법학방법

제6장
법학방법론과 민사소송의 소장

Ⅰ. 서론

우리 민사소송은 원고가 소를 제기함으로써 시작된다. 소제기는 원고가 법원에 '소장'을 제출함으로써 이루어진다(민사소송법 제248조). 이때 소장에는 당사자와 법정대리인, 청구의 취지와 원인을 적어야 한다(민사소송법 제249조 제1항). 여기서 알 수 있듯이 소장은 민사소송이 개시되는 데 중요한 역할을 한다. 따라서 원고를 대리하는 변호사는 소장을 잘 작성해야 한다. 민사소송을 주관하고 판단하는 법관을 잘 설득하여 원고가 원하는 청구를 획득할 수 있도록 소장을 작성해야 한다.

그런데 이러한 소장에 관해 생각해 보아야 할 문제가 있다. 첫째는 소송구조에 관한 문제이다. 우리 민사소송법은 민사소송의 구조에 관해 당사자주의를 채택하고 있다.[1] 이러한 당사자주의는 처분권주의와 변론주의로 구성된다. 당사자주의는 민사소송 전반을 규율한다. 그러면 이러한 당사자주의는 소장에 어떤 영향을 미치는가? 민사소송의 출발점을 소장에서 찾을 수 있다면, 민사소송을 지배하는 당사자주의 역시 소장에 영향을 미칠 것이라고 추측할 수 있다. 그러면 구체적으로 당사자주의는 소장에서 어떻게 구현되는가? 이러한 문제는 그동

---

1 정동윤·유병현·김경욱,『민사소송법』제5판(법문사, 2016), 324쪽.

안 '소송물'과 관련하여 간헐적으로 논의가 이루어지기는 하였지만 정면에서 본
격적으로 이루어지지는 않은 편이다.

한편 법학방법론의 견지에서 볼 때 민사소송 자체는 법적 삼단논법과 밀접
한 관련을 맺는다. 민사소송은 민사분쟁이 발생하였을 때 이를 법적으로 해결
하는 과정, 달리 말해 민사분쟁에 대한 법적 해결을 '절차적으로 정당화'하는 과
정에 해당한다.[2] 이 때문에 민사소송은 법적 분쟁을 해결하는 데 사용되는 가장
대표적인 방법인 법적 삼단논법과 여러모로 관련을 맺게 된다. 이는 민사소송
의 출발점이 되는 소장에서도 찾아볼 수 있다. 특히 소장에 필수적으로 기재해
야 하는 청구취지와 청구원인은 법적 삼단논법과 밀접한 관련을 맺는다.[3] 그러
나 그동안 민사소송의 출발점이 되는 소장을 법적 삼단논법, 더 나아가 법학방
법론의 측면에서 규명한 경우는 많지 않았다.[4]

앞에서 지적하는 부분들은 실천적인 측면에서는 큰 의미가 없을지 모른다.
그렇지만 민사소송이란 무엇인지를 더욱 깊이 있게 이해하는 데 도움이 될 것
이다. 특히 민사소송법학의 이론적 기초를 튼튼히 하는 데 기여할 수 있다고 생
각한다. 이 점에서 제6장에서는 앞에서 제기한 두 가지 문제를 본격적으로 다
루어 보고자 한다.

II. 민사소송의 구조와 소장

1. 당사자주의와 직권주의

소송법학에서는 일반적으로 소송구조로 당사자주의와 직권주의를 언급한
다.[5] 이는 소송의 주도권을 누구에게 부여하는가에 따라 구분된다. 당사자주의

---

2 이러한 '절차적 정당화'에 관해서는 우선 N. Luhmann, *Legitimation durch Verfahren* (Frankfurt/M.,
  1969) 참고.
3 민사소송법 제249조 제1항은 "청구의 취지"와 "청구의 원인"이라는 용어를 사용하지만, 이 책에
  서는 민사소송법학에서 흔히 사용하는 '청구취지' 및 '청구원인'이라는 용어를 사용하고자 한다.
4 소장에 관해서는 실무적으로 어떻게 소장을 작성해야 하는지가 주로 논의된다. 이를 보여주는
  김동근·고정한·최나리, 『소장·보전처분·강제집행 신청서 작성 실무총람』(진원사, 2019) 등 참
  고. 이외에도 '법문서 작성방법'이라는 견지에서 소장 작성 방법이 논의되기도 한다. 이에 관해
  주목할 만한 저서로는 도재형, 『법문서 작성 입문』(이화여자대학교출판문화원, 2018) 참고.
5 이에 관한 논의는 주로 형사소송법학에서 이루어졌다. 이에 관해서는 오병두, "당사자주의와 직

는 소송의 주도권을 원고와 피고와 같은 소송 당사자에게 부여하는 소송구조를 말한다. 이에 대해 직권주의는 소송의 주도권을 당사자가 아닌 국가, 즉 법원에게 부여하는 소송구조를 말한다. 따라서 당사자주의에서 법원은 기본적으로 '관찰자'로서 소송에 소극적으로 관여하지만, 직권주의에서는 '참여자'로서 소송에 적극 관여한다. 법철학의 시각을 원용하면, 당사자주의와 직권주의는 다음과 같이 구별할 수 있다. 당사자주의가 자유주의에 바탕을 둔 소송구조라면, 직권주의는 후견주의에 기반을 둔 소송구조라는 것이다.[6] 따라서 당사자주의에서는 당사자의 자유를 최대한 보장하는 것이 중요한 반면, 직권주의에서는 당사자 사이의 평등과 공정을 국가가 보장하는 것이 중요하다. 그 점에서 당사자주의는 자유를 중시하는 영미법계에서 주로 사용하는 반면, 직권주의는 공정을 중시하는 대륙법계에서 주로 사용한다.[7] 이러한 당사자주의와 직권주의는 우리의 소송법체계에서는 다음과 같이 사용된다. 당사자주의는 사적 자치가 중요한 민사소송에서 사용되는 반면, 직권주의는 실체적 진실이 더욱 강조되는 형사소송에서 주로 사용된다.[8]

2. 민사소송과 당사자주의

(1) 사적 자치와 당사자주의

이처럼 민사소송에서는 소송구조로서 당사자주의가 지배한다. 이는 민사법영역에서 기본원리로 작동하는 '사적 자치'가 민사소송에서 구현된 것으로 이해된다. 민사법영역에서는 사적 자치가 지배함으로써 행위주체의 자유를 최대한 보장한다. 각 행위자는 자신이 자율적으로 선택하고 결정한 것에 대해서만 책

권주의: 2007년 형사소송법 개정 전후시기의 논쟁을 중심으로", 『홍익법학』 제18권 제4호(2017), 253~272쪽 참고.

[6] 후견주의에 관한 최근 연구로는 권지혜, 『형법정책의 토대로서 자유주의적 후견주의에 대한 비판적 고찰: 드워킨(Gerald Dworkin)과 파인버그(Joel Feinberg)의 논의를 중심으로』(고려대 법학박사 학위논문, 2016) 참고.

[7] 이에 관해서는 알빈 에저, 손미숙 (역), "'당사자주의' 대 '직권주의': 최선의 소송구조를 찾아서", 『형사정책연구』 제26권 제4호(2015), 33~57쪽 참고.

[8] 다만 형사소송에서도 최근 당사자주의가 더욱 부각된다. 이를 보여주는 김희균, "형사사법제도의 변천과 인권: 당사자주의의 확립", 『법과 사회』 제34호(2008), 231~252쪽 참고.

임을 질뿐이다.[9] 이러한 사적 자치는 경제학의 측면에서는 다음과 같이 이해된다. 사적 자치는 '시장에 대한 자율적인 참여'로 번역할 수 있는데, 이렇게 시장에 대한 자율적인 참여를 보장하면 시장의 메커니즘에 따라 모든 시장 참여자들의 이익을 극대화할 수 있다는 것이다.[10] 이러한 관점은 당사자주의에도 적용할 수 있다. 이에 따르면 각 당사자에게 소송의 주도권을 보장하는 것이 민사소송에서 진실을 발견하고 이를 통해 법적 분쟁을 해결하는 데 가장 효율적일 수 있다는 것이다.

(2) 형식적 진실과 당사자주의

물론 당사자주의가 민사소송에서 진실을 발견하고 법적 분쟁을 해결하는 데 가장 효율적인 방안이라는 주장은 이상적인 것에 지나지 않을 수 있다.[11] 왜냐하면 당사자주의가 추구하는 목표가 현실적으로 실현되기 위해서는 각 당사자가 실제로 자율적인 존재이면서 서로에 대해 실질적으로 평등한 능력과 권한을 갖춘 주체여야 하기 때문이다. 그러나 현실적으로 보면 각 당사자의 능력에 차이가 있는 경우가 많다. 어느 한 쪽이 더욱 많은 권한 및 능력, 정보를 갖고 있는 경우가 많다. 그 때문에 현실에서 작동하는 당사자주의를 통해 획득한 진실은 '형식적 진실'에 머무는 경우가 많다. 실제로 존재하는 진실을 있는 그대로 반영하지 못하고 각 당사자가 여러 한계로 인해 형식적으로 합의하는 데 그치고 마는 진실에 불과한 것이다. 이러한 점에서 당사자주의가 추구하는 주장, 즉 각 당사자가 자율적으로 소송에 참여하도록 하는 것이 진실을 발견하고 법적 분쟁을 해결하는 데 가장 바람직하다는 주장, 달리 말해 '합리적 대화' 모델을 형식적·제도적으로 소송에서 구현하고자 하는 주장은 '이상'에 불과하다고 말할 수 있다. 바로 이러한 근거에서 당사자주의, 그중에서도 변론주의에 비판이 제기된다.

---

9 이를 법철학의 견지에서 분석하는 칼 라렌츠, 양창수 (역),『정당한 법의 원리』(박영사, 1990) 참고.

10 이러한 주장은 오늘날 신자유주의에서 발견할 수 있다. 신자유주의에 관해서는 이근식,『신자유주의: 하이에크·프리드먼·뷰캐넌』(기파랑, 2009) 참고.

11 이에 관해서는 양천수·우세나, "민사소송에서 바라본 진실 개념: 법철학의 관점을 겸하여",『민사소송』제14권 제2호(2010), 33~65쪽 및 이 책 제5장 참고.

3. 처분권주의와 변론주의

(1) 형식과 실질

세상에 존재하는 거의 모든 사물 현상들은 '형식'과 '실질'이라는 기준으로 구별하여 파악할 수 있다. 쉽게 말해 '형식'이 그릇에 해당한다면, '실질'은 그릇이 담는 내용에 해당한다. 이러한 형식과 실질은 서로 불가분의 관계를 맺는다. 어느 한 쪽이 없다면, 다른 한 쪽은 완전해질 수 없다. 예를 들어 실질을 담지 않은 형식은 공허한 그릇으로 전락할 수 있는 데 반해, 형식을 갖추지 않은 실질은 맹목적이며 균형을 잃고 넘쳐나는 내용이 될 수 있다. 이렇게 사물 현상을 형식과 실질로 구별하는 방식은 이론적으로 볼 때 이미 오랜 전통을 갖고 있다. 이는 아주 멀게는, 이를테면 고대 그리스 철학에서는 '형상'과 '질료'라는 방식으로 구별되어 사용되었다.[12]

이러한 형식과 실질이라는 구별은 민사소송에서도 사용된다. 민사소송은 소송이라는 제도화된 형식, 즉 법적 절차를 이용하여 민사분쟁의 전제가 되는 사실을 파악한 후 이에 관한 민사법 규범을 탐색 및 적용하여 민사분쟁을 해결하는 절차를 말한다. 여기서 민사분쟁을 해결하는 데 중요한 역할을 하는 절차가 사실을 확정하는 절차, 즉 '사실인정' 절차이다.[13] 민사분쟁의 전제가 되는 사실이 확정되어야만 비로소 여기에 어떤 민사법 규범이 적용되어야 하는지, 이는 어떻게 해석 및 적용되어야 하는지가 검토될 수 있기 때문이다. 그런데 이렇게 민사소송에서 사실을 확정하는 과정에서도 형식과 실질이라는 구별이 사용된다. 일단 사실을 확정하기 위해서는 정보가 필요하다. 사실을 구성하는 정보가 법관에게 가능한 한 다양하면서도 많이 제공되어야만 비로소 실제로 존재했던 진실에 상응하는 사실을 인정할 수 있기 때문이다. 하지만 그렇다고 해서 정보가 무작정 많기만 해서는 안 된다. 민사소송에서 사용되는 정보는 민사소송법이 공식적으로 인정하는 형식과 절차를 통해서만 수집되고 제출되어야만

---

12 '질료'와 '형상'에 관해서는 손병석, "아리스토텔레스의 질료·형상설에 대한 심신 가치론적 고찰", 『철학』 제87집(2006), 33~63쪽 참고.

13 실무에서는 '사실인정'이라는 개념을 주로 사용하지만 이 책에서는 '사실확정'이라는 개념을 주로 사용하고자 한다.

하다. 만약 그렇게 하지 않으면 법관이 처리할 수 없을 정도로 많은 정보가 제출될 수 있고, 또 그중에는 진실성이 의심되는 정보가 있을 수 있다.[14] 그렇게 되면 오히려 정보가 진실에 맞게 사실을 확정하는 데 방해가 될 수 있다. 바로 이러한 근거에서 정보라는 실질은 민사소송법이 정한 절차라는 형식에 걸맞게 수집되고 제출되어야 한다. 바로 그 점에서 민사소송에서도 형식과 실질이라는 구별이 적용된다.

(2) 처분권주의와 변론주의

그러면 이러한 형식과 실질이라는 구별은 민사소송에서 구체적으로 어떻게 적용되는가? 이는 민사소송을 지배하는 처분권주의와 변론주의를 통해 구체화된다. 민사소송을 규율하는 '당사자주의'는 '처분권주의'와 '변론주의'로 구성된다.[15] 여기서 '처분권주의'란 소송의 시작과 종료, 소송물의 확정에 관한 처분권한을 당사자에게 부여하는 원리를 말한다. 달리 말해 민사소송을 시작할 것인지 끝낼 것인지, 민사소송에서 무엇을 다룰 것인지를 당사자가 정하도록 하는 원리가 바로 처분권주의인 것이다. 이 점에서 처분권주의는 민사소송의 형식과 연결된다. 민사소송이라는 절차의 시작과 끝 그리고 민사소송에서 다루어야 하는 범위는 바로 소송의 그릇, 즉 형식과 직결되는 문제이기 때문이다.

이에 대해 '변론주의'는 민사소송에서 자신이 신청한 청구를 근거 짓는 데 필요한 정보, 다시 말해 자신의 청구를 변론하는 데 필요한 주장과 증거를 제출해야 하는 의무를 당사자에게 부여하는 원리를 말한다.[16] 이때 법원은 당사자가 주장하고 증명한 정보를 바탕으로 해서만 사실인정을 할 수 있을 뿐이다. 달리 말해 변론주의는 당사자가 처분권주의를 통해 확정한 소송물을 자신에게 유리하게 변론하는 데 필요한 정보제출책임을 당사자에게 부과하는 원리인 것이다. 이 점에서 변론주의는 민사소송의 실질과 관련을 맺는다. 민사소송의 절차 및 소송물이라는 민사소송의 그릇을 내용적으로 채우는 역할을 변론주의가 담당하

---

14 바로 이러한 문제 때문에 형사소송법은 증거능력과 증명력을 구별하면서 위법하게 수집된 증거의 증거능력을 배척한다. 형사소송법 제308조의2 참고.
15 정동윤·유병현·김경욱, 앞의 책, 324쪽; 이시윤, 『신민사소송법』 제12판(박영사, 2018), 317쪽.
16 정동윤·유병현·김경욱, 앞의 책, 333쪽; 이시윤, 위의 책, 326쪽.

기 때문이다.

4. 소장과 당사자주의

(1) 소장의 기재사항

민사소송이 시작되기 위해서는 소장을 작성해 관할 법원에 제출해야 한다 (민사소송법 제248조). 이때 제출되는 소장은 민사소송법이 규정하는 방식에 따라 적법하게 작성되어야 한다. 이에 관해 민사소송법은 소장에 기재해야 하는 사항을 두 가지로 구분한다. '필요적 기재사항'과 '임의적 기재사항'이 그것이다. 필요적 기재사항이란 적법한 소장이 되기 위해서는 반드시 기재해야 하는 사항으로(민사소송법 제249조 제1항), 이를 기재하지 않으면 소장각하명령의 대상이 된다(민사소송법 제254조). 이에 대해 임의적 기재사항이란 소장에 반드시 기재해야 하는 사항은 아닌 것으로(민사소송법 제249조 제2항), 이를 기재하지 않았다고 해서 소장각하명령의 대상이 되지는 않는다.[17]

(2) 청구취지와 청구원인

민사소송법은 필요적 기재사항으로 다음 세 가지를 규정한다. 당사자와 법정대리인, 청구의 취지와 원인이 그것이다. 이는 근대법의 구조적 특징이라 할 수 있는 ≪주체-객체 모델≫을 정확하게 보여준다.[18] 소장에 반드시 기재해야 하는 필요적 기재사항에 ≪주체-객체 모델≫이 반영되고 있는 것이다. 먼저 당사자와 법정대리인은 민사소송에서 주체가 누구인지 보여준다. 소장에 기재되어 표시되는 당사자를 통해 당해 소송에서 원고와 피고가 누구인지 확정된다.[19] 다음으로 청구취지와 청구원인은 소송에서 객체가 무엇인지 규정한다. 청구취지와 청구원인을 통해 민사소송의 객체인 소송물이 획정되는 것이다. 그중에서 민사소송의 구조와 관련하여 중요한 것은 청구취지와 청구원인이므로 이를 아래에서 좀 더 다루도록 한다.

---

17 이시윤, 앞의 책, 267~273쪽 참고.
18 이에 관해서는 양천수, "탈인간중심적 법학의 가능성: 과학기술의 도전에 대한 행정법학의 대응", 『행정법연구』 제46호(2016), 1~24쪽 참고.
19 이는 '표시설'에 따른 것이다. 이시윤, 앞의 책, 267쪽.

1) 청구취지

청구취지란 당사자인 원고가 어떤 종류와 내용의 청구를 구하는지, 바꿔 말해 어떤 종류와 내용의 판결을 요구하는지를 밝히는 신청을 말한다. 청구취지는 소의 결론에 해당한다.[20] 이러한 청구취지는 판결주문에 대응한다. 판결서에서 판결주문이 판결이유보다 앞서는 것처럼, 소장에서도 청구취지가 청구원인에 앞서 기재된다. 그 점에서 우리 민사소송의 소장은 '논증방식'의 측면에서 볼 때 '판결서식'을 채택하고 있다고 말할 수 있다.

2) 청구원인

청구원인이란 말 그대로 풀이하면 청구가 제기된 것에 대한 '원인'(causa)을 말한다. 다만 여기서 말하는 원인은 자연과학의 인과관계에서 언급되는 '결과의 원인'이라기보다는 청구취지라는 규범적 주장을 지지하는 근거 또는 이유를 뜻한다. 요컨대 이때 말하는 원인은 '정당한 근거'(causa justa)로 새길 수 있다. 우리 법체계에서는 이와 유사한 개념을 곳곳에서 발견할 수 있다. 가장 대표적인 경우로 민법 제741조가 규정하는 '법률상 원인'을 들 수 있다.[21] 이는 부당이득에 반대되는 정당한 이득을 가능하게 하는 '정당한 원인'을 뜻한다. 또한 우리 형사소송법학에서 논의되는 '소인'(訴因: count) 개념을 들 수 있다.[22] '소인'은 검사가 제기하는 '공소의 원인'을 뜻하는 것으로 민사소송의 청구원인에 대응한다. 따라서 '소인'은 검사가 공소장에 기재하는 공소사실을 뜻한다. 다만 소인을 형사소송법에 규정하는 미국이나 일본과는 달리, 우리 형사소송법은 소인 개념을 규정하지는 않는다.

민사소송법학에서 청구원인은 두 가지 의미로 사용된다. '넓은 의미의 청구원인'과 '좁은 의미의 청구원인'이 그것이다.[23] 여기서 넓은 의미의 청구원인

---

20 이시윤, 앞의 책, 269쪽.
21 '법률상 원인'에 관해서는 박휘호, "목적부도달로 인한 부당이득반환: '법률상 원인'의 의미를 중심으로", 『비교사법』 제21권 제4호(2014), 1537~1560쪽 참고. 다만 이 논문은 기존의 이해방식과는 달리 '법률상 원인'을 '법적 근거'가 아닌 '목적'으로 이해해야 한다고 주장한다.
22 '소인'에 관해서는 히라라기 토키오, 조균석 (역), 『일본형사소송법』(박영사, 2012), 248쪽 아래; 양천수, "공소사실과 일사부재리의 객관적 효력범위", 『형사소송 이론과 실무』 제11권 제1호(2019), 159~192쪽 참고.
23 정동윤·유병현·김경욱, 앞의 책, 82쪽.

이란 청구의 원인, 즉 청구의 내용이 되는 권리를 가능하게 하는 근거를 말한다. 이때 근거는 사실, 즉 '요건사실'로 구성되기에 청구원인을 "권리의 발생원인사실"이라고 지칭하기도 한다.[24] 이러한 권리의 발생원인사실로서 물권적 청구권, 계약, 불법행위, 부당이득, 이혼사유 등이 언급된다. 이에 대해 좁은 의미의 청구원인이란 청구취지를 보충하여 청구, 즉 소송물을 특정하는 데 필요한 사실관계를 뜻한다.[25] 다시 말해 소송물을 획정하는 데 사용되는 사실이 바로 좁은 의미의 청구원인에 해당한다.[26]

한편 청구원인에 어느 정도의 사실을 기재해야 하는가에 관해 견해가 대립한다. '식별설'과 '이유기재설'이 그것이다.[27] 식별설은 청구원인에는 소송물을 특정하는 데 필요한 정도의 사실만 기재하는 것으로 충분하다고 말한다.[28] 이에 반해 이유기재설은 청구취지를 타당하게 만드는 모든 이유사실을 적어야 한다고 말한다. 달리 말해 식별설은 좁은 의미의 청구원인을 적는 것으로 충분하다고 보는 반면, 이유기재설은 넓은 의미의 청구원인을 적어야 한다고 주장한다.

이러한 학설대립은 다음과 같이 파악할 수 있다. 식별설이 '수시제출주의'와 관련을 맺는다면, 이유기재설은 '적시제출주의'와 관련을 맺는다는 것이다. 그 점에서 식별설은 당사자의 방어권을 보장하는 데 적합한 반면, 이유기재설은 민사분쟁을 일회적으로 해결하는 데 적합하다. 식별설은 당사자라는 주체를, 이유기재설은 분쟁 해결이라는 법체계의 '작동'(Operation)을 지향한다.[29] 이러한 맥락에서 여전히 본인소송이 많은 우리의 소송 현실을 고려한 견해들은 식별설을 지지하는 데 반해, 법원의 관점을 반영하는 민사소송규칙은 이유기재설을 지향한다(제62조).

---

[24] 이시윤, 앞의 책, 270쪽.
[25] 이시윤, 앞의 책, 271쪽.
[26] 제6장에서는 이러한 두 가지 유형의 청구원인 중에서 넓은 의미의 청구원인이 더욱 중요한 의미를 갖는다.
[27] 이시윤, 앞의 책, 271쪽.
[28] 다수설이다. 김홍엽, 『민사소송법』 제6판(박영사, 2016), 327쪽; 이시윤, 앞의 책, 271쪽; 정동윤·유병현·김경욱, 앞의 책, 83쪽; 한충수, 『민사소송법』(박영사, 2016), 227쪽.
[29] 법원이 담당하는 분쟁 해결을 법체계라는 '사회적 체계'가 수행하는 '작동'으로 파악하는 견해로는 니클라스 루만, 윤재왕 (옮김), 『사회의 법』(새물결, 2014) 참고.

(3) 소장과 당사자주의

그러면 소장과 당사자주의는 어떻게 서로 관련을 맺는가? 소송구조인 당사자주의는 어떻게 소장에 반영되는가? 이는 다음과 같이 말할 수 있다.

1) 소장 제출과 처분권주의

먼저 소장을 작성하여 관할 법원에 제출하는 것은 처분권주의와 관련을 맺는다. 앞에서 언급한 것처럼 처분권주의는 민사소송의 형식 및 절차와 관련을 맺는다. 민사소송이라는 절차의 시작과 종료, 심판대상 범위 획정에 관한 권한을 당사자에게 부여하는 것이 처분권주의인 것이다. 그런데 민사소송은 당사자가 소장을 법원에 제출함으로써 시작되는 것이므로, 소장 제출은 바로 소송 시작에 관한 권한을 규율하는 처분권주의와 직접 연결된다.

2) 청구취지와 처분권주의

청구취지도 처분권주의와 관련을 맺는다. 왜냐하면 청구취지는 소송물 획정과 관련을 맺기 때문이다. 민사소송법학에서는 무엇을 기준으로 하여 소송물을 획정할 것인가에 관해 견해가 대립한다.[30] 이에 관해서는 크게 '실체법설'과 '소송법설'이 대립한다. 이를 달리 '구소송물이론'과 '신소송물이론'으로 부르기도 한다. 실체법설은 원고가 청구하는 실체법상 권리를 기준으로 하여 소송물을 획정한다.[31] 실체법의 관점을 소송법에도 그대로 관철하는 것이다. 이에 반해 소송법설은 원고가 제기하는 청구취지, 즉 신청을 기준으로 하여 소송물을 획정한다.[32] 실체법과는 구별되는 소송법의 독자성을 부각시킨 것이다. 그러면 양자는 구체적으로 어떻게 차이가 나는가? 실천적으로 보면, 실체법설은 소송물을 획정할 때 소장에 기재된 청구취지와 함께 청구원인을 고려한다. 달리 말해 청구취지로 드러난 신청내용과 청구원인에 기재된 사실관계를 기준으로 하여 소송물을 획정한다. 이에 반해 소송법설, 그중에서도 '일원설'은 당사자가 소장에 기재한 청구취지만으로 소송물을 획정한다. 소송물을 획정하는 데 청구원인

---

30 이에 관해서는 정동윤·유병현·김경욱, 앞의 책, 247쪽 아래; 이시윤,『소송물에 관한 연구』(육법사, 1977); 이시윤, 앞의 책, 244쪽 아래 등 참고.

31 실체법설을 취하는 경우로는 김홍엽, 앞의 책, 305~306쪽; 한충수, 앞의 책 204쪽.

32 이시윤, 앞의 책, 252쪽 아래.

은 고려하지 않는다. 다만 같은 소송법설을 취하면서도 '이원설'은 청구취지와 함께 청구원인에 기재된 사실관계를 기준으로 하여 소송물을 획정한다.[33] 이에 따라 다음과 같은 차이가 나타난다. 실체법설은 소송물을 상대적으로 좁게 파악하는 데 반해, 소송법설은 이보다 넓게 파악한다는 점이다.

다만 실체법설이나 소송법설 모두 소송물을 획정할 때 청구취지를 고려한다는 점에서 공통점이 있다. 어느 학설에 의하더라도 청구취지는 소송물을 획정하는 데 필수불가결한 요소가 된다. 이는 바로 청구취지에 대해서는 처분권주의가 적용된다는 점을 보여준다. 왜냐하면 원고가 소장에 청구취지를 기재함으로써 소송물이 획정되는 데 결정적인 기여를 하는데, 이렇게 소송물 획정에 관한 권한을 원고에게 부여하는 것이야말로 처분권주의의 핵심 내용에 속하기 때문이다. 따라서 법원은 원고가 청구취지에 기재한 내용보다 더욱 많은 것을 민사소송에서 다룰 수 없다.

3) 청구원인과 처분권주의

청구원인도 부분적으로 처분권주의와 관련을 맺는다. 물론 이는 소송물 획정에 관해 어떤 이론을 선택하는가에 따라 달라진다. 먼저 소송법설, 그중에서도 '일원설'을 선택하면 소송물은 청구취지만으로 결정된다. 일원설에 따르면, 청구원인은 소송물을 근거 짓는 공격방어 방법에 불과하다. 따라서 청구원인에 대해서는 처분권주의가 적용되지 않는다. 이와 달리 소송법설 중에서 이원설 그리고 실체법설에 의하면, 청구원인은 청구취지와 더불어 소송물을 획정하는 데 원용된다. 그 점에서 원고가 청구원인에 기재하는 내용도 처분권주의와 관련을 맺는다.

4) 청구원인과 변론주의

이처럼 청구원인은 부분적으로는 처분권주의와 관련을 맺지만, 더욱 중요한 것은 청구원인은 변론주의와 관련을 맺는다는 것이다. 이때 변론주의는 원고가 신청한 청구를 뒷받침하는 정보, 즉 주장과 증거를 제출할 책임을 당사자에게 부과하는 원리를 뜻한다. 따라서 청구원인이 변론주의와 관련을 맺는다는

---

[33] 정동윤·유병현·김경욱, 앞의 책, 252~253쪽.

것은 청구원인에 기재된 사실을 원고가 주장하고 증명해야 한다는 점을 뜻한
다. 달리 말해 청구취지를 근거 짓는 데 필요한 요건사실로서 청구원인에 기재
한 것은 원고가 주장하고 증명해야 한다는 것이다.

Ⅲ. 법적 삼단논법과 소장

이처럼 소송구조, 특히 당사자주의와 관련을 맺는 소장은 법학방법론의 견
지에서 보면 법적 삼단논법과도 관련을 맺는다. 그러면 어떻게 양자가 관련을
맺는지 아래에서 검토하도록 한다.

1. 법적 삼단논법

법적 삼단논법은 철학적 삼단논법을 법학방법에 적용한 것이다.[34] ≪대전
제 ⇒ 소전제 ⇒ 결론≫이라는 세 단계로 구성되는 삼단논법처럼, 법적 삼단논
법 역시 ≪법규범 ⇒ 분쟁 사실 ⇒ 법적 결론≫이라는 세 단계로 구성된다. 다
만 법적 삼단논법이 철학적 삼단논법과 차이가 있는 점은, 실제로 법적 분쟁을
해결하는 재판과정에서는 ≪법적 분쟁 발생 ⇒ 분쟁 사실 확정 ⇒ 법규범 탐색
및 해석 ⇒ 분쟁 사실에 대한 법규범 적용 및 결론≫이라는 순서로 법적 삼단
논법이 실현된다는 것이다. 요컨대 소전제인 사실관계를 확정하는 단계가 대전
제인 법규범을 탐색하고 해석하는 단계보다 실천적으로 앞서게 된다. 이러한
법적 삼단논법은 다양한 측면에서 비판을 받고 대안이 제시되기도 하였지만,
여전히 우리 법학 및 실무에서 기본적인 법학방법으로 사용되고 있다.[35] 법적
삼단논법이야말로 '법률에 대한 법관의 구속'과 이를 통한 '법적 안정성 실현'이
라는 법치주의의 이념에 걸맞은 법학방법이기 때문이다.

---

[34] 법적 삼단논법에 관해서는 김정오 외, 『법철학: 이론과 쟁점』 제2판(박영사, 2016) 참고.
[35] 이에 관해서는 프리트요프 하프트, 김성룡 (옮김), 『법수사학』(고려대학교 출판부, 2010); 울프리
드 노이만, 윤재왕 (옮김), 『법과 논증이론』(세창출판사, 2009); 양천수, 『법해석학』(한국문화사,
2017) 등 참고.

2. 법규범의 구조와 소장

(1) 법규범의 구조

그러면 법적 삼단논법은 어떻게 소장과 관련을 맺는가? 이를 위해서는 먼저 법규범의 구조를 분석할 필요가 있다. 그리고 법규범의 구조를 파악하기 위해서는 법규범이란 무엇인지, 특히 법규범이 무엇을 담고 있는지 살펴볼 필요가 있다. 이는 '순수법학'을 추구한 켈젠(Hans Kelsen)의 주장에서 그 단서를 찾을 수 있다.[36] 켈젠에 따르면, 법규범은 '법명제'(Rechtssatz)를 담고 있다. 이때 법명제란 허용 또는 금지와 같은 규범적 내용을 갖는 명제를 말한다.[37] 따라서 켈젠에 따르면, 법명제는 '당위명제'이다. 그러면 법규범은 어떤 당위명제로 구성되는지 문제된다. 이에 관해서는 켈젠이 철학적 기초로 삼았던 칸트의 도덕철학에서 그 해답을 찾을 수 있다.

칸트에 따르면, 도덕적 명제 또는 명령은 두 가지 형식으로 구별된다. '무조건명령'과 '조건명령'이 그것이다.[38] 무조건명령은 '정언명령'(kategorischer Imperativ)으로 불린다. 정언명령은 조건을 전제하지 않는, 즉 무조건으로 수행해야 하는 명령을 말한다. 칸트에 따르면, 정언명령은 선의지에 따라 무조건적으로 준수해야 하는 명령을 말한다. 따라서 도덕적인 주체는 이러한 명령을 무조건 따라야 한다. 이에 반해 조건명령은 특정한 조건을 전제로 하여 부여되는 명령을 말한다. 특정한 행위주체가 이러한 특정한 조건을 충족하기 위해서는 여기에 부과되어 있는 명령을 준수해야 한다.

정언명령은 도덕적 명제가 취하는 형식이다. 이와 달리 법명제가 취하는 명령은 조건명령이다. 법명제는 특정한 조건을 전제로 하여 법적 명령을 부여한다. 이 때문에 법명제는 ≪조건－명령≫으로 구조화된다. 이를 법학에서 많이 사용하는 용어로 바꾸어 말하면, ≪요건－효과≫라 할 수 있다. 이러한 조건명령을 달리 '조건 프로그램'(Konditionalprogramm)이라고 부르기도 한다.[39] 이 책에

---

36 한스 켈젠, 윤재왕 (옮김), 『순수법학』(박영사, 2018), 39쪽 아래 참고.
37 물론 수학의 측면에서 보면, 이를 명제라고 말하기는 어렵다.
38 이에 관해서는 강병호, "정언명령의 보편법 정식과 목적 그 자체 정식: 두 정식의 등가성에 관하여", 『칸트연구』 제32집(2013), 1~34쪽 참고.
39 N. Luhmann, *Zweckbegriff und Systemrationalität. Über die Funktion von Zwecken in sozialen*

서는 법규범의 구조로서 '조건 프로그램'이라는 용어를 주로 사용하고자 한다.

(2) 조건 프로그램과 소장

법규범의 구조를 보여주는 조건 프로그램은 소장, 특히 청구취지 및 청구원인과 다음과 같이 연결된다.[40] 먼저 법규범의 조건 프로그램 중에서 '요건'은 청구원인과 연결된다. 요건은 보통 여러 하위요건으로 구성되는데,[41] 이러한 하위요건들이 법적 효과와 연결되기 위해서는 하위요건들에 상응하는 요건사실들이 존재해야 한다. 따라서 원고는 소장의 청구원인에 이러한 요건사실들을 기재해야 한다. 다음으로 '효과'는 청구취지와 연결된다. 원고의 입장에서 보면, 자신이 겪고 있는 법적 분쟁과 관련이 있는 법규범이 규정하는 효과야말로 자신이 원하는 청구이기 때문이다. 그러므로 원고는 자신이 청구취지에서 기재한 법적 효과를 법원으로부터 획득하기 위해서는 청구원인에 기재한 법적 요건을 주장 및 증명해야 하는 것이다.

3. 청구취지와 법적 삼단논법

이처럼 청구원인은 법적 요건, 청구취지는 법적 효과와 연결된다는 점으로부터 청구원인·청구취지와 법적 삼단논법의 상호 관련성을 밝힐 수 있다. 우선 청구취지는 법적 삼단논법 중에서 세 번째 단계인 법적 결론과 연결된다. 청구취지는 원고가 법원에 구하는 신청사항인데, 이렇게 원고가 구하는 신청사항이 타당한지 여부는 법적 삼단논법에 따라 진행되는 판단과정을 거침으로써 결정되기 때문이다. 만약 원고의 청구가 타당하다면, 이는 결국 법적 삼단논법의 결론으로 이어진다. 더욱 구체적으로 말하면 판결주문으로 귀결된다. 이를 도식화하면 ≪청구취지 ⇒ 법적 결론 ⇒ 판결주문≫으로 표시된다.

Systemen (Frankfurt/M., 1973) 참고.
40 이시윤, 앞의 책, 270쪽.
41 형법학에서는 이를 '구성요건 표지'라고 부른다.

4. 청구원인과 법적 삼단논법

(1) 청구원인 기재내용의 성격

청구원인은 법적 삼단논법 중에서 무엇과 관련을 맺는가? 이 문제를 해결하기 위해서는 청구원인에는 무엇을 기재해야 하는가, 특히 청구원인에 법률용어나 법령을 기재해야 하는가의 문제를 검토해야 한다.[42] 이는 청구원인에 기재하는 내용의 성격을 어떻게 보아야 하는가의 문제이기도 하다. 이에 관해 다수 견해는 청구원인에 법률용어나 법령을 기재할 필요는 없다고 한다.[43] 왜냐하면 민사소송에서 문제되는 사실관계에 관해 어떤 법령을 적용할 것인가 하는 점은 당사자의 몫이 아니라 법관의 권한이자 의무에 해당하기 때문이라고 한다. 사실을 주장하고 증명할 책임은 당사자에게, 이에 관한 법령을 탐색하고 적용하는 책임은 법관에게 그 역할이 분담되어 있다는 것이다.[44] 이를테면 "법률은 법원이 안다.", "너는 사실을 말하라. 그러면 나는 권리를 주리라."는 것이다. 이에 반해 판례의 주류적 관점은 원고가 청구원인에 특정한 법적 관점이 명백한 오해가 아닌 한 법원은 이에 구속된다고 본다.

이 문제는 이론적으로 볼 때 두 가지 쟁점과 관련을 맺는다. 첫째는 소송물 이론이고, 둘째는 사실과 법규범의 관계 문제이다. 첫째, 소송물 이론, 그중에서도 실체법설과 소송법설에 따르면 청구원인에 법률용어나 법령을 기재해야 하는지의 문제가 달리 해결된다. 소송법설에 따르면, 소송물을 확정하는 데 중요한 것은 청구취지이다. 물론 이원설에 따르면, 청구취지뿐만 아니라 청구원인에 기재하는 사실관계 역시 소송물을 확정하는 데 사용된다. 그렇지만 이때 청구원인에서 사용되는 것은 청구취지를 뒷받침하는 '동일한 사실관계'이다. 이원설에 따르더라도 법적 관점이나 법적 근거 등이 소송물을 확정하는 데 기여하는 것은 아니다. 이와 달리 실체법설에 따르면, 청구취지뿐만 아니라 청구원인이 소송물을 확정하는 데 원용된다. 특히 실체법설은 청구취지를 뒷받침하는 실체법적 근거가 소송물을 결정하는 데 중요한 역할을 한다고 본다. 따라서 청

[42] 이시윤, 앞의 책, 272쪽.
[43] 정동윤·유병현·김경욱, 앞의 책, 84쪽; 이시윤, 앞의 책, 272쪽.
[44] 이시윤, 앞의 책, 272쪽.

구원인에는 요건사실 등을 통해 법적 관점이 반영되어야 한다. 바로 이러한 근거에서 여전히 실체법설을 취하는 판례는 원고가 청구원인에서 특정한 법적 관점에 법원이 구속된다고 보는 것이다.

청구원인에 기재하는 것은 순수한 사실로 충분한가, 아니면 법률용어나 법령 등 법적 근거를 기재해야 하는 것인가의 문제는 사실과 법규범의 관계를 어떻게 보아야 하는지의 법이론적 문제와도 관련을 맺는다. 존재와 당위를 엄격하게 구분하는 전통적인 방법이원론에 따르면, 존재에 속하는 사실과 당위에 속하는 법규범은 엄격하게 구분된다.[45] 따라서 만약 청구원인에 사실만을 기재해야 한다면, 여기에 법률용어나 법령 등이 포함될 여지는 없다. 법률용어나 법령 등은 분명 사실과 구분되기 때문이다. 그렇지만 존재와 당위의 상응과 순환을 강조하는 법해석학의 견지에서 보면, 존재와 당위, 사실과 법규범을 엄격하게 구분할 수는 없다.[46] 사실에는 법규범의 관점이, 법규범에는 사실의 관점이 상호적으로 투영된다. 이는 청구원인에 기재하는 요건사실에서도 확인할 수 있다.[47] 원고는 청구취지에서 기재한 청구를 근거 짓기 위해 청구원인에 이러한 청구가 성립하는 데 기초가 된 법적 원인, 이를테면 소유권, 계약, 불법행위, 부당이득 등과 같은 법적 원인을 기재해야 한다. 그런데 이러한 법적 원인, 즉 소유권이나 계약, 불법행위, 부당이득 등은 한편으로는 실제로 발생한 사실이 되기도 하지만, 다른 한편으로는 법률용어나 법적 근거가 된다. 물론 이때 실정법적 근거를 명확하게 기재해야 할 필요는 없지만, 이러한 법적 개념이나 요건사실 등을 통해 법적 관점은 반영될 수밖에 없다.

이러한 점을 고려할 때 다음과 같은 결론을 이끌어낼 수 있다. 여전히 판례가 취하는 실체법설에 따라 소송물을 획정한다고 보면, 원고는 청구취지를 뒷받침하는 법적 근거나 관점을 청구원인에 기재해야 할 필요가 있다. 또한 법해석학의 관점을 고려하면, 청구취지에는 불가피하게 법적 용어나 관점, 근거 등을 직접 또는 간접으로 기재할 수밖에 없다.[48] 따라서 법률용어나 법령을 반

45 이를 보여주는 한스 켈젠, 앞의 책, 18쪽 아래 참고.
46 Arth. Kaufmann, *Analogie und »Natur der Sache«* (Frankfurt/M., 1965) 참고.
47 요건사실에 관해서는 사법연수원, 『요건사실론』(사법연수원 출판부, 2019) 참고.
48 이러한 법해석학의 관점을 보여주는 J. Esser, *Vorverständnis und Methodenwahl in der*

드시 기재해야 하는 것은 아니지만, 자연스럽게 법률용어나 관점, 근거 등을 기
재하게 되는 것이다.

(2) 소전제로서 청구원인

위에서 전개한 논의에 비추어 보면, 일단 청구원인은 법적 삼단논법 중에
서 사실확정 단계와 관련을 맺는다는 점을 알 수 있다. 소송물 이론인 실체법설
이나 소송법설 모두에 의하더라도 청구원인에는 법적 결론에 해당하는 청구취
지를 뒷받침할 수 있는 사실관계를 기재해야 한다. 달리 말해 청구발생의 원인
이 되는 사실관계를 청구원인에 기재해야 하는 것이다. 이 점에서 청구원인은
법적 삼단논법의 출발점에 해당하는 소전제와 관련을 맺는다.

(3) 대전제로서 청구원인

그러나 청구원인이 소전제에만 관련을 맺는 것은 아니다. 물론 소송법설
중에서 일원설을 취하거나 방법이원론에 따라 철저하게 사실과 법규범을 구분
한다면, 청구원인에 기재하는 것은 사실관계 뿐으로서 법적 삼단논법 중에서
대전제와는 연결되지 않는다고 말할 수 있다. 그렇지만 이미 살펴본 것처럼, 청
구원인에는 법적 개념이 사용될 뿐만 아니라 청구취지를 근거 짓는 법적 관점
이나 근거 역시 직접 또는 간접으로 기재된다. 달리 말해 청구원인에는 대전제
에 속하는 법규범이 사실관계를 통해 반영되고 있는 것이다. 이 점에서 청구원
인은 소전제뿐만 아니라 대전제와도 관련을 맺는다고 말할 수 있다.

Ⅳ. 맺음말

지금까지 민사소송의 출발점이 되는 소장이 법학방법론의 견지에서 볼 때
어떤 의미를 지니는지 살펴보았다. 무엇보다도 소장에 기재하는 청구취지와 청
구원인이 소송구조의 측면과 법적 삼단논법의 측면에서 볼 때 어떤 의미를 지
니는지 분석하였다. 물론 제6장에서 분석한 내용은 실무적으로 볼 때 그다지
실천적인 의미가 없을 수도 있다. 이 책에서 다룬 내용은 그동안 민사소송법학

Rechtsfindung (Frankfurt/M., 1970) 참고.

에서 전개된 논의를 새로운 시각, 즉 법학방법론의 시각에서 새롭게 정리한 것에 불과할지도 모르기 때문이다. 그렇지만 민사소송법학이 단순히 형식적인 절차법학에 머무는 것이 아니라 이를 넘어서 독자적인 학문으로 자리매김하고자 하는 이상, 기존에 논의된 내용을 새로운 시각에서 재해석하는 것도 필요하다고 할 수 있다. 그 점에서 이 책은 민사소송법학의 학문적 독자성을 심화시키는 데 기여하고자 하는 자그마한 발걸음으로 이해되었으면 한다.

제7장
법학방법론과 증명책임분배론

I. 서론

특정한 법적 분쟁이 발생했을 때 법관은 분쟁 관련 당사자의 주장을 토대로 하여 법적 분쟁을 일정한 사안으로 확정하고 사안과 관련된 법규범을 탐색·해석·적용함으로써 법적 분쟁을 해결한다.[1] 이러한 과정은 민사재판에서도 마찬가지로 진행된다. 특정한 민사분쟁이 발생하면, 법관은 당사자인 원고와 피고가 제시한 주장과 증거를 바탕으로 하여 사안을 확정하고 관련 민사법규를 탐색·해석·적용함으로써 민사분쟁을 민사소송의 이상에 걸맞게 해결한다.[2] 여기서 우리는 민사재판절차가 크게 두 단계로 구성되어 있음을 알 수 있다. 첫째 단계는 사실을 확정하는 단계이고, 둘째 단계는 관련 민사법규를 해석·적용하는 단계이다. 따라서 민사재판이 원활하게 이루어지려면, 우선 원고와 피고가 주장하는 법적 분쟁이 전제로 하는 사실관계가 구체적으로 어떤 모습을 띠고 있는지 확정할 수 있어야 한다.[3] 그러나 통상적으로 진행되는 재판절차를 보면,

---

1 독일의 민사소송법학자 로젠베르크(Leo Rosenberg: 1879~1963)는 어떤 소송에 대해서도 법관의 사명은 개개 사건에 법을 객관적으로 적용하는 것이라고 한다. L. Rosenberg, *Die Beweislast: auf der Grundlage des Bürgerlichen Gesetzbuchs und der Zivilprozeßordnung*, 5. durchges. Aufl. (München, 1965). 이에 대한 우리말 번역으로는 오석락·김형배·강봉수 (역), 『입증책임론』(박영사, 1995), 3쪽. 이하 로젠베르크의 증명책임론은 번역서로 인용한다.

2 민사소송의 이상에 관해서는 우선 이시윤, 『신민사소송법』제4판(박영사, 2008), 22~24쪽.

3 그러나 엄격하게 말하면, 사안은 '확인' 혹은 '발견'할 수 있는 것이 아니라 '합의' 또는 '구성'되는

민사재판의 전제가 되는 사실을 확정하는 것이 그리 쉬운 것만은 아님을 알 수 있다. 왜냐하면 이미 과거로 흘러가 버린 역사적 사실을 지금 시점에서 다시 재구성하는 경우에는 여러 가지 쉽지 않은 문제와 씨름해야 하기 때문이다.[4] 가령 당사자가 자기의 이익을 관철하기 위해 거짓주장이나 거짓증거를 제출하는 경우도 있고, 당사자의 주장을 증명할 증거방법 자체가 없는 경우도 있을 것이다. 그 때문에 민사재판에서는 사실관계를 정확하게 규명할 수 없는 '진위불명' 사태가 발생하기도 한다. 그렇다면 이때 법관은 어떻게 재판을 해야 하는가? 진위불명을 이유로 재판을 거부할 수 있는가? 그러나 현행 법체계 아래서는 법관이 진위불명을 이유로 하여 재판을 거부할 수 없다. 따라서 법관은 '진위불명'의 상황에서도 재판을 할 수 있어야 하고, 또 해야만 한다. 여기서 이렇게 법관이 처한 어려움을 도와주기 위해 개발된 법도그마틱이 바로 증명책임이다.

'증명책임'(Beweislast)이란 법적 분쟁이 진위불명상태에 빠졌을 때 당해 분쟁상황에서 증명되어야 할 사실관계를 통해 이익을 얻는 당사자에게 법적 불이익을 부과하는 것을 말한다.[5] 증명책임은 주관적 증명책임과 객관적 증명책임으로 구분되는데, 통상 문제가 되는 것은 객관적 증명책임이다.[6] 그런데 이러한 객관적 입증책임에 관해서는 다음과 같은 문제를 제기할 수 있다.[7]

- 증명책임은 어떤 근거에 의해 인정되는가?
- 증명책임은 어떤 기준에 따라 분배되어야 하는가?
- 현재 지배적인 증명책임분배 기준으로 인정되는 규범설은 어떤 법이론적 기

것이라고 보아야 한다. 다시 말해 사안은 실체존재론적으로 존재하는 것을 인식하여 재현하는 것이 아니라, 원고와 피고의 주장을 통해 재구성하는 것으로 보아야 한다. 이에 관해서는 우선 이상돈, "마당적 이해와 형사소송의 근대성", 『형사소송원론』(법문사, 1998), 4쪽 아래.

4 형사소송절차에서 이러한 문제를 다루는 경우로는 양천수, "형사소송법상 실체진실주의와 적정절차원칙에 대한 비판적 고찰: 법철학의 관점에서", 『경남법학』 제23집(2008), 130~139쪽.

5 정동윤·유병현, 『민사소송법』(법문사, 2005), 496쪽. '증명책임'은 '입증책임'으로 부르기도 한다. 그렇지만 '입증'책임이라는 개념은 '객관적' 증명책임이라는 본래 의미보다 '주관적' 증명책임이라는 뉘앙스를 보여주기에 이 책에서는 '증명책임'이라는 개념을 사용하기로 한다. 이와 마찬가지로 '증명책임'이라는 용어를 쓰는 문헌으로 이시윤, 앞의 책, 476쪽 아래.

6 주관적 증명책임은 변론주의의 세부 내용인 주장책임과 관련하여 의미를 지닌다. 정동윤·유병현, 위의 책, 503쪽.

7 이하 '증명책임'은 '객관적 증명책임'을 지칭한다.

초 위에서 마련된 것인가?

- 규범설은 오늘날에도 여전히 타당한 기준이 될 수 있는가?
- 규범설을 비판하며 제시된 새로운 기준들은 규범설을 대체할 만한 설득력을 지니는가?

제7장은 이러한 문제들을 간략하게 검토하는 데 목표를 둔다. 이때 단순히 민사소송법 도그마틱의 테두리 안에서만, 바꿔 말해 민사소송법이라는 실정법의 체계 안에서만 논의를 진행하지는 않을 것이다. 이러한 체계내재적인 논의 대신에 제7장에서는 법이론적 사고를 원용하여 체계비판적인 시각에서 증명책임론을 다루고자 한다.[8]

Ⅱ. 레오 로젠베르크의 증명책임분배론

먼저 오늘날 지배적인 증명책임분배 이론으로 인정되는 규범설을 정립한 독일의 법학자 레오 로젠베르크(Leo Rosenberg: 1879~1963)의 증명책임이론을 살펴본다. 로젠베르크에 따르면, 증명책임분배의 근거에 관해서는 크게 두 가지 문제를 제기할 수 있다. 첫째는 증명책임의 근거 그 자체를 밝히는 문제이고, 둘째는 증명책임이 어떤 기준에 의해 분배되는가에 관한 문제이다. 여기서 로젠베르크는 첫째를 '설명원칙에 관한 문제' 그리고 둘째를 '증명책임분배원칙에 관한 문제'라고 한다.[9] 아래에서는 이러한 두 가지 문제에 대해 로젠베르크가 어떤 태도를 취하는지 살펴본다.[10]

---

8 '체계내재적' 논의와 '체계비판적' 논의에 관해서는 W. Hassemer, *Theorie und Soziologie des Verbrechens* (Frankfurt/M., 1973), 19쪽 아래. 법철학의 시각에서 민사소송을 다룬 국내 문헌으로는 강희원, "민사소송과 정치체제: 민사소송법이론에 있어서 이데올로기", 『민사소송』 제11권 제1호(2007), 11~58쪽; 오세혁, "법철학의 관점에서 본 민사소송법: 민사소송의 목적과 관련하여", 『법철학연구』 제8권 제1호(2005), 85~112쪽 등 참고.
9 L. Rosenberg, 앞의 책, 96쪽.
10 아래에서 전개하는 서술은 주로 L. Rosenberg, 앞의 책, 96~126쪽을 참고하였다.

1. 증명책임분배의 근거

왜 증명책임분배의 근거를 밝히는 작업이 필요한가? 이러한 의문에 대해 로젠베르크는 다음과 같은 경우를 답변으로 언급한다. 통상 형사소송에서는 범죄구성요건의 중요부분을 검사가 증명해야 한다. 다시 말해 형사소송에서는 원고에 대응하는 소송주체가 검사인데, 검사는 자신이 제기한 공소사실의 대부분을 증명해야 하고 이를 증명하지 못할 경우 그 불이익은 검사가 부담해야 한다. 이에 반해 민사소송에서는 원고가 모든 것을 증명해야 하는 것은 아니다. 오히려 원고와 피고가 각각 증명책임을 분배받아 이에 따라 부담을 져야 한다. 로젠베르크는 바로 이러한 이유 때문에 증명책임분배의 근거를 밝혀야 하는 문제가 등장한다고 말한다.[11]

로젠베르크에 따르면, 그동안 증명책임분배의 근거로서 '합목적성 및 평균적 정의', '변론주의', '대립적인 소송구조', '논리와 사물의 본성' 등이 제시되었다. 로젠베르크는 이 가운데서 첫 번째 근거인 '합목적성 및 평균적 정의'를 가장 타당한 것으로 본다.[12] 이 견해는 기본적으로 민사소송의 목적과 형사소송의 목적 사이에는 차이가 있다는 점을 인정한다(합목적적 고려). 형사소송이 진정한 범죄자를 처벌하는 것에 초점을 두어 비록 열 명의 범죄자를 석방하더라도 죄 없는 사람을 처벌해서는 안 된다는 것을 목적으로 삼는 데 반해, 민사소송은 사권(私權)을 확실하게 실현하는 것을 목적으로 삼는다는 것이다. 또한 민사소송에서는 권리자가 국가에 대해 손쉽게 권리보호를 요청할 수 있다는 점에서도 형사소송과 차이가 있다. 이 때문에 형사소송과는 달리 민사소송은 증명책임을 평균적 정의에 따라 원고와 피고에게 동등하게 분배한다고 말한다.[13]

이와 달리 로젠베르크는 '변론주의' 근거나 '대립적인 소송구조' 근거를 받아들이지 않는다.[14] 그 이유는 다음과 같다. 변론주의 근거는 증명책임분배의

---

11 L. Rosenberg, 앞의 책(주1), 96쪽.

12 이 견해는 독일의 헬비히(Hellwig), 로트마르(Lotmar), 라벨(Rabel), 슈미트(R. Schmitt) 등이 주장하였다. L. Rosenberg, 앞의 책, 96쪽 각주(3)에 소개된 문헌 참고.

13 L. Rosenberg, 앞의 책, 97쪽.

14 이 견해는 브로트만(Brodmann), 브루크너(Bruckner), 프리덴탈(Friedenthal), 헤데만(Hedemann) 등이 주장하였다. L. Rosenberg, 앞의 책, 98쪽 각주(7)에 소개된 문헌 참고.

근거를 변론주의에서 찾는다. 민사소송은 변론주의에 바탕을 두기에 증명책임
역시 이에 맞춰 원고와 피고에게 분배해야 한다는 것이다. 그러나 로젠베르크
는 이러한 변론주의는 주관적 증명책임분배의 근거가 될 수는 있지만 객관적
증명책임분배의 기준이 될 수는 없다고 반박한다. 특히 증명책임은 변론주의가
적용되지 않는 가사소송, 형사소송, 비송사건절차에서도 인정되므로 변론주의
를 증명책임분배의 근거로 볼 수는 없다고 한다.[15] 나아가 로젠베르크는 '대립
적인 소송구조' 근거 역시 타당하지 않다고 말한다.[16] 이 견해는 민사소송이 취
하고 있는 원고-피고 간의 대립적인 소송구조로 인해 증명책임이 원고와 피고
에게 분배된다고 한다. 그러나 로젠베르크는 이 근거만으로는 당사자 일방이
자기에게 분배된 증명책임부분을 증명하지 못한 경우에 왜 불이익을 부담해야
하는지 설명하지 못한다고 지적한다.[17]

이 밖에도 로젠베르크는 '논리 및 사물의 본성' 근거에 관해서는 다음과 같
이 평가한다. 우선 '논리'는 법학 전반에서와 마찬가지로 증명책임분배에 대해
서도 단지 형식적인 의미만을 갖기 때문에 증명책임분배에 대한 근거가 될 수
는 없다고 한다. 다만 '사물의 본성'은 위에서 언급한 정의근거와 유사한 점이
많다는 이유에서 이를 긍정적으로 평가한다.[18] 결론적으로 로젠베르크는 증명
책임분배의 근거에 관해서는 '합목적성 및 평균적 정의' 근거 혹은 이와 유사한
'사물의 본성' 근거를 타당한 견해로 인정한다.

2. 증명책임분배 기준

로젠베르크는 비록 위에서 언급한 견해들이 증명책임의 분배근거, 즉 설명
원칙의 근거로 제시될 수는 있지만, 그렇다고 해서 이러한 견해들이 증명책임
분배의 기준이 될 수 있는 것은 아니라고 한다.[19] 로젠베르크는 그 이유를 다음

---

15 L. Rosenberg, 앞의 책, 98쪽.
16 이 견해는 슈타인(Stein)·요나스(Jonas)·쇤케(Schönke)의 공동저작에서 주장되었다. L. Rosenberg, 앞의 책, 100쪽 각주(14) 참고.
17 L. Rosenberg, 앞의 책, 100~101쪽.
18 L. Rosenberg, 앞의 책, 101쪽.
19 L. Rosenberg, 앞의 책, 97~98쪽.

과 같이 말한다.[20] 위에서 언급한 '합목적성 및 평균적 정의' 근거는 추상적인 성격을 갖는 근거이다. 그러므로 이 근거 자체는 법관에게 구체적으로 무엇을 보여주지는 못한다. 물론 이 근거는 추상적인 법규범을 정립해야 하는 입법자에게는 입법의 방향을 지시해 준다는 점에서 그 의미가 없지는 않다. 그렇지만 법관은 구체적인 상황 속에서 개별 법적 분쟁을 재판해야 한다. 그런데도 평균적 정의라는 추상적인 요청을 재판의 기준으로 관철하려 한다면, 결국 법관은 정의라는 이름으로 자신의 감정에 따라 재판을 할 우려가 있다. 왜냐하면 정의 개념은 이를 바라보는 사람의 관점에 따라 다양하게 이해될 수 있기 때문이다.[21] 그 때문에 로젠베르크는 위에서 언급한 '합목적성 및 평균적 정의' 근거가 구체적인 법적 분쟁을 재판해야 하는 법관에게 제시할 수 있는 증명책임분배의 기준이 될 수는 없다고 한다.

그렇다면 어떤 기준으로 증명책임을 원고와 피고에게 분배해야 하는가? 이에 대해 로젠베르크가 제시한 것이 이른바 '규범설'(Normentheorie)이다. 증명해야 할 사실관계에 대응하는 규범의 구조에 따라 증명책임을 분배해야 한다는 것이다. 이러한 규범설에 따르면, 법규범은 기본적으로 '권리근거규정', '권리장애적 규정', '권리소멸적 규정', '권리행사배제(또는 '권리행사저지적') 규정'으로 구분된다.[22] 이를 민법상 소비대차계약을 예로 설명하면 다음과 같다.[23] 먼저 소비대차계약이 성립하였을 경우 소비대차계약의 성립 그 자체는 소비대차계약에 기한 목적물 반환청구권의 권리근거규정이 된다. 그리고 만약 피고인 소비차주가 자신이 체결한 소비대차계약이 민법 제104조에 따라 무효라고 주장하는 경우에는 제104조가 권리장애적 규정이 된다. 또한 피고가 원고인 소비대주의 목적물 반환청구에 대해 변제항변을 주장하는 경우에는 민법 제460조가 권리소멸

---

20 L. Rosenberg, 앞의 책, 97~98쪽.
21 이에 관해서는 R. Forst, *Kontexte der Gerechtigkeit* (Frankfurt/M., 1996). 또한 양천수, "책임과 정의의 상호연관성: 법철학적 시론", 『원광법학』 제24권 제2호(2008), 89~91쪽 등 참고.
22 용어의 번역은 L. Rosenberg, 앞의 책을 따랐다. 한편 이 용어는 국내 민사소송법학자에 따라 약간씩 다르게 번역된다. 이시윤 교수와 정동윤 교수는 '권리소멸규정'을 '권리멸각규정'으로 번역한다. 그리고 '권리행사배제적 규정' 또는 '권리행사저지적 규정'을 이시윤 교수는 '권리(행사)저지 규정'으로, 정동윤 교수는 '권리저지 혹은 권리배제규정'으로 번역한다. 각각에 대해서는 이시윤, 앞의 책, 479~480쪽; 정동윤·유병현, 앞의 책, 501쪽 참고.
23 로젠베르크는 독일민법상 소비대차계약(제607조)을 예로 든다. L. Rosenberg, 앞의 책, 106쪽 아래.

적 규정이 되고, 동시이행의 항변을 주장하는 경우에는 민법 제536조가 권리행
사배제규정이 된다. 그런데 규범설에 따르면, 원고는 권리근거규정에 대해 증명
책임을 부담하고, 피고는 그 밖의 규정에 대해 증명책임을 부담한다. 이처럼 규
범설은 종전의 증명책임분배 기준과는 달리 실정법의 규범구조를 증명책임의
분배기준으로 삼는다는 점에서 특색이 있다. 또한 바로 이러한 이유에서 규범
설은 그 어떤 증명책임분배 기준보다 명확하다. 그 때문에 로젠베르크가 약관
의 나이였던 1900년에 이 견해를 주장한 이래 규범설은 독일의 판례와 학설의
지배적인 견해로 자리 잡았으며, 이러한 상황은 우리나라에서도 마찬가지로 나
타난다.

Ⅲ. 규범설의 법이론적 기초

그러면 이러한 규범설은 어떤 법이론적 기초를 토대로 하여 정립된 것일까?

1. 삼단논법적 법학방법론

규범설의 법이론적 기초로 우선 삼단논법에 바탕을 둔 법학방법론을 언급
할 수 있다.[24] 이는 로젠베르크 자신이 직접 밝히고 있다. 로젠베르크에 따르면,
법관의 활동에는 세 가지가 있다.[25] 첫째는 법을 인식하는 것이고, 둘째는 이러
한 법과 소송에서 주장된 사실관계가 서로 합치하는지 심사하는 것이다. 셋째
는 당사자가 주장한 사실관계가 과연 진실인지 밝히는 작업이다. 이러한 활동
은 전형적인 삼단논법의 과정을 보여준다. 왜냐하면 첫째 활동은 대전제를 밝
히는 작업이고, 셋째 활동은 소전제를 확정하는 작업이며, 둘째 활동은 대전제와
소전제를 합치시켜 결론을 내는 과정이라고 볼 수 있기 때문이다. 통상 법학방법
론에서는 둘째 활동을 '적용'(Anwendung) 또는 '포섭'(Subsumtion)이라고 한다.[26]

---

24 삼단논법을 소개하는 국내문헌으로는 심헌섭, "법률적 삼단논법", 『분석과 비판의 법철학』(법문
사, 2001), 278쪽 아래; 이상돈, 『법이론』(박영사, 1996), 제1장 등 참고.
25 L. Rosenberg, 앞의 책, 7쪽.
26 이에 관해서는 R. Zippelius, *Juristische Methodenlehre*, 5. Aufl. (München, 1990), 79쪽 아래.

그런데 이 가운데서 증명책임분배가 특히 문제되는 지점은 셋째 활동, 즉 당사자가 주장한 사실관계가 과연 진실인지 해명하는 과정이다. 여기서 법관은 기본적으로 당사자의 주장과 증거를 바탕으로 하여 자유심증주의에 따라 사실관계의 진위 여부를 판단해야 한다. 하지만 앞에서 언급한 것처럼 당사자가 제시한 주장과 증거만으로는 사실관계를 확정할 수 없는 경우가 존재한다. 아무리 자유심증주의를 동원한다 하더라도 자유심증주의 역시 일정한 한계에 부딪힐 수밖에 없다. 그래서 바로 이때 증명책임분배가 개입하는 것이다.

이렇게 진위불명 상태가 발생한 경우 규범설은 당사자가 주장한 사실관계에 대응하는 법규의 구조를 기준으로 하여 증명책임을 분배한다. 그런데 바로 여기서 우리는 규범설이 삼단논법적 사고에 입각하고 있음을 확인할 수 있다. 왜냐하면 로젠베르크에 따르면, 규범설은 다음과 같은 논리적 순서를 따르기 때문이다.

《도식-3》 규범설의 논리적 순서

당사자의 사실관계 주장 ⇒ 사실관계에 대응하는 법규범 탐색
⇒ 법규범의 구조 분석 ⇒ 증명책임분배

위에서 알 수 있듯이, 규범설에 따라 이루어지는 증명책임분배는 로젠베르크가 언급한 법관의 활동을 거꾸로 거슬러 올라가는 과정이라 할 수 있다. 이는 곧 규범설이 삼단논법적 법학방법론에 바탕을 둔다는 점을 보여준다. 이를 통해 우리는 왜 증명책임이 법규범의 구조에 따라 분배되어야 하는지 어느 정도 해명할 수 있다. 그 이유는 증명책임분배 문제야말로 삼단논법에 따라 진행되는 법적용과정의 일부이기 때문이다. 그래서 로젠베르크는 다음과 같이 말한다.[27]

"따라서 증명책임이론은 법적용 이론의 일부이다."

이외에도 로젠베르크의 증명책임분배 이론이 삼단논법에 기초를 둔다는

---

27 L. Rosenberg, 앞의 책, 14쪽.

테제는 증명책임분배 문제가 삼단논법에서 볼 때 대전제가 아닌 소전제에서만 작용한다는 로젠베르크의 언명에서 확인할 수 있다.[28] 로젠베르크에 따르면, 증명책임분배는 사실을 확정하는 단계에서만 문제된다. 그러므로 법원이나 법관이 어려운 법률문제에 직면하였을 때 이를 증명책임이라는 이름 아래 당사자에게 그 책임을 전가하는 것은 타당하지 않다고 한다. 그 예로 로젠베르크는 독일 제국법원이 다룬 의사표시해석에 관한 두 가지 사례를 든다. 첫째 사례는 계약문언의 해석에 관한 것이고, 둘째 사례는 재산상속시 유언의 해석에 관한 사례였다. 이 두 사례에 관해 원심은 당사자에게 증명책임을 부과하여 문제를 해결했는데 반해, 제국법원은 이를 법률문제로 파악하여 증명책임에 상관없이 직권으로 판단하였다. 이에 대해 로젠베르크는 제국법원의 판결이 타당하다고 논평하면서 증명책임분배는 전적으로 사실관계에서만 문제된다고 한다. 법률문제는 법원 스스로가 해결해야 하기 때문이다.[29]

2. 객관적이고 명확한 증명책임분배

삼단논법에 기초를 두고 있다는 점에서 규범설은 객관적이고 명확한 증명책임분배를 목표로 한다는 점을 간접적으로 추론할 수 있다. 그 이유를 다음과 같이 말할 수 있다. 본래 삼단논법은 법학방법론으로만 인정되는 것은 아니다. 오히려 삼단논법은 아리스토텔레스가 체계화한 논리학에서 이미 찾아볼 수 있는 것으로, 전체 학문의 기초가 되는 논리학의 주요 내용에 속한다. 이러한 삼단논법은 사고과정의 객관성과 명확성을 확보하기 위한 방법으로 사용된다. 이를 잘 보여주는 것이 19세기 독일에서 전개된 개념법학과 법실증주의이다.[30] 이들은 법학의 객관성과 체계성, 명료성을 강조한다. 가령 개념법학은 '개념의 피라미드'를 구축하여 법학의 완결된 체계를 구현하려 하였고,[31] 법실증주의는 오

---

28 L. Rosenberg, 앞의 책, 10~13쪽 참고.
29 이러한 로젠베르크의 주장은 사실문제와 법률문제를 엄격하게 구별할 수 있음을 전제로 한다. 로젠베르크 역시 이 점을 간접적으로 인정한다. L. Rosenberg, 앞의 책, 13쪽.
30 개념법학에 관해서는 우선 H. Schlosser, *Grundzüge der Neueren Privatrechtsgeschichte*, 10. Aufl. (Heidelberg, 2005), 153쪽 참고.
31 이러한 '개념의 피라미드'는 자연법학자였던 볼프(Ch. Wolff)로 거슬러 올라간다. H. Schlosser, 위의 책, 153쪽.

직 경험적으로 지각할 수 있는 실정법만을 토대로 하여 법도그마틱을 전개하였
다. 이를 위해 개념법학 및 법실증주의는 공통적으로 삼단논법적 법학방법론을
사용하였다.[32]

이처럼 삼단논법은 법학의 객관성과 명료성을 확보하기 위해, 특히 법을
적용하는 과정에서 객관성과 명료성을 획득하기 위해 사용되었다. 그러므로 로
젠베르크의 규범설이 이러한 삼단논법에 기초를 두고 있다는 테제에서 규범설
도 객관적이고 명확하게 증명책임을 분배하는 것을 목표로 삼고 있다는 점을
추론할 수 있다. 이를 반영하듯 규범설은 법규범의 구조에서 증명책임분배의
기준을 이끌어낸다.[33]

3. 법관의 법률에 대한 구속

한편 삼단논법에 기초를 두는 규범설에서 우리는 자유주의 법치국가 시대
에 서구 대륙법 국가를 지배했던 이른바 '법관의 법률에 대한 구속' 이념을 읽
어낼 수 있다. 법관의 법률에 대한 구속이란 법관은 국민의 대표자인 입법자가
제정한 법률에 구속되어야 하고, 따라서 법관은 스스로 법을 창조할 수 없고 오
직 '법률을 말하는 입'이 되어야 함을 뜻한다.[34] 18~19세기의 서구에서 볼 수
있었던 '해석금지요청'은 이를 상징적으로 보여준다.[35] 이는 동시에 법관보다
입법자가 우위에 서야 한다는 점을 시사한다.[36]

이러한 이념은 규범설에서 고스란히 찾아볼 수 있다. 규범설에 따르면, 증
명책임분배의 기준은 당사자가 처한 사실 혹은 상황에 있지 않고 법률이 마련하
고 있는 규범구조 그 자체에 있다. 그런데 이러한 법률은 입법자가 제정한 것이

---

32 법실증주의와 삼단논법의 상관성에 관해서는 헤르만 칸토로비츠, 윤철홍 (옮김), 『법학을 위한
투쟁』(책세상, 2006), 21~24쪽; 이상돈, 앞의 책, 제1장 "실증주의적 법인식론: 법률적 삼단논법"
참고.
33 이러한 측면에서 규범설은 형법상 죄형법정주의와 비슷한 맥락에 있다고 할 수 있다.
34 법관의 법률에 대한 구속 이념에 관해서는 윤재왕, 『법관의 법률에의 구속』(고려대 법학석사 학
위논문, 1989) 참고.
35 '해석금지요청'에 관해서는 이상돈, 앞의 책, 36쪽.
36 이 때문에 칼 슈미트(C. Schmitt)는 19세기의 국가를 '입법국가'로 칭한다. C. Schmitt, *Legalität
und Legitimität*, 6. Aufl. (Berlin, 1998). 우리말 번역으로는 칼 슈미트, 김효전 (역), 『합법성과 정
당성』(교육과학사, 1993), 14쪽 참고.

다. 그러므로 법관은 당사자가 처한 상황을 고려하여, 바꿔 말해 법률의 규범구조와는 상관없이 구체적 타당성을 좇아 증명책임을 분배할 수는 없다. 오직 입법자가 마련한 법률의 규범구조에 따라서만 증명책임을 분배할 수 있을 뿐이다. 이를 통해 알 수 있듯이 원칙적으로 법관에게는 증명책임분배 기준을 형성할 수 있는 권한이 없다. 규범설에 따를 때, 법관은 입법자가 제정한 법률에 전적으로 구속되어야 하고 법률이 마련하는 규범구조에 따라 증명책임을 분배해야 한다. 결국 증명책임분배 영역에서도 법관에 대한 입법자의 우위를 확인할 수 있다.

4. 자유주의적 · 시민적 법치국가 이념

지금까지 규범설의 법이론적 기초로 살펴보았던 '삼단논법적 법학방법론', '객관적이고 명확한 증명책임분배', '법관의 법률에 대한 구속' 및 '입법자의 우위' 이념을 전체적으로 종합하면, 규범설이 18~19세기에 서구를 지배하였던 자유주의적 · 시민적 법치국가 이념에 터 잡고 있다는 점을 추론할 수 있다.[37] 정치적으로는 시민혁명, 경제적으로는 산업혁명, 과학적으로는 과학혁명, 종교적으로는 종교개혁 그리고 철학적으로는 사회계약론과 맞물려 형성된 자유주의적 · 시민적 법치국가는 기본적으로 사회계약론에 바탕을 둔 국민주권론과 대의제를 통해 국가권력을 구성한다. 그리고 권력분립원칙에 따라 절대군주에게 귀속되었던 독점권력을 입법권과 집행권 및 사법권으로 분리하여 귀속시킨다. 뿐만 아니라 국가권력이 헌법 및 의회가 제정한 법률에 근거를 두어 행사되도록 한다. 나아가 원칙적으로 국가와 사회가 분리된다는 것을 전제로 하여,[38] 법치국가 원리에 의해 통제되는 국가질서와는 달리 사회질서는 사적 자치에 따라 자율적으로 형성되도록 하고, 사적 자치가 제대로 작동할 수 없는 경우에만 예외적으로 국가가 개입하도록 한다.[39] 또한 경제적으로는 자유시장경제 질서를 채택하여 시장질서가 국가의 개입 없이 '보이지 않는 손'에 의해 작동할 수 있

---

37 자유주의적 · 시민적 법치국가 이념에 관해서는 C. Schmitt, *Verfassungslehre* (Berlin, 1954), 125~138쪽 참고.

38 E.−W. Böckenförde, 김효전 (역), 『국가와 사회의 헌법이론적 구별』(법문사, 1989) 참고.

39 D. Grimm, "Der Wandel der Staatsaufgaben und die Krise des Rechtsstaates", in: D. Grimm (Hrsg.), *Wachsende Staatsaufgaben − sinkende Steuerungsfähigkeit des Rechts* (Baden−Baden, 1990), 299쪽.

도록 한다.

로젠베르크의 규범설은 민사소송 역시 이러한 자유주의적·시민적 법치국가의 토대 위에서 작동한다는 것을 전제로 한다. 이를 반영하듯이 원칙적으로 민사소송에서도 사적 자치가 지배하고 그 결과 처분권주의와 변론주의가 민사소송의 기본원칙으로 자리 잡는다. 이렇게 자유주의적·시민적 법치국가가 민사소송의 토대를 이루고 있다는 점은 규범설에 따라 작동하는 증명책임 영역에서 분명하게 찾아볼 수 있다. 그 이유를 다음과 같이 말할 수 있다. 법관은 삼단논법에 따라 당사자가 제출한 증거를 통해서만 사실관계를 판단한다. 이 과정에서 사실관계의 진위불명 사태가 발생하면, 법관은 증명책임분배의 기준으로 입법자가 제정한 법률에 따라(민주주의), 법률의 구조를 토대로 하여(법치주의) 증명책임을 분배해야 한다. 법관 자신이 증명책임분배의 기준을 수정하거나 새롭게 형성할 수는 없다(권력분립원칙).

Ⅳ. 사회구조 및 법이론적 토대의 변화와 규범설의 한계

위에서 살펴본 것처럼 로젠베르크가 제창한 규범설은 법률의 규범구조에 따라 증명책임을 분배한다. 이 때문에 규범설은 명확하고 객관적으로 증명책임을 분배할 수 있고, 이를 통해 법관의 자의를 방지할 수 있다. 그렇지만 원고와 피고가 처한 구체적인 상황을 고려하지 않고 오직 법률의 규범구조에 따라서만 증명책임을 분배하려는 규범설은 사회구조가 변화하고 법이론적 토대가 변하면서 위기를 맞는다.

1. 사회구조의 변화

(1) 자유주의적·시민적 법치국가의 토대 변화

먼저 지적해야 할 것은 근대 서구의 자유주의적·시민적 법치국가 이념이 토대로 두었던 사회구조가 변화했다는 점이다.[40] 예를 들어 아담 스미스가 제시한 자유주의적 시장경제질서는 노동자 계급이 성장하고 계급 간의 모순이 심화

---

[40] 이러한 변화를 요약해서 설명하는 D. Grimm, 위의 논문, 295쪽 아래 참고.

되면서 상당 부분 수정된다. 독일에서 등장한 사회적 시장경제질서는 이러한
변화를 잘 보여준다. 또한 정치적·법적인 측면에서 보면, 민주주의와 법치주의
외에 사회국가원리가 새로운 국가의 구성원리로 수용되면서 사회에 대한 국가
의 후견적 지위가 점차 강화되었고, 이에 따라 사회에 대한 국가의 개입도 더욱
증가하였다. 나아가 이렇게 사회국가원리에 의해 국가의 임무가 전에 비해 확
장되면서 전통적인 삼권분립원칙도 상당 부분 수정되었다. 가령 사회국가원리
에 따라 국가가 개입해야 하는 영역이 확대되고 국가행정작용의 전문성이 높아
지면서 의회입법보다는 위임입법이 더욱 증가하였다. 행정부의 역할이 그만큼
중요해진 것이다. 이는 입법, 집행, 사법 중에서 집행권이 다른 권력보다 증대
하고 있음을 시사한다. 물론 이렇게 행정권력이 증대하면서 행정작용에 대한
사법부의 통제범위도 그만큼 확장되었다.[41]

그러나 오늘날 진행되는 구조변동 중에서 가장 주목할 만한 것으로, 자유
주의적·시민적 법치국가가 전제로 삼았던 국가—사회 이원론이 해체되고 있다
는 점이다.[42] 현대사회는 지속적으로 전문화되고 세분화되며 복잡해지고 다중
심화된다.[43] 이와 동시에 새롭게 발견할 수 있는 현상은 각 사회 영역이 서로
중첩되고 융합된다는 것이다.[44] 국가—사회 이원론은 국가 영역과 사회 영역이
분리된다고 말한다. 이를 체계이론의 용어로 바꾸어 말하면, 한 공동체가 크게
국가(정치)체계와 사회체계로 분화된다는 것이다. 과거 자유주의 시대에서 국가
체계를 대표하는 것은 정치체계였고, 사회체계를 대표하는 것은 경제체계였다.
그렇지만 체계의 분화가 촉진되면서, 국가체계와 사회체계는 각기 다양하게 분
화될 뿐만 아니라 국가체계의 하부체계와 사회체계의 하부체계가 각기 교착하
고 중첩되는 현상도 나타난다. '민영화'나 '사법의 공법화' 등과 같은 표제어는
이러한 교착현상을 잘 보여준다. 이와 동시에 각 체계들이 융합해서 새로운 체

---

41 예를 들어 행정법학에서 논의되는 '공권의 확대화 경향'이나 '재량행위에 대한 사법심사', '처분성
　개념의 확장' 등은 이러한 경향을 잘 반영한다. 이에 대한 분석으로는 양천수, "행정에 대한 사법적
　통제범위의 법정책: 기초법학의 관점에서", 『공법학연구』 제17권 제4호(2016), 173~199쪽 참고.
42 양천수, "私法 영역에서 등장하는 전문법화 경향", 『법과 사회』 제33호(2007), 118~119쪽.
43 양천수, 위의 논문, 117~118쪽.
44 이에 관해서는 G. Teubner, "Nach der Privatisierung? Diskurskonflikte im Privatrecht", in: *Zeitschrift
　für die Rechtssoziologie* (1998), 10쪽 아래.

계를 만들어내는 경향도 찾아볼 수 있다. 보건의료체계나 환경체계 등이 대표
적인 경우라 할 수 있다.

(2) 위험사회의 등장

이렇게 사회구조가 변화를 맞으면서 과거에는 존재하지 않았던 새로운 패
러다임이 현대사회에 출현하게 되었다. '위험사회'(Risikogesellschaft) 패러다임이
바로 그것이다. 독일의 사회학자인 울리히 벡(U. Beck)이 1986년에 제창한 위험
사회론은 이후 현대 사회학·정치학·철학 등에서 현대사회를 설득력 있게 설명
할 수 있는 패러다임으로 승인되었다. 더 나아가 위험사회론은 법학 영역에도
수용되었다. 예컨대 1990년대를 전후로 하여 독일 형법학에서 많이 논의되었던
'위험형법'(Risikostrafrecht)은 그 대표적인 경우라 할 수 있다.[45]

울리히 벡이 말하는 위험사회는 현대사회를 어떻게 이해하는가? 울리히 벡
에 따르면, 현대사회에서는 대규모 환경오염과 같은 위험(Risiko)들이 인류의 생
존 그 자체를 위협한다.[46] 물론 벡은 과거에도 환경오염은 존재했다고 말한다.
그러나 벡의 관점에서 보면, 이는 단지 개인적이며 지역적 위험(Gefahr)에 불과
하였다. 이와 달리 위험사회를 징표하는 위험은 이런 개인성과 지역성을 넘어
전 지구적이며 인류의 생존 자체를 위협하는 것이라고 한다.[47] 그런데 울리히
벡은 이런 위험은 근대화가 낳은 결과물이라고 한다.[48] 그 이유는 위험은 서구
근대화 과정의 핵심요소였던 과학·기술의 발전 그리고 자본주의의 성장(산업
화)과 맞물려 있기 때문이다.[49] 이러한 벡의 논의를 더욱 살펴보면, 먼저 과학·
기술이 발전하면서 과거에는 없던 새로운 위험이 생산된다. 나아가 이렇게 생
산된 위험은 산업화가 계속 진행되면서 상품으로 판매되기 시작한다.[50] 한편 과

---

[45] 이에 관해서는 K. Seelmann, 최석윤 (역), "위험형법(Risikostrafrecht): '위험사회' 그리고 환경형법
과 마약형법에서 위험사회의 '상징적 입법'", 『형사정책연구』(1998), 237~260쪽; 류전철, "위험사
회(Risikogesellschaft)와 위험형법(Risikostrafrecht)", 『전남대 법률행정논총』(1998), 227~250쪽; 김
영환, "위험사회에서의 귀속원리", 『법철학연구』 제3권 제2호(2000), 151~170쪽 등 참고.
[46] U. Beck, *Risikogesellschaft* (Frankfurt/M., 1986), 25쪽 아래.
[47] U. Beck, 위의 책, 28쪽.
[48] U. Beck, 위의 책, 29쪽.
[49] U. Beck, 위의 책, 28~29쪽.
[50] U. Beck, 위의 책, 74쪽.

학과 기술은 산업화의 요구에 따라 왜곡된 기준으로 위험을 평가한다. 예를 들어 '허용수준'이라는 기만적인 수단과 인과성의 논리를 사용함으로써,[51] 위험 생산과 존속을 정당화한다.[52] 이를 통해 위험은 현대사회에서 필수적인 조건이 되고 만다. 그리고 과학적 합리성은 위험의 분배논리에 왜곡되어 사회적 합리성으로부터 어긋나 버린다고 진단한다.[53]

울리히 벡처럼 현대사회를 위험사회로 이해하면, 이제 문제는 어떻게 현대사회에 존재하는 위험과 위험원을 관리할 수 있는가 하는 점이다. 위험원은 지역적인 차원을 넘어 광범위하고 전 지구적인 성격을 띤다는 점에서 이러한 위험원을 어느 개인 또는 민간단체가 관리하고 규율하는 것에는 한계가 있을 수밖에 없다. 이러한 위험원은 한 국가 또는 여러 국가가 공동으로 관리하고 규율해야 할 필요가 있다. 이제 국가는 적대적인 세력으로부터 자국민을 보호한다는 전통적인 '안전국가' 개념에서 벗어나 현대사회에 존재하는 위험원을 관리하고 규제하는 '위험관리국가'로 그 의미를 새롭게 확보할 수 있는 것이다.[54] 그런데 이러한 변화는 자유주의적·시민적 법치국가에 기반을 두었던 규범설에게는 일종의 위기라고 말할 수 있다. 왜냐하면 오늘날의 사회가 위험사회로 접어들면서 규범설이 기반을 두었던 국가적·사회적 토대가 변하고 있기 때문이다.

2. 법이론적 토대의 변화

(1) 현대형 소송의 등장

위험사회 패러다임의 등장은 법학에서도 많은 법이론적·법도그마틱적인 변화를 불러일으켰다. 예를 들어 민법학에서 많은 논의가 되는 불법행위법의 변화 및 위험책임의 등장은 위험사회 패러다임이 법도그마틱에 어떤 영향을 미치는지 단적으로 보여준다.[55] 상법학에서 성장하고 있는 보험법 그리고 형법학

---

51 U. Beck, 위의 책, 85~92쪽.
52 U. Beck, 위의 책, 82~85쪽.
53 U. Beck, 위의 책, 38~40쪽.
54 '안전국가'는 홉스(T. Hobbes)의 사상에서 찾아볼 수 있다. 이에 관해서는 심재우, "Thomas Hobbes의 법사상", 『법사상과 민사법』(1979), 61쪽 아래.
55 불법행위법의 변화에 관해서는 양창수, "한국에서의 불법행위법의 전개: 그 경향과 가능성", 김욱곤·양창수·명순구·김기창, 『세계화 지향의 사법: 그 배경과 한국·프랑스의 적응』(세창출판

에서 문제가 된 위험형법 도그마틱 등도 이에 대한 좋은 예가 된다.[56] 이러한 변화는 민사소송 영역에서도 찾아볼 수 있다. 환경책임소송이나 제조물책임소송과 같은 이른바 현대형 소송이 새로운 민사소송의 형식으로 등장하고 있다는 것이 좋은 예가 된다.[57] 환경책임소송이나 제조물책임소송 등은 현대 위험사회가 낳은 전형적인 산물이라고 할 수 있다. 왜냐하면 환경책임소송이나 제조물책임소송은 '위험'이 실현되어 진행되는 경우가 대부분이기 때문이다.[58] 이러한 현대형 소송에서는 당해 소송이 안고 있는 특수성 때문에 전통적인 민사소송법 도그마틱을 그대로 관철하기 어렵다. 가령 현대형 소송에서는 집단소송제도를 도입할 필요가 있다는 주장이나 소송을 신속하게 처리할 필요가 있다는 주장 등이 이를 잘 보여준다. 이러한 현대형 소송과 관련하여 위험영역설이나 증거거리설과 같은 새로운 증명책임분배 이론이 등장한 것도 좋은 예가 될 수 있다.

(2) 법학방법론의 변화

현대사회의 구조 변화 및 이에 따른 법이론적 토대의 변화와 관련하여 중요하게 지적할 만한 것으로 법학방법론의 변화를 언급할 수 있다. 19세기를 지나 20세기에 이르면서 특히 독일 법학에서는 전통적인 삼단논법적 법학방법론을 비판하는 새로운 방법론적 사고가 싹트기 시작하였다.[59] 가령 예링의 목적법학이나 헥크의 이익법학 및 칸토로비츠를 중심으로 한 자유법론은 삼단논법에 바탕을 둔 개념법학이나 법실증주의를 비판한다. 이러한 상황은 독일 법학이 1960년대를 거치면서 본격화된다. 예컨대 피벡이 정립한 문제변증론이나 법적

사, 2006), 271~303쪽. '위험책임'에 관해서는 김형배, "위험책임론", 『민법학의 회고와 전망』(1992), 781쪽 아래.

56 위험형법을 종합적으로 연구한 문헌으로 C. Prittwitz, *Strafrecht und Risiko* (Frankfurt/M., 1992) 참고.

57 이러한 현대형 소송에 관해서는 정동윤·유병현, 앞의 책, 490~492쪽; 우세나, 『집단분쟁과 집단소송제도』(세창출판사, 2007); 우세나·양천수, "집단소송제도 재검토: 법이론의 관점에서", 『영남법학』 제45호(2017), 295~321쪽 등 참고.

58 물론 환경책임 그 자체를 위험책임으로 이해하는 것은 타당하지 않을 것이다. 환경책임은 일종의 전문법 책임으로 과실책임과 위험책임을 모두 포함하기 때문이다. 그렇지만 오늘날 문제가 되는 환경책임은 많은 경우 위험책임의 성격을 갖는 경우가 많은 것 또한 사실이다.

59 이를 정리하는 K. Larenz, *Methodenlehre der Rechtswissenschaft*, 6. Aufl. (Berlin usw., 1991), 84쪽 아래 참고.

논증이론 등은 새로운 패러다임의 법학방법론을 제시함으로써 삼단논법의 테두리를 벗어나려 하였다.[60] 그러나 무엇보다도 삼단논법적 법학방법론을 넘어서고자 했던 것은 에써(J. Esser), 카우프만(Arth. Kaufmann), 하쎄머(W. Hassemer), 뮐러(F. Müller) 등이 발전시킨 법해석학이었다.

철학자 가다머(H.‒G. Gadamer)의 '철학적·존재론적 해석학'을 법학에 수용하면서 성장한 법해석학(juristische Hermeneutik)은 '선이해'(Vorverständnis)와 '해석학적 순환'(hermeneutischer Zirkel)이라는 개념에 힘입어 법해석 주체와 법해석 대상 간의 분리가 아닌 융합을 주장한다.[61] 또한 법규범과 사안 간의 해석학적 순환도 인정한다. 따라서 대전제인 법규범과 소전제인 사안은 서로 분리되지 않는다. 오히려 사안은 법규범의 관점을 통해 법적으로 구성되고, 이렇게 구성된 사안에 따라 법규범은 구체화되거나 변경된다. 이러한 법해석학의 시각에서 볼 때 법규범과 사안을 대전제와 소전제로 각각 구분하고자 했던 삼단논법적 법학방법론은 더 이상 유지되기 어려운 그 무엇이라 할 수 있다. 그런데 이러한 관점은 오직 법률의 규범구조를 기준으로 해서만 증명책임을 분배하고자 하는 규범설에 대해서도 마찬가지로 적용할 수 있다. 규범설이 전제로 하는 것과는 달리 규범과 사안, 즉 법률문제와 사실문제는 엄격하게 구분할 수 있는 것이 아니라 해석학적으로 서로 순환되고 융합되기 때문이다. 이러한 맥락에서 규범설과는 달리 법률의 규범구조가 아닌 사안적 요소로부터, 가령 위험영역이나 증거거리를 기준으로 하여 증명책임을 분배하고자 하는 새로운 증명책임분배론이 성장하게 된 것이다.

(3) 법관에 의한 법형성 인정

법해석학의 등장으로 대변되는 법학방법론의 변화에 힘입어 법률에 대한 법관의 엄격한 구속이라는 이념도 바뀌게 되었다. 더 이상 법관을 '자동포섭기

---

60 문제변증론에 관해서는 T. Viehweg, *Topik und Jurisprudenz*, 5. Aufl. (München, 1974). 이러한 문제변증론을 일목요연하게 소개하는 문헌으로 계희열 (편역), 『헌법의 해석』(고려대학교 출판부, 1992), 42~49쪽 참고. 논증이론에 관해서는 김영환, "법적 논증이론의 전개과정과 그 실천적 의의", 한국법철학회 (편), 『현대법철학의 흐름』(법문사, 1996), 126쪽 아래,

61 이러한 법해석학에 대해서는 이상돈, 앞의 책, 195쪽 아래; 양천수, 『법해석학』(한국문화사, 2017) 참고.

계'(Subsumtionsautomat)로 바라보지 않고, 법관에게 일정한 범위 안에서 법을 형성할 수 있는 권한을 부여하는 것이 일반적으로 승인된 것이다.[62] 물론 법관이 법형성을 하기 위해서는 특정한 요건이 충족되어야 한다. 먼저 법률에 흠결이 있어야 하고, 이러한 흠결을 보충하기 위해 행하는 법관의 법형성이 법률에 반하는 것이어서는 안 된다는 것이다(법률에 반하는 법형성 금지).[63] 그렇다 하더라도 이렇게 법관의 법형성을 인정하는 것에서 우리는 법률에 대한 법관의 엄격한 구속 이념이 다소 완화되었음을 추론할 수 있다. 이는 동시에 엄격한 권력분립원칙이 다소 수정되었음을 보여준다. 그런데 이와 같은 법관의 법형성은 증명책임분배에서도 찾아볼 수 있다. 이를 잘 보여주는 대표적인 경우가 독일 연방대법원(BGH)이 적극적 채권침해 영역과 제조물책임 영역에서 발전시킨 위험영역설이라 할 수 있다. 아래에서 자세히 살펴보겠지만, 위험영역설은 법률의 규범구조가 아닌 다른 기준, 즉 '위험영역'이라는 기준을 통해 증명책임을 배분하고자 한다. 그런데 이러한 위험영역은 입법자가 미리 정해놓은 기준은 아니다. 오히려 위험영역은 구체적인 법적 분쟁에서 법관이 찾아야 한다. 무엇이 위험영역인지를 판단하는 것은 법관의 몫인 셈이다. 바로 이러한 점에서 위험영역설은 법관의 법형성과 맥을 같이 한다고 말할 수 있다.

3. 새로운 증명책임분배 이론의 등장

(1) 위험영역설

위에서 언급한 사회구조의 변화와 이에 따른 법이론적 토대의 변화로 인해 그동안 증명책임분배기준에 관해 지배적인 견해로 승인되었던 규범설은 새로운 학설의 도전에 직면하게 되었다. 규범설을 비판하면서 새롭게 등장한 증명책임분배 이론으로 먼저 위험영역설을 거론할 수 있다.[64] 위에서 언급한 것처럼 위

---

[62] K. Larenz, 앞의 책, 366쪽 아래.

[63] 그러나 이 책은 특정한 경우에는 '법률에 반하는 법형성' 역시 가능하다고 본다. 이에 관해서는 제16장 참고.

[64] 위험영역설을 본격적으로 소개하는 국내문헌으로 강봉수, "입증책임분배에 있어서의 위험영역이론(상)(중)(하)", 『사법행정』(1979) 참고. 또한 L. Rosenberg/K. H. Schwab, *Zivilprozeßrecht*, 13. Aufl (München, 1981), 685~686쪽.

험영역설은 독일 연방대법원이 판례를 통하여 발전시킨 이론이다. 위험영역설은 피해자 또는 채권자인 원고가 주장하는 권리에 대응하는 사실자료, 특히 손해의 사실자료 등이 가해자 또는 채무자의 조직 및 '위험영역' 안에 있는 경우에는 가해자 또는 채무자인 피고가 자신에게 귀책사유가 없다는 점을 증명해야 한다고 말한다.[65] 위험영역설은 독일 연방대법원이 적극적 채권침해 사례에서 원용하기 시작하여 그 후 계약체결상 과실책임 사례, 제조물책임 사례까지 확대 적용함으로써 독일에서 유력한 증명책임분배 이론으로 대두하게 되었다.[66] 그리고 이렇게 독일 연방대법원이 발전시킨 위험영역설은 당대의 유력한 독일 민법학자 칼 라렌츠(K. Larenz), 피켄쳐(W. Fikentscher), 프뢸스(J. Pröls) 등에 의해 옹호되면서 학설상으로도 유력한 견해로 자리매김하게 되었다.[67] 물론 위험영역설을 비판하는 견해도 만만치 않다.

그러면 위험영역설은 규범설과 비교할 때 어떤 실제적인 차이가 있을까? 사실 적극적 채권침해 사례만을 보면, 위험영역설은 실제적인 면에서 규범설과 큰 차이가 없다. 지난 2002년의 대개정이 이루어지기 전에 시행되었던 독일 구민법은 이행지체나 이행불능의 경우 채무자가 자신에게 과책이 없다는 점을 증명하도록 명문으로 규정하고 있었기 때문이다.[68] 이 점은 우리 민법 제390조에서도 마찬가지라 할 수 있다. 그렇지만 제조물책임 소송 사례를 보면, 규범설과 위험영역설 사이에 실제적인 차이가 있다. 독일 연방대법원이나 우리 대법원 판례 모두 제조물책임을 불법행위책임으로 이해하는데, 이 경우 규범설에 따르면 과책은 원칙적으로 피해자인 원고가 증명해야 하는 데 반해 위험영역설은 가해자인 피고가 자신에게 과책이 없다는 점을 증명하도록 하기 때문이다.

법이론의 관점에서 볼 때 이러한 위험영역설은 다음과 같은 점에서 의미가

---

[65] 강봉수, "입증책임분배에 있어서의 위험영역이론(상)", 『사법행정』(1979), 20쪽.
[66] 독일 구민법은 이행제체와 이행불능만을 규정하고 있었을 뿐 적극적 채권침해에 관해서는 침묵하고 있었다. 이 때문에 헤르만 슈타우프(H. Staub)가 적극적 채권침해 유형을 발견한 이후 적극적 채권침해 사례에서는 어떻게 증명책임을 분배해야 하는지 문제되었다. 규범설의 기준이 되어야 할 법규범 자체가 이 경우에는 없었기 때문이다.
[67] 정동윤·유병현, 앞의 책, 503~504쪽; L. Rosenberg/K. H. Schwab, 앞의 책, 685쪽 및 각주(14) 참고.
[68] 예를 들어 개정되기 전의 독일 민법 제282조는 다음과 같이 규정한다. "급부의 불능이 채무자에게 책임 있는 사유로 인한 것인지에 관하여 다툼이 있는 때에는 채무자가 입증책임을 진다." 번역은 양창수 (역), 『신판 독일민법전』(박영사, 2000), 123쪽을 따랐다.

있다. 첫째, 위험영역설은 법률의 규범구조가 아닌 '위험영역'을 기준으로 하여 증명책임을 분배하는데, 이때 위험영역을 판단하는 권한을 법관에게 부여함으로써 증명책임분배 영역에서도 일종의 법관에 의한 법형성을 인정한다는 것이다. 둘째, 위험영역설은 증거자료 등이 누구의 위험영역에 있는지를 기준으로 하여 증명책임을 분배한다는 점에서 대전제인 법규범과 소전제인 사안을 구별하는 삼단논법적 사고로부터 어느 정도 벗어나고 있다고 평가할 수 있다. 그 이유를 다음과 같이 도식화하여 표현할 수 있다.

≪도식-4≫ 위험영역설의 논리적 구조

원고의 손해배상 청구 ⇒ 이에 대응하는 불법행위 규범구조 분석 ⇒ 과책 증명의 필요성 도출 ⇒ 과책을 구체화하기 위해 사안평가(사물의 관점 평가) ⇒ 사안에 담긴 위험영역 구조 파악 ⇒ 위험영역구조에 따라 과책의 증명책임 분배 ⇒ 증명책임의 전환

위에서 알 수 있는 것처럼, 위험영역설에 따르면 과책의 증명책임은 불법행위의 규범구조(민법 제750조)에 의해서 분배되는 것이 아니라 불법행위 규범이 적용되는 사안이 담고 있는 위험영역구조에 따라 분배된다. 삼단논법처럼 대전제가 소전제로 적용되는 것이 아니라 대전제인 법규범과 소전제인 사안 사이에 순환관계가 형성되는 것이다.

(2) 증거거리설

증거거리설은 일본의 민사법 학자인 이시다 미노리(石田穰)에 의해 제창된 증명책임분배이론이다.[69] 이 견해는 당해 재판에서 증명되어야 할 주장에 관한 증거가 원고와 피고에 대해 어떤 거리를 유지하고 있는가에 따라 증명책임을 분배하려 한다. 소송 당사자와 증거 사이의 거리, 증명의 난이도 등을 고려하여 증명책임을 분배하는 것이다.

본래 '증거거리'라는 분배기준은 이미 위험영역설에서도 제시되었다. 위험영역설이 제안하는 '위험영역'이라는 기준은 증거에 대한 거리까지 고려한 기준

---

[69] 정동윤 교수는 그 기원을 독일의 라이폴트(D. Leipold)에게서 찾는다. 정동윤·유병현, 앞의 책, 509쪽.

이기 때문이다. 다만 위험영역설은 증거거리와 위험영역을 동시에 고려하기에 증거거리가 일반적인 의미를 갖지는 않는다. 이에 반해 증거거리설은 위험영역설이 위험영역을 판단하면서 고려한 증거거리를 더욱 일반화하여 증명책임을 분배하는 데 사용되는 상위의 기준으로 설정한 것이다. 이러한 증거거리설도 위험영역설과 마찬가지로 법률의 규범구조가 아닌 '증거거리'라는 사실적 기준을 통해 증명책임을 분배하려 한다는 점에서 규범설과 차이가 있다.

4. 새로운 견해들의 한계 및 규범설의 재평가

이러한 새로운 견해들은 규범설의 한계를 지적하면서 현대 위험사회에 적합할 수 있는 증명책임분배 기준을 제공하려 한다는 점에서 일단 그 의미를 긍정적으로 평가할 수 있다. 그렇지만 필자는 이 견해들이 전통적인 규범설을 완전히 대체하지는 못한다고 생각한다. 독일이나 일본 그리고 우리나라의 지배적인 학설과 판례에서 이러한 견해들을 소개하기는 하지만 여전히 규범설을 고수하고 있다는 점에서 규범설이 지닌 이론적 장점을 완전히 버릴 수는 없다고 생각한다.[70]

그렇다면 무엇 때문에 새 견해들이 규범설을 완전하게 대체하지 못하는 것일까? 그 이유는 우선 '위험영역'이나 '증거거리'라는 기준이 반드시 명확한 것만은 아니라는 점에서 찾을 수 있다. 이 기준들은 개별적인 법적 분쟁을 재판해야 하는 법관에 의해 다시 구체화되어야 한다. 그런데 법관이 개별 사례에서 구체화한 이러한 기준들의 내용이 항상 정당한 것이라고 말하기는 쉽지 않다. 왜냐하면 '위험영역'이나 '증거거리'와 같은 기준을 구체화하는 것은 일종의 법관에 의한 법형성이라고 말할 수 있는데, 이러한 법형성이 항상 법률에 합치해서 이루어진 것이라고 말할 수는 없기 때문이다. 이러한 이유에서 새 견해들에 따라 증명책임을 분배할 때는 해당 법관이 법형성의 한계를 준수하였는지를 매번 문제 삼을 수밖에 없다. 이에 반해 규범설은 법률의 규범구조를 증명책임분배의 기준으로 삼기에 상대적으로 증명책임분배의 기준이 명확하다는 장점을 지

---

[70] 우리나라에서는 민법학자인 김형배 교수가 증거거리설을 취한다. 김형배, 『채권총론』(박영사, 1991), 185쪽.

닌다. 물론 법규범 그 자체도 많은 경우 다시 구체화해야 할 필요로 있으므로 명확성이라는 측면에서 한계가 있을 수밖에 없다. 그렇지만 규범설은 위험영역설이나 증거거리설과는 달리 각 개별 법률이 어느 정도 구체적으로 규율해 놓은 규범구조를 기준으로 삼는다는 점에서 볼 때 명확성의 측면에서 더욱 우위에 선다고 말할 수 있다. 더군다나 규범설은 민주적 정당성을 지닌 입법자가 마련한 법률의 규범구조를 증명책임분배의 출발점으로 삼는다는 점에서 명확성뿐만 아니라 민주적 정당성의 측면에서도 장점을 지닌다. 뿐만 아니라 규범설 역시 새 견해들이 의도하는 바를 '일응의 추정'과 '간접반증' 이론을 원용한 증명책임의 전환·완화 등을 통해 실현할 수 있다는 점에서 실천적인 의미 역시 잃지 않는다고 말할 수 있다.

Ⅴ. 증명책임분배의 근거와 기준

지금까지 증명책임분배의 근거 및 기준과 관련하여 규범설의 법이론적인 의미와 한계에 관해 살펴보았다. 마지막으로 결론을 대신하여 지금까지 전개한 법이론적 논의를 기초로 하여 증명책임분배의 근거와 기준에 대한 필자의 생각을 간단하게 개진한다.

1. 증명책임분배의 근거

로젠베르크는 증명책임분배의 근거로서 '합목적성'과 '평균적 정의' 및 '사물의 본성'을 제시하였다. 그러면서 '변론주의'나 '소송의 대립적 구조'를 증명책임분배의 근거로 내놓는 것은 타당하지 않다고 비판하였다. 이때 '변론주의' 근거에 대한 로젠베르크의 비판은 설득력 있다고 생각한다. 그렇지만 '소송의 대립적 구조'라는 근거는 새롭게 바라볼 여지가 있다. 소송을 대립적 구조로 본다는 것은 민사소송에서 원고와 피고가 서로 대등한 지위에 있다는 점에 착안한 것이다. 이때 원고와 피고가 서로 대등한 지위를 누리고 있다는 점에서 민사소송이 독일의 사회철학자 하버마스가 제시한 이론에서 강조하는 '대화적인 구조'로 짜여 있다는 테제를 이끌어낼 수 있다고 생각한다. 왜냐하면 하버마스의 의미에서 본 '대화'(Diskurs)는 기본적으로 대화 참여자들이 자유롭고 평등한 주체여야 한다는 점을 전제로 하기 때문이다. 그런데 민사소송에서는 원고와 피고가 서로에 대해 평등한 주체라고 말할 수 있으므로 이러한 점에서 민사소송이 대화적인 구조로 짜여 있다고 말할 수도 있는 것이다.[71] 그렇다면 이렇게 민사소송을 대화구조로 이해한다는 것은 무슨 의미가 있는가? 이는 법이론 혹은 법철학적으로 어떤 실익이 있는가?

법철학적으로 볼 때 소송을 대화구조로 본다는 것은 절차주의적 정의 또는 절차주의적 진실이론, 그중에서도 위에서 시사한 것처럼 하버마스가 제시한 '법의 대화이론'과 관련을 맺는다. 절차주의적 진실이론에 따르면, 진실은 특정한 주체에 의해 발견되는 것이 아니다. 오히려 진실은 특정한 절차에 참여한 참여자들을 통해 '구성'되는 것이다.[72] 이는 소송상 진실 개념에 대해서도 마찬가지다. 소송상 진실도 소송절차를 통해 구성된다고 말할 수 있다.

이러한 절차주의적 진실이론을 증명책임분배 영역에 적용하면 다음과 같은 결론을 얻을 수 있다. 증명책임이란 민사소송에서 진실을 구성해야 하는 소송 참여자가 진실을 구성하는 절차에 적극적으로 참여하는 것을 게을리 하거나 참여할 수 없게 되었을 때, 바꿔 말해 법적 대화의 논증규칙(증거조사규칙)을 제대로 이행하지 않았을 때 부과되는 불이익이라는 것이다. 그런데 민사소송상 진실은 민사소송의 이상인 '적정'과 '공평'을 실현하기 위해 필요한 것이라 할 수 있고, 이러한 적정과 공평은 결국 법적 정의라는 범주에 포함시킬 수 있다. 그렇다면 증명책임은 민사소송의 정의실현과 결코 무관한 것이 아님을 알 수 있다.

여기서 다시 처음으로 되돌아가 보자. 위에서 언급한 것처럼 증명책임을 법적 대화규칙을 성실하게 이행하지 않은 것에 대한 법적 제재라고 이해할 수

---

71 물론 하버마스가 말한 '합리적 대화'와는 달리, 민사소송에서 원고와 피고는 '상호이해지향적'으로 행위하는 것이 아니라 '전략적으로' 행위한다는 점에서 민사소송을 완전한 의미에서 '대화'라고 말하기는 쉽지 않을 것이다. 그렇지만 민사소송 역시 민사소송의 진실을 발견하는 데 필요한 제도적 장치와 법적 규제를 지니고 있다는 점에서 일단 민사소송을 '대화'의 '특수한 경우'(Sonderfall)로 파악할 수 있다고 생각한다.

72 양천수, "형사소송법상 실체진실주의와 적정절차원칙에 대한 비판적 고찰: 법철학의 관점에서", 『경남법학』 제23집(2008), 130~139쪽.

있다면, 증명책임분배 역시 법적 대화, 달리 말해 소송의 대화적 구조와 결코 무관한 것은 아니라는 점을 추론할 수 있다. 그런데 이러한 소송의 대화적 구조는 소송의 대립적 구조에서 이끌어낼 수 있다. 사실이 그렇다면, 슈타인·요나스·센케가 증명책임분배의 근거로 주장한 '소송의 대립적 구조'도 어느 정도 설득력을 지닌다고 말할 수 있지 않을까?

결론적으로 민사소송법상 증명책임분배의 근거는 다음과 같이 말할 수 있다. 원칙적으로 민사소송은 원고와 피고가 동등한 지위를 누리는 것을 전제로 하는 대화적인 구조로 짜여 있다. 그리고 민사소송의 목적을 실현하는 데 기초가 되는 '진실'은 이러한 대화구조 안에서 원고와 피고에 의해 구성된다. 그런데 증명책임은 민사소송절차, 즉 민사소송의 대화과정에 소송 참여자가 성실하게 참여하지 못한 결과 부과되는 불이익이라고 말할 수 있다. 그러므로 증명책임분배는 소송 참여자가 민사소송상 진실(혹은 정의)을 구성하는 절차에 적극적으로 참여하도록 기여하는 제도라는 점에서 그 근거를 찾을 수 있다.

2. 증명책임분배 기준

앞에서도 언급한 것처럼 필자는 규범설이 증명책임분배의 기준으로 여전히 타당하다고 생각한다. 그렇지만 규범설이 바탕으로 삼았던 몇몇 법이론적 기초는 바꿀 필요가 있다고 생각한다. 우선 오늘날 사회구조가 근대의 그것과 비교할 때 많이 달라졌다는 점을 인정할 필요가 있다. 특히 현대사회는 위험사회의 성격을 지니고 있음을 의식할 필요가 있다. 그리고 이에 따라 오늘날 고전적인 자유주의적·시민적 법치국가 이념을 그대로 관철하는 것이 쉽지 않다는 점도 자각해야 할 필요가 있다.

나아가 규범설이 바탕으로 삼았던 법이론적 토대도 많이 바뀌었다는 점 역시 승인해야 할 필요가 있다. 무엇보다도 법규범과 사안을 분리하여 사고했던 삼단논법적 사고를 수정해야 할 필요가 있다. 이에 관해 규범과 사안 사이의 해석학적 순환을 긍정하는 법해석학의 관점은 유익한 시사점을 제공한다. 이러한 법이론적 토대의 변화에 발맞추어, 법규범을 해석할 때 법규범의 의미내용을 분석하는 것에만 머물지 말고 사안, 더욱 정확하게 말해 사안이 담고 있는 '사물논리적 구조'를 고려하여 법규범을 해석하고 구체화해야 할 필요가 있음을 인정해야 한다. 증명책임분배 영역에서는 '위험영역'이나 '증거거리' 등이 이러한 사물논리적 구조의 좋은 예가 될 수 있다. 그렇지만 사물논리적 구조를 고려할 때도 여기에는 일정한 한계가 있음을 잊어서는 안 된다. 법규범이라는 한계가 그것이다. 사물논리적 구조를 고려하여 법규범을 해석하고 구체화하는 경우에도 법규범이 설정한 한계를 넘어설 수는 없는 것이다. 이러한 점에서 입법자가 마련한 법률의 규범구조를 증명책임분배의 기준으로 삼고자 하는 규범설의 기본태도는 여전히 그 의미를 잃지 않는다고 말할 수 있다.

삼단논법과 법학방법

제 8 장
형사소송의 진실 개념

I. 문제제기

형사소송법은 실체형법을 구체적으로 실현하기 위해 존재하는 법이라고
할 수 있다.[1] 이러한 목표를 수행하기 위해 형사소송법은 소송목적으로 실체진
실주의와 적정절차원칙 그리고 신속한 재판원칙을 설정한다.[2] 일반적으로 학설
과 판례는 이러한 형사소송의 목적들이 서로 목적–수단 관계에 놓이거나,[3] 그
게 아니면 서로 대립하는 관계를 맺는다고 한다.[4] 나아가 이렇게 형사소송 목적
들 사이의 관계를 설정하는 방식이 이른바 '소송구조론'과 관련이 있다고 한다.[5]
그러나 소송목적에 관해 일반적으로 전개되는 이러한 설명방식에 관해서는 다
음과 같은 의문이 떠오른다.

---

1 배종대·이상돈,『형사소송법』(홍문사, 2004), 4쪽; 이재상,『형사소송법』(박영사, 1998), 18쪽 참
   고. 그러나 이러한 언명은 자칫 형사소송법이 형법에 종속되는 듯한 인상을 풍길 수 있다. 이는
   형법과 형사소송법의 관계를 어떻게 설정할 것인가의 문제와 연결된다. 이 문제에 관해서는 홍
   영기, "형사소송법, 그 독자적인 법 목적에 대한 이해",『저스티스』제100호(2007), 255~271쪽 참
   고. 여기서 홍영기 교수는 형사소송법이 고유하게 지닌 독자성을 강조한다.
2 배종대·이상돈, 위의 책, 14~15쪽; 이재상, 위의 책, 18쪽.
3 실체진실주의를 '목적'으로 그리고 적정절차원칙과 신속한 재판원칙을 '수단'으로 보는 것을 말한
   다. 이는 독일에서 주장되는 견해라고 한다. 이재상, 앞의 책, 19쪽 각주(1) 참고.
4 각 소송목적 가운데 무엇을 우선시할 것인가에 관해 견해가 대립한다는 점이 이를 잘 보여준다.
   이러한 견해대립을 잘 소개한 문헌으로 변종필,『형사소송에서 진실개념』(고려대 법학박사 학위
   논문, 1996), 11쪽 아래 참고.
5 변종필, 위의 논문, 15쪽 아래.

- 소송목적, 특히 실체진실주의와 적정절차원칙은 과연 목적 – 수단 관계에 놓이거나, 아니면 서로 대립하는 별개의 소송목적에 해당하는가?
- 소송목적론은 소송구조론과 필연적으로 관련을 맺는가?
- 형사소송의 목적과 그 관계를 논의하는 것은 구체적으로 어떤 실익이 있는가? 이는 단순히 이론을 위한 이론에 불과한 것은 아닌가?
- 실체진실주의와 적정절차원칙 및 신속한 재판원칙을 과연 소송목적이라고 말할 수 있는가?

제8장은 바로 이런 의문들을 기존의 견해들과는 다른 방향에서 해명하려한다. 말하자면 형사소송법상 실체진실주의와 적정절차원칙을 비판적으로 재검토하는 것이 바로 제8장의 목표라고 할 수 있다. 이 목표를 추구하기 위해 제8장은 다음과 같은 순서로 논의를 전개한다. 먼저 실체진실주의와 적정절차원칙에 관한 일반적인 내용(Ⅱ)과 이에 관한 논의를 소개한다(Ⅲ). 그리고 이러한 논의들을 비판적으로 고찰하기 위한 전제로서 특히 실체진실주의가 바탕으로 삼는 철학적 인식론의 기초와 이에 대한 비판들을 살펴본다(Ⅳ). 이를 바탕으로 하여 실체진실주의와 적정절차원칙에 관한 기존의 논의들을 비판적으로 검토한 후(Ⅴ) 결론을 맺는다(Ⅵ).

Ⅱ. 실체진실주의와 적정절차원칙의 의의

먼저 실체진실주의와 적정절차원칙의 개념을 간단하게 검토한다. 실체진실주의란 형사법관이 역사적 공간 속에서 실체로 존재했던 형사사건을 객관적으로 그리고 진실에 맞게 인식해야 한다는 원칙을 말한다.[6] 그리고 적정절차원칙이란 헌법과 법률이 인정하는 적법하고 정당한 절차에 따라 형사절차를 진행해야 한다는 원칙을 말한다. 이러한 실체진실주의와 적정절차원칙은 모두 형사소송의 목적으로 인정된다.

형사소송법상 실체진실주의와 적정절차원칙을 구체화한 제도로 다음과 같

---

6 이와 비슷한 취지로 개념을 정의하는 이재상, 앞의 책, 20쪽.

은 것들이 인정된다.[7] 우선 실체진실주의를 구체화한 것으로는 직권에 의한 증
거조사(형사소송법 제287조·제161조의2, 제295조),[8] 각종 증거법칙,[9] 상소와 재심제
도가 거론된다. 이에 대해 적정절차원칙을 구체화한 제도로는 공정한 재판원칙,
비례성 원칙, 피고인 보호원칙 등이 논의된다.[10] 이때 공정한 재판원칙은 다시
공평한 법원구성, 피고인의 방어권 보장, 무기평등의 원칙으로 구체화된다.

Ⅲ. 실체진실주의와 적정절차원칙에 관한 논의

형사소송의 목적인 실체진실주의와 적정절차원칙에 관해 다음과 같은 쟁
점들이 논의된다. 실체진실주의와 적정절차원칙이 서로 어떤 관계를 맺는지, 이
원칙들이 소송구조론과 어떻게 연결될 수 있는지에 관한 논의가 그것이다.

1. 실체진실주의와 적정절차원칙의 관계

일반적으로 학설은 실체진실주의와 적정절차원칙이 서로 대립관계에 놓일
수 있다고 한다. 실체진실주의를 너무 강조하면 적정절차원칙에서 추구하는 피
고인 보호가 소홀해질 수 있고, 반대로 적정절차원칙을 엄격하게 준수하면 자
칫 실체진실을 놓칠 수 있다는 것이다. 그리고 이러한 문제 때문에 실체진실주
의를 우선시 할 것인지, 아니면 적정절차를 우선시 할 것인지의 문제가 등장한
다고 한다.

이에 관해 우선 실체진실주의를 형사소송의 최고 목적으로 인정하는 견해
가 있다. 이 견해에 의하면, 형사소송상 실체진실주의는 최고의 소송목적으로
자리 잡고, 다만 적정절차원칙이 이를 제한한다.[11] 실체적 진실을 발견하는 것

---

7 이재상, 앞의 책, 21~23쪽, 25~27쪽.
8 이하 형사소송법 조문은 법명을 표시하지 않고 조문만으로 인용한다.
9 예컨대 증거재판주의(제307조), 자유심증주의(제308조), 임의성 없는 자백 배제(제309조), 전문법
  칙(제310조의2), 자백의 보강법칙(제310조) 등이 바로 실체진실주의를 담고 있다고 한다. 이재상,
  앞의 책, 23쪽. 그러나 이러한 증거법칙은 오히려 적정절차원칙과 더욱 관련을 맺는다고도 말할
  수 있다.
10 배종대·이상돈, 앞의 책, 17~18쪽.
11 이재상, 앞의 책, 18쪽 등.

이 형사소송에서 가장 원칙적인 목적이 된다는 것이다.

이에 반해 적정절차원칙을 형사소송에서 가장 중요한 목적으로 파악하는 견해도 있다.[12] 이 견해는 '헌법적 형사소송'에 이론적인 근거를 둔다. 그 때문에 이 견해는 형사소송에서 무엇보다도 피고인의 형사절차적 방어권을 보장하려 한다. 그리고 이를 헌법상 기본권(인권)의 차원으로 승화시키려 한다. 따라서 이 견해에서 볼 때 적정절차원칙은 단순히 실체진실주의를 보완하거나 제약하는 원칙에 불과한 것이 아니다. 오히려 적정절차원칙은 헌법적 형사소송을 가장 잘 표현한 것으로 형사소송에서 가장 우선적인 목적이 되어야 한다고 말한다.

한편 이러한 실체진실주의와 적정절차원칙의 대립에 대해 양자를 절충하려는 견해도 제시된다. 이 견해는 어느 한쪽에 우선순위를 인정하기보다는 실체진실주의와 적정절차원칙 양자를 모두 균형 있게 추구하려 한다.[13]

이외에 비록 우리나라에서 주장되는 것은 아니지만 실체진실주의와 적정절차원칙을 목적과 수단의 관계로 보는 견해도 있다.[14] 이 견해도 양자를 균형 있게 파악하려는 견해에 해당한다고 볼 수 있다. 이 견해에 따르면, 적정절차원칙은 실체진실주의와 대립하는 형사소송 목적이 아니다. 오히려 적정절차원칙은 형사소송에서 실체진실주의라는 목적을 달성하기 위한 수단이 된다.

이처럼 실체진실주의와 적정절차원칙의 관계에 관해서는 실체진실주의를 우선시 하는 견해, 적정절차원칙을 우선시 하는 견해, 양자를 절충적인 균형관계로 보려는 견해, 목적과 수단의 관계로 파악하려는 견해가 대립한다. 그러면 대법원은 이 양자를 어떻게 파악하는가? 이 문제에 관해 대법원이 자신의 태도를 분명하게 드러낸 판결은 아직 보이지 않는 것 같다. 다만 다음과 같은 판례들을 보면, 대법원은 실체진실주의와 적정절차원칙을 서로 대립하는 또는 목적－수단관계에 있는 형사소송 목적으로 파악하면서도 실체진실주의에 우선순위를 인정하고 있다고 추측할 수 있다. 예를 들어 대법원 1990. 10. 26. 선고 90도1229 판결 등에서 대법원은 "적정절차에 의한 신속한 실체적 진실의 발견이

---

12 이에 관해서는 변종필, 앞의 논문, 11쪽과 각주(4)에 소개된 문헌 참고.
13 그러나 이 견해에 대해서는 실체진실주의와 적정절차원칙이 근본적으로 양립할 수 없다는 반론이 제시된다.
14 이재상, 앞의 책, 19쪽 각주(1)에 소개된 독일 문헌 참고.

라는 형사소송의 목적"이라고 함으로써 적정절차원칙은 실체진실을 발견하기 위한 수단인 것처럼 설시한다.[15] 또한 대법원 1983. 4. 26. 선고 82도2829·82감도612 판결은 "현행 형사소송법상 항소심은 기본적으로 실체적 진실을 추구"하고 있다고 하면서 실체진실주의를 가장 중요한 소송목적으로 인정한다. 나아가 대법원 1982. 9. 14. 선고 82도1479 전원합의체 판결은 별개의견에서 다음과 같이 실체진실주의가 형사소송의 주된 목적임을 밝히고 있다.

> "열 사람의 범인을 놓치는 한이 있더라도 한 사람의 무고한 사람을 벌하지 않는다는 것은 형사재판의 이상임에는 이론이 있을 수 없다. 그러나 이와 같은 고전적 의미의 이상은 인권옹호라는 점에서 강조되는 반면, 형사재판의 목적에서 볼 때 형사소송이 추구하여 할 궁극적 이상은 한 사람의 무고한 사람을 벌하지 아니함은 물론, 한편으로는 한 사람의 범인도 형사처벌을 면하게 하여서는 안 된다고 하는 데 두어야 할 것이다. (…) 소송절차는 실체적 진실의 발견이라는 목표에 도달하는 과정이다. 이 실체적 진실의 발견은 법관의 자유로운 증거판단에 맡겨진 것이며 그렇다면 이를 제약하는 제한은 그 필요한 최소한에 그치는 것이 이상적임은 이론의 여지가 없다. 그 최소한의 제한규정에 의하여 부여된 증거능력을 다시 (…) 부정한다면 (…) 실체적 진실의 발견이라는 외롭고 고뇌에 찬 책무를 우리 스스로가 포기하고 형식적 진실에 만족하고 안주하는 격이 될 것이다."

이처럼 판례는 분명하지는 않지만 한편으로는 실체진실주의와 적정절차원칙을 대립하는 것으로 보면서, 다른 한편으로는 실체진실주의에 우선순위를 인정하는 태도를 보인다.

2. 소송목적과 소송구조의 관계

한편 학설 가운데는 소송목적 상호 간의 관계와 소송구조론을 서로 연결하여 논의를 전개하기도 한다. 실체진실주의와 적정절차원칙의 관계를 직권주의

---

[15] 대법원 1991. 5. 28. 선고 91도676 판결; 대법원 1993. 12. 28. 선고 93도3058 판결도 마찬가지다.

와 당자사주의의 대립구도로 환원하여 파악하는 태도가 그것이다.[16] 이를 간략하게 정리하면 다음과 같다.

먼저 직권주의의 관점을 본다. 직권주의란 법원이 소송의 주도적 지위를 갖는 탄핵주의 소송구조를 말한다.[17] 이러한 직권주의에서는 검사나 피고인보다 법원이 우월한 지위를 차지한다. 따라서 법원은 소송주체인 검사나 피고인의 주장과 증명에 구속되지 않는다. 대신 법원은 실체적 진실발견을 위해 필요한 경우 직권으로 증거를 조사할 수 있다. 그러면 왜 직권주의는 법원에게 검사나 피고인보다 우월한 지위를 인정하는가? 그 이유는 독일 형사소송법 제244조 제2항이 규정하고 있는 것처럼, 형사소송에서 진실발견을 최우선의 목적으로 삼기 때문이다.[18] 달리 말해 직권주의적 소송구조는 실체적 진실발견을 가장 중요한 소송목적으로 보기 때문에 법원에게 직권적인 지위를 부여하는 것이다. 물론 직권주의적 소송구조가 실체적 진실만을 추구하는 것은 아니다. 직권주의를 취하고 있는 독일 형사소송법의 해석론에서 인정하는 것처럼, 정의의 전제가 되는 실체적 진실발견 이외에 '절차의 사법형식성'이나,[19] '법적 평화의 회복'도 소송목적으로 인정되기 때문이다.[20]

이러한 직권주의와는 달리 영미 형사절차에서 취하고 있는 당사자주의적 소송구조는 법원이 아닌 검사 및 피고인에게 소송의 주도권을 인정한다. 당사자주의에서 법원은 검사와 피고인의 주장과 증명에 구속되어야 한다. 직권주의에서와는 달리 법원은 직권으로 증거를 조사할 수 없다. 우리 학설은 이러한 당사자주의에서 피고인 보호라는 관점을 이끌어낸다. 검사와 피고인이 법원보다

---

16 이에 관해서는 우선 변종필, 앞의 논문, 15쪽 아래.
17 배종대·이상돈, 앞의 책, 24~25쪽. 탄핵주의란 소추기관과 재판기관을 분리하는 소송구조를 말한다. 이 점에서 탄핵주의는 소추기관과 재판기관을 분리하지 않는 규문주의와 대비된다. 양자에 관해서는 배종대·이상돈, 같은 책, 23쪽.
18 독일 형사소송법 제244조 제2항: "법원은 진실탐구를 위하여 판결에 영향을 미치는 모든 사실과 증거방법에 관하여 직권으로 증거조사를 하여야 한다."
19 '절차의 사법형식성'이란 부당한 형사소추 및 과도한 자유제한으로부터 무죄인 자를 보호하고 유죄혐의자에게 모든 방어권을 보장해주는 방식으로 국가의 개입권한을 제한하는 것을 말한다. 이를 '형사절차의 정형화'하고도 말한다. 변종필, 앞의 논문, 16쪽. 절차의 사법형식성은 영미의 형사절차에서 말하는 '적정절차'(due process)와 비슷한 의미를 갖는다.
20 C. Roxin, *Strafprozessrecht*, 23. Aufl. (München, 1993), 2~5쪽; 변종필, 앞의 논문, 17쪽.

우월한 지위에 놓인다는 점에서 피고인의 우월성과 그 보호필요성을 근거 짓는
다. 이를 통해 적정절차원칙을 가장 중요한 소송목적으로 정립한다. 피고인이
법원보다 우월한 지위를 갖는다는 점과 법원이 검사와 피고인의 주장과 증명에
구속된다는 것은 법원이 민사소송에서와 같이 형식적 진리에 만족하면서 실체
적 진리보다 당사자 보호를 더욱 중요한 소송목적으로 승인하는 것이라고 바꿔
말할 수 있다고 한다.

3. 중간결론

지금까지 실체진실주의와 적정절차원칙에 관한 논의를 간단하게 살펴보았
다. 그런데 이러한 논의들, 즉 실체진실주의와 적정절차원칙의 관계에 관한 논
의들이나 소송목적과 소송구조의 관계에 관한 논의들은 공통적으로 실체진실주
의와 적정절차원칙이 서로 독립된 별개의 소송목적이라는 점을 바탕으로 한다.
하지만 이미 I.에서 언급한 것처럼, 실체진실주의와 적정절차원칙이 과연 서로
독립된 별개의 소송목적인가에 의문이 떠오른다. 이는 곧 형사소송에서 진실
개념을 어떻게 이해할 것인가 하는 법철학적 문제와 직결된다.[21] 바로 이 점에
서 아래에서는 실체진실주의와 적정절차원칙에 대한 비판적 고찰의 전제로서
실체진실주의의 인식론적 기초와 이에 대한 비판들을 살펴본다.

Ⅳ. 실체진실주의의 인식론적 기초와 비판

1. 실체적 진실의 개념

실체진실주의의 인식론적 기초를 밝히려면 우선 실체적 진실의 개념부터
해명해야 한다. 여기서 실체적 진실 개념은 다시 두 가지 개념으로 구성된다.
'실체'라는 개념과 '진실'이라는 개념이 그것이다.

---

[21] 이에 관해서는 우선 L. Schulz, *Normiertes Misstrauen* (Frankfurt/M., 2001), 223쪽 아래.

(1) 실체 개념

실체 개념부터 살펴본다. 일반적으로 실체는 '형식'에 반대되는 개념으로 '실질'이라는 의미로 사용된다. 특정한 형식뿐만 아니라 내용까지 담고 있을 때 실체라는 개념을 사용한다. 그런데 철학적 인식론의 견지에서 볼 때 실체 개념은 더욱 복잡한 의미를 지닌다. 철학에서 실체는 현상에 반대되는 개념으로 사용된다. 고대 그리스의 철학자 플라톤 이래로 정립된 인식론과 존재론에 따르면, 이 세계에는 두 가지 존재방식이 있다.[22] '현상'과 '본질'이 그것이다. 현상은 우리가 감각기관으로 지각할 수 있는 사물의 존재방식이다. 이러한 현상은 지각하는 주체에 따라 그리고 시간과 공간이라는 형식에 따라 그 속성이 달라진다. 달리 말해 현상은 고정된 것이 아니라 가변적인 것이다. 이에 반해 본질은 우리가 감각기관으로 지각할 수 있는 그 무엇이 아니다. 본질은 우리의 지각을 초월한다. 그래서 본질은 우리가 지각하는 것이 아니라 이성에 힘입어 논리적으로 인식할 수 있을 뿐이다. 예를 들어 플라톤은 이러한 본질을 기하학적인 형태를 띤 이데아로 표현하였다. 이처럼 본질은 감각을 초월한 존재방식이어서 현상과는 달리 가변적인 것이 아니라 고정되어 있다. 시간과 공간에 영향을 받지 않고 고정되어 유지된다는 점이 바로 본질이 지닌 특성이다. 이처럼 세계의 두 가지 존재방식인 현상과 본질은 상반되는 성격을 띤다. 이때 실체 개념은 바로 본질이 지닌 특성을 담고 있다고 말할 수 있다. 요컨대 철학적 인식론에 의할 때 실체는 '지각하는 주체'와는 무관하게 그리고 시간과 공간을 초월해 존재하는 그 무엇을 뜻한다.

다른 한편 실체는 개념만으로 존재하는 것이 아니라(유명론), 현실 그 자체에서 존재하고 있음을 뜻한다(실재론).[23] 물론 앞에서 말한 것처럼 실체는 본질로서 우리의 지각을 초월해 있지만, 그렇다고 이것이 단지 개념만으로, 달리 말해 언어만으로 존재하는 것은 아니다. 실체는 언어로 구성되기 이전에 현실 세계에서 실재로서 존재한다.[24] 따라서 실체는 우리가 대상으로 인식할 수 있다.

---

22 플라톤의 철학에 관해서는 J. Hirschberger, *Geschichte der Philosophie*, 1. Teil (Darmstadt, 1980), 72쪽 아래 참고.

23 유명론과 실재론에 관해서는 J. Hirschberger, 위의 책, 566쪽 아래.

24 이는 근대 인식론의 두 축인 합리론과 경험론 사이에서 전개되었던 논쟁 및 이를 해결하기 위해

이상의 논의를 종합할 때 우리는 실체를 다음과 같이 정의내릴 수 있다. 실체란 형식적인 것에 반대되는 실질적인 그 무엇을 지칭하는 것으로, 감각 주체의 개별 속성에 상관없이 그리고 시간과 공간을 초월하여 존재하는 대상인 실재를 말한다.

(2) 진실 개념

다음 진실 개념을 검토한다. 일상적으로 볼 때 진실은 거짓에 반대되는 것을 뜻한다. 그러나 과연 무엇이 거짓이 아닌가 하는 문제는 인식론적으로 볼 때 그 무엇보다도 쉽지 않은 문제이다. 이 때문에 철학에서는 진실 개념에 관해 다양한 진실 또는 진리이론이 전개되었다.[25] 다양한 진리이론 중에서 일반적으로 앞에서 언급한 실체 개념과 결합하여 제시되는 이론이 바로 진리대응이론이다.[26] 진리대응이론에 따를 때 진리는 특정한 진리주장과 주장대상 사이에 대응이 이루어질 때, 다시 말해 진리주장과 그 대상이 서로 일치할 때 인정된다. 요컨대 진실(진리)이란 주장과 내용이 서로 일치하는 것이다. 예를 들어 형사재판에서 검사가 법관에게 피고인이 언제 어디에서 살인죄를 저질렀다는 범죄사실을 주장한다고 하자. 이때 검사의 살인죄 주장이 진리대응이론의 관점에서 진실이 되려면, 그 주장내용이 실제 발생한 역사적 사건, 즉 대상이 되는 실제 범죄사건과 일치해야 한다. 결론적으로 말해 실체진실주의에서 말하는 진실은 특정한 진실주장과 그 대상 사이에서 이루어지는 일치라고 할 수 있다.

이제 우리는 이상의 논의를 통해 실체적 진실이 무엇인지를 어느 정도 파악할 수 있다. 실체적 진실이란 인식주체와 독립해서 시간과 공간에 상관없이 대상으로 존재하는 것을 그대로 반영하는 주장이라고 말할 수 있다.

2. 실체진실주의의 인식론적 기초

위에서 우리는 실체적 진실 개념이 무엇을 뜻하는지 살펴보았다. 다음으로

칸트가 제시했던 '물자체'(Ding an sich)라는 개념을 상기하면 이해할 수 있을 것이다.
25 다양하게 전개된 진리이론에 관해서는, 변종필, 앞의 논문, 74쪽 아래.
26 진리대응이론에 관해서는 우선 이상돈, "법률적용의 진리성과 대화이론적 재구성", 『법이론』(박영사, 1996), 263쪽; 변종필, 앞의 논문, 74~93쪽 등 참고.

아래에서는 이러한 실체적 진실 개념이 어떤 인식론적 기초를 바탕으로 삼는지 살펴본다.

(1) 주체-객체 인식구조

먼저 실체진실주의는 주체-객체 인식구조를 바탕으로 삼는다. 여기서 주체-객체 인식구조란 인식주체와 인식객체가 서로 분리되어 있음을 전제로 하는 인식구조를 말한다. 이러한 인식구조에서 인식주체는 그 대상인 인식객체를 단지 '인식'하거나 '발견'하기만 하면 된다. 이때 인식주체가 지닌 '선입견' 또는 '선이해'는 인식과정에 개입하지 않는다.[27] 주체는 단지 객체를 '인식'하기만 하면 될 뿐이다.

(2) 객관적인 인식

이렇게 주체-객체 인식구조에 기초를 두는 실체진실주의는 객관적인 인식을 목표로 한다. 방금 위에서 언급한 것처럼 실체진실주의는 인식과정에 인식주체의 선이해가 개입하는 것을 인정하지 않는다. 인식대상 그 자체만을 인식하려 한다. 이는 곧 실체진실주의가 인식의 객관성을 추구하고 있음을 보여준다. 객관성이란 주관성에 반대되는 개념으로, 객관성이 인정되려면 특정한 주장내용이 어느 한 주체뿐만 아니라 다른 주체에게도 타당하게 수용될 수 있어야 하는데 그러기 위해서는 인식주체의 선입견이 인식과정에 개입해서는 안 되기 때문이다. 뿐만 아니라 실체는 시간과 공간을 초월해 존재한다는 점에 비추어 볼 때 이러한 실체를 인식대상으로 한다는 것은 바로 실체진실주의가 객관적이면서도 고정된 인식을 목표로 한다는 점을 잘 보여준다.

(3) 실증주의적인 인식

또한 실체진실주의는 실증주의적 인식모델을 기초로 삼는다.[28] 이 역시 실체진실 개념에서 확인할 수 있다. 실체진실주의가 상정하는 '실체'는 단순히 개념만을 지칭하는 것은 아님을 위에서 확인하였다. 실체진실주의에 따를 때 실

---

27 이러한 점에서 '주체-객체 인식구조'는 해석학적 명제를 수용하지 않는다.
28 실체진실주의가 실증주의적 법패러다임에 입각하고 있다고 주장하는 문헌으로 우선 이상돈, "법관의 말행위와 올바른 법", 『법이론』(박영사, 1996), 372~374쪽.

체는 개념으로만 존재하는 것이 아니라 '실재'하는 것이다. 이때 말하는 실재는 우리의 관념 속에서만 존재하는 것이 아니다. 그것은 우리의 현실, 즉 우리가 경험할 수 있는 현실세계에서 존재하고 있다. 바로 여기서 우리는 실체 개념에 담긴 실증성을 확인할 수 있다. 이를 실체진실주의의 '진실' 개념에서도 발견할 수 있다. 앞에서 확인한 것처럼 실체진실주의는 진리대응이론을 진리이론으로 삼는다. 그런데 진리대응이론은 진리주장의 대상인 인식대상이 현실에서 존재하고 있을 것을 전제로 한다. 만약 그 대상이 존재하지 않는다면, 진리주장은 진위여부를 확인할 수 없는, 즉 검증할 수 없는 것으로 무의미한 주장이 되기 때문이다.[29]

(4) 의미론적 언어이론

마지막으로 실체진실주의는 의미론적 언어이론을 인식론적 기초로 둔다. 여기에서 의미론적 언어이론이란 언어기호와 지시대상 간의 관계를 밝히는 언어이론을 말한다.[30] 그러면 왜 실체진실주의가 의미론적 언어이론에 기초를 둔다고 말할 수 있을까? 그 이유는 실체진실주의가 바탕으로 삼는 진리대응이론에서 찾을 수 있다. 진리대응이론은 특정한 주장과 대상 간의 상응 또는 일치를 전제로 한다. 이때 특정한 진리주장은 반드시 언어로 구성된다. 이는 형사소송이 검사와 피고인 간의 진술을 통해 진행된다는 점을 보더라도 알 수 있다. 그런데 특정한 진리주장이 대상과 일치한다는 점은 그 진리주장을 구성하는 언어가 대상과 일치하는 것이라고 바꿔 말할 수 있다. 진리대응이론의 시각에서 볼 때 언어가 대상과 일치할 수 있는 것, 다시 말해 언어가 대상에 상응할 수 있는 것은 언어가 그 대상을 투명하게 그려내기 때문이다(그림이론). 이를 언어이론

---

29 이는 가장 대표적으로 진리대응이론을 수용한 논리실증주의가 주장하는 바를 보면 금방 이해할 수 있다. 논리실증주의에 관해서는 변종필, 앞의 논문, 79쪽 아래. 이러한 논리실증주의는 전기 비트겐슈타인이 제시한 이른바 '그림이론'을 수용하여 형성된 학파다. 비트겐슈타인이 그의 저서 『논리철학논고』에서 제시한 그림이론에 관해서는 유스투스 하르트낙, "비트겐슈타인과 현대철학", 엄정식 (편역), 『비트겐슈타인과 분석철학』(서광사, 1990), 68쪽 아래.

30 현대 언어이론, 특히 기호론은 의미론 이외에 '구문론'과 '화용론'이라는 영역을 발전시켰다. 구문론이란 언어와 언어의 관계를 밝히는 영역을 말하고, 화용론이란 언어가 매개하는 언어사용자와 언어사용자 그리고 언어사용자와 언어사용자가 처한 상황 사이의 관련성을 밝히는 영역을 말한다. 이에 관해서는 이상돈, "정합성의 대화이론적 재구성", 『법이론』(박영사, 1996), 339쪽 아래.

의 관점으로 바꿔 말하면, 언어가 이미 언어 이전에 실체로 존재하는 대상을 그대로 반영하고 있기 때문에 그 언어는 유의미성, 즉 진리성을 획득하는 것이다. 바로 이 점에서 우리는 진리대응이론이 의미론적 언어이론에 기초를 두고 있고, 따라서 진리대응이론을 자신의 진리이론으로 삼는 실체진실주의가 의미론적 언어이론과 불가분하게 연결된다는 점을 확인할 수 있다.

3. 인식론적 기초에 대한 비판

그러나 실체진실주의가 바탕으로 삼는 실체적 진실 개념 그리고 이러한 실체적 진실개념의 인식론적 기초가 되는 주체-객체 인식구조, 객관적 인식, 실증주의적 인식 및 의미론적 언어이론에 대해서는 다음과 같은 비판을 던질 수 있다.

(1) 주체-객체 인식구조 비판

앞에서 본 것처럼 실체진실주의는 주체-객체 인식구조에 입각하고 있다. 주체-객체 인식구조는 주체와 객체가 인식과정에서 서로 독립되어 있음을 전제로 한다. 그러나 독일의 철학자 하이데거가 기초를 마련하고 제자 가다머에 의해 정립된 철학적-존재론적 해석학에 따르면, 우리가 그 무엇인가를 이해할 때 인식주체와 인식객체는 서로 분리되지 않는다.[31] 오히려 이해(인식)과정에서 주체와 객체는 서로 융합된다. 그러면 왜 이해과정에서 인식주체와 인식객체는 분리될 수 없을까? 그 이유는 바로 '선이해' 때문이다.

특정한 무엇인가를 인식하고 이해할 때 우리는 완전히 '백지상태'에서 그 대상을 이해하는 것이 아니다. 대신 우리는 특정한 이해조건을 통해 그 대상을 바라보고 이해한다. 이러한 이해조건을 철학적 해석학에서는 선이해라고 말한다. 우리는 이러한 선이해를 통해 비로소 대상을 인식하고 이해할 수 있다. 그런데 이러한 선이해는 인식객체에 담겨 있는 특정한 형식이 아니다. 이는 인식

---

[31] 하이데거가 제시한 '존재론적 이해' 개념과 철학적 해석학의 단서에 관해서는 M. Heidegger, *Sein und Zeit* (Tübingen, 1953), 143쪽 아래 참고. 가다머의 철학적-존재론적 해석학에 관해서는 H.-G. Gadamer, *Wahrheit und Methode* (Tübingen, 1975), 250쪽 아래 참고.

주체가 선험적으로 갖고 있는 이해조건이다. 다시 말해 선이해는 주체적인 것이다. 여기서 우리는 이해과정이란 인식주체와 인식객체가 서로 만나는 과정이라는 점을 확인할 수 있다. 특정한 대상이나 역사적 사실 또는 그 사실이 담긴 텍스트를 이해한다는 것은 바로 주체가 지닌 선이해가 개입해서 이루어진다는 것이다. 가다머의 철학적－존재론적 해석학은 바로 이 점을 보여준다.

이러한 해석학적 관점을 원용하면, 실체진실주의가 입각하고 있는 주체－객체 인식구조가 허구적인 것임을 포착할 수 있다. 주체－객체 인식구조는 실제 형사소송에서 법관의 선이해가 개입하고 있음을 숨기기 위한 은폐전략에 불과한 것이다.

(2) 객관적·실증주의적 인식 비판

주체－객체 인식구조가 더 이상 유지되기 어려운 것처럼 객관적·실증주의적 인식도 지탱하기 어렵다. 우선 객관적 인식을 본다. 객관적 인식은 인식주체의 주관이 인식과정에 개입하지 않는 것을 전제로 한다. 하지만 이 전제는 주체－객체 인식구조에 대한 비판에서 확인한 것처럼 더 이상 유지할 수 없다. 이는 특히 형사소송에서 이루어지는 사실인정 과정과 같이 현재 고정되어 있는 대상을 관찰하는 것이 아니라 이미 지나가 버린 역사적 사실을 다시 구성해내는 과정에서 두드러진다. 그 이유는 다음과 같다. 사실인정 과정처럼 이미 지나가 버린 사실을 다시 재현하는 과정은 인식주체인 인간이 지닌 기억력의 한계와 실제 소송제도 안에서 나타날 수밖에 없는 인적·물적·시간적 자원의 한계 때문에 완전하게 이루어질 수 없다.[32] 그 때문에 사실인정 과정에서 법관의 선이해가 개입할 여지는 더욱 넓어진다. 법관이 지닌 선이해에 따라 사실을 확인하고 인정하는 데 필요한 정보가 선별되고, 이렇게 선별된 정보를 토대로 하여 사실이 구성될 우려가 높아진다. 바로 이러한 이유에서 사실인정 과정에서 객관적 인식이 실현되기 쉽지 않다.

다음 실체진실주의가 바탕으로 삼는 실증주의적 인식을 본다. 이미 살펴본 것처럼 실증주의적 인식은 특정한 진리주장이 지시대상을 그대로 반영하고(그

---

[32] 이에 관해서는 이상돈, "마당적 이해와 형사소송의 근대성", 『형사소송원론』(법문사, 1998), 14쪽.

림이론), 그 지시대상은 현실에 실재하고 있으며, 따라서 이러한 반영관계를 과
학적으로 검증할 수 있다는 믿음을 깔고 있다. 그러나 이러한 믿음 역시 유지하
기 어렵다. 그 이유를 제시하면, 일단 특정한 진리주장이 지시대상을 그대로 반
영하려면 진리주장을 구성하는 언어가 대상과 일일이 대응할 수 있어야 한다.
그런데 현대 구조주의 언어학이나,[33] 비트겐슈타인의 후기이론에 따르면,[34] 언
어는 대상과 일대일로 대응함으로써 의미가 주어지는 것이 아니다.[35] 대신 언어
의 의미는 언어기호와 언어기호 사이의 차이에 따라 또는 언어기호의 사용규칙
에 따라 부여된다. 이러한 주장은 실증주의적 인식론이 견지하는 '그림이론'을
더 이상 유지하기 어렵게 한다. 그러므로 이러한 현대 언어이론의 관점에서 볼
때 실체진실주의가 담고 있는 실증주의적 인식은 설득력이 부족하다. 뿐만 아
니라 이미 지나가 버린 역사적 사실을 지금 여기서 진행되는 형사재판에서 재
구성할 때 이러한 재구성이 과연 진리성을 담보하는지를 자연과학적으로 검증
할 수 있는 방법이 없다는 점에서도 실증주의적 인식은 더 이상 견지하기 어렵다.

(3) 의미론적 언어이론 비판

마지막으로 의미론적 언어이론에 대해서는 다음과 같이 비판할 수 있다.
실체진실주의가 기초로 두는 의미론적 언어이론은 언어의 의미에 일정한 '의미
폭'이 있음을 인정한다. 이를 언어의 '외연'이라고 한다. 그런데 의미론적 언어
이론은 모든 언어는 각자 고유한 의미의 폭을 갖고 있기에 언어사용자는 이러
한 의미의 폭을 분석하고 인식함으로써 언어의 의미를 파악할 수 있다고 말한
다. 예를 들어 누가 언제 어디서 무엇 때문에 타인을 살해했다고 할 때 그 각각
을 구성하는 언어는 모두 고유한 의미의 폭을 지니고 있기에 법관은 그 의미의
폭만 분석하고 인식하기만 하면 사건의 의미를 파악할 수 있다는 것이다. 하지
만 이런 주장은 타당하지 않다. 예컨대 타인을 때린다는 것, 즉 폭행한다는 개
념 하나만 놓고 보더라도 과연 폭행의 의미폭을 분명하게 획정할 수 있는지 의

---

33 페르디낭 드 소쉬르, 최승언 (역), 『일반언어학 강의』(민음사, 1991), 83쪽 아래.

34 유스투스 하르트낙, 앞의 논문, 109쪽 아래; 이상돈, "법률해석: 말놀이에의 구성적 참여", 『법이
론』(박영사, 1996), 173쪽 아래.

35 이를 하버마스는 "언어행위 안에서 나타나는 사실성과 타당성의 긴장관계"라고 말한다. J.
Habermas, *Faktizität und Geltung* (Frankfurt/M., 1992), 15쪽 아래.

문이 떠오른다. 또한 같은 문장이라 하더라도 행위자가 처한 상황에 따라 그 의미가 달라질 수 있다는 점을 염두에 두어야 한다(화용론적 언어이론).[36]

(4) 중간결론

지금까지 전개한 비판에 비추어 볼 때 실체진실주의가 추구하는 실체적 진실에 대해서는 더 이상 타당성을 인정하기 어렵다. 그 이유는 다음과 같다. 첫째, 실체적 진실 개념을 구성하는 실체 개념은 주체-객체 인식구조와 객관적·실증주의적 인식을 전제로 해야만 성립할 수 있는데, 위에서 본 것처럼 이러한 전제는 유지하기 어렵기 때문이다. 둘째, 실체적 진실에서 진실은 진리대응이론에 따른 진실 개념에 의존하는데, 진리대응이론 역시 그 근거가 되는 실증주의적 인식과 의미론적 언어이론이 여러 부분에서 비판되고 있다는 점에서 더 이상 설득력이 있다고 볼 수 없기 때문이다. 그러므로 형사소송에서 진실 개념은 실체적 진실이 아닌 다른 진실 개념으로 구성해야 한다. 그러면 형사소송에서 말하는 진실 개념은 무엇일까?

4. 형사소송에서 진실 개념

(1) 형사소송에서 사실인정 과정이 지닌 특징

형사소송은 형사실체법이 규정하는 범죄구성요건과 그 효과를 실제 사건에 적용해가는 과정이다. 이 때문에 법관은 형사소송에서 형법이 적용되기 위한 전제로서 사실, 즉 형사적 진실을 파악하고 인정해야 한다. 이때 사실인정 과정은 지금 발생한 사건을 그 대상으로 하지 않고 과거에 발생한 역사적 사실을 대상으로 한다. 바로 이러한 점에서 형사법관은 형사소송에서 과연 무엇이 진실인지 고민한다. 그런데 실체진실주의는 이렇게 과거의 사실과 현재 재현해 낸 사실 사이에서 발생할지도 모르는 불일치를 인식의 객관성과 실증주의성으로 극복하려 한다. 하지만 철학적 해석학의 관점에서 볼 때 이러한 시도는 불완전하다는 점은 이미 본 바와 같다. 따라서 형사소송에서 진실을 추구할 때 부딪

---

36 예를 들어 "사람을 쳐다본다."는 언명은 이 언명을 누가 어떤 상황에서 말하고 듣는가에 따라 각기 다른 의미로 이해될 수 있다.

힐 수밖에 없는 불완전성은 다른 방법으로 극복해야 한다. 바로 절차주의적 이
해에 바탕을 둔 진실 개념이 그것이다.[37]

(2) 진리합의이론과 장면적 이해

진실 개념을 절차주의의 관점에서 파악하는 대표적인 견해로 하버마스가
제시한 진리합의이론을 들 수 있다.[38] 진리합의이론은 진리주장을 구성하는 언
어기호가 대상을 그대로 반영할 수 없음을 인정한다. 다시 말해 언어행위와 지
시대상 간의 단절을 인정한다. 이를 하버마스는 "언어행위에서 나타나는 사실
성과 타당성의 긴장관계"라고 말한다. 그래서 진리주장의 진리성을 대상에 대
한 반영관계가 아닌 다른 방법으로 획득하려 한다. '합의'라는 방법이 그것이다.
이러한 합의이론에 따르면, 진리주장의 진리성은 진리주장자와 상대방의 합의
로 획득할 수 있다. 바꿔 말해 특정한 주체가 진리주장을 하고 이러한 진리주장
에 상대방이 동의할 때 그 진리주장은 진리로 인정된다. 그런데 여기서 주의해
야 할 점은 무조건 합의가 이루어지기만 한다고 해서 그 어떤 주장도 진리로
인정되는 것은 아니라는 것이다. 특정한 진리주장에 대해 진리성을 인정하려면
합의 이외에도 '이상적 대화상황'과 '합리적 대화'라는 별도의 조건을 충족해야
한다. 이때 이상적 대화상황이란 대화자가 외부의 권력이나 자본의 압력을 받
지 않으면서 자유롭게 주제를 설정하고 이에 자유롭고 평등하게 의견을 제시할
수 있는 상황을 말한다. 그리고 합리적 대화란 대화자 상호 간이 이상적 대화상
황에서 대화규칙, 즉 진리성, 진실성, 정당성, 이해가능성에 대한 규칙을 준수하
면서 논증적인 대화를 하는 것을 말한다.[39] 바로 이런 요건을 갖추었을 때 비로

---

37 특히 독일에서 전개된 절차주의에 관해서는 우선 Arth. Kaufmann, *Rechtsphilosophie*, 2. Aufl.
(München, 1997), 264쪽 아래 참고. 하버마스와 루만이 제시한 절차주의 모델을 간명하게 소개
하는 문헌으로 이상돈·홍성수, 『법사회학』(박영사, 2000) 참고.
38 하버마스의 진리합의이론에 관해서는 우선 변종필, 앞의 논문, 115쪽 아래; 변종필 (역), "하버마
스의 진리이론", 『안암법학』 제3집(1995), 29쪽 아래; 이상돈, "법률적용의 진리성과 대화이론적
재구성", 『법이론』(박영사, 1996), 265쪽 아래 참고. 하버마스가 제시한 진리합의이론의 바탕이
되는 의사소통행위 이론 전반에 관해서는 홍윤기, "하버마스의 언어철학: 보편화용론의 구상에
이르는 언어철학적 사고과정의 변천을 중심으로", 장춘익 (편), 『하버마스의 사상』(나남출판,
1996), 65쪽 아래.
39 이상적 대화상황과 합리적 대화에 관해서는 변종필, 앞의 논문, 120쪽 아래.

소 합의를 통해 진리성을 인정할 수 있다.

하버마스가 제시하는 진리합의이론은 진리주장을 구성하는 언어의 의미론적 측면보다는 특정한 대화상황 안에서 이루어지는 합의를 중시한다는 점에서 화용론적 언어이론을 기초로 삼는다. 그런데 독일에서 주장되는 법이론 가운데는 이러한 화용론의 관점을 형사소송에 적용한 경우가 있다. 바로 하쎄머가 제시한 '장면적 이해'가 그것이다.[40] 하쎄머에 의하면, 형사소송에서 사실을 인정하는 과정은 실체적인 대상을 인식하는 행위가 아니다. 뿐만 아니라 이는 텍스트를 이해하는 행위와도 차이가 있다. 사실인정 행위는 이미 지나가 버린 역사적 사실을 재구성하는 행위이다. 이는 문자가 아닌 살아있는 말로써 진행된다(구술변론). 그래서 사실인정과정에서는 검사와 피고인이 주장하는 진술의 언어적 의미뿐만 아니라 진술이 이루어진 상황도 중요한 역할을 담당한다. 요컨대 형사소송에서 사실을 인정하는 것은 검사·피고인의 언어적 진술뿐만 아니라 전체 상황, 달리 말해 '장면'을 전체적으로 이해함으로써만 달성할 수 있다는 것이다. 이것이 바로 장면적 이해이다. 이러한 하쎄머의 장면적 이해 개념은 하버마스의 진리합의이론과 결합하여 형사소송의 진실을 어떻게 파악해야 하는지에 대해 중요한 시사를 한다.

(3) 형사소송에서 진실 개념

그러면 형사소송에서 진실은 어떻게 파악해야 하는가? 형사소송에서 진실은 실체적인 대상으로 개념화할 수 없다. 형사소송에서 말하는 진실은 이미 주어져 있는 인식대상이 아니다. 오히려 그것은 넓게 보아 합의과정으로 지칭할 수 있는 특정한 절차를 통해 형성되는 것으로 보아야 한다(진리합의이론).

물론 형사소송의 진실을 이렇게 바라보는 것에는 다음과 같은 반론을 제기할 수 있다.[41] 형사소송의 진실에 진리합의이론을 적용하려면, 소송절차를 대화구조로 이해할 수 있어야 한다. 그런데 합의이론적 진실 개념에 반대하는 견해

---

[40] W. Hassemer, *Einführung in die Grundlagen des Strafrechts*, 2. Aufl. (München, 1990), 123~124쪽. 이상돈 교수는 하쎄머의 '장면적 이해'를 '마당적 이해'로 수용한다. 이상돈, "사실인정: 마당적 이해", 『법이론』(박영사, 1996), 229쪽 아래.

[41] 독일의 법철학자 아르투어 카우프만, 형법학자 하쎄머 등이 소송절차를 대화구조로 이해하는 데 반대한다. 카우프만과 하쎄머의 반론에 관해서는 변종필, 앞의 논문, 181쪽 아래.

는 소송절차를 대화구조로 이해할 수 없다는 점에서 반론의 근거를 찾는다. 이 반론에 의하면 소송절차에서 소송주체는 합리적 대화에 임하는 대화자로 이해 될 수 없다. 각 주체는 소송에서 이기려는 목적을 위해 전략적으로 행위하기 때문이다.

이 반론은 합리적 대화상황과 소송상황은 분명 차이가 있다는 점을 의식하고 있다는 점에서 한편으로는 설득력이 있다. 그렇지만 소송절차에서도 검사와 피고인 간에 대화적 구조가 형성될 수 있다는 점에서 그리고 검사와 피고인 상호 간에 형성되는 전략적 행위를 법관이 적법절차에 따라 통제할 수 있다는 점에서 형사소송에서도 부분적으로나마 진리합의이론을 원용할 수 있다고 생각한다.

한편 형사소송에서 말하는 진실은 합의과정으로 도달할 수 있는 그 무엇이라고 한다면, 이 합의과정은 최대한 이상적 대화상황에 근접할 수 있도록 구성되어야 한다. 이를 위해서는 각 소송주체가 공판에서 최대한 평등한 지위를 누릴 수 있어야 한다. 또한 법관은 각 소송주체의 진술과 같은 언어적 정보뿐만 아니라 진술태도, 진술자의 얼굴표정 등 전체적인 상황(장면)을 고려해서 진실에 접근해 가야 한다(장면적 이해). 이러한 과정을 통해서 비로소 형사소송의 진실 개념이 구성될 수 있다. 결론적으로 말해 형사소송에서 말하는 진실은 소송절차에 근거를 두어 소송주체인 검사와 피고인 및 법관 사이에서 진행되는 대화과정과 장면적 이해에 힘입어 형성된 합의로 구성되는 것이라고 말할 수 있다.

V. 실체진실주의와 적정절차원칙 논의에 대한 비판적 고찰

1. 실체진실주의와 적정절차원칙의 관계에 대한 비판적 고찰

형사소송의 진실을 실체적 진실이 아닌 절차적 진실로 재구성할 수 있다면, 형사소송의 목적으로 인정되는 실체진실주의와 적정절차원칙의 의미 및 그 관계도 새롭게 구성할 수 있다.

(1) 실체진실주의에서 절차적 진실주의로

먼저 실체적 진실 개념에 바탕을 둔 실체진실주의는 실체적 진실에 대한 여러 비판들 고려해 볼 때 더 이상 적절하지 않다고 생각한다. 그 대신 형사소송의 진실을 진리합의이론이나 마당적 이해에 입각한 절차적 진실로 볼 수 있다면, 형사소송의 목적인 실체진실주의를 절차적 진실주의로 재구성하는 것이 더욱 설득력 있다.[42]

(2) 절차적 진실주의와 적정절차원칙의 관계

이처럼 형사소송의 목적으로 인정되는 실체진실주의를 절차적 진실주의로 바꿔 이해할 수 있다면, 기존에 대립관계 또는 목적－수단 관계로 이해했던 진실주의와 적정절차원칙의 관계도 새롭게 파악할 수 있다. 형사소송에서 진실주의와 적정절차원칙은 서로 대립하는 관계가 아니라 서로 보완하는 관계를 맺는다는 것이다. 왜냐하면 형사소송의 진실은 각 소송주체가 가능한 한 자유롭고 평등하게 소송상 진실에 관한 합리적 대화에 참여하는 것을 가능케 하는 적정절차를 통해서만 그리고 이러한 대화과정 전체를 장면적으로 이해하는 법관의 이해활동을 통해서만 획득할 수 있기 때문이다. 이때 한 가지 주의할 점이 있다. 진실주의와 적정절차원칙의 관계를 서로 보완하는 관계로 본다고 해서 이것이 진실주의를 목적으로 그리고 적정절차원칙을 수단으로 보는 것은 아니라는 점이다. 양자를 목적－수단으로 보는 견해는 목적에 해당하는 진실주의에 가장 우선적인 지위를 인정하는 반면, 양자를 보완적인 관계로 이해하는 견해는 어느 한 쪽에 우선순위를 인정하지는 않기 때문이다.

그러면 구체적으로 어떻게 진실주의와 적정절차원칙이 우리 형사소송법에서 서로 보완되고 있는가? 앞에서 소개한 것처럼, 일반적으로 진실주의의 내용으로 직권에 의한 증거조사(제287조ㆍ제161조의2, 제295조), 각종 증거법칙(제307조 아래) 그리고 상소와 재심제도 등이 인정된다. 적정절차원칙의 내용으로는 공정한 재판원칙, 비례성 원칙, 피고인 보호원칙 등이 인정된다. 그런데 이러한 양자의 내용을 보면, 서로 배타적인 것만은 아님을 확인할 수 있다. 예를 들어 법원이나 법관이 직권으로 행하는 증거조사는 단순히 진실을 발견하기 위해서만

---

42 이렇게 형사소송상 진실개념을 실체적 진실이 아닌 절차적 진실로 이해하는 견해로는 이상돈,
　"마당적 이해와 형사소송의 근대성",『형사소송원론』(법문사, 1998), 4쪽 아래; 변종필, 앞의 논
　문, 142쪽 참고.

존재하는 제도가 아니라, 검사에 비해 열등할지도 모르는 피고인의 소송수행 능력을 뒷받침하기 위한 제도로 이해할 수도 있다. 또한 상소나 재심제도도 단순히 진실발견을 위해서만 마련된 것이 아니라 과연 법원이 적절하고 공정한 재판을 하였는가를 다시 검증하는 기능도 수행한다. 한편 적정절차원칙의 예를 보면, 공정한 재판원칙은 소송주체를 보호하기 위한 기능을 담당하면서도 각 소송주체가 형사소송의 진실에 관해 자유롭고 평등하게 합의에 도달할 수 있도록 하는 틀이 되기도 한다. 나아가 형사소송의 비례성 원칙이나 피고인 보호원칙은 진실을 발견하는 데 필요한 증거법칙과 연결될 수 있다. 만약 피고인의 절차적 기본권이 적정하게 보호되지 않는다면, 임의성 없는 진술이나 허위자백이 이루어질 수도 있기 때문이다. 이처럼 우리 형사소송법에서 인정하는 각종 제도들은 한편으로는 진실발견을 위한 것으로, 다른 한편으로는 적정절차를 통해 피고인을 보호하기 위한 것으로 이해할 수 있다.

그런데 이에 관해 한 가지 의문이 떠오른다. 진실주의와 적정절차원칙이 서로 보완하는 관계에 놓인다면, 적정절차원칙은 진실발견을 위해 그리고 피고인 보호를 위해 절대 제한할 수 없는 원칙인가? 다시 말해 적정절차원칙에는 한계가 인정되지 않는가? 그렇지는 않다고 생각한다. 현실적으로 적정절차원칙을 제한 없이 관철하면, 오히려 사회적 강자에 의해 이 원칙이 악용될 우려가 있고 자칫 재판이 무한정 지연되어 우리 헌법이 규정하는 신속한 재판원칙(헌법 제27조)이나 소송경제에도 반할 수 있다.[43] 그리고 헌법이 제37조 제2항에서 일반적 법률유보에 의한 기본권 제한을 인정하고 있다는 점에서 볼 때 특정한 경우에는 예외적으로 적정절차원칙을 제한할 수 있다고 생각한다. 그러나 이때 적정절차원칙이 제한되는 이유는 적정절차원칙이 진실주의와 충돌하기 때문이 아니

---

[43] 필자는, 물론 이에 관해서는 별도의 상세한 논의가 필요하다고 생각하지만, 신속한 재판원칙과 소송경제를 구별할 필요가 있다고 생각한다. 이러한 생각의 단서에 관해서는 이상돈, "법치국가적 형사소송의 침윤", 『형법학』(법문사, 1999), 462쪽 아래. 물론 여기서 이상돈 교수는 소송경제와 형사사법의 기능적 효율성을 구별하고 있을 뿐이다. 그러나 필자가 보기에 전통적인 의미의 소송경제는 현대사회에서 신속한 재판원칙과 비슷한 의미를 띠고, 현대적 의미의 소송경제가 바로 형사사법의 기능적 효율성을 반영한다고 생각한다. 이처럼 신속한 재판원칙과 경제성을 구별하는 것은 민사소송법학이 민사소송의 이상으로 신속성과 경제성을 구별하고 있다는 점과도 상응한다. 민사소송의 이상에 관해서는 이시윤, 『민사소송법』(박영사, 1997), 26쪽 아래.

라, 다른 헌법상 원칙인 신속한 재판원칙과 충돌하기 때문이라고 보아야 한다. 그리고 이렇게 적정절차원칙을 제한할 때는 기본권 충돌해결 법도그마틱인 '실제적 조화원칙'(praktische Konkordanz)과 이를 더욱 발전시킨 비례성 원칙에 따라 적정절차원칙을 제한할 수 있도록 해야 한다.[44]

(3) 논의의 실익

그러면 이렇게 소송목적 간의 관계를 논하는 것에 구체적으로 어떤 실익이 있을까? 이는 단지 이론을 위한 이론에 불과한 것은 아닐까? 그렇지는 않다. 다음과 같은 경우를 볼 때 이러한 논의를 행하는 것에는 실익이 있다고 생각한다.

우선 형사소송법 제298조가 규정하는 공소장변경 제도를 본다. 형사소송법은 제298조 제1항에서 검사에 의한 공소장변경을 규정하면서 제2항에서는 "법원은 심리의 경과에 비추어 상당하다고 인정할 때에는 공소사실 또는 적용법조의 추가 또는 변경을 요구하여야 한다."고 하여 법원에 의한 공소장변경 요구를 규정한다. 그런데 이 경우에 법원에 의한 공소장변경 요구가 법원에게 의무인지, 아니면 재량인지, 그것도 아니면 예외적인 의무사항인지가 다투어진다.[45] 그렇지만 이러한 견해대립은 단순히 제298조 제2항의 문언을 문법적으로 해석하는 문제와 관련을 맺는 것만은 아니다. 견해대립의 배후를 살펴보면, 이러한 견해대립이 바로 소송목적론과 연결되고 있음을 알아차릴 수 있다. 형사소송에서 진실발견을 강조하는 측에서 보면, 법원은 의무적으로 검사에게 공소장변경을 요구해야 한다. 반면 피고인의 방어권을 가능한 한 보장하려는 적정절차의 측면에서 보면, 법원은 단지 공소장변경 요구에 대한 재량권을 가질 뿐이다. 이에 대해 예외적 의무설은 이렇게 서로 상반되는 시각이 각기 강조하는 법익 또는 헌법상 기본권을 형량한다. 이와 같이 제298조 제2항에 대한 해석은 궁극적으로 소송목적론과 결합되고 있는데, 여기서 우리는 소송목적론이 단순히 이론

---

44 '실제적 조화원칙'은 계희열 교수의 번역을 따른 것이다. 계희열, 『헌법학(상)』(박영사, 1996), 75쪽. 이에 반해 허영 교수는 이를 '규범조화적 해석원칙'으로 번역한다. 허영, 『헌법이론과 헌법 (상)』(박영사, 1990), 101쪽 참고. 한편 형법학자인 배종대 교수는 이를 '실질적 정합성원칙'으로 번역한다. 배종대, "보안처분과 비례성원칙", 김일수·배종대 (편), 『법치국가와 형법』(세창출판사, 1998), 54쪽 참고.
45 견해대립에 관해서는 배종대·이상돈, 앞의 책, 443~444쪽.

을 위한 이론은 아니라는 점을 확인할 수 있다.

한편 논의의 실익은 위법수집증거 배제법칙의 적용범위에서도 나타난다.[46] 위법수집증거 배제법칙의 적용범위에 관해서는 예전에 학설과 판례가 서로 대립하였다.[47] 학설은 인적증거뿐만 아니라 물적증거에 대해서도 위법수집증거 배제법칙을 인정하는 반면, 판례는 물적증거에 대해서는 이를 인정하지 않았다.[48] 그런데 이러한 견해대립, 즉 어디까지 위법수집증거 배제법칙을 인정할 것인가 하는 문제는 단순히 '증거가치의 실질적 변경'이나 '절차위반의 정도'와 같은 논점에만 관련되는 것은 아니다. 오히려 이 문제는 궁극적으로 소송목적론과 연결된다. 예를 들어 진실발견을 강조하는 측면에서 보면, 증거의 실질적 가치가 변경되지 않는 한 형사소송법의 절차를 위반하여 증거를 수집한 경우에도 증거능력을 인정할 것이다. 이에 반해 적정절차를 통한 피고인 보호를 강조하는 진영에서 보면, 증거의 가치가 실질적으로 변경되지 않았다 하더라도 형사소송법이 규정하는 절차를 위반하여 증거를 수집한 이상 이렇게 수집한 증거의 증거능력을 부정하고자 할 것이다. 그리고 개별적·구체적으로 그 적용범위를 고찰하려는 견해는 형사소송의 목적을 모두 고려하여 각 사안에 따라 개별적·종합적으로 판단하고자 할 것이다.

2. 소송목적과 소송구조의 관계에 대한 비판적 고찰

다음 소송목적과 소송구조의 관계에 대한 논의를 검토한다. 앞에서 소개한 것처럼 학설 중에는 소송목적론과 소송구조론을 연결하여 소송목적의 우선순위를 설정하려는 견해들이 있다. 특히 소송목적 가운데 적정절차원칙에 우선적인 지위를 부여하려는 견해 중에는 영미 소송법에서 인정되는 당사자주의야말로 적정절차원칙을 가장 충실하게 실현할 수 있는 소송구조이고, 따라서 우리 형사소송법도 이러한 당사자주의를 받아들여야 한다고 주장한다. 그러나 원래 당

---

46 위법수집증거 배제법칙에 대한 종합적인 연구로는 조국, 『위법수집증거 배제법칙』(박영사, 2005) 참고.
47 배종대·이상돈, 앞의 책, 560~563쪽.
48 그러나 이후 대법원은 판례를 변경하여 물적 증거에 대해서도 위법수집증거 배제법칙을 인정한다.

사자주의가 지닌 의미를 고려하면 이러한 견해에는 설득력이 부족하다. 그 이유는 다음과 같다.[49]

당사자주의는 민법의 기본 원리인 사적 자치 이념을 소송절차에서 실현한 것이다. 이러한 사적 자치 이념을 실현하기 위해 당사자주의는 처분권주의와 변론주의로 세분화된다. 여기서 처분권주의란 소송의 개시와 종료 및 소송물에 대한 처분권한을 당사자에게 부여하는 소송구조를 말한다. 그리고 변론주의란 당사자가 소송에서 주장하고 증명한 주요사실에 관해서만 법원이 판단할 수 있다는 원칙을 말한다.[50] 그런데 처분권주의와 변론주의를 보면, 이러한 기본원칙들이 개념 필연적으로 피고인의 기본권 보장을 우선적으로 지향하는 적정절차원칙과 직접 연결되는 것은 아님을 간취할 수 있다. 오히려 이 원칙들은 자유주의적 법체계에 바탕을 둔 사적 자치 원칙을 최대한 실현하는 데 목표를 둔다.[51] 이렇게 볼 때 당사자주의와 적정절차원칙 사이에는 논리필연적인 관계가 성립하지 않는다. 경우에 따라서는 오히려 당사자주의가 적정절차원칙을 침해할 위험성도 지닌다. 예를 들어 당사자주의는 당사자에게 소송물에 대한 처분권한을 인정하는데, 이러한 처분권주의를 형사소송에 도입하면 국가공권력의 대변자인 검사의 영향을 받아 피고인이 어쩔 수 없이 소송물을 처분해야 하는 상황도 발생할 수 있기 때문이다.[52]

한편 이렇게 당사자주의를 강조하는 견해는 직권주의가 실체적 진실발견만을 염두에 두기 때문에 자칫 피고인 보장에 소홀할 수 있다고 비판한다. 그러나 이러한 비판에도 설득력이 부족하다. 예컨대 독일 형사소송법은 직권주의 구조를 택하고 있는데, 그렇다고 해서 독일 형사소송법이 피고인을 보호하는 데 소홀한 것은 아니다. 오히려 독일 기본법이 받아들이고 있는 사회적 법치국가 원칙과 비례성 원칙을 형사소송에 적용하여, 한편으로는 진실발견을 추구하면서도, 다른 한편으로는 피고인 보호를 위한 '형사절차의 사법형식성'을 꾀하고 있다. 직권주의가 피고인을 억압할지도 모른다는 우려는 과거 형식적 법치

---

49 이러한 사고의 단서로는 배종대·이상돈, 앞의 책, 23~28쪽.
50 처분권주의와 변론주의에 관해서는 이시윤, 앞의 책, 418, 425쪽.
51 자유주의 법체계에 관해서는 이상돈, 『법학입문』(박영사, 1997), 36쪽 아래.
52 조건부 기소유예나 조건부 자백이 그 예가 될 수 있다.

국가 원칙이 횡횡하던 시대에나 타당한 것이었다. 오늘날처럼 국가의 기본권 기속성이 강조되는 시점에서는 직권주의가 양 소송주체 사이의 실질적인 평등을 꾀할 수 있고, 더불어 피고인 보장도 더욱 잘 실현할 수 있다.

결국 이상의 논의를 통해 볼 때 소송목적론과 소송구조론이 필연적인 연결 관계에 놓이는 것은 아니라는 결론에 도달할 수 있다. 어떻게 소송구조를 운용할 것인가 하는 문제는 각 시대의 역사적 상황과 문화 그리고 법정책을 종합적으로 고려하여 해결해야 할 문제라고 생각한다.

3. 소송목적에 대한 비판적 고찰

마지막으로 형사소송의 목적에 관해 살펴본다. 지금까지 형사소송의 목적으로는 일반적으로 실체진실주의, 적정절차원칙 그리고 신속한 재판원칙이 거론되어 왔다. 그런데 이러한 소송목적에 관해 근본적으로 제시되는 의문점은 과연 실체진실주의, 적정절차원칙, 신속한 재판원칙이 형사소송의 목적이 될 수 있는가 하는 점이다. 왜냐하면 이러한 원칙들은 소송목적이라기보다는 오히려 소송의 기본원칙이 아닌가의 의문이 들기 때문이다. 그러면 소송목적과 소송의 기본원칙 사이에는 어떤 차이점이 있는가? 그리고 목적을 원칙이라는 개념으로 바꾼다고 할 때, 구체적으로 얻을 수 있는 실익이 있는가? 사실 이 문제는 그동안 충분히 논의하지 않은 것이어서 여기서 이를 상세하게 논증하는 것은 어렵다. 다만 이에 관해 필자의 견해를 간략하게 밝히면 다음과 같다.

형사소송법은 실체형법을 구체적으로 실현하기 위해 존재한다. 그런데도 형사소송의 목적으로 실체형법의 실현이 아닌 실체진실주의·적정절차원칙·신속한 재판원칙이 거론되는 것은 아마도 형사소송법이 실체형법과는 구별되는 독자적인 가치를 지니고 있기 때문이지 않나 생각한다. 바로 실체형법만으로는 달성하기 어려운 '피고인 보호'와 '법적 안정성'이라는 이념이 그것이다.[53] 그리고 신속한 재판원칙과 결부되어 새롭게 등장하는 소송경제 이념도 형사소송이

---

[53] 이를 '실체적 정의'에 대응하는 '절차적 정의'로 부르기도 한다. 이런 절차적 정의에 관해서는 정태욱, 『절차적 정의에 관한 연구: 법절차에 관한 정의철학적 기초』(서울대 법학박사 학위논문, 1995) 참고.

독자적으로 지닌 가치라고 말할 수 있을지 모르겠다. 이처럼 형사소송의 독자성을 강조하는 견해는 실체형법만으로는 자칫 간과하기 쉬운 형사법의 보장적 과제를 실현하려 한다는 점에서 일단 타당성이 있다. 그렇다 하더라도 이러한 형사소송의 독자적 가치를 형사소송의 목적으로 이해할 수는 없다고 생각한다. 그 이유는 다음과 같다. 형사소송법은 자신의 독자적인 가치를 지니면서 실체형법을 실현한다. 그리고 실체형법은 범죄구성요건과 형벌을 통해 범죄로 침해되는 법익을 보호하고자 한다. 그러면 이때 말하는 법익이란 무엇인가? 법익이란 형법으로 보호할 만한 이익을 말하는데,[54] 현대 입헌주의 국가에서 받아들이고 있는 법치국가 원칙에서 볼 때 법익은 많은 경우 헌법상 기본권으로 구체화된다.[55] 그리고 이러한 헌법상 기본권은 바로 법철학의 이념인 정의, 합목적성, 법적 안정성을 구체화한 것이라고 말할 수 있다. 이렇게 볼 때 모든 법체계가 존재하는 궁극적인 목적은 바로 정의, 합목적성, 법적 안정성을 실현하기 위해서라고 말할 수 있다. 이는 형사소송법에 대해서도 그대로 타당하다. 형사소송법도 정의, 합목적성 및 법적 안정성을 실현하기 위해 존재한다고 말할 수 있는 것이다. 물론 이러한 법철학적인 이념 자체는 고도로 추상적인 개념이라는 점에서 이러한 언명이 구체적으로 형사소송의 목적이 무엇인지 보여주는 것은 아니다. 그러나 앞에서 언급한 법의 이념을 좀 더 구체화한 것이 기본권 목록이라면, 형사소송법이 추구해야 하는 목적은 더욱 분명해진다. 헌법상 기본권 또는 가치를 실현하는 것이 형사소송의 목적인 셈이다. 이렇게 형사소송의 목적을 규정하면, 기존의 실체진실주의·적정절차원칙 및 신속한 재판원칙은 앞에서 언급한 형사소송의 목적을 실현하기 위해 필요한 전제, 기본원칙이 되거나 목적의 일부분으로 편입될 것이다.[56]

---

54 형법상 법익에 관해서는 양천수, "형법상 법익 개념의 새로운 근거설정 필요성과 가능성", 『고려법학』 제47호(2006), 265~290쪽 참고.

55 이렇게 법익을 헌법상 기본권으로부터 도출하려는 시도는 독일의 형법학자 미하엘 맑스(M. Marx)가 제시한 바 있다. 김창군, "인격적 법익론", 김일수·배종대 (편), 『법치국가와 형법』(세창출판사, 1998), 85쪽; W. Hassemer, *Theorie und Soziologie des Verbrechens* (Frankfurt/M., 1973), 65쪽.

56 우리 헌법은 적법절차원칙을 헌법상 기본권의 한 내용으로 인정하고 있는데(헌법 제12조), 적법절차라는 개념 자체가 담고 있는 광범위한 내용과 기본권의 객관적 가치질서성에 비추어 볼 때, 이는 기본권의 한 형태라기보다는 기본권을 실현하기 위한 기본원칙으로 파악하는 것이 더욱 적절하다.

그러면 이렇게 소송목적을 다시 구성하는 것에 어떤 실익이 있는가? 다음과 같은 경우를 생각한다면, 이러한 논의에도 실익이 있음을 확인할 수 있다. 예를 들어 법원이 고의나 중대한 과실로 오판을 한 경우 또는 불법국가와 같은 상황에서 정의에 현저히 반하는 판결을 내렸을 때 그리고 이 판결에 실질적 확정력(기판력)이 발생했을 때, 이 판결에 일사부재리 효력과 집행력을 인정해야만 하는가? 이 문제는 형사소송에서 등장하는 정의와 법적 안정성 간의 갈등 문제에 해당한다.[57] 그런데 이 문제는 기존의 형사소송 목적론만으로는 해결할 수 없다. 이 문제는 단순히 형사소송만의 문제가 아니라 법 일반의, 다시 말해 법철학의 근본 문제에 해당하기 때문이다. 따라서 이 문제는 정의와 법적 안정성 간의 갈등을 어떻게 해결할 것인가 라는 문제의식이 없으면 궁극적으로 해결할 수 없다. 바로 이러한 점에서 형사소송 목적을 비판적으로 검토하는 것이 의미가 있다고 생각한다.

VI. 맺음말

지금까지 실체진실주의와 적정절차원칙에 관한 논의를 비판적으로 고찰해 보았다. 실체진실주의와 적정절차원칙에 관한 논의는 형사소송의 목적에 관한 논의로서 형사소송 전반에 걸친 근본적인 논의에 해당한다. 그래서 이러한 논의는 자칫 추상적이고 일반적인 논의로만 머물기 쉽다. 그러나 법원에 의한 공소장변경 요구, 위법수집증거 배제법칙의 적용범위 그리고 중대한 오판을 저지른 판결의 일사부재리 효력 문제에서 볼 수 있는 것처럼 이러한 논의는 단순히 이론을 위한 이론만을 다루는 것은 아니다. 남은 문제는 아마도 이러한 소송원칙들을 어떻게 구체적인 사안에서 적절하고 균형 있게 적용할 수 있는가의 문제일 것이다.

---

[57] 바로 이러한 관점에서 형사소송뿐만 아니라 다른 법영역에서 정의와 법적 안정성의 대립과 그 해결방안을 이른바 '라드브루흐 공식'을 통해 심도 있게 해명하는 문헌으로는 프랑크 잘리거, 윤재왕 (역), 『라드브루흐의 공식과 법치국가』(길안사, 2000) 참고.

심단논법과 법학방법

제9장
사실인정의 구조와 쟁점

I. 서론

일정한 법적 분쟁이 발생하면, 법관은 법적 분쟁의 전제가 되는 사실관계를 파악한 후 이러한 사실관계와 관련된 법규범을 탐색 및 해석하고 이를 사실관계에 적용함으로써 법적 분쟁을 해결한다. 여기서 알 수 있듯이 사실관계를 파악하는 과정, 즉 사실인정과정은 법적 분쟁을 해결하는 데 중요한 전제가 된다. 사실인정이 제대로 이루어지지 않으면, 법적 분쟁과 관련되는 법규범을 정확하게 탐색할 수도 이를 해석할 수도 없다. 이처럼 사실인정은 실제 법적 분쟁을 해결하는 데 중요한 역할을 한다. 실제 실무, 특히 형사소송실무에서도 형사법규범을 해석하는 문제보다 사실인정을 하는 문제가 더욱 어렵고 중요한 문제로 대두한다. 그런데 사실인정이 실제 재판과정에서 차지하는 비중에 비해 사실인정에 대한 이론적 작업은 상대적으로 소홀히 취급된 면이 없지 않다.[1] 그동

---

1 이에 대한 예외로는 백찬하·조영석, "법원의 과거사사건 사실인정에 관한 고찰", 『법조』제62권 제11호(2013), 5~45쪽; 김상준, 『무죄판결과 법관의 사실인정』(경인문화사, 2013); 배문범, "시신 없는 살인사건에 있어서 간접증거에 의한 사실인정", 『동아법학』제59호(2013), 107~155쪽; 이성기, "변화하는 형사재판 환경에서의 형사증거법의 역할과 과제: 사실 인정자의 편견을 배제하기 위한 형사증거법상 제언", 『법과 정책연구』제14집 제4호(2014), 1933~1961쪽; 권오걸, 『사실인정과 형사증거법』(경북대학교출판부, 2014); 김종률, 『진술·증거분석을 통한 사실인정 방법론 연구』(한양대 법학박사 학위논문, 2014); 사법연수원, 『형사증거법 및 사실인정론』(사법연수원 출판부, 2015) 등 참고.

안 우리의 실정법학은 학문적 관심과 열정을 주로 실정법규범을 해석하고 이를 체계화하는 작업, 즉 법도그마틱을 구축하는 작업에 쏟아왔다. 그 때문에 사실 인정에 대한 관심과 논의는 법실무가들의 몫이라고 여기는 편이었다. 그렇지만 사실인정 역시 법학, 더 나아가 법학을 포함하는 '학문체계'가 이론적 관심을 보여야 하는 논의대상이다. 이러한 문제의식에서 제9장은 법철학 및 법적 논증이론의 관점을 기반으로 하여 그리고 주로 형사판결에서 문제되는 사실인정을 논의대상으로 하여 사실인정의 구조와 쟁점 등을 다루고자 한다. 다만 제9장은 일종의 시론적 시도를 한다는 점에서 개별 쟁점에 천착하기보다는 거시적인 측면에서 사실인정의 구조와 쟁점에 접근하는 방식을 취하고자 한다.

Ⅱ. 사실인정의 구조와 문제

1. 의사결정과정과 논증과정으로서 사실인정

형사분쟁이 발생하면 형사법관은 가장 우선적으로 범죄사실을 인정해야 한다. 법적 삼단논법의 견지에서 보면, 이는 소전제를 확정하는 과정에 해당한다.[2] 위에서 언급한 것처럼 보통 형사소송에서는 형사법규범을 탐색하고 해석하는 일보다 범죄사실을 인정하는 일이 더욱 중요하고 어렵다. 이렇게 형사소송에서 중요한 지위를 차지하는 사실인정과정은 크게 두 가지 의미를 지닌다. 첫째는 '의사결정과정'이라는 의미이고, 둘째는 '논증과정'이라는 의미이다.

(1) 의사결정과정으로서 사실인정

첫째, 사실인정은 형사법관이 수행해야 하는 의사결정과정이다. 법학방법론의 용어로 바꿔 말하면, 사실인정은 검사나 피고인 측에서 제시한 주장과 증거들을 사실인정의 기준에 따라 판단하여 사실을 추론하는 일종의 추론과정이다. 법수사학적 논증이론의 용어로 바꿔 말하면, 사실인정은 판결을 산출하는 과정에 속한다.[3] 형사법관은 공판절차에서 제시된 주장과 증거를 바탕으로 하

---

2 이에 관해서는 김정오·최봉철·김현철·신동룡·양천수, 『법철학: 이론과 쟁점』(박영사, 2013), 109쪽 아래 참고.
3 법수사학적 논증이론에 관해서는 우선 이계일, "수사학적 법이론의 관점에서 본 법적 논증의 구

여 검사가 제기한 공소사실이 진정 사실인지 아닌지 결정해야 한다. 그런데 아래에서 살펴보는 것처럼 검사가 제기한 범죄사실이 진정 사실인지 여부를 판단하는 것은 생각만큼 쉬운 일이 아니다. 세 가지 이유를 언급할 수 있다. 첫째, 인식론적인 한계 때문에 과거에 발생한 일종의 '역사적 사실'을 '지금 여기서' 재현하는 것이 어렵다. 둘째, 많은 경우 형사법관은 제한된 증거, 경우에 따라서는 '간접증거'만으로 범죄사실을 판단해야 한다. 셋째, 구체적으로 어떤 경우에 범죄사실을 진정한 사실로 인정할 것인가에 대한 확고한 판단기준이 존재하지 않는다. 이로 인해 형사법관이 갖고 있는 '선이해'가 사실을 인정하는 과정에 개입하는 경우가 많다.[4] 여하간 형사법관은 이러한 어려움 속에서 무엇이 사실인지 여부를 결정해야 한다.

(2) 논증과정으로서 사실인정

둘째, 사실인정은 논증과정이기도 하다.[5] 의사결정과정을 통해 추론한 사실을 논증하는 절차가 바로 사실인정논증에 해당한다. 이러한 사실인정논증 역시 사실인정에 포함된다. 법수사학적 논증이론의 용어로 달리 말하면, 사실인정 논증은 산출된 판결을 정당화하는 과정에 속한다.[6] 형사법관은 판결서를 통해 자신이 어떤 근거에서 범죄사실을 결정한 것인지 논증해야 한다. 이 과정에서는 무엇보다도 증거에 대한 판단이 결정적인 역할을 한다. 대법원 역시 사실인정과정이 논증과정이라는 점을 다음과 같이 지적한다.[7]

> "형사재판에 있어 심증형성은 반드시 직접증거에 의하여 형성되어야만 하는 것은 아니고 간접증거에 의할 수도 있는 것이며, 간접증거는 이를 개별적·고립적으로 평가하여서는 아니 되고 모든 관점에서 빠짐없이 상호 관련시켜 평가하고, **치밀하고 모순 없는 논증**을 거쳐야 한다."(강조는 인용자)

조", 『법철학연구』 제13권 제1호(2010), 35~88쪽 참고.
4 이 문제에 관해서는 아래 Ⅱ. 3. (4) 1) 참고.
5 이에 관한 문헌으로는 이용구, "사실인정 과정의 논증", 『재판실무연구』(2009. 1), 59쪽 아래.
6 이계일, 앞의 논문, 35쪽 아래.
7 대법원 2004. 6. 25. 선고 2004도2221 판결 등 참고.

사실인정과정을 논증과정으로 파악할 때 우선적으로 제기되는 문제는, 의사결정과정으로 볼 때와 마찬가지로, 논증과정에 대한 고정적이고 확고한 기준이 존재하지 않는다는 것이다. 이에 대한 대략적인 기준은 제시할 수 있지만, 구체적인 사건에서 과연 어떻게 근거를 대는 것이 사실인정과정을 정당화하는지 분명한 답을 제공할 수는 없다. 이에 대한 상세한 문제는 아래에서 다시 다룬다.[8]

(3) 의사결정과정과 논증과정의 해석학적 순환

위에서 사실인정을 의사결정과정과 논증과정으로 분리해 파악했지만, 실제 사실인정에서 양자는 분명하게 구분되지 않는다. 물론 범죄사실을 인정하기 쉬운 사건에서는 우선 직관적으로 범죄사실을 결정하고 이어서 이를 논증할 것이다. 그렇지만 사실인지 여부를 판단하기 어려운 사건에서는 양자가 일종의 해석학적 순환관계를 형성한다.[9] 먼저 범죄사실을 판단한 후 이를 사후적으로 논증할 수도 있지만, 사실인정에 대한 논증과정을 밟아가는 과정에서 범죄사실을 판단할 수도 있는 것이다. 이를테면 법관이 처음에는 강간죄를 '선이해'로 하여 사실인정을 시도하였지만, 사실인정과정에서 새롭게 발견한 논거들을 토대로 하여 처음에 가설로 제시한 강간죄를 다른 범죄로, 가령 준강도죄로 바꿀 수도 있다. 보통 사실인정논증은 법관이 의사결정으로써 판단한 사실인정결과를 사후적으로 논증하는 절차로 파악하지만, 사실인정을 논증하는 과정 속에서 처음에 가설적으로 결정한 사실인정의 결과를 바꿀 수도 있는 것이다. 그러므로 '의사결정과정으로서 사실인정'과 '논증과정으로서 사실인정'을 실제 사실인정에서 명확하게 구별하는 것은 쉽지 않다.

2. 사실인정의 대상

사실인정이 대상으로 하는 것은 무엇인가? 이는 다음과 같이 유형화할 수 있다.

---

8 이에 관해서는 아래 Ⅲ. 참고.
9 '해석학적 순환'에 관해서는 M. Heidegger, *Sein und Zeit* (Tübingen, 1953), 153쪽 참고.

(1) 형사소송의 당사자

사실인정의 대상은 형사소송의 당사자, 즉 인적 주체를 대상으로 하여 유형화할 수 있다. 검사의 주장과 증거, 피고인의 주장과 증거 그리고 피해자의 주장과 증거가 그것이다. 형사법관은 이렇게 각 당사자가 제시한 주장과 증거의 진위 여부를 사실인정논증을 통해 판단해야 한다.

(2) 주장 및 증명대상

사실인정은 각 당사자가 제시하는 주장 및 증명이 무엇을 목표로 하는가에 따라 구분된다. 이를테면 각 당사자가 제기하는 주장과 증명은 형사소송에서 문제되는 범죄의 객관적 구성요건에 관한 것일 수도 있고, 주관적 구성요건에 관한 것일 수도 있다. 또한 문제되는 범죄의 서술적 구성요건에 관한 것일 수도 있고, 규범적 구성요건에 관한 것일 수도 있다. 이를 조합하면 다음과 같이 유형화할 수 있다. 첫째는 객관적·서술적 구성요건에 관한 것이고, 둘째는 객관적·규범적 구성요건에 관한 것이며, 셋째는 주관적·서술적 구성요건에 관한 것이고, 넷째는 주관적·규범적 구성요건에 관한 것이다.

(3) 증거능력과 증명력

사실인정과정에서 형사법관은 각 당사자가 제출하는 증거의 증거능력과 증명력 역시 판단해야 한다. 증거능력을 판단할 때는 각 증거들이 형사소송법이 규정한 증거법을 따르고 있는지를 고려해야 한다. 여기서는 형식적·절차적 판단이 중심을 이룬다. 이와 달리 각 증거의 증명력을 판단할 때는 각 증거가 '합리적 의심을 배제'하는지 여부를 주로 검토해야 한다.

3. 사실인정을 둘러싼 문제

위에서 언급한 것처럼 사실인정은 한편으로는 의사결정과정으로서, 다른 한편으로는 논증과정으로서 여러 문제와 마주해야 한다. 사실인정을 둘러싼 문제에는 무엇이 있는지 아래에서 구체적으로 살펴보도록 한다.

(1) 실체적 진실 발견의 문제

먼저 '실체적 진실' 발견의 문제를 언급할 수 있다. 일반적으로 형사소송은 실체적 진실을 발견해야 한다고 말한다. 그러나 인식론적 측면에서 볼 때 이미 역사적 사건이 되어 버린 범죄사실을 시간적·인적·물적 자원의 한계를 안고 있는 공판절차에서 완벽하게 구현하는 것은 불가능하다. 그 때문에 공판절차에서 추구해야 하는 진실은 '실체적 진실'이 아닌 '절차적 진실'이어야 한다는 주장이 제기된다.[10]

(2) 사실정보의 불완전성 문제

다음으로 형사법관은 실제 공판절차에서 사실정보의 불완전성이라는 문제와 씨름해야 한다. 형사법관이 공판절차에서 실체적 진실에 최대한 가깝게 사실을 인정하기 위해서는 범죄사실을 인정하는 데 사용할 수 있는 정보, 즉 주장과 증거를 최대한 많이 수집하고 활용할 수 있어야 한다. 물론 주장과 증거를 최대한 많이 수집만 한다고 해서 좋은 것은 아니다. 여기에는 몇 가지 제한이 있다. 형사법관이 사용할 수 있는 주장과 증거는 형사소송법이 규정한 절차에 따라 적법하게 수집한 것이어야 한다. 그리고 검사와 피고인 측 모두에게 평등하고 공정한 것이어야 한다. 이를테면 모든 주장은 공판중심주의에 맞게 수집된 것이어야 하고, 모든 증거는 적법하게 수집한 증거로서 증거능력을 갖추고 있어야 한다.

그러나 현실적으로 볼 때 형사법관은 불완전한 정보 속에서 범죄사실을 인정해야 한다. 예를 들어 형사법관은 피해자의 증언은 있지만 이를 뒷받침할 만한 물적 증거가 없는 경우 또는 범죄사실에 대한 직접증거는 존재하지 않고 오직 간접증거만 있는 경우 등과 마주해야 한다. 간접증거만 있는 경우, 그것도 서로 팽팽하게 대립하는 간접증거가 병존하는 경우 법관은 범죄사실을 어떻게

---

10 이 문제에 관해서는 이상돈, "형사소송의 사실인정에서 인식, 이론, 현실 그리고 정책", 『법실천의 제문제』(법문사, 1996); 이상돈, "법관의 말행위와 올바른 법", 『저스티스』제25권 제2호(1992); 변종필, 『형사소송에서 진실개념』(고려대 법학박사 학위논문, 1998); 양천수, "형사소송법상 실체진실주의와 적정절차원칙에 대한 비판적 고찰: 법철학의 관점에서", 『경남법학』제23집(2008), 125~146쪽 및 이 책 제8장 참고.

판단해야 하는가? 쉽게 해결하기 어려운 문제라고 할 수 있다.[11]

(3) 사실인정에 대한 판단기준의 불완전성

나아가 사실인정에 대한 판단기준이 불완전하다는 문제를 지적할 수 있다. 이 문제는 위에서 언급한 사실정보의 불완전성 문제와 결부된다. 범죄사실을 인정하는 데 필요한 정보가 부족한 경우, 특히 직접증거가 존재하지 않고 간접증거만 존재하는 경우 판단기준의 불완전성 문제가 분명하게 등장한다. 예를 들어 검사가 피고인을 살인죄로 기소하였는데, 피고인이 피해자를 살해했다는 주장에 대한 직접증거는 존재하지 않고 다른 간접증거만 존재하는 경우에 이를 어떤 기준으로 판단해야 하는지 문제된다.

물론 범죄사실인정에 대한 판단기준이 전혀 없는 것은 아니다. 학설과 판례는 범죄사실에 대한 증거가 '합리적 의심을 배제할 만한 증명력'을 갖춘 경우에는 해당 증거에 따라 범죄사실을 인정하는 것에 동의한다. 그런데 문제는 '합리적 의심 배제'라는 기준 자체가 대략적인 기준은 될 수 있지만, 구체적인 형사사건에서 범죄사실을 판단하는 데 명확하게 사용될 수 있는 기준은 아니라는 점이다. 이 문제는 아래에서 더욱 상세하게 다루도록 한다.[12]

(4) 사실인정의 해석학적·심리학적·언어철학적 문제

의사결정으로서든 아니면 논증과정으로서든 상관없이 사실인정 자체가 어려운 이유는 여기에 해석학적·심리학적·언어철학적 문제가 결부되어 있다는 점에서도 찾을 수 있다.

1) 사실인정의 해석학적 문제

첫째, 사실인정은 해석학적 문제, 즉 '법해석학'의 문제와 관련을 맺는다.[13] 이는 법해석학의 관점이 사실인정에 투영된다는 점을 뜻한다. 이를테면 형사법

---

11 이 문제에 관한 연구로는 변종필, "간접증거에 의한 유죄인정", 『비교형사법연구』 제5권 제2호 (2003), 385~408쪽 참고.

12 이에 관해서는 아래 Ⅳ. 1. 참고.

13 법해석학에 관해서는 우선 김병규, "법해석학과 철학적 해석학", 『동아법학』 제24호(1998), 1~24 쪽; 강진철, "법학에의 철학적 해석학의 수용에 관한 고찰", 『법학연구』 제13집(2003), 1~24쪽; 양천수, "철학적 해석학과 법해석학: 해석학의 법철학적 수용과 관련한 시론", 『동아법학』 제44 호(2009), 1~35쪽 등 참고.

관이 지니고 있는 선이해가 사실을 인정하는 과정에 영향을 미친다. 가령 형사법관이 수사기관을 신뢰하는 경우에는 이러한 신뢰가 선이해가 되어 범죄사실을 인정할 때 수사기관에 유리하게 주장 및 증거를 평가할 가능성이 높아진다. 달리 표현하면 수사기관이 설정한 범죄사건 프레임이 형사법관이 수행하는 사실인정에 결정적인 영향력을 행사할 수 있는 것이다. 또한 형사법관이 과거에 행한 재판에서 피고인 측으로부터 속은 경험이 있는 경우에는 기본적으로 피고인을 불신하는 선이해가 형성되어 그 이후에 이루어지는 사실인정에 영향을 미칠 수도 있다. 이뿐만 아니라 형사법관이 개인적으로 체험한 사건들이 경험칙의 일부를 이루어 형사법관이 사실을 인정할 때 원용하는 판단기준으로 작용하는 경우도 있다. 이렇게 법관이 지닌 선이해가 사실인정에 영향을 미치기에 형사법관이 실체적 진실에 맞게 사실을 인정하는 것은 쉽지 않다.

2) 사실인정의 심리학적 문제

둘째, 이러한 해석학적 문제는 그대로 심리학적 문제로 이어진다. 사실인정의 해석학적 문제가 철학의 관점에서 본 것이라면, 사실인정의 심리학적 문제는 심리학, 즉 사회과학의 측면에서 본 것이다. 그러면 형사법관이 사실을 인정하는 과정에 어떤 심리학적 문제가 발생하는가? 이에 대한 다수 연구가 존재하듯이,[14] 사실을 인정하는 과정에서는 형사법관의 심리적 편향 문제가 등장한다. 심리적 편향 때문에 형사법관은 당사자의 주장이나 증거를 공정하고 정확하게 평가하지 못하는 경우가 종종 발생한다. 심리적 편향이 바람직하지 않은 법관의 선이해로 작용하여 사실인정에 관한 법관의 판단에 영향을 미치는 것이다. 이로 인해 1심에서 유죄판단을 받았던 사건이 항소심에서 무죄판단을 받기도 하고, 항소심에서 유죄판단을 받았던 사건이 대법원에서 무죄판단을 받기도 한다.

그런데 사실 형사법관이 이러한 심리적 편향으로부터 자유로워지는 것은 쉽지 않다. 고도로 숙련된 법관이라도 언제든지 심리적 편향에 빠져들 수 있다. 그 이유는, 현대 심리학의 성과가 말해주듯이, 우리 인간의 생각구조 자체가 그

---

14 이에 관해서는 우선적으로 김상준, 앞의 책 참고.

렇게 구성되어 있기 때문이다. 이는 심리학과 경제학을 접목해 이른바 '행동경제학'을 창시한 카너먼(D. Kahneman)의 연구성과에서 확인할 수 있다. 카너먼에 따르면, 인간의 사고시스템 안에는 서로 다른 두 가지 시스템이 존재한다.[15] '빠르게 생각하는 직관적인 사고시스템'과 '천천히 생각하는 합리적인 사고시스템'이 바로 그것이다. 근대 계몽주의 철학이 전제로 한 이성적인 주체나 고전 경제학이 상정하는 합리적 존재 또는 모든 선입견으로부터 자유롭게 사실을 인정하는 법관상은 이러한 두 가지 사고시스템 중에서 후자만을 염두에 둔 것이다. 그러나 카너먼에 따르면, 인간의 사고시스템 안에서 중심적인 역할을 하는 것은 오히려 전자, 즉 '빠르게 생각하는 직관적인 사고시스템'이다.[16] 이 사고시스템은 직관에 의해 자동적·습관적으로 작동한다. 바로 이 때문에 이 사고시스템은 언제나 올바르게, 사실인정과 관련해서 말하면, 공정하게 작동하는 것이 아니라 제한된 정보를 토대로 하여 작동하는 편향적인 성격을 띤다.[17] 이러한 점을 주목하면, 우리가 쉽게 심리적 편향에 빠지는 것은 어찌 보면 아주 자연스러운 일일지도 모른다.

3) 사실인정의 언어철학적 문제

셋째, 사실인정에는 언어철학적 문제도 담겨 있다. 형사소송에서 이루어지는 사실인정은 모두 '언어'로 표현되고 논증되어야 한다. 물론 사실인정 그 자체는 직관적으로, 어쩌면 언어로 표현되기 이전에 판단되고 결정될 수도 있다. 그렇지만 형사법관이 직관적으로 결정한 사실인정결과를 형사판결서에 담아내기 위해서는 이를 다시 언어로 재구성해야 한다. 형사법관이 사실이라고 판단한 '장면'(또는 상황)을 언어로 전환해야 하는 것이다. 그런데 언어철학의 견지에서 볼 때 등장하는 문제는, 형사법관이 아무리 엄밀하게 언어를 선택해 사용한다 하더라도 형사법관이 사실이라고 판단한 장면 또는 상황을 정확하게 언어로 대응시키는 데는 한계가 있다는 것이다. 언어기호 자체가 안고 있는 의미론적·구문론적·화용론적 한계 때문에 언어기호는 지시대상을 완벽하게 재현할 수 없

---

15 이에 관해서는 대니얼 카너먼, 이진원 (옮김), 『생각에 관한 생각』(김영사, 2012) 참고.
16 대니얼 카너먼, 위의 책, 33쪽.
17 대니얼 카너먼, 앞의 책, 43쪽 아래.

다. 이로 인해 형사법관은 자신이 사실이라고 판단한 장면을 형사판결서에 언어적으로 재현할 때는 '언어적 결단'을 할 수밖에 없다. 이 때문에 사실인정행위를 '언어귀속'(Sprachzuschreibung)행위라고 말하기도 한다. 이때 '언어적 결단'이 의미하는 바는 형사법관이 사실을 인정하기 위해 선택하는 언어는 언제나 실제 사건이나 상황을 정확하게 반영하지 못할 위험을 안고 있다는 점을 뜻한다. 형사법관이 선택하는 언어는 그 자신의 선이해나 심리적 편향 또는 언어 자체가 안고 있는 의미론적·구문론적·화용론적 한계 때문에 실제 사건의 복합적인 맥락을 온전하게 반영하지 못하는 경우가 많다. 그 때문에 실제 사건을 언어적으로 전환하는 과정은 '언어적 발견'이 아니라 '언어적 결단'일 수밖에 없다. 이를 이상돈 교수는 다음과 같이 표현한다.[18]

> "예를 들면 세계내의 한 사건을 '잠자는 부인을 죽였음'이라는 언어기호로 나타낼 수 있는가는 단순히 언어논리적 작업이 아니라 실천적 작업이다. 왜냐하면 한 부인의 어떤 신체적인 실제상태를 '잠자는'이라는 언어로 나타낼 수 있는가 하는 문제에서는, 부인의 신체상태와 관계된 무한대의 실제적 데이터에 대한 자연과학적 분석이 중요한 것이 아니라, 일상적으로는 이미 해결된 것처럼 보이지만 실제로는 상황마다 언제나 다시 새롭게 해결되어야 하는 실천적 과제가 중요한 것이기 때문이다. 이 실천적 과제에서는 일정한 신체적 실제상태를 '잠자는'이라는 언어로 나타내는 것이 당위적인 것인가, 다시 말해 **어떤 신체적 실제상태에서 '잠자는'이라는 언어를 귀속(Zuschreibung)해야 마땅한가 하는 문제가 대화의 테마가 된다.** (…) 사태의 서술 '이후에야 비로소'가 아니라 사태기술 '자체 속에 이미' 실천적 대화는 작동한다. 그렇기 때문에 사실확정(Tatsachenfeststellung)과 사안서술(Sachverhaltsbeschreibung)을 엄격히 분리하는 생각, 즉 '언어외적인 사태를 먼저 확정하고 언어적 記述은 그 뒤에 한다'는 생각은 의미가 없다. 이러한 점은 초법률적인 것이다. 즉 법률가에게뿐만 아니라 역사가나 사회과학자에게도 마찬가지이다. 사안의 서술(언어 이전의 대상적인 생활사태 그 자체로부터, 질서가 잡히고 해석된 사실인 언어적으로 파악된 사안에로의 이전)은 일종의 **실천적인 언어귀속**

---

18 이상돈, 『새로 쓴 법이론』(세창출판사, 2005), 251~252쪽.

인 것이다. 법에서 사안서술(법적 사안의 구성)의 특수성은 그러한 이전의 모든 과정들이 일반적인 약관이나 관행 및 에토스 등에 의해서뿐만 아니라 (합리적이거나 비합리적인) 법률적 관점에 의해 각인된다는 점에 있다. 여기서 법률적 관점이란 각각의 법률적 콘텍스트 속에서 세분화되어 합의될 수 있고 그것이 법적 명제이든 원칙이든 간에 법적 대화에서 그 올바름이 심사될 수 있는 그런 관점이다. 그러므로 **모든 법률적 사안서술(법적 사안의 구성)은 다차원적이며, 다단계적이며, 선이해에 의해 제약된다.**"(강조는 인용자)

Ⅲ. 합리적인 사실인정을 위한 방안

이처럼 실제 형사소송에서 사실을 정확하게 인정하고 논증하는 것은 이론적으로나 실천적으로나 쉽지 않다. 하지만 그렇다고 해서 형사소송에서 실체적 진실에 가깝게 범죄사실을 구현하고자 하는 노력을 포기해서는 안 될 것이다. 그러면 어떻게 그 누구나 납득할 수 있는 사실인정을 구현할 수 있는가? 아래에서는 사실인정을 합리적으로 실현하기 위한 방안, 즉 합리적인 사실인정을 위한 방안을 대략적이나마 제안한다.

1. 두 가지 검토사항

합리적인 사실인정을 위한 방안을 본격적으로 다루기에 앞서 사실인정과 관련된 두 가지 사항을 검토해 보도록 한다. 첫째는 증거법의 논증이론적 의미이고, 둘째는 사실인정의 구성요건 의존성이다.

(1) 증거법의 논증이론적 의미

주지하다시피 우리 형사소송법은 증거재판주의를 기본 원칙으로 하면서 자백배제법칙, 자백보강법칙, 위법수집증거 배제법칙, 전문법칙 등과 같이 증거능력을 규율하는 증거법과 자유심증주의와 같이 증명력을 규율하는 증거법을 마련하고 있다. 그러면 이러한 증거법이 사실인정에서 수행하는 역할은 무엇인가? 크게 세 가지 역할을 수행한다고 말할 수 있다.

첫째, 형사소송법이 규정하는 증거법은 합리적인 사실인정을 하는 데 기여한다. 증거법은 사실을 인정하는 데 필요한 정보를 수집할 때, 이러한 정보수집이 피고인의 자율성을 침해하지 않아야 하고(자백배제법칙), 적법한 절차에 따라 수집되어야 하며(위법수집증거 배제법칙), 신빙성이 있는 것이어야 한다고 요청한다(전문법칙). 이렇게 정보수집에 대한 제한을 설정함으로써 사실인정절차가 합리적인 절차적 진실을 추구할 수 있도록 기여한다.

둘째, 증거법, 그중에서도 증거능력을 규정하는 증거법은 형사법관의 논증의무를 경감한다. 만약 증거능력을 규율하는 증거법이 없다면, 형사법관은 각 당사자들이 제시하는 증거가 과연 어떤 점에서 수용될 수 있는 것인지를 매번 형식적·내용적인 측면에서 논증해야 한다. 그렇게 되면 형사법관의 부담은 늘어날 것이고, 이로 인해 형사소송의 부담과 비용도 증가할 것이다. 이러한 점에서 증거능력을 규율하는 증거법은 형사법관의 논증부담을 줄이는 데 기여한다.

셋째, 증거법, 그중에서도 증명력을 규율하는 증거법은 반대로 형사법관에게 증명력에 대한 합리적 논증의무를 부과한다. 왜냐하면 증거의 증명력에 대해 우리 형사소송법은 제308조에서 "증거의 증명력은 법관의 자유판단에 의한다."고 함으로써 이른바 자유심증주의를 천명하고 있는데, 이때 말하는 '법관의 자유판단'은 법관이 전적으로 자유롭게 판단하라는 요청이 아니라 법관이 합리적 이성에 따라 판단하라는 요청으로 이해되기 때문이다.[19]

(2) 사실인정의 구성요건 의존성

나아가 사실인정을 할 때 주의해야 할 점은 사실인정이 대전제에 속하는 형사법규범과 전적으로 무관한 것이 아니라 양자가 해석학적인 관련성을 맺는다는 것이다. 이를 '사실인정의 구성요건 의존성'이라고 표현할 수 있다. 사실 정확하게 말하면, 사실인정에서 대상으로 삼는 범죄사실은 형사법규범이 규정하는 구성요건적 사실이다. 따라서 형사법관이 사실인정을 할 때는 필연적으로 형사법규범이 규정하는 구성요건에 관한 관점을 선이해로 가질 수밖에 없다. 형사법관이 찾아야 하는 범죄사실은 구성요건이 규율하는 사실이기 때문이다.

---

19 권오걸, "자유심증주의에서의 경험칙과 한계", 『법학연구』 제48집(2013), 233쪽 참고.

그 때문에 가령 독일의 형법학자 엥기쉬(K. Engisch)는 소전제인 사실을 인정하는 과정에는 필연적으로 포섭절차가 개입할 수밖에 없다고 말한다.[20] 사실을 밝히는 과정은 복잡하게 얽혀 있는 형사분쟁을 형사법규범이 규정하는 각각의 구성요건을 기준으로 하여 정돈하는 과정이기 때문이다.

따라서 형사법관이 합리적인 사실인정을 수행하기 위해서는 사실인정과 관련을 맺는 형사법규범의 구성요건이 어떻게 각 구성요건요소를 규정하는지를 염두에 두면서 여기에 합치하도록 사실인정을 구현해야 한다. 예를 들어 사실인정과 관련되는 형사법규범의 구성요건이 '과실'을 규정하고 있는데, 사실인정에서 '고의'를 문제 삼고 있다면 이는 합리적인 사실인정이 될 수 없다. 또한 관련되는 형사법규범에서 구성요건객체로서 '재물'을 규정하고 있는데, 사실인정에서 문제되는 대상이 재물인지 여부가 분명하지 않다면 이 역시 합리적인 사실인정이 될 수 없다.

여기에서 다음과 같은 결론을 도출할 수 있다. 사실인정은 순수하게 사실적·서술적인 측면만 갖는 것이 아니라 규범적인 측면도 갖는다는 것이다. 이를테면 사실인정과정에서 문제되는 대상이 재물인지 여부를 판단하려면, 재물 개념에 대한 해석론적·법도그마틱적 관점과 지식이 필요하다. 또한 사실인정에서 가장 문제가 되는 성향 개념적 사실들, 가령 고의나 과실, 예견가능성 등과 같은 내적 사실을 판단할 때도 고의나 과실, 예견가능성에 대한 형법 도그마틱의 지식이 요청된다. 예를 들어 형법에서 고의는 주관적 구성요건요소로서 규범적 개념인 동시에 사실인정의 대상인 범죄사실에 해당한다. 형사법관이 구체적인 형사사건에서 피고인에게 고의가 있었는지를 판단하려면 형법 도그마틱에서 고의 개념을 어떻게 구체화하는지를 파악해야 하고,[21] 이렇게 파악된 고의를 피고인이 범행 당시 실제 내적으로 갖고 있었는지를 판단해야 한다. 이를 위해서는 규범적인 지식과 경험적인 지식이 동시에 요구된다. 바로 이러한 측면에서 사실인정은 규범적인 성격을 갖고 구성요건에 의존할 수밖에 없다. 따라서 합리

---

20 칼 엥기쉬, 안법영·윤재왕 (옮김), 『법학방법론』(세창출판사, 2011), 60쪽 아래.
21 또한 형법 도그마틱에 따르면, 고의는 객관적 구성요건에 대한 인식과 의욕을 뜻하므로 각 범죄에서 고의 개념을 명확하게 밝히려면 자연스럽게 객관적 구성요건에 대한 명확한 이해를 전제로 해야 한다.

적인 사실인정을 실현하기 위해서는 형사법규범이 규정하는 구성요건을 면밀하게 파악할 필요가 있다.

2. 합리적인 사실인정을 위한 방안

그러면 합리적인 사실인정을 구현하기 위한 방안에는 무엇이 있는가?

(1) 마당적 이해

가장 우선적으로 필요한 것은 형사법관이 공판절차에서 사실인정에 필요한 정보를 직접 그리고 최대한 많이 수집해야 한다는 것이다. 물론 정보를 무조건 많이 수집하기만 해서는 안 된다. 그렇게 되면 자칫 정보가 어느 한 쪽에 편향될 수 있기 때문이다. 막강한 권력과 자원을 갖고 있는 수사기관에 비해 피고인은 정보를 수집할 수 있는 가능성이 적을 수밖에 없다. 이 때문에 형사소송의 각 당사자들에게 무조건 최대한 많은 정보를 수집할 것을 요청하면, 자칫 수사기관에 편향되도록 정보가 수집될 수 있는 것이다. 따라서 두 가지 조건을 부가해야 한다. 첫째는 정보수집기회가 각 당사자에게 평등하게 부여되어야 하고, 둘째는 정보수집절차가 형사소송법이 정한 절차와 방법에 합치해야 한다는 것이다. 이를 실현할 수 있는 가장 바람직한 방안은 사실인정과정을 마당적 이해 과정으로 구현하는 것이다.

'마당적 이해'는 독일의 형법학자 하쎄머 교수가 제시한 '장면적 이해' 구상을 이상돈 교수가 발전적으로 수용한 것이다.[22] 공판절차에서 마당적 이해를 실현하기 위해서는 위에서 언급한 절차적 조건 이외에 다음 요건을 추가적으로 충족해야 한다. 문제되는 사실을 구성하는 개별적인 사건이나 상황을 완벽하게 해석할 수 있어야 한다는 것이다.[23] 각 사건이나 상황 등이 어떤 맥락에서 발생한 것인지를 철저하게 고찰해야만 공판절차에서 실체적 진실에 걸맞게 소송상 진실을 인정할 수 있다. 이렇게 사건이나 상황을 완벽하게 해석하기 위해서는 형사법관이 각 당사자의 맥락에 들어가서 당사자가 주장에서 의도하는 바를 철

---

22 W. Hassemer, *Einführung in die Grundlagen des Strafrechts* (München, 1990), 123~124쪽; 이상돈,
　『형법학: 형법이론과 형법정책』(법문사, 1999), 408쪽 아래.
23 이를 강조하는 K. Günther, *Der Sinn für Angemessenheit* (Frankfurt/M., 1988) 참고.

저하게 추적할 수 있어야 한다.

(2) 선이해에 대한 반성과 논증

그 다음으로 필요한 것은 형사법관 스스로가 자신이 갖고 있는 선이해를 반성적으로 고찰하는 것이다.[24] '반성' 또는 '성찰'(Reflexion)이라는 말은 일상적으로 많이 쓰이는 말이기도 하지만 철학적으로도 심중한 의미를 갖는다. 철학사에서 볼 때 반성은 다양한 맥락에서 사용되고는 했지만, 사실인정에서 반성이 갖는 의미는 형사법관이 사실을 인정할 때 자신이 선이해나 심리적 편향에 좌우되고 있는 것은 아닌지를 비판적으로 되돌아보도록 하는 것을 뜻한다. 이는 '비판적 해석학'을 제시한 독일의 사회철학자 하버마스가 강조한 '해방적 인식관심'과 맥을 같이 한다.[25]

그러면 선이해에 대한 반성은 어떻게 실현할 수 있는가? 이는 형사법관이 결정한 사실인정을 논증할 때 형사법관의 선이해를 드러내는 논증을 하도록 함으로써 어느 정도 실현할 수 있다.[26] 물론 만약 사실인정을 할 때 형사법관의 선이해가 전혀 개입하지 않았다면, 굳이 논증으로 선이해를 드러내야 할 필요는 없을 것이다. 그렇지만 법해석학의 관점에서 볼 때 선이해의 영향을 받지 않은 채 사실인정을 하는 경우는 많지 않다. 따라서 선이해가 사실을 인정하는 과정에 개입한다는 것을 숨기기보다는 이를 어떻게 합리적으로 드러낼 것인지를 고민하는 것이 더욱 바람직하다. 물론 선이해를 드러내야 한다고 해서 이를 완전히 솔직하게 형사판결서에 담아내야 하는 것은 아니다. 사실 선이해는 의식적·무의식적으로 개입하는 것이므로 이를 완전하게 드러내는 것도 쉽지 않다. 또한 이를 완전히 솔직하게 판결서에 담아내게 되면, 판결서의 설득력은 그만큼 약화될 것이다. 그러므로 형사법관은 자신의 선이해를 사실적·규범적으로 정당화할 수 있는 논증언어로 전환해 담아내야 한다. 사실인정을 하는 경우에는 이를 정당화하는 논증기준이 논리칙이나 경험칙 또는 합리적 의심을 배제할 만한 증명력이 될 터이므로, 형사법관은 가능한 한 자신의 선이해를 이러한 논

---

24 이를 강조하는 W. Hassemer, *Tatbestand und Typus* (Köln/Berlin/Bonn/München, 1968), 135쪽.
25 J. Habermas, *Erkenntnis und Interesse*, 2. Aufl. (Frankfurt/M., 1973), 244쪽.
26 이상돈, 앞의 책, 419쪽 아래 참고.

증기준에 합치할 수 있도록 드러내야 한다.[27] 또한 어떤 점에서 자신의 선이해가 타당한지도 논증할 수 있어야 한다. 이렇게 함으로써 형사법관은 자신의 선이해를 규범적으로 통제할 수 있다.

(3) 사실인정논증의 구체화

선이해를 드러내는 논증을 구현하려면, 사실인정에 대한 논증을 가능한 한 구체화해야 한다. 이를테면 형사법관이 어떤 근거에서 특정한 증거를 수용하고, 또 어떤 근거에서 특정한 증거를 배척한 것인지 논증해야 한다. 서로 상반되는 주장을 뒷받침하는 증거가 팽팽하게 대립하는 경우에는 어떤 근거에서 어느 한 쪽의 증거가 다른 한 쪽의 증거보다 합리적 의심을 배제하는 증거가 되는지를 논증해야 한다. 나아가 어떤 증거들이 유죄의 사실을 인정하는 데 결정적인 역할을 한 것인지도 논증할 수 있어야 한다. 마지막으로 논리칙과 경험칙을 토대로 하여 간접증거만으로 유죄의 사실인정을 하는 경우에는 어떤 논리칙과 경험칙을 사용한 것인지, 이러한 논리칙과 경험칙이 객관성을 확보할 수 있는 이유는 무엇인지 등을 구체적으로 논증해야 한다. 이와 관련하여 다음 두 가지 유형의 논증방식은 합리성을 결여한 논증으로 가급적 피해야 한다.

1) 증거의 단순종합형 논증

첫째 유형은 각각의 증거들을 단순히 나열하면서, 이를 종합하면 특정한 범죄사실을 인정할 수 있다는 방식의 논증이다. 이러한 논증방식은 여러 증거들을 제시하고 종합만 할 뿐, 어떤 근거에서 각각의 증거들이 범죄사실을 인정하는 데 사용되었는지를 보여주지 않는다. 그 점에서 합리적인 사실인정논증이라고 말할 수 없다. 이러한 논증이 합리적인 사실인정논증이 될 수 있으려면 각각의 증거들이 어떤 근거에서 범죄사실을 인정하는 데 사용되었는지를 논증으로 밝혀야 한다.

2) 증거의 단순형량형 논증

둘째 유형은 서로 상반된 주장을 증명하는 간접증거들을 각각 제시하면서,

---

[27] 논리칙과 경험칙에 관해서는 권오걸, 앞의 논문, 231쪽 아래; 김정오·최봉철·김현철·신동룡·양천수, 앞의 책, 119쪽 등 참고.

특별한 근거 없이 어느 한 쪽의 간접증거들은 배척하면서 다른 쪽의 간접증거들을 인정하는 방식의 논증이다. 이 역시 합리적인 사실인정논증이라고 말할수 없다. 왜냐하면 과연 어떤 근거에서 어느 한 쪽의 증거들이 다른 한 쪽의 증거들보다 우월한 증명력을 갖추었는지를 분명하게 밝히지 않기 때문이다. 이러한 사실인정논증이 합리성을 갖추기 위해서는 어떤 근거에서 어느 한 쪽의 증거들이 다른 쪽의 증거들보다 우월한 증명력을 확보하고 있는지를 논증해야 한다.

(4) 사실인정의 과학화

위에서 사실인정은 규범적인 성격도 갖는다고 하였다. 그렇지만 사실인정에서 더욱 큰 비중을 차지하면서 판단하기도 쉽지 않은 부분은 존재적 측면, 즉실제로 범죄사실에 해당하는 사건이 그때 발생했는지를 판단하는 것이다. 예를들어, 피고인이 피해자를 사망에 이르게 했는데, 이때 피고인에게 살해고의가있었는지, 옆집에 사는 피고인이 피해자를 강간할 목적으로 야간에 피해자의주거에 침입한 것이 사실인지를 판단하는 문제가 여기에 해당한다. 이러한 사실을 판단하기 위해서는 규범적인 관점과 지식이 일정 부분 필요하기는 하지만, 논리칙과 경험칙에 대한 관점과 지식 역시 요청된다.

그런데 문제는 상당수의 경험칙이 아직 확고한 객관성과 보편성을 획득하지는 못하고 있다는 점이다. 심지어 가장 분명한 객관성을 갖추고 있다고 인정되는 자연과학적 법칙에 대해서도 의문이 제기되고는 한다.[28] 특히 의학이나 생명과학 영역에서는 상반되는 주장이 제시되어 마치 법학처럼 학설대립이 이루어지는 경우도 다수 존재한다.[29] 그 때문에 가령 의학적 인과관계를 규명하는것이 난항을 겪기도 한다. 자연과학적 경험칙도 이 정도이므로, 사회과학적 경험칙의 객관성과 보편성에 대해서는 더더욱 확신을 할 수 없는 것이 현실이다. 물론 범죄사실에 대한 명백한 직접증거가 존재한다면, 사실을 인정하는 데 어려움은 없을 것이다. 그렇지만 간접증거만 있는 경우에는 간접증거를 소전제로

---

[28] 이를 이론적으로 논증하는 토머스 S. 쿤, 김명자·홍성욱 (옮김), 『과학혁명의 구조』 제4판(까치글방, 2013) 참고.
[29] 예를 들어 우리나라 사람들에게 육류가 해로운지에 대해 최근 국내에서는 논란이 되기도 하였다. 이를 보여주는 오가희, "소시지, 햄이 발암물질? 붉은 고기 논란, 어떻게 보시나요?", 『동아사이언스』(2015. 10. 27. 17:30) 참고.

그리고 논리칙과 경험칙을 대전제로 하여 범죄사실을 추론해야 한다.[30] 하지만 위에서 지적한 것처럼 논리칙과 경험칙이 확고한 객관성을 갖지 못한다면, 논리칙과 경험칙을 통해 추론되는 범죄사실 역시 객관성을 확보하기 어렵다.

이 문제를 해결하려면 논리칙과 경험칙의 객관성을 더욱 제고하는 수밖에 없다. 그렇게 하려면 논리칙과 경험칙에 대한 과학화를 더욱 강화해야 한다.[31] 이를 위한 구체적인 방안으로 사실인정을 할 때 형사법관이 과학적 성과와 논증을 적극적으로 끌어들이는 것을 고려할 수 있다.[32] 전문가의 감정의견을 적극적으로 활용하는 것도 한 방편이 될 수 있다. 물론 이미 언급한 것처럼 과학 자체가 완벽한 것이 아니고, 경우에 따라서는 전문가들 사이에서도 의견이 일치하지 않는 경우가 있으므로 이 방안에도 한계는 분명 존재한다. 그렇지만 형사법관이 개인적·주관적으로 알고 있는 경험칙에 근거를 두어 사실인정을 하는 것보다 과학적 논증이나 전문가의 의견을 활용하여 사실인정을 하는 것이 오류를 줄일 뿐만 아니라 사실인정논증의 설득력을 높이는 데 더욱 기여할 수 있다.

(5) 빅데이터를 활용한 사실인정

사실인정의 과학화를 위해 고려할 수 있는 또 다른 방안으로 각각의 범죄행위를 유형화하고 이에 대한 빅데이터를 수집·저장·관리·분석함으로써 각 범죄행위의 패턴을 밝히는 것도 생각할 수 있다.[33] 빅데이터를 활용하면 더욱 손쉽게 행위패턴을 밝힐 수 있고, 심지어 앞으로 어떤 행위가 이루어질 것인지도 상당히 높은 수준으로 예측할 수 있다. 이를 통해 특정한 간접사실로부터 행위자의 의도와 행위패턴을 정확하게 읽어낼 수 있다. 예를 들어 미국의 대표적 유통업체인 타깃(Target)은 소비자가 어떤 물건을 구입하는지에 대한 정보만으로 해당 소비자가 임신을 했는지 여부도 상당히 정확하게 파악한다.[34] 이러한

---

30 이에 대한 상세한 설명은 아래 Ⅳ. 3. 참고.
31 이를 주장하는 김종률, "합리적 심증과 과학적 사실인정", 『형사법의 신동향』 제26호(2010), 1~96쪽 참고.
32 이에 대한 예로는 김도현, "헌법재판소의 사형제 결정과 사회과학적 논증: 사형의 억제효과를 중심으로", 『법과 사회』 제41호(2011), 117~144쪽 참고.
33 빅데이터에 관해서는 빅토르 마이어 쇤베르거·케네스 쿠키어, 이지연 (옮김), 『빅데이터가 만드는 세상』(21세기북스, 2013) 참고.
34 이에 관해서는 찰스 두히그, 강주헌 (옮김), 『습관의 힘』(갤리온, 2012), 274~276쪽 참고.

빅데이터 분석기법을 범죄행위에 적용하여 분석하면, 특정한 간접사실만으로도 해당 피고인에게 고의가 있었는지, 해당 피고인이 어떤 범죄행위를 저지른 것인지를 추론할 수 있다. 예를 들어 강간행위에 대한 빅데이터 분석이 이루어지면, 강간피고인이 피해자의 목을 졸랐다는 간접사실만으로도 피해자를 강간하려는 고의가 있었다는 범죄사실을 이끌어낼 수 있을지도 모른다.[35] 이처럼 빅데이터는 사실인정의 과학화를 제고할 뿐만 아니라 이를 통해 사실인정의 합리성도 강화할 수 있다.

(6) 결과고려 논증의 필요성

합리적인 사실인정을 실현하려면 경우에 따라서는 결과를 고려하는 사실인정, 즉 결과고려 논증을 수용할 필요가 있다.[36] 결과고려 논증은 목적론적 해석을 이어받는 것으로 법규범을 해석하고 논증하는 과정에서 주로 논의된다. ≪투입─산출 모델≫의 견지에서 보면, 산출을 지향하는 논증방법이라고 말할 수 있다.[37] 그런데 이러한 결과고려 논증은 사실인정을 하는 과정에서도 도입할 수 있다. 다음과 같은 경우를 생각할 수 있다. 형사분쟁이 발생하여 법관이 사실인정을 해야 하는데 범죄사실을 직접 증명할 수 있는 직접증거는 없고, 그 대신 간접증거만 있는 경우에 법관은 이러한 간접증거만으로 범죄사실을 인정할 수 있을지 고민해야 한다. 범죄사실을 증명할 수 있는 직접증거가 없다는 점, 간접증거만으로는 범죄사실에 대한 합리적 의심을 배제할 수 있는 판단을 하기 어렵다는 점, 범죄사실에 대한 확신이 없는 경우에는 '의심스러울 때는 피고인의 이익'에 맞게 사실인정을 해야 한다는 점에 비추어볼 때 이러한 경우에는 원칙적으로 범죄사실을 부정해야 한다. 다만 문제되는 범죄가 경미한 범죄로서 형량이 높지 않고 유력한 간접사실이 다수 존재하는 경우에는 결과고려 논증의 측면에서 범죄사실을 인정하는 것도 고려할 수 있다. 그렇지만 이렇게 결과고

---

35 물론 현재로서는 피해자의 목을 졸랐다는 간접사실로부터 강간에 대한 고의가 있었다는 주요사실을 확실하게 추론할 수는 없다.

36 결과고려 논증에 관해서는 빈프리트 하쎄머, 원혜욱 (역), "형법해석에서 결과고려의 방법", 배종대·이상돈 (편역), 『형법정책』(세창출판사, 1998), 79쪽 아래 참고.

37 이에 관해서는 N. Luhmann, *Rechtssystem und Rechtsdogmatik* (Stuttgart/Berlin/Köln/Mainz, 1974), 42쪽 아래.

려 논증을 활용하는 것은 어디까지나 예외에 그쳐야 한다.

(7) 의심스러울 때는 피고인의 이익으로 원칙

범죄사실에 관해서는 간접사실만 존재하고 결과고려 논증을 적용할 수도 없는 상황에서는 결국 '의심스러울 때는 피고인의 이익으로' 원칙에 따라 사실인정을 해야 한다. 형사법관에게 범죄사실에 대한 확신이 없는데 수사기관에게 유리하게 범죄사실을 판단할 수는 없기 때문이다. 비록 개연성이 있고 심증이 간다 하더라도, 이러한 심증이 합리적 의심을 배제할 정도에 이르지 않는 한 형사법의 규범원칙을 포기할 수는 없다. 사실인정을 하기 어려운 한계상황에서는 형사법의 규범원칙에 따라 판단하는 것이 합리적인 사실인정을 실현하는 유일한 방안이다.

(8) 사실인정 도그마틱의 정립 필요성

지금까지 합리적인 사실인정을 실현하기 위해서는 무엇을 어떻게 해야 하는지에 관해 살펴보았다. 그러나 위에서 제시한 방안들은 모두 원리적인 지침과 유사한 것이기에 개별적인 사실인정과정에서 형사법관이 어떻게 하면 합리적인 사실인정을 구현할 수 있을지에 관해 구체적인 해결책을 제시하지는 못한다. 그런데 사실 개별적이고 구체적인 해법을 제공하는 사실인정방안을 구상하는 것 자체가 무리일 수 있다. 특히 일반적이고 보편적으로 통용될 수 있는 사실인정 논증방안을 모색하는 것은 거의 불가능에 가깝다. 왜냐하면 법적 논증이론 자체는 기본적으로 참여자 관점이 아닌 관찰자 관점에 바탕을 둔 이론으로,[38] 법관에 의해 수행되는 법적 논증과정이 어떻게 이루어지는지를 비판적으로 관찰하는 데 더욱 주안점을 두기 때문이다.[39] 물론 해결책을 도모하는 논증이론도 있기는 하지만 이러한 논증이론이 제공하는 해결책도 원리적이고 추상적인 수준을 벗어나지는 않는다.[40]

---

38 참여자 관점과 관찰자 관점에 관해서는 양천수, "법영역에서 바라본 참여자 관점과 관찰자 관점", 『안암법학』 제23호(2006), 91~122쪽 참고.

39 이를 보여주는 울프리드 노이만, 윤재왕 (옮김), 『법과 논증이론』(세창출판사, 2009) 참고.

40 로베르트 알렉시, 변종필·최희수·박달현 (옮김), 『법적 논증 이론: 법적 근거제시 이론으로서의 합리적 논증대화 이론』(고려대학교출판부, 2007) 참고.

그러면 합리적인 사실인정을 실현하기 위해 필요한 방안은 무엇인가? 사실인정 도그마틱을 정립하는 것이 좋은 대안이 될 수 있다. 법적 논증이론과 법도그마틱은 서로 분리된 것이 아니라 불가분의 관련을 맺는다. 합리적인 법적 논증이 성공하기 위해서는 법적 논증에 대한 이론적 틀을 잡아주는 법적 논증이론과, 법적 논증을 위한 개별적·구체적인 방안을 제시하는 법도그마틱이 긴밀하게 협력해야 한다. 관찰자 관점에 기반을 두는 법적 논증이론과는 달리 법도그마틱은 참여자 관점에 바탕을 둔다. 법도그마틱, 달리 말해 실정법 해석론이 존재하는 이유는 어떻게 법규범을 해석하고 논증하면 올바른 결론에 도달할 수 있는지에 대한 개별적·구체적인 방안을 법관에게 제시하기 위한 것이라고 할 수 있다. 법도그마틱이 발전하면 발전할수록 법적 논증 역시 더욱 정교하게 발전할 수 있다.

이러한 주장은 사실인정에 대해서도 마찬가지로 적용할 수 있다. 합리적인 사실인정을 구현하기 위해서는 사실인정 도그마틱을 발전시켜야 한다. 그러면 무엇이 사실인정 도그마틱에 해당하는가? 형사소송법에서 증거능력과 증명력에 관해 판례가 발전시키고 있는 법리가 바로 사실인정 도그마틱에 해당한다.[41] 사실인정 도그마틱이 발전하면 발전할수록 합리적인 사실인정에 대한 형사법관의 논증부담도 그만큼 줄어들 것이다. 마치 형법학에서 인과관계와 객관적 귀속에 관해 다양한 도그마틱이 개발되고 있는 것처럼 사실인정에 대해서도 다양한 도그마틱이 개발되어야 한다. 이러한 역할은 기본적으로 형사법학자들이 짊어져야 할 임무에 해당한다. 물론 이에 대한 이론적 기초는 법적 논증이론을 연구하는 기초법학자들이 내놓아야 하지만 말이다.

Ⅳ. 사실인정의 특수문제

논의의 두 번째 부분으로 사실인정에 관한 세 가지 특수문제를 다루도록 한다.

---

[41] 이에 대한 좋은 예를 보여주는 김상준, 앞의 책, 236쪽 아래.

1. 합리적 의심배제의 논증 문제

(1) 합리적 의심배제의 의의

형사법관은 자유심증주의에 따라 증거의 증명력을 자유롭게 판단할 수 있다. 하지만 그렇다고 해서 형사법관이 전적으로 자유롭게 증명력을 평가할 수 있는 것은 아니다. 자유심증주의에서 말하는 '자유'는 무제한의 자유를 뜻하기보다는 합리적 이성을 전제로 하는 '자율'을 뜻하기 때문이다.[42] 그러므로 형사법관은 합리적 이성에 따라 자율적으로 증명력을 판단할 수 있을 뿐이다. 그러면 어떻게 증명력을 판단하는 것이 합리적 이성에 따라 판단하는 것인가? 이에 대한 기준으로 제시되는 것이 '합리적 의심배제'이다.[43] 가령 특정한 증거가 합리적 의심을 배제할 만한 증명력을 갖추고 있는 경우에만 형사법관은 이 증거에 따라 사실인정을 할 수 있다는 것이다. 따라서 형사법관은 공판정에서 제출된 증거가 합리적 의심을 배제할 만한 증명력을 갖춘 경우로서 형사법관에게 요증사실에 대한 확신 또는 고도의 개연성을 심어주고 있는지를 판단해야 한다.

(2) 합리적 의심배제 기준의 문제점

하지만 문제는 합리적 의심배제라는 기준이 사실을 인정하는 데 적용할 수 있는 명확하고 확고한 기준은 아니라는 점이다. 과연 어떤 경우가 합리적 의심을 배제한다고 볼 수 있는지에 관해 아직까지 보편적으로 합의할 수 있는 구체적 기준은 존재하지 않는다. 물론 지배적인 견해는 증명력을 '가능성', '개연성', '고도의 개연성', '확실성'으로 단계화하여 '고도의 개연성'이 있는 경우부터 합리적 의심을 배제하는 증명력이 있다고 주장한다. 그렇지만 이러한 기준 역시 완전하지는 않다. 왜냐하면 구체적으로 어떤 경우에 고도의 개연성이 있다고 말할 수 있는지, 아니면 단지 가능성만 있다고 말할 수 있는지에 대한 기준이 분명하게 존재하는 것은 아니기 때문이다. 더불어 이 같은 기준들은 '언어'로 개

---

42 권오걸, 앞의 논문, 233쪽.

43 이 문제에 관해서는 박상열, "'합리적 의심의 증명'의 연혁적 고찰", 『광운비교법학』 제1호(2000), 43~56쪽; 조현욱, "형사재판에 있어 합리적 의심의 판단기준에 관한 연구: 특히 대법원 판결을 중심으로", 『법학연구』 제16집 제1호(2013), 283~318쪽; 강동우, 『합리적 의심의 여지가 없는 증명에 관한 연구』(성균관대 법학전문박사 학위논문, 2013); 권영법, "형사소송에서 합리적 의심과 입증에 관한 새로운 검토", 『저스티스』 제147호(2015), 152~185쪽 등 참고.

념화되어 있어서 사실인정이 안고 있는 언어적 한계에서 본질적으로 벗어날 수 없다.**44** 언어가 실제 상황을 완벽하게 재현할 수 있는 것은 아니기에 언어적인 개념과 실제 상황 사이에는 언제나 불일치가 상존할 수밖에 없는 것이다. 이러한 이유에서 '고도의 개연성'이나 '확실성'과 같은 언어적 기준으로 합리적 의심을 배제하는 증명이 된 것인지를 판단하는 것은 어려움을 겪을 수밖에 없다. 이를 도식화하면 아래와 같다.

≪도식-5≫ 합리적 의심배제 기준의 문제점

합리적 의심배제 ⇐ 고도의 개연성 또는 확실성
⇐ 고도의 개연성 또는 확실성에 대한 기준(?)

---

(3) 합리적 의심배제의 논증이론적 재해석

물론 이렇게 합리적 의심배제라는 기준이 여러 한계를 지니고 있다고 해서 이 기준이 전혀 무의미한 것은 아니다. 이를 대체할 수 있는 다른 기준이 있는 것도 아니다. 합리적 의심배제 기준은 형사법관이 행한 사실인정의 정당성을 근거 짓는 형식적 논증수단이 될 수 있다. 이는 다시 구체화할 필요가 있지만, 일단 그 자체만으로도 사실인정에 적용할 수 있는 중요한 논증언어가 될 수 있다. 그런데 이러한 합리적 의심배제 기준을 지금보다 더욱 유용하게 사실인정에 활용하기 위해서는 이를 분석적으로 더욱 구체화할 필요가 있다. 이는 다음과 같이 구체화할 수 있다.

1) '합리적'의 의미

먼저 합리적 의심배제에서 '합리적'이라는 수식어가 뜻하는 바는 무엇인가? '합리적'이라는 수식어를 말 그대로 풀어내면 '이치에 맞는'이라는 뜻이 된다. 그러면 이때 말하는 '이치'는 무엇인가? 이른바 논리칙과 경험칙이 이때 말하는 이치에 해당한다고 말할 수 있다. 특정한 주장이나 판단이 우리가 공유하는 논리

---

44 이에 관해서는 권오걸, "사실인정과 언어적 한계", 『형사정책연구』 제24권 제1호(2013), 211~232쪽; 앞의 Ⅱ. 3. (4) 3) 참고.

칙과 경험칙에 합치한다면, 이러한 주장이나 판단은 합리적이라고 말할 수 있을 것이다.

여기서 논리칙은 논리법칙을 뜻하는 것으로, 우리가 논리적·이성적으로 공유하는 법칙을 의미한다. 수학이나 논리학에서 말하는 각종 공식이나 법칙들이 대표적인 논리칙에 해당한다. 이러한 논리칙은 우리가 이성적으로 사고하면 어렵지 않게 획득할 수 있다. 또한 특정한 주장이 논리칙에 합치하는지 여부도 우리가 이성적으로 사고하면 손쉽게, 물론 경우에 따라서는 오랜 시간이 걸리겠지만, 판단할 수 있다.

경험칙은 경험법칙을 뜻하는 것으로 우리가 경험적인 검증과정을 통해 밝혀낸 객관적·보편적 법칙을 뜻한다.[45] 자연과학이 실험으로 밝혀낸 법칙이 대표적인 경험법칙에 속한다. 연역적 방법에 의존하는 논리법칙과는 달리 경험법칙은 귀납적 방법을 사용한다. 이로 인해 경험법칙은 논리법칙과는 달리 확고한 보편성과 객관성을 획득하기 쉽지 않다. 실제 경험세계에서는 일반적인 경험법칙과는 모순되는 특이한 사례가 언제든지 발생할 수 있기 때문이다. 이 때문에 대부분의 경험법칙은 확률과 통계적인 수준에서만 객관성을 주장할 수 있을 뿐이다. 100% 확실한 경험법칙을 주장하는 것은 쉽지 않다. 그런데 문제는 사실인정에서 주로 사용하는 기준이 이러한 경험법칙이라는 점이다.

2) '의심배제'의 의미

다음으로 의심을 배제한다는 것은 '반증가능성' 또는 '대안가능성'을 배제한다는 뜻으로 새길 수 있다. 이를테면 범죄사실로서 A가 주장되고, 이를 증명하기 위해 A-1이라는 증거가 제출되었는데, A-1의 증명력을 평가하면 범죄사실 A와 모순되거나 양립할 수 있는 대안이 가능할 수 없는 경우가 여기에 해당한다. 예를 들어 피고인 甲이 乙을 독약으로 사망에 이르게 했는데, 검사가 甲이 乙을 살해할 목적으로 사전에 치밀한 계획 아래 이 독약을 구입했다는 증거를 제출한다면, 甲이 乙을 고의로 살해했다는 주장은 반증이나 다른 대안을 허용하지 않는 것으로서 의심을 배제하는 범죄사실로 증명된 것이라고 말할 수 있다.

---

45 이시윤, 『신민사소송법』 제9판(박영사, 2015), 455쪽; 이와 비슷한 취지로서 대법원 1992. 7. 24. 선고 92다10135 판결 참고.

3) 중간결론

사실이 그렇다면 합리적 의심을 배제한다는 것은 논리칙이나 경험칙에 비추어볼 때 반증이나 다른 대안을 허용하지 않는 상태라고 정의내릴 수 있다. 예를 들어 특정한 범죄사실이 주장되고 이를 증명하기 위해 특정한 간접증거가 제출되었는데, 경험칙의 측면에서 이러한 간접증거를 평가하면 특정한 범죄사실이 도출될 수밖에 없고 이와 모순되는 다른 대안이 가능할 수 없다면, 이러한 범죄사실에 대한 주장은 합리적 의심을 배제하는 증명이 된 것이라고 말할 수 있다.

(4) 합리적 의심배제 기준의 객관화 가능성

1) 문제점

그러면 어떤 경우가 반증이나 대안을 허용하지 않는 상태라고 볼 수 있는가? 논리칙이 관련되는 경우에는 우리의 논리적 사유를 활용함으로써 이 문제를 해결할 수 있다. 철저한 수학적 증명이 가능한 것처럼 논리칙만으로 반증이나 대안을 허용하지 않는 상태를 찾을 수 있다. 문제는 경험칙이 관련되는 경우이다. 앞에서 지적한 것처럼 100% 확실한 경험칙을 찾는 것은 현실적으로 어렵다. 대부분의 경우 경험칙은 확률 또는 통계적인 수준에서만 객관성을 말할 수 있을 뿐이다. 80% 확실하다거나 70% 확실한 경험칙일 경우가 많다. 그렇다면 확실성의 수준이 어느 정도에 이르러야 합리적 의심을 배제한다고 말할 수 있는가?

2) 증명력의 단계화

이러한 문제를 해결하고자 지배적인 학설과 판례는 증명력을 '가능성', '개연성', '고도의 개연성', '확실성'의 수준으로 단계화한다.[46] 그러나 이 방안이 완전하지 않다는 것은 이미 지적하였다. 이 방안이 완전해지려면 '가능성', '개연성', '고도의 개연성', '확실성'을 판단해줄 수 있는 상위의 기준이 필요하다.

---

[46] 이에 관해서는 대법원 1979. 12. 26. 선고 77도2381 판결; 대법원 1985. 10. 8. 선고 85도1146 판결; 사법연수원, 앞의 책, 180쪽 아래 등 참고.

3) 증명력의 과학화

결국 이 문제는 다시 발생확률이라는 확률적·통계적 문제로 귀결된다. 왜냐하면 '가능성', '개연성', '고도의 개연성', '확실성'이라는 개념은 발생확률에 따라서만 경험적으로 객관화할 수 있기 때문이다. 그렇다면 합리적 의심배제라는 기준을 객관화하기 위해서는 증명력을 과학화해야 한다는 결론에 도달할 수밖에 없다. 각 범죄사건을 철저하게 유형화하고, 각 행위에 따른 범죄의 발생가능성을 철저하게 계산하지 않으면, 과연 어떤 경우가 합리적 의심을 배제하는 경우인지를 객관적으로 판단할 수 없다. 요컨대 얼마나 합리적 의심배제 기준을 과학화할 수 있는가에 따라 이 기준의 설득력과 성공가능성 역시 그만큼 확보될 수 있다.

4) 합리적 의심배제와 법관의 자유심증

이처럼 합리적 의심배제 기준은 철저하게 객관적으로 판단해야 한다. 그렇지 않고 합리적 의심배제에 대한 판단을 형사법관의 주관적 판단에 맡기면, 자칫 법관의 선이해가 개입하여 합리적 의심배제 기준이 사실인정의 논증수단으로 제대로 작동하지 못할 수 있다. 달리 말해 법관이 주관적으로 갖고 있는 기준이 객관적 기준을 대신할 수 있는 것이다. 그러나 합리적 의심배제 기준이 바탕으로 삼는 논리칙과 경험칙은 주관적 기준이 아닌 객관적 기준이므로 이를 전적으로 형사법관의 주관적 판단에 맡길 수는 없다.

하지만 이렇게 합리적 의심배제 기준을 철저하게 객관화·과학화하면, 형사법관이 자유롭게 증거를 평가할 수 있도록 하는 자유심증주의와 충돌하는 것은 아닌지 문제될 수 있다. 하지만 이미 언급한 것처럼 자유심증주의는 법관에게 무제한의 자유를 허용하지 않는다. 형사법관은 합리적 이성에 따라 증거를 자율적으로 평가할 수 있을 뿐이다. 이때 합리적 이성이란 논리칙과 경험칙을 말하는 것이고, 논리칙과 경험칙은 그 본질상 주관적 법칙이 아니라 객관적 법칙이므로 형사법관이 이 같은 객관적 법칙에 따라 증거를 평가하는 것은 자유심증주의와 모순되지 않는다.

2. 성향 개념 논증 문제

(1) 주관적 구성요건요소로서 성향 개념

성향 개념을 논증하는 문제 역시 사실인정에서 어려운 문제에 속한다. '성향 개념'(Dispositionsbegriff)은 범죄체계론의 측면에서 보면 주관적 구성요건요소에 해당한다.[47] 이러한 성향 개념으로는 고의, 과실, 예견가능성 등을 언급할 수 있다. 그중에서 고의 판단 문제가 사실인정에서 어렵고도 중요한 문제라고 말할 수 있다. 왜냐하면 고의범은 과실범에 비해 형량이 높은 반면, 고의를 인정할 수 있는가 하는 문제는 생각보다 판단하기 쉽지 않기 때문이다. 이는 고의 등과 같은 성향 개념이 주관적 구성요건요소라는 점과 무관하지 않다. 각종 주장과 증거로 증명하기 쉬운 객관적 구성요건요소와는 달리 주관적 구성요건요소는 행위자의 내면에 존재하는 것으로 직접 확인하는 것이 불가능하기 때문이다. 우리가 신이 아닌 이상 행위자의 내면적 상태를 직접 관찰할 수는 없는 것이다. 그 때문에 고의와 같은 성향 개념은 행위자가 진정성 있게 자백을 하지 않는 한 직접사실이 아닌 간접사실만으로 증명해야 하는 경우가 대부분이다.

(2) 사실적·규범적 문제인 성향 개념 논증 문제

성향 개념 논증과 관련해서 주목해야 할 또 다른 측면은 고의와 같은 성향 개념을 논증하는 것은 한편으로는 사실적 문제이면서, 다른 한편으로는 규범적 문제라는 것이다. 예를 들어 고의는 일상적인 개념인 듯 보이지만 일상적인 개념과 전적으로 일치하는 것은 아니다. 형법에서 고의를 어떻게 설정할 것인가 하는 점은 규범적인 문제이기 때문이다. 이는 이른바 '미필적 고의'를 둘러싸고 전개되는 치열한 학설대립을 보더라도 확인된다.[48] 이는 주의의무위반을 뜻하는 과실 개념에서도 마찬가지이다. 과실을 어떻게 파악할 것인가, 이를 어떤 기준에 의해 판단할 것인가 하는 문제는 철저하게 규범적인 문제이다.[49] 이처럼

---

[47] 이에 관해서는 W. Hassemer, 앞의 책, 183쪽 아래; 이상돈, 앞의 책, 348쪽 아래 등 참고.

[48] 이에 관해서는 많은 문헌을 대신해서 성낙현, 『형법총론』제2판(동방문화사, 2011), 168쪽 아래 참고.

[49] 과실 판단 문제에 관해서는 김일수, "과실이론의 새로운 지평", 『고시연구』제205호(1991. 4), 51~65쪽. 이는 민법에서도 마찬가지이다. 이를 보여주는 김형배, "과실개념과 불법행위책임체계", 『민법학연구』(박영사, 1986), 260쪽 아래 참고.

고의나 과실과 같은 성향 개념은 사실적인 성격과 규범적인 성격을 모두 갖는다. 이 때문에 성향 개념을 논증하는 것은 한편으로는 당사자의 주장과 증거와 같은 사실적인 정보에 의존하지만, 다른 한편으로는 고의와 과실을 어떻게 파악할 것인가 하는 규범적인 측면, 즉 형사법 도그마틱에도 의존한다.[50]

(3) 고의에 대한 합리적 논증 방안

1) 문제점

여러 성향 개념 중에서도 고의를 판단하는 문제가 사실인정에서 중요한 비중을 차지하기에 아래에서는 고의에 대한 합리적 논증 문제를 중심으로 하여 논의를 풀어가고자 한다. 주관적 구성요건요소인 고의를 어떻게 판단하고 논증할 것인가? 가령 빈번하게 발생하는 사기죄의 고의는 어떻게 판단할 수 있는가? 야간에 피해자의 집에 침입하여 누워 자고 있던 피해자의 목을 조른 피고인의 행위는 강간의 고의를 갖고 있는 행위라고 볼 수 있는가? 실제 사실인정과정에서 이러한 범죄들의 고의 인정 여부를 판단하는 것은 힘든 일이다. 특히 피고인이 자백을 하지 않은 상황이라면, 간접증거만으로 피고인의 고의를 판단해야 한다. 이러한 고의 판단 문제는 범행이 미수로 그쳤을 때 더욱 더 어려워진다. 만약 결과가 발생하였다면, 결과를 증거로 삼아 피고인의 고의를 좀 더 용이하게 판단할 수 있을 것이다. 그렇지만 결과가 발생하지 않았다면, 고의를 판단하는 문제는 더욱 더 미궁에 빠질 수밖에 없다.

2) 합리적 절차구현을 통한 고의 논증

이렇게 판단하기 어려운 고의를 합리적으로 설득력 있게 논증하기 위해서는 먼저 고의를 판단하는 데 기초가 되는 간접사실들을 최대한 많이 수집해야 한다.[51] 물론 이때 주의해야 할 점은 고의와 관련된 간접사실들을 최대한 많이 수집하는 것만으로는 충분하지 않다는 것이다. 양적인 측면에만 집중해서 간접사실을 수집하게 되면, 자칫 합리적 근거 없이 피고인에게 불리한 정보수집이 될 수 있다. 그러므로 고의와 관련된 간접사실을 수집할 때는 당연히 합법적인

---

50 이는 앞에서 언급한 '사실인정의 구성요건 의존성'과도 같은 맥락을 이룬다.
51 이를 강조하는 이상돈, 앞의 책, 348쪽.

절차에 따라 검사와 피고인 모두에게 공정하게 이루어져야 한다. 합법적이고 공정한 절차를 통해 고의에 대한 간접사실을 최대한 많이 수집해야만 비로소 합리적인 고의 논증이 가능할 수 있다.

3) 객관적 구성요건에 대한 구체화

해당 사건에서 문제되는 범죄의 객관적 구성요건을 최대한 구체화하는 것도 고의를 논증하는 데 기여한다. 왜냐하면 고의란 객관적 구성요건에 대한 인식과 의욕을 뜻하기 때문이다. 위에서 지적한 것처럼 고의는 사실적 개념인 동시에 규범적 개념이다. 그 때문에 고의논증은 사실적 논증과 규범적 논증을 모두 포함한다. 그런데 여기서 말하는 규범적 논증은 고의를 구성하는 규범적 개념들과 관련을 맺는데 이는 결국 고의의 인식 및 의욕대상인 객관적 구성요건일 수밖에 없다. 예를 들어 사기죄의 고의를 논증하기 위해서는 사기죄의 객관적 구성요건을 가능한 한 정확하고 구체적으로 파악할 필요가 있다. 가령 사기죄의 객관적 구성요건표지인 기망행위를 가능한 한 구체화하면 할수록 사기죄의 고의를 논증하는 것은 그만큼 용이해진다. 요컨대 객관적 구성요건을 얼마나 구체화하는가에 따라 고의논증의 성공 여부가 달라진다. 이 점에서 객관적 구성요건을 최대한 구체화하는 것은 합리적인 고의논증을 구현하는 데 그 무엇보다 중요하다.

4) 사회과학 논증을 통한 고의논증

이미 언급한 것처럼 고의 개념은 사실적 측면과 규범적 측면을 동시에 갖는다. 그중에서 규범적 측면에 대한 논증은 해당 범죄의 객관적 구성요건을 최대한 구체화함으로써 실현할 수 있다. 이와 달리 사실적 측면은 고의에 해당하는 심리적 사실이 피고인의 내면에 실제로 존재했는가의 문제로 등장한다. 이는 공판절차에서 수집한 간접사실에 기반을 두어 판단해야 한다. 그러나 간접사실만으로 고의를 논증하는 것은 쉬운 일이 아니다. 간접사실, 즉 간접증거에 의해서만 고의를 추론하고 논증할 때는 결국 논리칙과 경험칙에 의존해야 한다. 이때 논리칙과 경험칙, 특히 경험칙의 객관성을 강화한다면 간접증거에 의한 고의논증의 설득력 역시 그만큼 제고할 수 있다.

그러면 어떻게 경험칙의 객관성을 확보할 수 있는가? 사회과학의 성과, 그 중에서도 심리학의 성과를 수용함으로써 경험칙에 바탕을 둔 고의논증의 설득력을 제고할 수 있다.[52] 이는 크게 세 가지 방향으로 시도할 수 있다. 첫째는 범죄행위를 유형화·패턴화하는 것이다. 예를 들어 강간의 고의가 문제되는 경우에는 강간행위를 다양하게 유형화·패턴화하는 것이다. 둘째는 심리학의 성과를 수용하여 이렇게 유형화·패턴화된 각각의 강간행위에서 강간범이 어떤 심리를 갖고 어떻게 행동하는지를 분석하는 것이다. 이러한 분석이 가능해지면, 어떤 간접사실들이 강간범의 고의와 연결되는지를 계량화할 수 있다. 셋째, 그동안 축적된 범죄사실에 대해 빅데이터 분석을 함으로써 간접사실들과 범죄고의 사이의 상관성을 밝히는 것이다.[53] 여기서 둘째 방향과 셋째 방향은 서로 긴밀하게 연결된다. 이를테면 강간범의 심리를 분석 및 패턴화하기 위해 빅데이터 분석을 활용할 수 있는 것이다. 빅데이터 분석이 지향하는 목표는 특정한 사실과 결과 사이의 상관성을 밝히는 것인데 이러한 성과를 범죄고의에 적용하면 어떤 간접사실들이 고의를 인정하는 것과 상관성을 형성하는지를 논증할 수 있다.[54] 이렇게 사회과학의 성과를 수용함으로써 고의논증을 더욱 합리적으로 실현할 수 있다.

3. 간접증거에 의한 사실인정

(1) 문제점

형사소송에서 사실인정을 논증하는 것이 어려운 이유는 직접증거가 아닌 간접증거만으로 사실을 인정해야 하는 경우가 많기 때문이다.[55] 피고인의 진정성 있는 자백과 같은 직접증거는 존재하지 않고, 그 대신 서로 모순되는 사실을 뒷받침하는 간접증거만이 팽팽하게 대립하는 경우 어떻게 사실을 인정하고 이를 논증할 것인지가 문제된다. 형사법관은 신이 아닌 이상 역사적으로 발생한

---

52 이는 앞에서 다룬 사실인정의 과학화와 연결된다. 이에 관해서는 앞의 Ⅲ. 2. (4) 참고.
53 빅데이터 분석에 관해서는 앞의 Ⅲ. 2. (5) 참고.
54 빅토르 마이어 쇤베르거·케네스 쿠키어, 앞의 책, 102쪽.
55 이에 관한 상세한 분석은 조원철, "간접증거에 의한 사실의 인정", 『재판자료』 제110집(법원도서관, 2006), 29쪽 아래 참고.

사건 그 자체, 즉 실체적 진실을 알 수는 없다. 그 대신 공판절차를 통해 수집한 정보만을 기초로 하여 사실을 인정하고 논증해야 한다. 이러한 이유에서 범죄사실에 대한 간접증거만이 존재하는 경우에 어떻게 사실인정을 해야 할지가 중요한 문제로 부각된다.

(2) 간접증거에 의한 사실인정의 삼단논법적 구조

간접증거만으로 사실인정을 하는 경우에는 간접증거와 사실인정을 매개하는 중간연결고리가 필요하다. 이 경우에는 흔히 논리칙과 경험칙이 중간연결고리 역할을 수행한다. 간접증거를 논리칙이나 경험칙으로 판단함으로써 범죄사실을 추론하는 것이다. 이러한 점에서 볼 때 간접증거만으로 사실인정을 하는 경우에도 삼단논법과 유사한 논증구조를 형성한다.[56] 이를 도식으로 나타내면 아래와 같다.

≪도식-6≫ 간접증거에 의한 사실인정

논리적 삼단논법	법적 삼단논법	간접증거에 의한 사실인정
대전제	법규범 탐색 및 해석	논리칙과 경험칙
소전제	사실인정	간접증거
결론	주문	사실인정

위 도식에서 확인할 수 있듯이 간접증거에 의해 사실인정을 하는 경우에는 간접증거가 소전제에, 논리칙과 경험칙이 대전제에, 사실인정 그 자체가 결론에 해당한다. 이러한 측면에서 간접증거에 의한 사실인정은 삼단논법적 논증과 매우 유사하다. 여기서 간접증거에 의한 사실인정을 어떻게 합리적으로 구현할 것인가에 관해 유익한 시사점을 획득할 수 있다.

(3) 간접증거에 의한 합리적 사실인정의 방향

1) 공정한 절차를 통한 최대한 많은 간접증거 수집

간접증거에 의한 사실인정을 합리적으로 구현하기 위해서는 가장 우선적

---

56 이를 지적하는 조원철, 위의 논문, 39쪽 아래.

으로 최대한 많은 간접증거를 수집해야 한다. 그러나 이미 여러 번 지적한 것처럼 간접증거를 무조건 많이 수집하는 것만을 목표로 해서는 안 된다. 그렇게 되면 자칫 어느 한 쪽에 편파적인 정보수집이 될 수 있기 때문이다. 사실을 인정하는 데 필요한 간접증거를 수집하는 과정은 공정한 절차를 통해 이루어져야 한다. 가능한 한 최대한의 간접증거를 공정한 절차를 통해 수집해야만 비로소 간접증거에 의한 합리적인 사실인정을 실현할 수 있다.

2) 논리칙과 경험칙의 객관성 확보

다음으로 간접증거에 의한 사실인정의 대전제에 속하는 논리칙과 경험칙의 객관성을 확보해야 한다. 특히 경험칙의 객관성을 제고하면 할수록 경험칙에 바탕을 둔 사실인정의 객관성 역시 제고될 수 있다. 이를 위해서는 형사법관 개인의 주관적인 논리칙·경험칙이 마치 객관적인 논리칙·경험칙인 것처럼 사용되지 않도록 해야 한다. 또한 사회과학이나 빅데이터의 성과를 반영하여 경험칙의 객관성을 제고할 수 있도록 해야 한다.

3) 사실인정논증의 구체화

마지막으로 사실인정논증을 가능한 한 구체화해야 한다. 이를테면 형사법관이 간접증거만으로 사실인정을 할 때 어떤 근거에서 특정한 간접증거를 수용했는지, 어떤 근거에서 특정한 간접증거를 배척하였는지, 어떤 논리칙과 경험칙을 사용한 것인지, 이러한 논리칙과 경험칙이 객관성을 확보할 수 있는 이유는 무엇인지 등을 구체적으로 논증해야 한다. 그렇지 않고 단순히 일정한 간접증거들을 나열하면서, 이들을 종합하면 범죄사실을 인정할 수 있다는 취지의 논증을 하는 것은 합리적인 사실인정논증이라고 말할 수 없다. 마찬가지 맥락에서 서로 상반된 주장을 증명하는 간접증거들을 각각 제시하면서, 특별한 근거 없이 어느 한 쪽의 간접증거들을 배척하면서 다른 쪽의 간접증거들을 인정하는 방식의 논증 역시 합리적이라고 말할 수 없다.

Ⅴ. 맺음말

지금까지 형사소송에서 주로 문제되는 사실인정이 어떤 의미와 구조를 지니는지, 여기에는 어떤 문제가 있는지, 합리적인 사실인정을 실현하기 위한 방안으로는 무엇이 있는지, 사실인정의 특수한 문제로는 무엇이 있는지 등을 살펴보았다. 다만 이 책의 성격과 지면의 한계로 사실인정에 관한 각 문제들을 상세하게 다루기보다는 거시적인 측면에서 사실인정의 구조와 문제에 접근하는데 만족해야 했다. 각각의 문제를 상세하게 다루는 것은 앞으로 필자가 수행해야 하는 과제로 남겨두기로 한다. 한편 사실인정 문제를 다루면서 필자가 깨달은 것은 오늘날의 여러 법적 문제가 그런 것처럼 사실인정 문제 역시 이른바 '통합과학적 접근'을 필요로 한다는 것이다. 사실인정 문제를 설득력 있게 분석하기 위해서는 법학뿐만 아니라 철학, 사회학, 심리학 그리고 심지어는 과학 등의 관점과 성과를 필요로 한다. 이러한 측면에서 법심리학이라는 견지에서 사실인정을 다루고자 하는 최근의 연구동향은 바람직한 것이라고 말할 수 있다. 다른 한편 필자는 사실인정에 관해 좀 더 많은 법학자들이 관심을 기울여야 한다는 점도 발견하였다. 사실인정 문제는 그동안 법실무가들의 영역이라고 치부된 면이 없지 않지만, 합리적인 사실인정을 구현하기 위해서는 그 무엇보다도 우선적으로 '사실인정 도그마틱'이 정립되어야 한다. 바로 이러한 이유에서 형사법학자들을 포함한 다수의 법학자들이 사실인정 도그마틱을 정립하는 데 참여해야 한다.

삼단논법과 법학방법

제10장
공소사실의 의의와 문제

Ⅰ. 서론

　　법적 분쟁에서 문제되는 사실이 무엇인가를 찾는 작업은 법적 삼단논법에 따라 이러한 법적 분쟁을 해결할 때 가장 먼저 수행해야 하는 과정에 해당한다. 현재 문제가 되는 사실이 무엇인지를 확정해야만 비로소 이에 적용할 수 있는 법규범을 탐색하여 이를 해석 및 적용할 수 있기 때문이다.[1] 이는 실제 소송에서도 마찬가지이다. 사실을 확정하는 과정, 즉 '사실인정과정'은 소송, 특히 형사소송에서 아주 중요하다.[2] 그 때문에 형사소송법학은 '실체적 진실 발견'을 형사소송의 목적으로 설정한다. 형사소송에서 사실을 실체적 진실에 맞게 인정해야만 비로소 소송 당사자가 납득할 수 있는 판결을 이끌어낼 수 있기 때문이다.[3]

　　형사소송에서 사실은 '공소사실'로 표현된다. 검사가 공소장에 기재하는 공소사실은 형사소송 전반에 걸쳐 중요한 의미를 갖는다. 이를테면 공소사실은

---

[1] 형사판결논증에서 이러한 법적 삼단논법이 차지하는 의미에 관해서는 양천수·우세나, "형사판결 논증의 구조와 특징: 법이론의 측면에서", 『영남법학』 제42집(2016), 87~115쪽 참고.

[2] 사실인정에 관해서는 김상준, 『무죄판결과 법관의 사실인정』(경인문화사, 2013); 권오걸, 『사실인정과 형사증거법』(경북대학교출판부, 2014); 양천수, "형사소송에서 사실인정의 구조와 쟁점: 법적 논증의 관점에서", 『형사정책연구』 제26권 제4호(2015), 59~97쪽 등 참고.

[3] 다만 형사소송에서 실제로 '실체적 진실'을 발견할 수 있는지에 관해서는 여러 측면에서 비판이 없지 않다. 이에 관해서는 우선 변종필, 『형사소송에서 진실 개념』(고려대학교 법학박사 학위논문, 1996); 양천수, "형사소송법상 실체진실주의와 적정절차원칙에 대한 비판적 고찰: 법철학의 관점에서", 『경남법학』 제23집(2008), 125~146쪽 및 이 책 제8장 등 참고.

형사소송에서 심판대상을 획정하는 기능을 수행한다. 다음으로 공소사실은 공소장 변경 필요성의 기준이 된다. 나아가 공소사실은 일사부재리의 객관적 효력범위를 결정하는 기준이 되기도 한다. 이 점에서 공소사실은 민사소송에서 '소송물'이 수행하는 역할을 형사소송에서 수행한다.[4]

이처럼 공소사실은 형사소송에서 다양한 의미를 지니는데 제10장은 그중에서 공소장 변경 필요성과 일사부재리의 객관적 효력범위에 관한 문제에 초점을 맞추고자 한다. 특히 공소장 변경 필요성에 관한 판례의 태도를 분석함으로써 '공소사실의 동일성'과 '일사부재리의 객관적 효력범위'를 동일하게 파악하는 기존의 형사소송법 법리에 일종의 문제를 제기하고자 한다.

II. 공소사실의 의의와 기능

본격적인 논의를 진행하기 전에 공소사실이 형사소송법에서 차지하는 의미 및 수행하는 기능을 검토한다.

1. 공소사실의 의의

(1) 법적 삼단논법의 출발점으로서 공소사실

공소사실은 법적 삼단논법에 따라 검토해야 하는 첫 번째 판단 대상이다. 철학적 삼단논법에 바탕을 둔 법적 삼단논법은 법해석학 및 법적 논증이론 등을 포괄하는 새로운 법학방법론이 등장하면서 여러 측면에서 비판에 직면하고 있지만 여전히 법적 분쟁을 해결하는 데 원용되는 기본적인 법학방법이자 법적 사고가 되고 있다.[5] 이를 예증하듯 현행 판결문의 형식 역시 여전히 법적 삼단논법의 틀을 따르고 있다.[6] 이러한 삼단논법에 따라 법적 분쟁을 해결하기 위해

---

4 민사소송처럼 형사소송에서도 '소송물' 개념을 인정하고자 하는 연구로는 조두영, 『소송물론』(박영사, 2005) 참고.
5 이러한 태도를 보여주는 경우로는 칼 엥기쉬, 안법영·윤재왕 (옮김), 『법학방법론』(세창출판사, 2011) 참고. 법적 논증이론에 관해서는 울프리드 노이만, 윤재왕 (옮김), 『법과 논증이론』(세창출판사, 2009) 참고.
6 이를 보여주는 이상돈, 『새로 쓴 법이론』(세창출판사, 2005), 41~42쪽 참고.

서는 당해 법적 분쟁에서 문제되는 사실관계가 무엇인지 확정해야 한다. 법적 삼단논법의 용어로 바꾸어 말하면, '소전제'(Untersatz)가 확정되어야만 비로소 '대전제'(Obersatz)를 적용할 수 있는 것이다.[7] 이 점에서 검사가 제기하는 공소사실은 법적 삼단논법을 형사분쟁에 적용하는 데 필요한 출발점이 된다.

(2) '진리주장'으로서 공소사실

사실과 규범, 존재와 당위를 개념적·방법적으로 구별하는 '방법이원론'에 따르면, 공소사실은 사실적·존재적 명제에 해당한다.[8] 규범적 명제와는 달리 존재적 명제인 공소사실은 그것이 진실인지 아닌지를 판단할 수 있다.[9] 따라서 형사법관은 형사소송에서 검사가 제기한 공소사실이 진실인지 여부를 심리하고 판단해야 한다. 바로 이 점에서 공소사실은 엄밀하게 말하면 검사가 제시한 사실주장, 즉 '진리주장'에 불과하다. 이러한 진리주장이 실제로 진리에 해당하는지 여부는 형사소송법이 제도화하고 있는 정교한 원칙, 규칙, 절차에 따라 검증되어야 한다. 이러한 공소사실은 민사소송에서 논의되는 '청구원인사실'에 대응한다.

한편 존재적 명제에 해당하는 공소사실은 개별 행위로 구성된다. 단순한 형사분쟁에서는 한 개의 행위가 공소사실을 구성하기도 하지만 복잡한 형사분쟁, 특히 다수의 범죄자가 관여한 형사분쟁에서는 수 개의 행위가 공소사실을 구성한다. 그 점에서 공소사실은 행위보다 그 외연이 넓은 개념으로서 행위 개념을 포함한다고 말할 수 있다.

다른 한편 이렇게 공소사실은 행위를 포함하는 개념으로서 수 개의 행위로 구성되기도 한다는 주장은 규범적 관점에서 다음과 같이 재해석할 수 있다. 공소사실은 한 개의 죄로 구성되기도 하지만 수 개의 죄로 구성되기도 한다는 점이다. 공소사실을 구성하는 행위 개념은 주지하다시피 형법상 범죄체계론의 기

---

7 독일어 'Untersatz'는 '하위명제'로, 'Obersatz'는 '상위명제'로 번역되기도 한다. 이상돈, 위의 책, 43 쪽 아래 참고.

8 이러한 방법이원론을 철저하게 보여주는 경우로는 한스 켈젠, 윤재왕 (옮김), 『순수법학: 법학의 문제점에 대한 서론』(박영사, 2018), 39쪽 아래 참고.

9 규범적 명제에서는 진실성이 아닌 정당성이 부각된다. 이에 관해서는 위르겐 하버마스, 윤형식 (옮김), 『진리와 정당화: 철학논문집』(나남, 2008) 참고.

초 개념으로서 죄책 판단의 근거가 된다. 보통 한 개의 행위는 한 개의 죄를 구성한다. 물론 죄수론에 관한 학설과 판례가 시사하는 것처럼, 행위와 죄수의 관계는 생각보다 복잡하다. 기본적으로는 한 개의 행위가 한 개의 죄를, 수 개의 행위가 수 개의 죄를 구성하지만, 한 개의 행위가 수 개의 죄(상상적 경합)를, 수 개의 행위가 한 개의 죄(포괄일죄)를 구성하기도 한다. 그 때문에 무엇을 기준으로 하여 행위의 단일성과 동일성, 범죄의 단일성과 동일성을 판단해야 하는지와 같은 결코 쉽지 않은 문제가 등장한다.[10] 여하간 여기서 주목해야 할 점은 공소사실은 한 개의 행위나 죄로만 구성되는 것은 아니라는 점이다. 수 개의 행위나 죄가 공소사실을 구성하기도 한다. 바로 이러한 이유에서 '공소사실의 동일성'을 어디까지 인정해야 하는지가 쉽지 않은 문제로 등장한다.

(3) 공소사실의 두 가지 유형

형사소송법에 따르면 공소사실에는 두 가지 유형이 있다. 첫째는 검사가 공소장에 기재하는 공소사실이고(형사소송법 제254조 제3항 제3호), 둘째는 이러한 공소사실과 동일성이 인정되는 공소사실이다(형사소송법 제298조 제1항).[11] 전자가 '좁은 의미의 공소사실'이라면, 후자는 '넓은 의미의 공소사실'이라고 부를 수 있다.

그런데 이렇게 공소사실을 두 가지 유형, 즉 이원적으로 파악하는 것은 오랫동안 우리 형사소송법학에 영향을 미친 것으로 보이는 일본 형사소송법학의 상황과 무관하지 않다.[12] 일본 형사소송법학은 우리처럼 공소사실을 두 가지 유형으로 구분한다. 첫째는 '소인'(訴因)(count) 개념에 바탕을 둔 '소인사실'이고, 둘째는 '공소사실'이다.[13] 우리 형사소송법과는 달리 미국 형사소송법의 소인

---

10 이에 관해서는 김성돈, "죄수결정의 기준", 『법학논고』 제14권(1998), 191~217쪽 참고.

11 이하 형사소송법은 원칙적으로 법명 없이 인용하기로 한다.

12 소송구조로서 당사자주의와 관련하여 이 점을 지적하는 경우로는 신동운, "형사소송법의 기본구조에 관한 일고찰: 특히 입법경위를 중심으로", 『서울대학교 법학』 제28권 제1호(1987), 151쪽; 오병두, "일본 당사자주의론과 그 정책적 시사점", 『비교형사법연구』 제19권 제4호(2018), 221~222쪽 등 참고.

13 히라라기 토키오, 조균석 (역), 『일본형사소송법』(박영사, 2012), 248쪽 아래 참고. '소인'은 정당한 공소가 되는 데 필요한 '법적 원인' 또는 '법적 근거'라고 새길 수 있다. 이는 영미 계약법에서 논의되는 '약인'(consideration)에 대응한다. 소인 개념에 관해서는 강춘학, 『형사소송법상의 소인

개념을 수용한 일본 형사소송법은 검찰관이 문제가 되는 범죄구성요건에 맞게 공소장에 기재한 사실을 소인 또는 소인사실이라고 말한다. 이와 달리 공소사실은 우리 형사소송법학에서 말하는 '넓은 의미의 공소사실'에 대응하는 것으로 소인이 변경될 수 있는 범위에 대한 기준이 된다. 이렇게 보면 일본 형사소송법에서 말하는 '소인사실'은 우리 형사소송법의 '공소사실' 그리고 '공소사실'은 우리 형사소송법이 규정하는 '공소사실과 동일한 사실'(제298조 제1항)에 대응한다고 말할 수 있다. 요컨대 '소인사실'은 '좁은 의미의 공소사실'에, '공소사실'은 '넓은 의미의 공소사실'에 대응한다. 일본의 형사소송법학자 히라라기 토키오(平良木登規男)에 의하면, 소인사실은 제2차 세계대전 이후 일본 형사소송법이 미국의 당사자주의를 수용하면서 도입한 것인 데 반해, 공소사실은 직권주의가 지배하던 구 형사소송법이 규정하고 있던 공소사실이다. 구 형사소송법에서 법원은 검찰관이 공소장을 변경하지 않아도 공소장에 기재한 사실과 동일성이 인정되는 공소사실에 대해서는 직권으로 심판할 수 있었다.[14] 이렇게 보면 공소사실에 두 가지 유형이 있다는 것은 일본 형사소송법이 한편으로는 직권주의를, 다른 한편으로는 당사자주의를 받아들인 결과물이라 할 수 있다. 소인사실은 당사자주의, 공소사실은 직권주의와 연결되는 것이다.

이러한 상황은 우리 형사소송법의 공소사실에도 적용할 수 있다. 왜냐하면 우리 형사소송의 구조에 관해 판례는 일관되게 '직권주의가 가미된 당사자주의'라고 선언하고 있는데, 이에 따른다면 우리 형사소송법 역시 직권주의적 측면과 당사자주의적 측면을 모두 갖는다고 말할 수 있기 때문이다.[15] 이에 따라 좁은 의미의 공소사실은 당사자주의를, 넓은 의미의 공소사실은 직권주의를 대변한다고 볼 수 있다.

(4) 공소사실의 해석학적 구조

이렇게 공소사실의 두 가지 유형은 소송구조의 관점에서 파악할 수 있지만, 이는 법해석학의 견지에서도 해명할 수 있다. 전통적인 법적 삼단논법은 방

에 관한 연구: 기초이론 및 심판의 대상을 중심으로』(한양대학교 법학석사 학위논문, 1984) 참고.
14 히라라기 토키오, 위의 책, 248쪽, 270쪽 아래 참고.
15 이재상·조균석, 『형사소송법』 제11판(박영사, 2017), 44쪽 아래 참고.

법이원론에 따라 '존재'에 속하는 사실관계와 '당위'에 속하는 법규범이 서로 독립되어 있다고 본다. 그렇지만 1960년대 중반부터 독일 법학에서 성장한 법해석학은 존재와 당위, 사실과 규범이 서로 무관하게 존재한다고 파악하지 않는다.[16] 법적 분쟁을 해결하기 위해 사실관계를 파악하고 법규범을 해석하는 과정은 '존재와 당위가 서로 상응하는 과정'이라고 말한다. 이를테면 사실관계를 파악하는 과정에서는 법규범의 관점이, 법규범을 해석하는 과정에서는 사실관계의 관점이 반영된다는 것이다. 이를 정교하게 구체화한 경우로 독일의 공법학자 프리드리히 뮐러(Friedrich Müller)가 정립한 '규범구조화 법이론'을 들 수 있다.[17] 법해석학을 수용하여 법규범을 구체화하는 과정을 정교하게 구조화한 뮐러는 법적 분쟁이 발생하였을 때 법규범은 다음과 같이 구체화된다고 말한다. ≪법적 분쟁 ⇒ 규범텍스트 가설 ⇒ 규범텍스트 선택 ⇒ 사물영역 ⇒ 규범프로그램 확정 ⇒ 사건영역 ⇒ 규범영역 ⇒ 재판규범 확정≫이 그것이다. 이는 법해석학을 수용한 독일의 법철학자 카우프만이 주장한 언명, 즉 법을 적용하는 과정은 존재와 당위가 상응하는 과정이라는 해석학적 언명을 치밀하게 구조화한 것이다.[18]

이렇게 뮐러가 제시한 규범구체화 과정은 공소사실의 두 가지 유형을 설득력 있게 해명한다. 먼저 넓은 의미의 공소사실은 규범적 관점이 본격적으로 투영되기 이전의 사실로 뮐러의 개념으로 바꾸어 말하면 '사물영역'에 대응한다. 전통적인 방법이원론의 관점에서 말하면, 당위가 개입하지 않은 순수한 존재영역에 속하는 것이 바로 넓은 의미의 공소사실인 것이다.[19] 바로 이러한 근거에서 왜 지배적인 학설과 판례가 '공소사실의 동일성'을 판단하는 기준으로 '기본적 사실 동일설'을 주장하는지 납득할 수 있을 것이다. 이와 달리 좁은 의미의 공소사실, 일본 형사소송법학에서 말하는 소인사실은 법규범의 관점이 투영된

---

16 이에 관해서는 양천수, 『법해석학』(한국문화사, 2017) 참고.
17 이에 관해서는 우선 F. Müller, *Juristische Methodik* (Berlin, 1997) 참고. 이를 소개하는 국내문헌으로는 김명재, "Friedrich Müller의 규범구체화 방법론", 『법학논총』 제36집 제4호(2016), 7~35쪽 참고.
18 Arth. Kaufmann, *Analogie und »Natur der Sache«* (Heidelberg, 1965).
19 그러나 규범적 관점이 개입하지 않는 순수한 존재영역이 있을 수 있는지 의문이 없지 않다.

사실로, 뮐러의 개념으로 바꾸어 말하면 '사건영역'에 대응한다.[20]

2. 공소사실의 기능

공소사실은 형사소송절차에서 다음과 같은 기능을 수행한다.

(1) 심판대상 획정

첫째, 공소사실은 형사소송에서 심판해야 하는 대상을 획정한다. 달리 말해 공소사실은 형사소송의 '소송물'을 확정하는 데 기여한다.[21] 물론 무엇을 기준으로 하여 형사소송의 심판대상을 획정할 것인가에 관해서는 견해가 대립한다.[22] 이에 관해 다수설과 판례는 이원설을 취하는데, 이에 따르면 심판대상은 '현실적 심판대상'과 '잠재적 심판대상'으로 이원화된다.[23] 이때 현실적 심판대상을 결정하는 기준은 공소장에 기재된 공소사실이고, 잠재적 심판대상은 이러한 공소사실과 동일성이 인정되는 사실이다. 이렇게 공소사실은 형사소송의 심판대상을 획정하는 기준이 된다.

이러한 형사소송법학의 태도는 실체법상 권리를 소송물로 파악하는 민사소송법학의 소송물 이론(실체법설)과는 차이가 있다.[24] 이는 아마도 당사자주의에 기반을 둔 민사소송과는 달리 형사소송은 소송구조로서 당사자주의 이외에 직권주의 역시 수용하고 있다는 점에서 그 이유를 찾을 수 있을 것이다. 우리의 민사소송보다 직권주의적 요소, 달리 말해 '협동주의적 요소'가 더욱 강한 독일의 민사소송에서는 실체법상 권리가 아닌 청구취지와 청구원인사실을 고려하여

---

20 이러한 소인사실과 공소사실은 체계이론의 관점에서도 설명할 수 있다. 체계이론에 따르면, 공소사실은 법체계의 환경에 속하는 사실인 데 반해, 소인사실은 법체계 내부로 포섭된 사실이라고 말할 수 있다. 체계이론에 관해서는 니클라스 루만, 윤재왕 (옮김), 『사회의 법』(새물결, 2014) 참고.

21 이에 대한 포괄적인 연구로는 조두영, 앞의 책, 41쪽 아래 참고.

22 학설대립에 관해서는 많은 문헌을 대신하여 우선 이재상·조균석, 앞의 책, 437~439쪽 참고.

23 이재상·조균석, 앞의 책, 438쪽.

24 민사소송에서 소송물 이론에 관해서는 Walther J. Habscheid, 호문혁 (역), "민사소송에 있어서의 소송물이론의 발전", 『서울대학교 법학』 제81호·제82호(1990), 151~162쪽 참고. 기판력의 효력 범위를 기준으로 하여 민사소송과 형사소송의 차이를 다루는 연구로는 김정한, "민사소송법과 형사소송법을 비교해서 검토해 본 기판력의 발현 형태와 효력 범위", 『형사소송의 이론과 실무』 제8권 제1호(2016), 141~173쪽 참고.

소송물을 파악하는 이른바 '소송법설'(이원설)을 취하고 있다는 점이 이에 대한 좋은 예가 될 것이다.

(2) 공소장 변경 필요성과 가능성 획정

둘째, 공소사실은 공판심리 과정에서 중요한 공소장 변경 필요성과 가능성의 범위를 결정하는 기준이 된다. 먼저 공소사실은 공소장을 변경할 필요가 있는지에 대한 판단기준이 된다. 물론 언제 공소장을 변경할 필요가 있는가에 관해서는 견해가 대립한다.[25] 이에 관해 다수설과 판례는 '사실기재설'을 따른다. 공소장에 기재된 사실을 기준으로 하여 공소장 변경 필요성을 판단하는 것이다. 더욱 구체적으로 말하면, 법원이 공소장에 기재된 사실과 다른 심판을 하는 것이 피고인의 방어권을 실질적으로 침해하는 경우에는 공소장을 변경할 필요가 있다고 한다.[26]

다음으로 공소사실은 공소장 변경이 가능한 범위를 획정한다. 물론 정확하게 말하면, 검사가 공소장에 기재한 공소사실 그 자체가 아니라 '공소사실의 동일성', 바꿔 말해 공소사실과 동일성이 인정되는 사실이 공소장 변경이 가능한 범위를 획정한다. 다만 주지하다시피 공소사실과 동일한 사실을 어떤 기준에 따라 판단할 것인지에 관해서는 견해가 대립한다.

(3) 일사부재리의 객관적 효력범위 획정

셋째, 공소사실은 일사부재리의 객관적 효력범위를 획정한다. 물론 여기서도 지배적인 학설과 판례에 따라 정확하게 말하면, 공소사실 그 자체가 아니라 공소사실과 동일성이 인정되는 사실이 일사부재리의 객관적 효력범위를 획정하는 기준이 된다. 다만 과연 어떤 근거에서 현실적 심판대상인 공소사실 그 자체가 아니라 잠재적 심판대상인 공소사실과 동일한 사실이 일사부재리의 객관적 효력범위에 대한 기준이 되어야 하는지에 관해서는 논란이 없지 않다.[27] 필자 역시 이 문제에 의문을 갖고 문제를 제기하는 것이다.

---

[25] 이재상·조균석, 앞의 책, 448~449쪽 참고.
[26] 이에 관한 상세한 내용은 아래 Ⅲ. 참고.
[27] 이재상·조균석, 앞의 책, 732쪽. 여기서 이재상·조균석 교수는 영미 형사소송법학의 '이중위험금지 원칙'을 원용하여 잠재적 심판대상이 일사부재리의 객관적 효력범위를 결정한다고 말한다.

III. 공소장 변경 필요성

공소사실이 수행하는 기능과 관련하여 아래에서는 우선 공소장 변경 필요성에 관한 문제를 검토하도록 한다.

1. 공소장 변경의 세 가지 유형

공소장 변경은 크게 세 가지 유형으로 나누어 검토할 수 있다. 첫째는 공소장 변경을 할 수 없는 경우이다. 공판에서 쟁점이 되는 사실이 검사가 공소장에 기재한 공소사실과 동일성이 인정되지 않는 경우가 이러한 유형에 해당한다. 공소장 변경은 공소사실과 동일성이 인정되는 한에서만 허용되므로, 이렇게 실제 공판에서 검사가 기재한 공소사실과 동일성이 인정되지 않는 사실이 문제되는 경우에는 공소장을 변경할 수 없다. 둘째는 공소장을 변경할 수는 있지만 반드시 공소장을 변경할 필요는 없는 경우이다. 셋째는 공소장을 변경할 수 있고, 또한 공소장을 반드시 변경해야 하는 경우이다. 공소장 변경의 가능성과 필요성이 모두 인정되는 경우이다.

이러한 세 가지 유형을 기준으로 보면, 공소장 변경에 관해서는 크게 두 가지 쟁점이 문제가 된다. 첫째, 공소사실의 동일성을 어떻게 판단할 것인가 하는 문제이다. 둘째, 과연 무엇을 기준으로 하여 공소장을 변경할 필요가 있는지를 판단할 수 있는가 하는 문제이다. 아래에서는 일단 두 번째 문제부터 살펴본다.

2. 공소장 변경 필요성에 관한 판례의 태도

(1) 견해대립

공소장 변경 필요성의 기준에 관해서는 견해가 대립한다. 크게 법률구성설과 사실기재설이 대립한다. 일본 형사소송법학에서 영향을 받은 듯한 이러한 견해대립은 공소장에 기재된 좁은 의미의 공소사실이 갖는 두 가지 성격과 무관하지 않다. 뮐러의 규범구체화 이론에 따르면 좁은 의미의 공소사실은 '사건영역'에 대응하는데, 사건영역은 사물영역에 규범프로그램이 투영되어 구체화된 것이다. 이는 사건영역이 한편으로는 사실적 측면을, 다른 한편으로는 규범적 측면을 갖고 있다는 점을 보여준다. 따라서 좁은 의미의 공소사실 역시 규범적 측면과 사실적 측면을 모두 갖고 있다고 말할 수 있다. 공소장 변경 필요성에 관한 견해대립은 이렇게 공소사실이 갖고 있는 두 가지 성격 중에서 어느 쪽에 중점을 둘 것인지에 따라 전개되고 있는 것이다.[28] 이에 관해 다수 견해는 공소사실의 사실적 측면을 강조하는 사실기재설을 주장하는데, 판례 역시 이러한 견해를 취하는 것으로 이해된다.

(2) 대법원 2018. 7. 12. 선고 2018도5909 판결

공소장 변경 필요성의 기준을 명확하게 밝히고 있는 가장 최근의 판례로는 대법원 2018. 7. 12. 선고 2018도5909 판결을 들 수 있다. 민법학자로 이름이 높았던 김재형 대법관이 주심을 맡은 이 판결에서는 다음과 같은 사실관계가 문제가 되었다.[29]

1) 사실관계 및 재판의 경과

피고인 A는 사회복지법인 甲재단과 위 법인 명의로 설립된 장기요양기관 乙요양원의 대표이다. 피고인 A는 甲재단과 乙요양원을 운영하면서, 요양보호사나 물리치료사를 허위로 등록하거나 소속 요양보호사의 근무시간을 허위로 등록하고 乙요양원에 정원을 초과한 인원을 수용하였는데도 이를 신고하지 않았다. 피고인 A는 이러한 방법으로 「노인장기요양보험법」 제39조 제3항과 같은 법 시행규칙 제32조에 따라 보건복지부장관이 고시한 「장기요양급여 제공기준 및 급여비용 산정방법 등에 관한 고시」에서 정한 결원비율과 정원초과 등에 따른 감산율을 적용하지 않은 채 피해자 국민건강보험공단에 허위로 급여비용을 청구하여, 2009년 10월부터 2016년 7월까지 총 82회에 걸쳐 피해자 공단으로부터 급여비용 합계 2,578,378,320원을 편취하였다.

---

28 이를 지적하는 히라라기 토키오, 앞의 책, 260쪽.
29 아래 공소사실은 대법원 판결 원문에서 제시하는 내용을 약간 수정한 것이다. 판결 원문을 보면 알 수 있듯이 대법원 판결 문체가 아주 간결하다. 김재형 대법관은 민법 교수 시절에도 논문을 간결하게 쓰는 것으로 유명하였는데, 이러한 스타일이 판결문에도 반영되고 있는 것으로 보인다. 여기서 교수 출신 대법관이 판례에 미치는 긍정적인 영향의 한 단면을 읽을 수 있을 것이다.

검사는 이러한 공소사실을 기초로 하여 피고인 A를 단독범으로 기소하였다. 이에 대하여 피고인 A는 이 부분 공소사실 중 남편 공소외인 B가 사망한 2014년 11월 이전까지의 기간 부분에 관해서는 공소외인 B가 피고인 A를 배제한 채 乙요양원을 운영하였고, 피고인 A는 공소외인 B가 사망한 후에 비로소 乙요양원 운영에 관여하기 시작하였을 뿐이라고 주장하면서 이 부분 범행을 부인하였다.

이에 원심은 乙요양원의 원장인 피고인 A가 남편 공소외인 B가 사망한 2014년 11월까지는 공소외인 B와 함께 실질적으로 乙요양원을 운영하면서 공모하여 피해자 공단을 상대로 사기범행을 저질렀고, 그 후에는 피고인 A가 단독으로 乙요양원을 운영하면서 사기범행을 저질렀다고 판단하였다. 이에 따라 원심은 이 부분 공소사실 중 2009년 10월부터 피고인 A가 甲재단의 대표이사로 취임한 2014년 11월 이전, 즉 공소외인 B가 살아 있는 동안의 범행에 관해서는 공소장 변경을 거치지 않고 직권으로 피고인 A와 공소외인 B를 공동정범으로 인정하고, 이 부분 공소사실 중 피고인 A가 위 기간 동안의 범행을 단독으로 저질렀다는 부분은 무죄로 판단하였다. 이에 피고인은 원심이 공소장을 변경하지 않고 직권으로 자신을 공동정범으로 인정한 것은 공소장 변경의 법리를 오해한 것이라는 이유로 상고하였다.

2) 대법원의 판단

이에 관해 대법원은 기존의 판례를 다음과 같이 인용하면서 공소장 변경에 관한 법리를 확인한다. 먼저 "피고인의 **방어권 행사에 실질적인 불이익을 초래할 염려가 없는 경우**에는 공소사실과 기본적 사실이 동일한 범위 내에서 법원이 공소장 변경절차를 거치지 않고 공소사실과 다르게 사실을 인정하더라도 불고불리의 원칙에 위배되지 않는다."고 한다.[30] 나아가 "단독범으로 기소된 것을 다른 사람과 공모하여 동일한 내용의 범행을 한 것으로 인정하는 경우에 이로 말미암아 피고인에게 예기치 않은 타격을 주어 방어권 행사에 실질적 불이익을 줄 우려가 없다면 공소장 변경이 필요한 것은 아니"라고 한다.[31] 이에 바탕을

---

30 대법원 2002. 3. 15. 선고 2001도970 판결. 강조는 인용자가 추가한 것이다. 아래 같다.
31 대법원 2007. 4. 26. 선고 2007도309 판결; 대법원 2013. 10. 24. 선고 2013도5752 판결.

두어 대법원은 다음과 같이 원심이 단독정범으로 기소된 피고인 A를 공소장 변경절차를 밟지 않고 직권으로 공동정범으로 인정한 것이 공소장 변경에 관한 법리를 오해한 것은 아니라고 판단하였다.

> "원심에서 피고인은 공소외인이 살아 있는 동안 이 사건 요양원의 운영이나 범행에 자신이 관여하지 않았다고 하여 공모관계를 다투어 왔다. 원심이 공소외인이 살아 있는 동안에는 피고인과 공소외인의 공모로 특정경제범죄법 위반(사기) 범행이 이루어졌다고 보아 피고인을 공동정범으로 인정하였다고 해서 **피고인에게 예기치 않은 타격을 주거나 방어권 행사에 실질적인 불이익을 줄 우려가 있다고 할 수 없다.**"

3) 분석

여기서 알 수 있듯이 대법원은 공소장 변경 필요성에 관해 두 가지 요건을 제시한다. 첫째, 공소사실과는 다른 사실을 인정하는 것이 "피고인의 방어권 행사에 실질적인 불이익"을 주는 경우여야 한다. 둘째, 공소사실과는 달리 인정한 사실이 공소사실과 동일성이 인정되는 범위 안에 있어야 한다. 이때 첫 번째 요건, 즉 "피고인의 방어권 행사에 실질적인 불이익을 주는 경우"에는 공소장을 변경해야 한다는 언명은 이제 확고한 판례로, 다시 말해 '법리'로 정착한 것으로 보인다. 이러한 판례 법리는 다수 학설이 주장하는 것처럼 사실기재설의 맥락에서 파악할 수 있을 것이다.[32]

한편 여기서 필자가 주목하고 싶은 것은 '공소장 변경 필요성'이라는 법리가 갖고 있는 성격이다. 여기에는 직권주의적 성격과 당사자주의적 성격이 모두 담겨 있다. 먼저 공소장 변경 필요성 법리를 포함하는 공소장 변경 제도는 직권주의적 성격을 갖는다. 왜냐하면 만약 우리 형사소송법이 철저하게 당사자주의를 지향한다면, 공소장 변경 제도를 도입할 필요가 없을 것이기 때문이다. 철저한 당사자주의 아래에서는 법원이 공판에서 심리한 결과 당사자인 검사가

---

[32] 다만 판례의 태도를 더욱 정확하게 드러내기 위해서는 '사실기재설'이라는 명칭보다 '방어권 침해설'이라는 명칭이 더욱 낫지 않을까 한다.

제기한 공소사실이 증명되지 않은 경우에는 이에 대해 무죄판결을 하면 족할 것이다. 그런데도 공소장 변경을 인정하고 이에 더하여 특정한 경우 법원이 공소장 변경을 요구하도록 하는 것(제298조 제2항)은 또 다른 당사자인 피고인이 유죄판결을 받을 위험을 높이는 것으로 검사 측에게 더욱 유리하게 재판을 진행하는 것이라고 볼 수 있기 때문이다. 따라서 우리 형사소송법이 공소장 변경 제도를 수용하고 있다는 점은 가능하면 한 번에 진실을 발견하고 이를 통해 형사분쟁을 효율적으로 해결하고자 하는 직권주의적 성격을 보여준다.[33]

그렇지만 다수 학설이 일반적으로 설명하는 것처럼, 공소장 변경 제도는 직권주의적 성격보다는 당사자주의적 성격을 더욱 강하게 보여준다.[34] 만약 우리 형사소송법이 철저하게 직권주의를 추구하고 있다면, 굳이 공소장 변경을 거치지 않아도 법원은 공소사실과 동일성이 인정되는 사실의 범위 안에서 직권으로 심판을 할 수 있기 때문이다. 그렇지만 우리 형사소송법은 공소장 변경을 인정하고 있을 뿐 아니라, 특정한 경우에는 반드시 공소장 변경을 해야 한다고 해석한다. 당사자인 피고인의 방어권이 실질적으로 침해되지 않도록 하기 위해서 말이다. 따라서 법원은 이러한 경우에는 공소장 변경을 거치지 않는 한 직권으로 공소사실과는 다른 사실을, 설사 그 사실이 공소사실과 동일성이 인정되는 사실이라 할지라도 심판할 수 없다.[35] 바로 이 점에서 공소장 변경, 특히 공소장 변경 필요성 법리는 당사자주의를 충실하게 반영한 것이라 할 수 있다.[36]

Ⅳ. 일사부재리의 객관적 효력범위

앞에서 공소장 변경 필요성에 관한 판례의 태도를 검토한 것은 이에 관한

---

[33] 이재상·조균석, 앞의 책, 47쪽은 공소장 변경 요구 제도가 직권주의적 요소를 갖는다고 말한다.
[34] 이재상·조균석, 앞의 책, 44쪽.
[35] 물론 법원은 검사에게 공소장 변경을 요구할 수 있다. 그렇지만 당사자주의가 점점 강조되고 있는 요즘 상황에서 법원이 검사에게 공소장을 변경하도록 요구하는 것은 재판진행의 공정성을 침해하는 것으로 비칠 수 있다. 더군다나 공소장 변경 요구는 원칙적으로 의무가 아닌 재량사항이라는 점에 주목해야 한다.
[36] 물론 직권주의를 채택하고 있는 독일 형사소송법도 사실이나 법적 견해를 변경할 때는 피고인의 방어에 예상치 못한 피해를 주지 않도록 일정한 조치를 취할 필요가 있다고 규정한다. 독일 형사소송법 제265조 참고.

논의가 일사부재리의 객관적 효력범위 문제와 관련을 맺는다고 생각하기 때문이다. 그간 우리 판례와 지배적인 학설은 '공소사실의 동일성'을 기준으로 하여 일사부재리의 객관적 효력범위를 판단하고 있는데, 이 책은 바로 공소장 변경 필요성에 관한 논의에 비추어 볼 때 과연 이러한 태도가 타당한지 의문을 제기한다.

1. 기존 논의

(1) 일사부재리의 객관적 효력범위로서 공소사실의 동일성

기판력의 객관적 범위를 명문으로 규정하는 민사소송법과는 달리 형사소송법은 기판력, 즉 일사부재리의 객관적 효력범위를 직접 명문으로 규정하지는 않는다.[37] 다만 심판대상과 일사부재리의 효력범위는 일치해야 한다는 법치국가적 요청에 따라 심판대상의 범위를 일사부재리의 효력범위로 파악한다.[38] 따라서 일사부재리의 객관적 효력범위를 밝히기 위해서는 형사소송의 심판대상이 무엇인지 규명해야 한다. 형사소송의 심판대상이 무엇인지에 관해서는 견해가 대립하지만, 이미 살펴본 것처럼 다수 학설과 판례는 공소사실이 심판대상을 획정한다고 말한다. 문제는 앞에서도 지적한 것처럼 공소사실에는 두 가지 유형이 있다는 것이다. 검사가 공소장에 기재하는 좁은 의미의 공소사실 및 이러한 공소사실과 동일성이 인정되는 넓은 의미의 공소사실이 그것이다. 이를 일본 형사소송법학에서는 소인사실과 공소사실로 지칭한다. 그러면 그중에서 심판대상을 획정하는 것은 무엇인가? 이에 관해 다수 학설과 판례는 이원설을 취한다는 점은 이미 살펴본 바와 같다. 좁은 의미의 공소사실이 현실적 심판대상을, 넓은 의미의 공소사실이 잠재적 심판대상을 결정한다는 것이다.

그러면 이러한 두 가지 유형의 심판대상 중에서 일사부재리의 객관적 효력범위를 결정하는 것은 무엇인가? 이에 관해 다수 견해와 판례는 일관되게 넓은

---

37 민사소송법 제216조 제1항.

38 이는 독일 형사소송법학의 지배적인 견해이다. Roxin/Schünemann, *Strafverfahrensrecht*, 27. Aufl. (München, 2012), 138쪽 참고. 민사소송법학에서도 소송물과 기판력의 객관적 범위를 동일한 것으로 파악한다.

의미의 공소사실, 즉 좁은 의미의 공소사실과 동일성이 인정되는 사실이 일사부재리의 객관적 효력범위를 결정한다고 말한다. 요컨대 현실적 심판대상이 아닌 잠재적 심판대상이 일사부재리의 객관적 범위를 결정하는 것이다. 이는 소송에서 실제로 논의된 심판대상(소송물)이 기판력의 객관적 효력범위를 결정한다고 보는 민사소송법학과는 차이가 있다. 그러면 그 근거는 무엇인가? 세 가지 근거를 고려할 수 있다. 첫째는 공소불가분의 원칙이다. 둘째는 헌법상 원칙인 이중처벌금지 원칙이다. 셋째는 비교법적 근거로서 일본 형사소송법학의 영향이다.

첫째, 형사소송법 제248조 제2항이 규정하는 공소불가분의 원칙을 근거로 들 수 있다. 이에 따르면 "범죄사실의 일부에 대한 공소는 그 효력이 전부에 미친다." 이때 말하는 "전부"는 '공소사실의 동일성'과 같은 의미로 해석된다는 것이다. 둘째, 영미 형사소송법의 '이중위험금지 원칙'에 기원을 두는 '이중처벌금지 원칙'이 근거가 된다. 이에 따르면 형사소송에서 잠재적 심판대상이 되는 것만으로도 피고인에게 위험을 초래하는 것이므로, 이중처벌금지 원칙을 효과적으로 실현하기 위해서는 일사부재리의 기준을 잠재적 심판대상으로 삼아야 한다는 것이다. 셋째, 우리 형사소송법학에 많은 영향을 미친 일본 형사소송법학이 일사부재리의 기준을 소인사실이 아닌 공소사실에서 찾는다는 점을 근거로 제시할 수 있다.

(2) 공소사실의 동일성에 대한 기준

이처럼 잠재적 심판대상이 되는 넓은 의미의 공소사실, 즉 좁은 의미의 공소사실과 동일성이 인정되는 사실이 일사부재리의 객관적 효력범위를 획정한다면, 다음으로는 이러한 넓은 의미의 공소사실을 어떤 기준에 따라 판단할 수 있는가 하는 점이 문제된다. 이 문제는 학설과 판례에서는 '공소사실의 동일성에 대한 판단 문제'로 논의된다.

1) 기본적 사실 동일설

이 문제에 관해서는 다양한 견해가 제시된다.[39] 이는 공소사실이 갖는 이

---

[39] 이재상·조균석, 앞의 책, 441~448쪽. 이에 관한 포괄적인 연구로는 우선 윤동호, 『공소사실의 동

중적 성격, 즉 사실적 성격과 규범적 성격에 기인한다. 이러한 두 가지 성격 중에서 어느 쪽에 주안점을 두는가에 따라 공소사실의 동일성에 대한 판단기준이 달라진다. 이를테면 '구성요건 공통설'이나 '죄질동일설' 등은 공소사실이 갖고 있는 규범적 성격에 초점을 맞춘 학설이라 할 수 있다.[40] 그렇지만 지배적인 학설과 판례는 기본적 사실 동일설에 따라 공소사실의 동일성을 판단한다. 이에 따르면 범죄구성요건이라는 규범적 관점을 배제한 채 순수한 사회적·역사적 사실이라는 견지에서 그리고 사회 일반인의 생활경험에서 볼 때 기본적 사실관계가 동일하면 공소사실이 동일하다고 말할 수 있다. 여기서 알 수 있듯이 기본적 사실 동일설은 크게 두 가지 요건으로 구성된다. 첫째는 객관적 요건으로 규범적 관점을 고려하지 않은 사회적·역사적 사실이라는 관점에서 공소사실의 동일성을 판단해야 한다는 것이다. 둘째는 주관적 요건으로 법률전문가가 아닌 사회 일반인의 생활경험에서, 체계이론적으로 바꾸어 말하면, 법체계의 외부(환경)에 속하는 사람의 관점에서 공소사실의 동일성을 판단해야 한다는 것이다.[41] 물론 이러한 두 가지 요건은 서로 단절되어 있는 것이 아니라 유기적으로 연결된다.

공소사실이 동일한지 여부를 판단하기 위해서는 규범적 관점을 배제해야 한다는 기본적 사실 동일설의 주장은 전통적인 방법이원론에 비추어볼 때 자연스러운 결론이라고 말할 수 있다. 왜냐하면 규범적 관점이 투영되어 형성된 좁은 의미의 공소사실과는 달리 넓은 의미의 공소사실은 규범적 관점이 아직 개입하지 않은 존재영역, 달리 말해 순수한 사실영역에 속하는 것이기 때문이다. 따라서 법체계 외부에 존재하는 넓은 의미의 공소사실을 그 자체로서 순수하게 파악하기 위해서는 법률전문가의 관점과 규범적 관점을 모두 배제해야 할 필요가 있다.

일성 판단기준과 죄수 및 경합론의 관계』(고려대학교 법학박사 학위논문, 2005) 참고.

[40] 이들 학설은 모두 일본 형사소송법학에서 기인한 것으로 보인다.

[41] 이 점에서 기본적 사실 동일설이 제시하는 기준은 상당인과관계설이 제시하는 상당성 판단기준과 유사하다. 이러한 상당성 판단기준의 성격에 관해서는 양천수, "객관적 귀속 재검토: 형법철학의 관점에서", 『성균관법학』 제30권 제4호(2018), 319~346쪽 참고.

2) 생활세계적 사건 개념

'생활세계적 사건 개념'은 독일의 사회철학자 하버마스의 사회이론을 수용하여 기본적 사실 동일설을 재해석한 것이다. 법철학자이자 형사법학자인 이상돈 교수는 사회 전체를 ≪체계-생활세계≫로 구획하는 '이원적 사회이론'을 받아들여 기본적 사실 동일설을 재해석한다.[42] 좁은 의미의 공소사실과 동일성이 인정되는 사실이란 바로 '생활세계적 사건'을 뜻한다는 것이다. 여기서 '사건'은 독일어 'Tat'를 번역한 개념으로 보인다.[43] 이상돈 교수는 생활세계를 살아가는 일반인의 관점에서 볼 때 한 개의 사건 또는 동일한 사건으로 파악될 수 있는 경우가 바로 공소사실의 동일성이 인정되는 경우라고 한다. 이러한 생활세계적 사건 개념은 기본적 사실 동일설을 사회이론으로써 더욱 정교하게 설명하는 장점을 지닌다. 그렇지만 실질적인 결과 면에서 기본적 사실 동일설과 차이가 있는 것은 아니다. 기본적 사실 동일설이나 생활세계적 사건 개념 모두 법체계 내부에 속하지 않는 일반인의 생활경험을 강조하기 때문이다. 바로 이러한 측면에서 이들 견해는 규범적 관점을 원용해 공소사실의 동일성을 파악할 때보다 더욱 넓게 공소사실의 동일성을 인정한다. 경우에 따라서는 죄수론상 실체적 경합관계에 있는 공소사실에 대해서도 동일성을 긍정한다. 그 이유는 생활세계를 살아가는 일반인들은 '목적론적 관점'에 따라 범죄행위를 판단하는 경우가 많은데, 이에 따르면 가령 사기죄를 이용해 재물을 영득하기 위한 목적으로 문서를 위조 또는 변조하는 행위도 목적론적 관점에서 볼 때 전체가 한 개의 사건 또는 동일한 공소사실로 파악될 수 있기 때문이다. 바로 이러한 이유에서 기본적 사실 동일설이나 생활세계적 사건 개념은 공소사실의 동일성을 자칫 자의적으로 확장할 우려가 있다.[44] '상식'이라는 것이 명확한 듯 보이지만 사실은 명

---

42 이에 관해서는 이상돈, "일사부재리의 효력범위와 적대적 범죄투쟁", 『판례연구』 제7집(1995), 215~239쪽 참고.

43 'Tat'는 '행위'로 번역되기도 하지만, 실체법상 죄수론의 판단기초가 되는 '행위'(Handlung)와는 구별되는 소송법상 개념이라는 점에서 그리고 'Tat'는 행위를 포괄하는 개념이라는 점에서 이는 '사건'으로 번역하는 것이 더욱 적절해 보인다. 'Tat'를 '행위'로 번역하는 경우로는 '기능적 행위지배'(funktionale Tatherrschaft)를 언급할 수 있다.

44 물론 이는 평가의 문제로서 기본적 사실 동일성을 지지하는 견해에서 보면 오히려 이는 공소사실의 동일성을 합리적으로 확장하는 것으로 평가될 수 있다.

확하지 않은 것처럼 말이다.

3) 비교법적 검토

이러한 기본적 사실 동일설은 우리 형사소송법학에서만 주장되는 것은 아니다. 일본 형사소송법학뿐만 아니라 독일 형사소송법학에서도 기본적 사실 동일설 또는 이와 유사한 주장이 제시된다. 먼저 우리처럼 일본 형사소송법학에서도 기본적 사실 동일설이 지배적인 학설과 판례가 취하는 견해이다. 일본 판례는 이미 구 형사소송법이 시행되던 대심원 시절부터 일관되게 기본적 사실 동일설에 따라 공소사실의 동일성을 판단하고 있다.[45] 다만 분명하게 직권주의가 지배하던 구 형사소송법 아래에서 대심원이 기본적 사실 동일설에 따라 공소사실의 동일성을 판단하고 있었다는 점을 고려하면, 이 견해가 직권주의와 모종의 관련을 맺고 있다는 추측을 할 수 있다.

우리와 일본 형사소송법학에 많은 영향을 끼친 독일 형사소송법학의 지배적인 학설과 판례 역시 기본적 사실 동일설과 유사한 견해를 취한다. 다만 차이가 있는 것은, 우리 형사소송법이 제298조 제1항에서 명문으로 공소장 변경의 한계로서 '공소사실의 동일성'을 규정하고 있는 반면, 독일 형사소송법은 공소사실의 동일성을 명문으로 규정하지는 않는다는 점이다. 이를테면 독일 형사소송법 제264조는 판결의 대상으로 '사건'(Tat)을 언급하고 있을 뿐이다.[46] 심판대상이 곧 일사부재리의 객관적 효력범위를 결정한다는 법리에 따르면, 사건 개념이 바로 일사부재리의 효력범위에 대한 기준이 된다.[47] 이 같은 이유에서 독일 형사소송법학에서는 후속 재판에서 문제되는 사건이 이미 확정된 선행 재판의 사건과 동일한지가 문제로 부각된다. 만약 후속 재판에서 문제되는 사건이 이미 확정되어 기판력이 발생한 선행 재판의 사건과 동일한 것이라면, 일사부재리의 효력이 후속 재판에 미쳐야 하기 때문이다. 이러한 맥락에서 '사건의 동일성'(Identität der Tat)을 어떤 기준으로 판단해야 하는지가 쟁점이 된다. 이에

---

45 히라라기 토키오, 앞의 책, 273쪽.
46 독일 형사소송법 제264조 제1항은 다음과 같이 규정한다. "판결의 대상은 공소장에 기재된 사건으로서 심리의 결과로 인정된 것을 말한다."
47 Roxin/Schünemann, 앞의 책, 138쪽.

관해 지배적인 학설과 판례는, 물론 유력한 비판이 제기되기는 하지만, "생활의 관점에서 볼 때 역사적인 사건과 단일성을 형성하는 경우"에 사건의 동일성이 있다고 본다.[48] 이에 따라 사건의 동일성은 공소장에 기재되는 사건보다 그 외연이 더욱 넓고, 이로 인해 공소장에 기재된 사건은 고정되어 있는 것이 아니라 변경될 수 있다고 한다.[49] 여기서 알 수 있듯이 이러한 주장은 기본적 사실 동일설의 그것과 유사하다. 왜냐하면 이 견해 역시 '생활의 관점'이라는 일반인의 요건과 '역사적 사건'이라는 객관적 요건에 따라 사건의 동일성을 판단하기 때문이다.

4) 기본적 사실 동일설 수정

그러나 이처럼 공소사실의 동일성을 판단할 때 사회적·역사적 관점을 강조하여 동일성 및 일사부재리의 범위가 확장되면서 형사정책적인 측면에서 종종 문제가 발생하게 되었다. 이를테면 동일성이 인정되는 사실 중에서 경미한 범죄에 대해 먼저 유죄의 확정판결이 이루어짐으로써 이후에 이보다 더욱 중대한 범죄를 처벌하지 못하는 문제가 발생하게 된 것이다.[50] 예를 들어 장물취득죄로 먼저 유죄의 확정판결을 받아 장물취득죄와 동일성이 인정되는 강도죄는 처벌하지 못하는 경우를 들 수 있다. 형법 해석론에 따르면, 장물취득죄는 강도죄의 불가벌적 사후행위로 양자는 동일한 공소사실을 구성하기에 장물취득죄에 대한 일사부재리의 효력이 강도죄에도 미치기 때문이다. 이는 흔히 '택일관계'라는 법리로 논의된다. 두 개의 범죄행위가 서로 양립할 수 없는 택일관계를 구성하는 경우에는 한 개의 사건 또는 동일한 공소사실로 보아야 한다는 것이다.[51] 이러한 형사정책적 문제를 해결하고자 독일 연방대법원은 두 개의 범죄행

---

48 Roxin/Schünemann, 앞의 책, 139쪽. 또한 디텔름 클레스제브스키, 김성돈 (옮김), 『독일 형사소송법』(성균관대학교 출판부, 2012), 251~253쪽 참고.

49 Roxin/Schünemann, 앞의 책, 139쪽.

50 이 문제를 분석하는 경우로는 홍영기, "일사부재리의 효력범위: 즉결심판을 예로 하여", 『저스티스』제123호(2011), 153~186쪽 참고. 다만 여기서 홍영기 교수는 이러한 문제 상황에 공감하면서도 이를 해결하기 위해 기본적 사실 동일설을 수정하지는 않는다. 홍영기 교수에 따르면, "이는 형사사법기관이 자신에게 주어진 의무를 충실히 이행해내지 못하여 남게 된 결과로서, 이 불법 상황의 책임을 피고인을 다시 재판받도록 함으로써 회피할 수는 없다."(153쪽)

51 Roxin/Schünemann, 앞의 책, 141~142쪽; 히라라기 토키오, 앞의 책, 274쪽.

위가 서로 택일관계를 구성하는 경우에도 양자의 규범적 성격이 다르다는 것을 근거로 하여 사건의 동일성을 부정하는 판결을 내렸다. 독일 연방대법원 판례가 택일관계 법리를 포기하였다는 것이다.[52] 사건의 동일성을 판단하는 데 역사적 관점뿐만 아니라 규범적 관점 역시 동원함으로써 기본적 사실 동일설을 규범적인 측면에서 수정하고 있는 것이다. 이러한 방향수정은 록신(Claus Roxin)에 의해 지지되기도 하였는데,[53] 이를 이상돈 교수는 '사실적·규범적 사건 개념'이라고 지칭한다.[54]

이러한 방향수정은 우리 판례에서도 이루어졌다. 공소사실의 동일성에 관한 그 유명한 대법원 1994. 3. 22. 선고 93도2080 전원합의체 판례에서 대법원 다수의견은 다음과 같이 기본적 사실 동일설을 수정한다.

"그러나, 공소사실이나 범죄사실의 동일성은 형사소송법상의 개념이므로 이것이 형사소송절차에서 가지는 의의(意義)나 소송법적 기능을 고려(考慮)하여야 할 것이고, 따라서 두 죄의 기본적 사실관계가 동일한가의 여부는 그 규범적 요소를 전적으로 배제한 채 순수하게 사회적, 전법률적(前法律的)인 관점에서만 파악할 수는 없고, 그 자연적, 사회적 사실관계나 피고인의 행위가 동일한 것인가 외에 그 규범적 요소도 기본적 사실관계 동일성의 실질적 내용의 일부를 이루는 것이라고 보는 것이 상당하다."

(3) 문제점

독일 판례나 우리 판례가 기본적 사실 동일설을 규범적인 관점에서 수정했다는 것은 이 견해에 나름 문제가 있다는 점을 보여준다. 물론 여전히 다수 학설은 이러한 판례의 태도변화를 비판하면서 기본적 사실 동일설을 견지한다.[55]

---

[52] Roxin/Schünemann, 앞의 책, 141쪽.
[53] 이를 보여주는 Claus Roxin, *Strafverfahrensrecht*, 23. Aufl. (München, 1993), 132쪽. 여기서 록신은 최근 판례가 자신의 주장을 따르고 있다고 말한다. 이에 반해 록신의 형사절차법 교과서를 이어받아 보완하고 있는 쉬네만(Bernd Schünemann)은 이러한 판례의 태도에 비판적인 거리를 둔다. Roxin/Schünemann, 앞의 책, 142쪽.
[54] 이상돈, 앞의 논문, 215쪽 아래 참고.
[55] 이를 보여주는 윤동호, "일부기소의 심판대상과 일사부재리효력: 사법적 범죄화 비판", 『형사법

그러나 필자는 기본적 사실 동일설에 따라 공소사실의 동일성 및 일사부재리의 효력범위를 획정하는 것은 여러 측면에서 문제가 있다고 생각한다.

1) 법이론의 측면

먼저 법이론의 측면에서 볼 때 다음과 같은 문제가 있다. 우선 기본적 사실 동일설이 제시하는 기준은 의미론적으로 볼 때 명확하지 않다. 법적 관점을 배제한 채 사회적·역사적 사실이라는 측면에서 그리고 일상생활을 영위하는 일반인의 관점에서 공소사실의 동일성을 판단한다는 것은 언뜻 보면 마치 '상식'처럼 명확해 보이지만, 좀 더 엄밀하게 보면 결코 명확하지 않은 기준이다. 왜냐하면 공소사실을 판단하는 주체가 어떤 사회적 지위와 상황에 놓여 있는가에 따라 동일한 사실로 보일 수도 있고 아닐 수도 있기 때문이다. 이는 형법에서 인과관계를 판단할 때 겪는 어려움과도 유사하다. 조건설의 기준에서 판단하면 자칫 인과관계가 무한히 확장될 수 있는 것처럼, 우리가 동일성의 기준을 무엇으로 보는가에 따라 공소사실의 범위는 자칫 예상치 못하게 확장될 수 있다.[56] 더군다나 오늘날과 같이 고도로 전문화·기능화된 사회에서는 '생활세계'와 같이 역사적으로 전승된 공통된 판단기준을 확보하고 있는 영역을 찾는 것이 점점 어려워지고 있다. 체계이론의 시각에서 말하면, 법체계 외부에는 단일한 판단기준이 지배하는 단일한 영역이 있는 것이 아니라, 각기 다양한 기준에 의해 작동하는 다양한 사회적 기능영역(사회적 체계)이 존재할 뿐이다. 따라서 사회적·역사적 사실이라는 관점을 동원하면 순수한 공소사실 그 자체를 발견할 수 있을 것이라는 기본적 사실 동일설의 기본 전제는 일종의 허구라고 말할 수밖에 없다.

기본적 사실 동일설은 법해석학의 성과도 도외시하고 있다. 이미 언급한 것처럼 법해석학은 존재와 당위의 엄격한 구분이라는 방법이원론의 전제를 비판한다. 법적 판단을 하는 과정에서 사실은 규범적 관점으로부터, 규범은 사실적 관점으로부터 자유로울 수 없다. 애초에 규범적 관점에서 자유로운 순수한 사실이라는 것은 존재하기 어렵다는 점은 형법상 행위론 영역에서 사회적 행위

연구』 제26권 제3호(2014), 179~204쪽 참고.
56 바로 그 때문에 상당성을 기준으로 하여 인과관계를 획정하고자 할 때도 유사한 문제가 등장한다.

론이 보여주기도 하였다. 물론 순수한 자연적 관점, 즉 인과적 행위론의 관점에서 보면 규범적 관점과는 무관한 사실 그 자체가 존재할 수도 있다. 법체계 외부에서 물리적 현상 그 자체로서 존재할 수도 있다. 그렇지만 이러한 물리적 현상을 공소사실의 동일성이라는 규범적 관점에서 판단하고 획정하는 과정에서는 판단주체가 갖고 있는 '규범적 선이해'가 개입할 수밖에 없다. 체계이론의 시각으로 바꾸어 말하면, 법체계 밖에 존재하는 물리적 현상이 공소사실의 동일성 범위에 속하는지를 판단하는 과정은 이러한 물리적 현상이 법체계 안으로 포섭되는 과정이라고 말할 수 있다. 이 점에서 '전법률적 판단'을 해야 한다는 기본적 사실 동일설은 성립할 수 없다. 이를 예증하듯 학설과 판례는 기본적 사실 동일설에 따라 공소사실의 동일성을 판단할 때 형법학에서 축적된 죄수론의 성과를 상당 부분 원용한다. 상상적 경합이나 실체적 경합, 포괄일죄나 연결행위에 의한 상상적 경합 등과 같이 죄수론에서 축적된 법리를 공소사실의 동일성을 판단할 때 원용하는 것이다.

2) 소송구조의 측면

다음으로 공소사실의 동일성을 전제하고 이를 기본적 사실 동일설에 따라 판단하는 견해는 소송구조의 측면에서 볼 때도 문제가 있다. 심판대상과 일사부재리의 효력범위를 좁은 의미의 공소사실뿐만 아니라 넓은 의미의 공소사실까지 확장하는 태도는 직권주의 소송구조의 산물에 해당한다. 이를 예증하듯 공소사실의 동일성에 대한 판단기준인 기본적 사실 동일설은 명확한 직권주의적 구조를 갖고 있던 일본 구 형사소송법 아래에서 대심원 판례에 의해 정립되었다. 그 당시 법원은 공소사실의 동일성이 인정되는 범위 안에서는 공소장을 변경하지 않고도 직권으로 심판을 할 수 있었고, 이에 대한 결과로서 일사부재리의 효력 역시 공소사실의 동일성이 인정되는 범위까지 확장되었다. 그렇지만 문제는 전후에 일본 형사소송법 및 우리 형사소송법 모두 당사자주의적 요소를 대폭 수용하였다는 것이다. 그 때문에 형사소송법에 직권주의적 요소와 당사자주의적 요소가 병존하게 되었다. 공소사실의 동일성으로 대변되는 넓은 의미의 공소사실은 전자를, 공소장 변경 제도와 좁은 의미의 공소사실은 후자를 보여준다. 지배적인 학설과 판례가 우리 형사소송법의 심판대상을 이원적으로 파악하는 것도 그 때문이다. 이러한 상황에서 당사자주의적 요소와 직권주의적 요소를 어떻게 잘 조화시킬 것인지가 문제로 대두한다. 일사부재리의 객관적 효력범위를 어떻게 설정할 것인가 하는 문제가 이와 관련된다. 이러한 문제의식에서 히라라기 토키오는 다음과 같이 말한다.[57]

　　"구형소법하의 「공소사실」은 심판의 대상이 되고, 그 범위는 기본적으로 현행 형소법의 공소사실의 동일성(형소법 제312조 제1항)과 다르지 않다. 공소사실의 동일성은 실체판결의 효력으로부터 도출되는 기판력의 범위와 일치하기 때문에 기판력과 일사부재리효과는 거의 같은 뜻으로 사용할 수 있었다.

　　그런데 현행 형소법은 소인제도를 도입하여 심판의 대상은 소인이라고 하였기 때문에 실체재판의 효력인 기판력은 심판의 대상에만 미침에도 **일사부재리의 효력에 관하여 특히 변경을 하지 않았으므로 그 사이에 있어서 조정을 통한 이해가 필요하게 되었다.**"

　　이러한 측면에서 보면 일사부재리의 효력범위를 공소사실의 동일성을 기준으로 하여 획정하고, 공소사실의 동일성은 다시 기본적 사실 동일설로 파악하는 태도는 직권주의 소송구조에 편향된 것으로 문제가 있다. 더군다나 판례가 우리 형사소송의 구조를 일관되게 당사자주의적 구조로 파악하는 이상 일사부재리의 효력범위 역시 당사자주의에 맞게 수정할 필요가 있다.[58]

3) 형사정책의 측면

　　나아가 기본적 사실 동일설에 따라 공소사실의 동일성을 판단하고, 이로 인해 공판에서 실제로 다투었던 사실보다 더욱 넓게 일사부재리를 인정하는 것은 형사정책의 측면에서 문제가 있다. 물론 이러한 해석정책은 피고인의 이익을 보장하는 데는 유리하다. 헌법상 원칙인 이중처벌금지 원칙을 확고하게 실현하기 때문이다. 그렇지만 그동안 지속적으로 진행된 민주화의 영향으로 국가

57　히라라기 토키오, 앞의 책, 249쪽. 강조는 인용자가 추가한 것이다.
58　판례는 우리 형사소송의 구조를 '직권주의가 가미된 당사자주의'로 파악한다. 이를 보여주는 대법원 2009. 10. 22. 선고 2009도7436 전원합의체 판결 참고.

의 형사사법권력 역시 탈권위화되면서 이제는 피고인의 형사절차적 인권만을 강조할 수는 없는 상황이 펼쳐지고 있다. 더군다나 최근에는 형사절차에서 피해자 보호와 같은 피해자의 관점이 부각되면서 피고인의 이익을 중심으로 하여 형사소송법 법리를 구성하는 것이 한계에 부딪히고 있다. 특히 우리는 즉결심판 제도를 도입함으로써 수사기관이 예상하지 못한 범위까지 일사부재리의 효력이 발생하는 문제가 등장하기도 한다.[59] 따라서 이러한 상황을 고려하여 형사절차에서 피고인의 이익과 피해자의 이익, 보장적 임무와 보호적 임무를 조화롭게 실현할 수 있는 형사소송법 법리를 구축해야 할 필요가 있다. 일사부재리의 객관적 효력범위 역시 여기에 해당한다.

2. 대안

지금까지 살펴본 것처럼 일사부재리의 객관적 효력범위를 잠재적 심판대상인 공소사실의 동일성으로 설정하고, 이러한 공소사실의 동일성을 기본적 사실 동일설로 파악하는 견해는 여러모로 문제가 있다. 가장 큰 문제는 일사부재리의 효력범위가 경우에 따라 비합리적으로 확장된다는 점이다. 따라서 피고인의 이익과 피해자의 이익을 균형 있게 반영할 수 있도록 일사부재리의 객관적 효력범위를 새롭게 모색할 필요가 있다.

(1) 두 가지 방향 및 주장

이에 대한 방법으로 두 가지 방향을 생각할 수 있다. 첫째는 일사부재리의 객관적 효력범위를 종전처럼 잠재적 심판대상인 공소사실의 동일성을 기준으로 하여 획정하면서 공소사실의 동일성 범위를 새롭게 해석하는 것이다. 요컨대 기본적 사실 동일설에 따라 공소사실의 동일성을 판단하는 태도를 수정하는 것이다. 순수한 사실적 관점에서만 공소사실의 동일성을 판단하기보다는 규범적 관점을 수용하여 이를 판단하는 것이다. 이러한 측면에서 보면, 록신이 제시한 이른바 '사실적·규범적 사건 개념'은 비판되기보다는 오히려 긍정적인 시도로 평가해야 한다. 이는 최근 우리 판례가 취하는 견해이기도 하다. 둘째는 잠재적

---

[59] 이에 관해서는 홍영기, 앞의 논문, 153쪽 아래 참고.

심판대상이 아닌 현실적 심판대상을 일사부재리의 효력범위에 대한 기준으로 설정하는 것이다. 말하자면 검사가 공소장에 기재하는 공소사실, 즉 좁은 의미의 공소사실에 따라 일사부재리의 효력범위를 설정하는 것이다. 이는 영미 형사소송법학에서 취하는 태도이다.

지금까지 거의 모든 견해는 첫 번째 방향에 따라 일사부재리의 효력범위를 결정하였다. 그렇지만 필자는 우리 형사소송의 구조가 확고하게 당사자주의를 지향하고 있는 이상 두 번째 방향에 따라 심판대상과 일사부재리의 범위를 획정하는 것이 바람직하다고 생각한다. 요컨대 좁은 의미의 공소사실을 일사부재리의 객관적 효력범위에 대한 기준으로 설정하는 것이다. 그 이유를 아래에서 밝히도록 한다.

(2) 근거

1) 공소사실 동일성 개념의 불명확성

첫째, 공소사실의 동일성 개념이 의미론적으로 명확하지 않다는 점이다. 앞에서 검토한 것처럼 지배적 견해인 기본적 사실 동일설에 따라 공소사실의 동일성 개념을 파악하면 생각보다 그 의미론적 경계를 명확하게 획정하는 것이 쉽지 않다.[60] 이러한 문제를 해소하고자 사실적·규범적 사건 개념이 제시되기는 하였지만, 이 견해가 문제를 완전하게 해결할 수 있는 것은 아니다. 언제 규범적 관점을 원용해야 하는지를 사실적·규범적 사건 개념이 적절하게 제시하는 것은 아니기 때문이다. 이처럼 공소사실의 동일성이라는 개념은 그 외연이 명확하지 않기에 이를 일사부재리의 객관적 효력범위에 대한 기준으로 유지하는 것은 타당하지 않다.

2) 직권주의에서 당사자주의로 전환

둘째, 우리 형사소송의 구조가 직권주의에서 당사자주의로 전환했다는 점을 고려할 필요가 있다. 물론 우리 형사소송의 구조가 무엇인지에 관해서는 견해가 대립하였고 이는 현재도 여전히 진행 중이다. 역사적으로 볼 때 우리 형사소송법의 연원을 독일 형사소송법에서 찾을 수 있고 독일 형사소송법은 여전히

---

60 유사한 견해로서 Claus Roxin, 앞의 책, 358쪽.

직권주의에 기초를 두고 있다는 점을 감안하면, 우리 형사소송법에서도 직권주의적 성격을 찾아볼 수 있다. 그렇지만 다른 한편 우리 형사소송법은 일본처럼 영미 형사소송법의 제도를 상당 부분 수용하였고, 무엇보다도 지난 2007년에 형사소송법을 대폭 개정하면서 당사자주의적 요소를 한층 강화하였다. 이에 따라 판례는 이제 일관되게 우리 형사소송의 구조를 '직권주의가 가미된 당사자주의'로 파악한다. 이는 '공소장 일본주의'와 '공소장 변경 필요성'에 관한 법리를 중시하는 대법원 판례에서 확인할 수 있다.[61] 이제 법원은 공판에서 형사소송의 당사자인 검사 및 피고인에게 최대한 공정하고 중립적인 태도를 유지하고자 하는 것으로 보인다. 사실이 그렇다면 형사소송의 심판대상과 일사부재리의 객관적 효력범위 역시 당사자주의에 맞게 다시 설계할 필요가 있다. 공소사실의 동일성을 기준으로 하여 일사부재리의 객관적 효력범위를 획정하는 것은 직권주의 소송구조 아래에서 형성된 것이므로, 이는 당사자주의 소송구조에 적합하게 수정할 필요가 있다. 그에 대한 방안은 바로 현실적 심판대상인 좁은 의미의 공소사실(소인사실)에 따라 일사부재리의 효력범위를 획정하는 것이다. 더불어 직권주의 성격이 강한 공소불가분의 원칙 역시 당사자주의에 맞게 제한적으로 해석할 필요가 있다.

3) 비교법적 근거

셋째, 소송구조로서 당사자주의를 채택하고 있는 미국 형사소송법의 판례가 이중위험금지 원칙의 객관적 적용요건으로 '동일한 행위 기준'(same‒conduct test)이나 '동일한 사건 기준'(same‒transaction test)이 아닌 '동일한 요건 기준'(same‒element test)을 원칙으로 삼고 있다는 점도 좋은 참고가 된다.[62] 동일한 요건 기준에 따르면, 이중위험금지 원칙이 적용되기 위해서는 후속 재판에서 문제되는 범죄가 선행 재판의 범죄와 비교할 때 동일한 요건을 갖추고 있어야 한다. 순수한 사실이 아닌 법적 관점을 기준으로 하여 이중위험금지 원칙의

---

[61] 예를 들어 대법원 2009. 10. 22. 선고 2009도7436 전원합의체 판결 등 참고.
[62] 이에 관해서는 지유미, "미국에서의 이중위험금지원칙: 이중위험금지원칙에 대한 예외로서 불이익재심의 허용 가능성을 중심으로", 『가천법학』 제11권 제2호(2018), 33~64쪽 참고. 번역은 지유미 교수의 번역을 바탕으로 하되 약간의 수정을 하였다.

적용요건을 판단하고 있는 것이다.

4) 민사소송의 소송물 이론

넷째, 당사자주의를 소송의 기본원리로 채택하는 민사소송에서 판례가 기판력의 객관적 범위에 대한 기준이 되는 소송물을 소송법상 사실이 아닌 실체법상 권리로 파악하고 있다는 점도 설득력 있는 근거가 된다. 이에 따라 판례는 의료사고가 발생하였을 때 채무불이행에 따라 손해배상을 청구하는 경우와 불법행위에 따라 손해배상을 청구하는 경우의 소송물을 달리 파악한다. 물론 이에 대한 반성으로 학설에서는 이러한 실체법설을 대체하는 소송법설이 주장되고 있지만,[63] 판례는 여전히 실체법설에 따라 소송물을 파악한다. 기판력의 객관적 범위 역시 이러한 실체법설에 따라 획정된다.

(3) 결론

이러한 근거에 비추어 보면, 우리 형사소송이 당사자주의를 채택하고 있는 이상 일사부재리의 객관적 효력범위는 잠재적 심판대상인 넓은 의미의 공소사실이 아니라 현실적 심판대상인 좁은 의미의 공소사실을 기준으로 하여 획정하는 것이 바람직하다. 요컨대 공판에서 현실적으로 쟁점이 되어 검사와 피고인이 당사자로서 실제로 공격과 방어를 한 공소사실에 대해서만 일사부재리의 효력을 인정하는 것이다.[64] 필자는 이렇게 효력범위를 설정하는 것이 피고인과 피해자의 이익을 실제적으로 조화시키는 방안이라고 생각한다.

3. 가능한 비판과 해명

물론 필자가 제시하는 해법이 완벽한 것은 아니다. 이러한 해법에 대해서도 이론적·실천적 비판을 제기할 수 있다. 아래에서는 필자의 해법에 대해 제기될 수 있는 비판을 소개하면서 어떻게 이에 대응할 수 있는지 해명하도록 한다.

---

[63] 이에 관한 문헌으로는 우선 이시윤, "소송물에 관한 고찰: 신소송물론을 제창하면서", 『법정』 제21권 제3호(1966), 55~59쪽 참고.

[64] 민사소송법학의 기판력 영역에서 일본의 민사소송법학자인 신도(新堂) 교수가 발전시킨 '쟁점효이론'이 좋은 참고가 될 수 있다. 이에 관해서는 권혁재, "쟁점사실에 대한 판단의 법적 효력", 『저스티스』 제35권 제2호(2002), 164~186쪽 참고.

(1) 일사부재리 효력범위의 확장 필요성

기존의 견해가 일사부재리의 효력범위를 너무 넓히는 문제가 있다면, 필자의 견해는 반대로 일사부재리의 효력범위를 너무 좁히는 문제가 있다. 예를 들어 실화죄에 관한 공소사실로 피고인을 기소하여 유죄의 확정판결을 받았는데, 그 이후에 동일한 행위를 방화죄의 공소사실로 기소하는 경우를 들 수 있다. 이때 좁은 의미의 공소사실이 갖는 규범적 성격을 강조하면 자칫 실화죄의 공소사실과 방화죄의 공소사실은 서로 다르다는 결론에 도달할 수도 있다. 미국의 판례처럼 일사부재리의 적용요건으로 동일한 범죄요건을 강조하면 이러한 문제가 발생할 수 있다.

이를 해결하기 위해서는 선행 재판의 공소사실과 후속 재판의 공소사실이 동일한지를 판단할 때 기본적으로 사실을 기준으로 해야 한다는 것이다. 더불어 구체적인 사실의 측면에서, 예를 들어 대상이나 수단, 방법의 측면에서 서로 다른 경우에도 시간과 공간을 기준으로 볼 때 단일한 행위로 평가할 수 있는 경우에는 공소사실이 동일하다고 평가할 필요가 있다. 이를테면 피고인이 선행 재판에서 실화죄로 유죄의 확정판결을 받은 상황에서 후속 재판에서 방화죄로 다시 기소가 되었는데, 두 공소사실의 기초가 되는 행위가 시간과 공간이라는 측면에서 단일한 행위라면, 이 경우에는 설사 범죄구성요건이 서로 다르다 할지라도 동일한 공소사실로 인정해야 한다는 것이다. 물론 이러한 결론은 공소사실의 동일성이라는 기준을 다시 도입하는 것이기도 하다. 다만 기존 견해와 차이가 있다면, 기존 견해는 공소사실의 동일성을 기준점으로 삼아 일사부재리의 효력범위를 축소하는 방향으로 조정하고자 한다면, 필자의 견해는 좁은 의미의 공소사실을 기준으로 삼아 일사부재리의 효력범위를 확장하는 방향으로 조정하고자 한다는 점이다. 이는 동일한 요건 기준을 유지하면서도, 이중위험금지 원칙을 확장적으로 조정하는 미국 연방대법원 판례의 시도와 유사하다.[65]

---

[65] 지유미, 앞의 논문, 33쪽 아래 참고. 이외에도 공판 도중에 검사가 공소장을 변경하여 공소사실이 확장되면, 당연히 일사부재리의 효력범위 역시 그에 따라 확장된다고 보아야 한다.

(2) 이중처벌금지 원칙의 침해 가능성

다음으로 필자의 견해는 우리 헌법 제13조 제1항 후단이 규정하는 이중처벌금지 원칙을 침해한다는 비판을 받을 수 있다. 공소불가분의 원칙에 따라 기소의 효력이 공소사실의 동일성이 인정되는 범위까지 미치고 이러한 범위까지 잠재적 심판대상이 된다고 보면, 잠재적 심판대상까지 일사부재리의 효력이 미친다고 보아야 이중처벌금지 원칙에 충실한 해석이라는 것이다. 이러한 해석은 이중처벌금지 원칙을 미국처럼 이중위험금지 원칙으로 해석하는 경우에 타당할 수 있다. 처벌보다 위험은 그 외연이 더욱 넓은 개념이고, 피고인에게는 자신의 행위가 잠재적 심판대상이 된다는 것만으로도 위험으로 보일 수 있기 때문이다. 그러나 우리 헌법은 명문으로 "동일한 범죄에 대하여 거듭 처벌받지 아니한다."고 규정하고 있으므로, 이를 위험으로 해석하는 것은 해석의 한계를 넘어서는 것이라고 생각한다. 잠재적 심판대상이 되었다고 하더라도 공소장 변경을 거치지 않는 한 피고인이 처벌되는 것은 아니므로, 잠재적 심판대상을 일사부재리의 효력범위에 포함시키지 않는다고 해서 이것이 이중처벌금지 원칙을 위반하는 것은 아니다.

(3) 공소불가분의 원칙 위반 가능성

나아가 필자의 견해는 형사소송법 제248조 제2항이 규정하는 공소불가분의 원칙에 위배된다고 비판할 수 있다. 공소불가분의 원칙에 따라 "범죄사실의 일부에 대한 공소는 그 효력이 전부"에 미치기에 공소제기의 효력은 검사가 공소장에 기재한 공소사실뿐만 아니라 이와 동일성이 인정되는 사실까지 미친다. 따라서 일사부재리의 효력범위 역시 이렇게 동일성이 인정되는 사실까지 포함해야 하는데, 그렇게 하지 않는 것은 법 제248조 제2항을 위반한다는 비판이 그것이다.

그러나 이러한 비판에 대해서는 다음과 같이 반론을 펼 수 있다. 첫째, 공소불가분의 원칙은 고소불가분의 원칙처럼 직권주의에 기반을 둔 것이므로 지금의 당사자주의 소송구조에 맞게 이를 해석해야 한다는 것이다. 이에 따라 공소불가분의 원칙은 검사가 의도적으로 일부기소를 하는 경우,[66] 예를 들어 피고

---

66 일부기소에 관해서는 윤동호, 앞의 논문, 179쪽 아래 참고.

인이 한 개의 행위로 야간주거침입절도죄를 저질렀는데 검사가 피고인과 협상을 하여 절도죄의 공소사실로만 기소를 하는 경우에 적용되는 것으로 해석할 필요가 있다. 둘째, "공소사실의 동일성"을 명문으로 규정하는 형사소송법 제298조 제1항과는 달리 형사소송법 제248조 제2항은 "범죄사실의 전부"라는 문언만을 쓰고 있다는 것이다. 따라서 제248조 제2항이 규정하는 "전부"를 반드시 "공소사실의 동일성"과 같은 의미로 해석해야 할 필연성은 없다. 이를 당사자주의에 걸맞게 목적론적으로 축소해석 하는 것도 해석의 한계를 일탈하지 않는 가능한 해석이다.

V. 맺음말

제10장에서 필자는 공소사실 및 일사부재리의 효력범위에 관한 기존의 견해에 의문을 제기하면서, 일사부재리의 효력범위를 좁은 의미의 공소사실, 즉 현실적 심판대상에 따라 획정해야 한다는 견해를 주장하였다. 이를 논증하기 위해 이 책은 의미론적·해석학적·소송구조적·형사정책적·비교법적 근거를 활용하였다. 그러나 새로운 관점에서 일사부재리의 효력범위를 다루고 있다는 점에서 아직 많은 부분에서 이론적·실천적 문제가 노정되고 있으리라 생각한다. 이 점을 감수하면서 그리고 여러 비판을 기대하면서 제10장을 마친다.

제4부

법규범 탐색 및 해석

제11장
법규범으로서 판례

Ⅰ. 서론

판례가 독자적인 법규범이 되는가 하는 문제는 보통 '판례의 법원성(法源性)'이라는 문제로 논의된다. 판례의 법원성 문제는 독일 법학과 같은 대륙법학에서 고전적인 법이론적 문제가 되고 있을 뿐만 아니라 우리 법학에서도 이미 오래 전부터 이론적 논의대상이 되고 있다.[1] 그 때문에 이 문제에 관해서는 일찍부터 수준 높은 연구가 진행되었다.[2] 그리고 이 문제는 여전히 현재진행형의 관심사가 되고 있다.[3] 뿐만 아니라 판례의 법원성 문제는 단순히 법학방법론과 같은 이론적인 차원의 문제로 그치는 것이 아니라 실천적인 법리, 즉 법도그마틱과 밀접한 관련을 맺는다. 이를테면 판례의 법원성 문제는 판례가 법체계 안에서 실제로 발휘하는 영향력을 무엇으로 규정할 것인지, 어떤 경우에 판례변

---

[1] 독일의 논의 상황에 관해서는 우선 이계일, "법관법의 법원성에 대한 유형적 탐구: 독일 학계의 논의를 중심으로", 『법철학연구』 제19권 제2호(2016), 33~76쪽; 이계일, "판결의 법산출성을 강조하는 법이론의 입장에서 본 법관법", 『법철학연구』 제19권 제3호(2016), 5~44쪽.

[2] 이를 보여주는 김형배, "판례의 법형성적 기능", 『민법학연구』(박영사, 1989); 박정훈, 『행정법의 불문법원으로서의 '법원칙': H. J. Wolff의 'Rechtsgrundsätze'이론에 대한 분석과 검토를 중심으로』(서울대 법학석사 학위논문, 1989); 김대휘, 『법원론에 관한 연구』(서울대 법학박사 학위논문, 1992); 김학동, "판례의 법원성", 『저스티스』 제26권 제2호(1993), 7~23쪽 참고. 그중에서도 김대휘 전 법원장의 박사학위논문은 법원론에 관해 아주 풍부하면서도 새로운 견해를 담고 있다.

[3] 이를 보여주는 이계일, "법관의 법형성의 체계구성에 관한 탐구", 『법과 사회』 제56호(2017), 297~350쪽 참고.

경을 허용할 것인지, 판례를 변경하는 경우 이러한 판례변경에 소급효를 인정할 수 있는지 등의 문제와도 관련을 맺는다.[4] 이 점에서 판례의 법원성 문제는 이론적인 차원뿐만 아니라 실천적인 차원에서 여전히 중요하면서 흥미로운 주제가 된다고 말할 수 있다. 이러한 맥락에서 제11장은 판례의 법원성 문제를 새로운 이론적 시각에서 접근하고자 한다. 판례의 법원성에서 말하는 법원이 뜻하는 바가 무엇인지, 법원에서 전제로 하는 법이란 무엇인지 등을 새로운 이론적 자원과 시각을 활용하여 재검토한다. 이를 통해 판례의 법원성에 대한 새로운 시각을 제안하고자 한다. 다만 이 책은 판례의 법원성에 대한 이론적 차원에 논의를 집중하기에 실천적 차원의 문제들, 가령 판례 변경의 소급효나 판례 변경의 요건 등과 같은 문제는 다루지 않는다. 이는 앞으로 수행해야 하는 연구과제로 남겨 놓기로 한다.

Ⅱ. 판례의 법원성에 관한 논의

먼저 판례의 법원성 문제에 관해 어떤 논의가 전개되는지 살펴본다. 이에 관한 논의를 단순화해서 정리하면 부정설과 긍정설로 구별할 수 있다.[5]

1. 부정설

부정설은 판례는 법원이 될 수 없다고 말한다.[6] 이는 판례를 독자적인 법규범으로 인정하지 않는다는 것이다. 이에 관해 흔히 세 가지 근거를 제시한다. 이는 비교법적 근거, 법이론적 근거, 헌법적 근거로 구별할 수 있다. 우선 '선례구속원칙'(stare decisis)을 인정하는 영미법과는 달리 대륙법 전통을 따르는 우리 법체계는 이를 명시적으로 인정하지 않는다는 것이다. 요컨대 입법자가 선례구속원칙을 명시적으로 따르기로 결정하지 않은 이상 판례를 독자적인 법원으로 볼 수는

---

4 이에 관해서는 심준보, "판례 변경의 의의", 『민사판례연구』 제36집(2014), 919~962쪽; 윤진수, "판례의 무게: 판례의 변경은 얼마나 어려워야 하는가?", 『법철학연구』 제21권 제3호(2018), 131~204쪽; 이동진, "판례변경의 소급효", 『민사판례연구』 제36집(2014), 1083~1178쪽 참고.
5 이에 관해서는 김학동, 앞의 논문, 7~23쪽.
6 부정설을 상세하게 논증하는 경우로는 이동진, 앞의 논문, 1083~1178쪽 참고.

없다는 것이다. 다음으로 '법형성'(Rechtsfortbildung)과 '법인식'(Rechtserkenntnis)을 구별하는 법이론의 견지에서 보면, 법형성에 해당하는 입법과는 달리 판례는 입법에 의해 이미 주어진 법을 인식하고 적용한 것에 지나지 않기에 법원으로 인정할 수 없다고 한다. 판례는 이미 존재하는 법을 인식하고 확인하며 선언하는 것에 불과하다는 것이다. 따라서 그 자체를 법으로 볼 수는 없다는 것이다. 나아가 헌법학의 견지, 즉 법치주의와 권력분립의 측면에서 판례는 법원이 될 수 없다고 한다. 판결을 내리는 법관은 '법을 말하는 입'으로, 극단적으로 말하면 '자동포섭장치'로서 국민의 대표자인 의회가 제정한 법률에 엄격하게 구속되어야 하기에 이러한 법관이 내린 판결을 독자적인 법규범으로 볼 수는 없다는 것이다.

판례의 법원성을 부정하는 견해는 이러한 맥락에서 법체계 안에서 판례가 발휘하는 구속력을 법적 구속력으로 파악하지 않는다. 사실적 구속력으로 보거나 그보다 좀 더 강한 의미에서 '준거력'(referent power)으로 볼 뿐이다.[7] 같은 맥락에서 판례 변경을 좀처럼 인정하지 않는 것은 적절하지 않다고 주장하거나 입법과는 달리 판례를 변경하는 경우에는 소급효를 인정할 수 있다고 본다.[8]

2. 긍정설

이에 반해 긍정설은 판례를 법원, 즉 독자적인 법규범으로 인정한다. 부정설과 비교할 때 이는 소수 견해에 속한다.[9] 그 이유는 공식적으로 선례구속원칙을 채택하지 않는 우리 법제도 안에서 판례를 독자적인 법규범으로 근거 짓는 것이 쉽지 않기 때문이다. 그래서 판례의 법원성을 인정한다 하더라도 이를 이

---

7 '준거력'을 주장하는 경우로는 심준보, 앞의 논문, 919~962쪽; 송민경, "판례의 규범력에 관한 연구", 『저스티스』 제167호(2018), 237~279쪽 참고.

8 윤진수, 앞의 논문, 131~204쪽. 다만 한편으로는 판례의 법원성을 부정하면서도, 다른 한편으로는 특히 피고인에게 불리한 판례 변경의 경우에 소급효를 제한하는 견해도 존재한다. 형법학에서 이러한 견해를 다수 발견할 수 있다. 이러한 예로는 하태영, "피고인에게 불리한 판례변경과 소급효금지의 문제", 『동아법학』 제38호(2006), 39~98쪽; 김성돈, "판례의 의의와 '판례변경판례'의 소급효", 『형사법연구』 제27권 제4호(2015), 87~119쪽 등 참고.

9 조기영, "판례변경과 소급효금지의 원칙", 『동북아법연구』 제11권 제1호(2017), 129~149쪽은 피고인에게 불리한 판례 변경의 소급효 금지를 논증하는 과정에서 "규범이론적 관점에서 볼 때 법률은 법률적용과 같은 것으로 볼 수 있다"고 말한다. 이는 판례의 법원성을 인정하는 것으로 볼 수 있다.

론적으로 치밀하게 논증하는 경우는 많지 않았다.[10] 그 때문에 주로 우리 법현
실에서 판례가 실제로 법으로, 달리 말해 '현재 있는 법'(de lege lata)으로 기능
을 수행한다는 근거에 의존하였다.[11] 요컨대 독일의 법사회학자 에를리히가 말
한 '살아 있는 법'처럼 판례를 법실무에서 살아 있는 법으로 파악한 것이다.[12]
이는 어찌 보면 판례를 일종의 관습법으로 취급한 것으로 볼 수 있다.

물론 시야를 넓혀 비교법학의 시각에서 보면, 독일 법학에서는 지난 19세
기 말에 판례를 독자적인 법규범으로 파악하는 데 근거가 되는 이론적 흐름이
등장했다는 점을 발견할 수 있다. '자유법론'이 그것이다. 칸토로비츠가 제창한
자유법론은 그 당시를 지배하던 법실증주의와는 달리 법관의 자유로운 법형성
을 인정한다.[13] 자유법론에 따르면, 법관은 실정법을 엄격하고 기계적으로 적용
하는 자동포섭장치가 될 수 없다. 오히려 법관은 자유롭고 적극적으로 법을 형
성하는 존재이다. 법관은 법규범에 흠결이 있을 경우 이를 자유롭게 보충할 수
있을 뿐만 아니라 경우에 따라서는 법문에 반하는 법형성도 할 수 있다. 이러한
자유법론에 따르면, '입법자의 법'과 대비되는 '법관법' 역시 성립할 수 있다. 이
는 곧 판례가 법원이 될 수 있다는 것을 뜻한다.

그러나 자유법론 역시 과연 어떤 이론적 근거에서 법관이 자유롭게 법형
성을 할 수 있는지를 치밀하게 보여주지는 않는다. 그 때문에 판례법 전통을
지닌 영미법에서는 자유법론이 '법현실주의'(legal realism)라는 이름으로 적극
수용되지만, 대륙법학에서는 여전히 소수 견해로 그치고 만다. 판례가 독자적
인 법규범이 될 수 있다는 점은 법해석학에 의해 비로소 이론적으로 정교하게
논증된다. 독일의 철학자 가다머의 '철학적 해석학'에 바탕을 둔 '법해석학'은
판례를 산출하는 법적용 과정은 본질적으로 법형성 과정과 구별되지 않는다고

---

10 이를테면 우리 민법학에 많은 영향을 준 일본의 민법학자 와가츠마 사카에(我妻榮)는 판례를 법
규범의 일종으로 파악하면서도 이에 대한 상세한 논증을 하지는 않는다. 이에 관해서는 我妻榮,
조재석 (역), 『민법안내』 제1권(박영사, 1989) 참고.
11 이러한 시각을 보여주는 경우로는 양창수, 『민법연구』 제2권(박영사, 1991), 저자 서문 참고.
12 E. Ehrlich, *Grundlegung der Soziologie des Rechts*, Nachdruck 1967, 4. Aufl. (Berlin, 1989), 110쪽
아래 참고. 다만 정확하게 말하면, 에를리히는 '국가법'과 '법관법' 및 '살아 있는 법'을 각기 구별
한다. 그렇지만 법다원주의를 주창한 에를리히가 국가법과 대비되는 '법관법'을 인정했다는 점은
주목할 만하다.
13 헤르만 칸토로비츠, 윤철홍 (옮김), 『법학을 위한 투쟁』(책세상, 2006) 참고.

본다.[14] 법형성과 법적용, 즉 입법과 사법을 구별하는 것은 권력분립원리에 따른 실천적인 요청이지 법이론의 측면에서 볼 때 양자를 명확하게 구별할 수 있는 것은 아니라고 한다. 요컨대 법을 적용하는 과정은 바로 법을 형성하는 과정이라는 것이다. 예를 들어 선구적으로 철학적 해석학을 수용한 독일의 민법학자 에써는 법관은 이미 존재하는 법규범을 단순히 발견하고 인식하여 법적 분쟁을 해결하는 것이 아니라고 본다. 오히려 법규범을 해석하는 과정은 법관이 지닌 선이해가 적극적으로 개입하는 과정이라고 한다.[15] 이에 따르면 법규범의 의미는 발견되는 것이 아니라 새롭게 형성되는 것이다. 법관의 해석으로 비로소 법규범의 의미가 완성된다는 것이다. 마찬가지로 독일의 법철학자 카우프만은 형법 해석에서 '허용되는 해석'과 '금지되는 유추'를 구별하는 논의와 관련하여 모든 해석은 본질적으로 '유추적'인 것이라 하면서 해석과 유추는 본질적으로 구별할 수 없다고 말한다.[16] 유추, 즉 유비추론은 법의 흠결을 보충할 때 사용하는 중요한 방법임을 고려하면, 카우프만의 주장은 법해석과 법형성을 질적으로 구별할 수 없다는 주장으로 새길 수 있다. 이렇게 법해석학은 철학적 해석학을 수용하여 법규범이라는 텍스트를 해석하는 과정을 해석자의 선이해가 적극적으로 개입하는 형성적 과정으로 봄으로써 법해석과 법형성 사이의 질적 차이를 없앤다. 이를 통해 판결에 의해 산출되고 정립되는 판례는 입법과 마찬가지로 독자적인 규범이 될 수 있다는 근거를 제공한다.

3. 문제점

이처럼 판례의 법원성에 관해서는 부정설과 긍정설이 대립한다. 법학을 교육하는 현장(교육체계)이나 판례를 산출하는 실무(법체계)에서는 판례를 '사실상' 법원으로 인정하고 있고 심지어 변호사시험과 같은 각종 국가시험에서도 판례

---

14 법해석학에 관해서는 양천수, 『법해석학』(한국문화사, 2017) 참고.
15 J. Esser, *Vorverständnis und Methodenwahl in der Rechtsfindung* (Frankfurt/M., 1970), 135쪽 아래. 다만 이렇게 주장하는 에써 자신도 판례의 법원성을 긍정하지는 않는다. 이에 관해서는 이계일, "판결의 법산출성을 강조하는 법이론의 입장에서 본 법관법", 『법철학연구』 제19권 제3호(2016), 8~18쪽 참고.
16 이를 보여주는 Arth. Kaufmann, *Analogie und »Natur der Sache«* (Heidelberg, 1965) 참고.

가 이른바 정답의 기준으로 활용되지만, 법학이라는 학문체계에서는 판례의 법
원성을 부정하는 주장이 더욱 힘을 얻고 있다. 어찌 보면 이는 이론과 현실 사
이에 괴리가 있는 것처럼 비친다. 이론의 차원에서 보면 판례는 법규범이 아니
지만, 현실의 차원에서는 현재 있는 법으로서 준거력과 같은 힘을 발휘하기 때
문이다.

이러한 까닭에 판례의 법원성에 관해 전개되는 '견해의 이분법'을 쉽사리
해결하기 어려워 보인다. 그런데 기존의 견해에서 간과되고 있는 두 가지 쟁점
이 있다. 첫째, 판례의 법원성에서 문제되는 '법'이란 과연 무엇을 뜻하는가 하
는 점이다. 법철학이나 법사회학과 같은 기초법학에서는 법개념에 관해 다양한
논의가 전개되고 있는 점을 고려하면, 그동안 판례의 법원성에 관해 진행된 논
의에서는 이러한 쟁점이 제대로 다루어지지 않은 감이 있다.[17] 둘째, 판례의 법
원성에서 '법원'(法源)이 뜻하는 바가 과연 무엇인가 하는 점이다. 법원은 보통
'법의 존재근거'로 이해되지만, 이를 '법의 인식근거'로 이해하는 경우도 있기 때
문이다. 그렇다면 법원의 개념에 관해 나타나는 이해방식의 차이에는 구체적으
로 어떤 의미가 있는지도 검토할 필요가 있다.

Ⅲ. 판례의 법원성과 법의 개념

판례가 과연 법원이 되는가, 달리 말해 판례가 독자적인 법규범인가를 적
절하게 판단하려면, 법원에서 말하는 '법'이란 과연 무엇을 지칭하는지 살펴볼
필요가 있다. 법개념을 어떻게 설정하는가에 따라 판례의 법원성이 달리 판단
될 수 있기 때문이다.[18] 이러한 맥락에서 아래 Ⅲ.에서는 법이란 무엇인지에 대
한 세 가지 접근법을 개관한 후 법개념에 관해 독창적인 시각을 제시한 세 가
지 이론을 검토한다.

---

17 법개념에 관한 다양한 논의를 보여주는 Kurt Seelmann, 윤재왕 (옮김), 『법철학』(세창출판사, 2010) 참고.
18 이러한 문제의식을 잘 보여주는 김대휘, 앞의 논문 참고.

1. 법개념의 세 가지 차원

일반화의 오류를 감수하면서 단순하게 말하면 법이란 무엇인가, 라는 질문은 세 가지 차원에서 접근할 수 있다. 실정법을 중시하는 법실증주의, 실천이성에 바탕을 두는 자연법론 및 사회적 현실에 초점을 맞추는 사회학적 실증주의가 그것이다.

(1) 법실증주의와 법원

그중에서 오늘날 법학 전반에서 널리 지지를 받는 접근법은 법실증주의라 말할 수 있다. 한스 켈젠의 순수법학이 극명하게 보여주는 법실증주의는 국가가 제정한 법률, 즉 입법자가 제정한 법률만을 법으로 인정한다.[19] 우리가 명확하게 실증할 수 없는 규범은 법개념에서 배제된다. 이러한 법실증주의 접근법에 따르면, 판례는 법으로 보기 어렵다. 형식적·절차적으로 보면, 판례는 입법자가 제정한 법률을 구체적인 법적 분쟁에 적용하여 얻은 산물에 불과하기 때문이다. 요컨대 판례는 독자적인 효력을 갖는 실정법이 아니라 실정법을 구체적인 사건에 적용한 것에 지나지 않는다는 것이다.[20]

(2) 자연법론과 법원

그러나 최소한 민사법을 예로 보면 법원에 관해서는 엄격한 법실증주의가 관철되지는 않는다. 왜냐하면 우리 민법 제1조는 실정 민법뿐만 아니라 관습법 및 조리까지 법원으로 인정하기 때문이다.[21] 여기서 '조리'를 눈여겨볼 필요가 있다. 조리를 풀어 말하면, 법의 이성 또는 독일 법학의 용어로 말하면 '사물의 본성'(Natur der Sache)으로 볼 수 있다. 민법 제1조의 법문언이 명확하게 보여주

---

19 이를 잘 보여주는 한스 켈젠, 윤재왕 (옮김), 『순수법학』(박영사, 2018) 참고.

20 이때 주의해야 할 점은, 가장 순수한 형태의 법실증주의를 주장한 켈젠은 오히려 판례의 법규범성을 인정하고 있다는 것이다. 이는 아래 Ⅲ. 2. 참고. 이렇게 보면 법실증주의를 주장한다고 해서 논리 필연적으로 판례의 법원성을 부정한다고 말하기는 어려울 수 있다. 이를테면 실정법 자체가 선례구속의 원칙을 수용하여 판례를 법원으로 본다면, 오히려 법실증주의를 따르기에 판례의 법원성을 인정해야 한다. 법실증주의 자체가 매우 다양한 버전으로 존재한다는 점도 고려할 필요가 있다. 이러한 이유 때문에 이 책은 선례구속의 원칙을 수용하지 않는 독일 법학에서 전개된 법실증주의를 전제로 하여 법실증주의와 판례의 법원성 문제를 다룬다.

21 우리 민법 제1조의 연혁 등에 관해서는 양창수, "법발견의 다양한 양상 또는 실정법학자의 법학방법론: 크라머의 「법학방법론」을 읽고", 『서울대학교 법학』 제116호(2000), 180~198쪽 참고.

듯이, 조리는 실정 민법과 구별되는 규범이다. 따라서 조리는 법철학 영역에서 오랜 역사를 지닌 법, 즉 실정법에 대비되는 자연법의 일종으로 파악할 수 있다. 쉽게 말해 조리는 우리 인간 존재의 실천이성과 양심에 존재하는 자연법인 것이다. 이러한 조리를 우리 민법은 법원으로 규정하는 것이다. 여기서 다음과 같은 시사점을 읽을 수 있다.

첫째, 우리 민법은 실정법만을 법원으로 인정하지는 않는다는 점이다. 실정법보다 더 넓은 범위에서 법원을 파악한다. 둘째, 우리 민법은 실정 민법이 흠결된 경우 법적용자에게 이를 보충할 수 있는 형성권한을 부여한다는 점이다. 이를 통해 민법 규정과 민법 현실 사이에서 발생할 수 있는 괴리를 극복하고자 한다. 이에 따라 가령 법관은 판결로 법을 새롭게 형성하는 기능을 수행할 수 있다.[22] 이처럼 민법 제1조에 의해 법원은 실정법을 넘어 자연법에 해당하는 규범까지, 독일 법학의 용어로 바꾸어 말하면 '법률'(Gesetz)뿐만 아니라 '법'(Recht)까지 포함하는 개념으로 자리 잡는다.

(3) 사회학적 실증주의와 법원

그런데 민법 제1조는 법원의 외연을 이보다 더욱 확장한다. 실정 민법과 조리뿐만 아니라 관습법을 법원 개념에 포섭하는 것이다. 이는 법원 개념이 실정법과 자연법뿐만 아니라 '사회의 법', 즉 사회학적 법까지 법개념에 끌어들이고 있음을 보여준다.[23] 법원 개념이 전제로 하는 법으로 실정법과 자연법뿐만 아니라 사회학적 법, 달리 말해 살아 있는 법까지 인정하는 것이다. 이에 따라 '현재 있는 법'의 범위 역시 확장된다. 민법 제1조에 따르면, 실정 민법뿐만 아니라 관습법 및 조리 모두 현재 있는 법으로 포섭된다.

---

22 이에 관해서는 이상욱, "판례의 법창조적 기능과 그 한계: 우리나라의 민사 판례를 중심으로", 『영남법학』 제32호(2011), 141~171쪽; 박종희·윤재왕, "판례의 법형성적 기능과 한계: 서울행정법원 2012.11.01. 선고 2011구합20239, 2011구합26770 판결(병합)에 대한 비판적 검토", 『고려법학』 제70호(2013), 191~239쪽; 양천수, "법률에 반하는 법형성의 정당화 가능성: 이론적-실정법적 근거와 인정범위 그리고 한계", 『법과 사회』 제52호(2016), 107~142쪽 등 참고.

23 '사회의 법'에 관해서는 末弘嚴太郎, 『新装版 法学入門』(日本評論社, 2018), "第三話 社会の法律と国家の法律" 참고.

(4) 새로운 법이론의 필요성

이렇게 보면 민법 제1조가 규정하는 법원에서 말하는 법개념은 명백하게 실정법보다 넓은 개념임을 알 수 있다. 사실이 그렇다면 판례 역시 법원에 포함시킬 여지 역시 충분히 존재한다. 두 가지 근거를 제시할 수 있다. 첫째, 판례는 조리보다 '실증적'이라는 점이다. 조리가 무엇인지를 실증적으로 제시하는 것은 쉽지 않지만, 판례는 실증적으로 내놓을 수 있다. 둘째, 국가가 제정한 실정법과 무관하게 사회 안에서 자발적으로 형성된 관습법과는 달리, 판례는 실정법을 구체화한 것으로 오히려 실정법에 더 가깝다는 것이다. 따라서 '큰 것은 작은 것을 포함한다.'는 추론(大小包含推論)을 활용하면, 관습법이나 조리가 법원에 포함되는 이상 판례 역시 법원에 포함된다고 말할 수 있다.

그러나 이러한 두 가지 근거만으로는 여전히 판례를 법원으로 인정하는 데 부족할 수 있다. 이를 위해서는 새로운 이론적 논증이 필요하다. 그러면 판례의 법원성을 근거 짓기 위해서는 어떤 법이론이 필요할까? 달리 말해 법개념에 어떻게 이론적으로 접근해야 할까? 이에 관해 아래에서는 세 가지 이론을 다루고자 한다. 순수법학과 구조화 법이론 및 체계이론이 그것이다.

2. 순수법학과 판례의 법원성

먼저 법실증주의를 가장 순수하게 추구한 한스 켈젠의 순수법학을 검토한다. 켈젠의 법이론에 주목해야 하는 이유는, 한편으로 켈젠은 사회학적 실증주의를 함께 도입한 옐리네크(Georg Jellinek) 등과는 달리 순수하게 실정법만을 고집하는 법실증주의를 추구하면서도, 다른 한편으로는 판결을 독자적인 법규범으로 파악하기 때문이다.[24] 이는 순수법학에 흔히 갖게 되는 인상과는 다른 부분이어서 자못 흥미롭다.[25] 이에 아래에서 켈젠의 순수법학에서는 판례를 어떻게 파악하는지 살펴보고자 하는 것이다.

---

[24] 옐리네크에 대한 켈젠의 비판적인 태도에 관해서는 한스 켈젠, 심헌섭 (역), 『켈젠의 자기증언』 (법문사, 2009), 31쪽 아래 참고.

[25] 이 점에서 양천수, "사법작용의 기능과 한계: 체계이론의 관점에서", 법학논총(단국대) 제39권 제4호(2015), 102쪽에서 "켈젠에 따르면, 사법은 법률을 수동적으로 적용하는 과정에 불과"하다고 평가한 부분은 정확하지 않은 것으로 수정되어야 한다.

(1) 방법이원론

잘 알려진 것처럼 켈젠은 방법이원론을 수용하여 순수법학을 구축한다. 방법이원론이란 '존재'(Sein)와 '당위'(Sollen)를 엄격하게 구별하면서 규범을 존재가 아닌 오직 당위에서만 이끌어내고 근거 짓는 방법론을 말한다. 이러한 방법이원론의 토대 위에서 켈젠은 법을 철저하게 규범으로 파악한다.[26] 이에 따라 켈젠은 법이론을 순수한 규범이론으로 파악한다. 순수법학은 순수한 규범이론이다. 오직 당위로부터 규범을 그리고 오직 규범으로부터 법을 이끌어낸다. 이에 따라 켈젠은 사회적 사실, 즉 존재로부터 규범을 도출하는 모든 사회적 규범이론을 거부한다.[27] 뿐만 아니라 켈젠은 순수한 규범이론을 순수한 실정법이론으로 파악하여 도덕이나 정의와 같은 불명확한 규범을 법개념에서 배제한다. 더불어 자연법과 같은 '초월적 규범'(transzendente Norm) 역시 법개념에서 배제한다.[28] 요컨대 켈젠에 따르면, 순수법학은 방법이원론에 입각한 순수한 규범이론이자 순수한 실정법이론이다.

(2) 이원주의 비판

이렇게 방법이원론에서 출발하는 켈젠의 순수법학은 더욱 정확하게 보면 이원주의가 아닌 일원주의를 취했다고 말할 수 있다. 일단 존재와 당위를 엄격하게 구별했다는 점에서는 방법이원론을 수용하고 있지만, 이후에는 존재는 철저하게 배제한 채 당위만으로 법규범을 근거 짓는다는 점에서 '당위 일원주의'를 고수했다고 말할 수 있다. 존재와 당위를 구별하면서 양자를 모두 취한 것이 아니라, 구별된 두 측면 중에서 한 단면만을 선택한 것이다. 켈젠은 이러한 당위 일원주의를 순수하게 관철하는데, 그 결과 당시 법학에서 존재하던 다양한 이원주의를 거부한다. 이를테면 켈젠은 규범을 도덕과 법으로 구별하면서 양자를 모두 법개념에 포섭하는 자연법론의 이원주의를 거부한다. 도덕을 법에서

---

26 한스 켈젠, 앞의 책, 41쪽.
27 이러한 맥락에서 켈젠은 에를리히의 '살아 있는 법' 개념을 맹렬하게 비판한다. H. Kelsen, "Eine Grundlegung der Rechtssoziologie", in: *Archiv für Sozialwissenschaft und Sozialpolitik* 39 (1915), 839쪽 아래.
28 한스 켈젠, 앞의 책, 44쪽.

배제한 것이다.[29] 실증주의를 사회학적 실증주의와 법실증주의로 구별하면서 양자를 모두 포섭하여 법과 국가를 설명하는 옐리네크의 시도 역시 비판한다.[30] 같은 맥락에서 국가가 제정한 실정법뿐만 아니라 사회 안에서 살아 있는 법 역시 법으로 인정하는 에를리히의 이원주의적 법개념도 강력하게 비판한다. 뿐만 아니라 국가와 법을 구별하는 슈미트(Carl Schmitt)적인 이원주의 역시 거부한다. 켈젠에 의하면 국가와 법은 동일하다.[31] 정확하게 말하면 국가가 법에 포섭된 다. 나아가 켈젠은 국가와 사회를 구별하고 이에 따라 공법과 사법 그리고 객관적 법과 주관적 권리를 구별하는 민사법학자들의 이원주의 역시 맹렬하게 거부한다.[32] 켈젠에 의하면, 주관적 권리란 객관적 법이 반사되어 구체화된 이익에 불과하다. 달리 말해 주관적 권리는 객관적 법으로 환원될 뿐이다.

이렇게 보면 켈젠은 순수법학을 구축하기 위해 그 당시 존재하던 거의 모든 이론들, 가령 자연법론, 사회학적 실증주의, 자연주의적 법학, 공리주의, 정치신학, 사회주의 법학 및 판덱텐 법학을 모두 비판하고 있는 것이다. 당위 일원주의로 무장한 순수법학으로 말이다.

(3) 독자적인 규범으로서 판례

이렇게 이원주의를 거부하는 켈젠의 태도는 입법과 사법, 법형성과 법적용을 구별하는 이원주의에 대해서도 나타난다. 켈젠은 입법뿐만 아니라 사법작용이 산출하는 판결 역시 독자적인 규범으로 보기 때문이다.

켈젠은 규범을 두 가지로 구별한다. '일반적 규범'과 '개별적 규범'이 그것이다. 켈젠에 따르면, 우리가 흔히 법으로 생각하는 법률이 일반적 규범이라면 판결은 개별적 규범이다.[33] 켈젠에 의하면, "이른바 '정치적 권한'은 일반적 규범의 생성에 대한 참여를 보장하고, 사법적 권한은 개별적 규범의 생성에 대한 참여를 보장한다."[34] 입법자가 지닌 정치적 권한에 의해 일반적 규범인 법률이

---

29 한스 켈젠, 앞의 책, 29쪽 아래.
30 한스 켈젠, 앞의 책, 141~143쪽.
31 한스 켈젠, 앞의 책, 143쪽.
32 한스 켈젠, 앞의 책, 61쪽 아래.
33 한스 켈젠, 앞의 책, 71쪽.
34 한스 켈젠, 앞의 책, 72쪽.

형성된다면, 사법부가 지닌 사법적 권한에 의해 개별적 규범인 판결이 형성된다는 것이다.

　　그러면 왜 일반적 규범은 개별적 규범을 필요로 하는 것일까? 켈젠은 이에 다음과 같이 말한다. "추상적으로 규정된 하나의 사실에 역시 추상적으로 규정된 하나의 결과를 연결시키는 일반적 규범은 이 규범의 의미에 도달하기 위해 개별화를 필요"로 하기 때문이다.[35] 달리 말하면 추상적인 일반적 규범이 완전한 규범으로 자리매김하기 위해서는 판결이라는 개별적 규범이 필요하다는 것이다. 켈젠에 따르면, 이러한 일반적 규범과 개별적 규범은 다음과 같은 점에서 구조적으로 유사하다. "두 개의 사실이 일반적 영역에서는 법률을 통해 연결된다면, 개별적 영역에서는 법관의 판결을 통해 비로소 연결"된다는 것이다. 이때 말하는 두 개의 사실이란 요건과 효과를 말한다. 요건과 효과라는 두 개의 사실이 일반적·추상적 영역에서는 입법자가 제정한 법률에 의해 연결된다면, 개별적·구체적 영역에서는 법관이 내리는 판결을 통해 연결된다는 것이다. 그렇기 때문에 "법관의 판결 자체는 개별적 법규범이고, 일반적 또는 추상적 법규범의 개별화 또는 구체화이며 일반적 영역으로부터 개별적 영역으로 법생성 과정을 지속하는 것이다."[36] 이에 따라 판결을 산출하는 재판 역시 단순히 주어진 법을 적용하는 과정이 아니라 새롭게 법을 형성하는 과정이다. 켈젠은 다음과 같이 말한다.[37]

　　"법이론이 자주 전제하는 것과는 달리 - 마치 법률(일반적 규범) 속에 이미 들어 있는 완결된 법을 법원의 활동을 통해 그저 입 밖으로 말하거나 찾아내기만 하면 되는 것과 같이 단순한 선언적 성격만을 갖는다고 생각해서는 안 된다. 이른바 재판의 기능은 오히려 철저히 구성적이고 창조적이며, 본래의 의미 그대로 법의 생성이다."

---

35 한스 켈젠, 앞의 책, 100쪽.
36 한스 켈젠, 앞의 책, 101쪽.
37 한스 켈젠, 앞의 책, 101쪽.

(4) 법질서의 단계구조와 판례의 규범성

이처럼 켈젠은 법률만을 법으로 파악하는 순수법학을 추구하면서도 흥미롭게도 판례를 독자적인 법으로 인정한다. 그러나 법률과 판결이 요건과 효과를 연결한다는 구조적 유사성을 갖고 있다는 것만으로 판결을 개별적 규범으로 근거 짓기는 어렵다. 이보다 설득력이 더 높은 근거가 필요하다. 그러면 켈젠은 이를 어떻게 논증하는가? 이에 켈젠이 내놓은 대답은 바로 그 유명한 '법질서의 단계구조'이다. 전체 법질서의 통일성과 효력근거를 설명하기 위해 켈젠이 제시한 법질서의 단계구조에 따르면, 하위법의 효력근거는 상위법에서 찾을 수 있다. 이를테면 법률의 효력근거는 헌법에서 찾을 수 있고, 명령의 효력근거는 법률에서 찾을 수 있다. 그런데 켈젠은 판결 역시 이러한 법질서의 단계구조에 속하는 규범의 일종으로 파악한 것이다. 이에 따라 "헌법과 입법의 관계는 기본적으로 법률과 판결 또는 행정행위의 관계와 동일한 관계"가 된다.[38] 법질서의 단계구조에서 볼 때 법률은 헌법을 구체화한 것이라면, 행정청이 내리는 행정행위나 법원이 내리는 판결은 모두 법률을 구체화한 것이라고 한다.[39] 요컨대 행정행위가 개별적인 행정 상황에서 추상적인 행정법률을 구체적으로 형성한 것이라면, 판결은 개별적인 법적 분쟁에서 법률을 구체적으로 형성한 것이다. 이러한 판결은 법률을 단순히 확인한 것이 아니라, 일반적 규범을 개별적 규범으로 새롭게 창조한 것이라고 본다. 바로 이렇게 켈젠은 법질서의 단계구조를 활용하여 판결을 독자적인 규범으로 논증한다. 이의 연장선상에 켈젠에 따르면 판결은 법원이 될 수 있다.

3. 구조화 법이론과 판례의 법원성

(1) 분석적·해석학적 규범이론

스멘트(Rudolf Smend) 학파에 속하는 공법학자이자 콘라드 헷세(Konrad Hesse)의 제자인 뮐러(Friedrich Müller)는 법규범에 관해 독창적인 견해를 제시한

---

[38] 한스 켈젠, 앞의 책, 98쪽.
[39] 한스 켈젠, 앞의 책, 101쪽.

다.[40] 뮐러의 법규범이론은 여러 측면에서 새롭고 독창적이다. 우선 뮐러는 존재와 당위를 엄격하게 구별하는 방법이원론을 수용하지 않는 스멘트 학파의 기본 태도를 받아들인다.[41] 뮐러는 존재와 당위가 서로 영향을 주고받는다는 점을 인정한다. 다음으로 뮐러는 철학적 해석학의 성과를 수용하여 해석자의 선이해가 법규범을 해석하는 과정에 영향을 미친다는 점도 인정한다.[42] 나아가 뮐러는 분석철학이 중요시하는 엄격한 구조적 사고를 수용하여 법규범이 구체화되는 과정을 구조화한다. 이 때문에 뮐러의 법규범이론을 '구조화 법이론'(strukturie-rende Rechtslehre)으로 부르기도 한다. 이를 통해 뮐러는 기존의 규범이론과는 차별화되는 새로운 규범이론을 제창한다. 종전의 규범이론이 법규범으로 보았던 법률을 '규범텍스트'로 보면서 진정한 규범은 규범텍스트를 구체화하는 과정에서 비로소 형성된다고 본 것이다. 이러한 뮐러의 법규범이론은 판례의 법원성을 논증하는 데 아주 설득력 있는 논거를 제공한다. 이를 아래에서 살펴본다.

(2) 규범구조의 개념

먼저 뮐러가 제시하는 법규범이론, 즉 구조화 법이론에서 말하는 '규범구조'란 무엇을 뜻하는지 살펴본다. 뮐러에 따르면, 규범구조란 과정적인 형태로 구조화·단계화되어 있는 법규범의 존재방식을 말한다.[43] 말을 바꾸면 규범구조란 동태적인 형식으로 구조화되어 있는 법규범의 모습을 말한다. 이때 주의해야 할 점은 뮐러가 말하는 규범구조는 실체로 존재하는 그 무엇을 뜻하는 것은 아니라는 점이다.[44] 이와 달리 규범구조는 규범을 구체화하는 과정 전체를 규정하는 '언명' 또는 '기능개념'을 뜻한다.[45] 달리 말하면 규범구조란 규범구체화 과정에서 파악할 수 있는 규범적 요소들의 관계를 말한다. 뮐러는 이러한 규범구

---

40 이를 보여주는 F. Müller, *Juristische Methodik* (Berlin, 1997); 프리드리히 뮐러, 홍성방 (옮김),『법관법』(유로, 2014); F. Müller/R. Christensen/M. Sokolowski, 이덕연 (역),『법텍스트와 텍스트작업』(법문사, 2005); 양천수,『법해석학』(한국문화사, 2017), 273쪽 아래; 이계일, "포스트실증주의 법사고와 법효력론",『법철학연구』제13권 제2호(2010), 1~52쪽 등 참고.

41 이를 소개하는 계희열 (편역),『헌법의 해석』(고려대학교출판부, 1992), 29쪽 아래 참고.

42 F. Müller, 앞의 책, 194쪽.

43 F. Müller, 앞의 책, 316쪽 아래.

44 F. Müller, 앞의 책, 319쪽.

45 F. Müller, 앞의 책, 319쪽.

조를 법규범이론에 끌어들임으로써 구조화 법이론의 정형적 사고를 보장하고자
한다. 이를 통해 자신이 추구하는 규범구조화 법이론 및 법적 방법이 법치국가
적 안정성이라는 요청을 충족할 수 있도록 한다.

(3) 규범텍스트와 규범의 구별

밀러의 구조화 법이론에서 가장 특징적인 부분 가운데 한 가지는 '규범텍
스트'(Normtext)와 '규범'(Norm)을 구별한다는 것이다.[46] 이때 규범텍스트란 실정
법을 말한다. 입법자가 제정하는 실정법이 규범텍스트인 것이다. 이에 대해 규
범이란 법적 분쟁이 발생하였을 때 규범텍스트가 이에 적용되기 위해 구체화된
것을 말한다. 켈젠의 개념을 빌려 말하며, 규범텍스트는 일반적 규범을, 규범은
개별적 규범을 지칭한다. 그런데 종래의 규범이론, 특히 법실증주의에 바탕을
둔 규범이론에서 볼 때 이는 이질적인 주장이다. 왜냐하면 법실증주의적 규범
이론에서는 규범텍스트를 규범으로 보았기 때문이다.

그러면 밀러는 어떤 근거에서 규범텍스트와 규범을 구별하는가? 왜 전통적
인 규범은 규범텍스트에 불과하다고 보는가? 밀러에 따르면, 규범텍스트는 '문
언'(Wortlaut)이라는 언어적 정보만 담고 있기에 규범이라고 말할 수 없다.[47] 언
어적 정보가 규범인 것은 아니기 때문이다. 밀러에 의하면, 진정한 규범이란 언
어적 정보뿐만 아니라 규율대상인 현실이 갖고 있는 사물적·경험적 요소도 포
함하고 있어야 하기 때문이다.[48] 달리 말해 규범텍스트가 구체화 과정을 거치면
서 사물적·현실적 요소를 받아들여야만 비로소 규범으로 완전해질 수 있다는
것이다. 이 점에서 밀러는 규범텍스트와 규범을 구별한다.

(4) 효력과 의미 구별

밀러는 규범텍스트와 규범을 구별하면서 이에 대응하여 '효력'(Geltung)과
'의미'(Bedeutung) 역시 구별한다. 이때 효력은 규범텍스트에, 의미는 규범에 부
여된다. 기존의 규범이론은 규범의 의미와 효력을 분리하지 않고 모두 규범에

---

46 F. Müller, 앞의 책, 131쪽.
47 F. Müller, 앞의 책, 316쪽 아래.
48 F. Müller, 앞의 책, 320쪽.

귀속시킨다는 점에서 이러한 주장 역시 독창적이라고 말할 수 있다. 그러면 어떤 근거에서 뮐러는 효력과 의미를 구별하는 것일까? 크게 두 가지 근거를 제시할 수 있다.

먼저 앞에서 살펴본 것처럼 규범텍스트와 규범을 구별한다는 점이다. 전통적인 규범이론에 따르면, 규범은 당위명제로서 한편으로는 특정한 당위적 의미를 지니면서, 다른 한편으로는 효력이라는 형식으로 존재한다. 효력은 규범이 존재하는 방식이다. 그런데 뮐러가 이렇게 의미와 효력이 동시에 귀속되는 규범을 규범텍스트와 규범이라는 개념으로 구별함으로써, 종래 통합적으로 존재하였던 효력과 의미를 어떻게 귀속시켜야 하는지 문제된다. 이에 대한 해법으로 뮐러는 효력은 민주적 정당성을 지닌 입법자가 제정한 규범텍스트에, 의미는 규범구체화 과정을 거쳐 획득된 규범에 부여하는 것이다.

이보다 더욱 중요한 근거로 뮐러는 현대 언어이론을 제시한다. 현대 언어이론에 따르면, '언어기호'와 '언어의미'의 관계에서 '언어기호와 언어의미의 분리' 또는 '언어기호와 언어의미 간의 긴장관계'라는 현상이 발견된다.[49] 뮐러는 이를 규범텍스트와 규범의 관계에 적용한 것이다. 이에 따라 언어기호에 규범텍스트가, 언어의미에 규범이 대응한다. 규범텍스트는 효력을 지닌 규범의 형식이라면, 규범은 의미를 획득한 규범의 내용에 해당한다. '형식과 실질'이라는 구별이 '언어기호와 언어의미'라는 구별로, 다시 '규범텍스트와 규범'이라는 구별로 발전한 것이다.

더불어 뮐러는 이러한 언어이론에 바탕을 둔 '소통이론'(Kommunikations-theorie)을 수용하여, 규범텍스트가 갖고 있는 문언의 의미는 입법자가 본래 의도했던 것과 항상 같을 수는 없다고 지적한다.[50] 규범텍스트가 규율하는 문언은 아직 추상적인 수준에 머물러 있을 뿐이며, 문언의 구체적인 의미는 규범텍스트가 구체화되면서 비로소 확정된다고 한다. 규범텍스트는 의미의 출발점만 지

---

49 이를 '언어기호와 언어의미 간의 사실성과 타당성'으로 논증하는 경우로 J. Habermas, *Faktizität und Geltung* (Frankfurt/M., 1992), 제1장 참고.

50 F. Müller, 앞의 책, 155쪽 아래. 그런데 여기서 뮐러가 지칭하는 '소통이론'(Kommunikationstheorie) 은 하버마스가 제시하는 '의사소통행위이론'(Theorie des kommunikativen Handelns)과는 차이가 있다. 그래서 이는 '송수신이론'으로 번역되기도 한다. 이상돈, 『법이론』(박영사, 1996), 137쪽.

시할 뿐, 이러한 의미가 완성되는 것은 규범텍스트가 규범으로 구체화되는 때라는 것이다. 이러한 맥락에서 뮐러는 규범텍스트에 대해서는 '의미부여가능성'만을 부여하면서 이를 '규범의 의미'와 구별한다.[51]

(5) 규범구체화 과정

규범텍스트와 규범이 구별되고 효력과 의미가 구별된다면, 규범텍스트는 어떤 과정을 거쳐 규범으로 완성되는가? 이를 밝히려면 뮐러가 제시하는 규범구체화 과정을 살펴보아야 한다.

1) 기본 개념

뮐러가 제시하는 규범구체화 과정을 이해하려면, 그가 독자적으로 설정한 개념들을 알아둘 필요가 있다. 이러한 개념으로 사안, 규범텍스트, 사물영역, 규범프로그램, 사건영역, 규범영역, 재판규범(결정규범)을 들 수 있다.[52]

첫째, '사안'이란 법관이 재판해야 하는 구체적인 법적 분쟁을 말한다. 둘째, '규범텍스트'란 언어적 정보로 구성된 실정법률을 말한다. 앞에서 언급한 것처럼 규범텍스트는 규범과 구별된다. 셋째, '사물영역'이란 법관이 규범텍스트의 관점에 따라 사안이라는 현실에서 도출한 '실재정보의 총체'를 말한다. 바꾸어 말하면 법적 분쟁이라는 사안을 규범텍스트의 관점에 따라 다시 정돈한 것이 사물영역이다. 넷째, '규범프로그램'이란 규범텍스트를 문법적 해석이나 체계적 해석과 같은 언어적 해석으로 획정한 규범텍스트의 규율의도 또는 규율기준을 뜻한다. 규범프로그램은 규범구체화에 대한 (형식적) 한계기준이 된다. 다섯째, '사건영역'이란 법관이 재판을 효율적으로 하기 위해 사물영역을 더욱 좁힌 것을 말한다.[53] 다시 말해 사물적인 관점의 총체인 사물영역을 규범텍스트에 따라 개별화한 것이 사건영역이다. 이를테면 사물영역에는 다양한 규범텍스트와 관련되는 사물적인 관점이 모두 포함되어 있는 반면, 사건영역에서는 각 규범텍스트에 따라 사물적인 관점이 개별화된다.[54] 여섯째, '규범영역'이란 법관이 규

---

51 F. Müller, 앞의 책, 146쪽.
52 이 개념들에 관해서는 F. Müller, 앞의 책, 309쪽 아래 참고.
53 여기서는 계희열 교수의 번역에 따라 이를 '사건영역'으로 번역한다. 계희열, 앞의 책, 67쪽.
54 예를 들어 계약위반과 불법행위가 병존하는 사물영역이 존재하는 경우 민법 제390조와 제750조

범프로그램의 허용범위 안에서 사건영역을 바탕으로 하여 구체화한 사회적 현실의 단면을 말한다.[55] 달리 말해 규범프로그램이 사건영역으로 구체화된 사실적·규범적 영역이 규범영역이다. 일곱째, '재판규범'(결정규범)이란 규범구체화를 통해 확정된 규범영역을 구체적인 재판에 적용함으로써 형성된 규범을 말한다. 재판규범은 규범구체화가 도달하는 종착점에 해당한다.

2) 규범구체화 과정

밀러에 의하면, 규범구체화는 다음과 같이 이루어진다.[56] 먼저 사안, 즉 법적 분쟁이 발생해야 한다. 이러한 사안에는 보통 규범과 관련을 맺는 것과 그렇지 않은 것이 병존한다. 다음으로 법관은 자신의 '선이해' 또는 '선지식'(Vorwissen)을 활용하여 사안에 적용될 수 있는 '규범텍스트가설'을 세운다. 이러한 규범텍스트가설에 따라 사안과 관련되는 규범텍스트를 선택한다. 규범텍스트가 선택되면, 법관은 규범텍스트에 따라 사안에서 규범텍스트와 직접 또는 간접으로 관련을 맺는 사물요소를 추출한다. 이렇게 함으로써 사물요소의 총체인 사물영역을 구성한다. 이와 더불어 법관은 규범텍스트를 문법적 해석이나 체계적 해석과 같은 언어적 해석방법을 활용하여 규범프로그램을 획정한다. 이어서 법관은 사물영역을 각 규범텍스트별로 구분하여 개별적인 사건영역을 구성한다. 이렇게 규범프로그램과 사건영역이 확정되면, 법관은 규범프로그램이 허용하는 범위 안에서 사건영역을 바탕으로 하여 구체적인 규범영역을 확정한다. 마지막으로 이렇게 확정된 규범영역을 법적 분쟁에 적용함으로써 재판규범을 이끌어낸다. 이러한 규범구체화 과정을 도식으로 표현하면 다음과 같다.

≪도식-7≫ 구조화법이론에 따른 규범구체화 과정

법적 분쟁 ⇒ 사안 ⇒ 규범텍스트가설 ⇒ 규범텍스트 ⇒ 사물영역
⇒ 규범프로그램 ⇒ 사건영역 ⇒ 규범영역 ⇒ 재판규범

에 따라 계약위반 사건과 불법행위 사건으로 사물영역이 (사건영역으로) 개별화되는 것을 언급할 수 있다. 계약위반에 대응하는 사건과 불법행위에 대응하는 사건이 바로 사건영역이다.
55 F. Müller, 앞의 책, 173쪽.
56 F. Müller, 앞의 책, 176쪽, 204쪽 아래.

(6) 구조화된 과정으로서 규범성

지금까지 살펴본 뮐러의 구조화 법이론 및 규범 개념 그리고 규범구체화 과정 등을 고려하면, 뮐러가 규범성 자체도 전통적인 이해방식과는 달리 상당히 독창적으로 파악하고 있음을 알 수 있다. 뮐러는 규범성을 고정된 실체가 아니라 규범구체화라는 과정 속에서 존재하는 그 무엇으로 파악한다는 것이다.[57] 이에 따르면 규범성은 실체가 아니라 과정 그 자체이다. 다만 이때 말하는 규범성은 단순한 과정이 아니라 엄격하게 구조화된 과정이다. 바로 이러한 이유에서 뮐러는 자신의 법규범이론을 구조화 법이론이라고 부르는 것이다.

(7) 판례의 법원성

뮐러가 제시하는 구조화 법이론에 따르면, 판례의 법원성은 어떻게 판단할 수 있을까? 이에 대한 대답은 명확하다. 앞에서 살펴본 것처럼 뮐러는 법관이 수행하는 규범구체화 과정을 거쳐 최종적으로 산출되는 재판을 독자적인 규범, 즉 재판규범으로 규정하기 때문이다. 이는 규범텍스트와 규범을 개념적으로 구별하는 시도에서도 이미 추측할 수 있다. 뮐러가 제시하는 규범구체화 과정에 따르면, 규범텍스트는 규범프로그램, 규범영역을 거쳐 재판규범으로 확정된다. 이렇게 보면 완전한 의미의 규범은 규범텍스트라기보다는 법관에 의해 최종적으로 산출되는 재판, 즉 판결이라고 말할 수 있다. 물론 이러한 뮐러의 주장에 대해 가령 독일의 법철학자이자 공법학자인 알렉시(Robert Alexy)는 '규범'과 '규범에 대한 논증'을 구별하지 않는다고 비판한다.[58] 그렇지만 뮐러는 규범텍스트와 규범을 구별하고 규범의 효력과 의미를 각각 달리 부여함으로써 알렉시의 비판을 반박한다. 규범텍스트는 효력을, 규범은 의미를 갖는다는 것이다. 이렇게 보면 구조화 법이론에 따를 때 판례의 법원성을 다음과 같이 판단할 수 있다. 판례는 규범구체화 과정을 통해 완성된 독자적인 규범이라는 것이다. 다만 이때 주의해야 할 점은 이러한 판례는 실정법과 같은 효력을 갖는 것이 아니라 규범의 의미만 가질 뿐이라는 점이다.[59]

---

[57] F. Müller, 앞의 책, 168쪽 아래.
[58] R. Alexy, *Theorie der Grundrechte* (Frankfurt/M., 1986), 63쪽 아래.
[59] 다만 여기서 분명히 해야 할 부분은, 이렇게 구조화 법이론을 제시하는 뮐러 자신은 판례의 법

4. 체계이론과 판례의 법원성

(1) 작동주의적 사고와 판례의 법원성

마지막으로 독일의 사회학자 루만이 정립한 체계이론에 따르면 판례의 법원성을 어떻게 평가할 수 있는지 살펴본다. 여기서 루만의 체계이론을 특별히 언급하는 이유는 다음과 같은 점 때문이다. 이전에 논의되었던 사회학이론과 비교할 때 루만의 체계이론은 여러 면에서 독창적인 사유와 방법, 개념 등 보여준다. 그중에서도 이 책이 주목하는 부분은 루만의 체계이론이 작동주의적 사고를 수용한다는 점이다.[60] 루만은 사회를 설명하기 위해 '체계와 환경'이라는 구별을 끌어들이면서 사회가 사회적 체계와 환경으로 구성된다고 말한다.[61] 이때 사회적 체계는 정적인 존재가 아니라 동적인 과정이다. 루만에 따르면, 사회적 체계는 오직 사회적 체계가 '작동'(Operation)하는 순간에만 존재할 뿐이다. 여기서 체계는 '소통'을 통해 작동한다.[62]

루만은 이러한 작동주의적 사고를 법을 관찰하는 과정에도 적용한다. 루만에 따르면, 법 역시 독자적인 사회적 체계인데 이때 법은 체계가 작동하는 과정 속에서 존속한다. 작동은 법적 소통으로 이루어진다. 루만에 의하면, 이렇게 법적 소통이 진행되는 과정에서 법원이 중심적인 역할을 한다. 이는 법원이 내리는 판결이 법체계의 작동을 구성하며, 이러한 작동으로 법체계가 존속한다는 것을 시사한다. 이러한 사고방식은 법원이 산출하는 판결의 규범성을 해명하는 데 새로운 이론적 자양분을 제공한다. 한편 이렇게 '작동'을 중심으로 하는 루만의 체계이론적 사유는 규범을 구조화된 '과정'으로 파악하는 뮐러의 사유방식과도 유사하다. 바로 이러한 까닭에서 뮐러의 구조화 법이론에 이어 루만의 체계

원성을 부정한다는 것이다. 이계일, "판결의 법산출성을 강조하는 법이론의 입장에서 본 법관법", 『법철학연구』 제19권 제3호(2016), 26~32쪽.

[60] 니클라스 루만, 윤재왕 (옮김), 『체계이론 입문』(새물결, 2014), 131쪽.

[61] 루만은 체계이론은 어떤 특별한 대상에 관한 이론이 아니라 체계와 환경의 차이에 관한 이론이라고 말한다. N. Luhmann, *Einführung in die Theorie der Gesellschaft*, 2. Aufl. (Heidelberg, 2009), 61쪽.

[62] N. Luhmann, 위의 책, 17쪽. 루만이 사용하는 독일어 'Kommunikation'은 '커뮤니케이션'으로도 번역된다. 이러한 예로 니클라스 루만, 박여성 (옮김), 『사회체계이론 1-2』(한길사, 2007); 니클라스 루만, 윤재왕 (옮김), 『체계이론 입문』(새물결, 2014) 등 참고.

이론을 검토할 필요가 있는 것이다.

(2) 자기생산적인 사회적 체계로서 법

루만의 체계이론은 영국의 수학자 스펜서–브라운(Spencer–Brown)의 이론을 수용하여 관찰대상을 구별하는 것에서 출발한다.[63] 루만이 출발점으로 삼는 구별은 체계와 환경의 구별이다. 그중에서도 루만은 '사회적 체계'와 '환경'의 차이를 이용하여 현대사회를 관찰한다. 루만에 따르면, 사회는 사회적 체계와 환경으로 구별된다. '사회' 역시 사회적 체계에 해당한다.[64] 그 자체 체계에 해당하는 사회는 오늘날 다양한 기능체계로 분화된다. 정치와 경제가 현대사회에서 관찰할 수 있는 대표적인 사회의 기능체계이다. 루만에 따르면, 법 역시 독자적인 사회적 체계이자 사회의 기능체계이다. 사회의 기능체계인 법체계는 작동하는 체계이자 '자기생산적인 체계'이다.[65] 법체계는 스스로 무엇이 법이고 법이 아닌지를 결정한다. 그리고 오직 스스로 만든 요건과 절차, 방법을 통해서만 새로운 법규범을 생산한다.

이러한 법체계는 작동하는 체계이기에 오직 작동하는 순간에만 체계로 존재한다. 달리 말해 체계가 작동할 때 바로 법이 등장한다. 이러한 법체계는 사회적 체계이기에 소통을 통해 작동한다. 이때 법적 소통을 산출하고 연결하는데 법원이 중심적인 기능을 수행한다. 루만에 따르면, 입법이 아닌 사법이 바로 법체계의 중심부에 속한다. 반면 입법은 법체계의 주변부에 자리한다.

(3) 법체계의 코드와 프로그램

루만에 따르면, 사회의 기능체계가 작동하기 위해서는 독자적인 코드와 프로그램이 필요하다.[66] 기능체계는 '코드'를 이용하여 기능체계 안에서 진행되는 소통에 체계 자신의 값을 할당한다. 이때 코드는 언제나 이진법적 코드, 즉 이항코드로 작동한다. 이항코드에 따라 기능체계는 체계 안에서 이루어지는 소통

---

63 니클라스 루만, 윤재왕 (옮김), 『체계이론 입문』(새물결, 2014), 86쪽.

64 N. Luhmann, *Soziale Systeme: Grundriß einer allgemeinen Theorie* (Frankfurt/M., 1984), 15쪽 아래.

65 니클라스 루만, 윤재왕 (옮김), 『사회의 법』(새물결, 2014), 63쪽 아래.

66 이에 관한 상세한 분석은 윤재왕, "법체계의 자율성: 체계이론적 관점에서 본 법과 정치의 관계", 『강원법학』 제50권(2017), 259~317쪽.

을 판단한다. 그러나 기능체계는 코드만으로는 작동할 수 없다. 코드는 이진법에 기초한 형식적인 값만 제공하기 때문이다. 이러한 코드만으로는 기능체계는 환경과 구조적으로 연결될 수 없다. 이 때문에 기능체계는 소통의 내용적인 부분을 판단하는 프로그램을 필요로 한다. 기능체계는 프로그램에 힘입어 체계와는 구별되는 환경의 소통을 체계 안으로 포섭할 수 있다. 이 점에서 "프로그램은 코드화를 보충한다. 즉, 프로그램화는 코드화의 내용을 채운다."[67]

법체계 역시 체계의 작동을 위해 코드와 프로그램을 사용한다. 이때 법체계는 '합법과 불법'으로 구별되는 이항코드 및 '조건과 효과'로 구별되는 조건 프로그램을 사용한다. 루만에 의하면, "법체계의 프로그램은 언제나 조건 프로그램"일 뿐이다.[68]

그런데 이러한 루만의 주장에는 생각해 볼만한 점이 있다. 오늘날 실정법은 조건 프로그램뿐만 아니라 목적 프로그램을 다양하게 수용한다. 이는 특히 각종 행정법률에서 쉽게 찾아볼 수 있다. 예를 들어 "환경오염 등의 사전예방"이라는 표제를 갖추고 있는 「환경정책기본법」 제8조 제1항은 "국가 및 지방자치단체는 환경오염물질 및 환경오염원의 원천적인 감소를 통한 사전예방적 오염관리에 우선적인 노력을 기울여야 하며, 사업자로 하여금 환경오염을 예방하기 위하여 스스로 노력하도록 촉진하기 위한 시책을 마련하여야 한다."고 정하는데, 이는 국가 및 지방자치단체에 사전예방이라는 목적을 부과하는 목적 프로그램을 수용한 것이다. 이러한 근거에서 루만의 체계이론을 적극적으로 수용한 독일의 공법학자 빌케(Helmut Willke)는 법체계는 오직 조건 프로그램만을 사용한다는 루만의 주장을 비판한다.[69] 실제로 오늘날 실정법의 상당수는 조건 프로그램뿐만 아니라 목적 프로그램 역시 받아들이고 있다는 점에서 언뜻 보면 루만의 주장에는 문제가 있어 보인다.

그러면 루만은 이러한 비판에 어떻게 대응하는가? 이러한 비판으로부터 자신의 주장을 견지하기 위해 루만은 사회적 체계는 오직 작동을 통해서만 존속

---

67 니클라스 루만, 앞의 책, 278쪽.
68 니클라스 루만, 앞의 책, 266쪽.
69 니클라스 루만, 앞의 책, 272쪽.

한다는 점을 강조한다. 체계는 정적인 존재가 아닌 동적인 작동이라는 것이다. 같은 맥락에서 루만은 "프로그램은 언제나 체계의 작동과 함께 한다."고 말한다. 사회적 체계가 작동으로 존재하는 것처럼, 사회적 체계가 이용하는 프로그램과 코드 역시 작동과 함께 존재한다는 것이다. 이는 법체계에서도 마찬가지이다. 법체계는 오직 조건 프로그램만 사용한다는 주장은 법체계가 '작동'하기 위해서는 오직 조건 프로그램만을 이용한다는 주장으로 새길 수 있다. 더욱 구체적으로 말하면, 설사 실정법이 목적 프로그램을 갖추고 있다 하더라도 이러한 목적 프로그램이 법체계의 작동 안에서 실행되려면 결국 조건 프로그램으로 전환되어야 한다는 것이다. 목적 프로그램은 법체계가 작동하는 데 이용할 수 없다는 것이다. 목적 프로그램이 조건 프로그램으로 전환되어야 비로소 법체계의 프로그램으로 사용될 수 있다는 것이다.

(4) 법체계의 작동과 법

이러한 루만의 주장은 체계이론에서 말하는 법이란 무엇인지에 관해 의미 있는 시사점을 제공한다. 루만에 따르면, 법은 실정법 텍스트가 법체계의 작동으로 실행될 때 비로소 존속한다. 이는 규범텍스트와 규범을 구별하는 뮐러의 사고방식과 유사하다. 규범텍스트가 규범구체화 과정을 거쳐 비로소 규범으로 정립되는 것처럼, 실정법은 법체계의 작동을 통해 비로소 법으로 존속하면서 기능을 수행한다. 이렇게 법체계가 작동할 때 중심적인 기능을 수행하는 것은, 달리 말해 법체계의 중심부에 자리하는 것은 바로 법원이다. 구체적인 법적 분쟁에 실정법을 구체화하여 적용하는 법원이 법체계가 작동하는 데 중심적인 역할을 하는 것이다. 이는 법원이 실정법을 적용하여 법적 분쟁을 해결하는 과정에서 비로소 법체계가 작동하고, 이를 통해 실정법이 법으로 존속하게 된다는 것을 뜻한다.

(5) 판례의 법원성

이러한 체계이론의 사유는 판례의 법원성을 판단하는 데 유익한 시사점을 제공한다. 뮐러와 유사하게 루만에 의하면, 법체계의 법이란 체계가 작동하는 과정에서 등장하는 동적인 개념으로, 이는 실정법이 아니라 법원에 의해서 구체화된 것이다. 이는 판례, 즉 판례라는 소통방식이 바로 법체계의 법을 뜻한다고 말할 수 있다.[70] 이렇게 보면 판례는 단순히 실정법을 구체적인 분쟁에서 확인하고 적용한 것이 아니라, 오히려 그 자체가 법체계를 존속하게 하는 법이라고 말할 수 있다.

Ⅳ. 판례의 법원성 판단

지금까지 새로운 이론적 기반 위에서 판례의 법원성을 검토하기 위해 켈젠의 순수법학, 뮐러의 구조화 법이론, 루만의 체계이론을 살펴보았다. 법의 순수성과 엄격한 법질서의 단계구조를 강조하는 순수법학에 따르면, 분석적 사유와 해석학적 사유를 수용하여 규범구체화 과정을 분석하고 이 과정에서 규범의 의미를 찾는 구조화 법이론에 따르면, 그리고 구별과 차이를 생산하는 사회적 체계의 작동에서 법을 관찰하는 체계이론에 따르면 판례의 법원성을 어떻게 파악할 수 있는지 살펴보았다. 이제 이러한 논의를 참고하여 아래에서는 판례의 법원성을 어떻게 판단할 수 있는지 살펴본다.

1. 법원의 개념

(1) 법의 존재근거와 인식근거

먼저 짚고 넘어가야 할 문제가 있다. 법원이란 무엇인가 하는 점이다.[71] 일

---

70 다만 이때 주의해야 할 점은 루만 자신은 판례가 법원이 된다고 명시적으로 주장하지는 않는다는 점이다. 루만은 무엇을 법원(法源)으로 보아야 하는가의 문제보다 법체계 안에서 법원(法院)이 어떤 지위를 갖는가의 문제가 더 일차적인 문제라고 본다. 니클라스 루만, 앞의 책, 401쪽: "제정법과 법관법이라는 통상의 구별 역시 우리에게는 도움이 되지 못한다. 이 구별은 형식상 이미 실정법에 관한 이론에 의해 규정되어 있으며, 어떠한 법원으로부터 출발해야 하는지를 논의 대상으로 삼는다. 당연히 이 점에 대해 논의할 수는 있다. 하지만 더 추상적인 이론적 토대를 원용하지 않고서는 어느 것을 법원으로 삼을 것인지에 대해 결정하기 어렵다. 이 점에서 이론적 추상화는 법원과 관련된 문제를 해결하는 데 도움을 주기보다는 문제제기 자체를 상대적 관점에서 바라보게 한다고 추측해볼 수 있다. 분화 이론적 관점에서 보면 법체계의 분화된 부분체계로서의 법원이 어떠한 지위를 갖고 있는가 하는 점도 중요하다. 어쩌면 이 문제가 더 일차적인 문제라 할 수 있다."
71 이에 관한 상세한 논의는 김대휘, 앞의 논문 참고. 여기에서 김대휘 전 법원장은 법원 개념으로 법의 인식근거와 존재근거, 법의 산출근거와 효력근거를 구별한다.

반적으로 '법원'(法源)(Rechtsquelle)은 '법의 존재근거'로 이해된다. 그 때문에 법이라는 형식으로 존재하는가 여부가 법원론의 문제로 취급된다. 이의 연장선상에서 판례의 법원성 문제는 지금까지 살펴본 것처럼 판례를 독자적인 법으로 볼 수 있는가 하는 문제로 파악된다. 그러나 법원을 이러한 방식으로만 이해할 수 있는 것은 아니다. 법원을 이와 달리 파악하는 경우도 없지 않다. 이를테면 법원을 '법의 인식근거'로 파악하는 것이다.[72] 물론 이에 대해 다음과 같은 의문을 던질 수 있다. 법원을 법의 존재근거로 보는 것과 법의 인식근거로 보는 것 사이에 실질적인 차이가 있는가 하는 점이다. 우리가 무엇인가를 인식하기 위해서는 그 전제로서 그 무엇이 존재해야 하기에 이러한 의문은 설득력이 있다. 존재와 인식은 동전의 양면에 해당한다고 말할 수 있다. 그 때문에 법의 존재근거와 법의 인식근거는 동일한 대상을 존재라는 측면과 인식이라는 측면에서 접근한 것에 불과한 것이 아닌가, 라는 의문을 제기할 수 있다.

(2) 법의 존재근거와 인식근거의 차이

이러한 의문은 타당한 면을 지닌다. 그런데도 필자는 법원을 법의 존재근거와 법의 인식근거로 파악하는 견해를 다음과 같이 질적으로 구별할 수 있다고 생각한다.

법원을 법의 존재근거로 보는 견해는 법이라는 형식으로 존재하는가를 강조한다는 점에서 법으로서 효력을 지닌 규범을 법원으로 인정할 여지가 많다. 이로 인해 효력을 갖는 실정법률을 법원으로 파악할 가능성이 높다. 법원을 법의 존재근거로 파악하는 견해는 특정한 규범이 유효한 법률이라는 형식으로 존재하는가를 중시하는 것이다. 단순화해서 말하면 '형식적 법원론'이라고 지칭할 수 있다.

---

72 이러한 예로 김대휘, 앞의 논문 이외에 Alf Ross, *Theorie der Rechtsquellen: Ein Beitrag zur Theorie des positiven Rechts auf Grundlage dogmengeschichtlicher Untersuchungen* (Leipzig/Wien, 1929), 292쪽; 김남진, 『행정법 I』(법문사, 1992) 등이 이러한 시각을 보여준다. 니클라스 루만, 앞의 책, 411쪽도 이러한 관점을 보여준다. 이외에도 법원을 '법의 형성근거'(Rechtserzeugungsquelle)와 '평가근거'(Rechtswertungsquelle)로 구별하는 경우로는 Paul Kirchhof, "Rechtsquellen und Grundgesetz", in: Christian Starck (Hrsg.), *Bundesverfassungsgericht und Grundgesetz*, Band II (Tübingen, 1976), 50~53쪽.

이와 달리 법원을 법의 인식근거로 보는 견해는 실정법률이라는 형식으로 존재하지 않더라도 법률과 동등한 규범적 의미를 갖는 규범은 모두 법원으로 파악할 여지가 많다. 효력이라는 형식보다는 의미라는 내용을 중시하는 것이다. 이를 '실질적 법원론'이라고 부를 수 있을 것이다. 이로 인해 법원을 법의 인식근거로 보는 견해는 법원을 실정법, 즉 법률로 한정하지 않고 이보다 더욱 넓게 법원의 외연을 파악할 가능성이 높다.

이러한 점에서 볼 때 법원을 법의 존재근거로 보는 견해는 법실증주의에 충실한 법원론이라고 볼 수 있다. 이에 반해 법원을 법의 인식근거로 보는 견해는 탈법실증주의에 충실한 법원으로 평가할 수 있다.

(3) 행위규범과 재판규범

법원을 법의 존재근거로 볼 것인가, 법의 인식근거로 볼 것인가 하는 점은 법의 규범적 속성 중에서 행위규범성을 강조할 것인지, 재판규범을 강조할 것인지에 따라 달라진다. 잘 알려진 것처럼 법규범은 수범자가 누구인가에 따라 한편으로는 행위규범으로, 다른 한편으로는 재판규범으로 기능을 수행한다. 행위규범은 법을 준수해야 하는 일반 시민을 대상으로 한다. 법은 이들의 행위를 제한하거나 유도하는 행위규범으로 기능한다. 이러한 행위규범을 준수해야 하는 일반 시민들에게 법이란 현재 시행되는 효력을 지닌 규범을 뜻한다. 이는 특히 죄형법정주의가 강조되는 형법에서 분명하게 드러난다. 물론 일반 시민들의 행위에 영향을 미치는 규범으로 실정법률만이 있는 것은 아니다. 이외에도 도덕이나 윤리, 사회규범 등이 존재한다. 그렇지만 민주주의와 법치주의가 상당히 정착된 오늘날에는 효력을 갖는 법률과 단순히 실효성만을 가질 뿐인 사회규범 등은 분명 구별된다. 일반 시민들이 볼 때 그 무게가 다른 것이다.

이와 달리 재판규범은 법적 분쟁을 해결해야 하는 법관을 대상으로 한다. 법은 법관이 법적 분쟁을 해결하기 위해 찾고 해석하며 적용해야 하는 대상이 된다. 이렇게 법적 분쟁을 해결해야 하는 법관에게는 법의 형식적 효력보다 실질적 의미가 더욱 중요하게 부각된다. 물론 '법률에 대한 법관의 구속이념' 때문에 일차적으로 법관은 효력이 있는 현행법을 존중해야 한다. 특히 형법이나 세법에서 현행법을 무시하는 것은 허용되지 않는다. 그렇지만 법관은 이러한 현행법을 법적 분쟁에 적용하기 위해 구체화하거나 때로는 법률에 존재하는 흠결을 보충하기 위해 새롭게 법을 형성해야 하는 임무를 수행해야 한다. 이를 위해 법관은 실정법을 넘어서는 법규범의 의미, 즉 실질적인 법에 관심을 기울여야 한다. 이를테면 법원리나 판례처럼 법의 규범적 의미를 시사하는 다양한 규범들에 관심을 쏟아야 한다.

이렇게 볼 때 다음과 같은 결론을 이끌어낼 수 있다.[73] 일반 시민들에게 법은 우선적으로 행위규범으로 기능한다. 따라서 이들에게 법원은 법의 존재근거라는 의미를 갖게 된다. 이와 달리 법관들에게 법은 재판규범으로 기능한다. 따라서 이들에게 법원은 법의 인식근거라는 의미가 더 강하게 부각된다. 지금까지 전개한 논증을 도식으로 표현하면 다음과 같다.

≪도식-8≫ 법원 개념의 유형화

법실증주의적 법원론 ⇒ 법의 존재근거 ⇒ 효력을 지닌 법 ⇒ 행위규범 ⇒ 일반 시민
탈법실증주의적 법원론 ⇒ 법의 인식근거 ⇒ 의미를 지닌 법 ⇒ 재판규범 ⇒ 법관

---

(4) 중간 결론

이러한 논의 상황에서 필자는 법원 개념은 법의 존재근거라기보다는 인식근거로 파악하는 것이 더욱 적절하다고 판단한다. 법원은 일차적으로는 현재 제기된 법적 분쟁을 해결해야 하는, 달리 말해 근거법이 없다는 이유로 재판을 거부하는 것이 금지되는 법관에게 중대한 의미를 갖기 때문이다.[74] 요컨대 법원에서 말하는 법규범은 우선적으로는 재판규범으로서 의미를 갖는 것이다. 사회의 거의 모든 영역에서 법제화가 진척되어 엄청난 양의 실정법률이 존재하는 오늘날의 상황에서는 어쩌면 일반 시민들에게는 법원론이 큰 의미를 갖지는 않을 것이다. 현재 시행되는 법을 지키는 것만으로도 벅차기 때문이다. 이러한 근

---

73 물론 이는 여러 다양한 예외를 배제하여 단순화한 결론이다.
74 법관의 재판거부금지에 관해서는 윤재왕, "법관의 결정의무: 재판거부금지의 역사적 전개과정에 관하여", 『고려법학』 제92호(2019), 1~60쪽.

거에서 필자는 법원을 우선적으로 법의 인식근거, 즉 법규범의 의미를 인식하는 데 필요한 원천으로 파악하고자 한다.

2. 판례의 법원성 판단

(1) 과정적·작동주의적 관점 수용

필자는 법원을 법의 인식근거로 파악한다. 더불어 구조화 법이론이 보여주는 과정적 관점 및 체계이론이 보여주는 작동주의적 관점을 수용한다. 과정적 관점에서 보면, 규범텍스트와 규범은 구별되고 이에 따라 규범의 효력과 의미가 구별된다. 무엇이 법인지를 인식할 때 필요한 법의 의미는 규범구체화 과정을 거쳐 산출되는 판결에서 비로소 획득된다. 나아가 작동주의적 관점에서 보면, 실정법이라는 규범텍스트는 법원이 주도하는 법체계의 작동을 통해 비로소 법으로 존속한다. 법체계가 사용하는 이항코드와 조건 프로그램은 실정법 텍스트가 법원에 의해 구체화되어 구체적인 법적 분쟁에 적용될 때 비로소 출현한다. 법원의 작동으로 비로소 실정법 텍스트가 법으로 출현하는 것이다.

이러한 근거에서 볼 때 판례는 충분히 법원으로 인정할 수 있다. 판례를 통해 실정법 텍스트는 비로소 규범적 의미를 획득할 뿐만 아니라, '합법과 불법'이라는 이항코드 및 '조건과 효과'로 구성되는 조건 프로그램을 이용하는 법으로 기능을 수행하기 때문이다. 실정법 텍스트처럼 '일반적인' 효력을 갖는 것은 아니지만, 개별 법적 분쟁에 적용될 수 있는 완전한 규범적 의미를 획득한 법으로, 재판규범으로, 법의 인식근거로 기능을 수행할 수 있다. 이 점에서 판례의 법원성을 인정할 수 있다.

(2) 판례의 법규범적 지위

이렇게 판례를 법원으로 본다는 것은 판례를 독자적인 법규범으로 본다는 것을 뜻한다. 그렇다면 법규범으로서 판례는 어떤 규범적 지위를 갖는가? '행위규범과 재판규범'이라는 구별을 사용하면 다음과 같이 말할 수 있다.

우선 판례의 행위규범적 지위를 살펴본다. 행위규범에서는 법규범의 형식, 즉 '일반적인 효력'을 중시한다는 점에서 판례의 행위규범적 지위는 약하다고 말할 수 있다. 판례는 실정법 텍스트가 갖는 일반적인 효력을 발휘하지는 않기 때문이다. 굳이 인정한다면 당해 사건에만 적용되는 '개별적 효력'만을 가질 뿐이다. 따라서 일반 시민들에게 판례는 효력이 있는 행위규범으로 작동하지는 않는다. 일반 시민들을 직접 구속하지는 않는 것이다. 다만 사실상 '현재 있는 법'으로서 실효성을 발휘할 수는 있다. 또한 판례는 가장 강력한 유권해석이라는 점에서 이러한 판례를 신뢰한 수범자의 신뢰는 보호할 필요가 있다. 예를 들어 형법상 법률의 착오 등과 같은 법리로 이러한 신뢰를 보호할 필요가 있다.[75]

　　다음으로 판례의 재판규범적 지위를 본다. 판례의 재판규범적 지위는 행위규범적 지위보다 강하다. 일단 대법원 판결은 당해 사건에서 하급심 법원의 판결을 기속한다(법원조직법 제8조). 이 점에서 제한된 의미이기는 하지만 판례는 효력을 지닌다.[76] 다음으로 개별 판결은 인적·물적 차원에서 기판력을 갖기에 이 점에서 판례는 역시 개별적 효력을 갖는다. 또한 기판력이 미치지 않는 사건에서도 법원은 재판을 할 때 판례를 존중해야 한다. 그렇지 않으면 이는 법령해석에 잘못이 있는 것이 되어 상소 이유가 된다.[77] 이러한 측면에서도 판례는 제한된 효력을 지닌다. 그렇지만 더욱 중요한 것은 이미 확립된 판례는 법관이 구체적인 법적 분쟁을 해결할 때 원용할 수 있는 법의 규범적 의미가 저장된 원천으로, 즉 법원으로 기능한다는 것이다. 이 점에서 판례는 법체계가 작동하는 데 필요한 의미의 저장소가 된다.[78] 바로 이러한 근거에서 판례는 법원이 되는 것이다.

　　다만 이때 주의해야 할 점은 이러한 판례의 지위가 확고부동한 것은 아니라는 것이다. 판례는 특정한 요건만 충족되면 언제든지 파기될 수 있다. 그렇지

---

75 이에 관해서는 김성돈, 앞의 논문, 87~119쪽.

76 물론 정확하게 보면 이때 말하는 판례는 판결 또는 재판례가 될 것이다. 모든 판결이 판례가 되는 것은 아니기에 소송법의 차원에서는 양자를 구별해야 한다. 판례가 무엇인가에 관해서는 윤진수, "독일법상「판례」의 의미: 우리 법에의 시사", 『법조』 제51권 제1호(2002), 80~110쪽 참고.

77 이시윤, 『신민사소송법』 제13판(박영사, 2019), 895쪽.

78 이러한 점에서 볼 때 판례의 규범적 효력을 '준거력'(referent power)으로 규정한 것은 주목할 만하다. 왜냐하면 법체계를 자기생산적인 사회적 체계로 보면, 법체계는 '자기준거적'으로 작동해야 하는데 이때 기존에 축적된 판례가 중요한 자기준거가 될 것이기 때문이다. 다시 말해 법체계가 작동하는 데 판례가 중요한 준거가 되는 것이다. 이 점에서 판례는 준거적 힘을 갖는다고 볼 수 있다.

만 이러한 속성은 실정법 텍스트에서도 발견할 수 있다. 실정법 역시 입법에 의해 그리고 예외적으로는 (헌법재판소를 포함하는) 법원(法院)에 의해 변경될 수 있기 때문이다. 따라서 판례가 변경될 수 있다고 해서 판례의 법원성이 부정되는 것은 아니다.

V. 맺음말

지금까지 새로운 이론과 시각에서 판례의 법원성을 재검토해 보았다. 판례가 법원에 해당하는지, 판례가 독자적인 규범이 될 수 있는지에 관해서는 그동안 다양한 연구가 수행되었지만 여전히 견해 대립은 해소되지 않고 있다. 이러한 상황에서 이 책은 판례의 법원성 문제에서 전제하는 법이란 무엇인지, 법원이란 무엇을 뜻하는지를 규명하기 위해 새로운 이론적 자원과 시각을 원용하였다. 특히 순수법학과 구조화 법이론 및 체계이론을 집중 검토하였다. 이를 통해 다음과 같은 결론에 도달하였다. 법원이 무엇인가에 관해서는 법의 존재근거 및 법의 인식근거 등과 같은 이해방식이 존재하지만, 이 책은 법원론은 특히 법관이 재판을 할 때 그 의미가 크다는 점에서 법원을 법의 인식근거로 파악하였다. 더불어 구조화 법이론 및 체계이론이 보여준 과정적·작동주의적 관점을 원용하여 판례는 제한된 효력을 갖지만 법규범의 의미 차원에서는 완전한 의미와 기능을 획득한다는 점에서 독자적인 법규범으로 판단하였다.

삼단논법과 법학방법

제12장

법적 안정성과 해석방법의 우선순위

Ⅰ. 서론

　　법적 안정성은 합목적성 그리고 구체적 타당성과 더불어 법체계의 중요한
이념이자 가치로서 기능을 수행한다.[1] 이러한 법적 안정성이 제대로 보장되어
야만 비로소 예견가능성 및 신뢰가능성이 형성될 수 있고, 그래야만 비로소 법
체계가 온전하게 작동할 수 있다.[2] 아울러 이렇게 법체계가 원활하게 작동해야
만 경제체계에서도 '거래안정'이나 '자본의 유동화' 등이 제대로 이루어질 수 있
다. 법적 안정성의 가치는 사회 각 영역의 전문화와 복잡화가 비약적으로 증가
하는 현대사회에서 더욱 더 높아지고 있다. 현대 체계이론의 관점에서 말하면,
법적 안정성은 사회체계의 복잡성을 적절하게 감축하는 데 기여한다. 이러한
맥락에서 독일의 법철학자 라드브루흐는 법적 안정성과 합목적성 그리고 구체
적 타당성 가운데서 법적 안정성의 가치를 가장 우선적인 것으로 꼽는다.[3] 물론
나치를 경험한 라드브루흐는 이후 이른바 '라드브루흐 공식'을 통해 극한적인
상황에서는 구체적 타당성이 법적 안정성보다 우선한다고 하지만, 법적 안정성

1　법적 안정성에 대한 일반적 연구로는 J.C. Schuhr (Hrsg.), *Rechtssicherheit durch Rechtswissenschaft*
　(Tübingen, 2014) 참고.
2　법체계에서 '신뢰'가 차지하는 의미 및 역할에 관해서는 N. Luhmann, *Vertrauen: ein Mechanismus*
　der Reduktion sozialer Komplexität, 4. Aufl. (Stuttgart, 2000) 참고.
3　이에 관해서는 G. Radbruch, *Rechtsphilosphie* (Heidelberg, 1999) 참고.

이 갖는 원칙적인 우선성은 여전히 유지된다.[4]

　이처럼 법적 가치로서 중요한 법적 안정성은 그 중요성에 걸맞게 법체계 전반에 걸쳐 투영된다. 이를테면 법적 안정성은 법체계 전체에 대해서는 '법체계의 합리화'라는 요청으로 등장하고, 입법영역에서는 법규범의 개념화·체계화·명확화로 나타난다. 그리고 법학방법의 영역에서는 개념법학의 형식으로 구체화된다.[5] 법을 해석·적용하는 사법영역에서도 법적 안정성은 강하게 요청된다. 법적 안정성은 기본적으로 법적 삼단논법으로, 해석방법의 측면에서는 문법적·논리적·체계적 해석으로 구체화된다. 법적 안정성은 법관에 의해 이루어지는 법규범해석이 법체계 전체의 개념적·체계적 구조 및 일관성에 어긋나지 않게 함으로써 수범자의 예견가능성과 신뢰가능성을 제고하고, 이를 통해 전체 법체계가 효율적으로 작동할 수 있도록 기여한다.

　그러나 라드브루흐 공식이 시사하는 것처럼 개별적인 법적 분쟁에서 법적 안정성은 구체적 타당성과 대립하는 경우가 많다. 법학에서 형식과 실질이 매번 충돌하는 것처럼, 형식을 강조하는 법적 안정성은 실질을 강조하는 구체적 타당성과 구체적인 법적 분쟁에서 갈등을 빚는다. 이 경우 법규범을 해석하는 주체, 특히 법관은 이를 어떻게 해결해야 하는가? 제12장에서는 이른바 '아름다운 판결'로 잘 알려진 대전고등법원 판결과 이에 대한 대법원 판결을 분석함으로써 법적 안정성이 구체적인 법적 분쟁에서 어떻게 구체적 타당성과 대립을 하게 되는지, 이 경우 법관은 이를 어떻게 해결해야 하는지에 대한 시사점을 구하고자 한다.

II. 법체계 전반에서 바라본 법적 안정성의 의미

　먼저 논의의 출발점으로 법적 안정성이 법체계 전반에서 어떤 의미를 지니는지 살펴본다.

---

4 이에 관해서는 프랑크 잘리거, 윤재왕 (옮김), 『라드브루흐 공식과 법치국가』(세창출판사, 2011) 참고.
5 개념법학에 관해서는 양천수, "개념법학: 형성, 철학적·정치적 기초, 영향", 『법철학연구』 제10권 제1호(2007), 233~258쪽 및 이 책 제3장 참고.

1. 법적 안정성의 사회이론적·법이론적 의미

(1) 법적 안정성과 법체계의 합리화

법체계 전반에서 볼 때 법적 안정성은 법체계의 합리화, 그중에서도 막스 베버(M. Weber)가 강조한 '형식적 합리화'와 밀접한 관련을 맺는다. 오늘날에는 개념법학 또는 형식적 법치국가가 낳은 폐해 때문에 형식적 합리화를 부정적인 의미로 받아들이는 경우가 많지만, 애초에 형식적 합리화는 부정적인 의미보다 긍정적인 의미를 지니고 있었다. 형식적 합리화는 그 기준이 명확하지 않은 근대 이전의 실질주의에 대항하기 위해 제기된 것이다. 이는 학문의 역사라는 견지에서 볼 때 사회학적 실증주의나 법실증주의가 그 기준이나 내용이 명확하지만은 않은 철학적 형이상학이나 자연법론에 대항하기 위해 등장한 것과 같은 맥락을 이룬다. 이러한 근거에서 베버는 서구에서 진행된 근대화를 '형식적 합리화' 과정이라고 규정한 것이다.

베버에 따르면, 이러한 형식적 합리화는 세 가지 의미를 갖는다.[6] 첫째는 개념을 엄밀하게 만드는 것을 뜻한다. 이러한 견지에서 법을 형식적으로 합리화한다는 것은 법의 개념을 엄밀하게 만드는 것을 의미한다. 19세기 독일의 개념법학이 추구했던 것이 바로 이러한 법적 개념의 형식적 합리화라고 말할 수 있다. 둘째는 전문화 및 예측가능성의 의미를 갖는다. 형식적 합리화는 특정한 영역을 전문화하고 이를 통해 예측가능성을 확보한다는 의미를 지닌다는 것이다. 셋째는 특정한 조직이나 체계를 합리화한다는 것을 뜻한다. 이는 위에서 언급한 두 번째 의미의 형식적 합리화와 같은 맥락을 이룬다. 왜냐하면 특정한 영역을 전문화하면 이를 통해 해당 영역, 이를테면 조직이나 체계 등이 기능적으로 합리화될 것이기 때문이다. 그런데 여기서 확인할 수 있듯이, 법적 안정성은 바로 이러한 형식적 합리화가 추구하는 법적 이념이자 가치라고 말할 수 있다.

(2) 법체계의 자기생산적 기능을 담보하는 법적 안정성

체계이론의 견지에서 보면, 법적 안정성은 법체계의 자기생산적 기능을 담

---

6 이에 관해서는 칼 슈미트, 김항 (옮김), 『정치신학: 주권론에 관한 네 개의 장』(그린비출판사, 2010), 43~44쪽 참고.

보하는 역할을 수행한다. 체계이론에 따르면, 현대사회에서 법은 사회의 부분체계이자 독자적인 사회적 체계이다.[7] 더 나아가 법체계는 '자기생산적 체계'이다.[8] 여기서 자기생산적 체계란 독자적으로 요소, 절차, 구조, 정체성을 생산하는 체계를 말한다. 이러한 자기생산성은 법체계에서 쉽게 찾아볼 수 있다. 왜냐하면 법체계는 무엇이 법적 문제인지를 스스로 결정하고, 스스로 제정한 법적 절차에 따라 법적 작동을 실행하며, 법적 개념과 행위 역시 개념법학이 보여준 것처럼 철저하게 법체계의 관점에서 만들어내기 때문이다. 이때 법적 안정성은 법체계가 자기생산적 작동을 지속하는 데 기여한다. 법적 안정성 자체가 법체계의 존속과 유지를 담보하는 법이념이기 때문이다. 예를 들어 법체계는 법적 안정성을 이유로 하여 기존의 법적 개념과 행위를 고수한다. 법체계의 환경에서 등장한 새로운 개념이나 원리, 가치 등을 법적 안정성을 이유로 하여 법체계 내부로 끌어들이는 데 신중을 기한다. 이처럼 법적 안정성은 법체계가 독자적인 자기생산적 체계로 존속하고 작동하는 데 기여한다. 물론 이는 법체계 내부의 관점에서 볼 때 긍정적인 의미를 갖지만, 법체계 외부의 관점에서 보면 법체계의 폐쇄성을 가속화시키는 것으로 부정적으로 비칠 수 있다.

2. 법적 안정성과 법학방법

법적 안정성은 법학방법에도 투영된다. 법학방법이란 무엇이고 이러한 법학방법의 종류에는 무엇이 있는지에 관해서는 다양한 언급을 할 수 있지만, 19세기 독일에서 성장했던 법학방법의 견지에서 말하면 크게 개념법학과 목적법학을 언급할 수 있다.

(1) 개념법학

개념법학이란 19세기 독일에서 융성했던 판덱텐법학이 추구한 법학방법을 말한다. 널리 알려진 것처럼 개념법학은 완결된 법적 개념과 체계를 추구하였다.[9]

---

7 체계이론의 관점에서 법을 분석한 연구로는 정성훈, "법의 침식과 현대성의 위기: 루만(N. Luhmann)의 체계이론을 통한 진단", 『법철학연구』 제12권 제2호(2009), 331~356쪽 참고.

8 G. Teubner, *Recht als autopoietisches System* (Frankfurt/M., 1989).

9 이를 비판적으로 파악하는 김영환, "법의 계수의 결과현상들: 개념법학적인 사유형태와 일반조항

이러한 개념법학에 힘입어 민법상 법률행위나 물권행위 개념 등이 정립되고 채권과 물권이 개념적으로 구별되었다는 점은 주지의 사실이다.[10] 체계이론을 정립한 독일의 사회학자 루만이 초기에 원용한 《투입－산출 모델》에 따르면, 개념법학은 투입을 지향하는 법학방법이라고 말할 수 있다.[11] 이렇게 '산출'(output)보다는 '투입'(input)을 지향하는 개념법학은 정치철학의 측면에서 보면 보수적 자유주의와 관련을 맺는다. 미국의 법철학자 드워킨이 비판 대상으로 삼은 관행주의나 미국의 법현실주의자들이 비판한 형식주의가 이러한 개념법학과 연계된다.[12] 법적 안정성은 바로 이러한 개념법학이 추구한 법적 가치라고 말할 수 있다. 왜냐하면 형식적으로 치밀하고 자기완결적인 개념과 체계를 추구한다는 것 자체가 법적 안정성과 깊은 관련을 맺기 때문이다. 형식적으로 치밀하고 자기완결적인 개념과 체계를 구축함으로써 법체계에 대한 예견가능성을 제고할 수 있는데, 이는 결국 법적 안정성을 강화하는 것으로 이어지기 때문이다.

(2) 목적법학

이러한 개념법학에 대해 목적법학은 완결된 개념과 체계를 구축하는 것보다는 법이 지향하는 목적을 실현하는 것을 목표로 한다. 좀 더 구체적으로 말하면, 현실적인 이익을 실현하는 것을 법학의 과제로 삼는다. 이러한 근거에서 목적법학은 《투입－산출 모델》의 견지에서 보면 투입보다는 산출을 지향한다. 이 점에서 목적법학은 투입을 지향하는 개념법학과 대비된다. 물론 그렇다고 해서 목적법학이 법적 개념이나 체계 등을 전적으로 도외시하는 것은 아니다.[13] 목적법학 역시 법학이 학문적으로 작동하기 위해서는 개념이 필수적일 수밖에 없다는 점을 긍정한다. 다만 개념법학과는 달리 자기완결적이고 폐쇄적인 개념

에로의 도피", 『법철학연구』 제4권 제1호(2001), 149~174쪽 참고.

[10] 이에 관해서는 이상태, 『물권·채권 준별론을 취한 판덱텐체계의 현대적 의의』(건국대학교출판부, 2006) 참고.

[11] N. Luhmann, *Rechtssystem und Rechtsdogmatik* (Stuttgart/Berlin/Köln/Mainz, 1974), 27쪽 아래.

[12] 드워킨에 관해서는 김정오·최봉철·김현철·신동룡·양천수, 『법철학: 이론과 쟁점』(박영사, 2013), 55쪽 아래.

[13] R.v. Jhering, 양창수 (역), "다시 지상에서 — 어떻게 개선할 것인가?", 양창수 (편역), 『독일민법학논문선』(박영사, 2005), 41~42쪽.

과 체계를 추구하지 않을 뿐이다. 이러한 측면에서 목적법학은 유동적 개념이나 개방적·동적 체계를 수용한다. 정치철학적인 견지에서 볼 때 이러한 목적법학은 공리주의 또는 실용주의와 관련을 맺는다. 목적법학은 개념법학이 안고있는 형식주의적 한계를 넘어서고자 한다는 점에서, 물론 전적으로 일치하는것은 아니지만, 최근 새롭게 떠오르는 학문분과로서 수범자의 이성보다는 감성을 지향하는 법문학이나 법시학과도 일정 부분 같은 맥락을 이룬다.[14]

그러면 이러한 목적법학이 추구하는 법이념은 무엇인가? 개념법학이 법적안정성을 지향한다는 점은 이미 살펴보았다. 사실이 그렇다면 개념법학과 여러모로 상반되는 목적법학은 법적 안정성이 아닌 다른 이념을 추구할 것이라고추론할 수 있다. 그 이념이란 법적 안정성과 상반되는 지위를 갖는 구체적 타당성이라고 말할 수 있다. 이는 목적법학이 고정되고 자기완결적인 개념과 체계가 아니라 유동적이고 개방되어 있는 개념과 체계를 추구한다는 점에서도 근거를 찾을 수 있다. 이렇게 보면 라드브루흐가 말한 법적 안정성과 구체적 타당성의 긴장관계는 개념법학과 목적법학에서도 되풀이된다고 말할 수 있다.

3. 법적 안정성과 입법

법적 안정성은 입법과도 밀접한 관련을 맺는다. 왜냐하면 ≪투입−산출모델≫의 견지에서 볼 때 입법이야말로 법체계 외부에서 이루어지는 사회적소통을 법체계 안으로 투입시키는 과정이기 때문이다. 이러한 측면에서 볼 때개념법학이 그랬던 것처럼 입법과정은 가능한 한 구체적이고 명확하면서도 일관성 있는 개념과 체계를 사용해야 하고, 이를 통해 예측가능성을 확보해야 한다. 이는 자연스럽게 법적 안정성으로 이어진다. 요컨대 법적 안정성을 강화하기 위해서는 입법을 할 때 가능한 한 구체적이고 명확한 개념을 사용해야 한다. 형법상 죄형법정주의의 하부원칙인 명확성원칙은 바로 이 점을 지적하는원칙이다.

이와 관련하여 언급해야 할 문제가 한 가지 있다. 바로 '일반조항'에 관한

---

14 법문학에 관해서는 이상돈·이소영, 『법문학: 법문학의 대상과 방법 그리고 실천』(신영사, 2005) 참고.

문제이다.[15] "일반조항으로 도피"라는 헤데만(J.W. Hedemann)의 유명한 언명이 시사하는 것처럼 일반조항은 법적 개념의 명확성에 반하는 것으로, 법적 사고를 유약하게 하고 법적 안정성도 해칠 수 있다.[16] 이를테면 법관이 법적 판단을 할 때 치밀하고 섬세한 법적 개념이나 체계 등에 의존하지 않고 쉽사리 '신의성실'과 같은 일반조항에 의지하면, 이러한 법관이 내리는 판결은 논리적 설득력을 얻기 힘들고, 더불어 판결의 수범자 역시 예측가능성을 확보하지 못해 결과적으로 법체계 전반의 법적 안정성은 저해된다.[17]

그러나 문제는 일반조항이 이러한 부정적인 측면만 갖는 것은 아니라는 점이다. 일반조항은 긍정적인 기능도 수행한다. 예를 들어 독일의 형법학자 한스벨첼(H. Welzel)의 '사회적 상당성' 개념이나 독일 민법의 신의성실 원칙에 대한 토이브너(G. Teubner)의 평석이 시사하는 것처럼, 일반조항은 법체계와 다른 사회체계 사이의 간극을 해소하는 데 중요한 기여를 한다.[18] 보통 법체계는 사회현실의 변화에 늦게 대응하는 경우가 많기 때문에 자연스럽게 법체계와 사회현실 사이에는 간극이 존재하기 마련이다. 물론 법체계는 '개정'이라는 방식으로 이러한 간극을 해소할 수도 있지만, 현실적으로 볼 때 법규범을 개정하는 것은 많은 인적·물적·시간적 자원을 필요로 하는 것으로 생각만큼 쉽지 않다. 이러한 상황에서 일반조항은 법체계와 사회현실 사이에 존재하는 간극을 해소하는데 일조할 수 있다. 이를테면 법관은 '해석'이라는 방법으로 일반조항을 구체화하는 과정에서 사회현실이 요청하는 바를 법체계에 투영시킬 수 있다. 가령 법관은 '신의성실'이라는 민법상 일반조항 규정에 힘입어 사회현실이 제기하는 목적이나 이익 등을 민법 전반에 투입시킬 수 있다. 이를 통해 민법의 현실적합성을 제고할 수 있다. 이러한 근거에서 볼 때 일반조항을 부정적으로만 평가하는 것은 타당하지 않다.

---

15 일반조항 문제에 관해서는 심헌섭, "일반조항 소고: 분석적 소묘", 『분석과 비판의 법철학』(법문사, 2001), 227쪽 아래.

16 J.W. Hedemann, *Die Flucht in die Generalklauseln. Eine Gefahr für Recht und Staat* (Tübingen, 1933).

17 곽윤직 (편), 『민법주해(Ⅰ)』(박영사, 1992), 104쪽 아래(양창수 집필) 참고.

18 G. Teubner, in: *Alternativkommentar zum Bürgerlichen Gesetzbuch, Bd. 2: Allgemeines Schuldrecht* (Neuwied/Darmstadt, 1980), 84쪽(§242).

더군다나 복잡성이 지속적으로 증대하는 현대사회에서는 입법기술상 일반조항을 채택하는 것이 현실적으로 불가피한 일이 되고 있다. 법적 안정성만 강조하여 입법을 하게 되면, 법체계는 너무 방대해지고 비효율적인 것이 될 수 있다. 이로 인해 복잡성과 전문성이 점점 증가하는 현대사회의 변화에 적절하게 대응하지 못할 수 있다. 요컨대 개념과 체계를 명확하게 구체화하면 법적 안정성은 획득할 수 있지만, 법체계의 효율성이나 유연성은 그만큼 상실된다. 반대로 예링의 목적법학이 요청하는 것처럼, 사회현실의 변화에 탄력적으로 대응할 수 있도록 법체계를 구조화하면 법체계의 효율성이나 현실적합성은 획득할 수 있지만, 예견가능성이나 법적 안정성은 잃을 수 있다. 따라서 양자를 조화시킬 수 있는 최적의 지점을 모색하는 것이 필요하다.

4. 법적 안정성과 해석

(1) 법적 안정성과 삼단논법

법적 안정성은 법규범을 해석하는 과정에도 투영된다. 이는 법규범 해석 및 적용에 관한 가장 대표적인 법학방법이라 할 수 있는 법적 삼단논법에서 쉽게 확인할 수 있다.[19] 왜냐하면 법적 삼단논법이야말로 법적 안정성을 우선시하는 법적용방법이라고 말할 수 있기 때문이다. 그 이유는 다음과 같다. 법적 삼단논법에 따르면, 법규범을 해석하고 적용하는 가장 대표적인 주체인 법관은 언제나 대전제인 법규범에 의지해서만 법적 판단을 내릴 수 있다. 법관은 법적 판단을 할 때 언제나 법규범에 구속되어야 한다. 이 점에서 법적 삼단논법은 법철학적으로 법실증주의에 기반을 둔다. 또한 국가철학적으로는 법치국가 원칙을 법학방법의 측면에서 구체화한 것이라고 말할 수 있다. 법치국가 원칙에서 강조하는 '법관의 법률에 대한 구속이념'을 법적 삼단논법에서 고스란히 읽어낼 수 있기 때문이다. 이러한 맥락에서 법관은 법적 삼단논법에 따라 '법률을 말하는 입'이 되어야 한다.[20] 심지어 법관은 법적 분쟁을 법규범에 기계적으로 포섭

---

19 법적 삼단논법에 관해서는 김정오·최봉철·김현철·신동룡·양천수, 앞의 책, 110쪽 아래.
20 이에 관해서는 윤재왕, "'법관은 법률의 입'?: 몽테스키외에 관한 이해와 오해", 『안암법학』 제30호(2009), 109~145쪽 참고.

시키는 '자동포섭장치'가 되어야 한다고 주장되기도 하였다. 법적 삼단논법과 관련된 이 모든 것은 결국 법적 안정성을 실현하기 위한 법적 장치에 해당한다.

(2) 법적 안정성과 해석방법

추상적인 법규범을 구체화하는 데 사용되는 해석방법 역시 법적 안정성과 무관하지 않다. 물론 해석방법은 다원적이어서 모든 해석방법이 법적 안정성과 관련을 맺는 것은 아니다. 해석방법으로는 통상적으로 문법적·논리적·체계적· 역사적·목적론적 해석 등이 언급된다. 그러나 이러한 해석방법이 모두 법적 안정성과 관련을 맺는 것은 아니다. 일반적으로 문법적·논리적·체계적 해석이 법적 안정성과 관련을 맺는다. 법적 안정성을 추구하면서 법규범을 해석하면, 문법적·논리적·체계적 해석을 우선적으로 적용하게 된다. 입법자의 의사를 중시하는 역사적 해석 역시 법적 안정성을 지향하는 해석이라고 말할 수 있다. 이에 반해 목적론적 해석은 법적 안정성보다는 구체적 타당성을 지향한다. 목적론적 해석 자체가 목적법학이 성장하면서 등장했다는 역사적 사실이 이를 증명한다.[21] 법규범을 해석할 때 법적 안정성을 강조하면, 자연스럽게 법적 개념의 명확성이나 형식성, 체계성, 논리성 등을 중시하는 해석을 하게 된다. 이 때문에 법적 안정성을 중시하는 해석은 이미 언급한 것처럼 개념법학과 관련을 맺는다. 이에 반해 구체적 타당성을 중시하여 법규범을 해석하면, 개념과 체계의 완결성보다는 해석결과의 합목적성을 우선시 하는 해석을 하게 된다. 이러한 근거에서 구체적 타당성 또는 합목적성을 강조하는 해석은 필연적으로 목적법학과 연결된다.

(3) 법적 안정성과 법형성

법적 안정성은 법학방법론에서 가장 어려운 문제 가운데 한 가지인 법형성과도 관련을 맺는다.[22] 물론 법적 안정성과 법형성 사이에 존재하는 관련성은 비례적 관련성이 아닌 반비례적 관련성이다. 법적 안정성을 강조하면 강조할수

---

[21] K. Larenz, *Methodenlehre der Rechtswissenschaft* (Berlin usw., 1991), 11쪽 아래.
[22] 법형성에 관해서는 우선 K. Larenz, 앞의 책, 366쪽 아래; 칼 엥기쉬, 안법영·윤재왕 (옮김), 『법학방법론』(세창출판사, 2011), 228쪽 아래 등 참고.

록 법관에 의한 법형성은 그만큼 억제되어야 한다. 이 점은 형법해석의 한계와 유추금지를 강조하는 형법해석에서 쉽게 확인할 수 있다. 형법에서는 대원칙인 죄형법정주의 및 그 하부원칙인 유추적용금지 원칙에 따라 법관이 형법해석의 한계를 넘어서 형법규범을 새롭게 형성하는 것을 금지한다.[23] 이에 대한 가장 큰 이유는 죄형법정주의가 지향하는 예견가능성 및 법적 안정성에서 찾을 수 있다. 요컨대 형법이 강조하는 유추금지는 형법해석에서 법적 안정성을 최대한 실현하기 위한 방안인 셈이다. 이에 반해 구체적 타당성을 중시하면, 법관에 의한 법형성을 적극적으로 인정하게 된다. 예를 들어 독일 법학에서 등장한 자유법론이나 문제변증론은 법적 분쟁을 해결할 때 구체적 타당성을 확보하고 개념법학의 형식주의를 극복하기 위한 일환으로 법관에 의한 법형성을 적극적으로 옹호하였다.[24]

Ⅲ. 법적 개념의 해석을 둘러싼 법적 안정성과 구체적 타당성의 대립: 이른바 '아름다운 판결'을 예로 하여

그러면 법규범을 해석하는 과정에서 어떻게 법적 안정성과 구체적 타당성이 대립하게 되는가? 아래에서는 이른바 '아름다운 판결'로 널리 알려진 대전고등법원 2006. 11. 1. 선고 2006나1846 판결과 이에 대한 상고심 판단인 대법원 2009. 4. 23. 선고 2006다81035 판결을 분석함으로써 어떻게 법규범을 해석하는 과정에서 법적 안정성과 구체적 타당성이 대립하게 되는지, 이 경우 어떻게 이러한 대립을 해결해야 하는지 살펴본다.[25]

---

23 이 문제에 관해서는 양천수, "형법해석의 한계: 해석논쟁을 중심으로 하여", 『인권과 정의』 제379호(2008), 144~158쪽 참고.

24 이러한 자유법론의 주장에 관해서는 헤르만 칸토로비츠, 윤철홍 (옮김), 『법학을 위한 투쟁』(책세상, 2006) 참고.

25 '아름다운 판결'에 대한 분석으로는 김재형, "황금들녘의 아름다움: 법해석의 한 단면", 『민법론 Ⅳ』(박영사, 2011), 145쪽 아래; 김정오·최봉철·김현철·신동룡·양천수, 앞의 책, 145~146쪽 등 참고.

1. 구 임대주택법 제15조 제1항의 '임차인' 개념 해석문제

이른바 '아름다운 판결'에서는 구 임대주택법 제15조 제1항이 규정하는 '무주택자인 임차인' 개념을 어떻게 해석해야 하는지가 주된 쟁점이 되었다. 이에 관해 항소심인 대전고등법원은 구체적 타당성의 견지에서 임차인 개념을 해석한 반면, 대법원은 법적 안정성의 관점에서 임차인 개념을 해석하였다. 요컨대 구 임대주택법이 규정한 임차인 개념을 구체화하는 과정에서 구체적 타당성과 법적 안정성이 대립한 것이다. 2005년 7월 13일 법률 제7598호로 개정되기 이전의 구 임대주택법 제15조 제1항은 다음과 같이 규정하고 있었다.[26]

"임대사업자는 임대의무기간이 경과된 후 대통령령이 정하는 건설임대주택을 분양전환하는 경우에는 대통령령이 정하는 **무주택세대주인** 임차인에게 우선분양전환하여야 한다."(강조는 인용자가 추가한 것이다)

그런데 여기서 말하는 "무주택세대주인 임차인", 즉 "무주택자인 임차인"이 구체적으로 누구를 지칭하는지에 관해서는 이미 언급한 것처럼 대전고등법원과 대법원 사이에서 견해가 대립하였다. 아래에서는 먼저 사실관계를 소개한 후 이에 대해 대전고등법원과 대법원이 각각 어떻게 판단했는지를 살펴본다.[27]

2. 사실관계

이 사건의 사실관계는 아래와 같다.[28] 원고는 임대주택사업을 하는 대한주택공사이다. 원고는 1999년 2월 19일 임대주택 한 채(24평형)에 관해 피고 A와

---

26 이 규정은 이후 2008년 3월 12일 법률 제8966호로 전면 개정되어 현 임대주택법은 제21조 제1항 제1호에서 다음과 같이 규정한다.
제21조(건설임대주택의 우선 분양전환) ① 임대사업자가 임대의무기간이 지난 후 「주택법」 제16조에 따라 사업계획승인을 받아 건설한 공공건설임대주택을 분양전환하는 경우에는 다음 각 호의 어느 하나에 해당하는 임차인에게 우선 분양전환하여야 한다.
  1. 입주일 이후부터 분양전환 당시까지 해당 임대주택에 거주한 무주택자인 임차인
27 아래에서는 각 판결이 어떻게 법률해석론을 전개하는지를 명확하게 보여준다는 취지에서 가능한 한 판결문을 '직접 인용하는 방식'을 취하였다.
28 아래의 사실관계는 대전고등법원 판결 및 김재형, 앞의 논문, 146쪽을 기초로 하여 약간의 수정을 한 것이다.

임대차기간을 5년으로 하는 임대차계약을 체결하였다. 피고 A에게는 아버지 피고 B가 있다. 피고 B는 1999년 6월 1일 위 임대주택에 입주하여 지금까지 홀로 살고 있다. 피고 A는 피고 B의 둘째 딸로 1988년 9월 16일 혼인한 이후 따로 살고 있다. 당시 시행되고 있던 구 임대주택법이 규정한 임대의무기간이 경과하자 원고는 위 임대주택 전부를 분양전환하기로 하였다. 구 임대주택법 제15조 제1항, 같은 법 시행령 제13조 제2항 제1호는 우선분양을 받을 수 있는 권리자를 "입주일 이후부터 분양전환 당시까지 당해 임대주택에 거주한 무주택자인 임차인"으로 규정하고 있었다. 그런데 위 임대주택의 계약상 임차인인 피고 A 부부는 이미 다른 주택을 소유하고 있었기에 위 임대주택을 분양받을 수 없었다. 이에 피고 B는 원고에게 임대차계약의 명의자는 형식상 딸로 되어 있을 뿐이고, 실제로는 자신이 거주하기 위해 임차한 것이며, 자신이 계속해서 위 임대주택에 거주하고 있다는 이유로 해당 임대주택을 자신의 명의로 분양해 줄 것을 요청하였다. 그러나 원고는 피고 B의 요청을 거절하고 피고들에 대하여 임대주택의 명도를 청구하였다.

3. 대전고등법원 2006. 11. 1. 선고 2006나1846 판결의 판단

(1) '형식적 의미의 임차인'과 '실질적 의미의 임차인'

위 사실관계에서는 크게 두 부분이 문제가 되었다. 첫째는 위 사실관계에서 누가 임차인이 되는가 하는 문제이다. 둘째는 구 임대주택법 제15조 제1항이 규정하는 '임차인'이 구체적으로 무슨 의미인가 하는 문제이다. 그중에서 첫번째 쟁점에 관해 대전고등법원은 분명하게 누가 임차인이 되는가를 판단하지는 않았다. 다만 이 문제를 우회하기 위해 대전고등법원은 임차인 개념을 두 가지로 나눈다. '형식적 의미의 임차인'과 '실질적 의미의 임차인'이 그것이다. 여기서 '형식적 의미의 임차인'이란, 비록 대전고등법원이 이에 대한 개념정의를 분명하게 내리고 있지는 않지만, 민법이 규정하는 임차인 개념을 뜻한다. 민법이라는 제도가 형식적·제도적으로 규정하는 임차인 개념이 '형식적 의미의 임차인'인 것이다. 이에 따르면 '형식적 의미의 임차인'이란 임대인의 목적물을 사용·수익하고 이에 대해 임대인에게 차임을 지급할 것을 약정한 사람을 뜻한다

(민법 제618조). 여기서 가장 핵심이 되는 요건은 본인이 임차인으로서 약정을 했는가 하는 점이다. 통상적으로는 임대차 계약서상에 임차인으로 서명 또는 기명날인한 사람이어야 형식적 의미의 임차인으로 인정될 수 있다.

이에 대해 '실질적 의미의 임차인'이란 민법이 규정하는 임차인, 즉 형식적·제도적인 측면에서는 임차인이 아니지만 실제적으로 볼 때 임차인이라고 말할 수 있는 사람을 말한다. 달리 말해 본인이 임차인으로 계약을 체결한 사람은 아니지만, 여러 실제적인 상황을 고려할 때 임차인으로 인정될 수 있는 사람을 뜻한다.[29] 대전고등법원에 따르면, "임대차계약의 목적과 재정적 부담과 실제 거주자라는 실질적 측면에서 사회적 통념상 임차인으로 충분히 관념될 수 있는" 사람이 실질적 의미의 임차인에 해당한다. 이를 통해 알 수 있듯이 대전고등법원에 따르면 실질적 임차인으로 인정되기 위해서는 세 가지 요건을 충족해야 한다. 첫째, 임대차계약의 목적에 합치해야 한다. 둘째, 실제로 자신의 재정적 부담 아래 차임을 지급해야 한다. 셋째, 당해 목적물에 실제로 거주하고 있어야 한다.

이러한 개념을 전제로 한 다음, 대전고등법원은 이 사건에서는 아버지인 피고 B가 실질적 의미의 임차인이 된다고 판시하였다. 이러한 주장은 다음과 같이 읽을 수 있다. 첫째, 대전고등법원은 직접 임대차계약을 체결한 사람은 아버지인 B가 아닌 딸인 A라는 점을 고려하여 형식적 의미의 임차인은 A라는 점을 인정한 것으로 보인다. 그렇지만 둘째, 이 사건에서 문제되는 임대주택에 대한 임대차계약은 B의 재정적 부담 아래 체결된 것이고, 실제로 거주한 사람도 B라는 점을 고려할 때 실질적 의미의 임차인은 B가 된다는 것이다. 그러면서 대전고등법원은 공동피고이자 항소인인 B가 직접 임대차계약을 체결하지 않은 것은 "법적으로 허용되지 않는 어떤 이익을 얻거나 법적 규제를 회피하기" 위한 것이 아니라, 실수로 임대차계약을 체결하지 못한 것이라고 보았다. 또한 공동피고인 A는 자신의 이익을 위해서가 아니라 아버지인 B의 이익을 위해 B를 대신해서 계약서를 작성한 것이라고 보았다. 대전고등법원은 이를 다음과 같이

---

[29] 기능주의적인 관점에서 말하면, 임대차계약관계에서 실질적으로 임차인의 기능을 수행하는 사람을 실질적 의미의 임차인이라고 정의내릴 수 있을 것이다.

논증한다.[30]

　　"아버지의 부탁으로 피고 A가 원고 공사의 사무실로 찾아가 아버지가 살 임대
주택에 관한 임대차계약을 체결하였다. (…) 그녀가 원고 공사의 직원에게 사정을
설명하고 아버지와 자신의 명의 중 누구 명의로 임대차계약을 체결하여야 하는지를
물었고 원고 직원으로부터 누구 명의로 하든 상관없다는 답변을 들었다는 것이다.
(…) 그러나 피고 A가 아버지인 피고 B를 대리하여 그 명의로 임대차계약서를 작
성하기 위해서 갖추어야 했을 서류의 양과 법적 지식이 부족한 그녀가 그 서류를
모두 갖추는 데 필요한 시간과 노력의 양, 특히 그녀가 거주하던 청주와 아버지가
거주하던 조치원읍 사이의 거리가 결코 가깝지 않고 서류를 갖추기 위해서 여러
차례 왕복하는 것이 쉬운 일이 아닌 점을 참작해 보면 아버지가 임대주택에 거주
한다는 목적에 아무런 지장이 없는 한 아버지를 대리하여 계약서를 작성하기보다
는 자신 명의로 계약서를 작성하는 편을 선호했을 것임을 쉽게 추측해 볼 수 있
다. 그리고 당시 원고 공사는 임대주택에 대한 임차 희망자가 적어 3차 청약까지
임대업무가 지연되었던 사정을 참작해 보면, 원고 공사의 직원이 신속하고 간편한
업무처리를 위해 사무실로 찾아 온 피고 A에게 그녀 명의로 계약을 체결할 것을
권유했을 가능성도 없지 않은 것으로 보인다. 상세한 경위가 모두 밝혀진 것은 아
니지만, 피고 A는 아버지인 피고 B를 위하여 위 임대차계약을 체결하였던 것은
분명하고, 충분한 법적 지식이 없어 장래 발생할 법적 분쟁을 예견하지 못했기 때
문에 수고와 번잡함을 피할 생각에서 아버지 명의가 아닌 자신의 명의로 임대차
계약을 체결하였던 것이지 법적으로 허용되지 않는 어떤 이익을 얻거나 법적 규제
를 회피하기 위하여 자신의 명의로 임대차 계약을 체결한 것은 아닌 것으로 보인
다."(강조는 인용자가 추가한 것이다. 이하 같다)

(2) 구 임대주택법상 임차인 개념의 해석방법
　　위에서 살펴본 것처럼 이 사건에서 대전고등법원은 공동피고 중에서 아버

---

30 판결문 원문에서 공동피고들의 이름은 각각 피고 A와 피고 B로 바꾸었다.

지를 실질적 의미의 임차인으로 보았다. 그 다음 문제는 구 임대주택법 제15조 제1항이 규정하는 임차인 개념이 이러한 실질적 의미의 임차인까지 포함하는가 하는 것이다. 이 사건에서 누가 임차인인가 하는 문제가 이른바 '법률행위해석' 에 관한 문제라면, 구 임대주택법 제15조 제1항이 규정하는 임차인 개념이 실 질적 임차인까지 포함하는가 하는 문제는 법률해석에 관한 문제이다.[31] 법률, 즉 법규범을 어떻게 해석할 것인가에 관해서는 일반적으로 문법적 해석, 논리 적·체계적 해석, 역사적 해석, 목적론적 해석이 언급된다. 이러한 해석방법 중 에서 어떤 해석방법을 가장 우선시해야 하는가에 관해서는 여전히 확립된 견해 가 존재하지 않는다.[32] 다만 법규범이 문언으로 구성되어 있다는 점, 법관은 법 률에 엄격하게 구속되어야 한다는 법치국가 원리에 비추어볼 때 문법적 해석을 법규범 해석의 출발점으로 삼아야 한다는 견해가 일반적으로 인정된다.[33]

그러면 구 임대주택법 제15조 제1항이 규정하는 임차인은 문법적 해석을 사용하여 구체화하면 되는 것인가? 그러나 이는 생각보다 간단하지는 않다. 왜 냐하면 임차인 개념을 문법적 해석으로 해석하게 되면, 구 임대주택법 제15조 제1항이 규정하는 임차인 개념은 형식적 의미의 임차인만 뜻할 가능성이 높기 때문이다.[34] 그렇게 되면 이 사건에서 대전고등법원이 실질적 의미의 임차인으 로 판단한 피고 B를 임대주택법으로 보호하지 못할 수 있다. 이러한 이유에서

---

31 법률해석 일반에 관해서는 K. Larenz, 앞의 책, 312쪽 아래; 칼 엥기쉬, 앞의 책, 110쪽 아래 등 참고.

32 칼 엥기쉬, 앞의 책, 130~131쪽.

33 김영환, "형법상 해석과 유추의 한계: 이상돈 교수의 반론에 대하여", 신동운·김영환·이상돈·김 대휘·최봉철, 『법률해석의 한계』(법문사, 2000), 107쪽 아래. 물론 그렇다고 해서 문법적 해석이 모든 해석방법 중에서 가장 우선적인 지위를 누리는 것은 아니다.

34 물론 임차인 개념을 문법적으로 해석하면 반드시 형식적 의미의 임차인 개념만 도출되는 것은 아니다. 왜냐하면 일상적인 의미에서 볼 때 임차인은 '세입자'라는 의미로 이해되는데, 이러한 세 입자 개념은 형식적 의미의 임차인보다 더욱 넓게 이해될 수 있기 때문이다. 이를테면 설사 임 대차계약을 체결할 때 본인의 명의로 계약을 체결하지 않았다 할지라도 본인이 '집세'를 내면서 해당 주거지에 주거하고 있다면 이 사람을 세입자로 볼 가능성도 없지 않다. 이를 예증하듯이 국어사전에서도 임차인을 "임대차 계약에서 돈을 내고 물건을 빌려 쓰는 사람"이라고 정의한다. 이에 관해서는 국립국어원 표준국어대사전 참고. 이러한 측면에서 보면, 오히려 실질적 의미의 임차인이 우리가 일상적으로 생각하는 세입자 개념에 더욱 가깝다고 말할 수도 있다. 임차인 개 념을 형식적 의미의 임차인으로 새기는 것은, 대법원 판례가 분명하게 보여주는 것처럼, 논리적 ·체계적 해석을 사용하여 민법상 임차인 개념을 끌어온 결과이기 때문이라고 말할 수 있다.

대전고등법원은 목적론적 해석방법을 사용하여 임차인 개념을 해석한다. 대전고등법원은 일반론으로서 다음과 같이 말한다.

"법률용어로서의 '임차인'이라는 단어가 임대차계약의 양 당사자 중 부동산을 빌리는 측 당사자를 의미한다는 사실은 굳이 법률가가 아니더라도 잘 알고 있다. 그러나 법률 문언의 올바른 의미를 밝히기 위해서는 법률용어로서의 의미만이 아니라 그 법률이 달성하고자 한 정책목표와 우리 사회가 법체제 전체를 통하여 달성하고자 하는 가치를 아울러 고려하여야 한다."

여기서 확인할 수 있듯이 대전고등법원은 문법적 해석, 즉 "문언적·법형식적 해석"보다 목적론적 해석을 우선시하여 임차인 개념을 해석한다. 그러면 이때 말하는 '목적'이란 무엇인가? 법학방법론의 견지에서 보면, 목적론적 해석에서 말하는 목적은 다음과 같이 구분할 수 있다.[35] 첫째, 목적은 법체계 내부에 존재하는 목적과 법체계 외부에 존재하는 목적으로 구분할 수 있다. 둘째, 목적은 입법자가 판단한 목적과 법규범 그 자체가 객관적으로 담고 있는 목적으로 구분할 수 있다. 전자를 '주관적 목적'으로, 후자를 '객관적 목적'으로 지칭할 수 있다. 그러면 대전고등법원은 이러한 목적 중에서 어떤 목적을 선택하는가? 대전고등법원은 법체계 내부의 목적, 그중에서도 임대주택법이 객관적으로 설정하고 있는 목적을 선택한다. 이를 다음과 같이 논증한다.

"입법부가 임대주택법을 제정하여 임대주택사업을 지원하는 한편 일정한 규제를 가하고 있는 것은, 임대주택 건설을 촉진하고 국민주거생활의 안정을 도모하기 위한 것이다(위 법 제1조). (…)
　그래서 우리는 이 법률을 해석하고 적용함에 있어서 이 법률이 달성하고자 하는 위와 같은 공익적 목적을 충분히 참작하여야 마땅하다고 믿는다. 게다가 우리 사회에서 임대주택의 건설과 임대사업 영위에 가장 큰 몫을 차지하고 있는 원고 대한주택공사의 존재 이유가 바로 국민생활의 안정과 공공복리의 증진이라는 공

---

35 이에 관해서는 칼 엥기쉬, 앞의 책, 126쪽 아래.

익적 이유에 있음(대한주택공사법 제1조)도 간과할 수 없다.

(…) 이 법이 무주택자를 요건으로 정하고 있는 것은 임대주택이라는 한정된 자원의 분양에 있어서 아직 주택을 소유하고 있지 못한 서민을 배려하기 위한 것이고, 실제 거주한 임차인을 요건으로 정하고 있는 것은 한정된 자원의 분양에 있어서 실수요자를 우선 배려하기 위한 목적 때문일 것이다. 따라서 위 규정에서 말하는 '임차인'의 의미를 밝히고, 이 사건에서 피고 B가 그 '임차인'에 해당하는지를 판단함에 있어서 위 규정의 목적을 충분히 고려하여야 한다."

이러한 기초 위에서 대전고등법원은 실질적 의미의 임차인인 피고 B는 구 임대주택법 제15조 제1항이 규정하는 임차인에 해당한다고 판단한다.

"위 법률의 문언만이 아니라 위 법률이 달성하고자 한 정책적 목표와 위 법률이 의도한 계획의 관점에서 보면, 피고 B의 주거안정은 당초부터 위 정책목표와 계획상의 보호범위 내에 있었던 것이지 그 바깥에 있었다고 생각되지 않는다. 정책적 목적과 계획을 분명하게 하기 위하여 사용된 언어가 그 정책적 목적과 계획의 실행을 제한하고 억제하는 방향으로 해석되고 집행되는 것은 옳은 일이 아니다.

이러한 법해석학의 관점에서 볼 때, 이 사건에서 피고 B가 무주택자이고 이 사건 임대주택에 대한 실수요자였음에도 불구하고 위에서 본 특별한 사정 때문에 임대차계약상의 임차명의인이 아니라고 하여 그의 권리를 부정하는 것이 이 법의 공익적 목적과 계획에 부합한다고 생각되지 않는다. 오히려 이 법상의 임차인의 요건을 그렇게까지 문언적, 법형식적으로 해석할 것이 아니라 이 사건과 같은 특별한 사정이 있는 예외적 사안에서 임대차계약의 목적과 재정적 부담과 실제 거주자라는 실질적 측면에서 사회적 통념상 임차인으로 충분히 관념될 수 있는 피고 B가 위 법상의 임차인 요건을 갖추었다고 보는 것이 위 법의 공익적 목적과 계획에 부합하는 해석이라고 생각한다."

위 인용문에서 확인할 수 있는 것처럼, 대전고등법원은 임대주택법과 대한주택공사법이 정하는 규범목적에서 피고 아버지가 실질적 의미의 임차인으로서

구 임대주택법 제15조 제1항이 정하는 임차인에 속한다는 결론을 이끌어낸다. 이는 전형적인 목적론적 해석이자 목적 중에서도 법체계 내부가 정하고 있는 목적이자 법체계 내부에서 법의 이념으로 작동하는 '구체적 타당성'을 추구한 해석이라고 말할 수 있다.

(3) 법형성 가능성

물론 대전고등법원은 이러한 해석이 구 임대주택법 제15조 제1항이 규정하는 '법문언의 가능한 의미' 안에서 이루어지는 해석이 아닐 수도 있다는 것을 인식한다.[36] 이는 해석이 아닌 법형성에 해당할 수 있다는 점을 인식하고 있는 것이다. 이러한 맥락에서 대전고등법원은 특정한 경우에는 법원이 법형성을 할 수 있다고 주장한다.[37]

"우리는 입법부가 만든 법률을 최종적으로 해석하고 집행하는 법원이 어느 정도 수선의 의무와 권한을 갖고 있다고 생각한다. 이는 의회가 만든 법률을 법원이 제멋대로 수정하는 것이 아니라 그 법률이 의도된 본래의 의미를 갖도록 보완하는 것이고 대한민국헌법이 예정하고 있는 우리 헌법체제의 일부라고 생각한다."

법학방법론에서는 이러한 법형성을 크게 두 가지로 구분한다. '법률보충적 (praeter legem) 법형성'과 '법률에 반하는(contra legem) 법형성'이 그것이다. 법률보충적 법형성은 법규범에 일정한 흠결이 있을 때 이러한 흠결을 보충하기 위해 행하는 법형성을 말한다. 법률보충적 법형성은 법률에 존재하는 하자를 치유하는 법형성이라는 점에서 특히 민사법영역에서 광범위하게 인정된다.[38] 우리 판례가 민사법영역에서 인정하는 대상청구권이 이를 잘 예증한다.[39] 이에 반

---

36 지배적인 견해와 판례는 '법문언의 가능한 의미'를 해석의 한계기준으로 설정한다. 예를 들어 대법원 1994. 12. 20.자 94모32 전원합의체 결정 참고.

37 당시 대전고등법원 판결을 담당한 부의 부장판사였던 박철 변호사도 이미 판사 시절 법률에 반하는 법형성을 이론적으로 정당화하는 장문의 논문을 발표한 바 있다. 박철, "법률의 문언을 넘는 해석과 법률의 문언에 반하는 해석", 『법철학연구』 제6권 제1호(2003), 185~236쪽.

38 그러나 죄형법정주의 및 유추금지가 지배하는 형사법영역에서는 법형성이 엄격하게 금지된다.

39 독일 민법과는 달리 우리 민법은 대상청구권을 명문으로 규정하고 있지 않다.

해 법률에 반하는 법형성은 법규범이 규정하는 법문언을 명백하게 위반한다는
점에서 문제가 있다. 법률에 반하는 법형성을 인정할 수 있는가에 관해서는 논
란이 없지 않지만, 일부 견해는 특정한 경우에는 법률에 반하는 법형성이 가능
할 수 있다는 점을 긍정한다. 예를 들어 대법관을 역임한 민법학자 양창수 교수
는 다음과 같이 말한다.[40]

"그러나 그 문언 또는 문법구조대로 해석하는 것이 평가모순을 가져 오는 경우
에는, 가능한 어의와 의미관련의 범위 안에서(im Rahmen ihres möglichen
Wortsinns und des Bedeutungszusammenhanges) 이를 피할 수 있는 해석이 요구
되며, 비상의 경우에는 이를 해소하기 위하여 때로 「법에 반하는(contra legem)」해
석도 허용되는 것이다."

여기서 양창수 교수는 "법에 반하는 해석"이라는 용어를 사용하고 있지만,
이는 일반적인 해석이 아니라 '법률에 반하는 법형성'을 지칭한다. 이렇게 보면
양창수 교수는 '법률에 반하는 법형성'을 분명하게 인정하는 것이다.
마찬가지 맥락에서 대법원 역시 발행지가 흠결된 어음의 유효성에 관한 전
원합의체 판결에서 다음과 같이 '법률에 반하는 법형성'이 가능할 수 있다는 점
을 시사하였다.[41]

"일반적으로 모든 법은 법규정의 본질을 바꾸는 정도의 것이 아닌 한도에서 이
를 합리적으로 해석함으로써 뒤쳐진 법률을 앞서가는 사회현상에 적응시키는 일
방 입법기관에 대하여 법률의 개정 등을 촉구하는 것은 법원의 임무에 속하는 일
이라 할 것이고, 그 뒤쳐진 법규정의 재래적 해석·적용이 부당한 결과를 초래한다
는 것을 알면서도 법률 개정이라는 입법기관의 조치가 있을 때까지는 이를 그대로
따를 수밖에 없다고 체념해 버리는 것은 온당치 않은 태도이다."

---

40 양창수, "부동산실명법의 사법적 규정에 의한 명의신탁의 규율", 『민법연구』 제5권(박영사,
1999), 176~177쪽.
41 대법원 1998. 4. 23. 선고 95다36466 전원합의체 판결 중 보충의견 일부.

이 같은 언명들은 우리 법체계에서도 특정한 요건이 충족되는 경우에는 '법률에 반하는 법형성'을 감행할 수 있다는 점을 시사한다. 물론 이러한 주장은 우리 헌법상 원리인 권력분립원리에 반할 수 있다. 법률에 대한 법관의 구속이념을 침해할 수도 있는 것이다. 그러면 이를 어떻게 이론적으로뿐만 아니라 제도적으로 정당화할 수 있을까? 이 문제는 그 자체 독자적인 연구주제가 되기에 이를 이 자리에서 제대로 다루는 것은 적합하지 않다.[42] 여하간 위에서 인용한 판결문에서 읽을 수 있는 것처럼, 대전고등법원은 특정한 경우에는 법원이 법률에 반하는 법형성을 할 수 있다고 말한다. 이는 구체적 타당성을 위해 법적 안정성을 해칠 수도 있는 법형성을 허용하는 것이다.

(4) 아름다운 판결

이러한 논증을 기반으로 하여 대전고등법원은 결론적으로 형식적 의미의 임차인과 구별되는 실질적 의미의 임차인을 개념적으로 긍정하고, 구 임대주택법 제15조 제1항이 규정하는 임차인 개념은 형식적 의미의 임차인뿐만 아니라 실질적 의미의 임차인까지 포함한다고 해석한다. 나아가 피고 B는 이러한 실질적 의미의 임차인에 해당하므로, 구 임대주택법 제15조 제1항이 보호하는 임차인에 속하고, 따라서 원고는 피고 B의 퇴거와 주택명도를 청구할 수 없다고 판시한다. 이러한 결론을 정당화하기 위해 대전고등법원은 판결과 관련된 모든 이의 법감정에 호소하는 수사학적 주장, 즉 아름다운 문장을 판결문 말미에 덧붙인다.

"가을 들녘에는 황금물결이 일고, 집집마다 감나무엔 빨간 감이 익어 간다. 가을걷이에 나선 농부의 입가엔 노랫가락이 흘러나오고, 바라보는 아낙의 얼굴엔 웃음꽃이 폈다. 홀로 사는 칠십 노인을 집에서 쫓아내 달라고 요구하는 원고의 소장에서는 찬바람이 일고, 엄동설한에 길가에 나앉을 노인을 상상하는 이들의 눈가엔 물기가 맺힌다.

---

[42] 이에 관해서는 양천수, "법률에 반하는 법형성의 정당화 가능성: 이론적─실정법적 근거와 인정 범위 그리고 한계", 『법과 사회』 제52호(2016), 107~142쪽 참고.

우리 모두는 차가운 머리만을 가진 사회보다 차가운 머리와 따뜻한 가슴을 함께 가진 사회에서 살기 원하기 때문에 법의 해석과 집행도 차가운 머리만이 아니라 따뜻한 가슴도 함께 갖고 하여야 한다고 믿는다. 이 사건에서 따뜻한 가슴만이 피고들의 편에 서있는 것이 아니라 차가운 머리도 그들의 편에 함께 서있다는 것이 우리의 견해이다."

4. 대법원 2009. 4. 23. 선고 2006다81035 판결의 판단

대전고등법원 판결은 '아름다운 판결'로 불리며 사회적으로 큰 반향을 일으켰다. 특히 권위적이고 딱딱하기만 한 이미지를 갖고 있던 법원 판결문이 시적인 내용을 담고 있다는 것이 화제가 되었다. 그렇지만 이러한 대전고등법원의 판결은 바로 그 때문에 당연히 상고되었고, 상고심인 대법원에 의해 파기환송되었다. 그러면 어떤 근거에서 대법원은 원심판결인 대전고등법원의 판결을 파기환송 한 것인가?

(1) 법률해석 일반론

우선 대법원은 판결문 서두에서 법률해석 일반론을 전개하면서 논의를 시작한다. 이는 원심인 대전고등법원이 법률해석에 관해 아주 정치하면서도 독자적인 논증을 펼쳤기 때문인 것으로 보인다. '원심 파기환송'이라는 주문을 내린 대법원으로서는 이 같은 결론을 뒷받침하기 위해 법률해석 일반에 관해 마치 논문과도 같이 탄탄한 논증을 한 원심판결의 이유를 반박할 수 있는 독자적인 논리를 제시할 필요가 있었던 것이다. 그러면 대법원이 제시한 법률해석 일반론이란 무엇인가? 법이념의 차원에서는 구체적 타당성을, 해석방법의 측면에서는 목적론적 해석을 우선시 한 대전고등법원과는 달리, 대법원은 법이념의 견지에서는 법적 안정성을 그리고 해석방법의 측면에서는 목적론적 해석보다 문법적 해석과 체계적·논리적 해석을 우선시 한다. 대법원은 다음과 같이 말한다.

"법은 원칙적으로 불특정 다수인에 대하여 동일한 구속력을 갖는 사회의 보편타당한 규범이므로 이를 해석함에 있어서는 법의 표준적 의미를 밝혀 객관적 타당성이 있도록 하여야 하고, 가급적 모든 사람이 수긍할 수 있는 일관성을 유지함으로써 법적 안정성이 손상되지 않도록 하여야 한다. 그리고 실정법이란 보편적이고 전형적인 사안을 염두에 두고 규정되기 마련이므로 사회현실에서 일어나는 다양한 사안에서 그 법을 적용함에 있어서는 구체적 사안에 맞는 가장 타당한 해결이 될 수 있도록, 즉 구체적 타당성을 가지도록 해석할 것도 또한 요구된다. 요컨대, 법해석의 목표는 어디까지나 법적 안정성을 저해하지 않는 범위 내에서 구체적 타당성을 찾는 데에 두어야 할 것이다. 그리고 그 과정에서 가능한 한 법률에 사용된 문언의 통상적인 의미에 충실하게 해석하는 것을 원칙으로 하고, 나아가 법률의 입법 취지와 목적, 그 제·개정 연혁, 법질서 전체와의 조화, 다른 법령과의 관계 등을 고려하는 체계적·논리적 해석방법을 추가적으로 동원함으로써, 앞서 본 법해석의 요청에 부응하는 타당한 해석이 되도록 하여야 할 것이다."

위 인용문에서 확인할 수 있는 것처럼, 대법원은 법규범을 해석할 때 법적 안정성을 가장 우선적인 법이념으로 설정한다. 물론 대법원이 법규범을 해석할 때 구체적 타당성을 전혀 고려하지 않는 것은 아니다. 대법원도 구체적 타당성의 이념적 가치를 긍정한다. 다만 "법해석의 목표는 어디까지나 법적 안정성을 저해하지 않는 범위 내에서 구체적 타당성을 찾는 데에 두어야" 한다고 함으로써 구체적 타당성보다 법적 안정성에 더욱 무게를 둔다.[43] 이는 법적 안정성과 구체적 타당성이 충돌할 때 원칙적으로 법적 안정성을 우선시하는 라드브루흐의 주장과 같은 맥락을 이룬다.

이의 연장선상에서 대법원은 해석방법에 관해서도 문법적 해석을 가장 우

---

43 이는 대법원 판결의 다음과 같은 주장에서도 확인할 수 있다. "한편, 원심은 이 사건에서의 특별한 사정에 대한 구체적 타당성 때문에 위와 같은 법적 안정성의 요청이 후퇴되어야 한다고 판단한 것으로도 보인다. 하지만, **특별한 사정이 있는 예외적 사안을 구체적 타당성 있게 해결한다는 명분으로 위와 같은 법률 해석의 본질과 원칙을 뛰어넘을 수는 없다.** 무엇이 구체적 타당성 있는 해결인가 하는 문제는 차치하고서라도, 법률 해석의 본질과 원칙에서 벗어나 당해 사건에서의 구체적 타당성 확보라는 명분으로 1회적이고 예외적인 해석이 허용된다면, 법원이 언제 그와 같은 해석의 잣대를 들이댈지 알 수 없는 국민은 법관이 법률에 의한 재판이 아닌 자의적인 재판을 한다는 의심을 떨치지 못할 것이며, 이는 법원의 재판에 대한 국민의 신뢰를 크게 해칠 뿐만 아니라 모든 분쟁을 법원에 가져가 보지 않고서는 해결할 수 없게 함으로써 법적 안정성을 심히 훼손하게 될 것이기 때문이다."(강조는 인용자가 추가한 것이다)

선적인 지위에 놓고, 그 다음에 체계적·논리적 해석을 배치한다. 특히 법규범의 문언이 비교적 명확한 경우에는 이러한 문언을 존중하는 해석을 해야 한다고 강조한다. 이러한 대법원의 주장은, 구체적으로 타당한 결론을 도출하기 위해 비교적 그 의미가 명확한 구 임대주택법상 임차인 개념을 형식적 의미의 임차인과 실질적 의미의 임차인으로 구체화한 대전고등법원의 해석방법과는 확실히 차이가 있다.

(2) 구 임대주택법상 임차인 개념의 의미

이러한 법률해석론을 토대로 하여 대법원은 원심인 대전고등법원이 목적론적 해석을 통해 도출한 실질적 의미의 임차인 개념을 비판한다. 먼저 대법원은 구 임대주택법에서 임차인 개념이 차지하는 중요성을 인식하면서 다음과 같이 말한다.

"이 사건에서 문제되는 임대주택법 제15조 제1항 및 그에 따른 이 사건 임대차계약서의 계약특수조건 제9조 제2항에서 사용된 '임차인'의 개념은, 임대주택을 건설하여 임대의무기간 동안 임차·사용하게 하다가 그 기간이 경과하면 무주택 등 일정한 자격요건을 갖춘 임차인에게 우선 분양함으로써 임대주택의 건설을 촉진하고 국민주거생활의 안정을 도모하려는 임대주택법과 이 사건 임대차계약의 근간이 되는 중심개념으로서, 그것이 객관적으로 명확하게 해석되지 않으면 임대사업자와 임차인 등이 법과 계약에서 정한 의무를 이행하고 권리를 실현함에 있어서 상당한 혼란과 지장이 초래될 것이다."

위에서 확인할 수 있는 것처럼, 대법원은 구 임대주택법에서 임차인 개념이 차지하는 비중에 비추어 볼 때 이를 "객관적으로 명확하게" 해석해야 한다는 점을 강조한다. 이는 대법원이 법률해석 일반론으로 제시한 문법적 해석 및 체계적·논리적 해석의 우선성과 맥을 같이 한다. 이러한 맥락에서 대법원은 구 임대주택법이 실질적 의미의 임차인 개념을, 더 나아가 임차인 개념 역시 명문으로 규정하고 있지 않다는 점을 지적한다.

"그런데 임대주택법상 임대주택의 '임차인'에 관하여 특별한 해석규정은 없고, 원심이 말하는 이른바 '실질적 의미의 임차인'을 포함한다는 취지의 규정도 없다. 다만, 같은 법 제3조에서 "임대주택의 건설·공급 및 관리에 관하여 이 법에서 정하지 아니한 사항에 대하여는 주택법 및 주택임대차보호법을 적용한다"고 규정하고 있을 뿐인데, 주택법은 물론이고 주거용 건물의 임대차에 관하여 민법에 대한 특례를 규정한 주택임대차보호법에서도 특별히 '임차인'이라는 용어에 관한 해석규정은 보이지 않는다."

이러한 이유에서 대법원은 구 임대주택법에서 말하는 임차인 개념을 밝히기 위해서는 민법이 규정하는 임차인 개념을 끌고 와야 한다고 말한다. 요컨대 체계적·논리적 해석을 해야 한다고 말하는 셈이다. 그리고 이러한 민법상 임차인 개념을 해석할 때도 문언에 충실하게 해석하는 것이 "가장 보편타당한 해석"이라고 말한다.

"결국, 임대주택법상의 임차인이라는 용어는 임대차에 관한 일반법인 민법의 규정, 그리고 사회에서 통상적으로 이해되는 '임차인'의 의미로 돌아가 해석할 수밖에 없는바, 그것은 민법 제618조가 규정하는 바와 같이 임대차계약에서 목적물의 사용수익권을 가짐과 동시에 차임지급의무를 부담하는 측의 일방당사자를 의미한다고 보는 것이 **문언에 충실하면서도 가장 보편타당한 해석**이라고 할 것이다."

그런데 이때 "임대차계약에서 목적물의 사용수익권을 가짐과 동시에 차임지급의무를 부담하는 측의 일방당사자"가 실질적 의미의 임차인까지 포함하는 개념인지 문제될 수 있다. 이는 다시 해석이 되어야 할 대상이다. 이에 대해 대법원은 "여기에서 임대차의 일방당사자라는 것은 위와 같은 사용수익 및 차임지급을 약정하여 임대차계약을 체결한 당사자를 말하는 것이지, 목적물을 실제로 사용·수익하거나 보증금·차임 등을 실제 출연하는 자의 의미가 아니"라고 함으로써 민법이 규정하는 임차인 개념에 실질적 의미의 임차인은 포함되지 않는다는 점을 명확히 한다. 이러한 결론은, 대법원이 강조하는 것처럼, 민법 제

618조 규정을 문언에 충실하게 해석해 낸 결과이다.

(3) 또 다른 목적론적 해석

그렇지만 대법원은 구 임대주택법에서 규정하는 임차인 개념에서 실질적 의미의 임차인을 제외하는 이 같은 결론이 반드시 문법적 해석이나 체계적·논리적 해석으로써만 도출할 수 있는 것은 아니라고 한다. 왜냐하면 대법원은 이러한 결론을 근거 짓기 위해 목적론적 해석도 원용하기 때문이다. 대법원은 대전고등법원이 사용한 목적론적 해석과는 다른 맥락에서 목적론적 해석을 원용한다. 대전고등법원이 파악한 목적과는 다른 목적을 설정함으로써 임차인 개념을 해석하는 것이다.

> "이는 임대주택법의 다른 규정들의 취지에 비추어 보아도 알 수 있다. 즉, 임대주택법은 건설임대주택의 임차인의 자격·선정방법·임대보증금·임대료 등 임대조건에 관한 기준을 법정하는 한편(제14조), 특별한 경우를 제외하고는 임대주택의 임차인은 임차권을 다른 사람에게 양도하거나 임대주택을 다른 사람에게 전대할 수 없다고 규정하며(제13조), 사위(詐僞) 기타 부정한 방법으로 임대주택을 임대받은 자나 법에 위반하여 임대주택의 임차권을 양도하거나 전대한 자를 형사처벌하도록 규정하고 있다(제22조). 또한, 임대주택에 대하여 임대차계약을 체결할 때에는 법령이 정하는 사항이 포함된 표준임대차계약서를 사용하도록 하고 임대사업자와 임차인은 위와 같이 체결된 임대차계약을 준수하여야 한다고 규정하고(제18조), 임대사업자와 임차인이 위법 또는 법에 의한 명령이나 처분에 위반한 경우에는 소관청이 시정명령 등 필요한 조치를 할 수 있도록 하는 등(제19조) 엄격한 규제와 감독을 하고 있다. 그렇다면 임대주택법은 일정한 자격요건을 갖추고 선정절차를 거친 자로서 일정한 형식의 계약서 작성을 통하여 임대차계약을 체결한 자를 임차인으로 취급하면서, 그로 하여금 임대차계약의 내용을 준수할 것, 특히 무단 임차권양도나 주택의 전대를 금지하도록 함으로써, 계약체결 당사자로서의 임차인과 그 임대주택에 실제로 거주하는 자가 함부로 분리되는 것을 불허하는 취지임이 분명하다."

이러한 대법원의 논증에서 우리는 목적론적 해석방법이 안고 있는 한계의 일면을 간취할 수 있다. 바로 목적론적 해석의 바탕이 되는 목적 개념이 명확하지 않다는 것이다. 이미 지적한 것처럼 목적 개념은 다양한 스펙트럼을 지닌다. 한마디로 말해 목적 개념은 다원적이다. 목적론적 해석이 추구하는 목적은 법체계 내부에 존재하는 목적일 수도 있고, 그게 아니라 법체계 외부에 속하는 목적일 수도 있다. 또는 입법자가 애초에 의도한 목적일 수도 있고, 법규범 그 자체가 추구하는 목적일 수도 있다.[44] 또한 법률관계의 당사자 중에서 어느 한 쪽의 이익을 더 우선시 하는가에 따라 목적 개념이 달라질 수 있다. 이처럼 목적 개념 자체가 다원적이기에 해석자가 어떤 목적을 선택하는가에 따라 목적론적 해석의 방향이나 결론이 달라질 수 있다. 이를테면 대전고등법원은 피고 B의 이익을 중시하여 임대주택법의 목적을 파악한 반면, 대법원은 임대주택법과 관련을 맺는 다수의 이익을 중시하여 목적을 파악하는 것이다.

(4) 실질적 의미의 임차인 개념 비판

지금까지 전개한 논증, 즉 법적 안정성을 중시하는 법률해석론과 문법적 해석 및 체계적·논리적 해석을 우선시 하는 해석방법론, 나아가 구 임대주택법과 관련을 맺는 다수의 이익을 고려하는 목적론적 해석을 기반으로 하여 대법원은 실질적 의미의 임차인 개념을 수용할 수 없다고 말한다.

"우선 '실질적 의미의 임차인'이라는 개념 자체가 모호한데다가, 그 판단 기준으로 거론되는 것들이 임대차계약 이면(裏面)의 사정 또는 임대주택에 대한 다양한 사용·수익의 방식 등에 불과하다는 점, 그러한 해석은 위에서 본 **임대주택법**의 취지와 전체 법체계, 법률 용어의 일반적 의미에 반할 뿐만 아니라 상대방 당사자인 임대사업자 측의 의사와 신뢰에 반하는 것인 점, 나아가 임대주택법에 따른 임대주택의 공급 및 관리에도 혼란을 초래할 우려가 있다는 점에서 그대로 받아들일 수 없다."

---

44 전자를 '주관적 목적', 후자를 '객관적 목적'이라고 부르기도 한다. 칼 엥기쉬, 앞의 책, 141쪽 아래.

그런데도 만약 실질적 의미의 임차인을 인정하게 되면, 이 개념이 탈법적으로 남용되어 결국 구 임대주택법이 추구하는 규범목적이 몰각될 것이라고 역설한다.

"특히 이 사건에서 문제가 되는 임대주택법 제15조는, 임대주택의 임대의무기간이 경과한 후 기존 임차인 중에서 무주택 등 일정한 자격요건을 갖춘 자에게 우선분양전환권이라는 특혜를 부여하는 규정인데, 여기에서의 임차인을 위와 같이 '실질적 의미의 임차인'이라고 해석한다면, 당초 임대주택법이 정한 요건과 절차에 따라 임차인으로 선정되어 임대차계약을 체결한 당사자로서의 임차인이 아니더라도 따로 실질적 측면에서 임차인이라고 해야 할 자가 있으면 그를 임차인으로 인정하고 그에게 우선분양전환권을 부여하게 되어 임대주택법의 기본 취지에 반하는 결과를 초래할 뿐만 아니라, 나아가 임대차계약을 체결하였던 임차인이 중도에 우선분양전환권자로서의 자격요건을 상실한 후 무주택자인 친·인척 등을 입주시키고 그를 내세워 임대주택을 분양받는 등 다양한 방법으로 임대주택법의 취지를 몰각시킬 우려마저 있다. 이는 임대주택법을 포함하여 **법질서의 규범성과 안정성을 크게 해치는 결과가 될 뿐이다.**"

결론적으로 대법원은 "임대주택법 제15조 제1항에서 규정하는 '임차인'이란 어디까지나 위 법률이 정한 요건과 절차에 따라 임대주택에 관하여 임대사업자와 임대차계약을 체결한 당사자 본인으로서의 임차인을 의미한다고 할 수밖에 없고, 이와 달리 당사자 일방의 계약목적, 경제적 부담이나 실제 거주사실 등을 고려한 '실질적 의미의 임차인'까지 포함한다고 변경, 확장 해석하는 것은 앞서 본 법률 해석의 원칙과 기준에 어긋나는 것으로서 받아들일 수 없다."고 한다.

(5) 법률행위 해석
한편 대법원은 위 사건이 구 임대주택법 제15조 제1항의 해석에 관한 문제인 동시에 실제로 누가 임차인인가 하는 법률행위 해석의 문제이기도 하다고 말한다.[45] 이론적으로 보면 양자는 분명 다른 문제이다. 물론 법률해석과 법률행위 해석은 서로 공통점을 갖고 있기는 하지만, 전자가 규범에 관한 문제인 반면 후자는 사실인정에 관한 문제라는 점에서 서로 차이가 있다. 법률행위 해석에 관한 문제는 의사표시 해석에 관한 문제로서 사실판단과 관련을 맺기 때문이다. 원심인 대전고등법원은 이 문제를 명확하게 의식하지는 않았다. 다만 형식적 의미의 임차인과 실질적 의미의 임차인을 구분함으로써 이 사건에서 진정한 의미의 임차인은 공동피고 가운데 딸인 A가 아니라 아버지인 B라고 본 듯하다.

그러나 대법원은 이 문제를 정면으로 다루면서 법률행위 해석에 따르면 누가 진정한 임차인인지를 검토한다. 이를 위해 대법원은 먼저 법률행위 해석에 대한 일반론을 적시한다.

"일반적으로 계약의 당사자가 누구인지는 그 계약에 관여한 당사자의 의사 해석의 문제에 해당한다. 의사표시의 해석은 당사자가 그 표시행위에 부여한 객관적인 의미를 명백하게 확정하는 것으로서, 계약당사자 사이에 어떠한 계약내용을 처분문서인 서면으로 작성한 경우에는 그 서면에 사용된 문구에 구애받는 것은 아니지만 어디까지나 당사자의 내심적 의사의 여하에 관계없이 그 서면의 기재 내용에 의하여 당사자가 그 표시행위에 부여한 객관적 의미를 합리적으로 해석하여야 하며, 이 경우 문언의 객관적인 의미가 명확하다면, 특별한 사정이 없는 한 문언대로의 의사표시의 존재와 내용을 인정하여야 한다."

이러한 일반론을 토대로 하여 대법원은 위 사건에서 주어진 기록을 검토할 때 진정한 임차인은 B가 아니라 A라는 점을 명확히 한다. 그 근거로서 계약서 상에 A가 임차인으로 명시되어 있다는 점, A가 아버지를 대리하여 계약을 체결했다는 주장에 대한 증거가 없다는 점, 계약체결 당시 원고 측의 직원이 이를 알고 있었다고 하지만 이에 대한 증거가 없다는 점, B가 보증채무를 면하기 위

---

45 법률행위해석 일반에 관해서는 곽윤직 (편), 『민법주해(Ⅱ)』(박영사, 1992), 181쪽 아래(송덕수 집필); 윤진수, "계약 해석의 방법에 관한 국제적 동향과 한국법", 『민법논고 Ⅰ』(박영사, 2007), 244쪽 아래; 김재형, 앞의 논문, 151쪽 아래 등 참고.

해 자신의 돈을 A가 보관하도록 한 것이라는 점, A가 실제로 상당 기간 해당 주택에 주민등록을 하고 있었다는 점 등을 제시한다. 이러한 근거를 바탕으로 하여, 대법원은 형식적으로뿐만 아니라 실질적으로도 B가 아닌 A가 임차인이라고 말한다.[46] 이러한 대법원의 주장은, 설사 대전고등법원처럼 실질적 의미의 임차인 개념을 인정한다 하더라도, 이 사건에서는 실질적 의미의 임차인 역시 B가 아니라 A라는 점을 시사하는 것이라고 말할 수 있다. 사실이 그렇다면 법률해석이나 법적 논증의 차원에서는 대전고등법원의 주장이 타당하다 할지라도, 이 사건에서는 아버지인 B가 임차인이 될 수는 없다고 말할 수 있다.

5. 검토

구 임대주택법 제15조 제1항이 규정한 임차인 개념을 둘러싸고 대전고등법원과 대법원 사이에서 전개된 논쟁은 법적 안정성과 해석에 관해 몇 가지 의미 있는 시사점과 생각할 거리를 제공한다. 아래에서는 이 가운데 중요한 몇 가지 쟁점을 살펴보고 이에 대한 필자의 견해를 개진한다.

(1) 임차인 개념에 대한 법률해석의 구조

위에서 살펴본 것처럼 구 임대주택법 제15조 제1항이 규정한 임차인 개념에 이른바 '실질적 의미의 임차인'을 포함시킬 것인지에 관해 대전고등법원과 대법원은 상반된 법률해석론을 전개하였다. 대전고등법원은 구체적 타당성을 기반으로 하여 목적론적 해석방법을 우선적으로 적용하여 구 임대주택법 제15조 제1항을 해석한 반면, 대법원은 법적 안정성을 토대로 하여 문법적·체계적·논리적 해석방법을 우선시 하여 제15조 제1항을 해석하였다. 여기서 우리는 대전고등법원과 대법원이 다음과 같은 도식에 따라 구 임대주택법 제15조 제1항을 해석했음을 파악할 수 있다.

---

[46] "위와 같은 여러 사정들을 앞서 본 계약당사자의 확정 등에 관한 법리에 비추어 볼 때, 이 사건 임대차계약의 당사자 본인으로서의 임차인은 계약체결행위를 실제로 하였고 또한 계약서상으로도 임차인으로 표시되어 있는 피고 A라고 볼 수밖에 없다."

≪도식-9≫ 임차인 개념에 대한 법률해석의 구조

법이념 + 해석방법 ⇒ 구 임대주택법 제15조 제1항 해석 ⇒ 해석결과 도출

구 임대주택법 제15조 제1항을 해석할 때 먼저 법이념으로 구체적 타당성이나 법적 안정성이 선택되고, 이를 실현하기 위한 수단으로 목적론적 해석이나 문법적·체계적·논리적 해석이 사용되는 것이다. 이에 따라 각기 상반된 해석결과가 도출된다.

(2) 법률해석의 해석학적 구조

이를 보면 일정한 법규범을 해석하는 과정은 철저하게 중립적인 과정이 아니라, 특정한 법이념이나 법적 가치 등을 지향하는 가치관련적 과정이라는 점을 간취할 수 있다. 무엇보다도 해석주체인 법관 혹은 법원이 어떤 법이념을 지향하는가에 따라 해석방법이나 해석결과 등이 달라진다. 이는 지난 1970년대 독일 법학에서 성장한 법해석학의 주장과 접점을 이룬다. 왜냐하면 법해석학은 법규범이라는 텍스트를 해석하는 과정은 중립적인 과정이 아니라 해석자의 선이해에 의존하는 과정이라고 파악하기 때문이다.[47]

법해석학은 철학 영역에서 등장한 '해석학'(Hermeneutik)을 수용한 기초법학의 한 분과이다.[48] 해석학은 텍스트의 이해와 해석을 다루는 학문을 말한다.[49] 철학사의 견지에서 보면, 해석학은 크게 세 가지 유형으로 발전해 왔다. 첫 번째 유형은 해석'방법론'으로 의미 있는 해석학을 말한다. 이러한 해석학은 해석대상인 텍스트를 정확하고 올바르게 해석할 수 있는 방법론을 모색한다. 독일의 철학자 딜타이(W. Dilthey)가 정립한 해석학이 이러한 해석학에 해당한다.[50] 실정법학에서 강조하는 실정법 해석학 역시 이러한 해석학의 범주에 포함시킬

---

47 법해석학에 관해서는 우선 양천수, "철학적 해석학과 법해석학: 해석학의 법철학적 수용과 관련한 시론", 『동아법학』 제44호(2009), 1~35쪽.

48 이를 지적하는 J. Esser, *Vorverständnis und Methodenwahl in der Rechtsfindung* (Frankfurt/M., 1970), 133쪽 아래. 이를 소개하는 남기윤, "독일 사법학 방법론의 현상과 신경향들", 『저스티스』 제95호 (2006), 90~93쪽 등 참고.

49 한스 인아이헨, 문성화 (옮김), 『철학적 해석학』(문예출판사, 1998), 15쪽.

50 빌헬름 딜타이, 이한우 (역), 『체험·표현·이해』(책세상, 2002).

수 있다.

두 번째 유형은 텍스트를 이해하고 해석하는 과정이 어떻게 이루어지는지를 밝히고자 하는 해석학을 말한다. 해석방법을 모색하는 것이 아니라 해석이 실제로 어떻게 이루어지는지를 관찰한다. 첫 번째 해석학이 '규범적'이라면 두 번째 해석학은 '서술적'이다. 그 때문에 이러한 해석학을 '철학적-존재론적 해석학'으로 부르기도 한다. 독일의 철학자 가다머가 정립한 해석학이 바로 이러한 해석학에 속한다.[51]

세 번째 유형은 두 번째 유형의 해석학을 비판하면서 등장한 해석학을 말한다. '비판적 해석학'(kritische Hermeneutik)이라고 부른다. 독일의 사회철학자 하버마스가 가다머와 논쟁하면서 전개한 해석학이 바로 이러한 해석학에 해당한다.[52] 텍스트를 이해하고 해석하는 과정이 어떻게 이루어지는지를 관찰하고자 하는 존재론적 해석학과는 달리, 비판적 해석학은 비판적·해방적 관점에서 올바른, 이데올로기로부터 해방된 해석을 모색한다. 이 점에서 비판적 해석학 역시 '방법'을 추구하는 규범적 해석학이라고 말할 수 있다. 첫 번째 유형의 해석학을 비판적 관점에서 새롭게 복원한 해석학인 셈이다.

그중에서 법해석학은 두 번째 유형의 해석학, 즉 '철학적-존재론적 해석학'을 수용한 것이다. 철학적-존재론적 해석학은 두 가지 핵심테제를 주장한다. 첫째는 텍스트를 이해하고 해석하는 과정은 해석자가 지닌 '선이해'에 영향을 받는다는 것이다. 둘째는 텍스트를 이해하고 해석하는 과정은 단선적인 과정이 아니라 순환적인 과정이라는 것이다. 이를 '해석학적 순환'이라고 부른다.[53] 그중에서 첫 번째 테제는 이 책에서 중요한 의미를 지닌다. 왜냐하면 대전고등법원과 대법원이 보여준 것처럼, 법규범을 해석하는 과정은 해석자가 어떤 이념이나 가치에 입각하는가에 따라 그 방향이 달라지기 때문이다. 이는 철학적-존재론적 해석학이 주장하는 테제와 일치한다. 해석방향에 중요한 역할을 하는 이념이나 가치를 선이해의 일종으로 파악할 수 있기 때문이다. 이를테

---

51 이에 관해서는 H.-G. Gadamer, *Wahrheit und Methode* (Tübingen, 1975) 참고.

52 J. Habermas, *Erkenntnis und Interesse* (Frankfurt/M., 1968).

53 M. Heidegger, *Sein und Zeit* (Tübingen, 1953), 153쪽; W. Hassemer, *Tatbestand und Typus* (Köln usw, 1968), 107쪽.

면 대전고등법원은 구체적 타당성을 선이해로 갖고 있었기에 목적론적 해석방법을 선택하고 이를 통해 실질적 의미의 임차인 개념을 독자적으로 인정한 것이다. 이와 달리 대법원은 법적 안정성을 선이해로 삼음으로써 대전고등법원과는 상반된 결론에 도달하고 말았다. 이러한 점에서 구 임대주택법 제15조 제1항이 규정한 임차인 개념의 해석을 둘러싸고 대전고등법원과 대법원이 전개한 해석논쟁은, 법규범을 해석하는 과정이 법이념이나 가치와 같은 선이해로부터 자유로울 수 없다는 점을 잘 보여준다. 법률해석은 해석학적 구조로부터 자유로울 수 없는 것이다.

(3) 이 사건의 쟁점에 대한 검토

이 사건에 대한 대전고등법원 판결 및 대법원 판결에 관해서는 다음과 같은 쟁점을 검토할 필요가 있다.

1) 해석이념과 해석방법의 우선순위

앞에서 살펴본 것처럼 대전고등법원은 구체적 타당성을 중시하여 구 임대주택법 제15조 제1항을 해석한 반면, 대법원은 법적 안정성을 우선시하여 이를 해석하였다. 법적 안정성은 법체계를 유지하는 데 아주 중요한 이념이자 기능적 가치이므로 법규범을 해석할 때 이를 중시하는 것은 반론의 여지가 없다. 그러나 법적 안정성을 언제나 우선시해야 하는 것은 아니다. 경우에 따라서는, 이를테면 실정법규범이 심각한 불법을 자행하는 경우에는 법적 안정성보다 구체적 타당성을 우선시하여 실정법규범을 해석해야 하고, 때로는 실정법규범에 반하는 법형성도 감행할 필요가 있다. 이는 '라드브루흐 공식'이 잘 예증한다. 따라서 대법원이 일반론으로서 내세운 해석론은 원칙적으로는 타당할 수 있지만, 경우에 따라서는 이에 대한 예외를 충분히 인정할 수 있다.

해석방법 역시 마찬가지이다. 대법원은 해석일반론에서 '문법적 해석＞체계적·논리적 해석＞목적론적 해석'과 같은 해석방법의 서열을 긍정하였다. 그러나 이러한 해석방법의 서열이 언제나 준수되는 것은 아니다. 법학방법론에서도 다양한 해석방법 중에서 무엇을 우선시해야 하는가에 관해 여전히 팽팽하게 견해가 대립한다. 이를테면 법규범의 문언과 체계를 강조하는 개념법학적 해석과 법규범의 목적을 중시하는 목적법학적 해석이 치열하게 대립한다. 심지어는 '방법다원주의'가 제시되기도 한다.**54** 이를 예증하듯 이른바 '의미창조적 확장해석'이 보여주는 것처럼, 대법원이 목적론적 해석을 문법적 해석이나 체계적·논리적 해석보다 우선적으로 적용한 경우도 다수 존재한다.**55**

이러한 근거에서 볼 때 법규범을 해석할 때 법적 안정성이 구체적 타당성보다 우선해야 한다는 일반론을 이유로 하여 대전고등법원의 판결을 파기한 대법원의 태도는 방법론적 측면에서 문제가 없지 않다. 오히려 이 사건에서는 법적 안정성보다 구체적 타당성을 우선시해야 할 특별한 사정이 존재하는지 여부를 검토했어야 했다.

2) 실질적 의미의 임차인 개념 인정 가능성

이러한 맥락에서 법적 안정성과 문법적·체계적·논리적 해석을 우선시하여 실질적 의미의 임차인 개념을 인정하지 않은 대법원 판결의 태도에 대해서도 의문을 제기할 수 있다. 법도그마틱의 차원에서 볼 때 형식적 의미의 임차인에 대응하는 실질적 의미의 임차인을 개념적으로 긍정하는 것이 불가능한 것은 아니다. 왜냐하면 학설이나 판례 역시 특정한 경우 형식적 사고와는 대립하는 실질적 사고를 전개하기 때문이다. '대리권 남용이론'이나 '법인격 부인론'이 이를 예증한다. 만약 형식적 사고에 집착한다면, 대리권 남용이론이나 법인격 부인론을 인정할 여지가 없다. 이들 이론은 형식적·제도적으로 명백하게 존재하는 대리권이나 법인격을 '실질'이라는 근거로 부정하는 것이기 때문이다. 세법에서 말하는 '실질과세원칙'도 실질적 사고를 수용한 대표적인 예에 속한다.**56** 무효가 되는 사해행위를 채권자취소권으로 취소할 수 있다고 보는 것도 실질적 사고를 받아들인 법도그마틱에 해당한다.

이러한 연유에서 볼 때 임차인 개념에 관해 형식적 의미의 임차인뿐만 아니라 실질적 의미의 임차인을 인정하는 것 역시 이론적으로 전혀 불가능한 것

---

54 이상돈, 『새로 쓴 법이론』(세창출판사, 2005), 78쪽 아래.
55 이에 관해서는 양천수, "의미창조적 확장해석: 법이론의 관점에서", 『안암법학』 제37호(2012), 369~394쪽 참고.
56 이에 관해서는 김재길, 『실질과세의 원칙에 관한 연구: 본질론을 중심으로』(경희대학교 박사학위논문, 1991) 참고.

은 아니다. 실질적 의미의 임차인 개념을 긍정할 것인가 하는 문제는 임차인 개념을 형식적으로 해석해야 한다는 요청과 관련되기보다는, 오히려 이렇게 실질적 임차인 개념을 인정함으로써 얻게 되는 이익이 잃게 되는 이익보다 더 큰것인가 하는 여부와 관련을 맺는다. 요컨대 문법적·체계적·논리적 해석보다는 목적론적 해석이 더욱 중요한 의미를 차지하는 것이다. 이러한 맥락에서 필자는 이 문제를 다음과 같이 볼 수 있다고 생각한다. 우리의 부동산 현실에서 볼때 임대주택법을 해석·운용할 때는 임차인 개념을 엄격하게 해석하는 것이 바람직하다는 것이다. 왜냐하면 임대주택법을 악용할 가능성이 크기 때문이다. 다만 극히 예외적인 경우에는 실질적 의미의 임차인을 제한적으로 인정할 수 있다고 생각한다. 물론 위 사안이 그런 경우에 해당하는지는 제대로 판단할 수 없다. 왜냐하면 사실관계 자체에 관해 대전고등법원과 대법원은 견해를 달리하기 때문이다.

3) 이 사건의 결론에 관해

그러면 이 사건에 대해서는 누구의 판결이 옳은 것인가? 그러나 이를 판단하는 것은 쉽지 않다. 물론 해석일반론의 측면에서 보면, 필자는 대법원보다는 대전고등법원의 판단이 더욱 설득력이 있다고 생각한다. 그러나 판결의 결론자체만을 놓고 보면, 어느 쪽의 판단이 타당한지 판단하기는 어렵다. 왜냐하면 필자가 볼 때 이 사건에서 핵심이 되는 것은 사실인정에 관한 부분이기 때문이다. 달리 말해 법률행위해석에 관한 문제가 이 사건에서 핵심 쟁점이 되기 때문에 어느 판결이 옳다고 말하는 것이 쉽지 않다. 대전고등법원은 피고 중에서 아버지가 실질적인 의미의 임차인이었다고 판단한다. 이와 달리 대법원은 여러 기록을 토대로 하여 오히려 딸이 임차인이었다고 판단한다. 실제 재판에 관여하지 않은 필자의 입장에서는 그중에서 어느 쪽의 판단이 옳다고 말할 수는 없다. 다만 분명한 것은 대법원의 판단에 문제가 있다고 단언하는 것은 너무 성급한 판단이라는 점이다. 사실관계에 대한 대법원의 판단에도 일단 수긍할 만한점은 있기 때문이다.

Ⅳ. 법해석의 바람직한 방향

'아름다운 판결'을 통해 확인할 수 있듯이, 법규범을 해석하는 작업은 일종의 논증게임이자 의미론적 투쟁이다.[57] 이는 동시에 해석자가 지니고 있는 선이해, 즉 이념이나 가치, 정책적 관점의 투쟁이기도 하다. 그리고 아쉽게도 이러한 의미론적 투쟁을 해결해 줄 수 있는 메타규칙은 아직 존재하지 않는다. 그 때문에 여전히 개념법학적 법해석과 목적법학적 법해석, 주관적 법해석과 객관적 법해석, 투입지향적 법해석과 산출지향적 법해석이 대립하는 것이다. 그러면 어떻게 법규범을 해석하는 것이 이러한 팽팽한 의미론적 투쟁을 완화시킬 수 있는 것일까? 이에 대한 명확하면서도 구체적인 해결책은 아직 제시할 수 없다. 다만 다음과 같은 대략적인 지침만을 언급할 수 있을 뿐이다. 개념법학적 법해석과 목적법학적 법해석을 통합하는 방안이 그것이다. 법이념의 측면에서 바꿔 말하면, 이는 법적 안정성과 구체적 타당성을 조화롭게 양립시키는 것을 뜻한다. 마치 라드브루흐가 그랬던 것처럼, 원칙적으로는 법적 안정성을 우선시하되 특별한 경우에는 구체적 타당성을 전면에 등장시키는 것이 한 해결책이 된다. 개념법학적 법해석과 목적법학적 법해석을 통합하는 구체적인 방안으로는 유동적 개념과 체계, 즉 유동적 법도그마틱을 인정하는 것이 한 예가 될 수 있다.[58] 유동적 법도그마틱을 인정하면, 원칙적으로는 법적 개념과 체계를 중시하는 해석을 하면서도, 특별한 사정이 존재하는 경우에는 이러한 법적 개념과 체계에 대한 예외를 허용하는 해석을 감행할 수 있다. 투입지향적 법도그마틱과 산출지향적 법도그마틱을 통합하려는 방안(루만)이나 '통합성(integrity)으로서 법학'을 구축하려는 시도(드워킨), 정합성을 실현하는 법해석을 추구하는 시도(알렉시와 귄터) 모두 이러한 이론적 시도에 해당한다.[59] 이러한 시도는 모두 법적 안정

---

57 이에 관해서는 J. Goebel, *Rechtsgespräch und kreativer Dissens: Zugleich ein Beitrag zur Bedeutung der Sprache in der interpretativen Praxis des Zivilprozesses* (Berlin, 2001).

58 C.−W. Canaris, *Systemdenken und Systembegriff in der Jurisprudenz, entwickelt am Beispiel des deutschen Privatrechts* (Berlin, 1969) 참고.

59 정합성에 관해서는 강일신, "정합적 법해석의 의미와 한계: 원리규범충돌의 해결이론 관점에서", 『법철학연구』 제17권 제1호(2014), 225~248쪽 참고.

성을 중시하는 개념법학적 법해석과 구체적 타당성을 중시하는 목적법학적 법
해석의 단점을 넘어서고자 한다. 물론 여기서 다시 남는 문제는 어떻게 양자를
통합할 수 있는 구체적인 지점을 발견하는가 하는 점이다. 이는 현재로서는 개
별적인 사안에서 구체적으로 판단할 수밖에 없다.

제13장
법률해석과 법률행위 해석

Ⅰ. 서론

제12장에서 '아름다운 판결'을 분석하면서 이 판결이 대상으로 한 사건에서는 '임차인' 해석에 관한 '법률해석' 문제뿐만 아니라 '누가 임차인인가?'라는 '법률행위 해석'이 문제된다는 점을 살펴보았다. 이때 다음과 같은 의문을 제기할 수 있다. 법률해석과 법률행위 해석은 어떻게 구별되는가 하는 점이다. 법률해석과는 달리 법률행위 해석은 주로 민법학에서 논의된다.[1] 그것도 주로 '계약해석'이라는 주제로 연구된다. 이뿐만 아니라 법률행위 해석은 실무에서도 자주 다투어진다는 점에서 이론적인 차원뿐만 아니라 실무적인 차원에서도 중요한 쟁점으로 자리매김 하고 있다. 그렇지만 법률행위 해석이 단지 민법학만의 문제인 것은 아니다. 시야를 넓게 보면 법률행위 해석 문제는 법률해석 문제와 밀접한 관련을 맺는 법학방법론의 문제이기도 하다는 점을 발견할 수 있다. 이에

---

1 이영준, "법률행위의 해석론(1)~(3)", 『대한변호사협회지』 제116호~제118호(1986); 송덕수, "법률행위의 해석", 『경찰대 논문집』 제6집(1987); 윤진수, "법률행위의 보충적 해석에 관한 독일의 학설과 판례", 『재판자료』 제59집(1992); 엄동섭, 『법률행위의 해석에 관한 연구』(서울대 법학박사 학위논문, 1992); 윤진수, "계약 해석의 방법에 관한 국제적 동향과 한국법", 『민법논고 Ⅰ』(박영사, 2007); 김서기, 『계약해석의 방법에 관한 연구』(고려대 법학박사 학위논문, 2009); 최준규, 『계약해석의 방법에 관한 연구: 문언해석과 보충적 해석을 중심으로』(서울대 법학박사 학위논문, 2012) 등 참고. 이를 간명하게 소개하는 경우로는 권영준, 『민법학의 기본원리』(박영사, 2020), 141~148쪽 참고.

제13장에서는 이러한 법률행위 해석이 법률해석과 어떻게 구별되는지, 양자 사이에는 어떤 차이점과 공통점이 있는지를 간략하게 조감한다.[2]

II. 법률행위 해석의 의의와 방법

1. 법률행위 해석의 의의

법률행위 해석이란 당사자가 자율적으로 형성한 법률행위, 그중에서도 계약의 의미 내용을 밝히는 과정을 말한다. 그 때문에 법률행위 해석은 달리 계약해석이라고 부른다. ≪주체－객체 모델≫을 원용해 분석하면, 법률행위를 구성하는 내용은 법률행위를 형성한 주체와 각 주체들이 원하는 객체가 될 것이기에 법률행위 해석은 누가 법률행위의 당사자인지, 당사자가 진정 원하는 법률행위의 규범적 내용은 무엇인지를 밝히는 것이 주로 문제된다. 이를테면 계약에서 누가 진정한 계약 당사자인지, 당사자가 체결한 계약은 어떤 유형의 계약인지, 이 계약은 무슨 내용을 담고 있는지 등이 법률행위 해석에서 문제된다. 실제 거래 현실에서는 각 당사자가 사적 자치를 적극 활용하여 새로운 형태의 계약을 체결하기도 하고, (대리권을 수여하지 않은 채) 타인을 내세워 계약을 체결하는 경우도 많기에 계약해석을 중심으로 하는 법률행위 해석은 이론적인 차원을 넘어 실천적인 차원에서도 문제가 된다.

2. 법률행위의 해석방법

학설에서는 법률행위의 해석방법으로 다음 세 가지가 주로 언급된다. 자연적 해석, 규범적 해석, 보충적 해석이 그것이다. 자연적 해석은 법률행위 당사자의 진정한 '의사'를 추구하는 해석을 말한다. 자연적으로 본래 존재하는 당사자의 의사를 탐구하는 해석이라는 점에서 '자연적' 해석이라고 부른다. 이는 사비니로 거슬러 올라가는 의사주의와 맥을 같이 한다. 이에 대해 규범적 해석은 당사자의 자연적인 본래 의사가 아니라 계약 문언 등에서 표시된 당사자의 의

---

2 이에 관해서는 필자가 별도의 논문을 준비할 계획을 갖고 있다. 법률해석과 법률행위 해석에 관해서는 김진우, "법률해석과 법률행위해석의 관계", 『인권과 정의』 제302호(2001), 51~65쪽 참고.

사를 중심으로 하여 객관적·규범적으로 당사자의 의사를 탐구하는 해석을 말한다. 본래의 자연적인 의사가 아니라 규범적으로 객관화할 수 있는 당사자의 의사를 탐구하는 해석이라는 점에서 규범적 해석이라고 부른다. 이러한 규범적 해석은 의사주의와 대립하는 표시주의와 맥을 같이 한다. 마지막으로 보충적 해석은 계약 문언 등에 당사자의 의사가 흠결되어 있는 경우에 해석자, 특히 법관이 적극적으로 개입하여 법률행위의 규범적 내용을 보충하는 것을 말한다. 법률행위의 흠결을 보충하는 해석이라는 점에서 보충적 해석이라고 부른다. 엄격하게 보면 이는 해석이라기보다는 형성이라 말할 수 있다. 이미 존재하는 당사자의 의사를 명확하게 구체화하는 것이 아니라, 존재하지 않는 당사자의 의사를 보충적으로 형성하는 것이기 때문이다. 그 점에서 보충적 해석은 법형성과 맥을 같이 한다.[3]

이외에도 법률행위 해석방법으로 문언적 해석과 보충적 해석이 언급되기도 한다. 법률행위 해석은 당사자가 계약 문언 등에 표시한 의사를 해석의 출발점으로 삼아야 하기에 계약 문언에 대한 해석을 가장 기본적인 해석방법으로 삼아야 한다는 것이다. 다만 계약 문언을 해석하는 경우 당사자의 의사가 명확하지 않은 때에는 이를 보충하는 보충적 해석을 원용할 필요가 있다고 한다. 그 점에서 법률행위의 해석방법으로 문언적 해석과 보충적 해석을 주장하는 견해는 법률행위 해석에 대한 방법으로 자연적 해석, 규범적 해석, 보충적 해석을 제시하는 기존의 견해에 의문을 표하는 것으로 볼 수 있다.

그러나 필자가 볼 때 기존의 해석방법과 새로운 해석방법 사이에 모순이 있는 것은 아니다. 우리 인간 존재는 타인의 내심을 꿰뚫어 볼 수 없기에 타인의 의사를 확인하려면 그 의사가 외부로 표시되어야 한다. 달리 말해 타인의 의사가 소통을 통해 외부로 통보되어야만 비로소 우리는 이를 이해할 수 있다. 이때 의사가 통보되기 위해서는 보통 언어, 특히 문자라는 소통매체를 필요로 한다. 쉽게 말해 내심의 의사는 계약 문언과 같은 소통매체로 표시되어야 비로소 이를 파악할 수 있다. 따라서 법률행위 당사자의 의사를 파악하려면 가장 먼저

---

3 법형성에 관해서는 이 책 제16장 참고.

계약 문언 등으로 표시된 당사자의 의사를 확인하고 밝혀야 한다. 다만 이렇게 문언 해석을 하는 경우에도 당사자의 의사가 명확하지 않은 경우가 있다. 그러면 이때 무엇을 기준으로 하여 당사자의 의사를 밝혀야 하는지가 문제된다. 여기서 두 가지 선택지가 등장한다. 첫째는 당사자의 자연적인 의사를 추구하는 선택지이고, 둘째는 규범적으로 객관화된 당사자의 의사를 추구하는 선택지이다. 바로 이 때문에 자연적 해석과 규범적 해석이 등장한다. 아울러 계약 문언 등에 표시된 당사자의 의사가 흠결되어 있는 경우에는 자연적 해석도 규범적 해석도 사용할 수 없기에 이때 비로소 보충적 해석, 더욱 정확하게 말해 보충적 형성이 요청된다. 이러한 점을 고려하면 법률행위에 대한 기존의 해석방법과 새로운 해석방법은 법률행위 해석을 각각 다른 측면에서 바라본 것으로서 서로 양립될 수 있다고 말할 수 있다.

Ⅲ. 법률해석과 법률행위 해석의 차이점

그러면 법률행위 해석은 법률해석과 어떤 점에서 차이가 있는가? 그 차이는 해석 대상이 되는 법률행위와 법률의 차이에서 찾을 수 있다. 법률행위와 법률은 다음과 같은 점에서 차이가 난다.

1. 행위와 제도

가장 우선적으로는 행위와 제도라는 점에서 양자를 구별할 수 있다. 법률행위는 말 그대로 행위에 속한다. 제도와 비교할 때 행위는 개별적이고 구체적인 성격을 지닌다. 이에 반해 제도는 일반적이고 추상적이다. 법률행위는 행위의 일종으로 개별적이고 구체적인 법적 행위라 말할 수 있다. 이에 반해 법률은 국가가 공식적인 절차에 따라 실정화한 객관적인 제도이다. 따라서 양자에 대한 해석인 법률행위 해석과 법률해석은 차이가 있다.

2. 존재와 당위

엄격한 방법이원론에 따르면 양자는 다음과 같이 구별된다. 법률행위가 존재(Sein)인 사실에 속한다면, 법률은 당위(Sollen)인 규범에 속한다는 것이다. 이러한 방법이원론을 전통적인 법적 삼단논법에 적용하면 법률행위와 법률은 다음과 같이 구별된다. 법률행위를 해석하는 과정은 법적 삼단논법의 첫 번째 단계인 사실인정 과정에 해당한다면, 법률해석은 두 번째 단계인 법규범 해석에 해당한다는 것이다.

3. 주관성과 객관성

전통적인 구별인 ≪주관성－객관성≫을 활용하면 법률행위와 법률은 다음과 같이 구별할 수 있다. 법률행위는 각 당사자의 주관성에 근거를 둔다면, 법률은 객관성에 기반을 둔다는 것이다. 이에 따르면 법률행위는 법률행위의 당사자인 각 주체가 자신의 주관적 자율성을 발휘하여 형성한 것이다. 따라서 법률행위는 당사자들로 구성된 주관적 세계 또는 상호주관적 세계에서만 효력을 미친다. 이에 반해 법률은 모든 수범자들에 의해 형성된 것으로 객관적 세계인 사회에서 모든 구성원들에게 효력을 미친다.

4. 사적 자치와 법치주의

이러한 연유에서 주관성에 근거를 두는 법률행위에는 사적 자치가 작용한다. 사적 자치에 따라 각 당사자는 자신에게 적합한 법률행위를 '창조'할 수 있다. 이에 반해 법률에는 법치주의, 즉 법의 지배 원리가 작용한다. 수범자들은 법률을 준수해야 하고 법률을 해석하는 법관은 법률에 엄격하게 구속되어야 한다. 물론 법률행위를 창조한 당사자들도 법률행위를 준수해야 한다. 약속은 지켜야 하는 것이다. 다만 객관적인 근거에 따라 효력을 발휘하는 법률과는 달리 법률행위의 경우에는 물론 논란이 있지만 당사자 각자가 자율적으로 행사한 자기결정에 근거를 둔다.

Ⅳ. 법률행위 해석과 법률해석의 공통점

그러나 서로 차이가 있는 법률행위 해석과 법률해석은 다음과 같은 공통점도 지닌다.

1. 주관설과 객관설

먼저 법률행위 해석과 법률해석에서는 공통적으로 주관설과 객관설의 대립이 등장한다. 이때 말하는 주관설과 객관설의 대립은 법률행위와 법률 사이의 구별 기준이 되는 ≪주관성 – 객관성≫이라는 구별과는 다르다. 여기서 말하는 주관설과 객관설의 대립은 흔히 법학방법론에서 해석의 목표로 거론되는 주관설과 객관설을 지칭한다. 법학방법론에서는 해석의 목표를 무엇으로 설정할 것인지에 관해 주관설과 객관설이 대립한다. 주관설은 해석은 입법자의 의사를 지향해야 한다고 말한다. 입법자라는 주관적인 주체가 지닌 입법 의사를 지향한다는 점에서 주관설이라고 부른다. 이와 달리 객관설은 입법자의 의사가 아닌 객관적인 법규범이 담고 있는 의사를 지향해야 한다고 말한다. "법률은 입법자보다 똑똑"하기 때문이다. 입법자라는 주관적인 주체가 아니라 법률이라는 객관적인 제도에 투영된 의사를 지향한다고 해서 객관설이라고 부른다. 이때 주관설은 입법자의 의사를 탐구하는 것을 가장 중요한 목표로 설정한다는 점에서 해석방법으로는 역사적 해석을 중요시 한다. 이에 반해 객관설은 법규범이 담고 있는 의사, 더욱 정확하게 말해 법규범에 투영된 목적을 탐구한다는 점에서 목적론적 해석을 중요시 한다.

그런데 이러한 대립은 법률행위 해석에서도 찾아볼 수 있다. 자연적 해석과 규범적 해석의 대립에서 말이다. 앞에서 살펴본 것처럼 자연적 해석은 법률행위 당사자라는 주관적인 주체가 본래, 즉 자연적으로 지닌 의사를 지향한다. 그 점에서 자연적 해석은 법률행위 주체라는 존재자의 내부, 즉 내심의 의사를 중시한다. 이러한 이유에서 자연적 해석은 의사주의와 연결된다. 이와 달리 규범적 해석은 법률행위 주체라는 존재자의 외부에 있는, 즉 외부로 표시되어 객관화된 규범적 의사를 중시한다. 그 점에서 규범적 해석은 표시주의와 연결된다. 여기서 우리는 다음과 같은 특징을 발견할 수 있다. 자연적 해석은 법률해석의 목표인 주관설과 연결된다는 것이다. 자연적 해석은 마치 주관설을 지향하는 법률해석처럼 애초에 법률행위를 창조한 당사자를 지향한다. 그 점에서 자연적 해석은 '주관적'이다. 이에 반해 규범적 해석은 법률행위 자체에 객관적으로 투영되어 있는 당사자의 규범적 의사를 지향한다. 이러한 이유에서 규범적 해석은 법률에 객관적으로 투영된 규범 목적을 추구하는 객관설과 유사하다. 법률해석에서 등장하는 주관설과 객관설의 대립은 법률행위 해석에서는 자연적 해석과 규범적 해석으로 나타나는 것이다. 이 점에서 법률행위 해석과 법률해석은 공통점을 지닌다.

2. 과거의 지평과 현재의 지평

법률해석과 법률행위 해석에서 나타나는 주관설과 객관설의 대립, 입법자의 주관적 의사와 법규범의 객관적 의사 사이의 대립을 시간성이라는 측면에서 분석하면 다음과 같이 말할 수 있다. '과거의 지평'과 '현재의 지평' 사이의 대립이 그것이다. 법적 분쟁이 발생한 지금의 시점에서 보면, 법률을 만든 입법자는 이미 과거에 속하는 존재가 된다. 따라서 입법자의 의사는 과거의 지평에 속한다. 이에 반해 법규범의 객관적인 목적은 지금 현재 있는 그것을 말한다. 법적 분쟁을 해결해야 하는 현 시점에서 볼 때 타당한 법규범의 목적이 바로 객관설이 추구하는 법의 객관적인 의사이기 때문이다. 따라서 이는 현재의 지평에 속한다. 바로 이 같은 이유에서 법적 분쟁을 해결하기 위해 법규범을 해석하는 과정에서는 과거의 지평과 현재의 지평 사이의 대립과 투쟁이라는 '시간 투쟁' 문제가 발생한다.

그런데 이러한 현상은 법률행위를 해석하는 과정에서도 나타난다. 법률행위를 창조한 당사자는 법률행위 해석이 문제되는 시점에서 보면 이미 과거에 속한다. 입법자의 의사처럼 그것은 과거의 지평에 속한다. 이에 반해 법률행위 자체에 담겨 있는 당사자의 규범적 의사는 법률행위 해석이 문제되는 현재 시점에 존재하는 그 무엇이다. 법규범의 객관적인 의사처럼 이는 현재의 지평에 속한다. 바로 이러한 까닭에 법률행위를 해석하는 과정에서 과거의 지평과 현재의 지평 간의 대립과 투쟁, 즉 시간 투쟁이 발생한다. 이러한 측면에서 법률해석과 법률행위 해석은 공통점을 지닌다.

3. 법률행위와 법률의 해석학적 순환

마지막으로 법률행위 해석과 법률해석은 다음과 같은 점에서 서로 밀접한 관련을 맺는다. 법해석학의 관점에서 볼 때 법률행위 해석과 법률해석 사이에 해석학적 순환이 나타난다는 것이다. 특히 법률행위 해석이 문제되는 사건에서 이러한 해석학적 순환을 볼 수 있다. 이는 제12장에서 살펴보았던 '아름다운 판결'에서 잘 나타난다. 구체적으로 말하면 법률행위를 해석하는 과정에서 법률해석의 문제도 등장하는 것이다. 이를테면 '아름다운 판결'에서는 누가 임차인인지가 문제되었는데, 이 문제는 이 사건에 적용되는 임대주택법 제15조가 규정하는 임차인 개념을 어떻게 해석하는지와 밀접하게 관련된다. 요컨대 법률행위를 해석하는 과정에서 법률해석 역시 문제되는 것이다.

사실 이러한 주장은 법해석학의 견지에서 법적 삼단논법을 분석하면 자연스럽게 도출되는 결론이다. 전통적인 법적 삼단논법은 사실인정과 법률해석이 엄격하게 단절된다고 보는 반면, 법해석학은 양자가 해석학적으로 상응 또는 나선형의 순환을 한다고 보기 때문이다.[4] 이로 인해 사실을 인정하는 과정에서는 법규범의 관점이, 법규범을 해석하는 과정에서는 사실의 관점이 투영된다. 이러한 근거에서 보면 사실 영역에 속하는 법률행위 해석과 규범 영역에 속하는 법률해석이 해석학적으로 서로 상응한다는 것은 자연스러운 결론이다. 이러한 점에서 보면 법률행위 해석은 법률해석을 통해 비로소 완전해질 수 있다. 그 점에서 법률행위 해석과 법률해석은 서로 연결된다.

---

4 이에 관해서는 이 책 제19장 및 제20장 참고.

삼단논법과 법학방법

제14장
형법해석의 한계

Ⅰ. 죄형법정주의와 형법해석의 한계

우리 헌법 제13조 제1항은 "모든 국민은 행위시의 법률에 의하여 범죄를 구성하지 아니하는 행위로 소추되지 아니하며, 동일한 범죄에 대하여 거듭 처벌받지 아니한다."고 규정한다. 또한 형법 제1조 제1항은 "범죄의 성립과 처벌은 행위시의 법률에 의한다."고 규정한다. 이러한 헌법규정과 형법규정은 바로 우리 법체계가 죄형법정주의를 실정법으로 받아들이고 있음을 보여준다. 여기서 죄형법정주의란 법률 없으면 범죄도 형벌도 없다는 원칙을 말한다.[1] 이러한 죄형법정주의는 국가형벌권 행사를 시민의 대표기관인 의회가 제정한 법률에 구속시킴으로써 시민의 자유와 권리를 보장하는 데 그 존재의의가 있다.[2]

죄형법정주의는 명확성 원칙, 소급효금지 원칙, 유추적용금지 원칙, 관습법금지 원칙이라는 네 가지 하부원칙으로 구체화된다.[3] 이 가운데서 유추적용금지 원칙은 형법해석과 관련을 맺는 문제로 여러 가지로 음미해 보아야 할 필요가 있다. 특히 헌법해석이나 민법해석 영역에서는 당해 법규범을 유추하여 문제를 해결하는 것을 크게 문제 삼지 않는데 반해, 형법해석에서는 죄형법정주

---

1 배종대, 『형법총론』 제8전정판(홍문사, 2006), 72쪽.
2 배종대, 위의 책, 73쪽.
3 배종대, 앞의 책, 80쪽 아래.

의의 한 내용인 유추적용금지 원칙에 따라 유추는 형법해석의 한계를 넘어서는 것으로 엄격하게 금지되기 때문이다.[4] 그러므로 유추적용금지 원칙을 적용하기 위한 전제로서 형법해석의 한계를 획정하려는 논의는 이론적으로나 실천적으로나 큰 의미가 있다고 생각한다. 그런데 해석과 유추를 구별하는 것에 관해, 다시 말해 형법해석의 한계가 어디까지인가에 관해 지난 세기의 90년대 중반 우리 형법학계에서는 논쟁이 진행된 적 있다. 종래 해석과 유추의 구별기준으로 인정되어 왔던 '법문언의 가능한 의미'에 관해 전개된 이 논쟁은 그 당시의 가장 수준 높은 형법해석론의 기초 위에서 전개되었다. 학문적인 논쟁이 드문 우리 법학계에서 볼 때 이례적인 경우라 할 수 있다.[5] 이 논쟁을 통해 형법해석의 한계에 대한 이론적인 수준이 한 단계 올라섰고, 이 논쟁 이후에도 이 주제에 관해 수준 높은 연구가 계속 진행되었다.[6] 제14장은 그 당시 전개되었던 논쟁을 정리하는 데 우선적인 목표를 둔다. 아울러 형법해석의 한계 기준을 어떻게 설정할 것인가에 관해 '해석학적 모델'에 기초를 두고 있는 필자의 견해를 간략하게 덧붙이고자 한다.

---

4 특히 사적 자치를 기본원리로 삼는 민사법영역에서는 법률해석과 흠결보충을 구별하고, 후자의 흠결보충을 어떤 방법에 의해 어느 정도의 범위까지 인정할 것인지가 논의되기도 한다. 이에 관해서는 우선 김형배, "법률의 해석과 흠결의 보충: 민사법을 중심으로", 『민법학연구』(박영사, 1989), 2쪽 아래. 또한 민법학자인 양창수 교수는 '부동산실명법' 제4조 제2항 단서를 해석하면서 "(…) 그러나 그 문언 또는 문법구조대로 해석하는 것이 평가모순을 가져오는 경우에는, 가능한 어의와 의미관련의 범위 안에서 이를 피할 수 있는 해석이 요구되며, 비상의 경우에는 이를 해소하기 위하여 「법에 반하는」 해석도 허용되는 것이다."라고 말하기도 한다. 양창수, "부동산실명법의 사법적 규정에 의한 명의신탁의 규율: 소위 계약명의신탁을 중심으로", 『민법연구』 제5권 (박영사, 1999), 176~177쪽 참고.

5 '법문언의 가능한 의미'에 관한 깊이 있는 연구로는 S.-D. Yi, *Wortlautgrenze, Intersubjektivität, Kontexteinbettung* (Frankfurt/M., 1992) 참고.

6 이에 관해서는 류전철, "법해석학의 방법과 형법", 『법률행정논총』(전남대) 제17집(1997); 정승환, "형법상 유추금지에 관한 고찰", 『안암법학』 제12호(2001); 구모영, "형법해석의 한계에 관한 방법적 성찰", 『비교형사법연구』 제4권 제1호(2002), 371쪽 아래; 하태훈, "형벌법규의 해석과 죄형법정 원칙", 『형사판례연구』 제11권(박영사, 2003); 김일수, "형법해석의 한계", 『형사판례의 연구 I: 이재상 교수 화갑기념논문집』(박영사, 2003); 임웅, "법의 흠결과 형법의 유추적용금지", 『형사법연구』 제21호(2004); 이용식, "형법해석의 방법", 『서울대학교 법학』 제46권 제2호(2005), 36~69쪽 등 참고.

Ⅱ. 해석과 유추의 구별

형법해석이란 특정한 형법규범에 담긴 의미내용을 구체적으로 확정하는 과정을 말한다. 형법규정은 아무리 명확성 원칙을 준수하여 규정한다 하더라도 실제 사건을 해결하기에는 여전히 추상적이어서 모호한 때가 있다.[7] 이 때문에 바로 형법해석이라는 과정이 필요하다. 한편 이런 형법해석에 대비되는 개념으로 유추가 있다. 유추란 특정한 사안에 관해 법률이 직접적으로 규정하고 있지 않은 때에 이 사안과 유사한 사안을 규율하는 법규정을 찾아 이 사안에 적용하는 것을 말한다.[8]

전통적으로 해석과 유추는 서로 구별된다고 보았고, 지금도 구별하는 견해가 지배적이다.[9] 이에 따르면 해석과 유추는 다음과 같이 구별된다. 형법해석은 형법이 규정하는 법문언의 가능한 범위 안에서 행해진다. 이에 반해 유추는 이러한 법문언의 한계를 벗어나 행해진다. 따라서 해석은 법을 인식하는 행위인 데 반해, 유추는 법을 창조하는 행위라고 할 수 있다.[10] 이러한 이유에서 해석과 유추는 서로 구별된다.

이런 관점에서 볼 때 확장해석과 유추 역시 서로 구별된다. 확장해석이 법문언의 한계 안에서 이루어지는 데 반해, 유추는 법문언의 한계 기준을 벗어나기 때문이다. 물론 확장해석도 통상적인 해석과 비교해 볼 때 법문언의 가능한 범위를 확대한다. 그러나 확장해석은 문언의 한계를 준수하면서 법문언의 가능한 범위를 확대한다.[11] 이 때문에 확장해석은 허용되는 해석의 한 유형에 해당

---

7 배종대, 앞의 책, 110쪽 아래; 이상돈, 『형법학』(법문사, 1999), 단락번호 [6] "죄형법정주의와 대화이론", 193쪽 아래. 이러한 맥락에서 이상돈 교수는 대화원칙에 따라, 달리 말해 화용론에 바탕을 둔 언어사용 이론에 따라 명확성 원칙을 재구성한다. 이상돈, 같은 책, 195쪽 아래 참고.

8 배종대, 앞의 책, 98쪽.

9 이상돈, 앞의 책, 단락번호 [8] "형법해석의 한계", 249쪽에서 각주(1)에 소개된 문헌 참고.

10 김영환 교수는 법문언의 가능한 범위 안에서 행해지는 해석을 법인식, 이를 벗어나는 유추를 법형성이라 하여 양자를 구별한다. 김영환, "법의 흠결과 목적론적 축소해석", 『판례월보』 제334호(1998), 39쪽 아래.

11 이를 이익법학을 주창한 필립 헥크의 관점에서 보면, 확장해석은 '개념의 뜰' 안에서 이루어진 해석이고, 유추는 이런 '개념의 뜰'을 벗어난 것이라고 할 수 있다. 필립 헥크의 견해에 관해서는 이상돈, 앞의 책, 264쪽 아래 참고. 한편 이재상 교수는 확장해석도 금지되는 해석으로 평가한다. 이재상, 『형법총론』(박영사, 1999), 26쪽.

한다. 따라서 허용되는 확장해석은 금지되는 유추와 구별해야 한다.[12]

그러나 법문언을 기준으로 해서 해석과 유추를 구별하고, 나아가 해석을 법규범의 의미내용을 단순히 인식하는 과정으로 그리고 유추를 흠결된 법규범의 의미내용을 보충 또는 창조하는 과정으로 보아 각각 구별하는 태도에는 몇 가지 의문이 떠오른다.

첫째, 법문언의 가능한 의미가 해석과 유추를 구별하는 객관적인 기준이 될 수 있는지 의문이다. 왜냐하면 법문언 그 자체도 해석을 필요로 하는 추상적이고 개방적인 개념이 될 수 있기 때문이다. 예를 들어 형법 제170조 제2항이 규정하는 '또는'이라는 문언이 분리어가 되는지 아니면 연결어가 되는지는 구체적인 상황에 따라 해석해야 한다.[13] 또한 공직선거법 제262조가 규정하는 '자수' 문언 역시 해석을 통해 구체화해야 하는 개념이다.[14]

둘째, 설사 법문언이 그 한계기준이 된다 하더라도 과연 해석은 단순한 법인식 행위이고 유추는 법창조 행위인지 문제가 된다. 해석도 유추와 마찬가지로 법을 형성 또는 창조하는 과정이라 볼 여지가 있기 때문이다. 특히 전통적인 삼단논법의 관점에 따라 법해석을 파악하지 않고,[15] '철학적 해석학'을 수용한 '법해석학'의 관점을 기초로 하여 법해석을 바라볼 때 이런 구별은 더욱 불분명해진다.[16]

이러한 문제들은 궁극적으로 형법해석에 철학적 해석학을 수용할 수 있을지, 나아가 '법문의 가능한 의미'를 여전히 해석과 유추를 구별하는 실질적인 기준으로 원용할 수 있는지와 관련을 맺는다. 이 문제는 아래 Ⅳ.에서 다시 살펴본다.

---

12 확장해석과 유추의 구별에 관해서는 김영환, "형법해석의 한계", 『형사판례연구』제4권(박영사, 1996), 10쪽; 김영환, 앞의 논문, 41쪽 아래. 한편 김영환 교수는 허용되는 해석으로 확장해석과 함께 축소해석을 제시한다. 그런데 이때 확장해석과 축소해석을 어떤 기준으로 구별해야 하는지가 문제될 수 있다. 이 문제에 대해 김영환 교수는 법문언의 의미, 법규의 적용범위, 가벌성의 범위, 입법자의 의사를 기준으로 제시하면서 결론적으로 입법자의 의사가 가장 타당한 기준이라고 한다. 김영환, 앞의 논문, 40쪽 아래.
13 이것이 문제된 경우로 대법원 1994. 12. 20.자 94모32 전원합의체 결정 참고.
14 가령 대법원 1997. 3. 20. 선고 96도1167 전원합의체 판결 참고.
15 삼단논법에 대한 비판으로는 이상돈, 『법이론』(박영사, 1996) 참고.
16 이에 관해서는 양천수, 『법해석학』(한국문화사, 2017) 참고.

III. 형법해석의 한계 논쟁

1. 논쟁사

지난 세기의 90년대 중반에 전개된 형법해석 논쟁은 바로 형법상 허용되는 해석과 금지되는 유추를 구별하는 기준으로 여전히 '법문언의 가능한 의미'를 채택할 수 있는지에 관해 전개되었다. 이 논쟁은 대법원이 내린 한 결정을 평석하는 과정에서 시작하였다.

(1) 판례

논쟁은 대법원 1994. 12. 20.자 94모32 전원합의체 결정이 나오면서 시작하였다. 이 결정은 자신의 과실로 타인의 사과나무, 즉 타인의 물건을 소훼한 경우 형법 제170조 제2항을 근거로 하여 실화죄로 처벌할 수 있는지를 문제 삼는다.[17] 왜냐하면 제170조 제2항의 규정은 해석하기에 따라 '자기의 소유에 속하는 제166조 또는 자기의 소유에 속하는 제167조에 기재한 물건'으로 이해할 수도 있고, '자기의 소유에 속하는 제166조 또는 자기 소유, 타인 소유를 불문한 제167조의 물건'으로 이해할 수도 있기 때문이다. 이 문제에 관해 대법원 다수의견은 형법상 방화죄와 실화죄의 체계적 관점을 중시하여 자기의 소유에 속하는 제166조 또는 자기 소유, 타인 소유를 불문한 제167조의 물건으로 해석했고, 나아가 이러한 해석은 법문언의 가능한 의미를 벗어나지 않기에 죄형법정주의에도 위배하지 않는다고 판단하였다. 이에 반해 소수의견은 우리말의 보통 표현방법에서 볼 때 '자기의 소유에 속하는'이라는 수식어는 제166조와 제167조 모두를 수식한다고 보아야 하고, 따라서 제170조는 자기의 소유에 속하는 제166조 또는 자기의 소유에 속하는 제167조의 물건으로 이해해야 한다고 보았다. 이런 이유에서 소수의견은, 다수의견은 우리말의 보통 표현방법을 넘어선 것으로, 죄형법정주의를 훼손할 염려가 있다고 판단하였다.

---

[17] 형법 제170조 제2항: "과실로 인하여 자기의 소유에 속하는 제166조 또는 제167조에 기재한 물건을 소훼하여 공공의 위험을 발생하게 한 자도 전항의 형과 같다."

330 제4부 법규범 탐색 및 해석

(2) 학설상 논쟁의 전개

1) 신동운 교수의 견해

이 대법원 전원합의체 결정을 처음으로 평석한 학자로 신동운 교수를 들수 있다.[18] 신동운 교수는 다음과 같이 이 대법원 결정을 분석하면서 결론적으로는 다수의견을 지지한다. 우선 신동운 교수는 법규범의 문언을 기준으로 하여 해석과 유추를 구별할 수 있음을 인정한다. 해석과 유추가 모두 유사성을 비교함으로써 이루어진다는 반론이 제기될 수도 있지만, 해석은 문언범위 안에서, 이에 반해 유추는 문언범위 밖에서 진행된다는 점에서 서로 구별해야 한다는 것이다. 이때 문언범위는 바로 시민들의 통상적인 표현방법 속에서 그 한계가 지워진다고 한다. 또한 이렇게 해석과 유추를 구별하는 것이 권력분립의 관점에서 보더라도 타당하다고 말한다.[19]

하지만 그렇다고 해서 대법원 소수의견처럼 우리말의 '보통 표현방법'에 집착하는 것 역시 문제가 있다고 한다. 만일 소수의견처럼 우리말의 보통 표현방법에 집착하면, 형벌법규의 해석을 기계적이고 형식적인 자구확인 작업으로 전락시킬 우려가 있다고 한다. 또한 이러한 해석방법은 형벌법규의 다양한 규율형태를 충분히 포착할 수 없고, 특히 법제정 과정에서 발생할지도 모르는 '편집상의 과오'를 간과할 우려가 있다고 한다.[20]

이러한 문제점을 보완하기 위해 신동운 교수는 다음과 같은 해석방법을 결론으로 제시한다.[21] 형법해석은 원칙적으로 형법이 규정하는 법문언의 보통 표현방법을 기준으로 하여 진행해야 한다는 것이다. 다만 법규범에 '법전편찬상 과오'와 같은 중대한 흠이 있는 때에는 예외적으로 보통의 표현방법을 넘어서형법규범을 해석할 수 있다고 한다. 그러나 이 경우에도 당해 법규범에 대한 '시민들의 통상적인 표현방법'을 넘어설 수 없다고 한다.[22] 최종적으로 시민들

---

[18] 신동운, "형벌법규의 흠결과 해석에 의한 보정의 한계", 『판례월보』 제294호(1995), 21쪽 아래.
[19] 이상의 내용은 신동운, 위의 논문, 25쪽 아래.
[20] 신동운, 앞의 논문, 26쪽.
[21] 신동운, 앞의 논문, 29쪽.
[22] 여기서 신동운 교수는 우리말의 보통 표현방법을 문언의 자연적 의미로 그리고 시민들의 통상적 표현방법을 문언에 부여 가능한 의미로 이해하는 듯하다. 이렇게 이해하는 견해로 이상돈, 앞의

의 통상적인 표현방법이 형법해석의 한계기준이 된다는 것이다. 이런 전제에서 볼 때 형법 제170조 제2항은 입법과정에서 입법자가 중대한 편집상 과오를 저지름으로써 규정된 것이라고 평가할 수 있고, 형법 제170조 제2항을 다수의견처럼 해석하는 것은 시민들의 통상적인 표현방법의 범위 안에 있기 때문에 결론적으로 다수의견은 유추적용을 한 것이 아니라고 평가한다.

2) 김영환 교수의 견해

이런 신동운 교수의 평석에 대해 김영환 교수는 다음과 같이 해석과 유추를 구별하면서 신동운 교수의 견해를 비판한다.[23] 김영환 교수는 해석과 유추가 법문언의 가능한 의미를 기준으로 하여 구별된다는 점을 인정한다. 그러나 김영환 교수는 독일에서 전개된 법해석학의 전개과정을 참고로 하여 법문언의 가능한 의미가 해석에 앞서 미리 정해진 것은 아니라고 한다. 법문언의 가능한 의미는 '형식적 기준'으로만 작용할 뿐이라는 것이다. 그러면서도 김영환 교수는 법문언의 가능한 의미를 전적으로 무의미한 것으로 볼 수는 없다고 한다. 왜냐하면 법문언의 가능한 의미는 여전히 해석과 유추를 구별하는 기준으로 작용할 수 있기 때문이다.[24] 따라서 문제는 어떤 방법으로 법문언의 가능한 의미를 구체화하는가이다. 이에 관해 김영환 교수는 독일에서 논의된 주관적 해석론과 객관적 해석론을 소개한다. 김영환 교수에 따르면, 주관적 해석론은 입법자의 의사를 기준으로 해서 법문언의 가능한 의미를 구체화하려 한다. 이에 반해 객관적 해석론은 법의 목적에 초점을 둔다. 그런데 주관적 해석론은 법문언의 가능한 의미를 축소하는 반면, 객관적 해석론은 법적용의 구체적 타당성이라는 요청 아래 그 범위를 확대하는 경향이 있다고 한다. 그러면서 김영환 교수는 이 두 가지 이론을 모두 상호보완해서 사용하는 것이 오늘날 대부분의 해석론이 취하는 태도라고 한다. 결론적으로 해석의 출발점은 법문언의 일상적인 의미의 폭이 되며, 이 폭은 다시 입법자의 의사 및 법의 목적에 의해 그 가능한 의미범위가 확정된다고 한다.[25]

책, 260쪽.

23 김영환, "형법해석의 한계", 『형사판례연구』 제4권(박영사, 1996), 특히 8쪽 아래.

24 이상 김영환, 앞의 논문, 10쪽 아래.

25 이상 김영환, 앞의 논문, 11~13쪽.

한편 김영환 교수는 이런 이론을 기초로 하여 대법원 소수의견은 법문언의 일상적인 의미는 해석의 출발점이지, 결코 해석결과가 아니라는 점을 간과했다고 비판한다. 그리고 다수의견은 해석의 출발점이 되는 법문언의 일상적인 의미를 확인했어야 했다고 한다.[26] 그러면서 결국 소수의견이 다수의견보다 더욱 설득력 있다고 판단한다. 왜냐하면 형법 제170조 제2항이 규정하는 '또는'은 연결어이지, 결코 분리어에 해당할 수 없기 때문이다. 따라서 '또는'에 관해서는 해석의 여지가 없다고 한다.[27] 김영환 교수에 따르면, 형법 제170조 제2항은 흠결을 갖고 있는 것이다.

물론 김영환 교수도 법의 흠결 보충을 완전히 불가능한 것으로 파악하지는 않는다. 특히 신동운 교수와 같이 법전편찬상의 과오를 들어 법의 흠결을 보충하는 것도 가능할 수 있다고 한다. 그러나 결국 다음과 같은 점을 지적하면서 신동운 교수의 견해를 비판한다. 첫째, 신동운 교수가 법전편찬의 과오임을 증명하기 위해 수행하는 연혁적 고찰은 해석의 보충자료에 불과하다는 것이다. 둘째, 중대한 법전편찬의 과오가 있다는 것과 이를 해석에 의해 보정할 수 있는가 하는 것은 별개의 문제라 한다. 그 보정행위는 자칫 해석이 아닌 입법이 될 수 있기 때문이다. 이러한 근거에서 김영환 교수는 신동운 교수가 해석에 의해 법전편찬의 과오를 보정하는 것이 과연 죄형법정주의에 부합하는지를 검토했어야 했다고 지적한다.[28] 결론적으로 김영환 교수는 신동운 교수가 대법원 다수의견이 취한 객관적 해석론의 문제점을 법전편찬의 과오라는 주관적 해석론의 개념을 빌어 해소하고자 한다고 평가한다.[29]

3) 이상돈 교수의 견해

이상돈 교수는 신동운 교수나 김영환 교수와는 다른 관점에서 이 결정을 분석한다.[30] 먼저 이상돈 교수는 세 가지 관점에서 이 결정의 의미를 분석한다.

---

26 김영환, 앞의 논문, 13쪽.
27 김영환, 앞의 논문, 15쪽.
28 그러나 이런 김영환 교수의 평가는 신동운 교수의 견해를 다소 정확하지 않게 파악하고 있는 것이 아닌가 한다. 왜냐하면 분명 신동운 교수는 법전편찬상의 과오가 있을 때도 그 보정은 시민의 통상적인 표현방법 안에서만 인정될 수 있다고 한계를 긋고 있기 때문이다.
29 이상 김영환, 앞의 논문, 15~16쪽.
30 이상돈, 앞의 책, 249쪽 아래. 원래는 이상돈, "형법해석의 한계: 김영환 교수와 신동운 교수의 법

첫째, 논증스타일이 '법리'·'문리'라는 '자연법적 논증'에서 '가능한 의미'라는 '분석적 논증'으로 바뀌었다는 점, 둘째, 유추와 해석의 동질성을 인정하고 있다는 점, 셋째, 법형성과 법창조를 같은 것으로 본다는 점이다.[31]

다음으로 이 결정에 대한 김영환 교수의 평석과 신동운 교수의 평석을 분석한 후 각 평석에 대해 비판을 시도한다. 먼저 김영환 교수는 해석학적인 방법으로 시작하여 분석적 방법으로 결론을 맺고 있다고 평가한다. 왜냐하면 김영환 교수는 이상돈 교수가 볼 때 한편으로는 법문언의 가능한 의미가 해석을 통해 구체화된다고 하면서도, 다른 한편으로는 형법 제170조 제2항이 규정하는 '또는'을 분리어가 아닌 연결어로 단정 짓고 있기 때문이다. 그리고 신동운 교수는 분석적 의사소통 모델을 취하고 있다고 평가한다. 이상돈 교수는 그 이유를 다음과 같이 말한다. 이미 앞에서 본 것처럼 신동운 교수는 '문언의 자연적 의미'와 '문언에 부여가능한 의미'를 구별한다. 그러면서 원칙적으로 형법해석은 문언의 자연적 의미, 즉 '우리말의 보통 표현방법'을 기준으로 해야 한다고 본다. 다만 입법자가 편집상 과오를 저지른 경우에는 문언에 부여가능한 의미, 즉 '시민들의 통상적 표현방법의 범위'까지 형법규정을 해석할 수 있다고 한다. 이때 편집상의 과오가 존재하는지 여부는 법전편찬 과정을 검토함으로써 확인할 수 있다고 한다. 이러한 신동운 교수의 해석방법론에 대해 이상돈 교수는 법문언의 해석범위를 구분하는 것이 분석적 방법에 해당하고, 편집상의 과오를 확인하는 과정을 인정하는 것이 의사소통 모델을 따른 것이라고 평가한다. 이러한 점에서 이상돈 교수의 분석은 신동운 교수의 해석방법론을 주관적 해석론이라고 평가한 김영환 교수의 분석과는 차이가 있다.[32]

이렇게 이상돈 교수는 김영환 교수와 신동운 교수의 해석방법론을 분석하

학방법론에 대한 비평", 『저스티스』 제29권 제2호(1996), 7쪽 아래. 여기에서는 앞의 문헌을 기준으로 하여 인용한다.

31 이상돈, 앞의 책, 252~256쪽.

32 이상돈 교수가 신동운 교수의 견해를 의사소통이론, 즉 "분석적 송수신 모델"로 해석한 이유는 아마도 신동운 교수가 법전편찬과정을 연혁적으로 검토하면서도, 이 과정을 현재의 관점에서 수행하고 있기 때문인 것으로 보인다. 다시 말해 신동운 교수는 과거에 있었던 편집상의 과오를 해석을 통해 보정하면서도 동시에 현재의 관점인 시민들의 통상적 표현방법 안에서 그 한계를 찾고 있는 것이다.

면서 이 두 견해 모두 법문언을 해석의 한계기준으로 제시하고자 한다고 비판한다. 그러나 이상돈 교수는 법문언이 해석의 한계를 설정하는 기준이 될 수 없다고 말한다. 그 이유로 우선 법문언도 언어인 이상 그 언어가 사용되는 상황이나 맥락에 따라 달리 이해될 수 있다는 점을 든다. 나아가 해석학적 관점에서 볼 때 법문언 역시 고정된 것이 아니라 해석과정을 통해 구체화된다는 점을 지적한다. 한편 이상돈 교수는 신동운 교수의 분석적 의사소통 모델 역시 해석학적 관점에서 볼 때 더 이상 유지하기 어렵다고 한다. 입법자의 의사를 확인하는 과정은 단순히 과거의 의사를 인식하는 것이 아니라 오히려 해석학에서 말하는 '지평융합' 과정을 통해 재창조된다는 점에서 그 이유를 찾는다.[33]

이러한 비판에 기반을 두어 이상돈 교수는 허용되는 해석과 금지되는 유추를 '법문언의 가능한 의미'가 아닌 다른 기준으로 구별하고자 한다. '근거지음의 가능성'이 그것이다. 법률해석의 한계는 그 해석에 대한 근거지음이 더 이상 가능하지 않는 곳에서 시작된다는 것이다.[34] 그리고 이상돈 교수는 이러한 근거지음의 기준에서 볼 때 대법원 다수의견은 근거지음을 수행하고 있다는 점에서 해석의 한계를 일탈하지 않았다고 평가한다.[35] 한편 이상돈 교수는 하버마스의 '대화이론'(Diskurstheorie)을 바탕으로 하여 근거지음을 '대화'의 한 형태로 이해한다. 그러면서 이상돈 교수는 근거지음을 법적 대화에 참여, 즉 '맥락에 들어감'이라고 말한다. 이상돈 교수에 따르면, 이 '맥락에 들어감'에는 두 가지가 있는데, 첫째는 입법자의 의사소통적 맥락에 들어가는 방법이고, 둘째는 형법의 규범적 맥락에 들어가는 방법이다. 첫째 방법은 입법자의 의사를 해석학의 관점에서 재구성하는 작업이고, 둘째 방법은 변화된 현재 상황을 고려하여 법규범을 재구성하는 작업이다. 둘째 방법 중에서 가장 대표적인 방법이 바로 독일 학계에서 개발한 '결과고려 방법'이다. 그러나 결과고려 방법은 자칫 형법해석을 지나치게 확장시킬 우려가 있다고 한다. 그 때문에 결과고려 방법을 제한적으로 사용하게 할 필요가 있는데, 이의 방법으로 이상돈 교수는 형법의 규범적

---

33 이상 이상돈, 앞의 책, 264~278쪽.
34 이상돈, 앞의 책, 279쪽.
35 이상돈, 앞의 책, 283쪽.

맥락을 고려하여 형법을 해석할 것을 제안한다. 유추금지라는 프로젝트를 실현한다는 측면에서 형법해석은 형법의 보충성 원칙이나 책임원칙, 법익보호 원칙을 준수해야 한다는 것이다. 그러면서 이상돈 교수는 앞에서 전개한 요청은 단순한 '외재적 기준'이 아니라 법관 스스로가 자발적으로 노력해야만 달성할 수 있는 '내재적 기준'이라고 한다. 그래서 궁극적으로 유추금지는 '법관의 직업에토스'라고 결론짓는다.[36]

4) 김영환 교수의 반론

이러한 이상돈 교수의 비판에 가장 직접적인 반론을 전개한 학자는 김영환 교수이다.[37] 김영환 교수는 이상돈 교수가 자신의 견해를 잘못 이해하고, 나아가 이에 대한 비판도 서슴지 않고 있다면서 다음과 같은 논거를 들어 반론을 제기한다. 먼저 김영환 교수는 해석과 유추의 구별기준인 '법문언의 가능한 의미'가 해석 이전에 확정되어 있는 것은 아니라는 점을 다시 확인한다. 오히려 법문언의 가능한 의미는 해석을 통해 비로소 구체화된다고 한다.[38] 그리고 이러한 '법문언의 가능한 의미'는 '법문언의 일상적 의미'와 구별해야 한다고 강조한다. 법문언의 일상적 의미는 해석의 출발점이지만 법문언의 가능한 의미는 바로 해석의 결과라고 한다.[39] 그러면서도 김영환 교수는 이처럼 법문언의 가능한 의미가 구체적으로 확정되어 있지 않아 해석과 유추를 구별하는 데 원용할 수 있는 '실질적 기준'이 될 수는 없지만, 최소한 '형식적 기준'은 될 수 있다고 한다. 그 이유는 다음과 같다. 첫째, 법문언의 가능한 의미는 법률에 대한 법관의 구속이라는 헌법상 요청 때문에 인정할 수밖에 없는 법치국가의 보루라는 것이다. 둘째, 법문언의 가능한 의미는 비록 형식적인 기준이기는 하지만 여전히 해석과 유추의 한계로 작용한다고 한다. 이를 논증하기 위해 김영환 교수는 전기절도를 예로 든다. 여기서는 전기가 절도죄의 객체인 재물에 해당하는지가 문제될 수 있다. 이를 부정하는 견해에 따르면, 전기는 재물이라는 법문언의 가능

---

36 이상 이상돈, 앞의 책, 284~288쪽.
37 김영환, "형법상 해석과 유추의 한계: 이상돈 교수의 반론에 대하여", 『저스티스』 제30권 제1호 (1997), 77쪽 아래.
38 김영환, 위의 논문, 79쪽.
39 김영환, 앞의 논문, 80쪽.

한 의미를 벗어나기 때문에 재물이 아닌 것이지, 전기를 재물로 근거 짓는 것이 부당하기 때문에 재물이 아닌 것은 아니라고 한다.[40] 요컨대 김영환 교수에 따르면, 해석과 유추 사이에 질적인 차이는 없어도 여전히 '단계적인 차이'는 존재한다. 바로 이 점에서 법문언의 가능한 의미는 해석과 유추의 구별에 대한 형식적인 기준이 된다고 한다.[41] 한편 김영환 교수는 형법상 유추금지가 지닌 실천적 의미 때문에 법문언의 가능한 의미를 구체화할 때 이를 법치국가적 관점으로 통제해야 할 필요가 있다고 말한다. 이러한 이유에서 김영환 교수는 법문언의 가능한 의미는 주관적 해석론에 따라 구체화해야 한다고 말한다. 이렇게 주관적 해석론에 따라 법문언의 의미를 강조해야만 자유주의적 법치국가 이념을 실현할 수 있다는 것이 그 이유다.[42]

이러한 이론적 전제를 다시 확인한 후 김영환 교수는 다음과 같이 이상돈 교수의 해석이론을 비판한다. 먼저 이상돈 교수의 이론은 형법상 유추금지 원칙을 공허한 것으로 만든다고 비판한다. 특히 이상돈 교수가 제시하고 있는 '외재적'·'내재적'이라는 개념은 법 해석기준을 지나치게 단순화시킨 개념도식에 불과하고, 이런 도식은 법해석을 법관의 주관적인 것으로 변질시킬 수 있다고 비판한다.[43] 나아가 김영환 교수는 이상돈 교수가 구문론·의미론에 대한 화용론의 우위를 들어 자신의 견해를 비판하고 있지만, 형법상 유추금지 원칙은 화용론보다는 구문론·의미론에 더 가깝다고 반박한다.[44]

다음 김영환 교수는 전통적인 유추금지 원칙을 대신하여 이상돈 교수가 기획하는 의사소통 모델을 다음과 같이 비판한다. 첫째, 형법상 유추금지 원칙과

---

[40] 그러나 이 비판은 다시 음미할 필요가 있다. 왜냐하면 법문언의 가능한 의미가 해석을 통해 구체화된다고 한다면, 결국 법문언의 가능한 의미는 일정한 근거지음을 통해 구체화된다고 말할 수 있기 때문이다. 그렇다면 '재물'이라는 법문언의 가능한 의미에 '전기'가 해당하지 않는다는 점은, 재물을 구체화하는 근거지음 안에 전기가 들어맞지 않기 때문이라고 바꿔 말할 수 있지 않을까? 다시 말해 전기를 재물로 보려는 근거지음은 재물을 구체화하는 근거지음에서 볼 때 부당하기 때문에 전기가 재물이라는 법문언의 가능한 의미를 벗어나는 것이 아닐까? 이 문제는 아래 IV. 3. (1)에서 다시 논한다.

[41] 김영환, 앞의 논문, 81쪽.

[42] 김영환, 앞의 논문, 86~87쪽.

[43] 김영환, 앞의 논문, 83쪽.

[44] 김영환, 앞의 논문, 93쪽.

관련하여 '대화'라는 말이 무엇을 지시하는지 불투명하다고 한다. 둘째, 대화 또는 대화론적 구조는 법실무와 동떨어진 이상적인 개념이라고 한다. 셋째, 유추금지에 관한 논의는 법적 논증에 관한 논의인데, 이러한 법적 논증은 실천적 담론과 구별해야 한다고 말한다. 여기서 김영환 교수는 알렉시의 견해를 좇아 법적 논증은 실천적 담론의 특수한 경우라고 한다.[45]

마지막으로 김영환 교수는 이상돈 교수의 판례분석을 비판한다. 첫째, 이상돈 교수가 어떻게 자신의 이론을 판례와 연결시키는지 모호하다고 한다. 둘째, 이상돈 교수는 왜 다수의견이 소수의견보다 우월한지 그 이유를 제시하지 않는다고 한다. 셋째, 어떻게 법리나 문리를 자연법적 논증으로 파악할 수 있는지 의문이라고 한다. 왜냐하면 특히 문리는 바로 말의 의미에 해당하고 그런 측면에서 오히려 법실증주의적 법률관과 연결되기 때문이라고 한다.[46]

5) 김대휘 판사의 견해

실무가인 김대휘 판사는 이런 해석논쟁과는 약간 거리를 두고 신동운·김영환·이상돈 교수의 해석방법론을 비평하면서 해석과 유추의 한계기준이 무엇인지 논증한다.[47] 김대휘 판사는 여러 해석규칙 가운데서 기본적으로 객관적·목적론적 해석의 우위를 인정한다. 그러나 동시에 객관적 해석을 할 때 문리나 체계, 역사적 관점, 입법자의 의사 등을 종합적으로 고려해야 한다고 말한다. 또한 객관적 해석은 형법상 죄형법정주의 때문에 법문언에 구속된다고 한다. 그러나 법문언을 구성하는 언어는 그 속성상 불명확하고 부정확하기 때문에 그 의미는 문장의 구조나 전후관계, 전체 맥락을 통해 부여된다고 한다.[48] 한편 앞에서 본 것처럼 객관적 해석은 법문언에 구속되는데, 이때 한계기준으로 작용하는 법문언은 법문언의 가능한 의미가 된다. 김대휘 판사에 의하면, 법문언의 가능한 의미는 해석의 출발점이자 해석의 한계가 된다.[49]

이런 기본 시각을 바탕으로 하여 김대휘 판사는 형법 제170조 제2항을 해

45 김영환, 앞의 논문, 93~94쪽.
46 김영환, 앞의 논문, 95~96쪽.
47 김대휘, "형법해석의 한계와 법방법론", 『법철학연구』 제1권(1998), 375쪽 아래.
48 김대휘, 위의 논문, 382~384쪽.
49 김대휘, 앞의 논문, 386쪽.

석할 때 이미 이 규정이 평가모순을 내포하고 있다는 점에서 입법자료를 검토할 필요가 없다고 하고, 이러한 점에서 신동운 교수의 해석방법을 비판한다.[50] 그리고 김영환 교수처럼 소수의견을 지지하는 경우에는 극단적인 자유주의 형법이념에 빠질 염려가 있다고 한다.[51] 나아가 이상돈 교수의 견해에 대해서는 페터 헤벌레(P. Häberle)의 개방적 헌법해석론을 인용하면서 긍정적인 평가를 한다. 그러나 이러한 새로운 방법론이 아직 실무에 정착되기에는 미흡한 점이 있다고 하면서 결국 전통적인 시각에서 객관적 해석의 우위를 인정한다.[52]

6) 최봉철 교수의 견해

이러한 논쟁과는 별도로 최봉철 교수는 형법이 아닌 법철학의 관점에서 법해석론을 전개한 바 있다.[53] 여기서 최봉철 교수는 법해석을 '의도중심적 해석론', '문언중심적 해석론', '목적중심적 해석론'으로 구별한다. 그리고 위 대법원 결정을 문언중심적 해석론이라고 평가하고, 문언중심적 해석론을 주장한 미국의 스칼리아 대법관, 법철학자 하트의 견해를 소개한 후 이를 비판한다. 이러한 시각에서 형법 제170조 제2항이 규정하는 '또는'을 반드시 연결어로만 해석할 수는 없다고 한다.[54] 그러면서 문언중심적 법해석론이 지닌 한계를 고려해 볼 때 법해석은 궁극적으로는 목적중심적으로 이루어져야 한다고 주장한다. 이때 목적이란 바로 '형평' 또는 '온당성'이라고 할 수 있다.

(3) 정리

이상 해석과 유추에 관한 논쟁의 전개과정을 살펴보았는데, 이 논쟁을 분석하면 다음과 같은 쟁점들을 간취할 수 있다. 첫째, 형법해석과정에 철학적 해석학의 관점을 인정할 수 있는지 여부이다. 둘째, 형법해석과정에 철학적 해석학을 수용할 수 있다면 과연 해석과 유추가 각각 '법인식'과 '법창조'로 구별될 수 있는지 문제된다. 셋째, 해석과 유추를 구별하는 기준으로 법문언의 가능한

---

50 김대휘, 앞의 논문, 387쪽.
51 김대휘, 앞의 논문, 385쪽.
52 김대휘, 앞의 논문, 387~390쪽.
53 최봉철, "문언중심적 법해석론 비판", 『법철학연구』 제2권(1999), 271쪽 아래.
54 최봉철, 위의 논문, 287쪽.

의미가 여전히 유효한지 의문이다. 법문언이 일종의 '실체존재'로서 해석의 한계를 설정하는 실질적인 기준이 될 수 있는지, 아니면 단지 형식적인 기준에 불과한 것인지, 그것도 아니면 아예 무의미한 것으로 보아야 하는지가 문제된다. 넷째, 만약 법해석과정 역시 철학적 해석학이 보는 것처럼 '선이해'가 작용하는 '해석학적 순환과정'이고 이에 따라 법문언이 해석의 한계를 설정하는 실질적인 기준이 될 수 없다면, 형법상 유추금지 기획을 어떻게 실현할 수 있을지 문제된다. 달리 말해 해석이 법관의 자의적인 작업으로 전락하는 것을 법치국가의 관점에서 어떻게 통제할 수 있는지 문제된다. 그리고 이러한 문제를 해결하고자 이상돈 교수가 제시하는 대화이론적 모델은 과연 설득력이 있는 모델인지, 이외에 다른 대안은 없는 것인지 문제된다. 아래에서는 바로 이런 문제들을 다룬다.

Ⅳ. 형법해석의 한계

1. 철학적 해석학 수용

형법해석은 형법전이 규정하는 의미내용을 확정하는 작업이다. 다시 말해 형법전이라는 텍스트를 구체화하는 과정이다. 여기서 알 수 있듯이 형법해석도 텍스트 해석의 일종이다. 그렇다면 성경해석이나 문학해석, 역사해석 또는 음악해석처럼 형법해석도 철학적 해석학의 성과를 수용할 수 있다고 생각한다.[55]

독일의 철학자 가다머가 집대성한 철학적 해석학은 해석주체와 해석객체가 분리된다고 파악하지 않는다. 오히려 해석주체와 해석객체는 해석과정을 통해 한 모습으로 융합된다. 그 이유를 다음과 같이 말할 수 있다. 가다머에 따르면, 이해주체인 해석자는 '백지상태'에서 이해대상인 텍스트를 해석하는 것이 아니다. 오히려 해석자는 텍스트를 해석하기 이전에 이미 '선이해'를 존재론적으로 지니고 있다.[56] 가다머에 따르면, 선이해는 인간이라는 존재자가 지니고

---

55 철학적 해석학이 어떻게 법학에 수용될 수 있는가에 관해서는 양천수, 앞의 책 참고.
56 가다머 자신은 '선입견'(Vorurteil)이라는 용어를 사용한다. H.-G. Gadamer, *Wahrheit und Methode* (Tübingen, 1975), 250쪽 아래.

있는 '존재론적 선구조'다.[57] 선이해는 인식론의 관점에서 볼 때 텍스트를 이해하기 위한 전제조건으로 작용한다. 이러한 선이해는 '해석학적 순환'과 '지평융합'을 통해 해석과정에 작용한다. 가다머가 볼 때 텍스트 해석은 단순히 텍스트에 담겨 있는 저자의 의사를 '인식' 또는 '발견'하는 과정이 아니다. 그것은 텍스트에 담겨있는, 이미 흘러가 버린 저자의 의사와 해석자가 지닌 선이해가 작용해 텍스트의 의미를 새롭게 창조하는 과정이다. 가다머는 이를 '과거의 지평'과 '현재의 지평'이 만나는 '지평융합'이라고 말한다.[58] 나아가 가다머에 따르면, 이러한 지평융합과정은 단선적·일방적으로 진행되지 않는다. 해석자가 지닌 선이해는 텍스트에 담긴 저자의 의사를 계기로 하여 점점 성장해가기 때문이다. 해석자는 선이해를 통해 텍스트를 이해하고 해석하게 되는데, 이렇게 이해·해석하는 과정에서 해석자의 이해 정도는 한층 더 깊어지고 이를 통해 해석자가 지닌 선이해가 더 구체화되거나 교정되기도 한다. 가다머는 이를 '해석학적 순환'이라고 말한다.[59] 나아가 가다머는 모든 텍스트 해석과정은 권위에 바탕을 둔 전통, 즉 영향사적 전통의 영향을 받아 이루어진다고 한다.[60]

　이러한 가다머의 철학적 해석학은 형법해석에도 원용할 수 있다고 생각한다. 형법해석도 형법전이라는 텍스트를 이해하는 과정이기 때문이다. 이에 따르면 법관은 이미 특정한 선이해를 지닌 채 형법텍스트를 해석하게 된다.[61] 여기서 선이해는 법관 개인이 지닌 가치관 또는 특정한 법정책의 모습을 띠기도 한다. 이러한 선이해는 실제 해석과정과 이를 통해 도출되는 재판결과를 실질적으로 좌우하는 힘으로 작용한다. 이 경우 법관이 형법텍스트를 해석하는 데 원용하는 해석방법은 선이해에 힘입어 도출된 재판의 결과를 나르는 수레의 역할을 할 뿐이다.[62] 나아가 철학적 해석학에 따르면, 형법해석에서도 해석학적 순

---

57 H.-G. Gadamer, 위의 책, 250쪽 아래.

58 지평융합에 관해서는 양천수, 앞의 책; 이구슬,『전통과 비판: 가다머와 하버마스의 해석학 논쟁』
(서울대 철학박사 학위논문, 1994), 25쪽 아래.

59 이에 관해서는 강진철,『법해석학에 대한 고찰: 특히 철학적 해석학의 법학적 수용과 관련하여』
(연세대 법학박사 학위논문, 1992), 23쪽 아래.

60 이구슬, 앞의 논문, 22쪽 아래.

61 W. Hassemer, 이상돈 (역), "법해석학", 배종대·이상돈 (편역),『형법정책』(세창출판사, 1998), 75
쪽 아래.

62 이상돈, 앞의 책, 65쪽. 한편 이 점은 이상돈 교수의 비판자인 김영환 교수도 인정한다. 김영환

환이 이루어진다. 칼 엥기쉬가 "상위명제와 생활사안에서 시선의 오고 감"이라
고 비유적으로 표현한 것에서 우리는 해석학적 순환의 한 예를 찾을 수 있다.[63]
이외에도 철학적 해석학을 형법해석에 원용할 수 있다는 점은 요제프 에써나
하쎄머 등이 전개한 '법해석학'에서 그 논거를 찾을 수 있다.[64]

2. 철학적 해석학에 따른 해석과 유추의 구별

그런데 이렇게 철학적 해석학을 형법해석에 수용하면, 해석과 유추 사이의
본질적인 차이가 사라진다. 왜냐하면 철학적 해석학에 따르면, 형법해석은 그것
이 허용되는 해석인지 아니면 금지되는 유추적용인지 상관없이 모두 '형성적'
성격을 갖기 때문이다. 이러한 점에서 볼 때, 허용되는 해석을 '법인식'으로, 금
지되는 유추를 '법창조'로 파악하는 생각은 설득력이 없다. 법문언의 가능한 범
위 안에서 이루어지는 형법해석 역시 철학적 해석학의 관점에서 보면, 유추와
마찬가지로 형법규범의 의미내용을 새롭게 형성 또는 창조하는 것이라고 말할
수 있기 때문이다. 따라서 철학적 해석학의 견지에서 볼 때 해석과 유추 사이에
는 본질적인 차이가 없다. 형법상 해석과 유추는 단지 허용되는 해석과 허용되
지 않는 해석으로 또는 허용되는 유추와 허용되지 않는 유추로 구별할 수 있을
뿐이다.

그러나 이렇게 형법상 해석과 유추를 이해하면, 다음과 같은 문제가 발생
할 수 있다. 형법해석이 자칫 법관의 주관에 좌우되는 것은 아닌가 하는 점이
다. 이 때문에 우리 헌법과 형법이 규정하는 죄형법정주의 및 이의 파생원칙인
유추금지가 공허해지는 것은 아닌지 문제될 수 있다. 이는 결국 철학적 해석학
의 관점에서 형법해석의 한계를 어떻게 설정할 것인가의 문제로 귀결된다.

3. 형법해석의 한계

그렇다면 형법해석의 한계기준을 어떻게 설정할 수 있는가? 필자는 형법해

교수는 이를 '길잡이 기능'이라고 표현한다. 김영환, 앞의 논문, 82쪽.
[63] W. Hassemer, 앞의 논문, 62쪽에서 재인용.
[64] 이에 대해서는 양천수, 앞의 책 참고.

석은 법문언의 가능한 의미, 근거지음의 가능성, 규범원칙, 소극적 의미의 비례성 원칙을 통해 그 한계를 설정할 수 있다고 생각한다.

(1) '법문언의 가능한 의미'와 '근거지음의 가능성'

해석논쟁에서 볼 수 있듯이 지배적인 견해는 해석과 유추를 구별하는 기준으로 법문언의 가능한 의미를 언급한다. 지배적인 견해에 따르면, 이러한 법문언의 가능한 의미는 실체존재론적인 성격을 지닌다.[65] 그것은 우리가 형법규범을 해석하기 이전에 이미 존재하는 기준으로서 실체적인 의미를 갖는다고 한다. 그러나 김영환 교수나 이상돈 교수가 지적하는 것처럼, 해석학의 관점에서 보았을 때 법문언의 가능한 의미는 우리가 해석하기 이전부터 존재하는 실체적인 기준이 될 수 없다. 왜냐하면 법문언의 가능한 의미는 해석을 통해 비로소 구체화되는 것이기 때문이다.

그렇다면 법문언의 가능한 의미는 해석과 유추를 구별하는 한계기준이 될 수 없는가? 형법해석의 한계기준으로 '법문언의 가능한 의미' 대신에 이상돈 교수가 주장하는 것처럼 '근거지음의 가능성'을 선택해야 하는 것인가? 그렇지는 않다고 생각한다. 비록 법문언의 가능한 의미가 해석을 통해 비로소 구체화된다 하더라도 법문언의 가능한 의미는 여전히 해석과 유추를 구별하는 '형식적 기준'이 될 수 있고, 또 그렇게 되어야만 한다고 생각한다. 왜냐하면 법문언은 국민의 대표기관인 의회가 규정한 것이고, 우리 헌법은 권력분립 원칙과 법률에 대한 법관의 구속이념을 받아들이고 있기 때문이다.

그런데 이 경우 다음을 주의해야 한다. 법문언의 가능한 의미를 해석한계에 대한 형식적 기준으로 받아들인다고 해서 근거지음의 가능성이라는 기준을 포기하는 것은 아니라는 점이다. 법문언의 가능한 의미와 근거지음의 가능성은 서로 모순되지 않는다. 그 이유를 다음과 같이 말할 수 있다. 예를 들어 '재물'이라는 법문언의 가능한 의미에 '전기'가 해당하는지가 문제된다고 하자. 이 경우 이를 긍정하는 시각에서 보면, 재물은 '유체물 기타 관리할 수 있는 동력'까지 포함하고 전기는 바로 '관리할 수 있는 동력'에 해당하므로, 전기는 재물이라

---

65 실체존재론적 성격에 관해서는 Arth. Kaufmann, *Rechtsphilosophie*, 2. Aufl. (München, 1997), 32쪽.

는 문언의 가능한 영역에 포함된다고 말할 수 있다. 따라서 전기를 절취하는 행위는 절도죄의 구성요건을 충족한다고 말할 수 있다. 여기서 전기를 재물에 속하게 하는 '이유' 부분은 바로 근거지음의 과정에 해당한다. 그리고 전기가 재물이라는 법문언의 가능한 의미에 해당한다는 것은 이러한 근거지음이 도달한 결론에 해당한다. 재물이라는 법문언의 가능한 의미가 근거지음을 통해 전기까지 포함하는 것으로 구체화되는 것이다. 여기서 우리는 근거지음은 바로 법문언의 가능한 의미를 구체화하는 과정이고, 법문언의 가능한 의미는 바로 이런 근거지음을 통해 형성된 결과라는 점을 확인할 수 있다. 따라서 다음과 같은 명제가 성립한다.

≪명제-4≫ 법문언의 가능한 의미와 근거지음의 관계

법문언의 가능한 의미는 바로 근거지음이 가능한 한도까지 확장된다. 근거지음이 끝나는 곳에서 법문언의 가능한 의미가 확장되는 것도 끝나고, 바로 이 지점부터 허용되지 않는 유추가 시작된다.

이 점은 형법 제170조가 규정하는 '또는'이 '연결어'인가, 아니면 '분리어'인가라는 점에서도 마찬가지다. '또는'이라는 법문언의 가능한 의미는, '또는'에 대한 근거지음을 통해 구체화되는 것이다. 또한 특수폭행죄에 관한 형법 제261조가 규정하는 '휴대' 개념에 자동차를 몰고 사람을 친 행위도 포함되는가의 문제 역시 근거지음을 통해 그리고 이를 통해 구체화된 '휴대' 법문언의 가능한 의미를 통해 결정된다. 요컨대 허용되는 해석과 금지되는 유추는 형식적으로는 법문언의 가능한 의미를 통해 구별되고, 실질적으로는 근거지음을 통해 구별된다. 이러한 점에서 볼 때 김영환 교수의 주장과 이상돈 교수의 주장은 서로 모순되는 것이 아니라 오히려 서로를 보완하는 것으로 이해하는 것이 타당하다.

(2) 규범원칙

법문언의 가능한 의미 이외에 규범원칙을 해석의 한계기준으로 거론할 수 있다. 여기서 규범원칙이란 지금까지 법 및 법학에서 인정하는 여러 규범원칙들을 총칭한다. 예를 들어 법익보호 원칙이나 책임원칙, 비례성 원칙, 보충성 원칙, 소급효금지 원칙 등을 규범원칙의 예로 생각할 수 있다. 이상돈 교수는 이러한 규범원칙을 '형법의 규범적 맥락으로 들어가라는 요청'으로 이해한다.[66] 또한 규범원칙은 독일의 공법학자 프리드리히 뮐러가 제시한 것처럼 '해석의 한계로서 규범적인 것의 우위'를 달리 표현한 것이라고 말할 수 있다.[67]

그러나 사실 규범원칙은 그 자체로는 형식적인 틀만 제공해줄 뿐 어떤 실질적인 내용을 담고 있지는 않기 때문에 형법해석의 한계를 실질적으로 근거 짓는 데 큰 역할은 하지 못한다. 그렇지만 다음과 같은 사안에서는 어느 정도 실천적인 의미를 발휘한다. 예를 들어 지난 5·18 특별법 사건 때처럼 소급입법 금지 원칙과 법적 정의 사이의 충돌이 문제되었을 때 규범원칙은 실천적인 힘을 발휘한다. 이러한 경우에 형법해석자는 소급입법금지라는 규범원칙을 존중하여 형법규범을 해석해야 한다. 따라서 소급입법금지 원칙과 법적 정의실현 요청이 서로 충돌하는 경우에는 소급입법금지 원칙을 우선하는 쪽으로 형법규범을 해석해야만 해석의 한계를 일탈하지 않는 것이라고 말할 수 있다.

한편 이러한 규범원칙 가운데 비례성 원칙은 특별한 의미를 지니고 있기에 형법해석의 한계를 근거 짓는 독립된 기준이 될 수 있다. 아래에서 살펴본다.

(3) 소극적 의미의 비례성 원칙

형법해석은 비례성 원칙이 요청하는 범위 안에서 이루어져야 한다. 이를 위반하면 형법해석은 그 해석한계를 넘어서 금지되는 유추가 된다. 그런데 이때 해석의 한계기준으로 작용하는 비례성 원칙은 과잉금지 원칙, 다시 말해 소극적 의미의 비례성 원칙으로 새겨야 한다. 비례성 원칙은 두 가지 유형으로 구체화할 수 있다. 수단과 목적 사이의 최적관계를 말하는 '적극적 의미의 비례성 원칙'과 최소한의 비례관계를 요구하는 '과잉금지 원칙'이 바로 그것이다.[68] 그 중에서 해석의 한계기준으로 작용하는 것은 소극적 의미의 비례성 원칙이다.

---

66 이상돈, 앞의 책, 287쪽.
67 이에 관해서는 F. Müller, *Juristische Methodik* (Berlin, 1997), 238쪽.
68 배종대, "보안처분과 비례성원칙", 김일수·배종대 (편), 『법치국가와 형법』(세창출판사, 1998), 54~55쪽.

물론 이에 대해서는 두 가지 문제를 제기할 수 있다. 첫째, 과연 비례성 원칙을 해석한계로 볼 수 있는가? 둘째, 만약 그것이 가능하다면 그 근거를 어디서 구할 수 있는가?

먼저 비례성 원칙이 해석의 한계기준이 될 수 있는지 문제된다. 왜냐하면 일반적으로 비례성 원칙은 국가공권력을 제한하거나, 특히 헌법재판소가 수행하는 것처럼 특정한 법규범의 합헌성을 통제하는 수단으로 그 역할을 수행하기 때문이다. 한마디로 말해 해석과 통제는 구별되는 것이고 비례성 원칙은 바로 후자의 통제수단을 규율하는 원칙에 해당하므로 해석원칙으로는 볼 수 없다는 반론이다.[69]

그러나 해석과 통제를 분명하게 구별하는 것은 쉽지 않다. 일정한 조치를 통제하거나 제한하겠다는 의도 역시 선이해의 한 측면을 구성하고 이런 선이해를 통해 해석이 이루어지기 때문에 실질적으로는 해석으로 내용통제가 행해질 수 있다는 점이 그 이유이다. 예를 들어 복사문서가 형법이 규정하는 문서에 해당하는지의 문제는 과연 복사문서에 관한 일탈행위를 형법이라는 수단으로 해결하는 것이 적절한가의 문제로 환원할 수 있다. 요컨대 모든 해석은 특정한 정책을 지향하는 통제와 연결될 수밖에 없다. 이러한 점에서 볼 때 비례성 원칙은 공권력 행사를 통제하는 수단이 되는 동시에 형법해석의 한계를 구획하는 기준이 될 수 있다.

다음 비례성 원칙의 근거를 어디서 찾을 수 있는지 문제된다. 이에 관해 우리 헌법 제37조 제2항이 비례성 원칙을 규정하고 있다는 것이 일반적인 해석이다.[70] 헌법재판소 역시 헌법 제37조 제2항에서 비례성 원칙을 이끌어 낸다.[71] 이는 입법자의 직접적인 의사를 찾아 해석해낸 것이 아니라 현재의 관점에서 제37조 제2항의 입법목적을 재해석한 것이라 할 수 있다. 그러나 일반적으로 헌법이 규정하는 비례성 원칙은 국가권력의 행사를 통제하기 위한 수단으로 많이 이해된다. 물론 위에서 본 것처럼 내용통제와 해석을 분명하게 구별하기 어

---

69 해석과 통제를 구별하는 시각에 관해서는 양창수, "자동차보험약관의 무면허운전면책조항에 대한 내용통제", 『민법연구』 제4권(박영사, 1997), 325~372쪽.

70 예컨대 권영성, 『헌법학원론』(법문사, 1996), 323쪽 아래.

71 헌재 1992. 12. 24. 선고 92헌가8 결정; 배종대, 앞의 논문, 46쪽.

려운 점이 있기는 하지만, 비례성 원칙이 형법해석의 한계기준으로 기능할 수 있으려면 비례성 원칙에 대한 형법상 근거 역시 필요하다. 하지만 우리 형법이 비례성 원칙을 직접적으로 규정한 것은 보이지 않는다. 다만 형법 제20조 정당행위부터 제23조 자구행위까지 '상당한 이유'를 규정하고 있어 이를 비례성 원칙으로 해석할 가능성을 마련하고 있다.[72]

이처럼 우리 형법이 비례성 원칙을 해석의 한계기준으로 직접 규정하고 있지 않다면, 이 근거를 어디서 찾을 수 있는가? 결국 이 문제는 다음과 같이 해결할 수 있다. 형법규정 전체 및 이의 근거가 되는 헌법상 원칙으로부터 전체유추의 방법으로 비례성 원칙의 근거를 이끌어내는 것이다. 이때 전체유추란 법률의 바탕을 이루는 법체계의 규율원칙에 따라 법률 안에 존재하는 흠결을 보충하는 방법을 말한다.[73] 우리 형법이 비례성 원칙을 직접적으로 규정하지 않은 것은 일종의 법적 흠결에 해당한다. 그러나 이런 흠결은 비례성 원칙에 대해 형법이 간접적으로 규정하고 있다는 점, 특별형법인 국가보안법이 명시적으로 비례성 원칙을 규정하고 있다는 점 그리고 우리 헌법이 자유원칙과 정의원칙을 강조하는 실질적 법치국가 원칙을 받아들이고 있다는 점을 통해 보충할 수 있다.[74] 물론 엄밀하게 보면 전체유추도 형법이 금지하는 유추에 해당한다. 하지만 비례성 원칙은 국가형벌권 남용을 막기 위해서 존재한다는 점에서 피고인에게 유리하고, 피고인에게 유리한 유추는 허용될 수 있다는 점에서 이러한 전체유추 역시 허용할 수 있다. 결국 형법해석의 한계기준인 소극적 의미의 비례성 원칙은 전체유추의 방법을 통해 그 근거를 마련할 수 있다.

V. 맺음말

형법해석의 한계를 어떻게 설정할 것인가 하는 문제는 단순히 이론적인 문제에 그치는 것이 아니라 국가형벌권의 적용범위를 결정하는 실천적인 문제에

---

72 다만 특별형법인 국가보안법은 제1조 제2항에서 해석적용의 기본원칙으로 비례성 원칙을 규정한다.
73 김형배, 앞의 논문, 23쪽.
74 배종대, 앞의 논문, 49~53쪽.

해당한다. 그러나 형법해석의 한계논쟁이 보여주는 것처럼 무엇을 기준으로 하여 형법해석의 한계를 설정할 것인가 하는 문제는 이론적으로 해결하기 쉽지 않다. 기존의 지배적인 견해가 형법해석의 한계기준으로 제시하였던 '법문언의 가능한 의미'는 김영환 교수나 이상돈 교수 모두 동의하는 것처럼 실질적인 기준이 될 수 없다. 하지만 그렇다고 해서 '법문언의 가능한 의미'가 수행하는 (형식적인) 기준 역할을 무의미한 것으로 평가절하 하는 것도 다소 성급한 판단이지 않을까 생각한다. 이 책이 보여준 것처럼 '법문언의 가능한 의미'도 여전히 형법해석의 (형식적인) 한계기준으로 머물러 있어야 한다고 생각한다. 물론 이러한 기준을 통해서는 형법해석의 한계에 대한 최소한의 형식적인 테두리만을 마련할 수 있을 뿐이다. 궁극적으로 유추금지 기획은 이상돈 교수가 시사하는 것처럼 법관 스스로가 형법해석의 한계를 준수함으로써만, 다시 말해 '내재적'으로만 달성할 수 있을지 모른다. 그런 점에서 유추금지 기획은 법관이 자발적으로 준수해야 하는 일종의 '직업에토스'라고 말할 수 있을지 모른다.

제15장

의미창조적 확장해석

I. 서론

해석은 법학을 수행하는 데 필수불가결한 요소이다. 왜냐하면 대부분의 법규범은 해석을 필요로 하기 때문이다. 해석할 필요가 없는 그 자체로 자명한 법규범은 거의 생각하기 쉽지 않다. 예를 들어 '사람'이나 '부녀'와 같이 어찌 보면 해석이 필요하지 않을 듯한 법문언도 해석을 필요로 한다. 가령 인간배아를 '사람'으로 볼 것인지, 여성으로 성전환수술을 받은 생물학적 남성을 '부녀'로 볼 것인지를 판단하려면 '사람'이나 '부녀'도 일정한 해석방법으로 해석해야 한다.

이러한 해석 필요성은 범죄와 형벌을 규율하는 형법에서도 마찬가지로 등장한다. 다만 법관의 법형성을 적극적으로 인정하는 민법영역과는 달리 형법영역에서는 형벌법규를 해석할 때 엄격하게 고려해야 할 점이 있다. 우리 헌법 제13조 제1항과 형법 제1조 제1항이 규정하는 죄형법정주의가 그것이다. 이를테면 헌법 제13조 제1항은 "모든 국민은 행위시의 법률에 의하여 범죄를 구성하지 아니하는 행위로 소추되지 아니하며, 동일한 범죄에 대하여 거듭 처벌받지 아니한다."고 규정한다. 또한 형법 제1조 제1항은 "범죄의 성립과 처벌은 행위시의 법률에 의한다."고 말한다. 이러한 헌법규정과 형법규정은 바로 우리 법체계가 죄형법정주의를 실정법의 원칙으로 받아들이고 있음을 보여준다. 여기서 죄형법정주의란 법률 없으면 범죄도 형벌도 없다는 원칙을 말한다.[1] 이러한 죄형법정주의 때문에 형벌법규는 엄격하게 해석해야 한다. 이의 연장선상에서 '허용되는 해석'과 '금지되는 유추'가 엄격하게 구분된다. '유추'는 허용되는 해석의 한계를 넘어서는 것으로, 그것은 법관이 행해서는 안 되는 금기사항이다.[2] 한편 지배적인 학설과 판례는 이렇게 '허용되는 해석'과 '금지되는 유추'를 구별하는 기준으로 '법문언의 가능한 의미'를 제시한다.[3]

그러나 해석과 유추에 관해 대법원이 지속적으로 내놓고 있는 판례들을 면밀하게 추적하면, 과연 우리 대법원이 '법문언의 가능한 의미'를 기준으로 하여 유추금지 기획을 충실하게 수행하고 있는지 의문이 든다. 왜냐하면 "판례에서는 문언의 가능한 의미를 출발선으로 삼으면서도 여전히 가능한 문언의 의미를 법규정의 목적이라는 이름으로 확장해가는 경향"이 있기 때문이다.[4] 이를 이용식 교수의 표현을 빌려 말하면, 판례는 '의미창조적 확장해석'을 통해 법문언의 가능한 의미를 확장하고 있는 것이다.[5] 다시 말해 판례는 법문언의 가능한 의미를 형법해석의 한계기준으로 설정하고 있으면서도, 이러한 법문언의 가능한 의미를 창조적으로 확장함으로써 허용되는 해석과 금지되는 유추의 간극을 사실상 형해화하고 있는 것이다. 따라서 의미창조적 확장해석을 무작정 허용하면, 법문언의 가능한 의미를 토대로 하여 실현하고자 하는 유추금지 기획은 허물어질 수 있다. 제15장은 이 같은 문제의식에 기반을 두어 판례가 지속적으로 수행하는 의미창조적 확장해석을 법이론의 차원에서 비판적으로 검토하는 것을 목표로 한다. 이를 위해 아래에서는 우선 법문언이 해석에서 어떤 역할을 수행하

---

1 배종대, 『형법총론』 제8전정판(홍문사, 2006), 72쪽.
2 물론 죄형법정주의가 적용되지 않는 민사법영역에서 유추는 대표적인 법형성방법으로 널리 사용된다. 이에 관해서는 김형배, "법률의 해석과 흠결의 보충: 민사법을 중심으로", 『민법학연구』(박영사, 1989), 2쪽 아래 참고.
3 그러나 '법문언의 가능한 의미'가 과연 허용되는 해석과 금지되는 유추를 구별하는 기준이 될 수 있는지에 관해 논쟁이 전개되기도 하였다. 이에 관해서는 우선 신동운·김영환·이상돈·김대휘·최봉철, 『법률해석의 한계』(법문사, 2000) 참고. 이 논쟁을 정리하는 문헌으로 양천수, "형법해석의 한계: 해석논쟁을 중심으로 하여", 『인권과 정의』 제379호(2008), 144~158쪽 및 이 책 제14장 참고.
4 하태훈, "형벌법규의 해석과 죄형법정 원칙", 『형사판례연구』 제11권(박영사, 2003), 19쪽.
5 이용식, "형법해석의 방법: 형법해석에 있어서 법규구속성과 정당성의 문제", 『서울대학교 법학』 제46권 제2호(2005), 40쪽.

는지 살펴본다(Ⅱ). 이어서 판례가 수행하는 의미창조적 확장해석이 무엇인지 검토하고, 형법의 몇 가지 개념들을 예로 하여 판례가 어떻게 이 개념들의 의미를 창조적으로 확장하는지 분석한다(Ⅲ). 다음으로 이러한 의미창조적 확장해석에는 어떤 문제가 있는지, 이를 어떻게 합리적으로 제한할 수 있는지를 살펴본 후(Ⅳ), 글을 맺도록 한다(Ⅴ).

Ⅱ. 해석의 출발점이자 한계기준으로서 법문언

1. 해석의 출발점으로서 법문언

형법해석을 포함한 모든 법규범해석은 기본적으로 법문언을 해석의 출발점으로 삼아야 한다. 이는 자유주의적·시민적 법치국가 이념에 토대를 두는 법관의 법률구속 이념에서 볼 때 당연한 것이라고 말할 수 있다. 왜냐하면 가령 삼권분립을 제창한 프랑스의 계몽주의 사상가 몽테스키외에 따르면, 원칙적으로 법관은 '법률을 말하는 입'이 되어야 하기 때문이다.[6] 법관이 '법률을 말하는 입'이 되기 위해서는 법문언을 해석의 출발점으로 삼을 수밖에 없다.[7]

2. 해석의 한계기준으로서 법문언

이처럼 형법이 규정하는 법문언은 형법해석의 출발점이 되는 동시에 허용되는 해석의 한계를 정하는 기준이 된다. 학계의 다수 견해는 허용되는 해석과 금지되는 유추를 구별하는 기준이 바로 법문언이라고 한다.[8] 다만 여기서 주의해야 할 점은 법문언의 '사실상 의미'가 한계기준이 되는 것이 아니라 법문언의

---

6 이러한 몽테스키외의 주장은 법관은 법률에 엄격하게 구속되어야 한다는 테제에 대해 강력한 지지논거로 인용된다. 그러나 이는 몽테스키외의 원래 의도를 오해한 것이라는 분석으로는 윤재왕, "법관은 법률의 입?: 몽테스키외에 대한 이해와 오해", 『안암법학』 제30호(2009), 109쪽 아래 참고.
7 그러나 이렇게 법문언을 해석의 출발점으로 삼는다고 할 때 다음과 같은 이론적인 문제가 등장한다. 첫째, 일상용어를 해석의 출발점으로 삼아야 하는가, 아니면 전문용어를 해석의 출발점으로 삼아야 하는가? 둘째, 여기서 말하는 법문언은 법문언의 사실상 의미인가, 아니면 법문언의 가능한 의미인가? 셋째, 여기서 말하는 법문언은 법문언을 제정할 당시의 의미인가, 아니면 현재의 의미인가? 그러나 이들 문제는 이 책에서 자세하게 다루지는 않는다. 이 문제에 관해서는 우선 김영환, 『법철학의 근본문제』(홍문사, 2006), 251쪽 아래 참고.
8 이에 관해서는 많은 문헌을 대신해서 김일수·서보학, 『형법총론』 제10판(박영사, 2004), 72쪽.

'가능한 의미'가 한계기준이 된다는 것이다. 이는 판례가 공식적으로 취하는 확고한 태도이다. 이를테면 대법원 1994. 12. 20.자 94모32 전원합의체 결정(실화죄 결정)에서 대법원은 다음과 같이 말한다.

> "(…) 이렇게 해석한다고 하더라도 그것이 **법규정의 가능한 의미**를 벗어나 법형성이나 법창조행위에 이른 것이라고는 할 수 없어 죄형법정주의의 원칙상 금지되는 유추해석이나 확장해석에 해당한다고 볼 수는 없을 것이다."[9]

여기서 알 수 있듯이 대법원은 '법규정의 가능한 의미'가 '허용되는 해석'과 '금지되는 유추'를 구별하는 기준이라는 점을 명시적으로 선언한다. 이러한 태도는 그 이후의 판결에서 계속 유지된다.[10] 예를 들어 대법원 1997. 3. 20. 선고 96도1167 판결(자수 판결)은 "형벌법규의 해석에 있어서 **법규정 문언의 가능한 의미**를 벗어나는 경우에는 유추해석으로서 죄형법정주의에 위반하게 된다."고 하여 이 같은 태도를 견지한다.[11]

그러나 학계에서는 이러한 법문언의 가능한 의미가 실제로 허용되는 해석과 금지되는 유추를 구별하는 기준이 될 수 있는지에 관해 이견이 없지 않다. 예를 들어 이상돈 교수는 언어철학적인 측면에서 법문언의 가능한 의미라는 기준은 한계에 부딪힐 수밖에 없음을 논증하면서 이를 대신해 '근거지음'을 형법해석에 대한 새로운 한계기준으로 보아야 한다고 역설하였다. 이상돈 교수에 따르면, "법률해석의 한계는 그 해석의 근거지음이 더 이상 가능하지 않은 곳에서 비로소 시작한다."는 것이다[12] 이와 유사한 맥락에서 김영환 교수는 법문언의 가능한 의미는 형법해석의 한계를 긋는 실질적 기준은 될 수 없고 단지 형식적 기준만이 될 수 있을 뿐이라고 말한다.[13]

법문언의 가능한 의미가 과연 형법해석의 한계기준이 될 수 있는가 하는

---

9 강조는 인용자가 부가한 것이다. 이하 같다.
10 이에 대한 분석은 하태훈, 앞의 논문, 1쪽 아래 참고.
11 이 판결에 대한 분석은 김영환, 앞의 책, 289쪽 아래.
12 이상돈, 『형법학: 형법이론과 형법정책』(법문사, 1999), 279쪽.
13 김영환, "형법해석의 한계: 허용된 해석과 금지된 유추와의 상관관계", 신동운·김영환·이상돈·김대휘·최봉철, 『법률해석의 한계』(법문사, 2000), 31쪽.

문제는 제15장이 정면에서 다루는 문제는 아니므로 이 자리에서는 상론하지 않기로 한다.[14] 다만 필자는 언어철학과 철학적 해석학의 견지에서 볼 때 문언의 가능한 의미를 형법해석의 한계에 대한 실질적인 기준으로 고집하는 것은 타당하지 않다고 생각한다는 점을 부기하고자 한다.[15] 이는 무엇보다도 제15장에서 문제 삼는 '의미창조적 확장해석'이 설득력 있게 예증한다.

Ⅲ. 의미창조적 확장해석

1. 문제제기

(1) 의의

앞에서 확인한 것처럼 우리 판례는 법문언의 가능한 의미를 형법해석의 한계를 판별하는 기준으로 사용한다. 그러나 이 같은 태도를 견지하는 대법원 판결들을 면밀하게 분석하면, 대법원이 '법문언의 가능한 의미'라는 기준을 '법의 목적'으로 재해석함으로써 허용되는 해석, 즉 해석의 범위를 지속적으로 확장해가는 경향이 있음을 발견할 수 있다. 이를 하태훈 교수는 다음과 같이 지적한다. "판례에서는 문언의 가능한 의미를 출발선으로 삼으면서도 여전히 가능한 문언의 의미를 법규정의 목적이라는 이름으로 확장해가는 경향이 있다"는 것이다.[16] 이용식 교수는 이러한 경향을 '의미창조적 확장해석'이라고 명명한다.[17] 법원이 법문언의 의미를 창조적으로 확장함으로써 결국 형법해석이 가능한 범위를 확대하고 있다는 것이다. 이러한 의미창조적 확장해석은 명확하지 않은

---

14 이에 관한 상세한 내용은 양천수, 앞의 논문, 144~158쪽 참고.
15 여기서 필자의 견해를 간략하게 소개하면 다음과 같다. 일단 필자는 김영환 교수처럼 '법문언'을 형법해석 한계에 대한 '형식적 기준'으로 수용한다. 그러나 여기서 주의해야 할 점은 법문언의 의미내용은 고정되어 있는 '실체'가 아니라 법적 논증과정을 통해 비로소 구체화되는 그 무엇이라는 점이다. 이는 결국 법문언의 '가능한' 의미는 법적 논증과정, 즉 법적 근거지음 과정을 통해 확정될 수밖에 없다는 점을 시사한다. 이 같은 이유에서 필자는 다음과 같은 테제를 제시한다. "법문언의 가능한 의미는 바로 근거지음이 가능한 한도까지 확장된다. 근거지음이 끝나는 곳에서 법문언의 가능한 의미가 확장되는 것도 끝나고, 바로 이 지점부터 허용되지 않는 유추가 시작된다."
16 하태훈, 앞의 논문, 19쪽.
17 이용식, 앞의 논문, 40쪽.

형벌법규의 의미내용을 현실에 맞게 구체화하고 이를 통해 형법해석의 허용범위를 확장한다는 점에서 긍정적으로 평가할 수 있을 것이다. 또한 법원은 굳이 입법과정을 기다리지 않고도 의미창조적 확장해석으로 자신들이 추구하는 형법정책을 실현할 수 있다는 점 역시 의미창조적 확장해석의 긍정적인 측면으로 언급할 수 있을 것이다.

(2) 문제점

그러나 의미창조적 확장해석에는 다음과 같은 문제가 있다. 법원은 '의미창조적 확장해석'이라는 이름 아래 실제로는 허용되지 않는 유추적용을 감행할 수 있다는 것이다. 그 이유를 다음과 같이 말할 수 있다. 의미창조적 확장해석을 허용되는 확장해석이라고 말할 수 있으려면, 이러한 해석이 '법문언의 가능한 의미 범위' 안에서 이루어져야 한다. 그런데 만약 법문언의 가능한 의미가 명확하게 확정되어 있지 않은 경우에 이렇게 그 의미가 명확하지 않은 법문언 자체를 해석하는 것은 허용되는 해석인지, 그게 아니면 금지되는 유추인지가 문제될 수 있다. 다시 말해 허용되는 해석과 금지되는 유추를 구별하는 기준인 법문언 자체가 명확하지 않다면, 이러한 문언 자체를 구체화하는 것은 허용되는 해석으로 보아야 하는가, 아니면 금지되는 유추로 보아야 하는가? 의미창조적 확장해석은 이 같은 해석을 금지되는 유추가 아니라 허용되는 해석으로 파악하고자 한다. 법문언의 가능한 의미 자체가 명확하지 않은 경우 의미창조적 확장해석은 법문언의 가능한 의미를 창조적으로 확장함으로써 결과적으로 허용되는 해석의 범위를 넓히고 있는 것이다.

예를 들어 자동차를 운전하다가 사고를 내 사람을 다치게 한 경우 이를 형법상 '과실치상죄'(제266조)로 볼 것인지, 아니면 '업무상 과실치상죄'(제268조)로 볼 것인지 문제될 수 있다. 문제해결의 핵심은 '자동차를 운전하는 것'을 형법상 '업무' 개념으로 볼 것인지에 달려 있다. 만약 이를 형법상 업무 개념에 해당한다고 해석하면, '자동차를 운전하다 사고를 내 사람을 다치게 한 것'은 '업무상 과실치상죄'가 규율하는 법문언의 범위 안에 속하기에 이는 허용되는 확장해석이 된다. 그러나 만약 자동차를 단순하게 운전하는 것은 형법상 업무 개념에 포함되지 않는다고 보면, 이러한 행위를 업무상 과실치상죄로 판단하는 것은 형법의 해석한계를 넘어서는 것으로 금지되는 유추적용이 된다. 그러면 이때 업무 개념을 어떻게 해석해야 하는가? 그러나 문제는 이에 대한 명확한 기준을 찾기 어렵다는 것이다. 업무 개념의 의미가 선험적으로 존재하는 것은 아니기 때문이다. 따라서 이 개념은 특정한 시간과 공간 속에서 특정한 모습으로 구체화할 수밖에 없다. 이는 일종의 창조행위에 해당한다. 그러므로 대법원이 업무 개념을 "사회생활상 지위에 의하여 계속 반복해서 행하는 사무"라고 정의하는 행위는 업무 개념을 특정한 모습으로 창조한 것이라고 말할 수 있다.[18] 아울러 대법원은 이렇게 업무 개념을 규정함으로써 업무라는 법문언의 가능한 의미 역시 창조적으로 확장한다. 이를 통해 '단순하게 자동차를 운전하다가 사고를 내 사람을 다치게 하는 것'도 형법상 업무상 과실치상죄에 포섭할 수 있게 된다.

이처럼 의미창조적 확장해석은 법문언의 의미가 명확하지 않은 경우 이것의 의미내용을 창조하면서 동시에 그것의 가능한 범위를 확장한다. 그러나 과연 이 같은 의미창조적 확장해석을 허용되는 해석이라고 볼 수 있을까? 이는 사실상 법문언의 의미내용을 새롭게 창조하는 것으로 일종의 '법창조'라고 보아야 하지 않을까? 그러므로 이는 이미 금지되는 유추에 해당한다고 볼 수 있지 않을까? 이와 같은 맥락에서 이용식 교수는 의미창조적 확장해석에 대해 다음과 같은 문제를 제기한다. "법원이 언어의 의미를 자유롭게 창조할 수 있다면, 죄형법정주의원칙은 그 의의를 상실하게 되는 것은 아닌가 하는 의문이 있다"는 것이다.[19] 바로 이러한 점에서 의미창조적 확장해석은 허용되는 해석과 금지되는 유추를 구별하는 기준으로 법문언의 가능한 의미를 원용하는 것은 타당하지 않다는 점을 예증한다고도 말할 수 있다.

2. 의미창조적 확장해석의 예

그러면 의미창조적 확장해석은 어떻게 평가해야 하는가? 이는 허용되는 해석으로 보아야 하는가? 아니면 금지되는 유추로 보아야 하는가? 이를 본격적으

---

18 대법원 1961. 3. 22. 선고 4294형상5 판결 참고.
19 이용식, 앞의 논문, 40쪽.

로 다루기에 앞서 아래에서는 의미창조적 확장해석의 예로 구체적으로 무엇을 거론할 수 있는지를 살펴본다. 이를 통해 의미창조적 확장해석의 타당성 여부를 검증하고자 한다.

(1) 폭행

필자는 의미창조적 확장해석이 이루어진 예로 먼저 형법상 폭행 개념을 들수 있다고 생각한다. 독일 형법과는 달리 우리 형법은 상해와 폭행을 개념적으로 구별한다. 나아가 지배적인 견해는 이러한 폭행 개념을 네 가지로 유형화한다.[20] 최광의의 폭행, 광의의 폭행, 협의의 폭행, 최협의의 폭행이 그것이다. 여기서 최광의의 폭행 개념은 "대상으로서 사람·물건을 가리지 않고 유형력을 행사하는 모든 경우를 포함"한다. 형법상 내란죄(제87조)와 소요죄(제115조) 그리고 다중불해산죄(제116조)가 담고 있는 폭행 개념이 이러한 최광의의 폭행을 의미한다. 다음으로 광의의 폭행 개념은 "사람에 대한 직접·간접의 유형력 행사"를 뜻한다. 광의의 폭행 개념을 규율하는 형법상 범죄구성요건으로 공무집행방해죄(제136조), 특수도주죄(제146조) 그리고 강요죄(제324조)를 들 수 있다. 이어서 협의의 폭행 개념은 "사람의 신체에 대한 (직접적) 유형력행사만을 의미"한다. 형법상 폭행죄의 폭행(제260조), 인신구속담당공무원 및 그 보조자의 형사피의자 등에 대한 폭행죄(제125조)가 이러한 협의의 폭행 개념을 사용한다. 마지막으로 최협의의 폭행 개념은 "상대방을 반항하지 못하도록 하거나 현저히 곤란하게 할 정도의 강력한 유형력 행사"를 뜻한다. 이러한 최협의의 폭행 개념을 사용하는 형법상 범죄구성요건으로 강도죄(제333조), 준강도죄(제335조), 강간죄(제297조), 강제추행죄(제298조)를 언급한다. 이처럼 지배적인 견해는 형법상 폭행 개념을 네 가지로 유형화하면서 형법이 규정하는 각각의 범죄구성요건을 통해 이러한 유형화를 이론적으로 지지한다.

그러나 이렇게 폭행 개념을 네 가지로 유형화하는 것은 폭행 개념에 대한 우리의 일상적 이해와는 다소 맞지 않는 이질적인 것이라고 생각한다. 폭행에 대한 우리의 일상적인 이해에서 보면, 협의의 폭행 개념이 우리가 일상적으로

---

[20] 배종대, 앞의 책, 116쪽.

생각하는 폭행 개념에 가장 합치한다고 말할 수 있다. 왜냐하면 우리는 보통 폭
행하면 '타인을 때리는 행위'를 떠올리기 때문이다. 이렇게 보면 일상적인 의미
의 폭행 개념을 기준으로 할 때 최협의의 폭행 개념은 폭행 개념을 목적론적으
로 축소한 것이고, 광의의 폭행 개념과 최광의의 폭행 개념은 폭행 개념을 목적
론적으로 확장한 것이라고 말할 수 있다. 그중에서 광의의 폭행 개념과 최광의
의 폭행 개념은 폭행이라는 문언을 창조적으로 확장한 것이라고 볼 수 있다. 목
적론적 확장해석을 통해 폭행의 의미내용이 그만큼 새롭게 창조되었기 때문이
다. 그러나 과연 어떤 근거에서 이와 같은 의미창조적 확장해석이 정당화될 수
있는지 의문이 없지 않다. 과연 어떤 이유에서 "대상으로서 사람·물건을 가리
지 않고 유형력을 행사하는 모든 경우"를 폭행으로 이해해도 되는 것일까? 왜
이렇게 폭행 개념을 확장하는 시도에 대해서는 유추적용금지를 문제 삼지 않는
것일까?[21]

(2) 업무

의미창조적 확장해석의 예는 형법상 '업무' 개념에서도 찾아볼 수 있다.[22]
일반적으로 업무는 "직장 같은 곳에서 맡아서 하는 일"을 뜻한다. 여기서 알 수
있듯이 우리의 일상적인 언어감각에 따르면 업무 개념은 흔히 직장 또는 직업
과 결부되어 이해되거나 사용된다. 직장 또는 직업과 관계없이 지속적으로 일
을 하는 경우에는 이를 업무라고 이해하지 않는다. 그러나 대법원 판례는 업무
개념을 이보다 더욱 확장해서 이해한다. 대법원 판례에 따르면, 업무란 "사회생
활상 지위에 의하여 계속 반복해서 행하는 사무"를 뜻한다.[23] 여기서 알 수 있
듯이 대법원은 업무 개념을 직장이나 직업과 결부시키지 않는다. 아울러 이렇
게 업무 개념을 새롭게 설정함으로써 업무 개념이 적용되는 범위를 확장한다.
이를 통해 형법상 가벌성의 범위도 확장한다. 예를 들어 자동차를 몰다가 과실
로 사람을 다치게 한 경우, 가해자가 비록 자동차 운전을 자신의 직업으로 삼고

---

[21] 물론 이러한 폭행 개념을 비판하는 견해 역시 드물지만 전혀 없지는 않다. 대표적인 견해로 한인
섭, "형법상 폭행개념에 대한 異論", 『형사법연구』 제10호(1997), 113쪽 아래 참고.
[22] 이를 지적하는 이용식, 앞의 논문, 40쪽.
[23] 대법원 1961. 3. 22. 선고 4294형상5 판결 참고.

있지 않다 하더라도 이 같은 대법원 판례에 따르면 가해자가 저지른 과실은 일반 과실이 아니라 업무상 과실이 된다.

(3) 휴대

대법원은 형법상 휴대 개념에 대해서도 의미창조적 확장해석을 행한 바 있다. 일반적인 국어사전적 의미에 따르면, 휴대란 "손에 들거나 몸에 지니고 다니는 것"을 뜻한다. 그러나 판례는 휴대 개념을 이 같은 일상언어적 의미보다 더욱 확장하였다. 이를 극명하게 보여주는 판례가 대법원 1997. 5. 30. 선고 97도597 판결이다.[24]

이 판결의 사실관계는 다음과 같다. 1996년 1월 5일 11시 20분경 피해자인 교통관리공사 직원은 가해자에게 주차위반을 이유로 견인료를 납부하라고 요구하였다. 그러나 가해자는 자신이 주차위반을 하지 않았다고 생각하였다. 이에 가해자가 견인차 사무소를 떠나려 하자 피해자는 가해자가 운전하는 캐피탈 승용차를 가로 막았다. 이 결과 가해자의 차 범퍼 부분이 피해자의 다리를 충격하여 피해자를 약 1m 정도 끌고 가다 땅바닥에 넘어뜨렸다. 이 사건에서는 기본적으로 자동차로 피해자를 넘어뜨린 것이 「폭력행위등 처벌에 관한 법률」제3조 제1항, 제2조 제1항, 형법 제261조 제1항이 규정하는 '위험한 물건의 휴대'에 해당하는지가 문제되었다. 이에 대해 대법원은 다음과 같은 이유로써 자동차를 이용한 것이 '위험한 물건을 휴대'한 것에 해당한다고 판단하였다.

"폭력행위등 처벌에 관한 법률 제3조 제1항에 있어서 '위험한 물건'이라 함은 흉기는 아니라고 하더라도 널리 사람의 생명, 신체에 해를 가하는데 사용할 수 있는 일체의 물건을 포함한다고 풀이할 것이므로, 본래 살상용·파괴용으로 만들어진 것뿐만 아니라 다른 목적으로 만들어진 칼·가위·유리병·각종 공구·자동차 등은 물론 화학용품 또는 사주된 동물 등도 그것이 사람의 생명·신체에 해를 가하는 데 사용되었다면 본조의 '위험한 물건'이라 할 것이며, 한편 이러한 물건을

---

[24] 이 판결에 대한 분석으로는 강용현, "자동차를 이용한 폭행과 위험한 물건의 휴대", 『형사판례연구』제7권(박영사, 1999), 특히 249쪽 아래 참고.

'휴대하여'라는 말은 소지뿐만 아니라 이용한다는 뜻도 포함하고 있다 할 것인데 (…)"(강조는 인용자)

위 판결에서 확인할 수 있는 것처럼 대법원은 휴대의 개념을 '소지'의 의미를 넘어서 '이용'이라는 의미까지 확장한다. 아마도 대법원은 우리 형법이 소지와 휴대를 개념적으로 구별하고 있다는 점에 착안하여 이렇게 휴대의 의미를 창조적으로 확장하는 것으로 보인다. 그러나 이처럼 휴대 개념을 창조적으로 확장하는 것이 허용되는 해석에 해당하는지, 사실은 확장해석이라는 이름 아래 금지된 유추를 감행한 것은 아닌지 의문이 없지 않다.[25]

(4) 주거

마지막으로 형법상 주거 개념에서도 의미창조적 확장해석의 예를 발견할 수 있다. 형법이 주거 개념을 사용하는 경우로는 주거침입죄(제319조)를 거론할 수 있다. 형법 제319조 제1항은 "사람의 주거, 관리하는 건조물, 선박이나 항공기 또는 점유하는 방실에 침입한 자는 3년 이하의 징역 또는 500만원 이하의 벌금에 처한다."고 정한다. 그러면 여기서 말하는 주거란 무엇인가? 국어사전적 정의에 따르면, 주거란 "일정한 곳에 머물러 삶 또는 그런 집"을 뜻한다. 그렇다면 형법상 주거침입죄에서 말하는 '주거'란 일상언어적 맥락에서 볼 때 "일정한 곳에 머물러 사는 집"이라고 정의할 수 있다. 학설이 정의하는 주거 개념 역시 이와 크게 다르지 않다. 학설은 "사람이 일상생활을 위하여 점거하는 장소"를 주거라고 정의한다.[26] 그러면 우리가 집에서 사용하지 않는 화장실, 즉 공중화장실은 어떨까? 공중화장실은 주거침입죄가 규정하는 "사람의 주거" 또는 "점유하는 방실"에 해당할까? 다시 말해 공중화장실이 집 또는 방이 될 수 있을까? 만약 집의 내부에 부속되어 있는 화장실이라면 주거 또는 방이라고 볼 수도 있을지 모른다. 집중하기 위해 일부러 화장실에서 공부하는 경우도 심심치 않게 볼 수 있기 때문이다. 그러나 공중화장실을 주거 또는 방실이라고 볼 수 있을

---

25 이에 대한 상세한 논증은 아래 Ⅳ. 5. (3) 참고.
26 배종대, 앞의 책, 326쪽.

까? 우리의 일상언어적 맥락에서 볼 때 이를 긍정하는 것은 쉽지 않아 보인다. 그런데 흥미롭게도 대법원은 이를 긍정하였다. 이를 보여주는 것이 대법원 2003. 5. 30. 선고 2003도1256 판결이다.[27] 이 판결의 사실관계는 다음과 같다.

피고인은 2002년 8월 18일 01:55경 안양시 소재 애향공원에서 그곳 여자화장실에 들어간 피해자(여, 44세)를 발견하고 순간적으로 욕정을 일으켜 그녀를 강간하기로 마음먹었다. 피해자가 있던 여자화장실 내 용변칸으로 침입하여 피해자에게 "조용히 해, 가만히 있어."라고 말하며 한 손으로 피해자의 입을 막고 다른 손으로는 그녀의 몸통 부분을 붙잡아 그녀의 반항을 억압한 후 그녀를 간음하려 하였다. 그러나 그곳 화장실에 있던 피해자의 남편이 달려오자 뜻을 이루지 못하고 미수에 그친 채 피해자에게 2주간의 치료를 요하는 좌족관절부좌상 등을 입혔다.

이 판결에서는 피해자가 용변을 보던 공중 여자화장실에 침입한 가해자의 행위가 주거침입에 해당하는지가 한 쟁점이 되었다. 이에 대해 대법원은 피고인이 피해자가 사용 중인 공중화장실의 용변칸에 노크하여 남편으로 오인한 피해자가 용변칸 문을 열자 강간할 의도로 용변칸에 들어간 것이라면, 피해자가 명시적 또는 묵시적으로 이를 승낙하였다고 볼 수 없어 주거침입죄에 해당한다고 하였다. 이러한 논리에 의하면, 공중화장실 역시 주거에 해당하는 것이다. 이는 주거의 개념을 창조적으로 확장한 경우에 해당한다. 그러나 공중화장실이 주거에 해당한다는 결론에는 의문이 없지 않다. 이 역시 허용되는 확장해석을 한 것이 아니라 금지되는 유추를 행한 것이라고 말할 수 있지 않을까?

Ⅳ. 의미창조적 확장해석의 제한 필요성과 방법

1. 의미창조적 확장'해석'인가 '유추'인가?

위에서 필자는 형법상 폭행, 업무, 휴대, 주거 개념을 예로 하여 대법원이 어떻게 의미창조적 확장해석을 감행하고 있는지 살펴보았다. 이러한 분석이 시

---

27 이 판결에 대한 분석은 이정원, "공중화장실 용변칸 침입과 주거침입죄의 성립 여부: 대법원 2003. 5. 30, 2003도1256", 『영남법학』 제28호(2009), 117쪽 아래 참고.

사하는 것처럼 의미창조적 확장해석은 우리 형법의 죄형법정주의가 요청하는
유추금지기획의 측면에서 볼 때 분명 문제가 없지 않다. 필자는 대법원이 의미
창조적 확장해석이라는 이름 아래 실제로는 허용되지 않는 유추를 감행하고 있
다고 생각한다. 다시 말해 의미창조적 확장'해석'이 아니라 의미창조적 '유추'를
수행하고 있는 것이다. 이는 자동차 운전을 자동차 휴대로, 공중화장실을 주거
로 파악한 대법원 판례에서 극명하게 드러난다. 이러한 근거에서 볼 때 규범목
적을 존중한다는 명목 아래 의미창조적 확장해석을 곳곳에서 감행하는 대법원
판례의 태도에는 제동을 걸 필요가 있다. 의미창조적 확장해석을 합리적으로
제한할 필요가 있다.

2. '법문언의 가능한 의미' 기준의 한계

그렇다면 무엇으로 이 같은 의미창조적 확장해석을 합리적으로 제한할 수
있을까? 그전에 짚고 넘어가야 할 점이 있다. 의미창조적 확장해석이 명확하게
시사하는 것처럼 법문언의 가능한 의미를 형법해석의 한계에 대한 기준으로 사
용하는 것은 그리 적절하지 않다는 점이다. 김영환 교수가 정확하게 지적한 것
처럼, 법문언의 가능한 의미는 형법해석의 한계에 대한 형식적 기준이 될 수는
있지만 형법해석의 한계를 실질적으로 근거 짓는 실질적 기준이 될 수는 없다.
그 이유는 의미창조적 확장해석이 보여주는 것처럼 법문언 그 자체가 선험적으
로 고정되어 있는 실체 개념이 아니라 각각의 시대적 상황에 따라 의미 폭이
달라질 수 있는 구성 개념이기 때문이다.[28]

물론 법문언을 구성하는 언어의 의미가 언제나 불명확하기만 한 것은 아니
다. 만약 사실이 그렇다면 우리는 타인과 소통하는 것은 거의 불가능할 것이다.
많은 경우 언어의 핵심적 의미는 명확한 편이며 그 덕분에 우리는 타인과 큰
어려움 없이 소통하며 살아간다. 이를 '말놀이'(Sprachspiel) 이론의 시각에서 보
면, 우리는 보통의 경우 언어기호에 대한 놀이규칙을 타인과 공유하기에 동일
한 언어기호를 놓고 상호이해를 할 수 있는 것이다.[29] 예를 들어 우리는 일상적

---

28 이를 치밀하게 분석하는 S. -D. Yi, *Wortlautgrenze, Intersubjektivität und Kontexteinbettung*
(Frankfurt/M., 1992) 참고.

으로 '휴대' 개념에 대한 말놀이규칙과 '이용' 개념에 대한 말놀이규칙이 서로 같지 않다는 점에 공감한다. 따라서 위험한 물건을 휴대한다는 것과 자동차를 이용한다는 것의 의미를 서로 혼동하지 않는다. 이처럼 언어기호 또는 법문언의 의미가 일정한 한도에서 말놀이규칙이 공유됨으로써 명확한 경우에는 법문언이 해석의 한계를 설정하는 기준으로 활용될 수 있다.

그렇지만 언어의 의미가 이렇게 명확한 것만은 아니다. '부녀'나 '사람' 같이 어찌 보면 아주 명확해 보이는 언어적 개념도 특정한 경우에는 불명확해 보일 수밖에 없다. 예를 들어 여성으로 성전환수술을 받은 생물학적 남성은 남자인가 아니면 부녀인가? 일정한 치료목적을 위해 배양한 인간배아는 사람인가 아닌가? 이처럼 특정한 경우에 언어기호는 모호해질 수밖에 없고 이로 인해 모호한 언어기호로 구성되는 법문언은 해석의 한계를 긋는 역할을 제대로 수행할 수 없다. 그러므로 법문언의 가능한 의미가 형법해석의 한계에 대한 기준이 될 수 있다고 주장하는 것은 결국 문제를 문제로 답하는 것이라고 말할 수밖에 없다. 의미창조적 확장해석이 해석이라는 이름 아래 어떻게 남용될 수 있는지가 이를 잘 예증한다.

3. '근거지음' 기준의 필요성과 한계

이처럼 법문언의 가능한 의미는 궁극적으로는 형법해석의 한계를 설정하는 데 충분한 기준이 될 수 없다. 법문언의 가능한 의미는 그 자체 해석을 필요로 하는 형식적 기준에 불과하기 때문이다. 바로 이 점에서 법문언의 가능한 의미를 보완 또는 대체할 수 있는 다른 기준이 필요하다. 이에 대해 이상돈 교수가 제안한 '근거지음' 기준이 한 대안이 될 수 있다고 생각한다. 이상돈 교수는 일정한 해석이 허용되는 해석에 해당하는가, 아니면 금지되는 유추에 해당하는가 여부는 이 해석을 합리적으로 근거지울 수 있는가에 달려 있다고 말한다. 이를 이상돈 교수는 다음과 같이 표현한다. "법률해석의 한계는 그 해석의 근거지음(Begründung)이 더 이상 가능하지 않은 곳에서 비로소 시작한다."[30] 필자는 이

---

29 이에 관해서는 이상돈, 『새로 쓴 법이론』(세창출판사, 2005), 단락번호 [5] "법률해석-말놀이에의 구성적 참여" 참고.

러한 근거지음 기준에 힘입어 의미창조적 확장해석이 자의적으로 남용되는 것에 제동을 걸 수 있으리라 생각한다. 다시 말해 근거지음을 지향하는 합리적 논증으로 의미창조적 확장해석에 규범적 제동을 걸 수 있는 것이다.

그러나 이렇게 근거지음 기준으로 의미창조적 확장해석을 규범적으로 제한하고자 하는 시도에 대해서는 다음과 같은 의문을 제기할 수 있다. 어떻게 형법규범을 해석하는 것이 근거지어진 해석에 해당할 수 있는가의 의문이 그것이다. 이 의문은 궁극적으로는 근거지음을 지향하는 합리적 논증이 무엇인가 하는 문제로 이어진다. 그러나 이 문제를 이 책에서 정면에서 다루는 것은 여러 가지 이유에서 무리라고 생각한다.[31] 따라서 이 책에서는 근거지음 기준을 좀 더 구체화할 수 있는 한 가지 방법을 제안하는 것에 만족하고자 한다.

4. 구조기능적 해석

그러면 다소 막연한 근거지음 기준을 좀 더 구체화할 수 있는 방법에는 무엇이 있을까? 이 같은 방법으로 필자는 이상돈 교수가 제안한 구조기능적 해석을 언급할 수 있다고 생각한다.[32] 구조기능적 해석은 이상돈 교수가 독일의 형법학자이자 법수사학자인 하프트(F. Haft)의 '구조사고'(Strukturdenken)를 수용하여 제안한 것이다.[33] 이상돈 교수는 1999년에 출간한 연구서 『형법학: 형법이론과 형법정책』에서 이 책에서 문제 삼는 '위험한 물건을 휴대하여'라는 법문언을 예로 하여 어떻게 구조기능적 해석을 수행할 수 있는지를 보여준다. 이를테면 '위험한 물건'과 '휴대하여'라는 법문언을 각각 유형화한 후 이를 기능적으로 결합시켜 그 총체적 위험성을 평가하는 것이다. 이상돈 교수에 따르면, 이러한 구조기능적 해석은 다음과 같은 점에서 유용하다. 첫째, 구조기능적 해석은 총체적이면서 동시에 세분화된 사안비교를 할 수 있도록 해준다. 둘째, 구조기능적

---

30 이상돈, 『형법학: 형법이론과 형법정책』(법문사, 1999), 279쪽.
31 이 문제에 관해서는 우선적으로 로베르트 알렉시, 변종필·최희수·박달현 (옮김), 『법적 논증 이론: 법적 근거제시 이론으로서의 합리적 논증대화 이론』(고려대학교출판부, 2007) 참고.
32 이상돈, 앞의 책, 단락번호 [9] "'위험한 물건을 휴대하여'의 해석과 구조사고" 참고.
33 하프트의 구조사고에 관해서는 우선 프리트요프 하프트, 김성룡 (옮김), 『법수사학』(고려대학교 출판부, 2009), 31쪽 아래 참고.

해석을 통해 해석과 도그마틱의 정합성을 실현할 수 있다. 셋째, 구조기능적 해석은 규범적 가치를 결정하는 데 영향을 미치는 주관성을 통제하는 데 기여한다. 넷째, 구조기능적 해석은 형법규범을 해석하는 과정에서 길잡이 역할을 수행한다.[34] 바로 이와 같은 이유에서 구조기능적 해석은 유용하고 필요하다고 말한다.

위에서 언급한 것처럼 필자는 이러한 구조기능적 해석이 근거지음 기준을 좀 더 구체화하는 기준이 될 수 있다고 생각한다. 그러면 어떤 점에서 구조기능적 해석이 근거지음 기준을 구체화할 수 있는가? 이상돈 교수가 구조기능적 해석의 유용성으로 언급한 네 가지 측면과는 별도로 필자는 구조기능적 해석이 담고 있는 다음과 같은 측면에 좀 더 주목한다. 유형화, 의미연관성, 기능적 관점, 이익형량적 사고가 그것이다. 필자가 볼 때 먼저 구조기능적 해석은 각각의 법문언을 섬세하게 유형화할 것을 요청한다(유형화). 나아가 구조기능적 해석은 각 법문언 사이의 의미연관을 강조한다(의미연관성). 다음으로 구조기능적 해석은 법규범을 해석할 때 기능적 관점을 고려할 것을 강조한다(기능적 관점). 마지막으로 구조기능적 해석은 법규범을 해석할 때 치밀한 이익형량적 사고를 할 것을 요청한다(이익형량적 사고). 그렇다면 우리가 구조기능적 해석에 힘입어 형법규범을 해석한다는 것은 형법규범을 해석할 때 법문언을 좀 더 섬세하게 유형화하고, 각 법문언 사이의 의미연관을 고려하며, 해당 형법규범이 수행하는 기능을 감안하고, 이익형량의 관점을 동원해야 한다는 요청으로 새길 수 있다.[35] 이러한 요청에 따라 형법규범을 해석하면 근거지음에 더욱 충실하게 형법규범을 해석할 수 있지 않을까 생각한다.

물론 그렇다고 해서 구조기능적 해석이 형법해석 또는 형법해석의 근거지음에 대해 어떤 정답을 제시해주는 것은 아니다.[36] 이 점은 이상돈 교수 역시

---

34 이상돈, 앞의 책, 300~302쪽.
35 물론 이러한 요청은 어찌 보면 전통적인 해석방법을 좀 더 발전시킨 것이라고 볼 수도 있다. 가령 유형화하라는 요청은 문법적 해석을, 의미연관을 강조하는 것은 체계적 해석을, 기능적 관점과 이익형량적 사고를 강조하는 것은 목적론적 해석을 현대적으로 발전시킨 것이라고 볼 수도 있다.
36 예를 들어 이상돈 교수는 구조기능적 해석을 통해 자동차의 범퍼로 피해자의 다리에 충격을 가하는 행위를 '위험한 물건을 휴대하여'라는 법문언에 포섭시킬 수 있다고 본다. 이상돈, 앞의 책,

인정한다.[37] 그 때문에 이상돈 교수는 형법의 규범적 원칙을 존중하는 이성적 형법정책으로 구조기능적 해석을 제한해야 한다고 강조한다.[38] 그 점에서 구조기능적 해석은 형법규범을 해석할 때 길잡이 역할을 할 수 있는 보조장치로 이해해야지, 마치 정답을 찾아주는 만능장치로 바라보는 것은 타당하지 않다고 말할 수 있다.

5. 판례의 의미창조적 확장해석에 대한 검토

마지막으로 지금까지 '법문언의 가능한 의미' 기준을 대신할 수 있는 기준으로 제시한 '근거지음' 기준 그리고 이를 구체화해주는 구조기능적 해석에 기반을 두어 대법원 판례가 폭행, 업무, 휴대, 주거 개념에 대해 실행한 의미창조적 확장해석을 비판적으로 그러나 간략하게 검토한다.

(1) 폭행

우선 폭행 개념을 네 가지로 유형화하는 의미창조적 확장해석은 어떻게 평가할 수 있을까? 대다수의 학설과 판례는 이를 긍정적으로 수용한다. 더욱 정확하게 말하면 대다수의 학설은 이처럼 폭행 개념을 네 가지로 유형화하는 것에 별 문제의식을 갖고 있지는 않은 것으로 보인다. 그러나 이에 대해 문제를 제기하는 견해가 없는 것은 아니다.[39] 예를 들어 한인섭 교수는 이렇게 폭행 개념을 획일적으로 유형화하는 것은 첫째, '언어의 가능한 의미'를 넘어서는 것이고, 둘째, 폭행 개념에 대한 외국의 법해석론을 무분별하게 수입한 것이며, 셋째, "현재의 해석론은 폭행의 언어적 의미에 충실한 시민들에게 길잡이가 될 수 없"고, 넷째, 이 같이 폭행 개념을 해석하면 "국가기능과 공공의 위험에 대한 보호의

300쪽. 그러나 기본적으로 이상돈 교수의 구상을 수용하는 필자는 아무리 구조기능적 해석을 사용한다 하더라도 자동차를 몰고 가 피해자의 다리에 충격을 가하는 행위는 위험한 물건을 '휴대'한 것이 아니라 위험한 물건을 '사용'한 것으로 보아야 한다고 생각한다. 이에 관한 상세한 논증은 아래 참고.

37 이상돈, 앞의 책, 302~303쪽.

38 이상돈, 앞의 책, 303~304쪽.

39 이를테면 강구진, 『형법강의: 각론 Ⅰ』(박영사, 1983), 76쪽; 오영근, "형법상 폭행의 개념", 『형사법연구』 제8집(1995), 127~128쪽 등 참고.

폭을 확대하는 반면" 개인적 법익은 더욱 제한적으로 해석하는 것이며, "특히 성적 자기결정권을 매우 제약하는 결과"를 빚을 수 있다는 근거에서 이에 반대한다. 그러면서 한인섭 교수는 "폭행개념을 가능한 개별화·다양화하는 방향이 아니라, 가능한 단일하게 하는 방향으로 문제를 풀어가야 한다."고 말한다.[40]

필자는 이러한 한인섭 교수의 비판 역시 나름 상당한 설득력을 지닌다고 생각한다. 하지만 그렇다고 해서 폭행 개념을 획일적으로 단일화하는 것이 올바른 방향인지에도 의문이 없지는 않다. 필자는 폭행 개념을 현재처럼 획일적으로 네 가지로 유형화하는 것에는 문제가 있다고 생각하지만, 그렇다고 폭행 개념을 단일화하는 것 역시 적절한 해법은 아니라고 생각한다. 그 이유는 각 범죄의 성격, 보호법익, 구성요건 표지들 사이의 의미연관, 법정형 등을 고려할 때 경우에는 따라서는 폭행 개념을 달리 해석해야 할 필요 역시 존재하기 때문이다. 무엇보다도 구조기능적 해석에서 강조하는 '전체적 의미연관'을 감안하면, 폭행 개념을 더욱 섬세하게 유형화해야 할 필요가 있다. 이 점에서 폭행 개념은 "어떤 범죄의 구성요소인가에 따라, 그 범죄의 성격, 보호법익, 법정형, 규정방식 등 제반사항을 고려하여 '언어의 가능한 의미' 안에서 신축적으로 해석되어야 한다."고 말하는 오영근 교수의 주장은 타당하다고 말할 수 있다.[41]

(2) 업무

다음으로 업무를 특정한 직장이나 직업과 연계시키지 않고 "사회생활상 지위에 의하여 계속 반복해서 행하는 사무"로 해석하는 대법원 판례의 태도는 어떻게 평가할 수 있을까? 이 문제는 구조기능적 해석에서 강조하는 '기능적 관점'에 기반을 두어 접근하는 것이 타당하다. 오늘날 전체 사회가 기능적으로 분화되고 이렇게 기능적으로 분화된 각 영역이 전문화되면서 각 사회적 영역에 참여하는 개인들에게는 점점 더 높은 수준의 기능적 역할이 요청된다. 이에 따라 각 개인이 준수해야 하는 주의의무의 정도도 높아진다. 이는 각 개인이 직업적으로 수행하는 영역에만 한정되지 않는다. 현실적으로 각 개인은 보통 한두 개

---

40 한인섭, 앞의 논문, 114~115쪽.
41 오영근, 앞의 논문, 129쪽.

의 직업을 갖고 있지만, 사회가 전문적으로 분화되면서 이들 개인은 각기 다양한 사회적 영역에서 자신의 역할을 전문적으로 수행해야 한다. 이를 통해 오늘날 전문적인 역할과 직업이 분리되는 경향이 사회 영역 곳곳에서 등장한다. 비록 자신의 직업내용에 속하지 않는다 하더라도 각 개인은 전문적인 역할을, 다시 말해 고도의 주의의무를 다해 자신에게 부여된 역할을 수행해야 하는 경우가 증가한다. 자동차를 운전하는 경우가 가장 대표적인 예라고 할 수 있다. 필자는 이를 증명해주는 것이 바로 자동차 운전면허제도라고 생각한다. 자동차를 몰기 위해서는 비록 자동차 운전을 자신의 직업으로 삼지 않는다 하더라도 필수적으로 자동차 운전면허를 취득해야 한다. 이 같은 예를 통해 전문적인 역할과 직업이 기능적으로 분리되는 경향을 확인할 수 있다. 이때 전문적인 역할을 업무라는 개념으로 바꿔 말하는 것도 무리는 아니라고 생각한다. 사실이 그렇다면 업무와 직업을 반드시 결부시켜 파악해야 할 필요가 있는 것은 아니라는 결론도 도출할 수 있다. 바로 이러한 측면에서 업무를 직업과 연계시키지 않는 대법원의 의미창조적 확장해석은 나름 설득력을 가질 수 있다.

(3) 휴대

그러면 휴대 개념에 대한 의미창조적 확장해석은 어떻게 평가할 수 있을까? 자동차를 몬 행위까지 휴대 개념에 포섭시키는 대법원 판례의 태도는 과연 타당한 것일까? 그러나 필자는 이러한 확장은 타당하지 않다고 생각한다. 우리의 일상언어적 어감에서 볼 때 휴대와 이용은 그 의미 차이가 상당히 크다고 생각한다. 오히려 휴대는 의미의 면에서 소지 개념에 더욱 가깝다. 소지가 '손에 쥐는 것'이라면 휴대는 '몸에 지니는 것'이라고 새길 수 있다. 여기서 알 수 있듯이 소지와 휴대는 물건과 이를 사용하는 행위자가 물리적으로 근접해 있음을 함의한다. 이에 반해 이용은 물건과 행위자가 물리적으로 근접해 있음을 전제로 하지는 않는다. 이용 개념에서 더욱 중요한 것은 물리적인 측면이 아니라 기능적인 측면이다.[42] 그러므로 물건과 이용자가 물리적으로 근접해 있지 않아

---

[42] 이렇게 휴대와 이용을 구별하는 것도 구조기능적 해석이 강조하는 '구조적 사고'에 기반을 둔 것이라고 말할 수 있다.

도 기능적인 조종관계만 성립하면 '이용'이라는 개념을 쓸 수 있다. 공동정범 도 그마틱에서 정범성을 판단할 때 사용하는 기능적 범행지배설이 이를 예증한다. 아울러 휴대 개념에서는 이용자가 물건보다 물리적으로 크다는 뉘앙스를 함의 한다. 이에 반해 이용 개념에서는 이용자가 물건보다 물리적으로 커야 한다는 점을 전제하지 않는다. 그러므로 칼이나 깨진 병, 야구방망이 등을 휴대한다고 는 말할 수 있지만, 이용자보다 물리적으로 큰 자동차나 기타 운송기관 등을 휴 대한다고는 말할 수 없다. 물론 자동차나 기타 운송기관 등을 이용한다는 말은 성립할 수 있다. 이러한 점에서 볼 때 형법상 휴대 개념을 이용의 의미까지 확 대한 것은 분명 의미창조적 확장해석인 동시에 이를 넘어서 허용되지 않은 유 추를 감행한 것이라고 평가할 수 있다.

(4) 주거

마지막으로 공중화장실을 주거 또는 방실로 파악한 대법원 판례의 의미창 조적 확장해석은 어떻게 평가할 수 있을까? 필자는 이 역시 허용되지 않는 유추 를 감행한 것이라고 생각한다. 우선 구조기능적 해석에 따라 주거 개념을 유형 화한다고 해도 공중화장실을 주거 개념에 포함시킬 수는 없다고 생각한다. 주 거침입죄를 규율하는 형법 제319조 제1항은 주거침입죄의 객체로 "사람의 주 거, 관리하는 건조물, 선박이나 항공기 또는 점유하는 방실"을 언급하는데 필자 는 이 같은 객체들이 바로 주거 개념을 유형화한 것이라고 생각한다. 그러나 공 중화장실은 이렇게 유형화한 주거 개념에 포함시킬 수 없다.[43] 이는 기능적인 관점을 고려할 때 더욱 분명해진다. 형법 제319조 제1항이 규율하는 주거침입 죄의 객체들이 지닌 공통점을 기능적인 관점에서 묶어보면, 사람의 주거나 관 리하는 건조물, 선박이나 항공기 또는 점유하는 방실에서는 사람들이 일시적이 나마 주거할 수 있다는 점을 간취할 수 있다. 주거 개념에 포섭될 수 있으려면, 애초부터 그 대상이 기능적으로 사람이 주거할 수 있는 곳이어야 한다. 그러나 공중화장실이 이러한 기능을 수행한다고 말할 수 있을까? 물론 현실적으로는 노숙인들이 추위를 피하기 위해 공중화장실에서 잠을 자는 것도 생각해볼 수는

---

43 같은 견해로 이정원, 앞의 논문, 131쪽.

있지만, 이는 공중화장실의 기능에 명백하게 반하는 것이고 바로 그 때문에 우리는 이러한 현실에 놀라움과 동정심을 표하는 것이 아닐까? 가정집에 딸린 화장실과는 달리 공중화장실의 목적은 기능적으로 명백하게 확정되어 있다고 볼 수 있지 않을까? 바로 이러한 이유에서 필자는 공중화장실을 주거 개념에 포함시키는 대법원 판례의 의미창조적 확장해석이 사실은 해석을 한 것이 아니라 금지된 유추를 감행한 것이라고 평가한다.

V. 맺음말

지금까지 판례가 사용하는 의미창조적 확장해석이 어떤 점에서 문제가 있는지 비판적으로 검토해 보았다. 이를 위해 제15장에서는 형법상 폭행, 업무, 휴대, 주거 개념을 예로 하여 의미창조적 확장해석이 어떻게 사용되고 있고, 또 어떻게 남용되고 있는지를 분석하였다. 필자의 능력 부족과 지면의 한계로 이 개념들을 더욱 치밀하게 분석하지 못한 것에 양해를 구한다. 아마 이 외에도 형법각칙이 규율하는 여러 개념들에서 의미창조적 확장해석의 예를 찾아볼 수 있지 않을까 생각한다. 이들 개념을 분석하는 작업은 다음 기회로 미루고자 한다. 한편 이와 관련하여 필자는 형법해석과 도그마틱 연구에 관해 한 가지 제언을 하고 싶다. 우리 형법학은 보통 총론의 서두 부분에서 죄형법정주의를 언급하면서 그 세부내용으로 유추금지를 강조한다. 그런데 형법각론에서 이루어지는 각종 논의를 보면, 형법총론에서 강조했던 유추금지가 어느덧 퇴색해버린 듯한 인상을 받을 때가 많다. 형법각칙이 규정하는 각종 개념들을 다룰 때는 언제나 죄형법정주의에서 강조하는 유추금지를 염두에 두어야 할 듯한데, '목적'이라는 이름 아래 손쉽게 유추에 가까운 확장해석으로 각종 개념들의 의미를 확정하는 것은 아닌지 의문이 든다. 의미창조적 확장해석은 바로 이 같은 경향이 낳은 결과라고 말할 수 있다. 그러므로 형법이 규율하는 각종 개념 및 도그마틱을 다룰 때는 언제나 형법총칙이 강조하는 각종 규범원칙을 유기적으로 고려해야 할 필요가 있다. 그래야만 비로소 '머리카락처럼 섬세한'(haarfein) 형법 개념과 도그마틱을 구사할 수 있지 않을까 생각한다.

제16장
법형성의 의의와 방법 그리고 한계

Ⅰ. 서론

현대 국가의 규범적 기초인 법치주의에 따르면, 원칙적으로 모든 국가작용은 실정법에 근거를 두어야 한다. 동시에 국가작용은 실정법의 범위 안에서만 이루어져야 한다. 이는 사법작용에 대해서도 마찬가지이다. 법치주의에 따라 사법작용은 실정법에 근거를 두어서만 그리고 실정법의 범위 안에서만 이루어져야 한다. '법률에 대한 법관의 구속이념'은 이를 극명하게 보여준다.[1] 심지어 법관은 '법률을 말하는 입'이어야 한다고 주장되기도 하였다.[2] 이러한 맥락에서 실정법을 법적 근거의 출발점으로 삼는 법적 삼단논법이 여전히 지배적인 법학방법으로 자리매김한다.[3] 법적 분쟁이 발생했을 때 원칙적으로 법관은 법적 삼단논법에 따라 실정법에 근거를 두어서만 이를 해결할 수 있을 뿐이다. 실정법에 근거를 두지 않고 또는 실정법의 한계를 일탈하면서 법적 문제를 해결하는 것은 법적 삼단논법과 '법률에 대한 법관의 구속이념' 및 이에 바탕을 이루는 법

---

[1] 이 문제에 관해서는 우선 이계일 외,『법적 논증 실천론 연구』(원광대 산학협력단, 2015), 1쪽 아래(윤재왕 교수 집필); 윤재왕,『법관의 법과 법률에의 구속』(고려대 법학석사 학위논문, 1990) 등 참고.

[2] 이를 비판적으로 분석하는 문헌으로는 윤재왕, "'법관은 법률의 입'?: 몽테스키외에 관한 이해와 오해",『안암법학』제30호(2009), 109~145쪽 참고.

[3] 법적 삼단논법에 관해서는 양천수, "삼단논법적 법률해석론 비판: 대법원 판례를 예로 하여",『영남법학』제28호(2009), 1~27쪽 참고.

치주의를 침해하는 것으로 원칙적으로 허용될 수 없다.

　그렇지만 실제로 이루어지는 법원 실무를 보면, 법관이 단순히 실정법을 말하는 입에 불과한 것은 아니라는 점을 발견할 수 있다. 오히려 경우에 따라서는 법관은 실정법의 한계를 넘어 입법자처럼 직접 법률을 만들기도 한다. 이를 법학방법론에서는 법해석과 구별하여 '법형성'이라고 부르기도 한다.[4] 물론 죄형법정주의에 따라 법관의 유추적용이 금지되는 형사법영역에서는 이러한 법형성은 엄격하게 금지된다. 이와 달리 민사법영역에서는 법관의 법형성을 광범위하게 인정할 뿐만 아니라 이를 실정법으로써 근거 짓기도 한다(민법 제1조). 이러한 맥락에서 일부 견해는 심지어 비상의 경우에는 법률문언에 명백하게 반하는 법형성도 허용될 수 있다고 주장한다. '법률에 반하는 법형성', 달리 말해 '법률초월적 법형성'도 가능할 수 있다는 것이다. 그러나 이렇게 법률에 반하는 법형성을 인정하는 것은 법치주의의 파생원리인 권력분립원리에 반하는 것일 수 있다. 바꿔 말해 '법률에 대한 법관의 구속이념'을 침해하는 것일 수 있다. 이러한 이유에서 법형성, 그중에서도 법률에 반하는 법형성을 인정할 수 있는지, 만약 인정할 수 있다면 과연 어느 범위에서 이를 인정할 수 있는지 문제가 된다. 이러한 맥락에서 제16장은 다음과 같은 문제를 검토하고자 한다. 첫째, 법관은 법해석과 구별되는 법형성을 수행할 수 있는가? 둘째, 만약 그렇다면 법률에 반하는 법형성도 수행할 수 있는가? 셋째, 만약 그렇다면 무엇을 근거로 하여 이를 정당화할 수 있는가? 넷째, 법률에 반하는 법형성을 정당화할 수 있다 하더라도 여기에는 한계가 없는 것인가? 만약 한계가 있다면, 법률에 반하는 법형성의 한계는 어디까지인가?

---

4 많은 문헌을 대신하여 K. Larenz, *Methodenlehre der Rechtswissenschaft*, 6. Aufl. (Berlin u.a., 1991), 366쪽 아래; 칼 라렌츠, 김영환 (역), "방법론적인 문제로서 법관의 법형성", 『법철학의 근본문제』 제3판(홍문사, 2012), 456쪽 아래 등 참고.

II. 법형성의 의의와 유형

1. 법해석과 법형성

(1) 법해석과 법형성에 관한 전통적 견해

먼저 논의의 출발점으로 법형성이란 무엇인지 살펴본다. 보통 법형성은 법해석과 구별되는 개념으로 언급된다.[5] 양자는 다음과 같이 구별된다. 법해석이 이미 존재하는 법규범을 구체화하는 작업이라면, 법형성은 새롭게 법규범을 만드는 작업이라는 것이다. 그러나 구체적인 법적 분쟁에서 무엇이 법해석이고, 무엇이 법형성인지를 분명하게 구획하는 것은 쉽지 않다. 이 때문에 법학방법론에서는 '법문언의 가능한 의미'를 기준으로 하여 법해석과 법형성을 구별한다. 법문언의 가능한 의미 안에서 이루어지는 작업은 법해석이고, 가능한 의미 밖에서 이루어지는 작업은 법형성이라는 것이다. 이는 법관에 의한 법형성이 엄격하게 금지되는 형사법영역에서 지배적인 학설과 판례로 승인되고 있다.[6] 이에 의하면 형사법규범을 해석하는 작업은 해당 형사법문언의 가능한 의미 범위 안에서 이루어져야 한다. 이를 넘어서게 되면, 이는 허용되지 않는 유추적용에 해당한다고 한다.

(2) 영미법학에서 본 법해석과 법형성

그러나 법해석과 법형성이 이렇게 분명하게 구획되는 것만은 아니다. 크게 두 가지 이유를 거론할 수 있다. 첫째, 영미 법학에서는 법해석과 함께 법형성을 넓은 의미의 해석에 포함시켜 이해하는 경향이 강하다.[7] 법해석과 법형성을 개념적으로 명확하게 구별하는 것은 주로 대륙법, 그중에서도 독일 법학의 법학방법론에 기반을 둔 것이다.[8] 19세기에 융성했던 판덱텐법학의 영향으로

---

5 이에 관해서는 김형배, "법률의 해석과 흠결의 보충: 민사법을 중심으로", 『민법학연구』(박영사, 1986), 2쪽 아래; 김영환, "한국에서의 법학방법론의 문제점: 법발견과 법형성: 확장해석과 유추, 축소해석과 목적론적 축소 간의 관계를 중심으로", 『법철학연구』제18권 제2호(2015), 133~166쪽 등 참고.
6 이에 관해서는 가령 대법원 1994. 12. 20.자 94모32 전원합의체 결정 등 참고.
7 예를 들어 '법률보충적 법형성'을 독일 법학에서는 'Rechtsfortbildung praeter legem'이라고 하지만, 영미 법학에서는 'praeter legem interpretation'이라고 표현한다.
8 이를 보여주는 K. Larenz, 앞의 책, 366쪽 아래 참고.

개념적이고 자기완결적인 실정법체계를 갖춘 대륙법 전통에서는 법치주의에 따라 법률에 대한 법관의 구속이념을 강도 높게 요청하였고, 이로 인해 법관이 법규범을 형성할 수 있는 권한은 처음부터 엄격하게 통제되었다. 이러한 맥락에서 법해석과 법형성을 명확하게 구분하는 전통이 법학방법론 전반을 지배한 것이다. 이와 달리 판례법 전통에 바탕을 둔 영미 법학에서는 대륙법의 민법이나 형법처럼 개념적이고 자기완결적인 실정법체계를 갖추지 않았고, 그 대신 법관에 의해 만들어지는 판례법을 법으로 인정해 왔기에 대륙법학보다 법관의 법형성에 관대하였다. 이 때문에 법해석과 법형성을 개념적으로 명확하게 구획하지 않았고, 법형성 역시 법해석의 범주에서 파악한다. 이러한 시각에서 보면, 법해석과 법형성을 개념적으로 명확하게 구별하고자 하는 시도는 이론적으로 불필요해 보일 수 있다.

(3) 법해석학에서 본 법해석과 법형성

둘째, 법해석과 법형성을 개념적으로 구별하는 대륙법학에서도 '철학적 해석학'의 성과를 수용한 '법해석학'의 영향으로 양자를 본질적으로 구별할 수 없다는 견해가 제시된다. 왜냐하면 법해석학은 모든 법해석과정은 해석자의 선이해가 개입하는 형성적 작업이라고 파악하기 때문이다.[9] 법해석학에 따르면, 모든 법해석과정은 이미 존재하는 실정법의 규범적 의미내용을 발견하는 과정이 아니라, 해석자가 지닌 선이해를 기반으로 하여 실정법의 규범적 의미내용을 만들어가는 형성적 작업이다. 이 같은 근거에서 법해석학은 법을 해석하는 과정은 법을 인식 또는 발견하는 과정으로서 법형성작업과는 구별된다고 주장하는 전통적인 법학방법론의 견해를 비판한다. 법해석학에 따르면, 모든 법해석은 본질적으로 법형성일 수밖에 없다. 이를테면 형사법영역에서 법해석학을 정립한 독일의 법철학자 카우프만은 모든 법해석과정은 존재와 당위가 상응하는 과정인 동시에 유추적인 과정이라고 파악한다.[10] 이러한 시각에 따르면, 법해석과 법형성을 본질적으로 구별하는 것은 가능하지 않다.

---

9 이에 관해서는 J. Esser, *Vorverständnis und Methodenwahl in der Rechtsfindung* (Frankfurt/M., 1970) 참고.

10 Arth. Kaufmann, *Analogie und »Natur der Sache«* (Heidelberg, 1965) 참고.

(4) 중간결론

이러한 반론들은 이론적으로 볼 때 설득력이 있다. 법해석학의 관점을 기본적으로 수용하는 필자 역시 모든 법해석과정은 본질적으로 형성적 작업일 수밖에 없다고 생각한다. 실정법규범을 해석하는 과정은 단순히 실정법규범이 담고 있는 규범적 의미내용을 발견하는 것이 아니다. 오히려 해석자가 실정법규범을 기초로 하여 적극적으로 구체적인 의미내용을 만들어가는 것이라고 할 수 있다.[11] 이 점에서 법해석과 법형성 모두 넓은 의미의 법해석으로 파악하는 영미법학의 태도에는 설득력이 없지 않다.

그런데도 필자는 이론적인 측면이 아닌 제도적인 측면에서 법해석과 법형성을 개념적으로 구별하는 것이 필요하다고 생각한다. 그 이유는 현대 민주적 법치국가에서 법률에 대한 법관의 구속이념은 여전히 유효성을 잃지 않았기 때문이다. 무엇보다도 유추적용이 엄격하게 금지되는 형사법영역에서는 허용되는 법해석과 금지되는 법형성을 개념적으로 구별하는 것이 필요하다. 또한 법해석과 법형성을 개념적으로 구별하는 것은 실제 법적 분쟁을 해결하는 과정에서 언제든지 법률구속이념에서 벗어날 수 있는 법관이 법해석을 하는 과정에서 자기절제와 자기반성을 수행하도록 하는 데도 도움을 줄 수 있다.[12] 이 점에서 필자는 이 책에서 법해석과 법형성을 개념적으로 구분하는 종래의 태도를 견지하고자 한다.

그렇다 하더라도 한 가지 문제는 지적하려 한다. 앞에서 언급한 것처럼 다수 학설과 판례는 허용되는 법해석과 금지되는 법형성, 달리 말해 허용되는 해석과 금지되는 유추를 구별하는 기준으로 '법문언의 가능한 의미'를 제시한다. 그렇지만 몇몇 견해가 지적하는 것처럼, '법문언의 가능한 의미' 기준은 허용되는 해석과 금지되는 유추를 구별하는 '실질적인 기준'은 될 수 없다. 단지 '형식적인 기준'이 될 수 있을 뿐이다.[13] 그 이유에 대해서는 여러 가지를 언급할 수

---

11 이를 지적하는 F. Müller, *Juristische Methodik* (Berlin, 1997), 155쪽 아래 참고.
12 이를 지적하는 이상돈, "형법해석의 한계: 김영환 교수와 신동운 교수의 법학방법론에 대한 비평", 신동운 외, 『법률해석의 한계』(법문사, 2000), 41쪽 아래 참고.
13 이를 강조하는 김영환, "형법해석의 한계: 허용된 해석과 금지된 유추와의 상관관계", 신동운 외, 『법률해석의 한계』(법문사, 2000), 31쪽 아래.

있지만, 가장 우선적인 이유로 '법문언의 가능한 의미' 자체가 해석의 대상이자 결과라는 점을 들 수 있다.[14] 기준 자체가 해석을 필요로 하는 것이기에 허용되는 해석과 금지되는 유추를 구별하는 실질적인 기준이 될 수 없는 것이다. 이러한 이유에서 '법문언의 가능한 의미'를 근거로 하여 자신이 행한 법해석을 정당화하려는 시도는 문제가 있을 수 있다는 점을 의식할 필요가 있다. 물론 법문언의 가능한 의미 그 자체가 확실한 의미를 지니고 있다면 이러한 문제는 발생하지 않을 것이다.[15] 그렇지만 법문언의 가능한 의미가 주로 문제되는 경우는 해석의 한계기준으로서 법문언의 가능한 의미가 그다지 명확하지 않은 때이다. 그 때문에 자신이 행한 법해석이 법문언이 가능한 의미 안에서 이루어진 것으로서 허용되는 해석이라고 역설하는 주장 가운데는 법문언의 가능한 의미 자체를 자의적으로 확장한 경우도 여럿 존재한다. 이는 특히 이른바 '의미창조적 확장해석'에서 쉽게 발견할 수 있다.[16] 그러므로 허용되는 해석과 금지되는 유추 또는 형성을 개념적으로 구별할 때는 법문언의 가능한 의미 이외에 다른 실질적인 기준을 모색할 필요가 있다. '근거지음'은 이에 대한 좋은 예가 될 수 있다.[17]

2. 법형성의 유형

이렇게 법해석과 개념적으로 구별되는 법형성의 유형으로는 크게 두 가지가 거론된다. '법률보충적 법형성'과 '법률에 반하는 법형성'이 그것이다.[18]

---

14 이를 분석하는 양천수, "형법해석의 한계: 해석논쟁을 중심으로 하여", 『인권과 정의』 제379호 (2008), 144~158쪽 및 이 책 제14장 참고.

15 그러나 이러한 주장은 그 자체 역설에 빠질 수밖에 없다. 왜냐하면 그 의미가 확실하다면, 그것은 법문언의 '가능한' 의미가 아니라 '확실한' 의미가 될 것이기 때문이다. 법문언의 의미는 '확실한 의미'와 '가능한 의미'로 나뉘는데, 허용되는 해석과 금지되는 유추를 구별하는 기준은 법문언의 '확실한 의미'가 아니라 '가능한 의미'라는 점을 염두에 둘 필요가 있다.

16 이에 관해서는 양천수, "의미창조적 확장해석: 법이론의 관점에서", 『안암법학』 제37호(2012), 369~394쪽 및 이 책 제15장 참고.

17 이에 관해서는 이상돈, 앞의 논문, 77쪽 아래. 이 견해는 '법문언의 가능한 의미'가 아닌 '근거지음의 가능성'으로 해석의 한계를 설정하고자 한다. 바꿔 말해 형법해석은 해석에 대한 근거지음이 가능한 데까지 허용된다는 것이다.

18 이에 관해서는 우선 칼 엥기쉬, 안법영·윤재왕 (옮김), 『법학방법론』(세창출판사, 2011), 228쪽 아래; 이계일 외, 앞의 책, 166쪽 아래(이계일 교수 집필) 등 참고.

(1) 법률보충적 법형성

'법률보충적 법형성'(Rechtsfortbildung praeter legem)이란 말 그대로 실정법률을 보충하기 위해 이루어지는 법형성을 말한다. 여기서 실정법률을 보충한다는 것은 실정법률에 무엇인가 부족한 점이 있다는 것을 전제로 한다. 말하자면 실정법률이 불완전하여 법관이 법형성으로 이를 보완한다는 것을 함의한다. 법학방법론에서는 이렇게 부족한 점을 '흠결'(Lücke)이라고 부른다.[19] 그렇다면 법률보충적 법형성이란 이러한 법률의 흠결을 보충하기 위한 법형성으로 실정법률을 더욱 완전하게 만드는 데 기여한다. 요컨대 법률보충적 법형성은 입법자가 본래 의도했던 규범목적과 프로그램을 일탈하는 것이 아니라 오히려 이를 더욱 완전하게 만든다. 그 점에서 이를 '법률내재적 법형성'이라고 부르기도 한다. 법형성이기는 하지만 실정법의 틀에서 벗어나지는 않는다는 것이다.

(2) 법률에 반하는 법형성

이에 대해 '법률에 반하는 법형성'(Rechtsfortbildung contra legem)이란 말 그대로 실정법이 규율하는 법문언과는 다르게, 경우에 따라서는 이와는 정반대의 의미로 법규범의 의미내용을 새롭게 만들어 내는 것을 말한다. 이를테면 실정법규범에는 '부녀'에 대해서만 강간죄를 인정하는데, 이러한 실정법규범의 법문언과는 달리 '남자'에 대해서도 강간죄를 인정하는 것을 들 수 있다.[20] 이를 달리 '법률초월적 법형성'이라고 한다. 이러한 법률에 반하는 법형성은 일단 외견적으로 볼 때 법률에 흠결이 있을 것을 전제로 하지는 않는다는 점에서 법률보충적 법형성과는 구별된다. 나아가 법률보충적 법형성은 입법자가 간과했던 규범목적이나 규범프로그램을 더욱 완전하게 보완하는 것이라는 점에서, 달리 말해 법률내재적이라는 점에서 이를 인정하는 데 큰 논란이 없지만, 법률에 반하는 법형성은 실정법규범이 명백하게 규정하는 내용을 정면에서 위반하는 것이

---

19 흠결 개념에 대한 상세한 분석은 C.−W. Canaris, *Die Feststellung von Lücken im Gesetz: Eine methodologische Studie über Voraussetzungen und Grenzen der richterlichen Rechtsfortbildung praeter legem*, 2., überarbeitete Aufl. (Berlin, 1982) 참고.

20 지난 2012년 12월 18일에 개정되기 이전의 형법 제297조가 강간죄의 대상을 이렇게 규정하고 있었다.

라는 점에서, 바로 그 때문에 법률구속이념을 정면에서 위배한다는 점에서 논란이 있다.

(3) 유형구별의 상대화

이처럼 법형성은 법률보충적 법형성과 법률에 반하는 법형성으로 구별된다. 그러나 사실 이렇게 법형성이 두 유형으로 언제나 명확하게 구분되는 것은 아니다.[21] 구체적인 상황에서는 해당 법형성이 법률보충적 법형성인지, 아니면 법률에 반하는 법형성인지를 명확하게 구분하기 어려운 경우도 존재한다. 그 이유는 법형성과 밀접한 관련을 맺는 흠결 개념 자체가 명확한 것만은 아니기 때문이다. 이를테면 법학방법론의 지배적인 견해는 흠결 역시 두 가지로 구분한다. '명시적 흠결'과 '은폐된 흠결'이 그것이다.[22] 명시적 흠결은 법규범의 흠결이 명확하게 외부로 드러나 있는 것을 말한다. 예를 들어 독일 민법과는 달리 우리 민법은 '대상청구권'을 명문으로 규정하지 않는다.[23] 바꿔 말해 우리 민법전에서는 대상청구권에 관한 규정을 찾아볼 수 없다. 이 점에서 우리 민법은 대상청구권에 관해서는 흠결을 갖고 있는 셈이다. 이때 말하는 흠결이 바로 명시적 흠결에 해당한다.

이와 달리 은폐된 흠결이란 겉으로 볼 때는 법규범에 흠결이 존재하지 않지만 내용적으로 볼 때, 더욱 정확하게 말해 입법자의 규율의도를 고려하면 흠결이 존재하는 경우를 말한다. 달리 말해 형식적인 면에서는 흠결이 존재하지 않는데, 실질적 혹은 평가적인 면에서는 흠결이 존재하는 경우를 뜻한다.[24] 이를테면 법규범이 특정한 문제를 해결하는 데 필요한 법규정을 마련하고 있기는 하지만, 이러한 법규정이 해당 문제를 해결하기에는 부적합한 경우를 들 수 있다. 말하자면 형식적인 면에서 볼 때 관련 법규정이 존재하기는 하지만, 이러한

---

21 이를 지적하는 칼 엥기쉬, 앞의 책, 229쪽 참고.
22 이에 관해서는 C.-W. Canaris, 앞의 책, 136~137쪽 참고.
23 대상청구권에 관해서는 우선 양창수, "매매목적토지의 수용과 보상금에 대한 대상청구권", 『판례월보』 제268호(1993), 28~40쪽; 송덕수, "대상청구권", 『민사판례연구』 제16권(박영사, 1994), 19~50쪽 등 참고.
24 이 점에서 은폐된 흠결은 '평가상 흠결'과 내용적으로 연결된다. 평가상 흠결에 관해서는 김형배, 앞의 논문, 20~21쪽 참고.

법규정이 관련 문제를 규율하기에는 적절하지 않아 실질적인 면에서 흠결이라고 평가할 수 있는 경우가 여기에 해당한다. 이러한 이유에서 흠결이 은폐되어 있다고 하는 것이다.[25]

그런데 문제는 이렇게 흠결 개념을 은폐된 흠결까지 확장하면, 법률보충적 법형성과 법률에 반하는 법형성의 개념적 차이가 희석된다는 것이다. 왜냐하면 법률에 반하는 법형성은 보통 명시적으로 존재하는 법규정에 내용적으로 문제가 있을 경우 이를 해소하기 위해 수행하는 법형성인데, 이렇게 법규정에 내용적으로 문제가 있는 경우는 비록 형식적으로는 법규정이 존재한다 하더라도 이를 은폐된 흠결이라고 규정할 수 있기 때문이다. 사실이 그렇다면 우리가 흔히 법률에 반하는 법형성이라고 알고 있는 경우도 은폐된 흠결 개념을 적용하면 오히려 법률보충적 법형성이라고 규정할 수 있다. 달리 말해 형식적으로는 법률에 반하는 법형성이지만, 실질적으로는 법률보충적 법형성이 될 수 있는 것이다. 그렇게 되면 형식적으로는 법률에 반하는 법형성이라 할지라도 은폐된 흠결 개념을 사용함으로써 이를 인정할 수 있는 여지가 확장된다. 그렇다면 이제 문제는 은폐된 흠결 개념을 구체적으로 어떻게 확정할 것인지가 될 것이다.

그러나 필자는 은폐된 흠결 개념을 도입하여 법형성의 인정범위를 확장하는 논증방식은 적절하지 않다고 생각한다. 물론 이를 인정함으로써 법형성의 허용범위를 법률에 반하는 법형성까지 확장하는 것에 대해서는 결과라는 측면에서는 동의한다. 아래에서 살펴보는 것처럼 필자 역시 일정한 범위 안에서는 법률에 반하는 법형성 역시 정당화할 수 있다고 보기 때문이다. 그러나 이는 은폐된 흠결 개념이 아닌 다른 논증방식을 사용함으로써 실현하는 것이 더욱 적절하다고 생각한다. 흠결 개념을 이렇게 확장하면, 법률보충적 법형성과 법률에 반하는 법형성 사이에 존재하는 규범적 차이가 희석될 뿐만 아니라 법형성을 이렇게 구분함으로써 달성하고자 하는 법관의 법률구속이념 역시 침해될 수 있

---

25 이렇게 흠결을 명시적 흠결과 은폐된 흠결로 구분하는 것은 법규범의 체계를 '외적 체계'와 '내적 체계'로 구분하는 것에 상응한다. 요컨대 외적 체계에 흠결이 존재하는 경우가 명시적 흠결에 해당하고, 내적 체계에 흠결이 존재하는 경우가 은폐된 흠결에 해당하는 것이다. 이러한 외적 체계와 내적 체계에 관해서는 C.−W. Canaris, *Systemdenken und Systembegriff in der Jurisprudenz, entwickelt am Beispiel des deutschen Privatrechts* (Berlin, 1969) 참고.

기 때문이다. 흠결 개념을 과도하게 확장하게 되면, 궁극적으로는 입법작용과
사법작용의 기능적 차이 역시 사라질 수 있다.

(4) 보론: 법률교정적 법수정

이처럼 법형성은 법률보충적 법형성과 법률에 반하는 법형성으로 구분할
수 있다. 이때 한편으로는 법해석과 구별되면서도, 다른 한편으로는 실질적으로
법형성에 포함시키기 어려운 제3의 경우를 언급할 필요가 있다. 필자는 이를
'법률교정적 법수정'으로 부르고자 한다. 법률교정적 법수정은 말 그대로 법률
에 명백한 실수가 있을 때 이를 교정하기 위해 이루어지는 것을 말한다. 법률문
언을 수정한다는 점에서 이 역시 넓은 의미의 법형성, 그중에서도 법률에 반하
는 법형성에 포함시킬 수 있다. 그러나 법률에 반하는 법형성이 주로 법률의 규
범적 내용에 중대한 결함이나 하자가 있는 경우, 가령 법률내용이 헌법에 위반
되거나 반도덕적인 경우에 이러한 결함을 제거하기 위해 이루어지는 것이라면,
법률교정적 법수정은 법률에 명백한 형식적 하자가 있는 경우, 이를테면 편집
상 오류가 존재하는 경우 이를 교정하기 위해 이루어진다.[26] 그 점에서 법률교
정적 법수정과 법률에 반하는 법형성은 개념적으로 서로 구분하는 것이 적절하
다. 규범적인 측면에서도 양자를 구분하는 것이 필요하다. 왜냐하면 법률에 반
하는 법형성은 권력분립원리 및 법관의 법률구속이념에 비추어볼 때 엄격하게
인정할 필요가 있는 반면, 법률교정적 법수정은 법률의 명백한 오류를 교정한
다는 점에서 손쉽게 인정할 수 있기 때문이다.

Ⅲ. 법형성의 방법

법형성의 방법에는 무엇이 있는가? 아래에서는 법형성의 방법들에 관해 간
략하게 검토한다. 전통적인 법학방법론에서는 법형성 방법으로 크게 '유추', '목
적론적 축소', '반대추론'(역추), '물론해석' 등을 제시한다.

---

26 편집상 오류 문제에 관해서는 신동운, "형벌법규의 흠결과 해석에 의한 보정의 한계", 신동운 외,
　『법률해석의 한계』(법문사, 2000), 12쪽 아래 참고.

1. 유추

'유추'(Analogie), 더욱 정확하게 말해 '유비추론'이란 구체적인 사실관계를 직접 규율하는 법규범이 존재하지 않는 경우 "같은 것은 같게"라는 정의원칙에 따라 이 사실관계와 유사한, 그러나 꼭 같지는 않은 사실관계를 규율하는 법규범을 이 사실관계에 확대 적용하는 논증방법을 말한다.[27] 이 개념정의에서 알 수 있듯이 유추는 특정한 사실관계를 직접 규율하는 법규범이 없는 경우, 달리 말해 법규범이 '흠결'된 경우를 전제로 한다. 바로 이 점에서 유추는 관련 법규범이 존재한다는 것을 전제로 하여 이 규범을 구체화하는 '해석'과는 구별된다. 그러므로 유추'해석'이라는 표현은 정확한 것이라고 말할 수 없다.

한편 유추는 그 방식에 따라 '개별유추'(Einzelanalogie)와 '전체유추'(Gesamt-analogie)로 구별할 수 있다.[28] 개별유추란 특정한 사실관계를 직접 규율하는 법규범이 존재하지 않는 경우 이 사실관계와 유사한 사실관계를 직접 규율하는 개별 법규범을 이끌어와 확대 적용하는 방법을 말한다. 이에 대해 전체유추란 특정한 사실관계를 직접 규율하는 법규범이 존재하지 않는 경우 이 사실관계와 유사한 사실관계들을 규율하는 다수의 법규범들에서 추론할 수 있는 법원리를 이 사실관계에 확대 적용하는 방법을 말한다.

유추는 형법영역에서는 죄형법정주의에 따라 엄격하게 금지된다. 유추는 형법해석의 한계를 넘어서는 것으로 허용되지 않는다. 그러나 민사법영역에서 유추는 법의 흠결을 보충하는 방법으로 널리 사용된다. 가령 개별유추의 경우로 민법상 사단법인에 관한 규정을 권리능력 없는 사단에 유추적용하는 것을 들 수 있다.[29] 민법에 따르면 사단은 원칙적으로 법인등기를 해야만 법인격을 취득할 수 있다. 그런데 현실적으로는 법인등기를 하지는 않았지만 사단의 모습을 갖춘 단체가 다수 존재한다. 이를 민법학에서는 '권리능력 없는 사단'이라

27 김영환,『법철학의 근본문제』(홍문사, 2006), 274쪽. 이외에 유추에 대한 상세한 연구로는 우선 김영환, "법학방법론의 관점에서 본 유추와 목적론적 축소",『법철학연구』제12권 제2호(2009), 7~34쪽; 김성룡, "유추의 구조와 유추금지",『법철학연구』제12권 제2호(2009), 35~78쪽; 최봉경, "민법에서의 유추와 해석: 판례를 거울삼아",『법철학연구』제12권 제2호(2009), 131~170쪽 등 참고.
28 이에 관해서는 김형배, 앞의 논문, 22~25쪽.
29 김형배,『민법학강의』제7판(신조사, 2008), 112쪽 아래.

고 말한다. 우리 민법은 이러한 권리능력 없는 사단을 직접 규율하는 규정은 갖고 있지 않다. 그러나 권리능력 없는 사단은 법인등기만 하지 않았을 뿐 그 속성은 사단법인과 다를 바 없다는 점에서 통설과 판례는 사단법인에 관한 규정을 권리능력 없는 사단에도 확대 적용하는 것을 인정한다. 한편 전체유추의 경우로는 물건에 숨어 있는 하자로 매수인에게 부가적 손해가 발생한 경우 이에 대해 민법 제390조 등이 규정하는 과책주의에 따라 매수인에게 귀책사유가 있는 경우 채무불이행책임을 인정하는 경우를 들 수 있다.[30]

2. 목적론적 축소

위에서 설명한 유추는 흔히 법규범에 '명시적 흠결'이 존재하는 경우에 원용하는 논증방법이다. 이에 대해 '목적론적 축소'는 법규범에 '은폐된 흠결'이 존재하는 경우에 사용하는 논증방법이라고 한다.[31] 여기서 명시적 흠결이란 법체계가 분쟁을 해결하는 데 필요한 개별 법규범을 규정하지 않은 경우에, 다시 말해 입법을 '부작위'한 경우에 발생하는 흠결인 데 반해, 은폐된 흠결이란 법체계가 일정한 사실관계를 직접 규율하는 개별 법규범을 마련하기는 하였지만 이 개별 법규범이 사실관계에 대한 법적 평가를 정확하게 하지 않은 경우에, 다시 말해 입법을 하기는 하였지만 그 입법이 적절하지 않은 경우에 발생하는 흠결을 말한다. 목적론적 축소는 바로 이러한 은폐된 흠결을 보충하기 위한 논증방법이다.

그렇다면 목적론적 축소는 정확하게 무엇을 뜻하는가? 유추가 "같은 것은 같게"라는 정의원칙에 따라 법규범의 적용범위를 확장하는 논증방법이라면, 목적론적 축소는 "다른 것은 다르게"라는 정의원칙에 따라 해당 법규범의 적용범위를 축소하는 것을 말한다. 여기서 알 수 있듯이 유추가 '평등대우'에 중점을 두는 논증방법인 데 반해, 목적론적 축소는 '차별적 취급'에 중점을 두는 논증방법이라고 말할 수 있다.[32] 다른 한편 이러한 목적론적 축소는 해석방법의 한 형

---

30 김형배, 앞의 논문, 23~24쪽.
31 김영환, 앞의 책, 274~277쪽.
32 김영환, 앞의 책, 275쪽.

태인 목적론적 '축소해석'과는 구별해야 한다. 목적론적 축소해석은 해석의 한계기준 안에서 이루어지는 해석의 한 방법인 데 반해, 목적론적 축소는 해석의 한계기준을 넘어서는 것으로 '해석'방법에 속하기보다는 '형성'방법에 속하는 논증방법이기 때문이다.[33]

이와 같은 목적론적 축소의 대표적인 경우로 대법원 1997. 3. 20. 선고 96도1167 전원합의체 판결에서 쟁점이 된 (구)「공직선거 및 선거부정방지법」(이하 '공직선거법'으로 약칭함) 제262조가 규정한 '자수' 개념에 대한 해석문제를 들수 있다. 이 판결에서는 선거사범인 피고인이 선거법 위반으로 수사기관의 지명수배를 받아 도피하던 중 뒤늦게 수사기관에 자진 출두한 경우 이를 '자수'로 보아야 하는지가 문제되었다. 특히 당시의 공직선거법 제262조는 자수한 자에게 '필요적 면제'를 하도록 규정하였기 때문에 논란이 되었다.[34] 왜냐하면 선거사범이 수사기관에 의해 그 범행이 발각되기 이전에 자수한 경우와 그 범행이 발각된 이후에 자수한 경우를 동등하게 취급하는 것이 적절하지 않다는 의문이 제기되었기 때문이다. 일종의 은폐된 흠결이 발생하였던 것이다. 이에 대법원 전원합의체 판결의 다수의견은 기존에 사용되는 자수 개념이 이러한 두 경우를 구별하지 않았던 이상 자수 개념을 범행발각 이전에 자수한 경우로 축소할 수 없다고 보았다. 반면 소수의견은 '자수' 개념을 '범행이 발각되기 이전에 자수한 경우'로 한정해야 한다고 주장하였다. 여기서 소수의견처럼 '자수'의 개념을 의미론적으로 축소하는 것이 목적론적 축소의 한 예라고 할 수 있다. 물론 다수의견은 이를 축소해석의 일종으로 보았지만 김영환 교수가 정확하게 지적하고 있듯이 자수 개념의 의미를 이렇게 축소하는 것은 자수라는 '법문언의 가능한 의미'를 넘어서는 것으로 해석이 아닌 법형성의 일종, 즉 목적론적 축소라고 보아야 한다.[35] 이러한 목적론적 축소는 형법영역에서는 유추와 마찬가지로 허용되

---

33 이에 관한 상세한 논증은 김영환, 앞의 책, 289쪽 아래.

34 현행 공직선거법 제262조 제1항은 이를 다음과 같이 개정하였다. "제230조 제1항·제2항, 제231조(재산상의 이익목적의 매수 및 이해유도죄)제1항 및 제257조(기부행위의 금지제한 등 위반죄)제2항의 규정에 위반한 자중 금전·물품 기타 이익 등을 받거나 받기로 승낙한 자(후보자와 그 가족 또는 사위의 방법으로 이익 등을 받거나 받기로 승낙한 자를 제외한다)가 자수한 때에는 그 형을 **감경 또는 면제**한다."(강조는 인용자)

35 김영환, 앞의 책, 296쪽.

지 않는 논증이 된다. 그렇지만 민사법영역에서는 법규범의 은폐된 흠결을 보충하는 수단으로 사용될 수 있다.

3. 반대추론

'반대추론'(Umkehrschluß), 달리 말해 '역추'란 특정한 사실관계를 규율하는 법규범이 존재하는 경우 이 법규범의 의미내용을 정확하게 준수함으로써 이러한 의미내용과 다른 내용과 연결되는 사실관계에 대해서는 이 법규범이 적용되는 것을 배제하는 추론방식을 말한다. 예를 들어 개정되기 전의 형법 제297조는 명문으로 '부녀'만을 강간죄의 객체로 규정하였는데, 이에 따라 통설과 판례는 남자에 대해서는 강간죄가 성립할 수 없고 기껏해야 강제추행죄가 성립할 수 있을 뿐이라고 말하였다. 이와 같은 이유에서 남자 동성애자가 다른 남자동성애자와 강제로 성교한 경우에는 강간죄가 성립할 수 없다고 보았다. 이러한 이해방식은 개정되기 전의 형법 제297조가 규정한 '부녀'의 의미내용을 강조함으로써 '부녀' 개념에 포섭되지 않는 '남자'를 형법 제297조의 적용에서 배제하는 대표적인 반대추론이라고 할 수 있다. 이렇게 보면 반대추론은 유추와 서로 모순관계에 놓인다고 말할 수 있다.[36] 왜냐하면 유추가 '유사성'을 기준으로 하여 법규범의 의미내용을 확대 적용하는 것인 데 반해, 반대추론은 비록 서로 유사한 사실관계라 할지라도 법규범이 원래 의도하는 의미내용을 존중하여 법규범이 확대적용되는 것을 거부하는 논증방법이기 때문이다.[37] 다른 한편 반대추론은 법규범의 의미내용을 축소하여 적용하는 논증방법은 아니라는 점에서 법규범의 의미내용을 축소하는 목적론적 축소와도 구별된다.

4. 당연논증

마지막으로 '당연논증'(argumentum a fortiori)이란 특정한 법규범이 일정한 사실관계 A에 적용된다면, 이 A보다 그 의미가 더 좁은 사실관계 B에 대해서도

---

[36] 이를 지적하는 김영환, 앞의 책, 275쪽.
[37] '부녀'와 '남자'는 성별이라는 점에서는 서로 다르지만, 인간이라는 점에서는 서로 '유사'하다.

당연히 적용된다고 보는 논증방법을 말한다. 이를 '물론해석'이라고 부르는 경우도 있지만 이는 해석의 한 방법이라기보다는 법형성의 한 방법이라는 점에서 물론'해석'이라고 칭하는 것은 그리 적절하지 않다.[38] "大는 小에 포함된다."고 하는 '대소포함논증'도 '당연논증'의 다른 이름이라고 말할 수 있다. 당연논증의 예로 다음과 같은 경우를 들 수 있다.[39] 교통사고의 위험성 때문에 한 자전거를 두 사람이 함께 타는 것이 금지된다면, 한 자전거를 세 사람이 타는 것도 당연히 금지된다는 논증이 바로 그것이다. 그런데 이러한 당연논증이 과연 독자적인 논증방법인가에 관해서는 의문이 없지 않다. 왜냐하면 당연논증은 유추나 목적론적 축소에 해당한다고 볼 수도 있기 때문이다.

Ⅳ. 법형성의 정당화 문제

법형성은 이론적·실정법적으로 정당화할 수 있는가? 법형성을 인정하는 것은 법치주의 및 법관의 법률구속이념을 훼손하는 것은 아닐까? 이 문제를 정확하게 판단하려면, 법형성을 법률보충적 법형성과 법률에 반하는 법형성으로 구분하여 각각 살펴볼 필요가 있다.

1. 법률보충적 법형성의 정당화 가능성

먼저 법률보충적 법형성을 정당화할 수 있는지 살펴본다. 이미 검토한 것처럼 법률보충적 법형성은 실정법규범에 흠결이 있을 것을 전제로 한다. 왜냐하면 이러한 흠결을 보충하여 실정법규범을 더욱 완전하게 만들고자 하는 것이 바로 법률보충적 법형성이기 때문이다. 이처럼 법률보충적 법규범은 실정법규범의 불완전성을 제거한다는 점에서 입법자의 의사를 넘어서지 않는다. 오히려 법률보충적 법형성은 입법자에 종속적이면서 입법자의 의사를 더욱 완전하게

---

[38] 가령 이상영·김도균, 『법철학』(한국방송통신대학교출판부, 2007), 148쪽. 그렇지만 여기서도 이상영·김도균 교수는 한편으로는 물론해석을 해석의 한 범주로 파악하면서도, 다른 한편으로는 이를 '법형성적 해석'이라고 함으로써 물론해석이 다른 일반적인 해석방법과는 구별된다는 점을 의식하고 있다.

[39] 이 예는 이상영·김도균, 앞의 책, 148~149쪽.

만들고자 한다. 이 점에서 법률보충적 법형성은 '법률내재적'이다. 큰 틀에서 보면, 법관의 법률구속이념에 충실하다고 말할 수 있다. 이 점에서 법률보충적 법형성은 학설과 판례에 의해 폭넓게 지지된다.

이뿐만 아니라 법률보충적 법형성은 실정법을 통해서도 정당화된다. 이를테면 '법원' 규정인 민법 제1조는 "민사에 관하여 법률에 규정이 없으면 관습법에 의하고 관습법이 없으면 조리에 의한다."고 함으로써 민사법규범에 흠결이 있는 경우에는 조리를 원용해 이를 보충할 것을 명령하기 때문이다. 이는 민사법관에게 법률보충적 법형성에 대한 권한을 부여하는 것이다. 이는 우리 민법 제1조의 비교법적 연원이 되는 스위스민법 제1조를 확인해 보면 더욱 분명해진다. 왜냐하면 스위스민법 제1조 제2항은 "이 법에 규정이 없는 경우에는 법관은 관습법에 따르며, 관습법도 없는 경우에는 그가 입법자라면 제정하였을 법칙에 의하여 재판하여야 한다."고 규정하기 때문이다.[40]

이러한 맥락에서 판례는 민사법영역에서 상당히 폭넓게 법률보충적 법형성을 인정한다. 가령 우리 민법이 명문으로 규정하지 않는 대상청구권을 다양한 영역에서 인정하고 있다는 점이 이를 예증한다.[41] 이처럼 법률보충적 법형성을 인정하는 것은 이론적 차원이나 실정법적 차원에서 큰 문제가 없다. 물론 이러한 법률보충적 법형성도 유추적용을 엄격하게 금지하는 형사법영역에서는 허용되지 않는다.

2. 법률에 반하는 법형성의 정당화 가능성

그러면 법률이 규정하는 법문언에 명백하게 반하는 법형성, 즉 법률에 반하는 법형성은 어떤가? 이는 이론적·실정법적으로 정당화될 수 있는가? 언뜻 보면 법률에 반하는 법형성은 입법자의 의사를 정면에서 위반한다는 점에서, 달리 말해 법관의 법률구속이념을 명백하게 침해한다는 점에서 정당화될 수 없

---

[40] 번역은 양창수, "법해석의 다양한 양상 또는 실정법학자의 법학방법론", 『민법연구』 제6권(박영사, 2001), 12쪽을 따랐다.
[41] 예를 들어 계약법관계에서 등장한 대상청구권은 그 이후 취득시효영역에서도 널리 인정되고 있다. 이에 관해서는 송덕수, "취득시효와 대상청구권", 『저스티스』 제30권 제2호(1997), 234~258쪽 참고.

는 것처럼 보인다. 이러한 맥락에서 법률에 반하는 법형성을 달리 '허용될 수 없는 법창조'라고 부르기도 한다. 그런데도 일부 견해 및 판례는 특정한 경우에는 이러한 법률에 반하는 법형성이 허용될 수 있다고 말한다. 아래에서 이를 소개하도록 한다.

(1) 양창수 교수의 견해

예를 들어 민사법학자이자 대법관을 역임한 양창수 교수는 이른바 "부동산실명법"을 다룬 논문에서 다음과 같이 법률에 반하는 법형성을 긍정하는 주장을 한 바 있다.

> "그러나 그 문언 또는 문법구조대로 해석하는 것이 평가모순을 가져 오는 경우에는, 가능한 어의와 의미관련의 범위 안에서(im Rahmen ihres möglichen Wortsinns und des Bedeutungszusammenhanges) 이를 피할 수 있는 해석이 요구되며, 비상의 경우에는 이를 해소하기 위하여 때로 「법에 반하는(contra legem)」해석도 허용되는 것이다.[42](강조는 인용자가 추가한 것이다. 이하 같다)

위 인용문에서 알 수 있듯이 양창수 교수는 이른바 "비상의 경우"에는 이를 해소하기 위해 "법에 반하는 해석"도 가능하다고 말한다. 여기서 말하는 "법에 반하는 해석"은 법률에 반하는 법형성이라고 말할 수 있다. 왜냐하면 해석과 형성을 개념적으로 구별하는 견지에서 보면, "법에 반하는 해석"이라는 개념은 성립할 수 없기 때문이다. 여하간 한편으로는 법규범을 해석할 때 입법자의 의사를 가장 우선적으로 고려해야 한다고 주장하는 민법학자가 다른 한편으로는 "비상의 경우"에 법률에 반하는 법형성도 허용될 수 있다고 말하는 것 자체가 자못 흥미롭다.[43] 그렇지만 양창수 교수는 과연 어떤 이론적·실정법적 근거에서 법률에 반하는 법형성이 가능한지를 분명하게 제시하지는 않는다.

---

42 양창수, "부동산실명법의 사법적 규정에 의한 명의신탁의 규율", 『민법연구』 제5권(박영사, 1999), 176~177쪽.
43 해석방법 가운데 역사적 해석방법에 우선적인 지위를 부여해야 한다는 양창수 교수의 주장에 관해서는 양창수, "동산질권에 관한 약간의 문제", 『민법연구』 제1권(박영사, 1991), 217쪽 참고.

(2) 박철 변호사의 견해

대전고등법원 부장판사로서 아래에서 소개하는 이른바 '아름다운 판결'을 내리는 데 기여했던 박철 변호사는 판사로 재직하던 시절에 이미 법률에 반하는 법형성을 이론적으로 근거 짓는 장문의 논문을 발표한 바 있다.[44] 이 논문에서 박철 변호사는 다양한 해석 및 논증이론을 검토한 후 다음과 같은 결론을 이끌어낸다.

"법률문언을 넘은 해석과 법률문언에 반하는 해석은, ① 법률에 흠결이 있는 경우, ② 법률의 내용이 상호 모순적이거나 충돌하는 경우, ③ 법률에 명백한 실수가 있는 경우, ④ 법률의 내용이 심하게 비합리적이거나 반도덕적인 경우, ⑤ 사회변화로 규범상황이 변한 경우 등에 요구된다. 이 중 어느 경우에든 **법률문언을 넘은 해석**과 **법률문언에 반하는 해석**이 정당하게 행해질 수 있을 것이다."[45]

이러한 주장은 한편으로는 법률에 반하는 법형성을 꽤 광범위하게 인정하면서도, 다른 한편으로는 구체적으로 어떤 경우에 법률에 반하는 법형성을 인정할 수 있는지를 보여준다는 점에서 흥미롭다. 그렇지만 이 논문에서 박철 변호사는 법률에 반하는 법형성을 지지할 수 있는 이론적 근거만을 제시할 뿐, 우리 법체계에서는 과연 어떤 실정법적 근거로써 이를 정당화할 수 있는지는 논증하지 않는다.[46]

(3) 대법원 1998. 4. 23. 선고 95다36466 전원합의체 판결

그런데 법률에 반하는 법형성은 이처럼 이론적 차원, 달리 말해 법학이라는 학문체계에서만 주장되는 것은 아니다. 법률에 반하는 법형성은 법체계에

---

[44] 박철, "법률의 문언을 넘은 해석과 법률의 문언에 반하는 해석", 『법철학연구』 제6권 제1호 (2003), 185~236쪽 참고. 다만 이 논문에서 박철 변호사는 '법률보충적 법형성'을 "법률의 문언을 넘은 해석"으로, "법률에 반하는 법형성"은 "법률의 문언에 반하는 해석"으로 표현한다.

[45] 박철, 위의 논문, 232쪽.

[46] 이외에도 기초법학자인 이계일 교수는 독일의 논의를 기초로 하여 일정한 경우에는 예외적으로 법률에 반하는 법형성, 즉 '법률초월적 법형성'을 인정할 수 있다고 말한다. 이계일 외, 앞의 책, 167쪽(이계일 교수 집필) 참고.

속하는 판례에서도 주장될 뿐만 아니라 허용되고 있다. 예를 들어 발행지를 어음
요건으로 규정하는 어음법 제1조 제7호 및 제75조 제6호가 국내어음의 경우에는
적용되지 않는다고 판시한 대법원 1998. 4. 23. 선고 95다36466 전원합의체 판결
에서 보충의견은 다음과 같은 취지에서 법률에 반하는 법형성을 긍정한다.[47]

> "일반적으로 모든 법은 **법규정의 본질을 바꾸는 정도의 것이 아닌 한도에서 이
> 를 합리적으로 해석함으로써** 뒤처진 법률을 앞서가는 사회현상에 적용시키는 일
> 방 입법기관에 대하여 법률의 개정 등을 촉구하는 것은 법원의 임무에 속하는 일
> 이라 할 것이고, 그 뒤쳐진 법규정의 재래적 해석·적용이 부당한 결과를 초래한다
> 는 것을 알면서도 법률 개정이라는 입법기관의 조치가 있을 때까지는 이를 그대로
> 따를 수밖에 없다고 체념해 버리는 것은 온당치 않은 태도이다."

물론 이 인용문에서 확인할 수 있듯이 대법원 전원합의체의 보충의견은 법
형성이 아닌 해석이라는 개념을 사용한다. 따라서 표면적으로 보면, 대법원 전
원합의체 보충의견은 법률에 반하는 법형성을 주장하는 것으로 보이지는 않는
다. 그렇지만 대법원 전원합의체 판결을 전체적으로 읽어보면, 대법원 다수의견
이 어음법이 명문으로 규정하는 내용과는 달리 국내어음의 경우에는 발행지가
흠결되어 있는 경우에도 유효한 어음으로 인정하고 있다는 점에서 이는 명백하
게 해석이 아닌 형성이고, 그것도 어음법 규정에 명백하게 반하는 것으로 법률
에 반하는 법형성이라고 말할 수 있다. 대법원 전원합의체의 반대의견 역시 이
렇게 지적한다.[48]

---

47 이 판결에 대한 분석으로는 김도영, "발행지의 기재가 흠결된 어음의 효력", 『민사판례연구』 제
21권(박영사, 1999), 428~482쪽 참고.

48 이를테면 대법원 전원합의체 반대의견은 다음과 같이 말한다. "앞서 본 바와 같이, 어음법은 발
행지의 기재가 없는 어음에 관하여 그 효력이 없다고 명문으로 규정하고 있는 한편, 이 명문의
규정에 관하여는 정의의 요청 또는 합헌적인 해석의 요청에 의하여 그 적용 범위를 예외적으로
나마 제한하여 해석할 만한 아무런 특별한 사정이 있다고 할 수 없으므로, 다수의견과 같이 위
어음법의 명문규정이 이른바 '국내어음'에는 적용되지 아니한다고 하는 것은 법원이 어음법에도
없는 단서 조항 즉 '발행지에 관하여 국내어음의 경우에는 그러하지 아니하다.'라는 규정을 신설
하는 셈이고, 이는 **명문의 규정에 반하는 법형성 내지 법률수정을 도모하는** 것으로서 법원의 법률
해석권의 범위를 명백하게 일탈한 것이라는 비난을 면하기 어렵다고 할 것이다." 이러한 맥락에

이러한 대법원 전원합의체 판결의 보충의견에 따르면, 다음과 같은 두 가지 요건이 충족되는 경우에 법률에 반하는 법형성이 허용된다. 첫째는 법규정의 문언을 그대로 따르는 해석을 하게 되면 부당한 결과가 초래되어야 한다. 둘째는 법형성이 "법률의 본질을 바꾸는 정도의 것이 아닌 한도에서" "합리적으로" 이루어져야 한다. 이를 바꿔 말하면, 법률에 반하는 법형성은 첫째, 법문언을 그대로 해석하면 발생하게 되는 부당한 결과를 막아야 하고, 둘째, 이렇게 법형성을 하는 경우에도 법률의 본질 안에서 합리적으로 이루어져야 한다는 것이다. 첫째 요건이 법형성의 목적에 관한 것이라면, 둘째 요건은 법형성의 방법에 관한 것이라고 말할 수 있다. 그러나 이러한 요건은 상당히 추상적이어서 과연 구체적으로 어느 한도에서 법률에 반하는 법형성을 인정할 수 있는지에 대한 설득력 있는 기준이 되기는 어렵다. 이를테면 "부당한 결과"란 구체적으로 무엇인지, "법률의 본질을 바꾸는 정도의 것이 아닌 한도"라는 게 구체적으로 무엇을 뜻하는지, 법형성을 어떻게 하는 것이 합리적인 법형성인지에 관해 보충의견은 설득력 있는 기준을 제시하지는 못하고 있다.

(4) 대전고등법원 2006. 11. 1. 선고 2006나1846 판결

이렇게 법률에 반하는 법형성을 인정하는 태도는 이른바 '아름다운 판결'로 알려진 대전고등법원 2006. 11. 1. 선고 2006나1846 판결에서도 찾아볼 수 있다. 이 판결에서 대전고등법원은 다음과 같은 근거로써 법률에 반하는 법형성을 긍정한다.

"우리는 입법부가 만든 법률을 최종적으로 해석하고 집행하는 **법원이 어느 정도 수선의 의무와 권한을 갖고 있다고** 생각한다. 이는 의회가 만든 법률을 법원이 제멋대로 수정하는 것이 아니라 그 **법률이 의도된 본래의 의미를 갖도록 보완하는** 것이고 대한민국헌법이 예정하고 있는 우리 헌법체제의 일부라고 생각한다."

서 대법원 전원합의체 판결의 다수의견을 비판하는 이기수, "어음요건으로서의 발행지", 『법률신문』(1998. 5. 18) 참고.

물론 이 판결에서도 법률에 반하는 법형성을 정면에서 인정하는 것은 아니다. 그렇지만 "법원이 어느 정도 수선의 의무와 권한을 갖고 있다"는 주장에서 해당 판결이 법률에 반하는 법형성을 인정하고 있음을 추론할 수 있다. 왜냐하면 법원이 법률에 대한 수선의 의무와 권한을 갖는다는 것 자체가 법률의 문언에 반하는 판단, 즉 법률에 반하는 법형성을 할 수 있다는 점을 시사하기 때문이다.

이 판결도 추상적이기는 하지만 법형성에 대한 두 가지 기준을 제시한다. 첫째는 법형성이 "법률이 의도된 본래의 의미를 갖도록 보완"하는 것이어야 하고, 둘째는 헌법의 범위 안에서 이루어져야 한다는 것이다.[49] 그중에서 첫 번째 요건은 위에서 소개한 대법원 1998. 4. 23. 선고 95다36466 전원합의체 판결에서 보충의견이 주장한 바가 크게 다르지 않다. 그렇지만 두 번째 요건은 법률에 반하는 법형성이 헌법의 테두리 안에서 이루어져야 함을 보여준다는 점에서 자못 의미심장하다. 이에 따르면 '헌법합치적 해석'이라는 해석방법이 있는 것처럼,[50] 법률에 반하는 법형성 역시 '헌법합치적 형성'이 되어야 한다.[51] 그렇지만 대전고등법원 판결 역시 구체적으로 어떤 실정법적 근거를 통해 법관 또는 법원이 법률에 반하는 법형성을 수행할 수 있는지를 밝히지는 않는다.

(5) 중간결론

이와 같은 일부 학설과 판례를 보면, 법률에 반하는 법형성이 이론적으로 전혀 불가능한 것은 아니라는 점을 확인할 수 있다. 그러나 이들 견해들은 과연 어떤 이론적·실정법적 근거에서 법률에 반하는 법형성이 가능할 수 있는지를 구체적으로 밝히고 있지는 않다. 이에 아래에서는 어떤 이론적·실정법적 근거에서 법률에 반하는 법형성을 수행할 수 있는지를 논증하고자 한다.

---

49 "대한민국헌법이 예정하고 있는 우리 헌법체제의 일부"라는 표현 자체가 법률에 반하는 법형성이 헌법의 테두리 안에서 이루어져야 한다는 점을 시사한다.

50 이에 관해서는 우선 이강국, 『헌법합치적 법률해석: 서독에서의 이론과 실제』(박영사, 2012) 참고.

51 이외에도 의용민법 제14조 제1항의 적용을 거부한 대법원 1947. 9. 2. 선고 1947년민상제88호 판결도 법률에 반하는 법형성을 인정한 판례로 이해할 수 있다. 이를 소개하는 문헌으로는 양창수, "우리나라 최초의 헌법재판논의: 처의 행위능력 제한에 관한 1947년 대법원판결에 대하여", 『민법연구』(박영사, 2001), 37쪽 아래 참고.

Ⅴ. 법률에 반하는 법형성의 정당화 논증

1. 이론적 정당화 논증

법률에 반하는 법형성을 어떻게 이론적으로 정당화할 수 있는가? 그러나 사실 이 문제는 그렇게 어렵지는 않다. 왜냐하면 그동안 법이론과 법철학 영역에서 법관의 법률구속이념과 이에 바탕이 되는 법치주의를 새롭게 정초하고자 하는 이론적 노력이 상당 부분 이루어졌기 때문이다. 이를 단순화해서 정리하면 다음과 같이 표현할 수 있다. '사법소극주의에서 사법적극주의로' 그리고 '형식적 법치주의에서 실질적 법치주의로'가 그것이다.

(1) 사법적극주의

법관의 법률구속이념을 철저하게 관철하면 법관은 "법률을 말하는 입"이 되어야 한다. 몽테스키외의 주장으로 거슬러 올라가는 이 언명에 따르면, 법관은 국민의 대표자로 구성된 의회가 제정한 법률을 철저하게 따라야 하는, 달리 말해 "법률을 말하는 입"이 되어야 한다. 따라서 법률에 반하는 법형성은 이러한 주장을 거스르는 것으로서 허용될 수 없다. 그렇지만 법이론과 법사학의 최근 성과를 수용하면 이렇게 철저한 사법소극주의, 가령 법관을 '자동포섭장치'로 파악하는 견해가 역사적·제도적으로 구현된 경우는 없었다는 점을 확인할 수 있다.[52] 만약 법관이 "법률을 말하는 입"으로만 존재해야 한다면, 법률을 형성하는 것뿐만 아니라 이를 해석하는 것도 허용될 수 없다. 이러한 이유에서 심지어 '해석금지령'이 공포된 경우도 있었다.[53] 그렇지만 실제 실무에서 해석금지령은 관철될 수 없었다. 아무리 법률을 명확하게 만들었다 하더라도, 법관은 언제나 해석을 필요로 하였다. 법적 분쟁을 해결하는 실제 실무에서 법관은 단순한 '자동포섭장치'가 아니었던 것이다. 같은 맥락에서 "법률을 말하는 입"을 언급한 몽테스키외도 사법작용을 이렇게 단순하게 파악하지는 않았다. 이는 몽

---

[52] 이를 지적하는 R. Ogorek, *Richterkönig oder Subsumtionsautomat?: Zur Justiztheorie im 19. Jahrhundert* (Frankfurt/M., 2008) 참고.

[53] 이를 보여주는 Bernd Mertens, *Gesetzgebungskunst im Zeitalter der Kodifikationen: Theorie und Praxis der Gesetzgebungstechnik aus historisch—vergleichender Sicht* (Tübingen, 2004), 260쪽.

테스키외가 염두에 둔 사법작용의 세 가지 유형 가운데 한 유형에 불과했던 것이다.[54]

법관의 법률구속이념은 자유법론이나 문제변증론, 법해석학, 법수사학 등이 등장하면서 더욱 약화된다. 아니 더욱 정확하게 말하면, 이러한 새로운 이론을 통해 법관의 법률구속이념은 새롭게 정립된다. 자유법론은 법관이 소극적인 자동포섭장치의 모습에서 벗어나 자유롭게 법을 창조할 것을 요청한다.[55] 문제변증론은 법관이 구속되어야 하는 법률은 절대적인 기준점이 아니라 문제를 해결하는 데 원용되는 논거의 일종이라고 함으로써 그 위상을 축소한다.[56] 법해석학이나 법수사학은 법규범을 해석하는 과정 자체가 법을 새롭게 만들어내는 과정이라고 한다.[57] 이러한 주장에 따르면, 법규범을 해석하는 것과 형성하는 것 사이의 본질적인 차이는 사라진다. 그렇다면 법관에게 법규범을 해석할 수 있는 권한을 부여하는 이상, 이러한 해석과 본질적으로 차이가 없는 법형성 권한을 부여하지 못할 이유는 없다.

이처럼 지난 19세기 말부터 서구 법학의 법이론 영역에서 등장한 새로운 이론들은 철저한 사법소극주의 혹은 기계적·형식적인 법률구속이념을 비판하면서 법규범을 구체화하는 데 개입할 수 있는 법관의 권한을 확장하였다. 이를 통해 이른바 사법적극주의가 자연스럽게 사법소극주의를 대신하게 되었다.[58] 이에 따라 이제는 법관이 법적 분쟁을 해결하는 과정에서 법률을 얼마나 잘 준수하는지가 논의의 초점이 되기보다는 법적 분쟁을 정의롭게 해결하기 위해 얼마나 법률을 잘 활용하고 있는지가 논의의 초점으로 자리 잡게 되었다. 이러한 사법적극주의의 시각에서 보면, 법관은 법적 분쟁을 정의롭게 해결하기 위해 경우에 따라서는 해석을 넘어서 형성을, 그것도 법률의 문언에 반하는 형성을

---

54 이를 상세하게 분석하는 윤재왕, 앞의 논문, 124쪽 아래.

55 자유법론에 관해서는 헤르만 칸토로비츠, 윤철홍 (옮김), 『법학을 위한 투쟁』(책세상, 2006) 참고.

56 문제변증론에 관해서는 Th. Viehweg, *Topik und Jurisprudenz* (München, 1974) 참고.

57 법수사학에 관해서는 우선 이계일, "수사학적 법이론의 관점에서 본 법적 논증의 구조", 『법철학연구』 제13권 제1호(2010), 35~88쪽 참고.

58 사법적극주의에 관해서는 임지봉, "사법적극주의·사법소극주의의 개념에 관한 새로운 모색과 그 적용: 전두환·노태우 두 전직대통령에 관한 사건의 분석을 중심으로", 『경희법학』 제34권 제1호(1999), 353~370쪽 참고.

할 수 있는 것이다.

(2) 실질적 법치주의

형식적 법치주의를 대신하여 등장한 실질적 법치주의도 법률에 반하는 법형성을 이론적으로 뒷받침하는 데 기여한다.[59] 특히 법관의 법률구속이념을 새롭게 이해하는 데 도움을 준다. 법실증주의에 바탕을 둔 형식적 법치주의는 실정법의 절차를 통해 제정된 법률만을 법으로 인정한다. 따라서 법관이 구속되어야 하는 것은 이러한 법률, 즉 실정법이다. 법관은 실정법의 테두리 안에서 이를 해석하고 적용해야 한다. 이때 법관은 해당 실정법이 어떤 내용을 담고 있는지를 문제 삼을 필요가 없다. 법관은 "법률을 말하는 입"으로서 형식적으로 적법한 절차를 통해 하자 없이 제정된 법률을 따르기만 하면 될 뿐이다. 이러한 형식적 법치주의를 통해 법관의 법률구속이념은 철저하게 형식적·법실증주의적으로 파악된다.

그러나 법관이 구속되어야 하는 규범을 법률로만 한정하는 법실증주의적 시각은 실제 법적 문제를 해결하는 과정에서 여러 어려움을 야기한다. 이를테면 법률이 명백하게 정의롭지 못한 내용을 담고 있는데도 법관은 이를 그대로 따라야 한다고 보아야 하는가? 예를 들어 실정법인 민법이 명백하게 남녀를 차별하는 내용을 담고 있는데도 법관은 이에 따라 민사분쟁을 처리해야 하는가? 더 나아가 법률이 정면에서 불법을 명령하고 있는데도 법관은 여기에 구속되어야 하는가? 그러나 '참을 수 없는 부정의'가 존재하는 경우에는 정의가 법적 안정성에 우선한다고 보는 '라드브루흐 공식'을 고려하면, 이 같은 주장은 받아들일 수 없다.[60] 불법을 명령하는 법률은 이미 그 자체 법이 아니기 때문이다. 라드브루흐의 개념으로 달리 말하면, 이는 '법률'이기는 하지만 '불법적인' 법률인 것이다. 이러한 법률은 '법률적 불법'을 저지르는 것이기에 법관은 이를 따라서는 안 된다. 오히려 이를 무시하고 다른 기준에 따라 법적 분쟁을 해결해야 한다.

---

59 이에 관해서는 무엇보다도 Werner Maihofer, 심재우 (역), 『법치국가와 인간의 존엄』(삼영사, 1994) 참고.

60 라드브루흐 공식에 관해서는 프랑크 잘리거, 윤재왕 (옮김), 『라드브루흐 공식과 법치국가』(세창출판사, 2011) 참고.

실질적 법치주의는 바로 이러한 맥락에서 등장한 것이다. 실질적 법치주의는 법관이 단순히 법률에만 구속되어야 하는 것이 아니라 이를 넘어서 법에 구속되어야 한다고 말한다. 이때 말하는 '법'(Recht)은 '실정법률'(Gesetz)과는 구별되는 것으로 정당한 내용을 담고 있는 법규범을 말한다. 전통적인 자연법론에서 말하는 '자연법'이 바로 이러한 법에 해당한다.[61] 무엇보다도 독일 법학과 법체계가 이렇게 법과 법률을 개념적으로 구별한다. 물론 그렇다고 해서 법과 법률이 전적으로 별개의 것이 되는 것은 아니다. 실정법률이라 할지라도 내용적으로 정당하다면 이 역시 법이 될 수 있기 때문이다. 말하자면 법과 법률은 서로 일치할 수도 있고 그렇지 않을 수도 있는 것이다.

이렇게 실질적 법치주의는 법관의 법률구속이념을 '법구속이념'으로 재해석한다. 법관이 구속되어야 하는 것은 법률이 아닌 법인 것이다. 이러한 맥락에서 보면, 법률에 반하는 법형성 역시 이론적으로 가능해진다. 왜냐하면 특정한 법률이 내용적으로 정의롭지 못하여 법이 아니라고 판단되는 경우에는, 양창수 교수의 표현대로 "비상의 경우"에는, 법관은 해당 법률이 아닌 정당한 법에 구속되어야 하기 때문이다. 이는 법관이 해당 법률의 문언과는 다른 법적 판단, 즉 법률에 반하는 법형성을 할 수 있다는 점을 보여준다.

(3) 흠결 개념의 확장

이외에도 법규범의 흠결 개념을 확장해 '법률에 반하는 법형성'을 '법률보충적 법형성'으로 파악하는 시도 역시 실질적으로는 법률에 반하는 법형성을 이론적으로 정당화하는 시도라고 볼 수 있다. 앞에서도 살펴본 것처럼 흠결 개념은 명시적 흠결과 은폐된 흠결로 나눌 수 있다. 여기서 은폐된 흠결 개념이 인정되는 범위를 확장하면, 명시적으로는 흠결이 아닌 경우에도 해당 법규범의 내용을 문제 삼아 이를 은폐된 흠결로 평가할 수 있다. 따라서 이 경우에는 비록 외형적으로는 법률에 반하는 법형성처럼 보일 수 있지만, 실질적으로는 은폐된 흠결을 보충하는 것으로서 법률보충적 법형성에 속한다고 평가할 수 있

---

61 헌법재판이 제도화된 오늘날에는 헌법이 바로 이러한 역할을 수행한다고 말할 수 있다. 이러한 측면에서 헌법을 '제도화된 자연법'이라고 부르기도 한다.

다. 이러한 논증방법을 사용함으로써 법률에 반하는 법형성의 상당 부분을 이론적으로 정당화할 수 있을 것이다.

그러나 필자는 이 같은 논증방법에는 찬성하지 않는다. 이렇게 은폐된 흠결 개념을 과도하게 확장하면, 법률보충적 법형성과 법률에 반하는 법형성을 개념적으로 구분하고자 하는 시도가 형해화될 수 있기 때문이다. 이는 법률보충적 법형성과 법률에 반하는 법형성 사이에 존재하는 규범적 차이를 간과하는 것이다. 또한 명시적 흠결과 은폐된 흠결을 모두 흠결 개념으로 포섭하는 것에도 문제가 있다. 명시적 흠결이야말로 입법자가 부작위를 한 것으로 본래 의미의 흠결 개념과 합치한다. 그러나 은폐된 흠결은 입법자가 작위를 한 것으로, 달리 말해 해당 법적 분쟁을 규율하는 법률을 제정한 경우로 이는 흠결이 아니라 오히려 '결함'으로 보는 것이 적절하다.[62] 요컨대 흠결이 부작위로 이루어진다면, 결함은 작위로 이루어진다. 그러한 점에서 보면 은폐된 흠결에 해당하는 사례들의 상당 부분은 오히려 흠결이 아닌 결함에 해당하는 경우로 파악하는 것이 타당하다. 그러므로 이렇게 결함을 교정하는 것은 더욱 적극적인 의미를 갖는다는 점에서 단순히 흠결을 보충하는 것과는 구별하는 것이 타당하다. 이러한 맥락에서 결함을 교정하는 것은 법률에 반하는 법형성을 하는 것으로 그리고 단순한 흠결을 보충하는 것은 법률보충적 법형성을 하는 것으로 각기 구분하는 것이 더욱 바람직하다.

2. 실정법적 정당화 논증

(1) 필요성

이처럼 법률에 반하는 법형성은 사법적극주의나 실질적 법치주의를 통해 이론적으로 근거 지을 수 있다. 그러면 실정법적으로는 이를 어떻게 정당화할 수 있을까? 사실 법률에 반하는 법형성의 정당화 문제에 관해서는 이론적 정당화 문제보다는 이 문제가 더욱 중요하다고 말할 수 있다. 왜냐하면 그동안 법이론이나 법학방법론 영역에서는 법률에 반하는 법형성을 근거 짓는 이론적 논의

---

62 이와 유사하게 법률의 흠결과 흠을 구별하는 경우로 김형배, 앞의 논문, 19쪽 참고.

가 풍성하게 축적된 반면, 이를 어떻게 실정법으로 논증할 수 있는지에 관해서
는 그다지 논의가 이루어지지 않았기 때문이다. 설사 법률에 반하는 법형성을
이론적으로 논증할 수 있다 하더라도 이를 실정법으로 뒷받침할 수 없다면 이
는 언제든지 다시 '법관의 독재'로, 달리 말해 '법의 제국'이 아닌 '법관의 제국'
으로 돌변할 수 있다. 그러므로 우리의 현행 법체계가 법률에 반하는 법형성을
지지할 수 있는 실정법적 근거를 마련하고 있는지를 모색하는 것은 그 무엇보
다도 필요하다.[63]

(2) 독일 법체계의 경우

그러면 법과 법률을 개념적으로 구분하면서 법관의 법형성에 대해 이론적
으로 풍성한 논의를 축적해온 독일 법학과 법체계에서는 이 문제를 어떻게 해
결하는가? 사실 독일에서는 법률에 반하는 법형성을 근거 지을 수 있는 실정법
적 근거를 찾는 것이 어렵지 않다. 왜냐하면 독일 기본법이 이에 대한 실정법적
근거를 마련하고 있기 때문이다. 이를테면 독일 기본법 제1조는 인간의 존엄을
기본권으로 선언하면서 이러한 인간의 존엄이 입법, 집행, 사법과 같은 모든 국
가작용을 구속한다고 규정한다. 또한 독일 기본법 제20조 제3항은 사법작용이
'법률'뿐만 아니라 '법'에 구속된다고 명확하게 규정한다.[64] 이 규정은 사법적극
주의와 실질적 법치주의에 의해 새롭게 이해된 법관의 법률구속이념을 기본법
의 차원에서 분명히 한다는 점에서 중요한 의미를 지닌다. 이에 따라 법관은 법
률과 법이 갈등을 빚는 경우에는 법의 테두리 안에서 법률에 반하는 법적 판단,
즉 법률에 반하는 법형성을 할 수 있기 때문이다.

---

[63] 이에 관해서는 다음과 같은 의문을 던질 수 있다. "'모든 법해석방법론은 헌법문제다'라는 Müller
의 명제를 진지하게 고려하는 경우, 법관의 법형성과 관련하여 '이론적 정당화'와 '실정법적 정당
화'의 기계적인 구별이 타당하고 필요한 관점인가 하는 점에서 의문이 없지 않다."는 것이다. 이
러한 의문은 일면 타당하다고 생각한다. 왜냐하면 사법적극주의, 그중에서도 법해석학이나 법수
사학을 정면에서 수용하면 실정법적 정당화를 고려할 필요 없이 법형성, 특히 법률에 반하는 법
형성을 시도할 수 있기 때문이다. 그렇지만 현실적으로 실정법의 틀 안에서 법적 판단을 해야 하
는 법관의 입장에서 보면, 설사 이론적인 측면에서는 법해석학이나 법수사학의 주장이 타당하다
고 생각하더라도, 이를 뒷받침할 수 있는 실정법적 근거가 없다면 섣불리 법률에 반하는 법형성
을 감행하기 어려울 것이다. 이러한 점에서 볼 때 실무적인 측면에서도 법형성에 대한 실정법적
근거를 모색하는 것이 필요하다고 생각한다.
[64] 이에 대한 법철학적인 분석으로는 이상영·김도균, 앞의 책, 10~12쪽 참고.

(3) 민법 제1조

그러면 우리의 경우에는 무엇이 법률에 반하는 법형성의 실정법적 근거가 될 수 있는가? 가장 먼저 생각해 볼 수 있는 근거로 민법 제1조를 꼽을 수 있다. 민법 제1조는 민법의 법적 원천으로 실정민법 이외에 관습법과 조리를 언급하기 때문이다. 따라서 민법 제1조를 법률에 반하는 법형성의 실정법적 근거로 제시할 수 있을지 모른다. 그러나 앞에서도 언급한 것처럼, 민법 제1조는 "민사에 관하여 법률에 규정이 없으면"이라고 함으로써 법형성의 전제로서 민법에 흠결이 있을 것을 분명히 밝히고 있다. 그러므로 민법 제1조는 법률보충적 법형성의 실정법적 근거가 될 수는 있을지언정 법률에 반하는 법형성의 실정법적 근거는 될 수 없다. 다만 "민사에 관하여 법률에 규정이 없으면"의 문언이 은폐된 흠결까지 포함하는 것이라고 해석하면, 제1조는 실질적으로 법률에 반하는 법형성의 정당화 근거가 될 수도 있을 것이다. 그러나 이미 밝힌 것처럼 은폐된 흠결 개념을 무리하게 확장하는 논증은 타당하지 않다.

(4) 헌법 제103조

그러면 무엇이 법률에 반하는 법형성의 실정법적 근거가 될 수 있는가? 이에 대해 필자는 헌법 제103조가 그 대답이 될 수 있다고 생각한다. 헌법 제103조는 "법관은 헌법과 법률에 의하여 그 양심에 따라 독립하여 심판한다."고 말한다. 그중에서 두 가지 측면이 법률에 반하는 법형성의 실정법적 근거가 될 수 있다. 첫째는 법관이 헌법에 의하여 심판을 해야 한다는 점이다. 둘째는 법관이 "그 양심에 따라" 심판을 해야 한다는 점이다.

1) 실정법적 근거로서 헌법

첫째, 법관이 재판을 할 때 실정법적 근거로 삼아야 하는 것은 법률뿐만 아니라 헌법이 되어야 한다는 점이 법률에 반하는 법형성의 근거가 될 수 있다. 이를테면 특정한 법률이 형식적·절차적으로는 문제가 없지만 내용적인 면에서 헌법에 위반된다면, 법관은 해당 법률이 헌법에 위반된다는 점을 이유로 하여 이를 배척하고 달리 판단할 수 있다. 이 점에서 헌법 제103조는 실질적 법치주의 또는 헌법적 법치주의를 실정화한 것이라고 볼 수 있다. 또한 헌법 제103조는 법관에 대한 헌법합치적 해석명령을 제도화한 것이라고 말할 수 있다.

2) 실정법적 근거로서 양심

둘째, 법관이 양심에 따라 재판을 해야 한다는 점은 법률에 반하는 법형성을 실정법으로 정당화하는 데 결정적인 역할을 한다. 헌법 제103조가 말하는 양심이 무엇인가에 관해 일반적으로 헌법학에서는 법관 개인의 양심이 아니라 직업적 양심을 뜻한다고 말한다.[65] 존재론적으로 보면, 법관은 크게 두 가지 측면의 존재방식으로 존재한다. 한편으로는 법관 이전의 개인으로서, 다른 한편으로는 법관으로서 존재한다. 전자를 개인적 존재로, 후자를 사회적 존재로 규정할 수 있다. 독일의 법철학자 마이호퍼(W. Maihofer)의 개념으로 바꿔 말하면, 법관은 한편으로는 법관 이전의 개인이라는 '자기존재'(Selbstsein)로, 다른 한편으로는 법관이라는 '로서의 존재'(Alssein)로 존재하는 것이다.[66] 이러한 법관은 자신의 두 가지 존재방식에 따라 각기 다른 양심을 가질 수 있다. 자기존재에 걸맞은 '개인적 양심'과 '로서의 존재'에 걸맞은 '직업적 양심'이 그것이다. 이러한 개인적 양심과 직업적 양심은 이상적으로는 서로 일치하기도 하지만, 현실적으로 서로 일치하지 않는 경우도 있다. 이러한 경우 법관은 자신의 개인적 양심이 아닌 직업적 양심에 따라 법적 판단을 해야 한다는 것이다.

그런데 이때 말하는 직업적 양심이란 구체적으로 무엇을 뜻하는지 문제될 수 있다. 이에 대해서는 법철학적으로 다양한 답변을 할 수 있지만 이 책에서는 법률에 반하는 법형성과 관련하여 다음 두 가지를 직업적 양심의 내용으로 언급하고자 한다.[67] 첫째, 헌법 제103조가 말하는 양심이란 법관의 직업적 관점에서 본 헌법상 원리나 가치를 뜻할 수 있다. 이에 따르면, 법관이 그 양심에 따라 심판을 해야 한다는 것은 헌법이 추구하는 원리나 가치에 따라, 달리 말해 헌법합치적으로 재판을 해야 한다는 것을 뜻한다. 그러나 양심을 이렇게 파악

---

[65] 이에 관해서는 송민경, "법관의 양심에 관한 연구", 『사법논집』 제58집(2014), 565~607쪽; 이덕연, "헌법 제103조에서 법관의 독립과 양심", 『공법연구』 제38집 제2호(2009), 349~375쪽 등 참고.

[66] 이에 관해서는 Werner Maihofer, 심재우 (역), 『법과 존재』(삼영사, 1996); 양천수, "법존재론과 형법상 행위론: 베르너 마이호퍼를 통해 본 형법철학의 가능성", 『법철학연구』 제9권 제1호(2006), 145~174쪽 등 참고.

[67] 이에 관해서는 오병선, "Relevance of Moral Sense to Legal Reasoning", 『법철학연구』 제15권 제3호(2012), 177~200쪽 참고.

하면 헌법 제103조가 규정한 양심의 독자적인 의미가 부각되지 않는다. 왜냐하면 앞에서 살펴본 것처럼 헌법 제103조는 "법관은 헌법과 법률에 의하여" 심판할 것을 규정하기 때문이다. 이미 헌법에 따라 법적 판단을 할 것을 명령하고 있으므로, 이러한 상황에서 양심을 다시 헌법적 원리나 가치로 새기는 것은 같은 명령을 반복하는 것이라고 볼 수 있다. 그러므로 양심의 독자적인 규범적 의미를 살리기 위해서는 이를 달리 파악해야 할 필요가 있다.

이러한 근거에서 양심에 대한 두 번째 해석방식이 더욱 의미가 있다. 이에 따르면 헌법 제103조가 규정하는 "직업적 양심"은 헌법이나 법률과는 구별되는 '정당한 법', 즉 법관의 객관적·직업적 관점에서 본 '정의로운 법규범'을 의미한다.[68] 전통적인 자연법론이 말하는 자연법이 바로 여기에 속한다. 물론 오늘날과 같은 복잡하고 다양한 사회에서 자연법을 긍정할 수 있을지에 관해서는 논란이 없지 않다.[69] 그렇지만 최소한 여기서 분명히 할 수 있는 것은 헌법 제103조가 말하는 직업적 양심은 실정헌법이나 실정법률을 넘어서는 그 무엇으로서 내용적으로 정당한 것을 담고 있는 법적 원리나 가치, 규범 등을 뜻할 수 있다는 것이다. 그러므로 법관은 제103조에 따라 실정헌법과 법률 그리고 정당한 법규범에 구속되어 법적 판단을 해야 한다. 이에 의하면 법률구속이념이란 정당한 법과 헌법 그리고 법률에 법관이 구속되어야 한다는 것으로 재해석할 수 있다. 이렇게 헌법 제103조를 해석하면, 결과적으로 우리 헌법 제103조는 독일 기본법 제20조 제3항과 규범적인 측면에서 같게 된다. 이는 동시에 법률에 반하는 법형성을 실정법적으로 가능하게 하는 근거가 된다.

VI. 법률에 반하는 법형성의 인정범위와 한계

논의의 마지막으로 어떤 범위에서 법률에 반하는 법형성을 인정할 수 있는지, 그 한계는 무엇인지 살펴본다.

---

[68] 이에 관해서는 J. Feinberg, 박성은 (역), "비윤리적인 법을 해석해야 하는 법관의 딜레마", 『공익과 인권』 제4권 제2호(2007), 227~273쪽 참고.

[69] 이 문제에 관해서는 양천수, "현대 사회에서 '처분불가능성'의 새로운 논증 가능성", 『법학논총』(국민대) 제25권 제3호(2013), 35~74쪽 참고.

1. 인정범위

과연 어디까지 법률에 반하는 법형성을 인정할 수 있는지를 살펴보려면, 법률에 반하는 법형성이 문제되는 영역을 유형화하여 개별적으로 검토하는 것이 적절하다. 이에 따라 문제되는 영역을 다음과 같이 유형화할 수 있다.[70]

(1) 법률에 명백한 실수가 있는 경우

먼저 법률에 명백한 실수가 있는 경우를 언급할 수 있다. 이를테면 편집상의 오류로 개념이나 단어, 숫자 등에서 오탈자가 발생한 경우를 들 수 있다. 이러한 경우에는 법관이 손쉽게 법률문언을 수정하는 법형성을 할 수 있다고 보아야 한다. 엄밀히 말하면 이 같은 경우는 법을 형성하는 것이 아니라 법을 수정하는 것이라고 보아야 한다. 따라서 이러한 경우는 법률에 반하는 법형성이 아니라 오히려 법률을 완전하게 복원하는 '법률교정적 법수정'이라고 보는 것이 타당하다.

(2) 법률의 내용이 서로 모순되거나 충돌하는 경우

다음으로 법률의 내용이 서로 모순되거나 충돌하는 경우를 들 수 있다.[71] 이는 다시 두 가지로 나누어 생각해 볼 수 있다. 첫째는 어느 한 쪽 법률에 명백한 실수가 존재하여 이러한 문제가 발생하는 경우이다. 둘째는 충돌하는 법률의 규범적 판단이 서로 다른 경우이다. 그중에서 첫 번째 경우는 문제를 손쉽게 해결할 수 있다. 이 경우는 법률에 명백한 실수가 있는 경우이므로 법관이 '법률교정적 법수정'을 함으로써 문제를 해결할 수 있다. 그러나 두 번째 경우는 다소 복잡하다. 이 경우는 다시 다음과 같이 문제를 나누어 보아야 한다.

첫째는 어느 한 쪽 법률의 규범적 판단이 헌법에 반하거나 심하게 비합리적·반도덕적인 경우이다. 이러한 경우에 법관은 이러한 법률에 대해 위헌법률

---

70 이계일 교수는 법률에 반하는 법형성을 허용할 수 있는 경우로 '부당한 결과를 회피하기 위한 경우', '극단적 부정의를 피하기 위한 경우', '법전편찬상의 오류' 등을 제시한다. 이계일 외, 앞의 책, 192쪽 아래(이계일 교수 집필) 참고.

71 이 문제에 관한 상세한 분석은 칼 엥기쉬, 앞의 책, 271쪽 아래 참고. 여기서 엥기쉬는 법률이 모순되는 경우를 '법률기술적 모순', '규범모순', '평가의 모순', '목적론적 모순', '원칙모순'으로 유형화하여 논의를 전개한다.

심판을 제청함으로써 법률 사이의 규범적 모순이나 충돌을 해소할 수 있다.

둘째는 서로 충돌하는 법률의 규범적 판단이 모두 그 나름대로의 규범적 합리성을 갖고 있는 경우이다. 이를테면 어느 한 쪽 법률은 법률행위의 형식성을 엄격하게 요구하는 반면, 다른 한 쪽 법률은 법률행위의 실질성을 요구하는 경우를 들 수 있다. 이러한 문제는 보통 각기 다른 법정책적 방향을 추구하는 경우에 발생한다. 가령 어느 한 쪽 법률은 사적 자치를 강조하는데, 다른 한 쪽 법률은 거래안정을 지향하는 경우에 이러한 문제가 발생할 수 있다. 이 같은 경우에는 각 법률이 모두 그 나름의 설득력을 지니고 있으므로, 법관이 섣불리 어느 한 쪽 법률에 대해 법률에 반하는 법형성을 할 수는 없다. 그렇다고 이러한 경우에 위헌법률심판을 제청하는 것도 적절하지 않을 것이다. 그러므로 이러한 경우는 입법자의 법률개정을 기다리거나 그게 아니면 각 법률 사이의 규범적 모순이나 충돌을 최소화할 수 있는 해석, 즉 실제적 조화를 추구하는 해석을 수행하는 것이 적절하다.[72]

(3) 법률이 헌법에 반하는 경우

나아가 법률이 형식적·내용적인 측면에서 헌법에 반하는 경우를 들 수 있다. 이러한 경우에는 법관이 직접 법률에 반하는 법형성을 실행하기보다는 위헌법률심판을 제청함으로써 문제를 해결하는 것이 바람직하다.

(4) 법률의 내용이 심하게 비합리적이거나 반도덕적인 경우

이어서 법률의 내용이 심하게 비합리적이거나 반도덕적인 경우를 들 수 있다. 이를테면 의용민법 제14조 제1항처럼 아내가 처분행위나 소송행위를 하는 경우에는 남편의 동의를 얻도록 하거나 중혼이나 축첩을 허용하는 경우 등을 생각해 볼 수 있다. 이러한 경우는 대부분 그 내용이 헌법에 위반될 것이므로 위헌법률심판을 제청함으로써 문제를 해결할 수 있다. 그렇지만 그 내용이 심하게 비합리적이거나 반도덕적이어서 '참을 수 없을 정도'라면 헌법재판소의 위헌법률심판을 기다리지 않고 헌법 제103조가 규정하는 '양심'에 따라 직접 법률

---

72 실제적 조화에 관해서는 장영수, "기본권의 대사인적 효력과 기본권의 충돌", 『고려법학』 제38집 (2002), 105~128쪽 참고.

문언을 수정하는 법적 판단, 즉 법률에 반하는 법형성을 할 수 있다고 보아야한다. 이 경우에는 이론적으로 실질적 법치주의나 라드브루흐 공식을 원용할수 있을 것이다.

(5) 사회변화로 규범상황이 변한 경우

마지막으로 사회가 변하여 규범상황이 변한 경우를 들 수 있다. 사회가 변화함으로써 법규범과 법현실 사이에 괴리가 발생한 경우가 여기에 해당한다. 어음법에서는 발행지를 어음요건으로 엄격하게 요구하고 있지만, 사회현실에서는 이미 국내어음의 경우에 발행지가 흠결되어도 사실상 유효한 어음으로 유통되고 있는 상황을 이에 대한 예로 언급할 수 있다. 이 같은 경우에는 흔히 법정책적 갈등이 빚어지고는 한다. 가령 실정법률은 여전히 어음의 엄격한 형식성을 강조함으로써 거래안정을 도모하고 있지만, 현실에서는 어음소지자의 권리를 우선적으로 보호하고자 하는 경우를 거론할 수 있다. 이러한 경우에는 거래안정과 당사자의 권리보호가 법정책적으로 충돌한다. 이른바 '아름다운 판결'에서 나이 든 피고를 보호하기 위해 구 임대주택법 제15조가 규정하는 임차인 개념에 실질적 임차인까지 포함시키는 것도 이러한 예로 볼 수 있다.[73]

그러면 이 문제는 어떻게 해결하는 것이 바람직한가? 일단 이 경우에도 위헌법률심판을 제청하는 것을 고려해 볼 수 있다. 그러나 이러한 경우에는 문제되는 법률이 헌법에 위반되는지가 분명하지 않은 때가 많다. 왜냐하면 이 같은 경우에는 해당 법률이 내린 법정책적 판단이 사회현실에서 더 이상 수용되지않는 것이지, 이러한 판단이 명백하게 사회구성원의 기본권을 침해하는 것은아닐 때가 많기 때문이다. 말하자면 해당 법률의 법정책적·규범적 판단이 사회현실의 법정책적·규범적 판단과 일치하지 않아 이 같은 문제가 발생하는 것이지, 해당 법률이 사회구성원의 기본권을 침해하는 것은 아닌 것이다. 따라서 위헌법률심판을 통해 이 같은 문제를 해결할 수는 없어 보인다.

그렇다면 이 경우에 실질적 법치주의에 따라 문제되는 법률의 문언을 수정

73 이에 관해서는 양천수, "법적 안정성과 해석: 이른바 '아름다운 판결'을 예로 하여", 『법학논총』 (국민대) 제28권 제2호(2015), 123~168쪽 및 이 책 제12장 참고.

하는 방안은 가능할까? 말하자면 법관이 직접 법률에 반하는 법형성을 수행할 수는 있는 것일까? 이미 소개한 것처럼 대법원 1998. 4. 23. 선고 95다36466 전원합의체 판결의 다수의견은 이 같은 상황에서 법률에 반하는 법형성을 감행하였다. 그러나 필자는 이렇게 법률과 사회현실 사이에서 법정책적 판단이 갈등을 빚는 경우에는 섣불리 법률에 반하는 법형성을 허용하지 않는 것이 더욱 바람직하다고 생각한다. 해당 법률이 문제가 되는 이유가 이 법률이 정당한 법 또는 헌법에 위반되어서가 아니라 사회현실이 요청하는 법정책적 판단과 일치하지 않는 판단을 내리고 있기 때문이라면, 해당 법률은 헌법 제103조의 측면에서 볼 때 여전히 유효한 법률이라고 볼 수 있기 때문이다. 이처럼 해당 법률이 여전히 법적으로 유효한데도 법관이 이를 무시하고 법률에 반하는 법형성을 할 수 있도록 한다면, 이는 우리 헌법이 예정하는 법치주의, 권력분립원리 및 법관의 법률구속이념에 반한다고 말할 수 있다. 물론 위에서 언급한 것처럼 이러한 경우에도 실질적으로 사회구성원의 기본권을 침해하고 있다면, 이때는 위헌법률심판 제청을 통해 해당 사회구성원의 기본권을 구제할 수 있을 것이다.[74]

2. 한계기준으로서 헌법 제103조

법률에 반하는 법형성은 위에서 검토한 이론적·실정법적 근거에서 볼 때 전면적으로 금지되는 것이 아니라 원칙적으로 허용된다. 법률에 반하는 법형성이 권력분립원리나 법관의 법률구속이념을 침해한다는 주장은 더 이상 타당하지 않다. 오늘날 법관은 더 이상 소극적인 자동포섭장치가 아니기 때문이다. 하지만 그렇다고 해서 법률에 반하는 법형성이 무작정 허용되는 것도 아니다. 이미 앞에서 소개한 견해와 판례가 언급하고 있듯이, 법률에 반하는 법형성에도 일정한 한계가 존재한다. 필자는 헌법 제103조가 법률에 반하는 법형성의 한계기준이 될 수 있다고 생각한다. 요컨대 제103조는 한편으로는 법률에 반하는 법형성을 가능하게 하는 실정법적 근거가 되면서도, 다른 한편으로는 이에 대

---

74 따라서 대법원 1998. 4. 23. 선고 95다36466 전원합의체 판결이 대상으로 하는 법적 상황에서 대법원은 직접 법률에 반하는 법적 판단을 감행하기보다는 위헌법률심판을 제청함으로써 헌법재판소의 판단을 기다려 보는 것이 더욱 바람직했을 것이다.

한 한계기준이 되는 셈이다.

이에 따르면 우선 법률에 반하는 법형성은 정당한 법규범의 테두리 안에서 이루어져야 한다.[75] 이를 달리 말하면 법률에 반하는 법형성은 내용적으로 정당하지 않은 법규범의 결함을 정당하게 수정하는 한에서, 판례의 개념으로 바꿔 말하면 "법의 본질을 바꾸는 정도의 것이 아닌 한도"에서, 이를 통해 "법률이 의도된 본래의 의미를 갖도록" 이루어져야 한다. 바꿔 말해 법률에 반하는 법형성은 실질적 법치주의의 틀 안에서 이루어져야 한다.[76]

나아가 법률에 반하는 법형성은 헌법이 추구하는 원리나 가치에 위반되어서는 안 된다. 법률에 반하는 법형성은 헌법합치적으로, 달리 말해 "헌법체제의 일부"로서 수행되어야 한다.

이와 관련하여 주의해야 할 점은 사회현실의 논리를 직접 원용하여 법률에 반하는 법형성을 하는 것은 바람직하지 않다는 것이다.[77] 굳이 현대 체계이론에 의지하지 않더라도, 법체계와 사회현실은 당위와 존재로서 서로 개념적·내용적·기능적으로 분리된다. 따라서 존재영역에 속하는 사회현실의 주장과 논리를 곧바로 당위영역에 속하는 법체계에 끌고 오는 것은 적절하지 않다. 더군다나 이에 의지하여 법률에 반하는 법형성을 감행하는 것은 자칫 법체계의 기능적 독립성을 해칠 수 있을뿐더러 법관의 법률구속이념이 추구하는 법적 안정성을 무너뜨릴 수 있다. 가령 사회현실이 바뀌었다는 이유만으로 여전히 유효성을 잃지 않고 있는 법률을 무시하면서 이에 반하는 법형성을 해서는 안 된다는 것이다. 그러므로 법체계 밖에 존재하는 사회현실의 논리나 주장, 즉 외부적 논리는 법체계 내부의 논리로 전환되어 원용되어야 한다. 법체계가 허용하는 규범적 논리로 전환되어야만 비로소 법형성의 기초로 사용될 수 있는 것이다. 이러한 연유에서 사회현실의 주장이나 논리를 성급하게 법형성의 근거로 삼는 것

[75] 물론 헌법이 실질적인 규범력을 발휘하는 오늘날에는 정당한 법규범은 거의 대부분 헌법상 원리나 가치와 일치할 것이다.
[76] 이때 말하는 "법률이 의도된 본래의 의미"는 '주관적 의사', 즉 '입법자의 의사'라는 측면에서 판단되기보다는 '객관적 의사', 즉 '법규범의 객관적 의미'라는 측면에서 판단되어야 한다. 법률에 반하는 법형성 자체가 입법자의 본래 의사에서 벗어나고자 하는 것이기 때문이다.
[77] 비슷한 견해로 이계일 외, 앞의 책, 198쪽(이계일 교수 집필) 참고.

은 피해야 한다.

Ⅶ. 맺음말

지금까지 법률에 반하는 법형성을 어떻게 정당화할 수 있는지, 그 한계는 무엇인지를 살펴보았다. 법률에 반하는 법형성이 과연 허용될 수 있는가에 관해서는 그동안 헌법상 권력분립원리나 법관의 법률구속이념을 이유로 이를 부정하는 견해가 대다수였다. 그러나 그 와중에도 일부 견해나 판례 일부는 특별한 경우에는 법률에 반하는 법형성이 가능할 수 있다고 주장하였다. 그렇지만 구체적으로 과연 어떤 근거에서 법률에 반하는 법형성이 허용될 수 있는지, 그 한계가 무엇인지 밝히지는 않았다. 이 책은 법의 해석과 형성을 구별하고, 법형성을 법률보충적 법형성과 법률에 반하는 법형성으로 구분하면서 어떤 근거에서 법률에 반하는 법형성이 정당화될 수 있는지를 살펴보았다. 이를 위해 이론적 근거와 실정법적 근거를 제시하였다. 이론적 근거로는 사법적극주의와 실질적 법치주의를, 실정법적 근거로는 헌법 제103조를 제시하였다. 이를 기반으로 하여 구체적으로 어떤 경우에 법률에 반하는 법형성이 허용될 수 있는지를 검토하였다. 이에 따르면 법률의 내용이 서로 모순되거나 충돌하는 경우, 법률이 헌법에 위반하는 경우, 법률이 심하게 비합리적이거나 반도덕적인 경우에 법률에 반하는 법형성을 허용할 수 있다. 그러나 사회변화로 규범상황이 바뀌었다는 이유만으로 법률에 반하는 법형성을 감행하는 것은 삼가야 한다고 주장하였다.

삼단논법과 법학방법

제17장
친생자 추정과 법형성

Ⅰ. 서론

우리 민법 제844조는 "남편의 친생자의 추정"이라는 표제 아래 제1항에서 "아내가 혼인 중에 임신한 자녀는 남편의 자녀로 추정한다."고 규정한다. 그리고 우리 민법은 이러한 '친생자 추정'은 엄격한 요건과 절차를 필요로 하는 친생부인의 소에 의해서만 번복될 수 있도록 하고 있다(민법 제847조).[1] 민법 제847조에 따르면, 친생부인의 소는 두 가지 측면에서 '절차의 엄격성'을 추구한다. 첫째는 '시간의 측면'이고, 둘째는 '주체의 측면'이다. 먼저 민법은 친생부인의 소는 오직 "그 사유가 있음을 안 날로부터 2년 안에 이를 제기"할 수 있도록 함으로써 부부관계의 악화 등과 같은 사유로 친생부인의 소가 남용되는 것을 막는다. 다음으로 민법은 "부(夫) 또는 처(妻)"만이 친생부인의 소를 제기할 수 있도록 제소권자를 제한한다. 이렇게 제소권자를 제한함으로써 가령 '생부'(生父)가 가족관계를 뒤흔들기 위해서 친생부인의 소를 제기하는 것을 막는다. 이를 통해 가족관계를 신속하게 안정시키고자 한다.

그러나 이렇게 오직 친생부인의 소를 통해서만 친생자 추정을 번복할 수 있도록 하는 민법의 태도에 대해서는 비판이 제기된다.[2] 이 때문에 여러 불합리

---

1 친생자 추정을 포함하는 친생자 결정 문제에 관해서는 권재문, 『친생자관계의 결정기준』(경인문화사, 2011); 양진섭, 『친자관계의 결정에 관한 연구』(서울대 법학박사 학위논문, 2019) 등 참고.
2 양진섭, 위의 논문, 95쪽 아래 참고.

406 제 4 부 법규범 탐색 및 해석

한 문제가 발생하고 있다는 것이다. 이러한 근거에서 민법 제844조 제1항이 규정하는 친생자 추정에 대해 예외를 인정해야 한다는 주장이 이미 오래 전부터 유력하게 제기되고 있다.[3] 판례 역시 이러한 문제를 의식하고 있었다. 이에 판례는 친생자 추정과 관련된 문제를 해소하고자 이미 대법원 1983. 7. 12. 선고 82므59 전원합의체 판결을 통해 '동거가 결여'된 경우에는 제844조 제1항이 규정하는 친생자 추정을 인정하지 않고 있다. 이러한 판례의 태도는 이른바 '외관설'을 채택한 것으로 이해되고 있다. 그러나 과학기술이 발전하여 인공수정이 가능해지고 유전자 검사로 손쉽게 혈연관계를 증명할 수 있게 되면서, 이렇게 협소하게 친생자 추정의 예외를 인정하는 판례의 태도에 대해서는 다수의 학설과 하급심 판례가 문제를 제기하고 있는 상황이다.[4] 이러한 이유에서 대법원 전원합의체는 민법 제844조 제1항의 예외에 관한 기존 판례의 태도가 과연 타당한지를 진지하게 검토하기도 하였다.[5] 이에 제17장에서는 이렇게 친생자 추정에 관해 전개되는 논의를 가족법학의 시각이 아닌 다른 시각에서, 특히 법철학 및 법학방법론의 시각에서 검토해 보고자 한다. 무엇보다도 민법 제844조 제1항에 대해 예외를 인정하고자 하는 논의가 법학방법론의 견지에서 볼 때 허용될 수 있는지를 살펴보고자 한다.

Ⅱ. 민법 제844조의 이론적 근거

먼저 논의의 출발점으로 민법 제844조가 어떤 이론적 근거에서 입법된 것

---

3 이에 관해서는 정구태, "친생추정의 한계 및 친생부인의 소의 원고적격", 『법학연구』(충북대) 제26권 제1호(2015), 113쪽 아래 참고.
4 이러한 예로 서울가정법원 2018. 10. 30. 자 2018르31287, 2018르31218 판결 참고. 이 판결에서는 부부가 이혼하는 등 혼인관계가 이미 파탄이 되었고(가정파탄), 아버지와 아이 사이에 유대관계도 단절되었을 뿐만 아니라(사회적 친자관계 소멸), 혈연관계도 존재하지 않은 경우(혈연관계 부정)에는 '동거의 결여' 등과 같이 아내가 아이를 포태할 수 없음이 외관상 명백하지 않은 경우에도 친생자 추정이 배제된다고 보았다.
5 그러나 대법원은 결국 오랜 논의 끝에 기존의 외관설을 유지하였다. 친생추정에 대한 예외를 확대하지 않은 것이다. 대법원 2019. 10. 23. 선고 2016므2510 전원합의체 판결 참고. 친생추정을 확대하지 않은 판례의 태도에는 여러 비판이 제기되었지만, 오히려 필자는 친생추정에 대한 예외를 더욱 좁혀야 한다고 생각한다.

인지 검토할 필요가 있다.

1. '가정의 평화 유지' 및 '자녀의 복리 증진'

어떤 근거에서 민법 제844조의 '친생자 추정'을 도입했는가에 관해서는 크게 두 가지 근거가 제시된다. '가정의 평화 유지' 및 '자녀의 복리 증진'이 그것이다.

첫 번째 근거는 "아내가 혼인 중에 임신한 자녀"에 대해서는 남편의 자녀로 추정하고 엄격한 요건과 절차가 요구되는 친생부인의 소에 의해서만 오직 제한적으로 이를 번복할 수 있도록 하는 것이 가족관계를 조속하게 안정시키고 가정의 평화를 유지하는 데 기여할 수 있다고 말한다. 이 점에서 이러한 근거는 법철학에서 법이념으로 언급되는 '법적 안정성'과 관련을 맺는다.[6] 친생자 추정을 인정하면 가족관계와 관련하여 발생할 수 있는 법적 분쟁을 사전에 예방할 수 있으므로 이는 가족법질서를 안정시키는 데 기여할 수 있다는 것이다. 달리 말해 친생자 추정 제도는 가족이라는 '사회적 체계'의 '복잡성'을 감축하는 데 도움을 준다는 것이다.[7]

이에 대해 두 번째 근거는 자녀를 신속하게 남편의 친생자로 인정하는 것이 자녀의 이익 또는 권리를 보장하는 데 기여한다는 점에 강조점을 둔다. 남편의 친생자 추정이 자녀의 복리와 연결된다는 것이다. 그 점에서 이러한 논거는 법철학의 법이념 중에서 '구체적 타당성'과 관련을 맺는다고 말할 수 있다.[8]

이러한 두 가지 근거를 법철학의 관점에서 재해석하면 다음과 같이 말할 수 있다. '가정의 평화 유지 근거'가 '가족'이라는 공동체의 이익과 관련을 맺는 '공동체주의적 근거'라면, '자녀의 복리 증진 근거'는 자녀의 이익 또는 권리와 관련을 맺는 '자유주의적 근거'라는 것이다.[9] 그런데 법철학의 역사가 잘 보여주

---

6 법적 안정성에 관한 일반적 연구로는 J.C. Schuhr (Hrsg.), *Rechtssicherheit durch Rechtswissenschaft* (Tübingen, 2014) 참고.

7 이러한 '복잡성 감축'에 관해서는 N. Luhmann, *Vertrauen: ein Mechanismus der Reduktion sozialer Komplexität*, 4. Aufl. (Stuttgart, 2000) 참고.

8 이러한 '구체적 타당성'과 관련된 법적 문제에 대해서는 프랑크 잘리거, 윤재왕 (옮김), 『라드브루흐 공식과 법치국가』(세창출판사, 2011) 참고.

9 자유주의와 공동체주의에 관해서는 M. Sandel, *Liberalism and the Limits of Justice*, second edition

는 것처럼 이러한 공동체주의적 근거와 자유주의적 근거는 한편으로는 서로 양립하기도 하지만, 다른 한편으로는 서로 충돌하기도 한다. 공동체의 이익을 도모하는 것이 개인의 이익을 증진하는 데 도움을 주기도 하지만, 반대로 공동체의 이익과 개인의 이익이 서로 충돌하는 경우가 발생한다. 후자의 경우는 헌법학에서 '공익과 기본권의 충돌'이라는 문제로 자주 등장한다. 이는 '안전'을 예로 하여 논증할 수 있다. 안전은 공익에 해당한다. 공동체가 안전이라는 공익을 강조하면 그만큼 개인의 안전 역시 보장될 수 있다. 그렇지만 공동체가 안전을 너무 강조하면, 안전을 이유로 개인의 자유를 억압할 수 있다.[10] 이처럼 안전이라는 공익을 둘러싸고 공동체와 개인의 이익은 일치할 수도 있지만, 동시에 공동체와 개인의 이익은 서로 갈등을 빚을 수도 있다. 이를 가족관계에 적용하면, 가정의 평화를 중시하는 것이 자녀에게 이익이 되기도 하지만, 오히려 이를 너무 강조하면 자녀를 불행하게도 할 수 있다는 것이다. 따라서 친생자 추정 문제를 다룰 때는 이러한 대립 상황도 감안해야 할 필요가 있다.

2. 가족중심적·남성중심적 관점

이러한 두 가지 근거에서는 다음과 같은 관점도 이끌어낼 수 있다. 첫째는 '가족중심적 관점'이고, 둘째는 '남성중심적 관점'이다. 먼저 '친생자 추정' 규정이 가정의 평화를 유지하는 데 기여한다는 근거는 '가정', 달리 말해 '가족'이 우리의 '생활세계'에서 아주 중요한 지위를 차지한다는 것을 전제로 한다.[11] 그 점에서 이는 가족이라는 공동체를 중시하는 가족중심적이고 공동체주의적인 관점을 보여준다. 뿐만 아니라 이는 오늘날의 시각에서 볼 때 전통적인 제도에 속하는 가족을 중시하는 '전통 중심적 관점' 역시 보여준다.[12] 그러나 가족중심적 사고가 점점 약화되고 있는 오늘날 이러한 근거가 여전히 설득력이 있는지 의문

(Cambridge University Press, 1998); 양천수, "자유주의적 공동체주의의 가능성: 마이클 샌델의 정치철학을 중심으로 하여", 『법철학연구』 제17권 제2호(2014), 205~242쪽 참고.

10 이러한 문제에 관해서는 T. Singelnstein/P. Stolle, *Die Sicherheitsgesellschaft: Soziale Kontrolle im 21. Jahrhundert*, 3., vollständig überarbeitete Aufl. (Wiesbaden, 2012) 참고.

11 '생활세계'에 관해서는 위르겐 하버마스, 장춘익 (옮김), 『의사소통행위이론 2』(나남, 2006) 참고.

12 전통과 가족법의 관계에 관해서는 양현아, 『한국 가족법 읽기: 전통, 식민지성, 젠더의 교차로에서』(창비, 2011) 참고.

이 없지 않다.

다음으로 '친생자 추정' 규정이 자녀의 복리 증진에 기여한다는 주장은 남편의 자녀로 추정을 받아야만 자녀에게 이익이 된다는 '남성중심적 관점'을 반영한다. 그 점에서 이러한 주장 역시 '전통 중심적 관점'을 보여준다. 그러나 여성과 남성 사이의 실질적 평등이 강조되고 아내 역시 사회적·경제적 생활을 영위하는 것이 더 이상 낯설지 않은 오늘날에는 이러한 주장에 의문을 제기할 수 있다. 이러한 주장은 시대착오적인 것으로 볼 수도 있다. 이는 여성주의의 시각이 힘을 얻고 있는 요즘 상황에서 볼 때 친생자 추정 규정이 과연 타당한지에 의문을 제공하는 근거가 된다.

3. 친생자 추정 규정의 입법적 타당성 약화

이러한 측면에서 보면 다음과 같은 주장도 가능하다. 민법 제844조가 규정하는 친생자 추정 제도는 오늘날 점점 그 타당성을 잃고 있다는 것이다. 만약 친생자 추정 제도가 오늘날에도 여전히 설득력이 있다고 주장하고자 한다면, 오늘날의 시대적·규범적 상황에 적합한 다른 근거를 찾아야 한다. 그러나 이는 쉽지 않아 보인다. 이른바 '체계비판적 관점'에서 보면,[13] 친생자 추정 제도는 오늘날의 시대적 상황에 적합하게 전면적으로 재검토해야 할 필요가 있어 보인다.[14]

Ⅲ. 민법 제844조 제1항에 대한 예외 인정의 필요성

1. 친생자 추정의 형식적 근거로서 '혼인 중 임신'

민법 제844조 제1항은 친생자 추정의 근거로 '혼인 중 임신'을 언급한다. 필자는 이러한 근거는 '형식적 근거'에 불과하다고 생각한다. 이는 남편의 친생

---

13 '체계비판적 관점'에 관해서는 W. Hassemer, *Theorie und Soziologie des Verbrechens* (Frankfurt/M., 1973), 19쪽 아래.

14 이러한 관점을 제시하는 경우로는 오병철, "과학적 부성(paternity) 도입을 통한 친자법의 개혁: 혼인 중의 자녀와 혼인 외의 자녀의 구분 철폐를 위하여", 『저스티스』 제166호(2018), 166~208쪽 참고.

자로 인정되는 데 실질적인 근거가 되는 '혈연관계'를 밝히기 어려운 여러 제약 조건 아래에서 불가피하게 도입한 형식적 근거라고 말할 수 있는 것이다. 만약 오늘날과 같이 '혈연관계'를 직접적으로 밝힐 수 있는 객관적이고 과학적인 수단이 존재하고 있었다면, 굳이 '혼인 중 임신'이라는 근거에 의지하여 친생자를 추정할 필요는 없었을 것이기 때문이다. 그리고 바로 이러한 불완전함 때문에 제844조는 '친생자 인정'이 아닌 '친생자 추정'이라는 개념을 쓰고 있는 것이다.

2. '혼인 중 임신' 근거의 설득력 및 한계

물론 '혼인 중 임신'이라는 근거는 다음과 같은 점에서 나름 설득력을 지닌다. 혼인을 통해 형성된 부부는 서로에 대해 성적 성실의무를 부담한다(민법 제840조 제1호). 따라서 아내가 혼인 중에 임신을 하면 그 후 태어난 자녀는 아내가 성적 성실의무를 준수한 결과로서 남편의 친생자가 될 개연성이 매우 높기 때문이다. 그러나 이는 부부의 성적 성실의무 준수라는 도덕적 조건에 바탕을 두고 있기에 현실적으로 문제가 없지 않다. 특히 오늘날처럼 형법상 간통죄가 폐지되고 부부의 외도가 드문 일이 아닌 상황에서는 '혼인 중 임신'을 하게 되면 이러한 자녀는 남편의 친생자가 될 것이라는 개연성은 점점 약화되고 있다.

3. 친생자 인정에 대한 실질적 근거로서 혈연관계

또한 오늘날에는 생명과학이 눈부시게 발전하여 '혼인 중 임신'이라는 외견적·형식적 요건을 사용하지 않아도 더욱 정확하게 해당 자녀가 남편과 혈연관계가 있는 친생자인지를 손쉽게 밝힐 수 있다. DNA 검사가 가장 대표적인 방법이 될 것이다. 이러한 상황을 고려하면 오늘날 친생자 추정의 근거가 되는 '혼인 중 임신'이라는 근거의 설득력이 많이 약화되었다는 점을 확인할 수 있다. 친생자가 되는 데 필요한 가장 핵심적·실질적 근거인 '혈연관계'를 예전보다 손쉽게 증명할 수 있는 오늘날의 상황에서 민법 제844조 제1항에 절대적인 의미를 부여하는 것은 타당하지 않다.

4. 예외 인정의 필요성

이러한 점을 고려하면, 법정책적인 측면에서 민법 제844조 제1항에 대해 예외를 인정하는 것이 바람직해 보인다. 다만 만약 예외를 인정한다면, 어떤 경우에 어떤 범위에서 예외를 인정할 것인지 문제가 된다. 이에 관해서는 다음과 같이 견해가 대립한다.

(1) 학설

이에 관해서는 다양한 학설이 제시되는데, 이러한 학설은 다음 두 가지 견해로 유형화할 수 있다.[15] 첫 번째는 민법 제844조 제1항에 대해 예외를 인정할 수 없다는 견해이다. 민법 제844조 제1항을 그 법문언에 충실하게 해석한 견해이다. 이를 '무제한설'이라고 부른다.[16] 두 번째는 민법 제844조 제1항에 예외를 인정하는 견해이다. 달리 말해 특정한 경우에는 친생자 추정에 예외를 인정하는 것이다. 이를 '제한설'이라고 부를 수 있을 것이다. 이러한 제한설로는 다음 견해가 제시된다. 외관설, 혈연설, 가정파탄설, 합의설, 사회적 친자관계설이 그 것이다.

먼저 외관설은 남편의 친생자로 추정하기 어려운 명백한 객관적 외관이 존재하는 경우에는 친생자 추정에 대한 예외를 인정할 수 있다고 보는 견해이다.[17] 다음으로 혈연설은 남편의 친생자로 추정하기 어려운 객관적인 외관이 존재하지 않는 경우에도 남편과 자녀 사이에 혈연관계를 인정할 수 없는 때에는 친생자 추정을 부정해야 한다는 견해이다.[18] 이어서 가정파탄설은 원칙적으로 외관설을 따르되, 외관설을 인정하기 어려운 경우에도 남편과 자녀 사이에 혈

---

15 이러한 학설에 대한 상세한 분석은 양진섭, 앞의 논문, 95쪽 아래; 정구태, 앞의 논문, 113쪽 아래 참고.

16 권재문, 앞의 책, 290쪽; 윤진수, "친생추정에 관한 민법개정안", 『가족법연구』 제31권 제1호 (2017), 11~12쪽; 윤진수, 『친족상속법 강의』 제2판(박영사, 2018), 163쪽.

17 김형배·김규완·김명숙, 『민법학강의』 제14판(신조사, 2015), 1853쪽; 박정기·김연, 『친족상속법』 (삼영사, 2013), 202쪽; 조승현, 『친족·상속』 제4판(신조사, 2014), 195쪽; 지원림, 『민법강의』 제 16판(홍문사, 2019), 1961쪽.

18 김선혜, "친생자관계존부확인의 소송실무상 몇 가지 문제점", 『재판자료』 제62집(1993), 627쪽; 박동섭, 『친족상속법』 제4판(박영사, 2013), 244쪽; 한봉희·백승흠, 『가족법』(삼영사, 2013), 239쪽.

연관계가 존재하지 않고 가정이 파탄이 된 경우에는 예외적으로 친생자 추정을 부정하는 견해이다.[19] 나아가 합의설은 원칙적으로 외관설을 따르되, 외관설을 적용하기 어려운 경우에도 당사자 사이에 합의가 있는 경우에는 친생자 추정을 부정하는 견해이다.[20] 마지막으로 사회적 친자관계설은 원칙적으로 외관설을 따르되, 외관설을 적용하기 어려운 경우에도 생물학적인 측면에서 혈연관계가 부정되고 사회적 측면에서도 친자관계가 부정되는 경우에는 친생자 추정을 부정하는 견해이다.[21]

이렇게 친생자 추정에 대해 예외를 인정하는 견해는 다시 다음과 같이 유형화할 수 있다. 첫째는 혈연관계라는 생물학적 기준으로 친생자 추정에 예외를 인정하는 견해이다. 혈연설이 여기에 해당한다. 둘째는 엄격한 물리적·객관적 사유만으로 친생자 추정에 예외를 인정하는 견해이다. 외관설이 여기에 속한다. 셋째는 외관설을 취하면서 이에 더하여 생물학적 기준인 혈연관계와 사회적 기준인 합의, 가정파탄, 사회적 친자관계 해소 등을 함께 고려하는 견해이다. 가정파탄설, 합의설, 사회적 친자관계설이 여기에 해당한다. 이러한 견해를 예외인정 범위라는 기준으로 다시 정돈하면, '혈연설 > 가정파탄설·합의설·사회적 친자관계설 > 외관설'로 도식화할 수 있을 것이다.[22]

(2) 판례

그러면 판례는 어떤 견해를 취하고 있는가? 이에 관해 종전 판례는 대법원 1983. 7. 12. 선고 82므59 전원합의체 판결을 통해 외관설을 취하고 있다. 동거가 결여되어 아내가 남편의 자녀를 임신할 수 없는 것이 외관상 명백한 사정이 있는 경우에는 친생추정의 예외를 인정할 수 있다는 것이다. 이러한 판례의 태

---

19 김주수·김상용, 『친족·상속법』 제15판(법문사, 2018), 300쪽; 오시영, 『친족상속법』 제2판(학현사, 2011), 254쪽; 이경희, 『가족법』 9정판(법원사, 2017), 178쪽; 이제정, "친생자관계확인소송의 심리상 주요 논점", 『재판자료』 제101집(2003), 443~444쪽.
20 박병호, 『가족법』(한국방송통신대학교 출판부, 1991), 159~160쪽; 송덕수, 『친족상속법』 제4판(박영사, 2018), 139쪽.
21 정구태, "2014년 친족상속법 관련 주요 판례 회고", 『민사법의 이론과 실무』(2015), 146쪽; 정구태, 앞의 논문, 131쪽; 양진섭, 앞의 논문, 118쪽.
22 이때 가정파탄설, 합의설, 사회적 친자관계설의 예외 인정범위를 정확하게 비교 및 획정하는 것은 쉽지 않다.

도는 민법 제844조 제1항에 대한 형식적 근거와 맥락을 같이 한다. '혈연관계' 또는 '혈연진실'이라는 실질적 근거를 밝히기 어렵다는 제약조건 때문에 불가피하게 외관이라는 형식적 근거를 수용하고 있는 것이다. 그러나 여기서 중요한 것은 외관 그 자체라기보다는 외관으로 추정되는 '혈연관계의 부정'이 될 것이다. 이 점에서 친생자 추정 또는 친생자 인정에서 더욱 중요하고 본질적인 것은 외관이 아닌 혈연 그 자체라는 점을 추론할 수 있다. 달리 말해 혈연으로 대변되는 생물학적 관계가 친생자를 추정 또는 인정하는 데 가장 본질적인 기준이 되고 있는 것이다.

5. 예외 인정범위와 친생자 개념

(1) 예외 인정범위

그러면 앞에서 소개한 견해 중에서 어떤 견해가 가장 타당한가? 그러나 법철학 및 법학방법론의 관점에서 친생자 추정 문제에 접근하는 이 책에서 이를 판단하는 것은 적절하지 않다. 이에 관해서는 이미 가족법학에서 여러 훌륭한 연구가 진행되었으므로 이에 맡기고자 한다.[23] 다만 여기서 강조하고 싶은 것은, 앞에서 논증한 것처럼 자녀를 남편의 친생자로 인정하는 데 가장 결정적인 근거가 되는 혈연관계를 손쉽게 증명할 수 있는 방법이 개발된 이상 증명방법의 한계로 인해 제시된 외관설을 오늘날에도 여전히 고수하는 것은 문제가 있다는 것이다. 만약 민법 제844조 제1항에 대한 예외를 인정하고자 한다면, 최소한 외관설보다는 더욱 넓은 범위에서 이를 인정할 수 있어야 한다. 그 점에서 혈연설이 예외판단에 대한 출발점이 될 수 있다고 생각한다.

다만 이때 주의해야 할 점은 친생자 추정에 대한 예외를 인정한다는 것은 현재 존재하는 가족법질서에 크나큰 파장을 불러일으킬 수 있다는 것이다. 물론 그렇다고 해서 가족을 언제나 우선해야 하는 것은 아니지만, 현재 가족관계가 원만하게 유지되고 있다면 혈연관계에 따라 친생자 추정에 대한 예외를 인정할 때 이 점도 고려해야 할 것이다. 가정파탄설이나 사회적 친자관계설은

---

23 이에 관한 최근의 연구로는 양진섭, 앞의 논문 참고.

바로 이 점을 고려하고 있는 것인데 여기에는 나름 설득력이 있다. 특히 사회적 친자관계설은 '친자' 개념 자체를 새롭게 설정하고 있다는 점에서 주목할 만하다.

(2) 사회적 체계로서 가족

법철학의 견지에서 보면, 사회적 친자관계설의 시도는 다음과 같이 이해할 수 있다. 가족관계는 기본적으로 혈연이라는 생물학적 관계에서 출발한다. 그러나 가족관계가 혈연관계만으로 구성되는 것은 아니다. 혼인계약이 잘 보여주는 것처럼, 가족관계는 계약이라는 사회적 관계를 통해서도 구성된다. 그 점에서 가족관계는 혈연이라는 생물학적 관계와 계약이라는 사회적 관계가 적절하게 혼합된 복합체라고 말할 수 있다. 따라서 친생자 추정과 같이 특정한 인격체가 가족에 포함되는지 여부를 판단할 때는 이렇게 가족이 갖고 있는 복합적 성격을 고려할 필요가 있다.

이에 관해서는 독일의 사회학자 루만이 정초한 '체계이론'이 유익한 시사점을 제공한다.[24] 체계이론을 수용하면 가족관계는 더욱 사회적인 성격이 강한 관계로 재해석할 수 있다. 체계이론에 따르면, 가족은 독자적인 '사회적 체계'가 된다.[25] 가족은 인간과 인간 사이의 결합에서 출발하지만, 그렇다고 해서 가족이 '혈연'으로 대변되는 '생명체계' 또는 '사랑'으로 대변되는 '의식체계'에만 의존하는 것은 아니다. 오히려 가족은 독자적인 사회적 체계로서 이러한 생명체계나 의식체계와 구분된다(체계의 분화). 가족은 독자적인 사회적 체계로서 독자적인 프로그램과 코드로 작동한다. 따라서 어떤 인격을 가족의 구성원으로 받아들일 것인가 하는 문제는 가족이라는 사회적 체계 스스로가 독자적으로 결정할 수 있다. 다만 이렇게 모든 가족이 개별적으로 누가 가족 구성원이 될 수 있는지를 결정하도록 하면, 그 기준이 너무 다원화되어 전체 가족질서가 혼란에 빠질 수 있다. 다시 말해 전체 가족질서의 복잡성이 엄청나게 증가할 수 있다.

---

24 루만의 체계이론에 관해서는 우선 니클라스 루만, 윤재왕 (옮김), 『체계이론 입문』(새물결, 2014) 참고.

25 이와 유사하게 가족을 구성하는 데 출발점이 되는 '사랑'을 체계이론으로 분석하는 경우로는 니클라스 루만, 정성훈·권기돈·조형준, 『열정으로서의 사랑: 친밀성의 코드화』(새물결 출판사, 2009) 참고.

이러한 문제를 해소하고자, 즉 전체 가족질서의 복잡성을 감축하고자 우리 법체계는 누가 가족구성원이 될 수 있는가에 관해 획일적인 기준을 마련하고 있는 것이다.[26] 친생자 추정에 관한 민법 제844조 제1항이 그 예에 해당한다.

(3) 친생자 개념 재검토

이처럼 체계이론의 통찰대로 오늘날 가족을 사회적 체계의 일종으로 파악하면, 가족 구성원, 이를테면 친생자 개념 역시 '혈연'이라는 생명체계의 기준만으로 결정하는 것은 시의적절하지 않을 수 있다. 이러한 주장은 여성과 남성의 정체성을 규정할 때 '생물학적인 성'(sex)과 '사회적인 성'(gender)을 구별하는 것과 같은 맥락을 이룬다.[27] 물론 우리 가족법은 이러한 시각을 반영하여 '친생자'와 '양자'를 구분하기는 하지만, 혈연을 기준으로 한 전통적인 친생자와 사회적 합의를 기준으로 한 양자 이외에 존재하는 또 다른 가족 구성원 역시 생각할 수 있다. 그리고 친생자 개념을 사회적으로 확장함으로써 이러한 가족 구성원을 친생자에 포섭하는 것도 이론적으로 불가능하지는 않다. 친생자와 양자를 구분하면서, 친생자를 다시 생물학적 친생자와 사회적 친생자로 구분하는 것도 가능하다. 다만 이때 우리가 염두에 두어야 할 점은 현행 가족법이 이를 '법적'으로 허용하고 있는가 하는 것이다.

6. 예외 인정의 효과

한편 중요한 것은 이렇게 민법 제844조 제1항에 대한 예외를 인정한다는 것은 친생자 추정이 부정되어 친생부인의 소가 아닌 다른 방법, 즉 친생자관계 부존재확인의 소로 친생자 여부를 다툴 수 있다는 것이다. 이는 엄격한 요건과 절차를 필요로 하는 친생부인의 소를 우회하는 방법이 될 것이다. 따라서 친생

---

26 물론 그렇다고 해서 가족질서의 복잡성이 실제로, 달리 말해 '법체계의 환경'이라는 측면에서 복잡성이 감축되는 것은 아니다. 왜냐하면 실제 가족 중에는 우리 가족법과는 무관하게 누가 가족 구성원이 되는지를 독자적으로 결정하는 경우도 있기 때문이다. 다만 이러한 가족관계가 법적 분쟁이 되어 법체계 안에서 처리될 때는 법체계가 설정한 기준에 의해 그 문제가 해결된다. 그 점에서 가족관계의 복잡성은 법체계 안에서는 법체계의 작동을 통해 감축된다.

27 이에 관해서는 양천수, "법철학의 시각에서 본 법과 젠더: 여성의 정체성 및 여성주의 법학 패러다임을 중심으로 하여", 『사회과학연구』(영남대) 제30집 제2호(2010), 213~234쪽 참고.

자 추정에 대한 예외를 손쉽게 그리고 넓게 인정하는 것은 친생부인의 소라는 실정법상 제도를 형해화하는 결과로 이어질 수 있다. 어쩌면 이는 친생자와 관련된 우리 가족법체계 전반을 뒤흔드는 결과를 낳을 수 있다.

Ⅳ. 민법 제844조 제1항의 해석 또는 형성 문제

1. 문제점

다만 여기서 한 가지 더 짚고 넘어가야 할 문제가 있다. 바로 민법 제844조 제1항에 관한 법학방법론의 문제이다. 이를 한마디로 말하면, 민법 제844조 제1항에 대해 예외를 인정하는 것은 제1항에 대한 해석인지, 아니면 새롭게 법규범을 만드는 법형성인지가 문제된다. 그리고 만약 이를 법해석이 아닌 법형성으로 볼 수 있다면, 이러한 법형성은 어떤 유형의 법형성인지 문제된다. 이를테면 이는 '법률보충적 법형성'인지, 아니면 '법률에 반하는 법형성'인지 문제된다.[28]

2. 법해석과 법형성의 구분

법학방법론, 특히 독일식의 법학방법론에 따르면 법을 해석하는 것과 법을 형성하는 것은 구분된다.[29] 법해석은 해석되어야 할 특정한 법규범이 현재 있는 것을 전제로 한다. 법적 분쟁에 적용하기 위해 이와 직접 관련되는 법규범을 해석방법으로 구체화하는 것이 바로 법해석인 것이다. 이에 반해 법형성은 관련 법규범이 현재 흠결되어 있는 것을 전제로 한다. 특정한 법적 분쟁을 해결하는 데 직접 원용될 수 있는 법규범이 흠결되어 있을 때 이러한 흠결을 보충하기 위해 수행하는 것이 법형성인 것이다.[30] 이 점에서 법형성은 본질적인 면에서

---

28 이 문제에 관해서는 우선 박철, "법률의 문언을 넘은 해석과 법률의 문언에 반하는 해석", 『법철학연구』 제6권 제1호(2003), 185~236쪽; 양천수, "법률에 반하는 법형성의 정당화 가능성: 이론적－실정법적 근거와 인정범위 그리고 한계", 『법과 사회』 제52호(2016), 107~142쪽 및 이 책 제16장 참고.

29 많은 문헌을 대신하여 K. Larenz, *Methodenlehre der Rechtswissenschaft*, 6. Aufl. (Berlin u.a., 1991), 366쪽 아래; 칼 라렌츠, 김영환 (역), "방법론적인 문제로서 법관의 법형성", 김영환, 『법철학의 근본문제』 제3판(홍문사, 2012), 456쪽 아래 등 참고.

30 이 점을 강조하는 김형배, "법률의 해석과 흠결의 보충: 민사법을 중심으로", 『민법학연구』(박영

입법작용과 그 성질이 같다. 이처럼 법해석과 법형성은 관련 법적 분쟁을 해결하는 데 필요한 법규범이 흠결되어 있는가를 기준으로 하여 구분된다.

더불어 법해석과 법형성은 다음과 같은 기준으로도 구분된다. 특정한 법규범을 구체화한 결과가 이러한 법규범이 규정한 '법문언의 가능한 의미' 안에서 이루어진 것이라면 이는 법해석에 속하는 데 반해, 법규범을 구체화한 결과가 이러한 '법문언의 가능한 의미'를 넘어 이루어진 것이라면 이는 법형성에 해당한다는 것이다. 이러한 구분은 특히 죄형법정주의 및 이에 따른 유추금지가 엄격하게 적용되는 형법영역에서 중요한 의미를 갖는다. 형법학에서는 이를 '형법해석의 한계' 문제로 다루는데, 이에 관해 다수설과 판례는 '법문언의 가능한 의미'를 형법해석의 한계 기준으로 설정한다.[31] 이에 따라 '법문언의 가능한 의미' 안에서 이루어진 것은 '허용되는 형법해석'으로, 이를 넘어서는 것은 '허용되지 않는 유추'로 파악된다.[32]

3. 친생자 추정에 대한 예외 인정과 법형성

(1) 법형성으로서 친생자 추정에 대한 예외 인정

그러면 민법 제844조 제1항이 규정하는 친생자 추정에 대해 예외를 인정하는 것은 법해석인가, 아니면 법형성인가? 이를 판단하기 위해서는 먼저 민법 제844조 제1항의 법문언을 확인해야 한다. 민법 제844조 제1항은 "아내가 혼인 중에 임신한 자녀는 남편의 자녀로 추정한다."고 규정한다. 이때 주목해야 할 점은 여기에 예외가 인정된다는 법문언은 없다는 것이다. 법문언의 형식을 보면, 이는 예외 없이 추정해야 한다는 규정에 해당한다. 따라서 이러한 법문언에 충실하게 제844조 제1항을 문법적으로 해석하면, 여기에 예외를 인정할 수는 없다. 이른바 무제한설이 타당하다는 결론이 도출된다. 나아가 판례가 법률해석의 한계에 대한 기준으로 제시하는 '법문언의 가능한 의미' 기준을 원용한다 하더

사, 1986), 2쪽 아래; 김영환, "한국에서의 법학방법론의 문제점: 법발견과 법형성: 확장해석과 유추, 축소해석과 목적론적 축소 간의 관계를 중심으로", 『법철학연구』 제18권 제2호(2015), 133~166쪽 등 참고.

31 이를 보여주는 대법원 1994. 12. 20.자 94모32 전원합의체 결정 참고.

32 이 문제를 다루는 문헌으로는 신동운 외, 『법률해석의 한계』(법문사, 2000) 참고.

라도 이 경우에는 제844조 제1항에 예외가 인정될 여지는 없어 보인다. 그만큼 제844조 제1항의 법문언은 명확하다. 그런데도 판례처럼 제1항에 대한 예외를 인정한다면, 이는 제1항을 해석한 것이 아니라 제1항의 규범적 의미내용, 독일의 공법학자 뮐러의 개념으로 바꾸어 말하면, 제1항의 '규범영역'을 새롭게 형성한 것이라고 보아야 한다.[33] 판례는 법해석이 아닌 법형성을 통해 친생자 추정에 대한 예외를 인정한 것이다.

(2) 법률에 반하는 법형성으로서 친생자 추정에 대한 예외 인정

문제는 이러한 법형성이 어떤 법형성에 해당하는가 하는 점이다. 앞에서 언급한 것처럼 법형성은 크게 두 가지로 유형화된다. '법률보충적 법형성'과 '법률에 반하는 법형성'이 그것이다. 일반적으로 법형성이라고 하면 법률보충적 법형성을 지칭할 때가 많다. 법률보충적 법형성이 앞에서 설명한 법형성 개념에 정확하게 들어맞기 때문이다. 법체계에 흠결이 존재하는 경우 이를 보충하기 위해 수행하는 것이 법률보충적 법형성인 것이다. 이러한 법률보충적 법형성은 민사법영역에서 널리 사용된다. 민법 자체가 이에 대한 실정법적 근거를 제공하고 있기 때문이다(민법 제1조). 이에 반해 법률에 반하는 법형성은 외견상 국민의 대표자인 입법자가 제정한 법률을 따르지 않는 법형성이라는 점에서 이를 과연 인정할 수 있는지 논란이 있다. 법률에 반하는 법형성은 '법률에 대한 법관의 구속'이라는 법치주의 이념에 위반하는 것처럼 보이기 때문이다.[34] 이러한 근거에서 법률에 반하는 법형성을 인정하는 견해도 이를 제한적으로 신중하게 인정할 뿐이다.[35]

그렇다면 친생자 추정에 대해 예외를 인정하는 것은 어떤 유형의 법형성이

---

33 이에 관해서는 김명재, "Friedrich Müller의 규범구체화 방법론", 『법학논총』(전남대) 제36집 제4호(2016), 7~35쪽 참고.

34 이 문제에 관해서는 김성돈, "대법원 형사판결과 법률구속성원칙", 『형사판례연구』 제26권(2018), 1~45쪽; 윤재왕, "'법관은 법률의 입'?: 몽테스키외에 관한 이해와 오해", 『안암법학』 제30호(2009), 109~145쪽 등 참고.

35 이계일 외, 『법적 논증 실천론 연구』(원광대 산학협력단, 2015), 192쪽 아래(이계일 교수 집필) 참고. 필자 역시 법률에 반하는 법형성은 제한적으로만 인정해야 한다고 생각한다. 특히 법정책적인 이유에서 법률에 반하는 법형성을 감행하는 것은 타당하지 않다고 생각한다. 이에 관해서는 양천수, 앞의 논문, 107~142쪽 및 이 책 제16장 참고.

라고 할 수 있는가? 만약 이것이 법률에 존재하는 흠결을 보충하기 위한 법형성, 즉 법률보충적 법형성이라면 이는 민법 제1조에 의해 허용될 것이다. 우리 판례 역시 법률보충적 법형성을 널리 인정한다는 점에서 이는 큰 문제가 없을 것이다.[36] 이에 반해 이를 법문언에 반하는 법형성이라고 본다면 이는 생각보다 쉽지 않다. 왜냐하면 이미 언급한 것처럼 법치주의 이념에 따라 입법자가 제정한 법률에 구속되어야 하는 법관이 이를 무시하는 법문언에 반하는 법형성을 할 수 있는지에 관해서는 논란이 있기 때문이다.[37] 이에 관해 필자는 법문언에 반하는 법형성은 원칙적으로 가능하지만 이는 제한적으로만 할 수 있다고 본다. 이를테면 법문언에 반하는 법형성을 하지 않는 것이 오히려 헌법에 위반되는 경우에는 이를 수행할 수 있다는 것이다. 다만 이 경우에도 다른 구제수단이 존재한다면 이를 따르는 것이 필요하다. 이 점에서 법률에 반하는 법형성은 현대 법치주의의 이념에 따라 오직 제한적으로만 그리고 보충적으로만 허용될 수 있다고 보아야 한다.

그러면 제844조 제1항에 대해 예외를 인정하는 것은 어떤 법형성으로 보아야 하는지 문제된다. 필자는 이는 '법문언에 반하는 법형성', 즉 '법률에 반하는 법형성'이라고 생각한다. 물론 이 경우에도 제844조 제1항에 '숨은 흠결'이 있다고 전제하고, 이에 대한 예외를 인정하는 것은 숨은 흠결을 보충하는 법률보충적 법형성이라고 볼 여지도 없지 않다.[38] 그러나 이렇게 숨은 흠결을 쉽게 인정하면 법률보충적 법형성과 법률에 반하는 법형성 사이의 개념적·내용적 구분

---

36 이에 관한 대표적인 경우로 '대상청구권'을 들 수 있다. 이에 관해서는 정다영, "대상청구권의 행사 및 효력범위: 대법원 2016. 10. 27. 선고 2013다7769 판결", 『재산법연구』 제35권 제2호 (2018), 149~181쪽 참고. 그러나 학설 중에는 이렇게 법형성으로써 대상청구권을 인정하는 판례의 태도를 비판하는 견해도 없지 않다. 가령 정상현, "토지수용에 의한 매매목적토지의 급부불능과 수용보상금청구권의 양도: 대법원 1992. 5. 12. 선고, 92다4581·4598판결의 평석을 중심으로", 『인권과 정의』 제383호(2008), 173~192쪽 참고. 다만 이 논문에서는 대상청구권을 인정하는 판례의 태도는 법해석의 한계를 일탈한 것이라고 비판한다. 법형성이 아닌 '법해석의 한계'라는 관점에서 판례의 태도를 비판하는 것이다.
37 이는 법률해석에 관한 판례의 일관된 태도와도 맞지 않는다. 대법원 2014. 12. 11. 선고 2013므4591 판결 참고.
38 흠결 개념에 대한 상세한 분석은 C.–W. Canaris, *Die Feststellung von Lücken im Gesetz: Eine methodologische Studie über Voraussetzungen und Grenzen der richterlichen Rechtsfortbildung praeter legem*, 2., überarbeitete Aufl. (Berlin, 1982) 참고.

을 무너뜨릴 것이다. 따라서 숨은 흠결 역시 쉽게 인정해서는 안 될 것이다.[39]

4. 위헌법률심판 제청

민법 제844조 제1항에 대해 예외를 인정하기 위해서는 먼저 현재 예외를 인정하지 않는 법문언으로 구성된 제844조 제1항이 헌법에 합치하는가 여부를 판단하도록 하는 것이 바람직하다. 다시 말해 친생자 추정에 대해 예외를 인정하지 않는 제844조 제1항이 관련 당사자의 헌법상 기본권을 침해하는지 여부를 판단하도록 해야 하는 것이다. 그런데 현행 법체계는 법률이 헌법에 위반되는지 여부를 판단하는 것은 헌법재판소의 권한으로 설정하고 있으므로(헌법 제111조 제1항 제1호), 우선적으로 이는 대법원이 아닌 헌법재판소가 판단하도록 하는 것이 바람직하다. 이는 대법원이 민법 제844조 제1항에 대해 위헌법률심판 제청을 해야 한다는 것을 뜻한다.

이에 관해 예전 판례를 근거로 하여 대법원이 직접 이 문제를 해결할 수 있다고 볼 수도 있을 것이다. 그렇지만 82므59 전원합의체 판결이 선고된 1983년과 지금의 법적 상황은 같지 않다. 그 당시에는 헌법재판제도가 존재하지 않는 시대였고, 따라서 실질적으로 대법원이 법률의 위헌 여부를 판단할 수 있었고 또 그렇게 해야만 했다. 이는 경우에 따라 대법원이 법률에 반하는 법형성을 할 수 있었음을 의미한다.[40] 이와 달리 오늘날에는 위헌법률심판을 담당하는 헌법재판제도가 존재하는 이상 대법원이 성급하게 직접 법률에 반하는 법형성을 하기보다는 먼저 헌법재판소가 당해 법률의 위헌성을 심판할 수 있도록 위헌법률심판 제청을 하는 것이 더욱 매끄러워 보인다.

---

39 다만 민법 제844조 제1항은 친생자 추정의 예외를 엄격하게 제한함으로써 관련 당사자의 기본권을 중대하게 침해하는 '숨은 흠결'을 안고 있다고 볼 수도 있다. 이는 친생자 추정을 오직 친생부인의 소로써만 번복할 수 있도록 하는 것이 과연 관련 당사자의 기본권을 중대하게 침해하는가의 문제와 연결된다. 이는 일종의 가치 평가에 속하는 문제이기에 다원적인 답변이 나오기 쉽다. 이에 관해 필자는 아래 Ⅳ. 5.에서 논증하는 것처럼 친생부인의 소에 관한 민법의 태도가 개선된 이상 민법 제844조 제1항은 '숨은 흠결'을 지니고 있지 않다고 생각한다.

40 이러한 경우를 분석하는 양창수, "우리나라 최초의 헌법재판논의: 처의 행위능력 제한에 관한 1947년 대법원판결에 대하여", 『서울대학교 법학』 제111호(1999. 8), 125~151쪽 참고.

5. 헌법합치적 법형성의 가능성

다만 여러 여건으로 대법원이 헌법재판소에 직접 위헌법률심판을 제청하는 것이 적절하지 않은 경우에는 다음과 같은 방법을 고려할 수 있을 것이다. 이른바 '헌법합치적 법형성'을 하는 것이 그것이다.[41] 학계에서 일반적으로 언급되는 '헌법합치적 법률해석'은 두 가지로 유형화할 수 있다. '헌법합치적 법률해석'과 '헌법합치적 법률형성'이 그것이다. 이때 '헌법합치적 법률형성'은 다시 '헌법합치적 법률보충적 법형성'과 '헌법합치적 법률에 반하는 법형성'으로 구분할 수 있다. 민법 제844조 제1항에 대해 예외를 인정하고자 하는 것이 그중에서 법률에 반하는 법형성이지만 헌법에 합치하는 법형성에 해당한다면 이는 법치주의 및 헌법국가 이념에 따라 정당화될 수 있을 것이다.

그러면 민법 제844조 제1항에 예외를 인정하는 것은 법률에 반하는 법형성이지만 헌법에 합치하는 것이라고 볼 수 있을까? 그러나 결론부터 말한다면 이는 부정하는 것이 타당하다. 민법 제844조 제1항에 예외를 인정하는 것은 입법정책의 측면에서는 바람직할 수 있지만, 이를 법형성으로 감행하는 것은 헌법에는 합치하지 않는다는 것이다. 그 이유는 민법 제844조 제1항에 따른 친생자 추정을 번복시킬 수 있는 제도가 이미 민법에 마련되어 있기 때문이다. 친생부인의 소가 바로 그것이다.[42] 이 점에서 민법 제844조 제1항이 관련 당사자의 기본권을 중대하게 침해한다고 말할 수 없다. 이에 대한 보완방법으로 우리 민법은 이미 친생부인의 소를 제도화하고 있기 때문이다. 물론 예전에는 친생부인의 소에 관한 요건과 절차를 아주 엄격하게 규정하여 관련 당사자의 기본권이 침해될 여지가 있었다. 그리고 실제로 헌법재판소 1997. 3. 27. 선고 95헌가14, 96헌가7 결정에 의해, 개정되기 이전의 민법 규정은 헌법에 합치하지 않는다는 결정을 받았다. 그러나 그 후 이를 개정하여 현재는 친생부인의 소가 '친생자 추정'에 대한 적절한 반박방법으로 사용될 수 있다. 이러한 점을 고려하면 민법

---

[41] 이에 관해서는 허완중, "법형성이 아닌 법발견(법해석)인 합헌적 법률해석", 『사법』 제41호 (2017), 557~592쪽; 이계일, "헌법합치적 판결의 내적 유형에 대한 법학방법론적 탐구", 『법과 사회』 제60호(2019), 271~316쪽 참고.

[42] 이러한 친생부인의 소에 관해서는 조미경, "친생부인의 소에 관한 비교법적 고찰: 특히 스위스법과 독일법을 중심으로", 『가족법연구』 제11권(1997), 155~205쪽 참고.

제844조 제1항에 예외를 인정하지 않는다고 해서 이것이 헌법에 위반된다고 말할 수는 없다. 이를 반대로 추론(역추)하면, 제844조 제1항의 명백한 법문언에 반하는 법형성을 하여 친생자 추정에 대한 예외를 인정하는 것은 헌법에 합치하지 않는 법률에 반하는 법형성으로서 허용될 수 없다고 말할 수 있다.

V. 맺음말

1. 민법 제844조 제1항 해석론

이러한 점에 비추어 볼 때 필자는 민법 제844조 제1항에 대해 법형성으로써 예외를 인정하는 것은 허용되지 않는다고 생각한다. 이는 헌법에 합치하지 않는 법률에 반하는 법형성이기 때문이다.

물론 민법 제844조가 규정하는 '친생자 추정'은 오늘날의 상황에 비추어 볼 때 타당하지 않아 보인다. 따라서 이에 대한 예외를 설정하고자 하는 것은 타당하다고 말할 수 있다. 그러나 이는 해석이나 형성이 아닌 입법으로 해결해야 한다. 그게 아니라면 대법원은 민법 제844조 제1항에 대해 위헌법률심판을 제청하는 것이 현재로서는 가장 적절한 제도적 방안이 될 것이다.[43]

2. '친생자 추정'에 관한 법정책

다만 입법론, 즉 법정책의 측면에서는 현행 친생자 추정 규정이 과연 바람직한 것인지 진지하게 고민해야 할 필요가 있다. 가족중심주의와 남성중심주의를 반영하는 이 규정이 과연 오늘날에도 여전히 유효한지 의문이 들기 때문이다. 이에 관해서는 다음과 같은 방안을 고려할 수 있을 것이다.

첫째, 친생자 추정 규정을 전면 폐지하는 방안이다. 그러나 이는 현재로서

---

43 필자는 친생자 추정에 대한 예외를 엄격하게 인정하는 현행 민법의 태도는 법정책적인 측면에서는 더 이상 적절하지 않다고 생각한다. 이는 앞으로 개선해야 할 필요가 있다. 그러나 필자는 이러한 법정책적인 이유에서 법률에 반하는 법형성을 감행하는 것은 법치주의의 측면에서 허용되지 않는다고 생각한다. 법정책적인 측면에서 필요하다는 점과 이를 사법부가 법형성으로 수행할 수 있다는 점은 엄격하게 구별할 필요가 있다. 제17장에서 필자가 법형성에 관한 논의를 다룬 것은 바로 이 점을 지적하고 싶었기 때문이다.

는 너무 급진적인 방안으로 보일 것이다. 둘째, 친생자 추정에 대한 예외를 명문으로 허용하는 것이다. 셋째, 현행 친생자 추정 규정을 유지하면서, 친생부인의 소에 관한 요건과 절차를 좀 더 완화하는 것이다. 넷째, 현행 친생자 추정 규정을 유지하면서, 이를 번복할 수 방안을 다양하게 인정하는 것이다. 말하자면 친생부인의 소가 아닌 다른 방법으로도 이를 번복할 수 있도록 하는 것이다. 다섯째, 더욱 급진적인 방안으로서 친생자 개념을 새롭게 설정하는 것이다. 혈연관계로 이어지는 친생자 이외에 입양요건을 갖추지는 않았지만 사회적으로 자녀라고 볼 수 있는 '사회적 친생자' 개념을 새롭게 설정하는 것이다. 이를 통해 상속과 관련하여 발생하는 문제를 적절하게 해결할 수 있을 것이다. 예를 들어 혈연으로 이어진 친생자는 아니고 입양도 되지 않았지만 사회적인 관계에서 친생자로 볼 수 있는 경우에는 이에 대해 어느 정도 경제적 보상을 인정하는 것이다.

제18장
헌법 문언에 반하는 헌법형성으로서 헌법변천

Ⅰ. 서론

보통 헌법변천은 헌법개정과 관련하여 논의된다.[1] '개정'이라는 의식적·작위적인 과정을 통해 헌법의 규범적 의미내용을 바꾸는 헌법개정과는 달리, 헌법변천은 개정절차를 거치지 않은 채 헌법의 규범적 의미내용을 바꾸는 과정으로 이해된다.[2] 이 때문에 헌법변천은 '개정이 없는 헌법개정'으로 이해되기도 한다. 그러나 이러한 헌법변천은 특수한 시대적 상황이 낳은 이론적 산물로 민주주의와 법치주의가 정착된 오늘날의 헌법국가에서는 시대착오적인 개념으로 파악되는 경우가 많다.[3] 그래서 이를 인정할 필요가 없다는 견해가 유력하게 주장

---

1 헌법변천에 관해서는 콘라드 헷세, 계희열 (역), "헌법변천의 한계", 『헌법의 기초이론』(박영사, 2001), 55~78쪽; 게오르그 옐리네크, 김효전 (옮김), "헌법개정과 헌법변천", 『동아법학』 제36호(2005), 145~213쪽; 박진완, "헌법해석과 헌법변천", 『헌법학연구』 제8권 제2호(2002), 200~240쪽; 김백유, "헌법변천: P. Laband·G. Jellinek·Hsü Dau—Lin의 학설을 중심으로", 『성균관법학』 제17권 제3호(2005), 1~30쪽; 권건보, "헌법변천론의 비판적 고찰", 『세계헌법연구』 제12권 제2호(2006), 1~24쪽; 황도수, "법제도로서의 헌법변천이론에 대한 비판적 검토", 『세계헌법연구』 제15권 제1호(2009), 399~426쪽; 성중탁, "헌법변천(헌법적 가치의 변천)과 헌법재판의 관계", 『변호사』 제47집(2015), 53~85쪽; 정극원, "헌법변천에 관한 일고찰", 『유럽헌법연구』 제20호(2016), 279~305쪽; 박진완, "헌법변천 및 헌법발전의 측면에서 보이지 않는 헌법의 정당성에 대한 고찰", 『강원법학』 제51권(2017), 197~240쪽 등 참고.

2 이러한 맥락에서 헌법변천을 헌법적 가치의 변천으로 이해하는 경우로는 성중탁, 앞의 논문, 53쪽 아래 참고.

3 이를 보여주는 Andreas Voßkuhle, "Gibt es und wozu nutzt eine Lehre von Verfassungswandel?",

된다.[4] 이의 연장선상에서 이제는 헌법 교과서에서 헌법변천을 독자적으로 다루지 않는 경우도 찾아볼 수 있다.[5] 이와 달리 역동적으로 변하는 헌법현실과 제도화되어 고정되어 있는 헌법규범 사이의 괴리를 보완할 필요가 있다는 점에서 여전히 제한적이나마 헌법변천을 인정할 필요가 있다는 주장도 제기된다.[6]

그런데 그동안 헌법변천에 관해 진행된 논의를 보면, 주로 헌법개정과 관련하여 또는 '헌법규범과 헌법현실 사이의 괴리와 극복'이라는 맥락에서 헌법변천 개념이 논의되었다. 그게 아니면 헌법변천의 개념을 어떻게 설정해야 하는지, 헌법변천에 해당하는 경우를 유형화하면서 오늘날 어디까지 인정해야 하는지 등이 검토되었다.[7] 이와 달리 헌법해석의 견지에서, 특히 헌법해석의 한계와 헌법변천의 인정 가능성이라는 시각에서 헌법변천이 논의되는 경우는 많지 않았다.[8] 말을 바꾸면 법학방법론의 시각, 무엇보다도 '법률에 반하는 법형성'이라는 시각에서 헌법변천의 가능성과 한계를 살피는 경우는 거의 없었다. 그러나 헌법변천이란 법학방법론의 시각에서 보면 명백하게 존재하는 헌법규범의 문언과는 다른 방향에서 헌법의 규범적 의미를 새롭게 형성하는 것으로, 즉 '헌법 문언에 반하여 헌법을 형성하는 것'으로 볼 수 있기에 이는 법학방법론의 견지에서, 다시 말해 '헌법형성의 가능성과 한계'라는 맥락에서 검토할 필요가 있다.[9] 이에 제18장에서는 '헌법에 반하는 헌법형성의 가능성과 한계'라는 견지에서, 이에 관한 법학방법론의 성과를 원용하여 헌법변천 문제를 다루고자 한다.

---

in: *Der Staat* (2004), 451쪽 아래.

4 예를 들어 전광석, "헌법개정의 역사와 이론",『헌법재판연구』제5권 제1호(2018), 208쪽; 황도수, 앞의 논문, 399쪽 아래; 정극원, 앞의 논문, 279쪽 아래 등 참고.

5 예를 들어 이부하,『헌법학 상』(법영사, 2019) 등 참고.

6 권건보, 앞의 논문, 12쪽 아래. 독일 헌법학의 상황에서 헌법변천을 긍정적으로 평가하는 경우로는 Uwe Volkmann, "헌법개정과 헌법변천: 독일 헌법에서 안정성(Stabilität)과 역동성(Dynamik)의 관계에 대한 고찰",『헌법재판연구』제5권 제1호(2018), 143~180쪽 참고.

7 이를 보여주는 권건보, 앞의 논문, 9쪽 아래 참고.

8 이러한 문제의식에서 헌법변천 문제를 다루는 경우로는 콘라트 헷세, 앞의 논문, 55쪽 아래 참고.

9 이하 '헌법 문언에 반하는 헌법형성'은 '헌법에 반하는 헌법형성'으로 지칭한다.

Ⅱ. 헌법변천의 의의와 배경

먼저 헌법변천이란 무엇인지, 헌법변천은 어떤 현실적·이론적 배경에서 등장한 것인지를 간략하게 살펴본다.[10]

1. 의의

(1) 개념

'헌법변천'(Verfassungswandel; Verfassungswandlung)은 보통 헌법 문언이 개정되지 않은 상황에서 헌법 문언의 규범적 의미내용이 시간이 흐르면서 변경되는 것을 뜻한다. 명시적인 헌법개정을 거치지 않고도 마치 헌법을 개정한 것과 같이 헌법의 규범적 의미내용이 바뀌는 것이 헌법변천이다. 독일 공법학에서 헌법변천이 개념적으로 자리매김하는 데 중요한 기여를 한 학자들은 헌법변천을 다음과 같이 정의한다. 이를테면 법실증주의를 대표하는 공법학자 라반트(Paul Laband)는 "헌법에 표현되지 않은 헌법적 상황의 중대한 변경"을 헌법변천으로 정의한다.[11] 나아가 "사실의 규범력"(normative Kraft des Faktischen) 테제로 유명한 옐리네크(Georg Jellinek)는 "헌법의 조문은 형식상 그대로 존속하지만 특정한 헌법규정의 의미나 내용이 특정한 의도나 의식 없이 지속적으로 누적된 사태에 의해 변경"되는 것을 헌법변천이라고 말한다.[12] 이외에도 중국인 법학자로서 독일에 유학하여 헌법변천 개념이 정립되는 데 기여한 쉬다우린(Hsü Dau-Lin: 徐道鄰)은 "헌법규범과 헌법현실 사이에 존재하는 불일치"를 헌법변천으로 규정한다.[13]

---

10 이에 관해서는 콘라드 헷세, 앞의 논문, 55쪽 아래; 권건보, 앞의 논문, 2쪽 아래; 김백유, 앞의 논문, 1쪽 아래 등 참고.

11 Paul Laband, *Die Wandlung der deutschen Reichsverfassung* (Vortrag gehalten in der Gehe-Stiftung zu Dresden am 16. März 1895) (Dresden, 1895), 3쪽.

12 Georg Jellinek, *Verfassungsänderung und Verfassungswandlung* (Berlin, 1906), 3쪽. 이에 대한 우리말 번역으로는 게오르그 옐리네크, 앞의 논문, 145~213쪽 참고.

13 Hsü Dau-Lin, *Die Verfassungswandlung* (Berlin/Leipzig, 1932), 17쪽. 쉬다우린은 스멘트 학파에 속하는 공법학자가 아니면서도 스멘트의 헌법이론을 수용하여 헌법변천을 그것도 상당히 넓게 인정한다. 이에 대해 헷세(Konrad Hesse)는 쉬다우린이 "스멘트 헌법학의 기초를 받아들여 이를 일방적으로 극단화시킴으로써 스멘트의 헌법학이 매우 단호하게 반대하는 라반트와 옐리네크의

이러한 개념정의에서 다음과 같은 개념요소를 이끌어낼 수 있다. 첫째, 형식적인 헌법규범과 사실적인 헌법현실 사이에 불일치가 존재해야 한다. 둘째, 시간이 경과해야 한다. 형식적인 헌법규범이 시간의 경과에 노출되어야 한다. 셋째, 형식적인 헌법규범의 실질적인 의미내용이 사실적인 헌법현실에 맞게 '무의식적'으로 변경되어야 한다. 쉬다우린의 경우를 제외하면, 이는 헌법변천을 법실증주의에 따라 파악할 때 도출되는 개념요소라고 말할 수 있다. 그러나 헌법변천이 성립하기 위해 두 번째 요건과 세 번째 요건, 즉 '시간의 경과' 요건과 '무의식적 변경' 요건이 필수적인지에는 의문이 제기된다. 가령 헷세(Konrad Hesse)는 '시간의 경과' 요건과 '무의식적 변경' 요건은 필요하지 않다고 지적한다. 그 이유는 헷세는 헌법변천을 좁게 이해하여 헌법변천을 주로 독일 연방헌법재판소가 주도하는 헌법해석의 변경으로 파악하기 때문이다.[14]

이 같은 근거에서 보면 위에서 제기한 개념요소 중에서 첫 번째 요소만이 헌법변천을 규정하는 데 의미가 있다. '형식적인 헌법규범과 사실적인 헌법현실 사이에 불일치'가 존재할 때 헌법변천을 인정할 수 있다는 것이다. 하지만 이 개념도 명확하지만은 않다. 두 가지 문제를 제기할 수 있다. 첫째, 쉬다우린이 말한 것처럼 헌법규범과 헌법현실 사이에서 발생하는 일체의 불일치를 헌법변천으로 파악할 것인지, 아니면 헌법재판소와 같은 사법부가 의식적으로 수행하는 헌법규범 구체화를 통해 형식적인 헌법 문언의 실질적인 규범적 의미가 변경되는 경우만을 헌법변천으로 인정할 것인지가 문제된다. 요컨대 헌법변천을 넓게 인정할 것인지, 좁게 인정할 것인지의 문제가 제기된다. 전자의 의하면 가령 입법부나 집행부가 헌법을 위반하는 경우나 관습헌법 등에 의해 헌법 문언과 배치되는 새로운 관행이 형성되는 경우도 헌법변천에 포섭할 수 있다. 둘째, 헌법 문언의 규범적 의미를 중대하게 바꾸는 일체의 변경을 헌법변천으로 볼 것인지, 아니면 헌법 문언의 가능한 의미를 넘어서는 변경으로 마치 헌법개정과 같은 규범적 결과를 야기하는 경우만을 헌법변천으로 볼 것인지 문제된다. 이를테면 헌법재판소가 수행한 헌법규범 구체화가 당해 헌법규범이 갖춘 '문언

학설과 유사한 결론에 도달한다."고 평한다. 콘라드 헷세, 앞의 논문, 66쪽.
14 콘라드 헷세, 앞의 논문, 60~61쪽.

의 가능한 의미' 안에서 이루어지기는 했지만 그것이 당해 헌법규범의 실질적 의미를 중대하게 변경하는 경우도 헌법변천으로 포섭할 것인지, 그게 아니면 마치 헌법을 개정하는 것처럼 헌법규범이 갖춘 문언의 가능한 의미를 넘어서 헌법규범을 구체화하는 경우에만 헌법변천으로 인정할 것인지가 문제된다. 두 번째 문제는 법학방법론의 측면에서 볼 때 헌법해석과는 구별되는 헌법형성만을 헌법변천으로 볼 것인지, 그게 아니면 좁은 의미의 헌법형성뿐만 아니라 헌법해석 중에서 헌법규범의 가치를 중대하게 변경하는 경우도 헌법변천으로 볼 것인지와 관련을 맺는다. 이에 관해 헌법 문언의 가능한 의미를 헌법변천의 한계로 보는 헷세는 후자 역시 헌법변천으로 보면서 전자를 허용되지 않는 헌법변천으로, 후자를 허용되는 헌법변천으로 판단한다.[15]

이러한 상황에서 헌법변천의 개념을 어떻게 설정하는 것이 바람직한가? 일단 결론부터 말하면 다음과 같이 말할 수 있다.[16] 먼저 오늘날 헌법재판이 실질적으로 작동하고 있는 점을 고려할 때 헌법변천은 좁게 인정하는 것이 바람직하다. 헌법재판소가 합헌으로 인정하지 않는 헌법현실이나 헌법관행을 헌법변천이라는 이름으로 정당화할 수는 없기 때문이다. 헌법재판소가 헌법재판을 하는 과정에서 의식적으로 헌법변천을 수행한 경우에만 헌법변천의 개념으로 파악해야 한다. 다음으로 헌법변천은 헌법개정을 하지 않은 상황에서 헌법개정과 같은 결과를 산출하는 경우에만 인정할 필요가 있다. 바꿔 말해 헌법 문언의 가능한 의미를 넘어서는 헌법형성을 한 경우에만 이를 헌법변천으로 개념화해야 한다.

(2) 요건

이렇게 볼 때 헌법변천이 성립하는 데 필요한 요건을 다음과 같이 말할 수 있다. 첫째, 특정한 헌법규범이 존재해야 한다. 둘째, 이러한 헌법규범이 갖춘 문언의 규범적 의미가 중대하게 변경되어야 한다. 달리 말해 헌법규범과 헌법

---

15 콘라드 헷세, 앞의 논문, 76쪽: "즉, 법조문의 의미 있는 이해의 가능성이 끝나는 곳에서, 또는 '헌법변천'이 법조문에 대해 명백히 모순되는 곳에서는 규범해석의 가능성도, 또한 그와 더불어 헌법변천의 가능성도 끝나는 것이다."
16 상세한 논증은 아래 Ⅳ. 참고.

현실 사이에 괴리가 발생해야 한다. 이러한 변경은 헌법재판소가 의식적으로 수행한 것이다. 무의식적인 변경은 여기에 포함되지 않는다.[17] 셋째, 이러한 중대한 변경이 헌법 문언의 가능한 의미라는 형식적 기준을 넘어서야 한다. 이때 결정적인 역할을 하는 기준은 헌법 문언의 가능한 의미라는 형식적 기준이다. 따라서 헌법규범의 가치를 중대하게 변경하는 것이기는 하지만 그것이 헌법 문언의 가능한 의미 안에서 이루어진다고 볼 수 있는 경우에는 헌법변천이라고 말하기 어렵다.[18] 이는 헌법변천이 아닌 헌법해석으로 지칭해도 충분하다.

(3) 헌법변천과 관습헌법

헌법변천은 '변천'(Wandel)이라는 개념이 시사하듯이 시간적인 특성을 지닌다. 헌법변천은 시간적인 개념이다. 시간의 흐름을 전제하지 않는 헌법변천은 생각하기 어렵다.[19] 헌법변천은 이렇게 시간적인 개념이라는 점에서 우리 헌법재판소가 인정하는 관습헌법과 유사한 측면이 있다. '관습'이라는 개념이 시사하듯이 관습헌법 역시 일정한 시간이 경과하면서 형성되는 (불문)헌법규범이기 때문이다. 어떻게 보면 헌법변천은 명시적인 실정 헌법규범과는 다르지만 헌법현실에는 부합하는 새로운 관습헌법을 창출한 것으로 볼 수도 있다.[20] 그렇지만 양자는 다음과 같이 구별하는 것이 적절하다.

관습헌법이 문제되는 경우로는 두 가지를 들 수 있다. 첫째는 실정 헌법에 명시적인 흠결이 존재하는 경우 이를 관습헌법으로 보충하는 경우이다. 이때

---

[17] 이 점에서 필자는 헷세의 주장에 동의한다.

[18] 이 점에서 필자는 헷세의 주장에 동의하지 않는다. 헷세가 허용되는 헌법변천이라고 보는 것은 헌법변천이 아닌 헌법해석으로 파악하는 것이 적절하다.

[19] 이 점에서도 필자는 헷세의 주장에 동의하지 않는다. 일부 견해는 필자처럼 헌법변천을 '헌법 문언에 반하는 의식적인 헌법형성'으로 파악하는 경우에는 "시간이라는 장기변수도 고려되지 않을 수 있"다고 지적한다. 이때 시간성을 '장기적인 변수'로 파악하면 이러한 지적은 타당하다. 다만 헌법제정이나 개정과 비교할 때 모든 헌법구체화 작업은 '시간적인 격차'를 지닐 수밖에 없다. 헌법이 제정되는 시점과 동시에 헌법구체화가 이루어지지는 않기 때문이다. 헌법을 구체화하는 작업은 헌법이 제정되거나 개정된 이후 이에 관한 헌법적 분쟁이 발생하였을 때 비로소 진행된다. 이 때문에 시간적인 격차가 발생할 수밖에 없다. 특히 독일과는 달리 추상적 규범통제를 인정하지 않는 우리나라에서는 이러한 특성이 두드러지게 나타난다. 물론 이때 말하는 시간적 격차가 언제나 장기간의 시각적 격차를 의미하는 것은 아님에 주의할 필요가 있다.

[20] 실제로 옐리네크는 헌법변천을 논하면서 관습법에 의해 이루어지는 헌법변천도 헌법변천의 유형으로 인정한다. 게오르그 옐리네크, 앞의 논문, 145쪽 아래 참고.

말하는 관습헌법은 법학방법론의 용어로 바꾸어 말하면, 헌법의 흠결을 보충하여 헌법제정권력이 본래 의도했던 대로 헌법을 완전하게 하는 불문헌법규범이다.[21] 둘째는 실정 헌법에 명백하게 반하는 관습헌법이 새로운 헌법현실로 출현하는 경우이다. 이때는 실정 헌법규범과 이에 모순되는 관습헌법이 병존한다. 그중에서 헌법변천 개념에 충실한 경우는 두 번째, 즉 실정 헌법과 이에 반하는 관습헌법이 병존하는 경우이다. 첫 번째는 실정 헌법에 존재하는 흠결을 보완하는 경우라는 점에서 헌법변천이라고 보기 어렵다. 그런데 우리 헌법재판소가 인정하는 관습헌법은, 수도 서울 관습헌법이 예증하듯이, 첫 번째 경우에 해당한다. 바로 이러한 점에서 헌법의 흠결을 보충할 때 인정되는 관습헌법 문제와 헌법의 형식적인 문언과 합치하지 않아 논란이 되는 헌법변천 문제는 구별하는 것이 적절하다.

2. 현실적·이론적 배경

(1) 현실적 배경

헌법변천은 독일 공법학에서, 그것도 주로 19~20세기에 활동했던 법실증주의 계열의 공법학자들에 의해 주장되었다. 그 점에서 독일 공법학에 특화된 개념에 해당한다. 다만 '순수법학'이라는 가장 순수한 형태의 법실증주의를 추구한 켈젠은 이러한 헌법변천 개념은 단순히 헌법영역에만 존재하는 것이 아니라 헌법을 넘어 전체 법영역에서 등장할 수 있는 일반적인 법이론적 문제라고 평가한다.[22] 그렇다 하더라도 헌법변천이 독일 공법학 특유의 개념이라는 점은 부정할 수 없다. 본래 헌법변천은 19세기 후반부터 20세기 초반에 걸쳐 존속했던 독일 제2제국의 헌법적 상황을 정당화하기 위해 등장한 논증도구라 말할 수

---

21 흠결 보충에 관해서는 Claus—Wilhelm Canaris, *Die Feststellung von Lücken im Gesetz*, 2., über-arbeitete Aufl. (Berlin, 1983) 참고.

22 Hans Kelsen, *Allgemeine Staatslehre* (Wien, 1966), 254쪽. 이러한 켈젠의 주장은 한편으로는 가장 엄격한 법실증주의를 추구하면서도, 다른 한편으로는 법관의 재판을 단순히 실정법을 확인하고 선언하는 것이 아니라 "오히려 철저히 구성적이고 창조적이며, 본래의 의미 그대로 법의 생성"이라고 본 그의 독창적인 주장에 비추어볼 때 당연한 귀결이라 말할 수 있다. 한스 켈젠, 윤재왕 (옮김), 『순수법학』(박영사, 2018), 101쪽. 필자는 기본적으로 이러한 주장에 동의한다.

있다.[23] 1871년 비스마르크(Otto von Bismarck)의 주도 아래 독일이 제2제국으로 통일되면서 제정된 독일제국헌법은 입헌군주제를 제국의 국가 형태로 규율하였다. 말하자면 독일제국헌법은 명문으로 빌헬름 1세를 황제로 하는 입헌군주제를 채택하고 있었던 것이다. 이때 주목해야 할 점은 당시 독일제국헌법은 자유주의적 법치국가보다는 전통적인 군주제를 더욱 강조하는 '외견적 입헌군주제'를 수용하고 있었다는 점이다. 이러한 독일제국헌법은 1919년 바이마르 공화국 헌법이 출현할 때까지 큰 개정이 이루어지지 않은 채 유지되었다. 그러나 그 사이 독일제국헌법의 실질적인 규범적 의미내용이 외견적 입헌군주제에서 자유주의적 법치국가의 그것으로 서서히 변모하였다. 독일제국헌법이 명시적으로 개정되지 않은 상황에서 실질적인 규범적 의미내용이 변천한 것이다. 독일 공법학의 헌법변천 논의는 바로 이러한 독일의 특수한 상황을 정당화하기 위해 제시된 개념이다.

(2) 이론적 배경으로서 법실증주의

앞에서도 언급한 것처럼 헌법변천은 제2차 세계대전 이전에는 주로 법실증주의를 추구한 공법학자들에 의해 도입되고 정당화되었다. 주지하다시피 법실증주의는 기본적으로 국가가 제정한 실정법만을 법으로 인정한다. 이를 통해 법 및 법학의 객관성과 실증성을 확보하고자 하였다. 하지만 그렇다고 해서 모든 법실증주의자들이 실정법, 즉 국가법만을 법으로 고수한 것은 아니다. 이를테면 라반트나 옐리네크는 한편으로는 법실증주의를 수용하면서도, 다른 한편으로는 실정 헌법과 헌법현실 사이에서 발생하는 규범적 괴리를 간과하지 않았다. 이로 인해 발생하는 실정 헌법의 형식적 규범 내용과 실질적 규범 내용 사이의 갈등을 해소하고자 하였다. 이를 위해 관습법 등을 포괄하는 헌법변천 개념을 수용한 것이다. 이는 법실증주의의 규범적 한계를 극복하고자 사회학적 실증주의의 관점을 받아들인 것이라 할 수 있다.[24] 이는 특히 옐리네크가 제시한 국가법 이론과도 합치한다. 잘 알려진 것처럼 옐리네크는 법실증주의와 더

---

23 Andreas Voßkuhle, 앞의 논문, 451쪽 아래.
24 사회학적 실증주의에 따른 법개념에 관해서는 우선 Eugen Ehrlich, *Grundlegung der Soziologie des Rechts*, Nachdruck 1967, 4. Aufl. (Berlin, 1989) 참고.

불어 사회학적 실증주의 역시 받아들인다. 이에 따라 국가 개념을 법적 국가와 사회학적 국가로 이원화한다.[25] 더불어 '사실의 규범력'이라는 논증을 이용하여 실정법과 사실적 법 사이에 발생하는 간극을 조정하고자 하였다. 헌법변천은 바로 이러한 사고의 산물이라 말할 수 있다.

이렇게 19세기에서 20세기 초반에 활동했던 법실증주의 공법학자들은 헌법변천 개념에 힘입어 법실증주의 헌법이론의 한계를 보완하고자 하였다. 앞에서 살펴본 것처럼 이들 이론에서는 헌법현실에서 (효력과는 구별되는) '실효성'을 발휘하는 헌법규범의 사실적·실질적인 측면과 시간성의 측면 및 비의도성 측면이 전면에 등장한다. 더불어 이들 이론은 헌법재판제도가 본격적으로 도입되지 않았던 그 당시의 특수한 법적 상황을 전제로 한다. 이로 인해 헌법변천 개념을 '헌법규범과 헌법현실의 불일치'처럼 상당히 넓게 파악하였다. 그리고 바로 이러한 이유 때문에 법실증주의 헌법변천 이론은 전후 헌법재판제도가 본격적으로 도입되면서 자연스럽게 설득력을 잃어 갔다.

Ⅲ. 헌법해석을 통한 헌법변천

1. 통합론과 헌법변천

그러나 제2차 세계대전 이후 헌법재판이 제도화되고 새로운 헌법이론 및 헌법해석론이 등장하면서 헌법변천은 새롭게 생명을 유지하게 된다. 특히 스멘트(Rudolf Smend)가 정초한 통합론 및 이에 바탕을 둔 새로운 헌법해석론에 힘입어 헌법변천이 새롭게 살아남게 된 것이다. 전후 스멘트의 통합론은 슈미트의 결단주의와 더불어 독일 공법학 및 연방헌법재판소 판례에 많은 영향을 미친다.[26] 국가를 동적인 통합과정으로 파악하고 헌법은 인적·사물적·기능적 통합으로 이러한 국가의 통합과정에 기여한다는 스멘트의 통합이론은 이후 스멘

---

25 물론 이러한 시도는 국가와 법을 동일하게 파악하는 켈젠의 강력한 비판을 받는다. Hans Kelsen, *Der Soziologische und der juristische Staatsbegriff: Kritische untersuchung des Verhältnisses von Staat und Recht* (Tübingen, 1922) 참고.

26 이에 관해서는 Frieder Günther, *Denken vom Staat her: Die bundesdeutsche Staatsrechtslehre zwischen Dezision und Integration 1949—1970* (München, 2004) 참고.

트 학파를 형성하면서 헌법의 개념 및 본질, 기본권의 개념 및 기능 등에 관해 중대한 영향력을 행사한다.[27] 특히 전통적인 법률해석과는 구별되는 새로운 헌법해석론을 제창하면서 엠케(Horst Ehmke), 뮐러, 헤벌레 등의 독창적인 헌법해석론이 등장하고 발전하는 데 기여한다.[28] 그중에서도 엠케는 슈미트 학파와는 구별되는 스멘트 학파만의 고유한 헌법해석론이 발전 및 정립되는 데 결정적인 역할을 한다. 법률과는 다른 헌법의 개방적 구조를 지적하면서 헌법해석의 특수성을 강조한 스멘트 학파는 헌법의 개별 문언에 얽매이지 않으면서 헌법을 전체적·통일적으로 해석할 것을 강조한다. 이러한 맥락에서 스멘트 학파는 헌법해석이라는 개념보다는 '헌법의 구체화'라는 개념을 선호한다. 그런데 바로 이러한 헌법해석론에 따라 헌법변천은 새로운 생명을 얻게 된다. 헌법변천을 헌법해석의 일종으로 파악할 수 있게 된 것이다.

2. 헌법해석으로서 헌법변천

스멘트 학파, 그중에서도 '개방적 헌법해석'으로 유명한 헤벌레는 헌법해석이나 헌법개정과는 구별되는 헌법변천 개념의 독자성을 부정한다. 헤벌레에 따르면, 헌법변천은 헌법해석에 포섭된다. 헌법변천은 헌법해석의 일종인 것이다.[29] 이러한 주장은 다음과 같은 논증을 바탕으로 한다. 헌법은 일반 법률과는 달리 개방적인 성격을 갖는다. 엄격한 '조건 프로그램'을 따르는 일반 법률과는

---

27 스멘트의 통합이론에 관해서는 우선 계희열 (편역),『헌법의 해석』(고려대학교출판부, 1992), 29쪽 아래; 서경석,『스멘트학파와 기본권이론: 스멘트, 헷세, 헤벌레를 중심으로』(인하대 법학박사 학위논문, 1992) 등 참고.

28 스멘트의 헌법해석론에 관해서는 Rudolf Smend, "Verfassung und Verfassungslehre", in: *Staatsrechtliche Abhandlungen* (Berlin, 1968), 119쪽 아래. 엠케의 헌법해석론은 Horst Ehmke, "헌법해석의 원리", 계희열 (편역),『헌법의 해석』(고려대학교출판부, 1992), 163쪽 아래 참고. 뮐러의 헌법해석론은 Friedrich Müller, *Juristische Methodik* (Berlin, 1997); 양천수,『법해석학』(한국문화사, 2017), 273쪽 아래 등 참고. 헤벌레의 헌법해석론은 Peter Häberle, "헌법해석자들의 개방사회", 계희열 (편역),『헌법의 해석』(고려대학교출판부, 1992), 217쪽 아래; 이계일, "헤벌레(P. Häberle)의 '공적 과정으로서의 헌법이론'에 대한 법철학적 고찰",『공법학연구』제12권 제4호 (2011), 255~297쪽 등 참고.

29 이를 보여주는 Peter Häberle, "Zeit und Verfassung: Prolegomena zu einem „zeit−gerechten" Verfassungsverständnis", in: *Verfassung als öffentlicher Prozeß* (Berlin, 1978), 59쪽 아래; 권건보, 앞의 논문, 9쪽.

달리, 헌법은 일반조항 형식 또는 원리규범 형식을 상당 부분 수용하는 개방적 구조를 갖추고 있다. 따라서 법률을 해석하는 방법과 헌법을 해석하는 방법은 구별되어야 한다고 본다. 그러므로 문법적·논리적·체계적·역사적·목적론적 해석방법을 주로 사용하는 법률해석과는 달리 헌법해석은 독자적인 해석방법을 모색해야 한다는 것이다. 이러한 일환으로 가령 엠케는 독자적인 헌법해석원리를 제시한다. 그런데 이러한 헌법해석원리를 면밀하게 분석하면 다음과 같은 특징을 발견할 수 있다. 법문언을 해석의 한계로 강조하는 법률해석과는 달리, 헌법해석은 이러한 법문언에 집착하지 않는다는 점이다. 이는 헌법의 전체적·통일적 해석을 강조하는 부분에서 발견할 수 있다. 이에 대한 이유로 헌법 규정의 문언 자체가 추상적·개방적 구조를 갖추고 있다는 점을 든다. 이에 따라 헌법해석이 가능한 범위는 자연스럽게, 그것도 상당히 확장된다. 외견적으로 볼 때 헌법 문언을 넘어서는 것으로 보이는 헌법구체화 작업도 허용되는 헌법해석의 개념에 포섭될 수 있는 것이다. 바로 이러한 근거에서 헌법해석이 아닌 헌법개정과 유사한 헌법변천이 헌법해석의 개념으로 포섭된다. 결과적으로 헌법변천이 허용되는 범위 역시 확장된다.[30]

　　이에 따라 이제 헌법변천의 성격은 달라진다. 법실증주의 공법학자들은 시간이 흐르면서 자연스럽게 규범의 실질적 의미내용이 변하는 것을 헌법변천으로 파악한 반면, 스멘트 학파의 공법학자들은 헌법변천을 헌법해석이라는 '의식적인' 규범형성 작업에 포함시키고 있는 것이다. 이에 따라 헌법재판소가 헌법변천을 주도하는 헌법기관으로 부각된다. 동시에 헌법재판소가 주도하지 않는 헌법변천은 허용되지 않게 된다. 이로 인해 헌법변천은 역설적인 결과를 맞게 된다. 한편으로 헌법변천은 헌법재판소가 주도하는 의식적인 활동으로 그 외연이 축소된다. 헌법변천 개념이 좁게 설정된 것이다. 그렇지만 다른 한편으로 헌법변천이 헌법해석의 일환으로 포함되면서 실질적으로 헌법변천이 인정될 수 있는 여지가 확장된다.

---

30 이를 지적하는 서경석, 앞의 논문, 125쪽 아래 참고.

3. 헌법변천의 제한

그러나 이처럼 헌법변천마저 포함할 정도로 헌법해석의 개념을 광범위하게 파악하는 태도에는 비판 역시 제기된다. 스멘트 학파와 대척점에 자리한 결단주의 학파의 공법학자들이 이러한 태도를 비판하였다. 예를 들어 포르스트호프(Ernst Forsthoff)는 스멘트 학파의 헌법해석론은 헌법을 개조하는 것으로 이는 결국 헌법의 법치국가성을 파괴한다고 비판한다.[31] 이러한 비판은 나름 타당한 측면을 지닌다. 스멘트 학파는 헌법해석과 법률해석을 질적으로 구별함으로써 이러한 비판에 대응하지만, 헌법이 명시적으로 규정하는 문언까지 넘어서는 헌법변천을 헌법해석으로 포섭하여 파악하는 것은 법관은 법과 법률에 엄격하게 구속되어야 한다는 법치주의의 요청을 도외시하는 것으로 볼 수 있기 때문이다.[32] 이러한 견지에서 스멘트 학파의 대표적인 공법학자인 헷세는 한편으로는 헌법변천을 인정하면서도, 다른 한편으로는 헌법변천에 규범적 한계를 설정한다. 헌법이 명백하게 규정하는 '문언'을 헌법변천의 한계로 설정하는 것이다.[33] 이러한 헷세의 시도는 다음과 같이 파악할 수 있다. 우선 헷세는 헌법변천을 헌법해석의 일종으로 파악한다. 다만 모든 헌법해석을 헌법변천으로 보는 것이 아니라 헌법의 규범적 가치를 중대하게 변경하는 경우만을 헌법변천으로 인정한다. 헌법변천을 실질적으로 파악하는 것이다. 다음으로 헷세는 헌법해석의 한계인 헌법 문언의 가능한 의미를 헌법변천의 한계로도 설정함으로써 헌법변천을 규범적으로 통제한다. 헌법형성에 해당하는 헌법변천, 즉 본래 의미의 헌법변천은 인정하지 않는다. 이 점에서 헷세는 헌법변천을 상당히 좁게 설정한다고 말할 수 있다. 스멘트의 제자로서 통합이론을 수용하여 헌법을 가치체계로 설정하면서도, 헌법해석과 헌법변천에 명확한 한계 기준을 설정함으로써 포르스트호프와 같은 결단주의 공법학자들의 비판에 대응한 것이다.

---

31 Ernst Forsthoff, "헌법률의 개조", 계희열 (편역), 『헌법의 해석』(고려대학교출판부, 1992), 89쪽 아래 참고. 이러한 포르스트호프의 공법이론에 관해서는 양천수, "생존배려 개념의 기원: 법철학의 시각에서 본 포르스트호프(E. Forsthoff)의 사회보장법체계", 『영남법학』 제26호(2008), 101~126쪽 참고.

32 포르스트호프의 비판에 대한 반론으로는 Alexander Hollerbach, "법치국가적 헌법의 해체?", 계희열 (편역), 『헌법의 해석』(고려대학교출판부, 1992), 126쪽 아래.

33 콘라드 헷세, 앞의 논문, 76쪽.

Ⅳ. 헌법변천의 정당화 가능성과 범위

지금까지 헌법변천에 관해 독일 공법학에서 주로 어떤 논의가 진행되었는지 간략하게 살펴보았다. 우리 학계에서도 헌법변천에 관해 독일의 흐름과 비슷한 논의가 전개된다. 헌법변천을 이제는 시대에 뒤떨어진 법실증주의 공법학이 낳은 유산으로 파악하면서, 헌법재판제도가 정착한 오늘날에는 이를 인정할 필요가 없다는 견해가 유력하게 제기된다.[34] 그렇지만 제한적이나마 헌법변천 개념의 유용성을 인정하는 경우도 없지 않다.[35] 그러면 헌법재판을 통해 헌법이 우리의 생활세계를 규율하는 규범으로 자리매김하는 오늘날 헌법변천을 어떻게 파악하는 것이 적절할까? 이를 정당화하는 것은 더 이상 가능하지 않은가? 이는 시대에 뒤떨어진 낡은 개념으로 이제는 폐기해야 하는가? 아래에서는 법학방법론의 시각을 원용하여 이 문제에 대응한다.

1. 헌법에 반하는 헌법형성으로서 헌법변천

우선 법학방법론의 관점에서 볼 때 헌법변천을 어떻게 규정할 수 있는지 검토해야 한다. 필자는 이를 '법률에 반하는 법형성'의 일종, 더욱 정확하게 말해 '헌법(문언)에 반하는 헌법형성'으로 규정할 수 있다고 생각한다. 이를 아래에서 논증한다.

(1) 헌법형성

첫째, 헌법변천은 헌법해석이 아닌 헌법형성에 해당한다.[36] 왜냐하면 헌법

---

34 전광석, 앞의 논문, 208쪽; 정극원, 앞의 논문, 279쪽 아래, 황도수, 앞의 논문, 399쪽 아래 등 참고.
35 권건보, 앞의 논문, 12쪽 아래.
36 이러한 주장은 '법해석'과 '법형성'을 개념적으로 구별할 수 있다는 주장을 전제로 한다. 필자는 한편으로는 법해석학의 관점을 수용하여 법해석과 법형성을 '질적'으로 구별할 수는 없다고 파악하지만, 다른 한편으로는 우리 헌법의 기본원리인 법치주의 요청에 따라 양자를 개념적·형식적으로 구별할 필요가 있다고 본다. 이론적인 차원에서는 법해석과 법형성을 명확하게 구별할 수 없지만, 규범적인 차원에서는 양자를 구별할 필요가 있다는 것이다. 이와 유사한 취지에서 법해석과 법형성을 구별하는 경우로는 김영환, "한국에서의 법학방법론의 문제점: 법발견과 법형성: 확장해석과 유추, 축소해석과 목적론적 축소 간의 관계를 중심으로",『법철학연구』제18권 제2호 (2015), 133~166면 참고.

변천은 이에 관한 개념정의에서 확인할 수 있듯이, 명시적인 헌법개정과 대비되는 '묵시적인 헌법개정'으로 파악될 수 있기 때문이다. 이때 묵시적인 헌법개정이 뜻하는 것은 헌법이 명문으로 규정한 문언을 그 해석한계를 넘어 구체화한다는 것을 지칭한다. 달리 말해 헌법규범의 실질적인 의미내용이 형식적인 문언의 가능한 의미를 넘어 변경된다는 것을 뜻한다. 이는 헌법변천이란 헌법해석의 한계를 넘어서는 헌법규범의 실질적 변경을 뜻한다는 점을 보여준다. 말을 바꾸면 헌법변천은 헌법해석과는 구별되는 독자적인 헌법형성이라는 것이다.

물론 이렇게 헌법변천을 헌법해석이 아닌 독자적인 헌법형성으로 파악하려면 다음과 같은 전제를 수용해야 한다. 첫째, 헌법해석과 헌법형성을 개념적으로 구별해야 한다. 헷세나 헤벌레처럼 헌법변천을 헌법해석의 일종으로 파악해서는 안 된다. 이는 헌법해석과 법률해석을 질적으로 구별하지 않겠다는 점을 시사한다. 해석과 형성을 구별하는 법률해석처럼, 헌법해석의 경우에도 해석과 형성을 구별하겠다는 것이다. 이는 스멘트 학파가 수용하는 헌법해석론의 기본방향을 거부하는 것이다.[37] 둘째, 헌법해석과 헌법형성을 구별하는 기준으로 헌법의 형식적 문언을 제시한다는 것이다. 헌법 문언을 헌법해석의 한계기준으로 설정하는 것이다. 이에 따르면 헌법 문언 안에서 그 의미가 구체화되는 것을 헌법해석으로, 헌법 문언 밖에서 의미가 구체화되는 것을 헌법변천으로 구별할 수 있다. 이러한 주장은 헌법변천을 헌법해석의 일종으로 보면서도 헌법의 규범적 가치를 중대하게 변경하는 경우를 헌법변천으로 설정하고, 허용되는 헌법변천과 허용되지 않는 헌법변천의 기준으로 헌법 문언을 제시하는 헷세의 주장과 차이가 있다.

(2) 헌법에 반하는 헌법형성

둘째, 헌법변천은 헌법형성 중에서도 '헌법에 반하는' 헌법형성에 해당한다. 더욱 정확하게 말하면, 헌법변천은 '헌법을 보충하는' 헌법형성이 아니라 '헌법에 반하는' 헌법형성이라는 것이다. 이는 법학방법론에서 말하는 '법률을

---

37 이와 유사한 경우로는 Ernst–Wolfgang Böckenförde, "Anmerkungen zum Begriff Verfassungswandel", in: *Wege und Verfahren des Verfassungslebens: Festschrift für Peter Lerche zum 65. Geburtstag* (München, 1993), 4쪽 아래.

보충하는 법형성'과 '법률에 반하는 법형성'을 헌법변천 및 헌법형성에 적용한 것이다.[38]

　법률을 보충하는 법형성처럼, 헌법을 보충하는 헌법형성은 헌법에 규범적 흠결이 있을 것을 전제로 한다. 이러한 규범적 흠결로 인해 헌법이 제대로 작동하지 못하기에 이를 해소하고자 헌법의 규범적 흠결을 보충하는 헌법형성이 이루어지는 것이다. 요컨대 헌법을 보충하는 헌법형성은 헌법의 규범적 의미를 새롭게 변경하는 것이 아니라, 헌법제정권자가 본래 의도한 대로 헌법의 규범적 의미를 완전하게 만드는 것이다. 이러한 까닭에 헌법을 보충하는 헌법형성은 헌법을 '변천'시키는 것으로 볼 수 없다.[39] 이렇게 헌법을 보충하는 헌법형성의 예로 우리 헌법재판소가 인정한 관습헌법 논증을 들 수 있다.[40] 관습헌법이야말로 헌법을 보충하는 헌법형성의 결과로 제시된 것이라 말할 수 있다. 헌법재판소의 논증에 따르면, 우리 헌법은 대한민국의 수도가 어디인지, 대한민국의 언어가 무엇인지 등을 규율해야 하는데 이를 하지 않은 흠결이 있다는 것이다. 헌법재판소는 이러한 흠결을 보충하고자 관습헌법 논증을 이용하여 헌법을 보충하는 헌법형성을 감행한 것이다.

　그러나 헌법변천은 헌법을 보충하는 헌법형성과는 구조가 다르다. 헌법변천은 헌법규범에 명시적인 흠결이 존재할 것을 요건으로 하지 않는다. 헌법변천은 특정한 헌법규범이 형식적으로 존재할 것을 전제로 한다. 이러한 상황에서 해당 헌법규범의 실질적 의미내용이 마치 헌법이 개정되는 것처럼 변경되는

---

38 이에 관해서는 양천수, "법률에 반하는 법형성의 정당화 가능성: 이론적−실정법적 근거와 인정 범위 그리고 한계", 『법과 사회』 제52호(2016), 107~142쪽; 양천수·우세나, "친생자 추정 논의에 관한 법학방법론적 문제", 『가족법연구』 제33권 제2호(2019), 77~100쪽; 이 책 제16장 및 제17장 참고.

39 물론 이는 '변천' 개념을 어떻게 설정하는가에 따라 달라질 수 있다. 이를테면 헌법을 형성하는 모든 과정을 헌법규범을 변화시키는 것으로 보아 이를 헌법변천에 포섭할 수도 있다. 이렇게 보면, 헌법변천은 '헌법을 보충하는 헌법형성'과 '헌법에 반하는 헌법형성'을 모두 포함하는 개념이 된다. 그렇지만 헌법변천은 애초에 특정한 헌법규범이 존재하는 것을 전제로 하면서 이러한 헌법규범의 실질적 의미가 마치 헌법개정을 하는 것처럼 중대하게 변경되는 것을 요건으로 하기에, 헌법규범의 흠결을 전제로 하는 '헌법을 보충하는 헌법형성'은 헌법변천에 포함시키지 않는 것이 타당하다.

40 관습헌법 논증 및 그 문제점에 관해서는 전광석, "수도이전특별법 위헌결정에 대한 헌법이론적 검토", 『공법연구』 제33집 제2호(2005), 113~138쪽 참고.

것이 헌법변천이다. 이 때문에 헌법변천이 이루어진 경우에는 형식적 헌법규범과 실질적 헌법규범 사이에 불일치 및 긴장관계가 발생한다. 이러한 긴장관계속에서 형식적 헌법규범보다 실질적 헌법규범에 우선적인 지위를 부여하는 것이 바로 헌법변천인 것이다. 이러한 근거에서 볼 때 헌법변천은 명백하게 존재하는 헌법규범에 반하는 헌법형성의 일종으로 파악하는 것이 적절하다. 요컨대헌법변천은 헌법 문언에 반하는 헌법형성인 것이다.

2. 법률에 반하는 법형성의 가능성

(1) 법형성의 가능성

이처럼 헌법변천은 헌법해석이 아닌 헌법형성, 그중에서도 헌법에 반하는헌법형성에 속한다. 따라서 이러한 헌법변천이 과연 오늘날에도 가능한지를 검토하려면 먼저 법률에 반하는 법형성이 가능한지 살펴볼 필요가 있다. 문제를좀 더 넓게 보면, 법학방법론의 견지에서 볼 때 법해석과는 구별되는 법형성이가능한지 검토할 필요가 있다.

오늘날 법학방법론에서는 법해석과 구별되는 법형성이 가능하다는 점을부정하지 않는다.[41] 물론 '법관은 법률을 말하는 입'이라는 점을 강조하여 법관은 법률을 해석하는 일만 할 수 있을 뿐이라고 주장할 수도 있지만, 오늘날 이러한 주장을 법학방법론에서 찾아보기는 어렵다. 심지어 민법은 '법원'을 규정하는 제1조에서 명시적으로 법형성을 긍정한다. 따라서 형법이나 세법처럼 법률 자체가 유추와 같은 방법으로 법형성을 하는 것을 금지하는 경우를 제외하면 법형성은 특히 민사법에서 널리 허용된다.[42]

다만 이렇게 법형성을 인정하는 경우에도 과연 어느 범위에서 법형성을 인정할 수 있는지, 가령 법률을 보충하는 법형성뿐만 아니라 법률에 반하는 법형

---

41 많은 문헌을 대신하여 Karl Larenz, *Methodenlehre der Rechtswissenschaft*, 6. Aufl. (Berlin u.a., 1991), 366쪽 아래; 칼 라렌츠, 김영환 (역), "방법론적인 문제로서 법관의 법형성", 『법철학의 근본문제』 제3판(홍문사, 2012), 456쪽 아래 등 참고.

42 예를 들어 민법에서 널리 인정되는 '대상청구권'은 판례가 법형성으로 정립한 대표적인 법리에 해당한다. 이에 관해서는 김상중, "대상청구권의 적용범위와 반환내용", 『민사판례연구』 제40집 (2018), 211~253쪽 참고.

성 역시 인정할 수 있는지 문제된다. 일반적으로 법률을 보충하는 법형성이 허용된다는 점에는 대부분 견해가 일치한다. 법률을 보충하는 법형성은 흠결로 인해 불완전한 법률을 완전하게 보완하는 작업으로, 이는 법치주의에 반하는 것이 아니라 오히려 이를 충실하게 구현하는 것이라 볼 수 있기 때문이다. 이에 반해 법률에 반하는 법형성이 과연 가능한지, 이는 법치주의에 명백하게 반하는 것으로 허용될 수 없는 게 아닌지 논란이 전개된다.

(2) 법률에 반하는 법형성의 가능성

법률에 반하는 법형성은 국민의 대표자인 의회가 제정한 법률에 정면으로 반하는 법형성이고 이는 법관의 법률에 대한 구속이념에 반한다는 점에서 인정할 수 없다는 견해가 지배적이다.[43] 요컨대 법률에 반하는 법형성은 법치주의에 반한다는 것이다. 하지만 이러한 견해가 타당성을 획득하기 위해서는 의회가 제정한 법률이 형식적으로 합법적일 뿐만 아니라 실질적으로 정당해야 한다. 말하자면 합법적일 뿐만 아니라 실질적으로 올바른 법이어야만 법관이 이에 구속되는 것 역시 정당화될 수 있다. 따라서 반대로 만약 법률이 정당성의 측면에서 중대한 문제를 안고 있는 경우에는, 독일의 법철학자 라드브루흐의 표현을 빌려 말해 '법률적 불법'(gesetzliches Unrecht)을 자행하고 있는 경우에는 이러한 법률적용을 거부하거나 법률에 반하는 법형성을 하는 것도 예외적으로 가능하다.[44] 이러한 근거에서 필자는 극히 예외적인 경우에, 즉 법률이 법률적 불법을 자행하거나 명백하게 헌법에 위반하는 경우에는 법률에 반하는 법형성을 허용할 수 있다고 생각한다.[45] 다만 이때 주의해야 할 점은 헌법재판이 자리매김한 오늘날에는 법관이 법률에 반하는 법형성을 감행해야 할 필요가 적어지고 있다는 것이다. 법관은 법치주의의 측면에서 부담이 되는 법률에 반하는 법형성을 하기보다는 헌법재판소에 위헌법률심판을 제청하는 것으로 '법률적 불법' 문제

---

[43] 이를 보여주는 김영환, "법학방법론의 의의와 그 전반적인 체계", 『법학논총』(한양대) 제24집 제2호(2007), 9~30쪽 참고.

[44] 이에 관한 문제를 다루는 양창수, "우리나라 최초의 헌법재판논의: 처의 행위능력 제한에 관한 1947년 대법원판결에 대하여", 『서울대학교 법학』 제111호(1999), 125~151쪽 참고.

[45] 법률에 반하는 법형성을 인정하는 경우로는 박철, "법률의 문언을 넘은 해석과 법률의 문언에 반하는 해석", 『법철학연구』 제6권 제1호(2003), 185~236쪽; 양천수, 앞의 논문, 107쪽 아래 참고.

에 대응할 수 있기 때문이다.

3. 헌법에 반하는 헌법형성의 가능성

(1) 문제점

이처럼 극히 예외적인 경우에는 법률에 반하는 법형성이 정당화될 수 있다면, 헌법에 반하는 헌법형성도 예외적으로 정당화된다고 말할 수 있을까?[46] 그러나 곧바로 이에 긍정적인 대답을 할 수는 없다. 법률에 반하는 법형성과 헌법에 반하는 헌법형성 사이에는 중대한 차이가 있기 때문이다. 앞에서 언급한 것처럼 오늘날에는 위헌법률심판제도를 활용함으로써 법률에 반하는 법형성 문제를 상당 부분 해결할 수 있다. 이로 인해 헌법재판제도를 통해 사실상 법률에 반하는 법형성이 구현된다. 그러나 헌법에 반하는 헌법형성의 경우에는 이러한 헌법재판을 활용할 수 없다. 현행 헌법재판제도에 의하면, 헌법 자체에 대한 위헌법률심판은 허용되지 않기 때문이다. 이 때문에 헌법에 반하는 헌법형성 문제를 위헌법률심판과 같은 헌법재판으로 해소할 수 없다.[47] 이에 대해서는 다른 해법을 강구해야 한다.

여기서 헌법에 반하는 헌법형성, 즉 헌법변천 문제를 해결하기 위해 헌법변천과 관련된 개념을 다시 정리한다. 헌법변천은 헌법재판소가 수행하는 헌법해석과 헌법개정권력자가 수행하는 헌법개정 사이에 존재하는 개념이다. 헌법해석과 헌법변천 사이에는 다시 헌법의 규범적 의미를 중대하게 변경하는 헌법해석, 헌법을 보충하는 헌법형성을 배치할 수 있다. 이를 도식으로 표현하면 다음과 같다.[48]

---

[46] 드물게 이 문제를 다루면서 이를 예외적으로 인정하는 이황희, "헌법문언에 반하는 헌법해석", 『법조』제68권 제5호(2019), 69~106쪽 참고.

[47] 다만 김선택, "형식적 헌법의 실질적 위헌성에 대한 헌법재판: 위헌적 헌법규범의 성립가능성과 사법심사가능성에 관하여", 『법학논집』(고려대) 제32집(1996), 329~356쪽은 예외적으로 위헌적 헌법규범에 대해 헌법재판이 가능하다고 본다.

[48] 여기서 '<' 표시는 '민주적 정당성'이 요청되는 수준을 뜻한다. 이를테면 헌법의 가치를 중대하게 변경하는 헌법해석은 일반적인 헌법해석보다 민주적 정당성이 더욱 강하게 요청된다. 한편 앞에서 살펴본 것처럼, 콘라드 헷세는 '헌법의 가치를 중대하게 변경하는 헌법해석'을 허용되는 헌법변천으로 파악한다. 다른 한편 일체의 헌법형성을 헌법변천으로 파악하면, 헌법을 보충하는 헌법형성도 헌법변천으로 볼 수 있다. 그렇지만 필자는 이러한 견해에 반대한다.

≪도식-10≫ 헌법변천과 헌법해석 및 헌법개정의 관계

헌법해석 < 헌법의 가치를 중대하게 변경하는 헌법해석 < 헌법을 보충하는 헌법형성
< 헌법에 반하는 헌법형성(헌법변천) < 헌법개정

헌법해석 및 헌법의 가치를 중대하게 변경하는 헌법해석은 모두 헌법 문언의 가능한 범위 안에서 이루어진다는 점에서 쉽게 허용할 수 있다. 그리고 헌법을 보충하는 헌법형성도, 논란의 여지가 없지 않지만, 흠결이 존재하는 헌법규범을 완전하게 만든다는 점에서 허용할 수 있을 것이다. 나아가 헌법개정은 우리 헌법제정권력이 헌법에 명문으로 규정해 놓았다는 점에서 그 요건만 충족하면 인정할 수 있다.[49] 문제는 법치주의의 측면뿐만 아니라 민주적 정당성의 측면에서 논란이 되는 헌법에 반하는 헌법형성, 즉 헌법변천을 인정할 수 있는가 하는 점이다.

(2) 헌법해석과 법률해석의 동질성

여기서 짚고 넘어가야 할 문제는 스멘트 학파가 주장하는 것처럼 과연 헌법해석과 법률해석이 질적·구조적으로 구별되는가 하는 점이다. 언뜻 보면 양자가 구별된다는 점은 타당해 보인다. 헌법 제10조가 잘 보여주는 것처럼, 일반 법률과는 달리 헌법은 '일반조항'과 같은 고도로 추상적이고 개방적인 규범형식을 취하는 경우가 많기 때문이다. 이는 규범이론의 측면에서 정당화되기도 한다. 가령 알렉시는 '원리규범'과 '규칙규범'을 구별함으로써 헌법과 일반 법률의 구조적 차이를 드러낸다.[50] 이 같은 근거를 고려하면 헌법해석과 법률해석을 구별하는 것은 일견 타당해 보인다.

그러나 필자는 헌법해석과 법률해석을 질적·구조적으로 구별하는 것에 동의하지 않는다. 다음과 같은 근거를 제시할 수 있다. 첫째, 일반 법률의 경우에도 정도의 차이가 있지만 일반조항과 같은 개방적·추상적인 규범형식을 채택

---

[49] 다만 이때 헌법개정의 한계 문제가 등장한다. 헌법개정의 한계에 관해서는 김선택, "헌법개정의 한계에 관한 고찰", 『법조』 제36권 제8호(1987), 59~93쪽; 이황희, "헌법개정에 대한 위헌심사", 『헌법논총』 제24집(2013), 45~104쪽 참고.

[50] 로베르트 알렉시, 이준일 (옮김), 『기본권이론』(한길사, 2007) 참고.

하고 있다. 민법 제2조나 제103조 또는 형법 제20조 등을 예로 들 수 있다.[51] 둘째, 오늘날 법률, 특히 행정법률은 규칙규범, 달리 말해 '조건 프로그램' 형식의 규범뿐만 아니라 '목적 프로그램' 형식의 규범 역시 채택하고 있다.[52] 그런데 목적 프로그램 형식을 취하는 규범은 조건 프로그램 형식을 취하는 규범과는 달리 해석이 가능한 범위가 확장된다. 셋째, 독일의 철학자 가다머가 정립한 '철학적 해석학'을 수용한 '법해석학'의 견지에서 보면, 모든 해석은 형성의 성격을 지닌다.[53] 전통적인 법학방법론은 법해석은 이미 존재하는 법을 발견 또는 인식하는 것이라면, 법형성은 존재하지 않는 새로운 법을 만드는 것이라고 본다. 이때 양자를 구별하는 기준은 법률이 갖춘 문언의 가능한 의미가 된다. 이에 반해 법해석학은 법형성뿐만 아니라 법해석 역시 법을 만들어가는 과정으로 파악한다. 이는 모든 해석은 유추적인 과정이라고 본 카우프만의 법해석학에서 찾아볼 수 있다.[54] 심지어 엄격한 순수법학을 추구한 한스 켈젠조차도 법을 해석하는 과정을 법을 새롭게 정립하는 과정으로 이해한다.[55] 이러한 근거를 고려하면, 헌법해석과 법률해석을 질적·구조적으로 구별하는 스멘트 학파의 주장에는 동의할 수 없다. 양자의 차이는 단지 양적인 차이에 지나지 않는다. 따라서 양자를 구별함으로써 헌법변천을 헌법해석의 범주로 포섭하여 이를 정당화하는 시도에도 동의하기 어렵다.

(3) 라드브루흐 공식과 헌법에 반하는 헌법형성

이렇게 헌법해석과 법률해석의 질적·구조적 차이를 인정하지 않고 헌법변

---

[51] 바로 이러한 근거에서 우리 법의 문제점을 지적하는 경우로는 김영환, "법의 계수의 결과현상들: 개념법학적인 사유형태와 일반조항에로의 도피", 『법철학연구』 제4권 제1호(2001), 149~174쪽 참고.
[52] 예를 들어 "환경오염 등의 사전예방"이라는 표제를 갖추고 있는 「환경정책기본법」 제8조 제1항은 "국가 및 지방자치단체는 환경오염물질 및 환경오염원의 원천적인 감소를 통한 사전예방적 오염관리에 우선적인 노력을 기울여야 하며, 사업자로 하여금 환경오염을 예방하기 위하여 스스로 노력하도록 촉진하기 위한 시책을 마련하여야 한다."고 정하는데, 이는 국가 및 지방자치단체에 사전예방이라는 목적을 부과하는 목적 프로그램을 수용한 것이다.
[53] 이를 잘 보여주는 Josef Esser, *Vorverständnis und Methodenwahl in der Rechtsfindung* (Frankfurt/M., 1970), 135쪽 아래.
[54] Arth. Kaufmann, *Analogie und »Natur der Sache«* (Heidelberg, 1965).
[55] 한스 켈젠, 앞의 책, 101쪽.

천을 헌법해석의 틀에서 정당화할 수 없다면, 헌법변천은 인정할 수 없는 것일까? 달리 말해 헌법에 반하는 헌법형성은 가능하지 않은 것일까? 그러나 이를 전면 부정하는 것은 적절하지 않다. 실정 헌법규범이라고 해서 언제나 정당한 내용을 담고 있다고 단언할 수는 없기 때문이다. 여러 사정으로 헌법이 갖추고 있는 개별 규정들이 실질적 정당성의 측면에서 문제가 있을 수 있다. 바꾸어 표현하면 경우에 따라서는 '헌법률적 불법'이 가능할 수 있는 것이다. 예를 들어 군인 등의 국가배상청구를 제한하는 헌법 제29조 제2항은 대법원에 의해 위헌 판결을 받은 적이 있는 규정이고 이로 인해 헌법에 위반되는 헌법규정으로 평가되는데, 이러한 시각에서 보면 이 규정을 바로 헌법적 불법의 예로 볼 수 있다.[56] 여기서 라드브루흐가 제시한 '라드브루흐 공식'을 다시 떠올릴 필요가 있다.[57] 합법성을 갖춘 실정법이라 할지라도 '참을 수 없는 부정의'를 자행하고 있는 경우에는 이를 '법률적 불법'으로 보아 그 효력을 부인해야 한다는 라드브루흐 공식을 헌법에 반하는 헌법형성에도 적용할 필요가 있는 것이다. 사실이 그렇다면 다음과 같은 결론을 도출할 수 있다. 헌법의 개별 규정이 참을 수 없는 부정의를 자행하고 있는 경우에는 극히 예외적으로 헌법에 반하는 헌법형성, 즉 헌법변천이 가능할 수 있다는 것이다. 이때 헌법변천을 수행하는 주체는 헌법재판소라 말할 수 있다. 이를테면 위헌법률심판이나 헌법소원심판과 같은 헌법재판을 진행하는 과정에서 특정한 헌법규범의 참을 수 없는 부정의가 문제되는 경우 헌법재판소는 이러한 헌법규범에 반하는 헌법형성, 즉 헌법변천을 감행하여 당해 헌법재판을 결정할 수 있는 것이다. 물론 이때 다시 문제되는 것은

---

[56] 김선택, 앞의 논문, 329쪽 아래는 바로 헌법 제29조 제2항을 염두에 둔 것이다. 다만 헌법 제29조 제2항이 '위헌적인 헌법규정'인지 여부를 판단하는 것은 쉽지 않다. 따라서 헌법 제29조 제2항을 헌법 문언에 반하는 헌법형성의 대상 조문으로 단언하는 것은 적절하지 않다. 오히려 이에 적절한 예로는 외국인의 기본권 주체성을 인정하는 해석론을 들 수 있다. 우리 헌법은 제2장에서 "국민의 권리와 의무"라는 표제 아래 각종 기본권을 규정한다. 문법적 해석을 원용하면 우리 헌법은 국민에게만 기본권 주체성을 인정한다고 해석할 수 있지만, 헌법재판소는 헌재 1994. 12. 29. 93헌마120 결정 이래 외국인에게도 기본권 주체성을 인정한다. 물론 견해가 대립할 수 있지만, 외국인에게 기본권 주체성을 인정하는 헌법재판소의 결정이야말로 헌법 문언에 반하는 헌법형성을 한 예로 평가할 수 있다. 이를 "헌법문언에 반하는 헌법해석"의 예로 파악하는 경우로는 이황희, 앞의 논문, 77~83쪽 참고.

[57] 이에 관해서는 프랑크 잘리거, 윤재왕 (옮김), 『라드브루흐 공식과 법치국가』(세창출판사, 2011) 참고.

과연 어떤 헌법규범이 참을 수 없는 부정의를 자행하고 있다고 볼 수 있는가 하는 점이다.[58]

(4) 헌법 문언의 개방성 정도와 헌법변천의 가능성 범위

다만 라드브루흐 공식에 기반을 둔 이러한 결론도 헌법변천의 대상이 되는 헌법 문언의 개방성이 어느 정도인가에 따라 달라질 수 있다. 흔히 헌법규범은 매우 추상적이고 개방적이라고 하지만, 헌법 전체를 일별하면 개별 헌법규범의 추상성이나 개방성의 정도는 각기 다르다는 점을 발견할 수 있다. 예를 들어 헌법이 규정하는 '민주적 기본질서'(제8조 제4항)나 '인간으로서의 존엄과 가치'(헌법 제10조)는 그 외연이 매우 넓은 개방적인 개념이자 문언이다. 가령 오늘날 자본주의 국가나 사회주의 국가 모두 민주주의를 표방하고 있다는 점에서 '민주적'이라는 개념은 아주 넓게, 때로는 상반되는 내용까지 포섭할 수 있다. 이는 '인간의 존엄'에서도 발견된다. 무엇이 인간의 존엄에 합치하는지는 아주 다양하게 구체화될 수 있다. 이 점에서 인간의 존엄은 사실상 '백지개념'에 가깝다고 말할 수 있다. 이렇게 추상성과 개방성의 정도가 매우 높은 헌법규범의 경우에는 문언 자체가 해석의 한계기준이라는 역할을 제대로 수행하기 어렵다. 이로 인해 이러한 헌법규범을 구체화하는 과정에서는 헌법해석과 헌법변천을 명확하게 구별할 수 없다. 따라서 이러한 헌법규범을 구체화하는 과정에서는 당해 규범의 실질적 가치를 중대하게 변경하는 헌법변천이 결과적으로는 헌법해석이라는 이름으로 허용될 수 있다.

이와 달리 가령 신체의 자유를 규정하는 헌법 제12조는 마치 법률인 형사소송법처럼 아주 구체적인 문언으로 각 조항을 규율한다. 이를테면 헌법 제12조 제2항은 "모든 국민은 고문을 받지 아니하며, 형사상 자기에게 불리한 진술을 강요당하지 아니한다."고 정하는데, 이는 헌법 제8조 제4항이나 제10조와 구별할 때 매우 구체적이고 폐쇄된 규정이라 말할 수 있다. 그만큼 각 규정이 갖춘 문언은 해석과 형성을 구별하는 기준으로 작용할 수 있다. 따라서 이러한 규

---

[58] 이에 관한 구체적인 예로 당해 헌법 문언과는 배치되는 관습헌법이 형성되어 헌법현실에서 광범위한 지지를 받는 경우를 생각할 수 있다. 또한 주(56)에서 언급한 것처럼 외국인에게 기본권의 주체성을 인정하는 경우를 들 수 있다.

정을 구체화하는 과정에서는 헌법해석과 헌법변천이 명확하게 구별되고, 이로 인해 헌법변천이 인정될 여지도 그만큼 축소된다.

4. 헌법변천과 헌법에 대한 의지

이 책은 헌법에 반하는 헌법형성인 헌법변천은 가능하지만 오직 해당 헌법 규범이 참을 수 없는 부정의를 자행하고 있는 경우에만 예외적으로 가능하다고 주장한다. 그러나 이러한 주장에도 문제가 없지는 않다. 만약 헌법재판소가 이 러한 정당화 요건을 넘어 헌법해석이라는 이름 아래 헌법변천을 감행할 경우 이를 통제할 수 있는 제도적 방안은 현재 존재하지 않기 때문이다. 따라서 현실 적으로는 헌법재판소가 감행하는 위헌적인 헌법변천을 제재할 방안은 없다. 이 때문에 헌법변천의 한계는 오직 헌법재판소의 자율적인 통제를 통해서만 준수 될 수 있다. 요컨대 헌법재판소가 헌법을 수호하고자 하는 의지로써, '헌정애국 주의'의 견지에서 헌법을 해석하고 오직 예외적으로만 헌법변천을 수행해야만 헌법변천은 정당성을 획득할 수 있다.[59]

V. 맺음말

지금까지 독일 공법학에서 등장한 헌법변천 개념을 법학방법론의 시각에 서 새롭게 검토해 보았다. 마지막 결론으로 이를 간략하게 정리하면 다음과 같 다. 독일의 법실증주의 공법학에 의해 제시된 헌법변천은 이제는 시대에 뒤떨 어진 개념으로 비판을 받는다. 헌법재판이 제도화된 오늘날 헌법변천은 불필요 한 개념이라는 견해가 지배적으로 주장된다. 그러나 이 책은 헌법변천은 극히 예외적인 경우에 여전히 필요하다고 주장한다. 이를 위해 이 책은 헌법변천을 법학방법론의 시각에서 다음과 같이 파악한다. 헌법변천은 헌법에 반하는 헌법 형성이라는 것이다. 이러한 주장은 법실증주의 공법학자들이 제시한 헌법변천

---

59 헌법에 대한 의지는 콘라드 헷세, 계희열 (역), "헌법의 규범력", 『헌법의 기초이론』(박영사, 2001), 34쪽. 헌정애국주의에 관해서는 정채연, "헌정애국주의와 관용의 한계", 『법과 사회』 제45 호(2013), 279~306쪽 참고.

개념과 비교할 때 차이가 있다. 첫째, 헌법변천을 상당히 좁게 설정한다. 헌법을 구체화하는 과정에서 나타나는 헌법규범의 형식적 의미와 실질적 의미 사이의 불일치만을 헌법변천으로 파악한다. 둘째, 헌법변천을 의식적인 과정으로 설정한다. 이 점에서 이 책은 헌법변천에 관한 스멘트 학파의 주장을 수용한다. 다만 이때도 다음과 같은 차이가 있다. 첫째, 이 책은 헌법해석과 법률해석의 질적·구조적 차이를 부정한다. 둘째, 이 책은 헌법해석과 헌법변천을 구별한다. 헌법변천은 헌법해석이 아닌 헌법형성으로 보는 것이다. 한편 이 책은 모든 헌법형성을 헌법변천으로 파악하지 않는다. 헌법에 반하는 헌법형성만을 헌법변천으로 본다. 헌법을 보충하는 헌법형성은 헌법변천에서 제외한다. 이 책은 '라드브루흐 공식'을 원용하여 헌법규범이 '헌법률적 불법'을 저지르는 경우에만 극히 예외적으로 헌법변천을 인정할 수 있다고 주장한다.

제5부

사안적용 및
결론

제19장
사안적용과 포섭이데올로기

I. 서론

법적 삼단논법의 세 번째이자 마지막 단계는 사안적용을 하는 것이다. 해석으로 구체화된 법규범의 의미내용을 소송절차로 확정된 사실관계에 '적용'하는 것이다. 이를 달리 '포섭'(Subsumtion)이라고 부른다. 법관은 사안적용 또는 포섭을 거침으로써 드디어 법적 결론, 즉 판결 주문에 도달한다. 그런데 전통적인 법적 삼단논법에서는 이러한 사안적용에 관해 이른바 '포섭이데올로기'가 지배하고 있었다. 이에 따르면 법관은 주어진 사안을 해석으로 구체화된 규범의 의미내용에 기계적·논리적으로 포섭하기만 하면 될 뿐이다. 이 과정에서 법관은 마치 '자동포섭장치'가 된 것처럼 철저하게 중립적인 태도를 고수해야 한다. 그렇지만 사안적용 혹은 포섭이 실제로 이렇게 자동적으로, 즉 법관의 적극적인 개입 없이 기계적·논리적으로만 진행되는지에 관해서는 전통적인 법적 삼단논법이 득세하던 당시에도 의문이 제기되었다. 포섭이데올로기가 과연 실재인지, 아니면 이는 이론적으로 만들어진 허구에 불과한지 의문이 제기되는 것이다. 이에 제19장에서는 사안적용을 지배하는 포섭이데올로기를 비판적으로 규명하면서 어떻게 하면 사안적용 또는 포섭을 새롭게 파악할 수 있는지 간략하게 살펴본다.

Ⅱ. 포섭이데올로기

'자유법 운동'을 주도한 독일의 법학자 칸토로비츠는 그 유명한 저서 『법학을 위한 투쟁』 서두에서 당시를 지배하던 '포섭이데올로기'를 다음과 같이 묘사한다.[1]

"지배적이고 전형적인 법률가상이 여기 있다. 대학 교육을 받은 국가기관의 한 고위관료는, 단지 사고하는 기계(Denkmaschine)로, 그러나 가장 완벽한 형식의 사고하는 기계로 무장한 채 직무실에 앉아 있다. 그의 유일한 가구는 그의 앞에 국가법전이 놓여 있는 녹색 책상이다. 사람들이 그에게 어떤 한 사건을 의뢰하는데 그것은 실제로 일어난 사건이거나 혹은 가상의 사건일 수도 있다. 하지만 그는 자신의 의무에 합당하게 순수한 논리적 작업과 오직 자신만이 가지고 있는 비법을 가지고서 입법가가 법전 속에 미리 정해놓은 결정을 고도로 정확하게 증명해 낼 수 있는 능력을 지니고 있다."

위 인용문이 보여주듯이 포섭이데올로기에 따르면, 법관은 해석으로 구체화된 법규범의 의미내용을 사실관계에 적용할 때 '논리적·기계적인 추론과정'만 거치는 것으로 충분할 뿐이다. 여기에 법관이 개입할 여지는 없고 또 그래서는 안 된다. 프랑스의 계몽주의 법학자 몽테스키외가 말한 것처럼 법관은 '법률을 말하는 입'이 되어야 한다.

"명확하면서 동시에 맹목적인 법률은 어떤 사례에서는 지나치게 가혹할 수 있다. 그러나 법관은 앞에서 밝힌 대로 법률의 단어를 말하는 입이고, 법률의 냉철함과 엄격함을 완화시킬 수 없는, 의지 없는 존재이다."[2]

---

1 헤르만 칸토로비츠, 윤철홍 (옮김), 『법학을 위한 투쟁』(책세상, 2006), 21쪽.
2 인용은 윤재왕, "'법관은 법률의 입'?: 몽테스키외에 관한 이해와 오해", 『안암법학』 제30호(2009), 130쪽.

이처럼 포섭이데올로기에 따르면, 법관은 '법률을 말하는 입'으로서 자신의 역할을 수행해야 한다.[3] 전통적인 법적 삼단논법은 이러한 포섭이데올로기에 힘입어 '법률에 대한 법관의 구속이념'을 완전하게 실현하고자 하였다.

Ⅲ. 사안적용 과정의 해석학적 재구성

1. 포섭이데올로기 비판

그렇지만 다수의 법이론가들이 비판하는 것처럼 포섭이데올로기는 실제로 진행되는 법적 추론과정과는 맞지 않다.[4] 이는 다음 두 개의 대법원 판례를 통해서도 확인할 수 있다.

(1) 대법원 1996. 6. 11. 선고 96도791 판결

우선 대법원 1996. 6. 11. 선고 96도791 판결을 살펴보자. 이 판결의 사실관계를 요약하면 다음과 같다. 이 사건의 피해자는 원래 남자였다. 그러나 피해자는 어린 시절부터 여성에 대한 귀속감을 느껴왔다. 그래서 한동안 여장남자 생활을 해오다가 1991년과 1992년 사이에 일본에서 여성으로 성전환 수술을 받았다. 그 결과 피해자는 여성의 외관과 성기를 갖게 되었고 다른 여성들처럼 남성과 성생활도 할 수 있었다. 심지어 성매매를 하며 생계를 유지해 나가기까지 하였다. 그런데 이러한 피해자는 1995년 4월 24일 새벽 12시 30분경 세 명의 남자로부터 삽입이 이루어진 성폭행을 당했다. 이로 인해 피해자에게는 강간의 기수와 전치 1주의 안면부 타박상이라는 결과가 발생하였다. 이에 검사는 가해자들을 「성폭력범죄의 처벌 및 피해자보호에 관한 법률」 제9조, 제6조 제1항, 형법 제297조(강간)를 근거로 하여 기소하였다. 이 사건에서는 여성으로 성전환을 한 남자가 형법상 강간죄의 객체인 '부녀'에 해당하는지가 문제되었다.

---

3 그러나 '법관은 법률의 입'이라고 한 몽테스키외의 주장을 포섭이데올로기와 연계하여 확대해석하는 것은 몽테스키외의 원래 의도를 오독하는 것이라고 비판하는 경우로는 윤재왕, 위의 논문, 147쪽 아래 참고.

4 '포섭이데올로기'는 역사적으로는 존재하지 않았던 허구라는 지적으로는 R. Ogorek, *Richterkönig oder Subsumtionsautomat? Zur Justiztheorie im 19. Jahrbundert* (Frankfurt/M., 1986) 참고.

이에 대해 대법원은 다음과 같은 요지로 성전환을 한 남자는 형법상 강간 죄의 객체인 '부녀'에 해당하지 않는다고 판시하였다.

"형법 제297조는 '폭행 또는 협박으로 부녀를 강간한 자'라고 하여 객체를 부녀에 한정하고 있다. 위 규정에서 부녀라 함은 성년이든 미성년이든, 기혼이든 미혼이든 불문하며 곧 여자를 가리키는 것이라 할 것이다. 그러므로 형법 제297조에서 말하는 부녀, 즉 여자에 해당하는지의 여부도 위 발생학적인 성인 염색체의 구성을 기본적인 요소로 하여 성선, 외부성기를 비롯한 신체의 외관은 물론이고 심리적·정신적인 성, 그리고 사회생활에서 수행하는 주관적·개인적 성역할(성전환의 경우에는 그 전후를 포함하여) 및 이에 대한 일반인의 평가나 태도 등 모든 요소를 종합적으로 고려하여 사회통념에 따라 결정하여야 할 것이다.

그렇다면 위 피해자가 비록 어릴 때부터 정신적으로 여성에의 성귀속감을 느껴왔고, 위의 성전환수술로 인하여 남성으로서의 내·외부 성기의 특징을 더 이상 보이지 않게 되었으며, 남성으로서의 성격도 대부분 상실하여 외견상 여성으로서의 체형을 갖추고 성격도 여성화되어 개인적으로 여성으로서의 생활을 영위해 가고 있다 할지라도, 기본적인 요소인 성염색체의 구성이나 본래의 내·외부성기의 구조, 정상적인 남자로서 생활한 기간, 성전환수술을 한 경위, 시기 및 수술 후에도 여성으로서의 생식능력은 없는 점, 그리고 이에 대한 사회 일반인의 평가와 태도 등 여러 요소를 종합적으로 고려하여 보면 위 피해자를 사회통념상 여자로 볼 수는 없다 할 것이다."

(2) 대법원 1997. 5. 30. 선고 97도597 판결

나아가 대법원 1997. 5. 30. 선고 97도597 판결을 살펴보자. 이 판결의 사실관계는 다음과 같다. 1996년 1월 5일 11시 20분경 피해자인 교통관리공사 직원은 가해자에게 주차위반을 이유로 견인료를 납부하라고 요구하였다. 그러나 가해자는 자신이 주차위반을 하지 않았다고 생각하였다. 이에 가해자가 견인차 사무소를 떠나려 하자 피해자는 가해자가 운전하는 승용차를 가로 막았다. 이

결과 가해자의 차 범퍼 부분이 피해자의 다리를 충격하여 피해자를 약 1m정도 끌고 가다 땅바닥에 넘어뜨렸다. 이 사안에서는 자동차로 피해자를 넘어뜨린 것이 「폭력행위 등 처벌에 관한 법률」 제3조 제1항, 제2조 제1항, 형법 제261조가 규정하는 '위험한 물건의 휴대'에 해당하는지가 문제되었다.

이에 대해 대법원은 다음과 같이 '자동차로 피해자를 넘어뜨린 행위'가 '위험한 물건의 휴대'에 해당한다고 판시하였다.

"폭력행위 등 처벌에 관한 법률 제3조 제1항에 있어서 '위험한 물건'이라 함은 흉기는 아니라고 하더라도 널리 사람의 생명, 신체에 해를 가하는데 사용할 수 있는 일체의 물건을 포함한다고 풀이할 것이므로, 본래 살상용·파괴용으로 만들어진 것뿐만 아니라 다른 목적으로 만들어진 칼·가위·유리병·각종 공구·자동차 등은 물론 화학용품 또는 사주된 동물 등도 그것이 사람의 생명·신체에 해를 가하는 데 사용되었다면 본조의 '위험한 물건'이라 할 것이며, 한편 이러한 물건을 '휴대하여'라는 말은 소지뿐만 아니라 이용한다는 뜻도 포함하고 있다 할 것인데 (…)"

(3) 위 판결에서 드러난 포섭이데올로기의 허구성

그러면 위 두 판결은 전통적인 법적 삼단논법이 추구하는 포섭이데올로기를 잘 실현하고 있는가? 그러나 위 판결을 잘 분석하면 오히려 포섭이데올로기가 일종의 허구라는 점을 확인할 수 있다.

먼저 대법원 1996. 6. 11. 선고 96도791 판결을 보자. 이 판결에서는 여성으로 성전환을 한 생물학적 남성이 그 당시 형법 제297조가 규정하는 강간죄의 객체인 '부녀'에 해당하는지가 문제되었다. 전통적인 법적 삼단논법이 인정하는 포섭이데올로기에 따르면, 법관은 해석으로 '부녀' 개념을 구체화한 후 여성으로 성전환을 한 생물학적 남성이 이 '부녀'에 포섭되는지를 논리적·기계적으로 판단하기만 하면 된다. 그러나 이 대법원 판결의 사실관계가 보여주는 것처럼 여성으로 성전환을 한 생물학적 남성이 '부녀'에 해당하는지 여부는 이렇게 논리적·기계적인 포섭만으로 판단할 수 없다. 왜냐하면 형법 제297조가 규정하는

'부녀' 개념이 지시하는 의미내용은 일종의 '실체'로서 고정되어 있는 것은 아니기 때문이다. 과연 어디까지 '부녀' 개념에 포함시킬 것인가 하는 문제는 논리적·기계적으로 해결할 수 있는 것이 아니라 오히려 특정한 가치판단을 필요로 한다. 위 판결에서 문제된 것처럼 과연 '부녀' 개념은 '생물학적'으로 판단해야 하는가, 아니면 '사회적'으로 판단해야 하는가? 이 문제를 해결하려면 우리는 이 문제의 '메타기준'에 대해 특정한 가치판단을 해야 한다. 이에 관해 대법원은 이 생물학적 남성이 남성들을 대상으로 성매매를 하며 생계를 유지해 왔는데도 'XX 염색체'라는 생물학적 기준을 들어 이 남성을 '부녀'로 판단하지 않았다.[5] 그렇다면 이러한 판단이 논리적·기계적인 포섭을 통해 이루어진 것이라고 말할 수 있을지 의문이다.

이러한 문제점은 대법원 1997. 5. 30. 선고 97도957 판결에서도 그대로 되풀이 된다. 이 판결에서는 승용차로 피해자를 넘어뜨린 행위가 「폭력행위 등 처벌에 관한 법률」 제3조 제1항, 제2조 제1항에 따라 형법 제261조가 규정하는 '위험한 물건을 휴대'한 경우에 해당하는지가 쟁점이 되었다. 결론적으로 대법원은 이를 긍정하였는데 이러한 결론의 타당성은 논외로 하더라도 과연 이러한 결론이 전통적 삼단논법이 예정하는 포섭에 바탕을 둔 것인지에는 의문이 있다.[6] 왜냐하면 '위험한 물건을 휴대하여'라는 법문언 역시 포섭이데올로기가 예정하는 것처럼 '기계적·논리적'으로 사실관계에 적용될 수 있는 것은 아니기 때문이다. 예를 들어 '위험한'이라는 개념은 규범적 개념이어서 승용차가 '위험한 물건'에 해당하는지를 판단하려면 기계적·논리적인 포섭만으로는 충분하지 않고 별도의 해석 및 가치판단 과정을 거쳐야 한다. 이는 '휴대'라는 비교적 서술적인 개념에서도 마찬가지이다. '휴대' 개념 자체에 관해 우리 학계에서는 크게 세 가지의 해석론이 대립하기 때문에 '승용차로 피해자를 넘어뜨린 행위'가 이와 같은 '휴대' 개념에 포섭되는지 여부를 판단하려면 다시 특정한 가치판단 과

---

5 이러한 대법원 판결의 결론을 비판하는 평석으로는 먼저 정현미, "성전환수술자의 강간죄의 객체 여부," 『형사판례연구』 제6권(박영사, 1998), 166쪽 아래; 김일수, "합동강간치상죄의 불능미수," 『판례연구』(고려대) 제8집(1996), 115쪽 등 참고.

6 이러한 대법원 판결의 결론에 부정적인 평석으로는 강용현, "자동차를 이용한 폭행과 「위험한 물건의 휴대」," 『저스티스』 제31권 제4호(1998), 115쪽 아래.

정을 거쳐야 한다.[7] 그러나 만약 포섭이데올로기가 예정하는 것처럼 법적 삼단논법을 통해 이루어지는 모든 포섭과정이 순수한 기계적·논리적 과정이라면, '휴대'와 같은 일상적 개념에 관해 세 가지나 되는 해석론이 대립할 필요는 없을 것이고, 나아가 '승용차로 피해자를 넘어뜨린 행위'가 '위험한 물건을 휴대'한 행위인지 판단하는 것도 그리 어렵지 않을 것이다. 그렇지만 위 판결이 보여주는 것처럼, '승용차로 피해자를 넘어뜨린 행위'가 '위험한 물건을 휴대'한 것인지를 판단하는 작업은 생각보다 쉽지 않은 일이었다.

2. 법해석학으로 다시 바라본 사안적용 과정

이렇게 전통적인 법적 삼단논법이 예정하는 포섭이데올로기가 구체적인 법적 추론과정과는 맞지 않는 일종의 허구라면 법적 추론과정, 그중에서도 사안적용 과정을 어떻게 이해해야 할까? 이에 대해서는 법해석학이 한 대답이 될 수 있다. 철학적 해석학의 성과를 수용한 법해석학자들은 법규범을 사안에 적용하는 과정은 논리적·기계적으로 이루어지는 포섭과정이 아니라 법규범에 내재된 규범적 관점과 사실관계에 담겨 있는 사물논리적 관점이 해석자가 지닌 선이해 또는 인식관심을 매개로 하여 상호적으로 영향을 미치는 '해석학적 순환과정'이라고 이해한다. 독일의 형법학자 엥기쉬는 이를 '규범과 사안 사이에서 시선의 오고감'이라고 비유적으로 표현하기도 하였다.[8] 법규범을 구체화하여 이를 사실관계에 적용하는 과정은 법규범에 대한 관점과 사실관계에 대한 관점이 순환적으로 서로 교환되면서 진행되는 과정이라는 것이다. 이는 법해석학의 관점을 적극적으로 수용한 독일의 법철학자 카우프만에서도 찾아볼 수 있다. 카우프만은 다음과 같이 말한다.[9]

---

7 강용현 당시 판사(현재는 변호사)는 이러한 견해 대립을 협의설, 중간설, 광의설이라는 이름으로 소개한다. 이에 따르면 협의설은 '휴대하여'의 의미를 사전적 의미 그대로 '몸에 지니는 것을 의미'하는 것으로 해석한다. 이와 달리 중간설은 기본적으로 협의설과 같으나 '휴대하여'가 반드시 손에 집어 들어야 하는 것은 아니라고 한다. 마지막으로 광의설은 '휴대하여'를 '적극 이용하여'라고 새기는 견해라고 한다. 강용현 판사는 협의설을 지지하였다.

8 K. Engisch, *Logische Studien zur Gesetzesanwendung*, 3. Aufl. (Heidelberg, 1963), 15쪽.

9 이에 관해서는 Arth. Kaufmann, *Analogie und »Natur der Sache«: zugleich ein Beitrag zur Lehre vom Typus*, 2. Aufl. (Heidelberg, 1982), 38쪽.

"그러므로 법을 발견하는 과정은 생활사안과 규범을 서로 **상응시키는 것, 적응시키는 것, 동화시키는 것이다.**"(강조는 원문)

여기서 알 수 있듯이 법을 발견하는 과정에서는 규범과 사안 사이에 진행되는 관점의 상응, 다시 말해 해석학적 순환이 중요한 역할을 수행한다. 그러면서 카우프만은 '상응'의 구체적인 방법으로 '유사성 판단', 즉 '유추'를 제시한다. 카우프만에 따르면, 법규범을 구체화하고 적용하는 모든 작업은 '유추적'일 수밖에 없다. 예를 들어 자동차가 '위험한 물건'에 해당하는지를 판단하는 작업은 '위험한 물건'이라는 추상적인 법문언과 자동차라는 구체적인 사실관계의 요소 사이에 '유사성'이 있는지를 찾아가는 과정이라는 것이다.[10]

카우프만의 제자로서 역시 법해석학을 받아들인 독일의 형법학자 하쎄머 (W. Hassemer) 역시 마찬가지 맥락에서 법규범을 구체화하는 작업은 바로 '유형비교'를 통해 이루어진다고 한다.[11] 예를 들어 자동차가 '위험한 물건'에 해당하는지를 판단하는 작업은 우리가 일상적으로 '위험한 물건'인지를 쉽게 판단할 수 있는 총 또는 칼 등과 같은 유형과 자동차 등과 같은 유형을 서로 비교하고 유사성을 찾는 방식으로 이루어진다는 것이다.[12]

이러한 법해석학자들의 성과를 종합하면, 법적 결론을 도출하는 사안적용 과정은 논리적·기계적인 포섭을 통해 진행되는 이루어지는 과정이 아니라 해석을 통해 구체화된 법규범의 의미내용과 소송으로 확정된 사실관계가 법관의 선이해를 매개로 하여 상호적으로 영향을 미치는 '나선형의 순환과정'이라고 말할 수 있다. 이때 '유사성 판단' 또는 '유형비교'가 핵심적인 역할을 수행한다.

---

10 Kaufmann, 위의 책, 38쪽 아래.
11 이에 관해서는 W. Hassemer, *Tatbestand und Typus: Untersuchungen zur strafrechtlichen Hermeneutik* (Köln u.a., 1968) 참고.
12 이와 같은 유사성 판단을 알기 쉽게 설명하는 경우로는 이상돈, 『로스쿨을 위한 법학입문』(법문사, 2009), 136~138쪽 참고.

제20장
삼단논법적 법률해석론 비판

I. 서론

지금까지 가장 대표적인 법학방법인 법적 삼단논법을 기본 토대로 하여 각 단계에서 어떤 문제가 제기될 수 있는지, 이를 어떻게 풀어가는 게 바람직한지 살펴보았다. 이처럼 삼단논법적 법학방법론 및 이에 기반을 둔 삼단논법적 법률해석론은 오랫동안 지배적인 법학방법론으로 승인되어 왔다. 지금도 이 방법론과 법률해석론은 여전히 유효한 것으로 사용된다. 이를 예증하듯이 학생들을 대상으로 한 각종 사례문제를 보면, 대부분 이러한 삼단논법에 기반을 두어 해법을 제시하고 있다는 점을 발견할 수 있다.[1] 필자 역시 이러한 삼단논법적 법학방법론과 여기에 기반을 둔 삼단논법적 법률해석론이 여전히 우리 법학방법론의 중심을 이룬다는 점뿐만 아니라 중심을 이루어야 한다는 점에 기본적으로 동의한다. 하지만 그렇다고 해서 삼단논법적 법학방법론이 안고 있는 법이론적 한계를 간과하거나 무시해서는 안 된다고 생각한다. 필자는 삼단논법적 법학방법론이 안고 있는 한계를 정확하게 인식할 수 있어야만 비판적이고 성찰적으로 이러한 방법론과 법률해석론을 사용할 수 있다고 생각한다. 제20장은 이러한 문제의식을 기반으로 하여 삼단논법적 법률해석론이 어떤 한계를 지니고 있는

---

1 이를 보여주는 것으로 가령 송덕수,『신민법사례연습』(박영사, 2008) 참고.

지를 법이론적인 관점에서 검토한다.

Ⅱ. 법률해석의 의의

법률해석이란 일반적·추상적으로 구성된 법규정의 규범적 의미내용을 확정하는 작업을 말한다.[2] 일반적으로 법규정, 즉 '법률텍스트'는 추상적으로 구성되는 경우가 많다. 그 때문에 구체적인 분쟁이 발생했을 때 법률텍스트 그 자체만으로는 이러한 분쟁에 대해 말해줄 수 있는 게 적을 때가 많다. 바로 이러한 이유에서 해석이 필요하다. 한 개인이 누려야 하는 자유를 적정하게 사용할 수 있도록 보장하는 규율이자 이해조정 수단, 정당한 규율 또는 생활세계의 정당한 배후근거이자 체계통합에 기여하는 법은 바로 이러한 해석을 통해 비로소 실제 사건에서 자신의 역할을 구체적으로 수행할 수 있다.[3] 이러한 법해석은 구체적으로 헌법해석, 민법해석, 형법해석 등 다양한 형태로 진행된다.

이러한 법률해석과 구별해야 할 개념이 있다. 먼저 일반적인 견해에 따르면, '해석'과 '유추'는 구별된다고 한다. 해석은 법문언의 가능한 의미 안에서 행해지는 것인 데 반해, 유추는 이러한 한계를 벗어나 이루어지는 것이기 때문이라고 한다.[4] 이러한 이유에서 유추를 해석의 일종으로 파악하지 않고 적용, 즉

---

2 엄격하게 말하면 '법해석'이라고 해야겠지만 제20장에서는 '법률'이라는 개념을 헌법보다 하위에 있는 것으로 국회가 제정한 '법률'을 뜻하는 것이 아니라 일반적인 법규범의 의미로 사용하고자 한다. 한편 법률해석의 개념은 삼단논법적 방법론을 취하느냐, 아니면 해석학적 방법론을 취하느냐에 따라 달리 정의할 수 있다. 전통적인 삼단논법에 따르면, 법률해석이란 대전제인 법규범의 내용을 소전제와는 무관하게 기계적으로 구체화하는 작업이라고 말할 수 있다. 그렇지만 해석학적 관점에서 보면, 법률해석이란 해석자의 선이해가 개입되어 진행되는 것으로 대전제인 법규범과 소전제인 사안 사이에서 이루어지는 '상응' 과정이라고 말할 수 있다. 해석학적 법률해석의 개념에 관해서는 빈프리트 하쎄머, 이상돈 (역), "법해석학", 배종대·이상돈 (편역), 『형법정책』(세창출판사, 1998), 52쪽 참고.
3 법을 이해조정 수단이자 정당한 규율로 파악하는 견해로는 라인홀트 치펠리우스, 이재룡 (역), 『법의 본질』(길안사, 1999) 참고. 법을 생활세계의 배후근거이자 체계통합의 매체로 파악하는 경우로는 위르겐 하버마스, 장춘익 (옮김), 『의사소통행위이론 2』(나남출판, 2006), 555쪽 아래. 이를 요약해서 소개하는 이상돈, 『기초법학』(법문사, 2008), 단락번호 [2] "법과 대화이론" 참고.
4 배종대, 『형법총론』(홍문사, 1996), 109쪽 아래와 각주(29)에 소개된 문헌 참고. 다만 배종대 교수는 이러한 지배적인 견해와는 달리, 해석과 유추는 '구체적인 논증'으로 구별해야 한다고 본다. 배종대, 같은 책, 110쪽. 이외에 '법문언의 가능한 의미'를 기준으로 하여 해석과 유추를 구별하는 견해로는 우선 김영환, "형법해석상 해석과 유추의 한계: 이상돈 교수의 반론에 대하여", 『저스티

유추'적용'으로 이해하기도 한다. 그러나 해석 자체가 유추적 성격을 띤다는 점에서 볼 때,[5] 해석과 유추를 이른바 '법문언의 가능한 의미'라는 기준만으로 구별하는 태도에는 문제가 있다고 생각한다.[6] 결론적으로 말하면 해석과 유추는 질적인 측면에서는 동일하다고 생각한다. 다만 우리 헌법의 기본원리인 법치주의 요청에 따라, 특히 죄형법정주의가 지배하는 형법영역에서 '허용되는 해석'과 '금지되는 유추'로 구별할 수 있을 뿐이다.[7]

다음 헌법해석에서 보면 헌법'해석'과 헌법'변천'이라는 구별이 있다. 지배적인 견해에 따르면, 헌법변천이란 헌법규정에는 아무런 변화가 없는데도 헌법규정의 의미내용이 변경된 것을 말한다.[8] 이러한 점에서 헌법변천은 헌법규정이 정한 문언의 범위 안에서 이루어지는 헌법해석과 구별된다. 그러나 헌법변천과 헌법해석을 구별하는 문제에 관해서는 해석과 유추를 구별하는 문제와 같이 여러 가지 문제를 생각할 수 있는데 제20장에서는 상세하게 논의하지 않기로 한다.[9]

Ⅲ. 전통적인 법률해석의 방법론적 기초로서 삼단논법

1. 의의

전통적으로 법률해석은 삼단논법적 법학방법론의 한 부분을 이룬다. 여기서 '삼단논법'이란 흔히 '연역모델'이라고도 하는데 특정한 '대전제'(상위명제)를 전제로 하여 이 대전제에 '소전제'(하위명제)를 '포섭'시켜 결론을 도출하는 논리적 추론 방법을 말한다.[10] 이러한 삼단논법을 법학방법론에 대입하면 구체적으로 다음과 같은 법적 분쟁해결 절차를 도출할 수 있다. 우선 제1단계에 해당하는 대전제

스』 제29권 제2호(1997), 77쪽 아래 등 참고.
5 배종대, 앞의 책, 110쪽.
6 이 문제에 관해서는 우선 양천수, "형법해석의 한계: 해석논쟁을 중심으로 하여", 『인권과 정의』 제379호(2008), 144~158쪽 및 이 책 제14장 참고.
7 이에 관해서는 이상돈, 『법이론』(박영사, 1996), 121쪽 아래.
8 계희열, 『헌법학(상)』(박영사, 1996), 101쪽.
9 이에 관해서는 이 책 제18장 참고. 여기서 필자는 헌법변천을 헌법 문언에 반하는 헌법형성으로 파악한다.
10 삼단논법에 관한 일반적 설명은 이상돈, 앞의 책, 32쪽 아래.

는 추상적인 법규범을 말한다. 제2단계에 해당하는 소전제는 실제로 발생한 법적 분쟁을 지칭한다. 그리고 대전제인 법규범을 소전제인 사안에 적용(또는 포섭)하여 법적 결론을 획득하는 단계를 제3단계인 사안적용이라고 말한다. 이때 법률해석은 바로 대전제인 법규범을 구체화하는 데 사용되는 수단이 된다.

2. 삼단논법적 법률해석과 관련한 문제

(1) 대전제와 관련한 문제로서 해석목표에 관한 논의

삼단논법적 법학방법론에 따르면, '해석목적'과 '해석목표' 그리고 '해석방법'(해석카논)을 각각 구별할 수 있다. 우선 '해석목적'은 법률을 구체화하는 것이라고 한다. 이에 반해 '해석목표'는 해석목적을 달성하기 위한 전제로, 실체로서 객관적으로 존재하는 법규범의 의미내용을 밝히는 것이라고 한다. 한편 '해석방법'은 이러한 해석목표를 찾기 위한 방법이라고 한다. 그런데 특히 해석목표가 무엇인지에 관해 견해가 대립하였다. 주관설과 객관설의 대립이 그것이다.[11]

주관설은 '입법자의 의사'를 확인하는 것을 해석목표로 본다. 그 이유는 근대 입법국가에서는 입법자의 의사가 가장 확고한 민주적 정당성을 갖고 있기 때문이라고 한다. 이러한 주관설에 따르면, 법률해석에서 가장 중요한 해석방법은 바로 역사적 해석이다. 이에 대해 객관설은 법률이 담고 있는 객관적인 의사를 확인하는 것을 해석목표로 이해한다. 왜냐하면 아무리 입법자라 할지라도 완전무결할 수는 없고, 더군다나 사회가 변하면서 입법자가 원래 의도했던 법규범의 의사와 실제 현실 사이에 괴리가 발생할 수 있기 때문이다. 법률은 입법자보다 영리하다는 것이다. 이러한 객관설에 따르면, 목적론적 해석이 가장 중요한 해석방법이 된다.

그러나 이러한 객관설과 주관설의 대립은 삼단논법적 법학방법론이 법이론의 견지에서 비판받는 오늘날의 시점에서 볼 때 더 이상 유지되기 어려운 점이 있다. 그 전제 자체가 법이론의 시각에서 볼 때 문제가 있기 때문이다.[12] 이

---

11 해석목표에 관한 논의는 우선 K. Larenz, *Methodenlehre der Rechtswissenschaft*, 6. Aufl. (Berlin usw., 1991), 316쪽 아래.
12 계희열 (편역), 『헌법의 해석』(고려대학교출판부, 1993), 23쪽 아래.

러한 문제점은 아래 Ⅳ.에서 자세하게 다루기로 한다.

(2) 해석방법과 관련한 문제

해석방법이란 법규범이 담고 있는 의미내용을 구체적으로 밝히는 데 사용하는 방법을 말한다. 해석방법은 19세기의 역사법학자이자 로마법학자인 사비니로부터 비롯한다. 그 당시 사비니는 해석의 필요성을 인정하고 해석방법으로 문법적 해석, 논리적 해석, 체계적 해석, 역사적 해석을 제시하였다. 이렇게 사비니가 제안한 해석방법은 이후 계속 발전하였고 목적론적 해석과 헌법합치적 해석 등이 추가되어 오늘날에 이르고 있다.[13]

한편 헌법해석 영역에서는 이러한 해석방법과 구별되는 것으로 '해석원칙' (또는 '해석준칙')이라는 개념이 거론된다. 해석원칙은 헌법학자인 콘라드 헷세의 헌법해석방법론에서 찾아볼 수 있다. 콘라드 헷세는 해석원칙으로 헌법의 통일성 원칙, 실제적 조화 원칙, 기능적 적정성 원칙, 통합작용 원칙, 헌법의 규범력 원칙을 든다.[14] 문제는 이러한 해석원칙을 어떻게 전통적인 해석방법과 구별할 수 있는가 하는 점이다. 이 문제는 상당히 복잡한데 여기서는 필자가 갖고 있는 생각만을 간단하게 언급한다. 우선 전통적인 해석방법과 헌법해석원칙은 그 전제를 달리 한다. 헌법해석원칙은 삼단논법적 법학방법론을 필연적으로 전제하는 것은 아니기 때문이다. 그렇다면 해석방법과 헌법해석원칙은 전혀 별개의 범주인가? 그렇지는 않다고 생각한다. 해석원칙은 해석방법을 다른 관점에서 구체화한 것이다.[15] 결론적으로 양자의 차이를 말하면, 해석방법과 헌법해석원칙은 그 본질 면에서는 같은 것이나 다만 방법론적 전제를 달리 한다고 할 수 있다.[16]

해석방법과 관련한 문제로는 다음과 같은 것을 생각할 수 있다. 한 법규정에 대해 각기 상이한 해석방법을 사용하는 것이 양립할 수 있을 때 과연 어떤

---

13 해석방법에 대한 소개는 먼저 이상돈, 앞의 책, 64쪽 아래; 배종대, 앞의 책, 113쪽 아래 참고.

14 계희열 (편역), 앞의 책, 85쪽 아래.

15 헌법학자로는 독일의 프리드리히 뮐러가 이렇게 생각한다. F. Müller, *Juristische Methodik* (Berlin, 1990), 214쪽 참고. 또한 같은 견해로는 크리스티안 슈타르크, "헌법해석", 계희열 (편역), 『헌법의 해석』(고려대학교출판부, 1993), 325쪽 아래 참고.

16 물론 전통적인 해석방법은 삼단논법적 방법론뿐만 아니라 해석학적 방법론을 전제로 하더라도 사용할 수 있다. 이에 관해서는 크리스티안 슈타르크, 위의 논문, 325쪽 아래. 이렇게 보면 해석방법과 해석원칙 사이의 실질적 차이는 사라진다.

해석방법을 가장 우선적인 해석방법으로 볼 수 있는가? 이는 해석방법의 메타규칙에 관한 문제이다. 이 문제에 관해서는 전통적으로 다음과 같은 해결방안이 제시되었다. 앞에서 언급한 것처럼 주관설은 역사적 해석을 가장 우월한 해석방법으로 인정한다. 이에 반해 객관설은 목적론적 해석을 우선시 한다. 한편 분석적 법이론가라고 일컬어지는 코흐(H.-J. Koch)와 뤼스만(H. Rüßmann)은 문법적·체계적 해석을 가장 우선시 하고, 다음으로 역사적 해석, 목적론적 해석이라는 순으로 해석방법을 서열화한다.[17] 다른 한편 삼단논법적 법학방법론을 받아들이지 않는 공법학자 프리드리히 뮐러는 민주적 정당성의 관점에서 문법적 해석을 모든 해석방법의 한계로 설정한다.[18] 그러나 아래 IV.에서 자세히 다루겠지만 이러한 시도는 모두 성공하지 못했다고 평가할 수 있다. 왜냐하면 해석방법의 메타규칙을 생각하는 것은 쉽지 않기 때문이다.[19] 이러한 결론은 삼단논법적 법학방법론이라는 전제 자체를 순수하게 인정하기 쉽지 않다는 주장과도 관련을 맺는다.

3. 법률해석론에 관한 국내의 논의

필자가 아는 한에서 법률해석론에 관해 국내에서 전개되는 논의를 보면, 삼단논법적 법학방법론에 터 잡아 법률해석론을 논하는 것이 아직까지도 지배적인 것으로 보인다. 아래에서는 헌법해석, 민법해석, 형법해석에 한정해서 법률해석론에 관한 논의를 소개하기로 한다.

먼저 민법학에서 전개된 법률해석론을 본다. 민법학에서는 법률해석론 자체에 관해 논의가 그리 많이 이루어진 것 같지는 않다.[20] 대표적인 민법 교과서를 살펴보면, 민법해석에 관해 전통적인 삼단논법에 입각해 서술하고 있을 뿐이

---

17 H.-J. Koch/H. Rüßmann, *Juristische Begründungslehre* (München, 1982). 176쪽 아래.
18 프리드리히 뮐러, "법규범의 구조에 관한 주요명제", 계희열 (편역),『헌법의 해석』(고려대학교출판부, 1993), 267쪽.
19 이상돈, 앞의 책, 69쪽.
20 다만 상법학자인 남기윤 교수는 사법학자로는 보기 드물게 법률해석론을 포함한 법학방법론에 관해 심도 깊은 연구를 수행하였다. 예를 들어 남기윤,『유형론적 방법론과 회사법의 신이론』(학우, 1999); 남기윤, "독일 사법학 방법론의 현상과 신경향들",『저스티스』제95호(2006), 77~107쪽 등 참고.

다.[21] 다만 일찍이 김형배 교수는 민법학 방법론에 관한 독일의 논의를 본격적으로 소개하기도 하였다.[22] 그렇지만 이러한 연구만으로는 김형배 교수가 정확하게 어떤 방법론에 입각하여 법률해석론을 전개하는지 그리 명확하지는 않다. 필자가 조심스럽게 판단하기에는 김형배 교수는 여전히 삼단논법적 법학방법론에 입각하여 법률해석론을 전개하고 있는 것이 아닌가 한다.[23] 그밖에 민법학의 법률해석론에 관한 연구로 양창수 교수가 수행한 연구를 거론할 수 있다.[24] 양창수 교수는 한편으로는 법률해석에서 '선이해'가 작용한다는 점을 인정하고 있지만,[25] 다른 한편으로는 해석방법 가운데서 입법자의 의사를 존중하는 역사적 해석(주관적 해석)에 우선권을 인정한다.[26] 양창수 교수는 해석방법 사이에서 일정한 서열을 인정할 수 있다고 보는 것이다. 이러한 점에 비추어 보면 양창수 교수 역시 삼단논법적 법률해석에서 완전하게 벗어났다고는 말할 수 없을 것이다.

다른 영역과는 달리 형법학 영역에서는 법률해석론에 관해 수준 높은 논의가 진행되었다. 특히 형법 제170조가 규정한 '실화죄'에 대한 대법원 1994. 12. 20.자 94모32 전원합의체 결정과 관련하여 심도 깊은 형법해석 방법론 논쟁이 전개되기도 하였다.[27] 이 논쟁에서 확인할 수 있는 것은 형법학에서는 삼단논법적 법학방법론을 넘어선 해석론이 어느 정도 스며들어 있다는 점이다. 그러나 아직까지 다수의 형법 교과서를 보면, 삼단논법적 법학방법론에 바탕을 둔 형법해석론이 지배적이라는 점을 알 수 있다. 이러한 경향은 허용되는 해석과 금

21 곽윤직, 『민법총칙』(박영사, 1992), 81쪽.
22 김형배, "법률의 해석과 흠결의 보충: 민사법을 중심으로", 『민법학연구』(박영사, 1989), 2쪽 아래; 김형배, "판례의 법형성적 기능", 『민법학연구』(박영사, 1989), 44쪽 아래.
23 김형배 교수가 번역하기도 한 『법학방법론』의 저자인 독일의 공법학자 치펠리우스(R. Zippelius)가 여전히 삼단논법적 법학방법론에 입각하고 있다는 점이 한 근거가 될 수 있다. 라인홀트 치펠리우스, 김형배 (역), 『법학방법론』(삼영사, 1995) 참고.
24 양창수 교수는 민법학자로는 드물게 법철학적 사유와 법학방법론에 많은 관심을 기울인다. 이를 예증하는 문헌으로 양창수, "법해석의 다양한 양상 또는 실정법학자의 법학방법론: 크라머의 『법학방법론』", 『민법연구』 제6권(박영사, 2001), 11쪽 아래.
25 양창수, "내용이 변동하는 집합적 동산의 양도담보와 그 산출물에 대한 효력", 『민법연구』 제5권(박영사, 1999), 428쪽: "그러한 의미에서 대상판결은 법관이 개별적 사실관계를 파악하는 「준거틀」로서의 법적 전이해가 매우 중요한 의미가 있음을 알게 한다."
26 양창수, "동산질권에 관한 약간의 문제", 『민법연구』 제1권(박영사, 1992), 272쪽.
27 이 논쟁을 정리하는 문헌으로 양천수, "형법해석의 한계: 해석논쟁을 중심으로 하여", 『인권과 정의』 제379호(2008), 144~158쪽 및 이 책 제14장 참고.

지되는 유추의 구별기준으로 여전히 '문언의 가능한 의미'가 인정되고 있다는 점에서도 찾아볼 수 있다.[28]

　민법학이나 형법학과는 달리 헌법학에서는 헌법해석의 '특수성'에 관해 활발한 논의가 이루어졌다.[29] 민법이나 형법과 같이 '규칙' 중심으로, 즉 조건 프로그램을 중심으로 구성된 법규범과 비교해 볼 때 헌법은 '원칙' 중심으로 짜인 법규범으로서 고도의 추상성과 개방성을 지닌다.[30] 이렇게 헌법규범이 고도의 추상성과 개방성이라는 특수성을 지닌다는 점은 우리 헌법의 기본권 규정을 일별해 보아도 금방 알 수 있다. 이러한 이유에서 전통적인 법규범을 대상으로 한 삼단논법적 법률해석론은 헌법을 해석하는 데 적합하지 않다는 것이 지배적인 견해이다.[31] 다만 삼단논법적 법률해석을 떠나고자 하는 경우에는 과연 어떤 방법으로 헌법을 해석해야 하는지에 관해서는 아직까지 논의가 분분하다. 그런데 필자가 보기에 이렇게 헌법해석에 관해 제시되는 문제는 단순히 헌법해석 자체만의 문제라기보다는 법률해석 일반의 문제로 확장해서 이해할 수 있다.

　이렇게 학계에서 전개되는 논의 상황에 대해 판례는 법률해석에 관해 어떤 태도를 취하고 있는지 문제된다. 필자가 파악한 한도에서 말한다면, 우리 대법원이 법률해석에 관해 정확하게 어떤 방법론에 입각하고 있는지를 명시적으로 보여주는 판례는 아직까지는 보이지 않는다. 그렇지만 실무가 일반적으로 취하는 판결서 양식이 삼단논법적 구조와 유사하다는 점, 전통적으로 판례는 '법리'나 '문리'라는 용어를 사용해 왔다는 점에서 보면, 판례는 전반적으로 삼단논법적 법학방법론에 입각한 법률해석론을 취하고 있다고 추측할 수 있다.[32] 더군다

---

28 우리 대법원의 확고한 태도이기도 하다. 가령 대법원 1994. 12. 20. 94모32 결정은 "(…) 이렇게 해석한다고 하더라도 그것이 법규정의 가능한 의미를 벗어나 법형성이나 법창조행위에 이른 것이라고는 할 수 없어 죄형법정주의의 원칙상 금지되는 유추해석이나 확장해석에 해당한다고 볼 수는 없을 것이"라고 한다.

29 헌법해석에 관해서는 우선 계희열 (편역), 계희열 (편역), 『헌법의 해석』(고려대학교출판부, 1993); 이부하, "독일에서의 헌법해석의 방법론", 『공법연구』 제32집 제4호(2004), 191~211쪽 등 참고.

30 '원칙'과 '규칙'의 구별에 관해서는 로베르트 알렉시, 이준일 (역), 『기본권이론』(한길사, 2007), 111쪽 아래.

31 계희열, 앞의 책, 66쪽 아래; 허영, 『헌법이론과 헌법(상)』(박영사, 1989), 96쪽 아래.

32 이상돈, 앞의 책, 32쪽 아래.

나 판례는 형법 제170조에 관한 전원합의체 결정에서 '허용되는 해석'과 '금지되는 유추'의 구별기준으로, 다시 말해 형법해석의 한계기준으로 '문언의 가능한 의미'를 제시함으로써 이러한 필자의 판단을 더욱 개연성 있는 것으로 뒷받침하였다. 그러나 지금까지 대법원이 축적한 판결들을 실질적으로 분석하면, 대법원이 생각보다는 삼단논법적 법학방법론을 전제로 한 법률해석론에서 상당히 벗어나 있다는 점을 확인할 수 있다. 이 점은 형법상 '복사문서의 문서성'에 관해 판례가 보여준 태도 변경을 보더라도 쉽게 뒷받침된다.[33] 또한 형법학자인 하태훈 교수나 이용식 교수가 적절하게 지적한 것처럼, 판례는 일종의 '의미창조적 확장해석'을 시도하고 있다는 점에서도 판례가 실질적으로는 삼단논법적 법학방법론에서 벗어나 '정책'지향적으로 형법규범을 해석하고 있다는 점을 발견할 수 있다.[34]

IV. 삼단논법적 법률해석론 비판

1. 이론적 전제에 대한 언어이론적 비판

(1) 삼단논법적 법률해석론의 이론적 전제

삼단논법적 법률해석론은 이론적으로 실체존재론적 법인식론을 전제로 한다. 이러한 이론적 전제는 언어분석철학의 성과를 받아들여 발전된 분석적 법이론의 전제로서 아직도 생명력을 유지하고 있다.[35] 진리이론의 측면에서 보면, 이러한 실체존재론적 법인식론은 '진리대응이론'과 연결된다.[36] 진리대응이론은 언어로 구성된 특정한 명제가 진리로 승인되려면, 이러한 명제가 실제로 존재하는 대상과 일치해야 한다고 주장한다. 특정한 언어적 명제가 실제 대상과 '대응'하는지 여부를 통해 검증될 수 있을 때 비로소 '참'이라고 인정할 수 있다는

---

33 자세한 내용은 이상돈, 앞의 책, 66쪽 아래.

34 하태훈, "형벌법규의 해석과 죄형법정 원칙", 『형사판례연구』 제11권(박영사, 2003), 19쪽; 이용식, "형법해석의 방법", 『서울대학교 법학』 제46권 제2호(2005), 40쪽 및 이 책 제15장 참고.

35 이를 보여주는 것으로서 H.－J. Koch/H. Rüßmann, 앞의 책 참고.

36 진리대응이론에 관해서는 변종필, 『형사소송에서 진실개념』(고려대 법학박사 학위논문, 1996), 74쪽 아래 참고.

것이다. 이러한 진리대응이론을 대변하는 것으로 비트겐슈타인의 '전기 언어이론'과 오스트리아 빈을 중심으로 결성된 '논리실증주의'를 거론할 수 있다.

비트겐슈타인은 1918년에 출간한 『논리철학논고』에서 이른바 '그림이론'을 제시한다. 이를 간단하게 요약하면 다음과 같다.[37] 비트겐슈타인에 따르면, 세계는 '있는 그대로' 존재하는 것이 아니다. 다시 말해 세계는 인간의 언어와 무관하게 그 자체 독립해서 존재하는 대상이 아니다. 비트겐슈타인에 따르면, 세계는 오직 인간의 언어를 통해서만 인식할 수 있다. 그러면 세계는 어떻게 언어를 통해 인식되는가? 바로 언어가 세계를 반영함으로써, 바꿔 말해 언어가 세계를 그려냄으로써 우리는 이러한 언어를 통해 세계를 인식할 수 있다. 다만 여기에서 주의해야 할 점은 언어가 대상 하나하나를 그려내는 것은 아니라는 점이다. 오히려 언어는 이러한 대상들이 결합하여 구성해낸 '사태'(Tatsache)를 그려낸다. 예를 들어 언어는 '여기에 책상이 있다.'는 사태를 반영하지 '책상'이라는 대상 자체를 반영하는 것은 아니라는 것이다. 그리고 이러한 사태가 실제로 존재하면, 이것이 바로 '사례'(Fall)가 된다. 결론적으로 비트겐슈타인에 따르면, 세계는 바로 이러한 사례들로 구성된다.

이상이 바로 비트겐슈타인이 제시한 전기 언어이론이다. 통상 '그림이론'으로 지칭되는 이 이론은 세계라는 '물자체가 결코 언어와 무관하지 않다는 점을, 즉 세계는 언어를 매개로 하지 않고는 결코 인식될 수 없다는 점을 일깨웠다는 점에서 그 의의를 찾을 수 있다. 그러나 언어가 사태를 그려낸다는 주장에는 쉽사리 수긍하기 어려운 점이 있다. 어떻게 언어가 사태를 그려낼 수 있다는 말인가? 이때 그 기준이나 요소는 과연 무엇인가? 이러한 문제에 대해 비트겐슈타인은 '논리적 유사성'을 대답으로 내놓는다. 이러한 '논리적 유사성'은 '크기', '운동', '위치'라는 속성으로 구성된다고 한다. 그러나 결국 비트겐슈타인은 어떻게 언어적 명제가 사태를 그려내는가에 명확한 대답을 제시하지 못하고 있다. 바로 이러한 이론적 결함 때문에 비트겐슈타인은 후에 그림이론과 결별하고 새롭게 '말놀이'를 핵심으로 하는 후기 언어이론으로 방향을 바꾼다.

---

37 아래의 내용은 주로 유스투스 하르트낙, "비트겐슈타인과 현대철학", 엄정식 (편역), 『비트겐슈타인과 분석철학』(서광사, 1990), 68쪽 아래를 참고하였다.

논리실증주의는 비트겐슈타인의 전기 언어이론을 수용하여 등장한 학파이다. 논리실증주의에 따르면, 철학의 과제는 언어를 명료하게 하는 것이다. 논리실증주의는 이제까지 철학이 경험적으로 검증할 수 없는 명제에 너무 집착해왔다고 본다. 그러나 논리실증주의에 따르면, 경험적으로 검증할 수 없는 명제는 무의미한 명제일 뿐이다. 따라서 이제 철학의 임무는 경험적으로 검증할 수 있는 명제와 검증할 수 없는 명제를 구별하여 검증할 수 있는 명제만을 검토하는 것이다. 이렇게 함으로써 비로소 진리에 도달할 수 있다고 한다. 여기서 알 수 있듯이 논리실증주의는 '경험적으로 검증할 수 있는지 여부'를 통해 일정한 명제의 '진리성'을 판단하려 한다. 이 점에서 논리실증주의 역시 진리대응이론과 관련을 맺는다. 그러나 이러한 태도는 새로운 언어이론과 진리이론이 등장하면서 더 이상 유지할 수 없게 되었다.

(2) 이론적 전제에 대한 비판

삼단논법적 법률해석론의 바탕이 되는 진리대응이론은 다음과 같은 새로운 언어이론이 등장함으로써 비판에 직면하였다. 먼저 구조주의 언어학의 창시자로 불리는 소쉬르(F.D. Saussure)의 언어이론을 거론할 수 있다.[38] 소쉬르에 따르면, 언어기호인 '기표'('시니피앙')와 언어기호가 지시하는 의미내용인 '기의'('시니피에') 그리고 기의가 지시하는 대상은 각각 구별된다. 진리대응이론에 따르면, 기표와 기의는 대상과 일치해야 한다. 그러나 이와 달리 소쉬르는 기표와 기의는 대상과 단절된다고 한다. 일정한 언어기호가 지시하는 의미내용은 그 언어기호가 가리키는 실제 존재대상과는 무관하다는 것이다. 예를 들어 '강아지'라는 기표가 지시하는 기의는 실제로 존재하는 강아지라는 대상과는 무관하게 그 의미가 부여된다. 그렇다면 도대체 '강아지'라는 기표는 어떻게 '강아지'라는 의미내용을 가질 수 있을까? 이에 대해 소쉬르는 일정한 기표가 기의를 갖게 되는 것은 그 기표가 실제 대상을 가리키기 때문에, 달리 말해 실제 대상을 그려내기 때문은 아니라고 한다. 오히려 일정한 기표가 다른 기표에 대한 관계에서 볼 때 차이가 발생하기 때문에 그 기표에게 기의가 주어진다고 한다. 예를

---

38 이에 관해서는 페르디낭 드 소쉬르, 최승언 (역), 『일반언어학 강의』(민음사, 1991), 83쪽 아래.

들어 우리가 '교과서'라는 기표로부터 일정한 기의를 인식할 수 있는 것은 그 '교과서'가 '참고서'라는 기표나 '사전'이라는 기표와 차이가 나기 때문이다. 나아가 소쉬르는 이러한 의미론적 차이는 바로 '랑그'(Langue)라는 보편적인 언어구조에 기반을 둔다고 한다. 결국 소쉬르에 따르면, 언어의 의미는 대상을 통해 부여되는 것이 아니라 전체 언어구조를 통해 부여된다. 이러한 소쉬르의 언어이론으로부터 우리는 다음과 같은 점을 간취할 수 있다. 언어기호(기의)가 갖는 의미는 실제 존재하는 대상과는 관계가 없다는 것이다.[39] 바로 이 점에서 소쉬르의 언어이론은 진리대응이론이 구상하는 언어이론과 차이가 있다.

이 점은 후기 비트겐슈타인에게서도 발견할 수 있다.[40] 비트겐슈타인 사후에 출판된 『철학적 탐구』는 언어철학적인 면에서 『논리철학논고』와는 다른 방향을 취한다. 바로 '말놀이(언어게임)'이론으로 대변되는 후기 언어이론이 그것이다. '언어사용이론'이라고도 하는 말놀이이론을 통해 비트겐슈타인은 언어기호의 의미가 그림이론에서 말한 것과는 다른 방식으로 부여된다고 한다. 언어의 의미는 그 언어가 사용되는 방식을 통해 부여된다고 한다. 예를 들어 '배'라는 언어기호는 이 '배'가 어떤 방식으로 사용되는가에 따라 그 의미가 부여된다. 비트겐슈타인은 이러한 언어사용을 언어게임, 즉 '말놀이'라고 부른다.[41] 이에 따르면 우리는 언어기호를 사용하면서 언어기호 사용에 관해 특정한 놀이를 하고 있다고 말할 수 있다. 이때 우리는 언어기호 사용에 관한 놀이의 '규칙'을 준수함으로써 언어기호의 의미를 상호주관적으로 공유할 수 있다. 이 점은 우리가 카드놀이 같은 게임을 연상하면 쉽게 이해할 수 있다. 그런데 이러한 언어사용규칙이 마치 고정불변한 규칙처럼 모든 사람에게 동일하게 적용되는 것은 아니라는 점에 주의해야 한다.[42] 왜냐하면 언어기호는 사용자가 처한 상황이나 사회적 지위에 따라 조금씩 다르게 사용될 수 있기 때문이다. 그런데도 우리가 별

---

39 이를 하버마스는 "언어행위에서 나타나는 사실성과 타당성의 긴장관계"로 표현하였다. J. Habermas, *Faktizität und Geltung* (Frankfurt/M., 1992), 15쪽 아래.

40 유스투스 하르트낙, 앞의 논문, 109쪽 아래; 이상돈, 앞의 책, 173쪽 아래.

41 L. Wittgenstein, Philosophische Untersuchungen, in: ders., *Tractatus logico-philosophicus/Tagebücher 1914-1916/Philosophische Untersuchungen*, Werkausgabe Band 1 (Frankfurt/M., 1984), §7.

42 S.-D. Yi, *Wortlautgrenze, Intersubjektivität und Kontexteinbettung* (Frankfurt/M., 1992), 135쪽.

무리 없이 특정한 언어기호가 일정한 의미내용을 지시하는 것으로 받아들일 수 있는 이유는, 비록 언어사용규칙이 항상 동일한 것은 아니지만, 각각의 규칙이 서로 가족과 같은 친근감을 갖고 있기 때문이라고 한다. 비트겐슈타인은 이를 '가족유사성'이라고 부른다. 비트겐슈타인에 따르면, 우리는 가족유사성의 본질이 무엇인지는 알 수 없지만, 그러한 유사성이 존재한다는 것은 알 수 있다고 한다.

(3) 중간결론

지금까지 살펴 본 것처럼 소쉬르의 언어이론이나 후기 비트겐슈타인의 언어이론으로 볼 때 진리대응이론은 더 이상 설득력을 확보하기 어렵다. 같은 맥락에서 진리대응이론에 바탕을 두는 실체존재론적 법인식이나 삼단논법적 법률해석론 역시 더 이상 확고하게 관철하기 어렵다. 여기서 우리는 해석목표와 관련해 전개되었던 주관설과 객관설의 대립이 무의미한 논쟁이라는 점도 추론할 수 있다. 그 이유를 다음과 같이 말할 수 있다. 해석목표에 관한 논쟁은 법규범의 객관적인 의사가 실체로 존재한다는 것을 전제로 한다. 그러나 위에서 살펴본 것처럼 과연 법규범이 이러한 객관적·실체적인 의사를 담고 있는지 의문이고, 설사 이러한 의사가 객관적으로 존재한다 하더라도 법규범의 언어기호가 이러한 의사를 정확하게 그려낼 수 있는지 문제된다. 왜냐하면 소쉬르의 언어이론이나 비트겐슈타인의 후기 언어이론이 시사하는 것처럼 법규범의 언어기호가 입법자의 의사나 법규범 자체의 객관적인 의사를 정확하게 그려낼 수 없기 때문이다. 따라서 주관설과 객관설의 대립은 더 이상 실익을 지닐 수 없다. 오히려 문제는 어떻게 하면 법규범을 정당하게 해석해낼 수 있는가 하는 점이다.

2. 대전제인 법규범이 안고 있는 법이론적 문제점

삼단논법적 법률해석론은 대전제인 법규범 자체가 법이론적인 측면에서 한계를 갖는다는 점에서도 유지하기 어렵다. 그 한계란 법률언어가 지닌 '통시적 모호성'과 '공시적 모호성'을 말한다.[43] 먼저 법률언어의 '통시적 모호성'이란

---

[43] 법률언어가 갖는 '통시적 모호성'과 '공시적 모호성'에 관해서는 이상돈, 앞의 책, 43쪽 아래; 윤재왕, 『법관의 법과 법률에의 구속』(고려대 법학석사 학위논문, 1989), 33쪽 아래 참고.

시간이 흘러감에 따라 법률언어의 의미 역시 달리 이해할 수 있다는 것을 말한다. 법률언어 역시 언어인 이상 시간의 흐름에 개방될 수밖에 없다는 것이다. 나아가 '공시적 모호성'이란 언어기호가 의미론적으로 지닐 수밖에 없는 모호성을 말한다. 이러한 공시적 모호성은 무엇보다도 '공공의 위험'(형법 제168조), '정당한 이유'(형법 제16조)와 같은 '일반조항'이나 '음란한'(형법 제243조 – 제245조)과 같은 '가치충전 필요개념'에서 쉽게 발견할 수 있다. 이러한 통시적 모호성이나 공시적 모호성은 법률언어가 언어인 이상 떨쳐버릴 수 없는 한계이다. 바로 이러한 모호성 때문에 삼단논법적 법률해석론이 예정하는 것처럼 대전제인 법규범을 기계적으로 해석해서 그 의미내용을 발견할 수는 없다.

3. 삼단논법적 법률해석론에 대한 해석학적 비판

마지막으로 삼단논법적 법률해석론은 '철학적 해석학'의 관점에서 비판할 수 있다. 슐라이어마허(F.D.E. Schleiermacher)의 성서해석에서 출발하여 가다머에 의해 집대성된 철학적 해석학은 텍스트를 해석하는 작업이 결코 해석자와 분리되어 이루어질 수는 없다는 점을 밝혀주었다.[44] 바꾸어 말하면 해석객체는 해석주체로부터 독립되어 '이해'될 수는 없다는 것이다. 왜냐하면 해석과정에는 항상 해석자가 미리 지닌 판단, 즉 '선이해'가 작용하기 때문이다.

철학적 해석학의 관점에서 보면, 삼단논법적 법률해석이 추구하는 목표는 일종의 허구에 지나지 않는다. 대전제인 법률텍스트의 의미가 해석자의 선이해와 무관하게 확정될 수는 없기 때문이다. 특히 법률텍스트는 상당수가 규범적 언어나 가치충전 필요개념, 일반조항 등으로 구성되어 있기 때문에 그만큼 해석자의 선이해가 개입할 여지가 크다. 그러므로 철학적 해석학에 따를 때 법률해석은 더 이상 법을 발견하는 과정, 즉 '법인식' 과정이 아니다. 오히려 법률해석은 해석자의 선이해가 개입하여 이루어지는 법형성 과정으로 보아야 한다. 따라서 법률해석은 엄밀히 말하면 삼단논법이 기획했던 것처럼 더 이상 정치적

---

44 철학적 해석학에 관한 일반적인 소개로는 리차드 팔머, 이한우 (역), 『해석학이란 무엇인가』(문예출판사, 1996); 한스 인아이헨, 문성화 (역), 『철학적 해석학』(문예출판사, 1998); 양천수, 『법해석학』(한국문화사, 2017) 등 참고.

으로 중립적이면서 객관적인 작업이라고 말하기 어렵다. 법관이 법률을 해석하는 과정에서 자연스럽게 법관이 지닌 선이해를 통해 법관의 정치적 성향이나 당파성, 정책적·윤리적 관점이 개입하기 때문이다.

한편 이러한 해석학의 관점에서 볼 때 해석목표나 해석방법에 관한 논의 역시 큰 의미가 없다는 점을 다시 한 번 확인할 수 있다. 먼저 해석목표에 관한 논의부터 본다. 전술한 것처럼 해석목표에 관해서는 주관설과 객관설이 대립한다. 그러나 언어이론의 관점에서 볼 때 이러한 해석목표에 관한 논쟁은 별 실익이 없다는 점은 이미 살펴보았다.[45] 그런데 이뿐만 아니라 이 논쟁은 해석학의 견지에서 보더라도 별 실익이 없다. 해석학의 견지에서 볼 때 해석과정에 중요한 것은 해석자가 지닌 선이해이지, 법규범이 담고 있는 의사는 아니기 때문이다. 설사 법규범이 특정한 '의사'를 담고 있다 하더라도 해석과정에서 이러한 의사는 선이해를 통해 새롭게 형성될 수밖에 없을 것이다. 또한 해석학에 따를 때 해석방법의 '메타규칙'에 관한 논의 역시 큰 실익이 없다는 점도 알 수 있다. 왜냐하면 이 경우에도 해석을 실질적으로 결정하는 것은 해석자의 선이해이지, 해석방법은 아니기 때문이다. 해석방법은 선이해로 이미 결정된 해석내용을 근거 짓는 수레일 뿐이다. 따라서 해석방법의 우선순위를 결정해서 객관적이고 공정한 법률해석을 실현하려는 시도는, 그 의도에는 긍정적인 평가를 줄 수도 있지만, 결국 실현할 수 없는 것을 시도했다고밖에 평가하기 어렵다. 정당하고 설득력 있는 해석은 해석방법의 우선순위를 결정함으로써가 아니라 다른 방법으로 달성해야 하는 것이다.

나아가 철학적 해석학에 따르면, 삼단논법이 상정하는 대전제와 소전제의 분리, 즉 법률해석과 사실확정의 분리 역시 더 이상 유지할 수 없다. 사실확정 과정 역시 실제 소송과정에서는 법관이 지닌 선이해로부터 영향을 받기 때문이다. 이때 특히 법관이 지닌 규범적 선이해가 사실을 확정하는 데 크게 작용한다. 법관이 당해 사건에 어떤 법규범을 적용할 것인가에 따라 사실관계 자체가 달리 확정될 수도 있는 것이다. 이러한 이유에서 법률해석과 사실확정 과정은

---

45 위의 Ⅳ. 1. (3) 참고.

서로 분리될 수 없다. 바로 이러한 이유에서 독일의 법철학자 카우프만은 법률 해석을 '존재와 당위의 상응'으로 말하기도 하였다.**46**

V. 삼단논법적 법률해석의 대안은 무엇인가?

지금까지 삼단논법적 법률해석론을 간략하게 소개하면서 이러한 삼단논법 적 법률해석론이 안고 있는 법이론적 문제점을 지적해 보았다. 여기서 새로운 문제를 제기할 수 있다. 만약 삼단논법적 법률해석론이 법규범을 해석하는 데 사용할 수 있는 완전한 '방법'이 될 수 없다면, 우리는 과연 어떤 방법으로 법규 범을 해석해야 하는가? 삼단논법적 법률해석론의 대안은 과연 무엇인가? 철학 적 해석학의 관점을 법률해석에 전적으로 적용해야 하는가? 그러나 이 경우에 도 문제가 없지 않다. 문학해석이나 역사해석과는 달리 법률해석은 수범자의 권리와 밀접한 관련을 맺는 규범적 해석인 이상 법률해석이 무작정 법관의 선 이해에 무방비 상태로 노출되게 할 수는 없을 것이다. 만약 그렇게 한다면 법률 해석에 법관의 자의가 선이해라는 이름으로 개입할 수도 있고, 그렇게 되면 자 유주의적·시민적 법치국가가 추구했던 '법관의 법률구속 이념'은 형해화될 수 있기 때문이다. 바로 이러한 점에서 우리는 어떻게 정당성을 획득할 수 있는 법 률해석을 수행할 수 있을까 하는 문제에 봉착한다. 그러나 이 문제는 그 자체로 독자적인 논의를 필요로 하는 것이므로 여기서는 이러한 문제제기를 하는 것으 로 결론에 갈음하고자 한다.**47**

---

46 Arth. Kaufmann, *Analogie und »Natur der Sache«* (Heidelberg, 1965) 참고.
47 바로 이러한 문제 때문에 카우프만은 한편으로는 해석학적 관점을 수용하면서도, 법률해석의 정 당성을 확보하기 위해 분석법학에서 발전해 온 '법적 논증이론'을 수용해야 한다고 말한다. 이에 관해서는 Arth. Kaufmann, 앞의 책, 46쪽 아래. 한편 필자는 기본적으로 해석학적 관점을 수용해 야 한다고 생각하지만, 그렇다고 해서 삼단논법적 법률해석론의 기본 틀을 완전히 폐기해서는 안 된다고 생각한다. 삼단논법적 사고는 법학교육의 측면에서도 여전히 완전하지는 않지만 유용 한 틀을 제공하기 때문이다.

삼단논법과 법학방법

제21장
법적 논증으로서 법학답안작성

I. 서론

　　법학시험의 답안을 어떻게 작성할 것인가 하는 문제는 어찌 보면 아주 기술적인 문제일 수 있다. 그 때문에 법학방법론적인 성찰을 그다지 필요로 하지 않는 대상으로 보일 때도 많다. 그렇지만 이제는 사라진 사법시험이나 현재 시행 중인 변호사시험과 같은 법학 관련 국가시험의 문제를 어떻게 풀어야 하고 이를 어떻게 답안지에 담아내야 하는가와 같은 문제는 단순히 기술적인 문제에 지나지 않는 것이 아니라, 방법론적인 성찰을 필요로 하는 법적 논증에 관한 문제이다.[1] 예를 들어 양창수 교수는 1996년에 발표한 '제38회 사법시험 강평'에서 다음과 같이 말한다.[2]

　　"한편 나는 평소부터 다음과 같은 생각을 품어 왔다. 사법시험에 수많은 사람이 매달린다. 그러므로 답안을 어떠한 **방법**으로 작성하여야 하는지, 문제를 내는

---

[1] 이러한 문제의식을 보여주는 경우로는 양창수, 『민법산고』(박영사, 1998), 355쪽 아래 참고. 법학방법론의 관점에서 법학사례풀이를 하는 좋은 본보기로는 김형배, 『사례연구 민법연습』(법문사, 1989); 김정호, 『상법사례입문』(박영사, 1996) 등 참고. 법학방법론의 견지에서 사례문제를 어떻게 풀어야 하는지를 다루는 최병조, "토지매수인에 의한 건물철거행위의 법률효과: 판례의 연습사례로의 활용과 민법사례풀이 방법론", 『민사판례연구』제16권(박영사, 1994) 등도 참고.

[2] 양창수, 위의 책, 355~356쪽.

사람이 어떠한 方法으로 답안이 작성되기를 요구 또는 기대하는지 하는 것은 그 많은 사람들의 관심사일 것이다. 특히 요즈음 점점 많이 출제되고 있는 소위 「사례형 문제」에 대하여는 더욱 그러하다. 그런데 그에 대하여 우리는 과연 대부분이 수긍하는 적절한 방법을 가지고 있는 것인가? 우리는 지금까지 그에 대한 논의를 소홀히 하여 온 것은 아닐까? 기껏해야 고시잡지 등에서 행하여지는 모의시험과 이에 대한 교수들의 「講評」, 그리고 「演習」이라는 제목을 가진 몇몇의 책 정도가 아닐까 한다. 그런데 간혹 이것을 읽어 보면, 대체로 그 사안을 다룸에 있어서 논의되어야 할 爭點이 무엇인가, 다시 말하면 어떠한 내용을 다루어야 할 것인가에 중점이 놓여 있다는 인상을 받는다. 그에 대한 예외는, 내가 아는 범위에서는, 金亨培 교수가 쓴 『事例研究 民法演習』의 冒頭에 있는 「民法事例의 解決方法」 정도이다."(강조는 원문)

이러한 맥락에서 가령 독일에서는 법학시험 답안작성에 관한 문제를 법학방법론의 차원에서 다루기도 한다. 이러한 상황은 영미법학에서도 큰 차이가 없다. 왜냐하면 보통 로스쿨 1년차에 개설되는 'Legal Writing' 과목에서는 법학시험 답안을 어떻게 작성해야 하는지도 다루기 때문이다.[3] 이러한 이유에서 아래에서는 법학방법론의 측면에서 어떻게 법학시험 답안지를 작성해야 하는지를 시론적으로 개관해 보도록 한다. 논의의 편의를 위해 제21장에서는 변호사시험을 예로 들고자 한다. 일단 결론부터 말하면, 변호사시험 답안을 작성하는 과정은 그 자체 아주 중요한 법적 논증의 한 부분을 이루고, 따라서 철저하게 법적 삼단논법의 틀 안에서 이루어져야 한다.

II. 일반론

1. 법적 논증으로서 답안작성

변호사시험 답안을 작성하는 과정은 법적 논증의 일부분이다. 그러므로 답

---

3 이를 보여주는 Nadia E. Nedzel, *Legal Reasoning, Research, and Writing for International Graduate Students*, Third Edition (Wolters Kluwer, 2012), 81쪽 아래 참고.

안을 작성하는 과정은 법적 논증의 기본구조를 갖추어야 한다. 그러면 '법적 논증'이란 무엇인가?4 법적 논증은 다음과 같이 구성된다.

　　– 법적 논증 ⇒ 주장 + 논거

　　모든 법적 논증은 주장과 논거로 구성되어야 한다. 이는 아주 간단해 보이지만 실제 시험에서 이를 실천하는 것은 쉽지 않다. 수험생들이 답안에서 주장만 제시하고 논거를 제시하지 않는 경우가 아주 많기 때문이다.5 논거가 없는 주장은 단순한 주장에 불과할 뿐 법적 논증이라고 말할 수 없다. 따라서 수험생들은 언제나 주장에 대한 설득력 있는 논거, 즉 근거를 제시하고자 노력해야 한다. 그러면 논거란 무엇인가? 보통 법학에서 논거는 다음과 같이 구성된다.

　　– 논거 ⇒ 법조문(실정법), 학설, 판례

　　수험생이 원용해야 하는 가장 대표적인 논거는 실정법, 즉 법조문이다. 대부분의 법적 주장은 법조문만 정확하게 원용해도 설득력 있는 법적 논증이 될 수 있다. 이는 우리 헌법상 기본원리인 법치주의에 따른 당연한 결론이다. 법률가, 특히 법관은 실정법에 엄격하게 구속되어야 하기 때문이다(법률에 대한 법관의 구속원칙).

　　이외에 학설이나 판례가 중요한 논거가 될 것이다. 학교에서 보는 중간고사나 기말고사에서는 담당교수가 취하는 학설이 결정적인 논거(?)가 될 수도 있겠지만, 변호사시험에서는 가능한 한 다수가 수용할 수 있는 논거, 대표적으로는 판례를 원용할 필요가 있다. 왜냐하면 판례야 말로 가장 권위적인 유권해석이자 '현재 있는 법' 또는 '살아 있는 법'이라고 말할 수 있기 때문이다.6 물론

---

4 법적 논증에 관해서는 우선 로베르트 알렉시, 변종필·최희수·박달현 (공역), 『법적 논증 이론』(고려대학교출판부, 2007); 김성룡, 『법적 논증의 기초』(경북대학교출판부, 2006) 등 참고.
5 이를 지적하는 양창수, 앞의 책, 364쪽 아래.
6 판례가 과연 법원이 될 수 있는가에 관해서는 여전히 견해가 대립하지만, 초국가적 법다원주의를 긍정하는 필자는 판례 역시 독자적인 법원이 된다고 생각한다. 판례의 법원성에 관한 최근의

판례가 없는 경우를 대비해서 평소 자신이 어떤 학설을 논거로 활용할 것인지를 결정해 둘 필요가 있다.

판례나 학설을 논거로 원용할 때는 그 결론만을 언급해서는 안 되고, 그 이유 역시 구체적으로 제시해야 한다. 판례나 학설 역시 논증의 구조를 갖추고 있으므로, 판례·학설의 주장뿐만 아니라 이에 대한 논거 역시 구체적으로 제시해야 한다. 논거를 제시하지 않은 채 판례나 학설의 결론만을 언급하는 것은 좋은 점수를 받을 수 없는 답안작성이다. 이를 정리하면 다음과 같다.

- 법적 논증 ⇒ 주장 + 논거
- 논거 ⇒ 법조문, 학설, 판례
- 학설·판례 ⇒ 주장 + 논거

2. 법적 삼단논법의 과정으로서 답안작성

(1) 법적 삼단논법의 기본구조

모든 법학시험답안은 법적 삼단논법의 틀에 따라 작성되어야 한다.[7] 법적 삼단논법에 따라 답안을 작성해야 한다는 것은 법적 주장에 대한 논거가 철저하게 실정법에서 출발해야 한다는 점을 의미한다. 이는 위에서 지적한 것처럼 '법관의 법률에 대한 구속이념'을 반영한 것이다. 법적 삼단논법은 다음과 같이 구성된다.

- 제1단계: 소전제 확정단계 ⇒ 사실인정
- 제2단계: 대전제 탐색 및 확정단계 ⇒ 관련 법규범 탐색 및 해석
- 제3단계: 결론 ⇒ 사안적용 ⇒ 주장 + 근거 ⇒ 주문 + 이유

연구로는 심준보, "판례변경의 의의", 『민사판례연구』 제36권(박영사, 2015); 송민경, "법해석의 문제: 법리의 준거와 원리의 논거", 『형법해석의 문제와 과제: 2017년 대법원 형사법연구회·한국형사법학회 공동학술대회 자료집』(2017), 65쪽 아래 및 이 책 제11장 참고. 초국가적 법다원주의에 관해서는 양천수, "초국가적 법다원주의: 개념적 차원과 규범적 차원을 중심으로 하여", 『법철학연구』 제11권 제2호(2008), 391~426쪽 참고.

7 법적 삼단논법에 관해서는 김정오 외, 『법철학: 이론과 쟁점』 제2판(박영사, 2017), 238쪽 아래 참고.

변호사시험 답안작성은 이러한 법적 삼단논법의 틀에 따라 이루어져야 한다. 이를 구체적으로 살펴보면 아래와 같다.

(2) 제1단계로서 사실인정

먼저 수험생은 시험문제(법적 분쟁)의 전제가 되는 사실관계를 확정해야 한다. 보통 사례형 문제에서는 사실관계가 확정된 것으로 주어진다. 따라서 수험생은 별도로 사실관계를 확정해야 할 필요는 없다. 그렇지만 이 경우에도 수험생은 사실관계에 담겨 있는 법적 쟁점을 가능한 한 많이 그리고 정확하게 추출해야 한다.

이와 달리 기록형 문제에서는 수험생이 다양한 기록을 읽으면서 사실관계를 정확하게 확정해야 한다. 실제 재판에서는 이 과정이 매우 중요하고 또한 쉽지 않다. 왜냐하면 법관은 한정된 정보(가령 직접증거는 없고 간접증거만 있는 경우) 및 거짓된 정보(위증하는 경우)와 씨름하면서 사실관계를 확정해야 하기 때문이다.[8] 다행스러운 것은 변호사시험에서 주어지는 기록은 증거능력과 증명력의 측면에서 문제가 없는 경우가 많으므로 실제 재판의 경우보다 손쉽게 사실관계를 확정할 수 있다는 것이다.

(2) 법규범 탐색 및 해석

그 다음으로 수험생은 사실관계가 담고 있는 각종 법적 쟁점들과 관련이 있는 법규범을 탐색한 후 이를 구체화(해석)해야 한다.

1) 법규범 탐색방법

답안작성을 손쉽게 하기 위해서는 짧은 시간 안에 쟁점과 관련이 있는 법규범을 탐색할 수 있어야 한다. 이 과정에서 그동안 축적된 법적 직관과 법학지식 그리고 리걸 마인드가 발휘된다. 법규범 탐색에 관한 구체적인 방법은 아직 정립되지 않았지만 대략적이나마 다음 두 가지 지침은 활용할 수 있다.[9]

---

8 바로 이 때문에 실제 재판과정에서 '실체적 진실'을 발견할 수 있을지 의문이 제기되기도 한다. 이에 관해서는 양천수, "형사소송법상 실체진실주의와 적정절차원칙에 대한 비판적 고찰: 법철학의 관점에서", 『경남법학』 제23집(2008), 125~146쪽 및 이 책 제8장 참고.

9 아래의 내용은 이상돈 교수가 제시한 "분과별 인식관심", "체계적 인식관심", "이론적 인식관심"을 발전시킨 것이다. 이에 관해서는 이상돈, 『로스쿨을 위한 법학입문』(법문사, 2009), 151~154쪽

① 체계적 인식관심　　　수험생은 평소 법학공부를 할 때 각 실정법의 전체 체계를 머릿속에 넣어두어야 한다. 달리 말해 각 실정법의 숲을 알고 있어야 한다. 그러면 문제의 쟁점을 파악할 때나 이 쟁점에 관한 법규범을 찾을 때 도움이 된다. 한정된 시간 속에서 전체 체계를 일별할 수 있으면 쟁점이나 관련 법규범을 놓치는 실수를 적게 할 것이다.

② 이론적·실무적 인식관심　　　평소 학설대립이 있는 경우이거나 대법원 판례가 있는 곳은 이론적으로나 실무적으로 아주 중요한 부분이므로 실제 시험에서도 이러한 부분이 출제될 가능성이 높다. 평소 공부를 통해 이러한 이론적·실무적 인식관심을 확고하게 갖추고 있으면, 쟁점을 찾거나 관련 법규범을 탐색하는 데 도움이 될 것이다. 이를 위해서는 평소 각 실정법의 주요 쟁점을 전체적·체계적으로 숙지하고 있어야 한다.

2) 법규범 해석방법

관련 법규범을 찾았으면 그 다음에는 해당 법규범을 해석해야 한다. 물론 해석이 필요하지 않는 경우도 있지만 시험에서는 주로 해석이 필요한 법규범이 관련되는 경우가 많다. 그러면 법규범 해석은 어떻게 해야 하는가? 이는 그리 어려운 것이 아니다. 널리 알려진 문법적 해석, 체계적 해석, 논리적 해석, 역사적 해석, 목적론적 해석을 활용해 법규범을 해석하면 된다.[10] 학설이나 판례는 대부분 이러한 해석방법을 사용하여 특정한 주장을 한다. 잘 들여다보면 대부분 특정한 해석방법을 사용하여 결론을 이끌어낸다.

수험생이 답안을 작성할 때는 독자적으로 법규범을 해석해야 할 필요가 많지는 않다. 왜냐하면 그동안 공부한 판례나 학설을 원용하면 되기 때문이다. 판례나 학설 그 자체가 법규범을 해석함으로써 도출된 결과물이므로, 이를 원용하는 것만으로도 법규범을 해석한 것이라고 볼 수 있다. 요컨대 수험생은 그동안 축적된 '법도그마틱'을 원용하는 것만으로도 법규범을 해석하는 작업을 대신

참고. 한편 '인식관심'(Erkenntnisinteresse)이라는 용어는 독일의 사회철학자 하버마스가 제시한 개념을 원용한 것이다. J. Habermas, *Erkenntnis und Interesse* (Frankfurt/M., 1971) 참고.

10 이에 관해서는 K. Larenz, *Methodenlehre der Rechtswissenschaft*, Sechste, neu bearbeitete Auflage (Berlin u.a., 1991), 316쪽 아래 참고.

할 수 있다.[11]

3) 법규범 형성의 경우

경우에 따라서는 관련 법규범이 없는 경우, 즉 법규범이 흠결된 경우도 있다. 이러한 경우에는 법규범을 새롭게 형성하여 문제를 해결해야 한다.[12] 판례 가운데는 이러한 경우도 상당수 있다. 물론 죄형법정주의가 지배하는 형사법영역에서는 유추금지원칙에 따라 법원이 법형성을 하는 것이 금지된다. 그렇지만 민사법에서는 법원이 유추를 통해 법형성을 하는 경우가 많다.[13] 그러므로 수험생은 판례를 원용할 때 해당 판례가 법규범을 해석한 것인지, 아니면 법규범을 새롭게 형성한 것인지 주의 깊게 살펴보아야 한다.

(3) 사안적용(결론)

마지막으로 수험생은 사안에 법규범을 적용해 결론을 이끌어내야 한다. 이러한 결론은 다시 논증의 구조를 갖추어야 한다. 결론의 주장이 있어야 하고, 이에 대한 근거가 있어야 한다. 고득점을 받기 위해서는 먼저 결론이 정확해야 하지만, 이뿐만 아니라 근거가 구체적이고 설득력을 갖추어야 한다. 주장만이 있고 근거가 빠진 경우에는 법적 논증이라 할 수 없으므로 아무리 그 주장이 정답이라 할지라도 고득점을 받을 수는 없다.

Ⅲ. 개별적인 문제와 방안

1. 사례문제가 어려운 이유

법적 사례문제를 푸는 것은 어려운 일이다. 특히 변호사시험이 도입되고 그 이전에는 없었던 기록형 시험이 새롭게 추가되면서 사례문제를 푸는 것은

---

11 법도그마틱에 관해서는 양천수, "개념법학과 이익법학을 넘어선 법도그마틱 구상: 루만의 법도그마틱 구상을 중심으로 하여", 『성균관법학』 제18권 제1호(2006), 575~601쪽 및 이 책 제4장 참고.

12 이에 관해서는 김형배, "법률의 해석과 흠결의 보충: 민사법을 중심으로", 『법률행정논집』 제15집(1977) 참고.

13 민법에서 인정되는 '대상청구권'이야말로 법원이 법형성을 통해 인정하는 대표적인 권리라고 말할 수 있다.

더욱더 어려운 일이 되고 있다. 사례문제가 어려운 이유는 사례의 사실관계를 확인하면서 다음과 같은 문제를 풀어야 하기 때문이다.

- 사실관계가 무엇인가(특히 기록형 시험의 경우)?
- 법적 쟁점이 무엇인가?
- 법적 쟁점들을 어떤 순서로 풀어야 하는가?
- 법적 쟁점들에 대한 시간배분을 어떻게 해야 하는가?
- 관련 법규범은 무엇인가?
- 판례의 태도는 무엇인가?
- 사안적용을 어떻게 해야 하는가?

2. 문제가 묻는 것이 무엇인가?

답안작성의 출발점은 출제자가 무엇을 묻는 것인지 정확하게 파악하는 것이다. 이를테면 법률관계를 묻는 것인지, 구제방안을 묻는 것인지, 죄책을 묻는 것인지, 양형을 묻는 것인지를 정확하게 확인한 후 이에 대응해야 한다. 출제자는 포괄적인 답안을 요구하는데, 핵심쟁점만 간략하게 쓴다면 당연히 고득점을 받을 수 없다.

3. 사실관계 확정방법

이에 대한 뾰족한 방법을 찾는 것은 어렵다. 현재로서는 평소 기록형 문제를 직접 많이 풀어봄으로써 이에 대한 감을 키우는 방법밖에 없다.

사례형 문제의 경우에는 주어진 사실관계를 최대한 객관적으로 그러면서도 출제자의 의도를 추측하면서 읽어 내려가야 한다. 이 과정에서 수험생의 선입견이 섣부르게 개입하는 것을 최대한 억제해야 한다. 특히 주어진 사실관계가 자신이 알고 있는 판례나 기출문제의 그것과 비슷하다고 속단해서는 안 된다. 자신이 만약 출제자라면 이 문제를 어떻게 출제한 것인지 숙고해 보는 것도 좋은 방법이 될 수 있다(관점교환의 필요성).

4. 법적 쟁점의 추론 및 체계화에 관해

수험생은 사실관계를 확정 혹은 파악하면서 이와 동시에 관련되는 법적 쟁점을 추론하고 체계화해야 한다. 이 과정에서 수험생의 법적 능력이 유감없이 발휘된다. 승패의 50% 이상이 이 과정에서 결정된다. 그런데 과거의 사법시험과는 달리 현재의 변호사시험에서는 문제에서 법적 쟁점을 한정하는 경우가 많다. 그 때문에 과거에 비해 수험생이 법적 쟁점을 추론해야 하는 부담이 한결 적어졌다. 그래도 여전히 법적 쟁점을 정확하게 그러면서도 최대한 많이 추론하는 능력은 필요하다. 이를 위해서는 두 가지 능력이 필요하다.

(1) 확산적 사고

첫째, 확산적 사고가 필요하다. 수험생은 법적 직관과 지식 그리고 상상력을 발휘하여 관련되는 법적 쟁점을 최대한 많이 추출해야 한다.

(2) 수렴적 사고

둘째, 수렴적 사고가 필요하다. 수험생은 확산적 사고를 통해 최대한 많이 추출한 법적 쟁점을 사실관계에 적합하게 정돈하고 체계화해야 한다. 쟁점을 두서없이 나열한다고 해서 좋은 답안이 될 수 있는 것은 아니기 때문이다. 각 쟁점 사이에 유기적 연관성, 논리성, 체계성을 갖출 수 있도록 정리해야 한다. 이 과정에서 사실관계와 관련이 적거나 비중이 적은 쟁점들을 배제하거나 간략하게 검토해야 한다. 다시 말해 쟁점 사이의 우선순위를 체계적으로 명확히 해야 한다.

이는 특히 시간배분과도 관련된다. 시간은 아주 한정되어 있기에 수험생은 효율적으로 쟁점을 다루어야 한다. 만약 수험생의 글씨속도가 빠르지 않다면, 좀 더 과감하게 쟁점을 정돈하고 강약에 따라 선택해야 한다. 배점이 미약한 법적 쟁점들은 아주 간략하게만 다루어야 한다.

5. 판례를 원용하는 방법

판례를 원용할 때는 두 가지 점에 주의해야 한다. 첫째는 판례의 주장을 정확하게 인용해야 한다는 점이다. 판례의 태도를 오해하는 것만큼 위험한 것도 없다. 경우에 따라서는 교과서 저자들이 판례의 태도를 오해하기도 하는데,[14] 이를 방지하기 위해서는 평소 중요한 판례는 전문을 직접 읽어보는 훈련을 해야 한다.

둘째는 판례가 사용한 논거를 정확하게 적시하는 것이다. 이를 위해서는 판례를 이해한 후 판례가 사용한 논거를 정확하게 '암기'하는 것도 필요하다. 판례가 사용한 개념이나 표현, 예 등을 답안지에 적시하는 것만큼 채점자에게 좋은 인상을 주는 경우도 드물다.

6. 사안적용 방법

사안적용을 정확하면서 구체적이고 설득력 있게 하는 것은 정말 쉽지 않다. 필자가 볼 때는 전문가인 교수나 법관들도 이를 제대로 하는 것이 쉽지 않다. 심지어는 가장 완성된 법률가인 대법관들도 이를 제대로 하는 것이 쉽지 않다는 점을 각종 대법원 판례에서 읽을 수 있다. 사안적용, 즉 결론을 내릴 때는 다음과 같은 점에 주의해야 한다.

첫째, 이미 언급한 것처럼 사안적용 자체가 논증적 구조를 갖추어야 한다. 다시 말해 주장과 근거의 구조로 이루어져야 한다.

둘째, 주장은 정확해야 한다.

셋째, 근거는 객관적이고 구체적이어야 한다.

넷째, 독자적인 근거를 만드는 것이 쉽지 않다면, 판례가 사용한 근거를 외어 사용하는 것도 좋은 방법이다. 판례가 사용한 사안적용례를 외워 이를 사안적용에 활용하는 것이다.

다섯째, 주요 개념을 정확하게 외워 이를 사안적용에 활용하는 것도 좋은 방법이 된다. 예를 들어 사례에서 전자문서가 형법상 문서위조죄의 문서 개념에 해당하는지가 문제되는데, 이를 정확하게 판단하기 위해서는 형법에서 말하는 문서의 개념을 정확하게 제시한 후 전자문서가 이 개념에 합치하는지를 판

---

14 이를 지적하는 양창수, 『민법산책』(박영사, 2006), 337쪽 아래 참고.

단하면 된다.[15]

Ⅳ. 기 타

1. 답안작성의 형식으로서 판결서 방식과 감정서 방식

답안을 작성할 때는 두 가지 방식을 사용할 수 있다. 먼저 결론을 내리고 이에 대한 이유를 제시하는 판결서 방식과 이와 반대로 가설을 설정하고(쟁점정리), 이에 대한 논증을 한 후 결론을 내리는 감정서 방식이 그것이다. 대부분의 법학답안은 감정서 방식을 채택한다. 먼저 결론을 내리기보다는 쟁점을 정리하면서 가설을 제시한 후 법적 삼단논법에 따라 논증을 하여 맨 마지막에 결론을 내리는 것이다. 그러나 최근 들어 변호사시험, 그중에서도 특히 민사법의 경우에는 판결서 방식을 요구하기도 한다. 이때에는 먼저 결론을 정확하게 제시한 후 이에 대한 근거를 작성해야 한다. 이러한 두 방식 중에서 어떤 방식을 선택해야 하는가 여부는 실제 문제를 정확하게 읽고 출제자의 의도를 파악함으로써 결정해야 한다.

2. 글씨에 관해

글씨를 잘 못 쓰는 수험생들은 자신의 글씨에 스트레스를 받는 경우가 많다. 그러나 자신의 글씨를 바꾸는 것은 쉽지 않고 시험을 목전에 둔 시점에서는 더더욱 어렵다. 또한 의식적으로 글씨를 좋게 바꾼 경우에도 시험 당일에는 긴장 때문에 다시 본래의 악필로 바뀌는 경우도 허다하다. 따라서 글씨에 너무 스트레스를 받지 말고 편안하게 마음을 먹는 것이 오히려 좋은 방법이다. 필자의 여러 경험에 따르면, 채점자들은 대부분 글씨가 악필인 경우에도 성의를 다해 답안을 읽고 평가한다. 글씨가 악필인 경우에는 더 열심히 읽으려 하기 때문에 답안을 정독하고는 한다. 그러니 너무 글씨 때문에 걱정하지 않는 것이 좋다.[16]

---

15 이 문제에 관해서는 우선 최호진, "정보통신기술발전에 따른 형법상 문서개념 변화의 필요성: 스캔한 컴퓨터이미지파일을 중심으로", 『형사법연구』 제25권 제1호(2013) 참고.

16 다만 답안글씨가 좋은 경우에는 무미건조한 답안채점으로 지친 채점자에게 긍정적인 인상을 줄

문제는 글씨가 악필인 경우에는 글씨속도도 느린 경우가 많다는 점이다. 이 경우에는 최대한 간결하게 답안을 작성해야 한다. 불필요한 수식어를 가급적 배제해야 한다. 다행인 것은 과거의 사법시험과는 달리 현행 변호사시험에서는 답안지 분량이 상대적으로 적기 때문에 글씨속도가 큰 문제가 되는 것은 아니라는 점이다. 글씨가 느리더라도 간결하고 정확하게 답안을 작성하면 주어진 시간 안에 합격할 정도의 답안을 작성할 수 있을 것이다.

3. 필기구에 관해

필기구는 글씨와 상관관계가 있는데 평소 자신에게 맞는 필기구를 선택한 다음 이를 시험기간 중에 바꾸지 않도록 해야 한다. 도중에 필기구를 바꾸게 되면, 손의 감각이 달라져 답안을 제대로 쓰지 못할 수도 있다. 사실 **답안은 머리로 쓰는 것이라기보다는 손으로 쓰는 것이어서** 이미 자기 손에 익숙한 필기구를 시험이 끝날 때까지 사용하는 것이 바람직하다.

4. 시험전날

시험전날에는 모두 잘 알고 있는 것처럼 자신의 기본서를 일 회독 할 수 있도록 해야 한다. 시간이 없다면, 그냥 넘겨보는 것만으로도 효과가 있다. 우리 뇌는 대단한 잠재력을 갖고 있어 그냥 넘겨보는 경우에도 급박한 상황에서는 이를 기억해 내기도 한다.

5. 시험도중

시험도중에는 자신이 본 시험에 대해 품평하는 시간을 절대 갖지 말아야 한다. 인간은 완벽할 수 없기에 그 누구도 완벽한 답안을 쓸 수가 없다. 따라서 시험을 본 이후에는 언제나 불만족스러운 점이 있을 수밖에 없다. 그런데도 만약 여기에 신경을 쓰면 다음 시험을 제대로 준비할 수 없다. 그러니 어떤 경우에도 지난 시험을 되돌아보는 일은 절대적으로 피해야 한다. 만약 친구가 그런

수 있으므로, 만약 시간이 충분하다면 자신의 악필을 개선하고자 노력하는 것도 필요하다.

일을 하고자 한다면 친구를 피해 다른 곳에서 책을 읽는 것이 더 좋은 방안이다. 그 순간에는 친구를 배려하는 것보다 시험을 잘 보는 것이 더욱 중요하기 때문이다.

V. 맺음말

지금까지 두서없이 법학방법론의 관점에서 변호사시험 답안작성에 관해 말해 보았다. 이 글이 변호사시험을 비롯한 각종 법학 관련 시험을 준비하는 수험생에게 얼마나 도움이 될지 모르겠다. 그러나 최소한 수험생 여러분들에게 마음의 위안이 되었으면 좋겠다. 아주 이상적인 바람이기는 하지만 수험생 여러분 모두가 좋은 결과를 얻기를 기원한다.

사항색인

저자 소개

양천수 교수는 고려대학교 법과대학을 졸업하고 같은 대학 대학원에서 이상돈 교수의 지도로 법학석사
를, 독일 프랑크푸르트대학교 법과대학에서 클라우스 권터(Klaus Günther) 교수의 지도로 법학박사를
취득하였다. 현재 영남대학교 법학전문대학원에서 기초법 전임교수로 재직하며 학생들을 가르친다.
영남대학교 법학연구소장도 맡고 있다. 법학방법론, 법해석학, 법이론 및 기초법학과 실정법학의 상호
연관성에 깊은 애정과 관심을 갖고 있다. 이에 관한 저서로『부동산 명의신탁』(2010),『서브프라임 금융
위기와 법』(2011),『법철학』(공저)(2012),『민사법질서와 인권』(2013),『법해석학』(2017) 등을 출간하
였다. 이외에 다수의 저서와 논문을 집필하였다.

삼단논법과 법학방법

초판발행   2021년 3월 1일
중판발행   2022년 9월 30일

지은이   양천수
펴낸이   안종만·안상준

편 집   이승현
기획/마케팅   이영조
표지디자인   최윤주
제 작   고철민·조영환

펴낸곳   (주)박영사
              서울특별시 금천구 가산디지털2로 53, 210호(가산동, 한라시그마밸리)
              등록 1959. 3. 11. 제300-1959-1호(倫)
전 화   02)733-6771
f a x   02)736-4818
e-mail   pys@pybook.co.kr
homepage   www.pybook.co.kr
ISBN   979-11-303-3761-6   93360

정 가   28,000원